Geheimräte gegen Geheimbünde

W. Daniel Wilson

Geheimräte gegen Geheimbünde

Ein unbekanntes Kapitel der klassisch-romantischen Geschichte Weimars

J. B. Metzlersche Verlagsbuchhandlung
Stuttgart

"UNIVERSITY OF TULSA-McFARLIN LIBRARY"

Die Deutsche Bibliothek – CIP-Einheitsaufnahme

Wilson, W. Daniel:
Geheimräte gegen Geheimbünde : ein unbekanntes Kapitel der klassisch-romantischen Geschichte Weimars /
W. Daniel Wilson. - Stuttgart : Metzler, 1991
ISBN 3-476-00778-2

ISBN 3-476-00778-2

Dieses Werk einschließlich aller seiner Teile ist urheberrechtlich geschützt. Jede Verwertung außerhalb der engen Grenzen des Urheberrechtsgesetzes ist ohne Zustimmung des Verlages unzulässig und strafbar. Das gilt insbesondere für Vervielfältigungen, Übersetzungen, Mikroverfilmungen und die Einspeicherung und Verarbeitung in elektronischen Systemen.

© 1991 J. B. Metzlersche Verlagsbuchhandlung
und Carl Ernst Poeschel Verlag GmbH in Stuttgart

Druck: Druck-Partner Rübelmann, Hemsbach
Printed in Germany

HS142
.W55
1991

Inhalt

Vorwort

Für Außenstehende ist die an Besessenheit grenzende Beschäftigung der Deutschen mit Goethe ein faszinierendes Phänomen, denn in anderen westlichen Kulturen findet man kaum eine ähnliche Belastung der nationalen Identität durch eine übermächtige literarische Persönlichkeit. Wenn Deutsche gefragt werden, was in der deutschen Vergangenheit Großes geleistet worden sei, so weisen sie verständlicherweise meist nicht auf politische, sondern auf kulturelle Figuren hin, allen voran Goethe. Schon an diesem Umstand wird deutlich, daß hinter dieser Dominanz auch ein politisches Programm steckt, aber in der öffentlichen Diskussion wird allzu wenig über die resultierenden Verzerrungen nachgedacht. Daß Goethe besonders in der DDR das kulturelle Bewußtsein dominieren und mit politisch progressiven Helden in einer Reihe stehen konnte, ist aus der Kulturpolitik der DDR leicht zu verstehen; aber auch im Westen sind ähnliche Urteile zu konstatieren. Nach der »Stunde Null« des Jahres 1945 war, so Karl Robert Mandelkow, in der BRD sowie in der DDR »der Rückbezug auf Goethe Bestandteil der Suche nach einer neuen nationalen Identität, in beiden Lagern, so unterschiedlich die Voraussetzungen und Traditionen der Rezeption auch waren, griff die Berufung auf Goethe weit über die literarisch-künstlerische Bedeutung seines Werkes hinaus, sie wurde — zur jeweils unterschiedlich interpretierten — Anknüpfung an die wahre, die eigentliche, die humanistische Tradition der Deutschen, die der Welt durch die jüngste faschistische Vergangenheit verdeckt worden war. Goethe erhielt Alibifunktion, er wurde eines der vornehmlichen Vehikel der Wiederherstellung des beschädigten Selbstbewußtseins der Deutschen in beiden deutschen Staaten«.[1] Auch in der DDR versuchte man also, den Geheimrat Goethe in den Dienst einer progressiven Tradition zu stellen; ein Gang durch das Goethe-Haus in Weimar konfrontiert den Besucher mit fast jedem halbwegs fortschrittlichen Satz, den Goethe in über sechs Jahrzehnten geschrieben hat. Dabei mußte man natürlich die an sich bekannte Tatsache geflissentlich übersehen —

[1] Mandelkow: Goethe in Deutschland 1: 9 f. — Alle Quellen und wissenschaftlichen Untersuchungen werden mit sinngemässen Kurztiteln zitiert; die vollständigen Angaben befinden sich in der Bibliographie.

in der DDR-Forschung allerdings begannen da Spannungen sichtbar zu werden —, daß Goethe im Grunde konservativ war, ja in vieler Hinsicht reaktionär. Und in diesem Zusammenhang spielten und spielen für den durchschnittlichen Leser von Goethes Werken die amtliche Tätigkeit Goethes sowie die dieser zugrundeliegende Bejahung des absolutistischen Systems in ihrer ›aufgeklärten‹ Variante gewiß eine sehr geringe Rolle, wenn sie überhaupt zur Kenntnis genommen wurden. So pilgerten 1919 die Gründer der *zweiten* Republik auf deutschem Boden nach Weimar, um dort unbekümmert den Geist desjenigen Klassikers zu beschwören, der 1793 bei der militärischen Belagerung der *ersten* Republik auf deutschem Boden in Mainz nicht zufällig hinter den Kanonen der monarchistischen Reaktion dem Bombardement zuschaute.

Auch die Wissenschaft hat die Widersprüche der politischen Goethe- und Klassik-Rezeption nur in Ansätzen gewürdigt. Eine wissenschaftliche Untersuchung über Goethes Verhältnis zum Modell des ›aufgeklärten‹ Absolutismus, die zugleich die Bedeutung dieser Bejahung eines starken obrigkeitlichen Staates für die deutsche Geschichte zu berücksichtigen und im übrigen auch Goethes gelegentliche Vorbehalte und Zweifel gegenüber diesem Modell detailliert zu analysieren hätte, steht leider noch aus. Goethe hat als Greis seine Meinung zum Phänomen eines durch ›Aufklärung‹ gemäßigten Absolutismus gegenüber Eckermann geäußert, eine Meinung, die sich seit seiner Jugend nachweislich kaum geändert hatte: »Nun heißt es wieder, ich sei ein Fürstendiener, ich sei ein Fürstenknecht. — Als ob damit etwas gesagt wäre! — Diene ich denn etwa einem Tyrannen? einem Despoten? — Diene ich denn etwa einem Solchen, der auf Kosten des Volkes nur seinen eigenen Lüsten lebt? — Solche Fürsten und solche Zeiten liegen gottlob längst hinter uns. Ich bin dem Großherzog seit einem halben Jahrhundert auf das innigste verbunden und habe ein halbes Jahrhundert mit ihm gestrebt und gearbeitet; aber lügen müßte ich, wenn ich sagen wollte, ich wüßte einen einzigen Tag, wo der Großherzog nicht daran gedacht hätte, etwas zu tun und auszuführen, das dem Lande zum Wohl gereichte und das geeignet wäre, den Zustand des Einzelnen zu verbessern.«[2] Diese typische Apologie des ›aufgeklärten‹ Absolutismus birgt viele der für dieses politische Modell

[2] 27.4.1825, MA 19: 519 (vgl. das Verzeichnis der Abkürzungen für alle Siglen). Goethes Werke werden nach der vorzüglichen neuen ›Münchner Ausgabe‹ zitiert, die Briefe womöglich nach der Auswahl in der Hamburger Briefausgabe (HAB), weil dort in einigen Fällen Korrekturen gegenüber der Weimarer Ausgabe (WA) vorgenommen wurden, sonst nach dieser.

charakterischen Widersprüche; indem Goethe hier alle Fürsten seiner Tage als aufgeklärt hinstellt, verfälscht er nicht nur die Geschichte, indem er den akzidentellen Charakter eines ›aufgeklärten‹ Fürsten unterschlägt und die ›Despoten‹ seiner Tage übergeht, sondern er liefert auch künftigen Herrschern — die es nach dem hier implizierten geschichtsphilosophischen Modell nicht mehr geben wird — eine bequeme Legitimation für alles, was sie tun, solange es aus ihrer Perspektive dem Landeswohl dient. Und Goethe übersieht geflissentlich den Fall, wo das Wohl des Landes in Konflikt geraten könnte mit den dynastischen und staatlichen Interessen; denn der aufgeklärte Absolutismus blieb eben durch und durch Absolutismus. Er kann — darin ist wiederum der DDR-Historiographie zuzustimmen,[3] sowenig sie diese Ergebnisse auf Goethe angewendet hat — als Versuch des absolutistischen Staates verstanden werden, die Aufklärung zu absorbieren, die aufgeklärte Intelligenz also zu vereinnahmen und für oppositionelle Zwecke unschädlich zu machen. Der Fürst des ›aufgeklärten‹ Absolutismus »versuchte, möglichst ›aufgeklärt‹ zu erscheinen, blieb sich jedoch in seinem wesentlichen Sein gleich«,[4] also an feudalabsolutistische Interessen gebunden. Die Intelligenz kam diesem Bestreben ihrerseits entgegen: »In Deutschland gewann die Aufklärung [. . .] ihren ganz spezifischen Charakter durch ihr Bündnis mit dem Absolutismus [. . .]«.[5] Indem die Fürsten auf aufgeklärten Reformkurs umzulenken schienen und vor allem die Intelligenzschicht oberflächlich förderten, entzogen sie einem möglichen antifeudalen Umsturz[6] die Stoßkraft. Die Intelligenz arran-

[3] Stellvertretend seien hier genannt: Mittenzwei: Über das Problem des aufgeklärten Absolutismus; Schilfert: Deutschland von 1648 bis 1789; auch in der früheren französischen Forschung sind ähnliche Erkenntnisse zu konstatieren, etwa bei Lefebvre: Der aufgeklärte Despotismus, der die provozierende Formulierung verfaßte: »In Wirklichkeit bedeuteten diese humanitären Einrichtungen den Herrschern nichts als geistreiche Spielerei. In der hauptsächlichen Sorge um die Ausweitung ihrer Macht erwogen sie sorgfältig, was sie zum Vorteil ihrer Bestrebungen nutzen konnten und was sie besser fallenlassen sollten« (S. 83); dagegen wenden sich Aretin: Der Aufgeklärte Absolutismus, S. 12, und Walder: Aufgeklärter Absolutismus und Revolution, S. 107. Aretin nähert sich jedoch der Position Lefebvres an: Es sei klar, »daß jeder Herrscher, der sich nicht selber aufgeben wollte, eine Auswahl aus dem aufgeklärten Denken traf, dem er zu folgen gesonnen war. Das Staatsdenken der Aufklärer und der Aufgeklärte Absolutismus waren im Ergebnis zwei verschiedene Dinge« (S. 38); mit weniger negativer Beurteilung, aber in der Sache übereinstimmend: Duchhardt: Das Zeitalter des Absolutismus, S. 126.

[4] Schilfert: Deutschland von 1648 bis 1789, S. 168.

[5] Duchhardt: Das Zeitalter des Absolutismus, S. 125.

[6] Der an sich richtigen Feststellung, daß die Bedingungen einer Revolution im Deutschland des 18. Jahrhunderts fehlten, muß entgegengesetzt werden, daß es nicht um die objektive Unmöglichkeit des Umsturzes ging, sondern um die Wahrnehmung der Fürsten, die z.T. durch die durch das ganze Jahrhundert schwelenden

gierte sich mit dem Absolutismus und stellte sich mit dem Anspruch zufrieden, sie setze das aufgeklärte Reformwerk in die Wirklichkeit um, aber damit täuschte sie sich und untermauerte den autoritären Staat für die Gegenwart und die Zukunft, als sie ihm ihre Befürwortung verlieh.

Die vorliegende Arbeit geht das Problem jedoch nicht von dieser theoretischen Seite an; sie beabsichtigt auch nicht, jene Untersuchung über Goethe und den aufgeklärten Absolutismus zu sein. Vielmehr will sie die oben zitierte Aussage Goethes von der historischen Seite überprüfen, indem sie die dunkle Seite der angeblich so aufgeklärten Regierung im Herzogtum Weimar beleuchtet und damit eine Art Vorstudie zu jener allgemeineren Untersuchung liefern will. Es geht hier um ein Schweigen, ja um ein Verschweigen in vieler Hinsicht. Daß Goethe nämlich Mitglied eines Geheimbunds war, der als Fernziel wenigstens nominell die Abschaffung von Monarchen und Staaten anstrebte, ist eine Tatsache, die von Goethe selbst verschwiegen und wegen Geheimhaltung der Quellen auch unter den meisten Spezialisten unbekannt blieb. Nach dem Wiederauftauchen dieser Quellen, die vor ihrem Verschwinden im Jahre 1936 nie eingehend ausgewertet worden waren, sind wir in der glücklichen Lage, die Tätigkeit dieser ›Illuminaten‹ in Weimar erforschen zu können. Daß sich speziell auch drei ungedruckte Goethe-Briefe (sowie auch einer von Herder und verschiedene Dokumente von Herzog Carl August) darunter befinden, ist für die Goethe-Forschung eigentlich kaum wichtiger als die zahlreichen Erörterungen über Goethes Beziehungen zu diesem Geheimbund in den Briefen anderer (die etwas ungewöhnliche Geschichte dieser Dokumente, der ›Schwedenkiste‹, wird in Abschnitt 3.1 skizziert). Die auffallende Diskrepanz zwischen den angeblich radikalen politischen Zielen dieses Geheimbunds und den soeben erörterten konservativen politischen Anschauungen Goethes werden in der Untersuchung natürlich von Interesse sein. Für die vorliegende Fragestellung steht nämlich nicht Goethes Illuminatenmitgliedschaft als solche im Mittelpunkt — obwohl

---

Bauernunruhen geprägt war. Friedrich II. erklärte außerdem ausdrücklich, ein guter Fürst werde nie einen Aufruhr erleben; damit gab er zu verstehen, daß die Gefahr des Aufruhrs immer präsent war, und daß nur der sich aufgeklärt gebärdende Fürst der Aufklärung die kritische Spitze abbrechen könnte. Ingrid Mittenzwei resümiert: »Revolutionäre Erhebungen zu vermeiden, das war das eigentliche Ziel der Beschränkungen, die sich nach Friedrichs Meinung ein aufgeklärter Fürst auferlegen muß« (Mittenzwei: Über das Problem des aufgeklärten Absolutismus, S. 1168, das Friedrich-Zitat ebda.; ähnlich Schilfert: Deutschland von 1648 bis 1789, S. 171).

auch diese als notwendige Voraussetzung dargestellt wird — sondern seine Teilnahme an Unterdrückung und Einschüchterung progressiver Kräfte in seiner Eigenschaft als leitender Beamter im Herzogtum Sachsen-Weimar; das Bindeglied zwischen beiden Tätigkeitsbereichen ist die These, daß Goethe und sein Herzog nicht aus Engagement dem Illuminatenorden beitraten, sondern zum Zweck der Überwachung. Gegenstand der Untersuchung ist die Angst vor konspirativer Verschwörung, die man besonders nach dem Anfang der Französischen Revolution hinter jeder geheimen Organisation der Intelligenz witterte, im weiteren Sinne der Argwohn gegen Intellektuelle überhaupt. Die geheimgehaltene eigene illuminatische Mitgliedschaft war für Goethe nur ein weiterer Aspekt seiner gleichfalls geheimgehaltenen Teilnahme an jener Überwachung und Einschüchterung der Intelligenz. Beide Bereiche seines Lebens verschwieg er.

Die folgenden Ausführungen haben jedoch nicht nur Goethes Biographie zum Gegenstand. Sie beleuchten auch nicht primär den Niederschlag dieser Thematik in Goethes Werken — er hat sie über Ansätze hinaus eben nicht in sein Repertoire von Themen aufgenommen, die er literarisch verarbeitet oder sonst zu einem Teil seiner »großen Konfession« gemacht hat; er versteckte dieses Kapitel seines Lebens sorgfältig bei der Konzeption seiner autobiographischen und fiktiven Schriften (abgesehen von einigen Anspielungen, die aber eher verdeckten als aufdeckten). Im folgenden geht es vielmehr um politische Vorgänge im Herzogtum Weimar, die eine geheime Schattenseite der Weimarer Klassik und einiger ihrer Hauptfiguren darstellen. Dies ist um so wichtiger, da die ›Liberalität‹ der Weimarer Regierung unter Herzog Carl August nicht nur ein politisches Alibi für Goethe liefert — und zwar zu seiner eigenen Lebenszeit wie in der Forschung und der Öffentlichkeit bis heute —, sondern auch der deutschen Historiographie ein Beispiel für den angeblichen Erfolg des ›aufgeklärten‹ Absolutismus geliefert hat: Carl August wird gern zusammen mit dem badischen Markgrafen Carl Friedrich als Repräsentant eines geglückten aufgeklärten Absolutismus gerühmt, nachdem die ehemals vornehmsten Vertreter, Friedrich II. (›der Große‹) von Preußen, Joseph II. von Österreich und Catharina II. von Rußland, viel von ihrem Glanz verloren hatten. Inwieweit diese Legitimationsstrategie für die weitere Entwicklung der deutschen Geschichte verantwortlich gemacht werden kann — ob z.B. die in der Geschichtsforschung gestreifte Tatsache, daß sich im 20. Jahrhundert der Totalitarismus in ausgerechnet den Ländern entwickelte, die im 18. Jahrhundert den aufgeklärten Absolutismus kannten (Deutschland, Rußland, Italien, Spanien), aussagekräftig ist, ob etwa die

Idee Martin Heideggers, den »Führer führen« zu wollen, auf altetablierte Vorstellungen des Fürstenmentors im aufgeklärten Absolutismus zurückgeht und damit die oft beschworene Nähe Buchenwalds zu Weimar zu mehr als einer geistreichen Pointe macht: Das alles muß hier im Hintergrund bleiben. Fest steht jedenfalls, daß der aufgeklärte Absolutismus auch in Weimar für die leider ewig junge Idee steht, daß alles Gute ›von oben‹ kommt und daß daher die Intelligenz ihre soziopolitischen Wirkungsmöglichkeiten in der Bindung an den starken Staat sehen sollte. Es kann hier auch nicht darum gehen, das Bild der Weimarer Liberalität grundlegend zu untersuchen, da hier nur ein Teilaspekt der Weimarer Machtverhältnisse dargestellt wird. Aber in der Anlehnung an die reaktionären Ideen der Verschwörungstheoretiker im Zeitalter der Französischen Revolution und noch davor sowie in der konsequenten Einschüchterung der öffentlichen Meinungsäußerung bzw. -bildung zeigt sich doch ein ganzes Stück der Weimarer Wirklichkeit, die sich hinter schönen (und manchmal sehr konservativen) dichterischen Werken verbirgt. Mit einer Analyse der Beteiligung Goethes an dieser Machtausübung ist natürlich über den globalen Wert seiner *Dichtungen* nichts ausgesagt — sie stehen hier sowieso am Rande —, sondern es geht um den Fall eines großen Schriftstellers, dessen politische Ansichten über das Vehikel seines Dichterruhms in die moderne Legitimierung eines starken Staates sozusagen hineingeschmuggelt wurden.

Diese Fragestellung läuft einem zentralen Anliegen der linken Literaturwissenschaft entgegen, zu der die vorliegende Untersuchung sich jedoch rechnet. Denn es geht seit eh und je darum, wichtige Schriftsteller für eine progressive Haltung zu reklamieren. Wenn dies sorgfältig durchgeführt wird, so hat es eine wichtige Funktion, aber allzuoft werden die dichterischen Werke und die historischen Gegebenheiten oberflächlich behandelt, um zum Ziel der progressiven Vereinnahmung eines politisch eher konservativen Schriftstellers zu gelangen. Das Resultat zeugt dann häufig von der Unsicherheit einer engagierten Literaturwissenschaft, der es nicht genügt, eine ansehnliche progressive Literaturtradition — einen Forster, Heine oder Brecht — ›auf ihrer Seite‹ zu wissen. Goethe ist das Paradebeispiel für dieses Verfahren, aus den oben dargelegten ideologischen Gründen. Die vorliegende Arbeit geht von der Voraussetzung aus, daß es wenig nützt, einen Schriftsteller für die eigene Position zu reklamieren, wenn die Oberflächlichkeit der Analyse leicht durchschaut werden kann. Viel wichtiger für die alltägliche Lebenspraxis ist es doch wohl, das kritische Instrumentarium dadurch zu schärfen, daß man die Vereinnahmung der literarischen Intelligenz durch Macht und andere soziopolitische Interessen zu erkennen sucht. Es ist zu hoffen, daß dieser Ansatz die Einseitigkeiten der ideologiekritischen Literaturwissenschaft der vergangenen Jahrzehnte vermeiden und neuere theoretische Impulse in sich aufnehmen kann. Zentral für die vorliegende Untersuchung war die theoretische Frage, ob angesichts der darzustellenden Machtverhältnisse von einer autonomen Subjektbildung gesprochen werden kann, wie sie gerade von der Weimarer Klassik postuliert wird. Eine andere Leitfrage war das Problem der Opposition unter den Bedingungen einer Vereinnahmung der Intelligenz durch den autoritären Staat. Schließlich muß nach der potentiellen ›Dialektik der Aufklärung‹ im Illuminatenorden gefragt werden; war es unter den gegebenen Bedingungen nötig, daß die geheime Organisation der Intelligenz zu geradezu despotischen Maßnahmen griff, daß sie einen instrumental gesteuerten »Retortenmenschen der Aufklärung«[7] schaffen mußte, um ihre Zwecke durchzusetzen?

Diese Arbeit versteht sich als Plädoyer nicht nur für eine historische und ideologiekritische Verankerung der Literatur- und Kulturgeschichte, sondern auch für eine erneute Beschäftigung mit vernachlässigten Quellen, gedruckten wie ungedruckten. Daß im vorliegenden Fall eine wichtige Quellensammlung wieder aufgetaucht ist, ist freilich ein glücklicher Zufall, der sich heute immer seltener ereignet. Aber ein großer Teil der Quellen für diese Untersuchung entstammt eben nicht jener ›Schwedenkiste‹, sondern anderen, schon längst bekannten archivalischen Beständen sowie verstreut und versteckt gedruckten Quellen.[8] Es trifft wohl zu, daß fast alle Schriften und Briefe einiger der bedeutendsten Schriftsteller in der deutschen Literaturgeschichte publiziert oder wenigstens bekannt sind. Aber im historischen Kontext ihres Wirkens — nicht nur in der Wirkung bzw. Rezeption ihrer Schriften, sondern auch im politischen Umfeld ihres Lebens — liegt in vielen Fällen ein braches Feld. Daß gerade mit Bezug auf den Weimarer Herzog, Goethes engen Freund und politischen Kollegen, eine Menge unveröffentlichter Quellen über die Behandlung der Professorenschaft an der Universität Jena benutzt werden konnte, wo die romantische Bewegung ih-

[7] So Voges: Aufklärung und Geheimnis, S. 103, der auch die Frage nach der ›Dialektik der Aufklärung‹ aufwirft.

[8] Zu erwähnen sind besonders ältere Quellen wie Diezmann: Aus Weimars Glanzzeit (vgl. Kap. 5.3); außerdem konnten in einer Reihe von Fällen Briefe des Herzogs Carl August benutzt werden, von denen nur Auszüge in seinem ›Politischen Briefwechsel‹ (CAPB) veröffentlicht worden waren; gerade die ausgelassenen Stellen mancher Briefe interessierten am meisten für die vorliegende Fragestellung (vgl. wiederum alle Teile von Kap. 5).

ren Ursprung hatte, sollte bedenklich stimmen gegenüber der allgemein akzeptierten Annahme, daß Archivarbeit nur über neu zu entdeckende Autoren ausgeführt werden könne.

Für entgegenkommende Hilfeleistung bin ich folgenden Archiven und Personen zu besonderem Dank verpflichtet: der Königlichen Bibliothek, Kopenhagen; dem Staatsarchiv Weimar; dem Goethe- und Schiller-Archiv der Nationalen Forschungs- und Gedenkstätten der klassischen deutschen Literatur in Weimar (besonders Günter Arnold und Gerhard Schmid); der Forschungsbibliothek Gotha und der Leiterin der Handschriftenabteilung, Maria Mitscherling. Auch dem Personal der Staats- und Universitätsbibliotheken Hamburg, Göttingen und München, sowie der Herzog August Bibliothek Wolfenbüttel und der Zentralbibliothek der deutschen Klassik in Weimar ist zu danken. Besonderen Dank möchte ich den Archivarinnen des Zentralen Staatsarchivs der DDR, Dienststelle Merseburg, aussprechen; Archivrätin Renate Endler half mir mit ihrem Fachwissen über den Bestand der ›Schwedenkiste‹ und förderte meine Forschungen auf sehr kollegiale Weise. Folgende studentische Hilfskräfte unterstützten mich in verschiedenen Stadien der Arbeit: Samuel Dunlap, Kay Henschel, Linda von Hoene, Wayne Miller und Gail Wise (Berkeley); Angelika Bartoldus (Hamburg); Ines Engelmann, Anke Nothnagel und Anke Pätsch (Leipzig/Merseburg); und besonders Christina von Hodenberg (München/Merseburg). Ein Forschungsaufenthalt in der Bundesrespublik und die Archivarbeit in der DDR im Jahre 1989/90 wurden durch die Unterstützung des Committee on Research, University of California at Berkeley, ermöglicht. Meine Kollegen in Berkeley haben die Arbeit auf vielfältige Weise gefördert.

Frühere Fassungen von Kapitel 5.3 bzw. Kapitel 4 und 3.3 erschienen in englischer Sprache in den Zeitschriften *Euphorion* und *Goethe Yearbook* (1989). Die dort veröffentlichten Ergebnisse wurden jedoch auf Grund der archivalischen Arbeit überprüft und grundlegend revidiert bzw. beträchtlich erweitert. Die Arbeit wurde (von einigen Nachträgen abgesehen) im August 1990 abgeschlossen.

1
Einleitung
Die Illuminaten und die Illusionen des aufgeklärten Absolutismus

Das 18. Jahrhundert, das ›Zeitalter der Aufklärung‹, war paradoxerweise auch das Zeitalter der Geheimbünde. Die moderne Freimaurerei erlebte in dieser Zeit ihre höchste Blüte, und zahlreiche weniger bekannte Bünde gingen entweder von ihr aus oder etablierten sich mehr oder weniger unabhängig von ihr; die meisten Schriftsteller gehörten zu irgendeinem Zeitpunkt einem Geheimbund an. In den 1780er Jahren florierten außerdem Geheimbünde, die nun politische Aufgaben in ihr Programm einzubauen begannen. Der bekannteste und zugleich bis in unser Jahrhundert der berüchtigste war der Geheimbund der Illuminaten, dessen Geschichte, zu einem Verschwörungsmythos ausgebaut, durch das ganze 19. Jahrhundert zum selbstverständlichen Bildungsgut gehörte und heute noch in Unterhaltungsromanen sein phantastisches Dasein fristet.

Der Illuminatenorden wurde 1776 vom Ingolstädter Professor für Kirchenrecht und praktische Philosophie Adam Weishaupt gegründet. Weishaupt, der sich im finsteren Bayern als Vorkämpfer für die Aufklärung verstand, hatte jahrelange Streitigkeiten mit den Jesuiten hinter sich, und der Illuminatenbund wurde wohl ursprünglich als Waffe in diesem Kampf gegen den 1773 verbotenen, aber trotzdem noch nachwirkenden Jesuitenorden konzipiert — unter dem Motto: Wenn unsere Feinde sich heimlich organisieren, so müssen wir das auch. Weishaupt entwickelte hochfliegende Pläne; seine 1782 entstandene, zentrale theoretische Schrift, die *Anrede an die neu aufzunehmenden Illuminatos dirigentes*, sah eine Abschaffung von Fürsten und Staaten vor. Dieser Zweck sollte jedoch nicht durch revolutionären Umsturz erreicht werden, sondern durch ein »Sittenregiment«, für welches alle Guten wirken würden, und durch eine Art von ›Besetzung‹ des Staates, wie Reinhard Koselleck die illuminatische Taktik genannt hat: Man versuchte, hohe Staatsmänner und sogar Fürsten für den Orden zu gewinnen, und durch die sittliche Erziehung dieser Männer erhoffte man sich die Umwandlung einer als »verderbt« angesehenen europäischen Gesellschaft. Also

Unterwanderung der Staatsspitze zum Zweck der Überwindung des Staates — ein latenter Widerspruch, auf den wir zurückkommen werden. Die Illuminaten unterwanderten auch viele Freimaurerlogen, die sie als legitime ›Tarnorganisationen‹ benutzten und in denen sie Mitglieder warben; der Orden profitierte auch von der Spaltung der Freimaurerei in den frühen 1780er Jahren und gewann hier viele Mitglieder. Um freimaurerisch veranlagte Interessenten anzulocken, wurde die Freimaurerei regelrecht in die Ordenstruktur der Illuminaten eingebaut — eine mittlere Klasse des Ordens hieß »Freimaurerei«, und ein Mitglied dieses Grades mußte die verschiedenen maurerischen Grade durcharbeiten. Auf diese Weise lenkten die Illuminaten ganze Freimaurerlogen, so daß im zeitgenössischen Bewußtsein und auch in den Angriffen gegen die Illuminaten oft zwischen den beiden Orden nur rudimentär unterschieden wurde.

Nachdem Renegaten aus dem Illuminatenorden 1784/1785 das Geheimnis lüfteten, wurde der Bund mit Hinblick auf seine angeblich gefährlichen politischen Pläne und Aktivitäten in Bayern verboten und seine ehemaligen Mitglieder verfolgt, und von nun an setzte die Legende einer revolutionären Verschwörung ein, die im nächsten Abschnitt zu behandeln sein wird. Insgesamt zählte der Orden zwischen etwa 1100 und 2500 Mitgliedern[1] — das sind keine überwältigenden Zahlen, aber darunter waren viele aus der Elite der damaligen Gesellschaft vertreten — nicht nur Männer der *literarischen* Elite, wie Goethe, Herder, F. Jacobi, Nicolai, Knigge und vielleicht Forster, sondern auch hohe Beamte und einige Fürsten. Zu den wichtigsten nichtregierenden Fürsten zählten Herzog Ferdinand von Braunschweig sowie die Prinzen Carl von Hessen-Kassel, August von Gotha und Constantin von Weimar; auch der kurmainzische Statthalter in Erfurt, Carl Theodor von Dalberg, einer der wichtigsten Staatsmänner seiner Zeit und späterer Kurfürst von Mainz und Fürstprimas von Deutschland, wäre hier zu nennen (die Bedeutung des Ordens für Dalberg, ein von Goethe geschätzter Weltmann, wird erst aus den in der vorliegenden Untersuchung veröffentlichten Dokumenten deutlich[2]). *Regierende* Fürsten

[1] Die erste Schätzung stammt von Schüttler (Karl Leonhard Reinhold, S. 69), die zweite von Fehn (Zur Wiederentdeckung des Illuminatenordens, S. 263 f. bzw. Der Illuminatenorden und die Aufklärung, S. 9); beide wollten die erheblich niedrigeren Schätzungen van Dülmens (600 bis 700; Dülmen: Geheimbund der Illuminaten, S. 73) revidieren. — Weishaupts Sohn berichtete von einer Liste, welche die Namen von 2400 Mitgliedern enthalten haben soll (Engel: Geschichte des Illuminaten-Ordens, S. 401).

[2] Bisher hieß es, Dalberg habe offenbar nur einen unteren Illuminatengrad erreicht (vor allem Freyh: K.Th. von Dalberg, S. 334 f. [dort die ausführlichste Erörterung der illuminatischen Tätigkeit Dalbergs, S. 330-36]; Rob: K.Th. von Dal-

kamen mit unbedeutenden Ausnahmen[3] erst in der zu untersuchenden Illuminatengruppe in Thüringen in den Bund: Herzog Ernst II. von Sachsen-Gotha, ein vielgerühmter Landesvater in nächster Nähe zu Weimar, und eben Herzog Carl August von Sachsen-Weimar, Goethes Mäzen und Freund. Die noch nicht ausreichend gewürdigte Brisanz des Illuminatenordens für die Literaturgeschichte geht aus der im folgenden zu analysierenden illuminatischen Tätigkeit in Weimar hervor; das Herzogtum wurde (mit dem benachbarten Herzogtum Gotha) nach den Verfolgungen in Bayern nun zu einem Zentrum von Versuchen, den Orden in reformierter Gestalt wieder zu beleben. Die Hauptfiguren in diesen Bemühungen, die bis in die 1790er Jahre fortgesetzt wurden, waren Johann Joachim Christoph Bode, der berühmte Freund Lessings, der wichtige Übersetzungen verfaßt hatte und seit 1779 als Gesellschafter der verwitweten Gräfin Bernstorff in Weimar lebte, und der Jenaer Philosophieprofessor Karl Leonhard Reinhold, ein bedeutender Anhänger der Kantischen Lehre und Wielands Schwiegersohn.[4] Diese Bemühungen verliefen schließlich im Sande, aber für die politische Entwicklung der literarischen Intelligenz und der betreffenden Fürsten waren sie von grundlegender Bedeutung.

In der Analyse der Illuminaten sind vorweg einige Unterscheidungen nötig. Zunächst muß zwischen Theorie und Praxis, also zwischen den Grundsätzen der Gründer und der Ordenswirklichkeit differenziert

---

berg, S. 134-36) und sei nur deswegen beigetreten, um die Weimarer und Gothaer Höfe zu beeinflussen (so eine spätere Aussage von Dalberg selbst). Dalberg wurde jedoch für ein hohes Ordensamt in Erwägung gezogen (vgl. Dokument Nr. 2, Bl. 2r); er muß entweder den Priester- oder Regentengrad erreicht haben, vielleicht sogar den ersten Grad der »Höheren Mysterien«, denn es wird überlegt, ob er den zweiten erhalten soll (Dokument Nr. 28, Bl. 1v); er hatte Kontakt zu führenden bayrischen Illuminatenkreisen (Dokument Nr. 36, Bl. 1v) und wollte dem aus Bayern vertriebenen Ordensstifter Weishaupt zu einer Stelle als Prinzenerzieher verhelfen (ebda. Bl. 2r; vgl. dort Anm. 5). So muß die Meinung, der Orden habe nicht »direkt programmatisch anregend und bewußtseinsbildend« auf Dalberg wirken können, weil er mit der theoretischen Grundlage nicht vertraut war (Freyh: K.Th. von Dalberg, S. 333), einer kritischen Revision unterzogen werden (vgl. auch Kap. 3.3).

3 Ein Brief Weishaupts in der ›Schwedenkiste‹ erwähnt den Landgrafen von Homburg, »welcher würcklich im ʘ ist«, und macht damit zum ersten Mal den Landgrafen Friedrich V. Ludwig von Hessen-Homburg (1748-1820), einen Schwager des Weimarer Herzogs Carl August, für den Orden namhaft. Weishaupt an Bode, 29.7.1783, vgl. Dokument Nr. 5 (eine dort ausgelassene Stelle, Bl. 2r).

4 Zum letzteren vgl. Schüttler: Karl Leonhard Reinhold; Schüttler plant eine Bode-Biographie z.T. auf Grund der Dokumente in der ›Schwedenkiste‹.

werden. Sehr viel von dem, was in den unzähligen Ordensdokumenten beschrieben oder verordnet wurde, scheint nämlich nie wirklich eingeführt worden zu sein; einige dieser Schriften wurden erst kurz vor dem bayrischen Verbot des Ordens verfaßt oder verteilt. Zweitens muß man zwischen den Konzepten unterscheiden, die nur den Oberen zugänglich waren, und denjenigen, mit denen die Masse der Ordensmitglieder vertraut war; je höher man in die Ordensspitze rückte, desto mehr erfuhr man über die politischen Zwecke des Ordens, und nach der Publikation vieler Ordensdokumente durch die bayrische Regierung im Jahre 1787 waren nicht nur die meisten Zeitgenossen, sondern auch die meisten ehemaligen Illuminaten schockiert (dieser Schock ging allerdings zum Teil auf moralische Beschuldigungen gegen Weishaupt zurück). Drittens unterscheiden sich Weishaupts Ansichten von denjenigen der seit den 1780er Jahren beigetretenen vornehmlich protestantischen Illuminaten in Nord- und Mitteldeutschland — vor allem Adolph Freiherr von Knigge, der den Bund seit 1781 umgestaltete, aber infolge der Streitigkeiten mit Weishaupt ein paar Jahre später aus dem Orden ausschied. Weishaupt herrschte despotisch über den Orden, während Knigge und die Nord- bzw. Mitteldeutschen eine lockerere Organisation anstrebten (hier spielten die Weimarer Illuminaten eine Rolle); Weishaupts Ansichten waren darüber hinaus rationalistisch orientiert, und er mißbilligte die esoterischen, pseudoreligiösen, gefühlsmäßigen Elemente, die Knigge vor allem aus der Freimaurerei in den Orden einführte, um ehemalige Freimaurer für die Illuminaten zu gewinnen. Viertens ist zu bedenken, daß auch in den Schriften, die für den Gebrauch der höchsten Illuminaten geschrieben wurden, Ansichten vorgetragen wurden, die nur in täuschender Absicht verfaßt worden waren. Schon zeitgenössische Kritiker, aber auch die moderne Forschung haben z.B. aus Briefen Weishaupts geltend gemacht, daß seine in der *Anrede* vorgetragene langwierige Beschreibung des Christentums als eine Geheimgesellschaft, deren Ziele mit denjenigen der Illuminaten identisch waren, nur dazu dienen sollte, religiös orientierte Mitglieder für die Ordenszwecke zu gewinnen.[5] Und schließlich muß zwischen den Äußerungen der

[5] Fehn: Der Illuminatenorden und die Aufklärung, S. 10 f.; ähnlich [Grolmann:] Eine Rede über den Illuminaten-Orden (1793), S. 12: »[...] man weiß aus ihren [=Knigges und Weishaupts] authentischen anerkannten Briefen, daß ihr in diesen Documenten aufgestelltes Religionssystem nur eine Hülle gewesen, und daß in noch höhern Graden, in ihren großen Mysterien, gelehrt werden sollte, *alle positive Religion sey Betrug*. [...] *Knigge* macht sich sogar ein Verdienst daraus, daß er die Leute in Absicht auf die Religion *hintergangen* habe.« — Die von Fehn herangezogenen Texte sind NOS 1: 76, 68 (letzterer auch in D 273).

Ordensführer vor und nach der Unterdrückung des Ordens unterschieden werden, denn letztere wurden meist zum Zweck apologetischer Selbstrechtfertigung gegen den Vorwurf der Staatsfeindlichkeit verfaßt und können in einigen Fällen nicht für bare Münze genommen werden.

Angesichts dieser Schwierigkeiten überrascht es nicht, daß in der Illuminatenforschung beträchtliche Meinungsverschiedenheit gerade über die politischen Ziele und die politischen Aktivitäten des Ordens besteht. Eingedenk der Unwissenheit der meisten Mitglieder über diese Ziele scheint es nützlich, nach den Motivationen für den Eintritt in den Orden zu fragen. So hat Ernst-Otto Fehn für Knigge zwei Motive festgestellt, die er mit Recht als Komponenten auch der Motivation anderer ansieht. Er faßt diese Motivationen unter den Begriffen »Erleuchtung« und »Wirken« zusammen: Auf der einen Seite das Bestreben nach Wissen in übernatürlichen Dingen, nachdem die etablierten Kirchen zunehmend an Glaubwürdigkeit vorloren; und auf der anderen Seite das Bedürfnis nach gesellschaftspolitischer Wirkung im absolutistischen Staat, der solchen Bemühungen nur sehr bedingt Raum gab. Näher besehen können diese Motivationen jedoch in prinzipiellere Anliegen der deutschen Intelligenz des 18. Jahrhunderts eingebettet werden. Eine dieser Tendenzen ist von Peter Weber und anderen unter der Bezeichnung »Sezession« analysiert worden:[6] Es ist die Tendenz, aus der verderbten absolutistischen Ständegesellschaft ›auszusteigen‹ und sich in eine wie auch immer definierte private Enklave zu flüchten — ein gutes Beispiel ist die Mode des Freundschaftskults. Die andere Tendenz ist die Annäherung an den aufgeklärten Absolutismus selbst: die Bemühung der Intelligenz, Macht über die Fürsten zu bekommen, sei es als Beamte oder als Fürstenberater oder -mentoren, um so die erhoffte Umwandlung der Gesellschaft zu bewirken. Der ›Sezessionismus‹ als Motivationsfaktor der Illuminaten leuchtet wohl ohne weiteres ein: die Illuminaten kapselten sich von der verderbten Gesellschaft ab und übten in einem streng geheimen und privaten Freiraum die bessere Gesellschaft, die sie in der breiteren Wirklichkeit vermißten. Auch die Ausübung einer Art von Ersatzreligion in den Ordensritualen deutet in diese Richtung: Die Gründung einer Art von Alternativkirche sollte diejenigen reizen, die mit den kirchlichen Institutionen unzufrieden waren. So konnte ›Erleuchtung‹ zusammen mit anderen Formen der in der absolutistischen Ständegesellschaft blockierten Selbstverwirklichung im Illuminatenorden gesucht werden.

[6] Weber: Das Menschenbild des bürgerlichen Trauerspiels.

Schwerer einzusehen ist auf den ersten Blick die Behauptung, die Illuminaten, die ja die Abschaffung von Fürsten und Staaten bezweckt haben sollen, hätten im Grunde die Durchsetzung des aufgeklärten Absolutismus zum Ziel gehabt — zumal dieses Ziel der sezessionistischen Bestrebung zu widerspechen scheint. Aber dieser Aspekt ist entscheidend für das Verständnis der Illuminaten, wobei allerdings die Erneuerungen anerkannt werden müssen, welche die Illuminaten in das bis dahin bekannte Modell des aufgeklärten Absolutismus einführten. Zunächst ist festzustellen, daß das Ziel der Beseitigung der bestehenden Staatenordnung nur der Ordensspitze vertraut war — nach Fehns Schätzung »im günstigsten Fall etwa 50-100 der 2500 Illuminaten«;[7] dieses Ziel kann demnach für die große Masse der Ordensbrüder nicht in Frage kommen. Vielmehr wurde ihnen immer wieder nahegelegt, gute Staatsbürger zu sein. Einen Einblick in die Motivationen dieser Mitglieder gewährt eine Bemerkung Knigges über die Schwierigkeiten, die er hatte, den Ansprüchen aller Mitglieder zu genügen:

> »Nun gab es aber unter uns [. . .] erklärte Deisten; religiose Schwärmer; Grübler; Alchymisten; Theosophen; Leute, die Ruhe liebten und nicht gern arbeiteten; unruhige Köpfe; Solche, die einen Hang zu Intrigue hatten; fleißige und thätige Menschen; Herrschsüchtige; Ehrgeizige; Ahnenstolze; Eigennützige; Solche, die Beförderung im bürgerlichen Leben, und Andre, die Hülfe und Unterstützung bey gelehrten Unternehmungen suchten; [. . .] Philosophen und Philosophaster. Kurz! Leute von allerley Ständen, Gemüthsarten, Fähigkeiten und Stimmungen.«[8]

Der letzte Satz stimmt jedenfalls nicht: Der Orden stellte soziologisch gesehen keineswegs einen Querschnitt durch die damalige Gesellschaft dar, schon wegen der fehlenden Beteiligung der unteren Schichten; im Grunde kann sie als Sozietät der Intelligenz bezeichnet werden. Aber in Knigges Aufzählung ist das Übergewicht an denjenigen Intellektuellen auffallend, die mit den bestehenden gesellschaftlichen Institutionen unzufrieden waren, und zwar im Bereich Kirche (»erklärte Deisten« bis »Theosophen«), Staat (»unruhige Köpfe« bis »Ehrgeizige«; »Solche, die Beförderung im bürgerlichen Leben [. . .] suchten«) und Bildungswesen (»Andre, die Hülfe und Unterstützung bey gelehrten Unternehmungen suchten«). Das überrascht auch nicht, denn den Oberen wurde aufgetragen, in der Förderung der Mitglieder »zur politischen Direction des

[7] Fehn: Der Illuminatenorden und die Aufklärung, S. 9.
[8] EE 87 f., in D 348.

Ordens«, also zum Regentengrad, »vorzüglich solche auszusuchen, die sich oft erklärt haben, wie unzufrieden sie mit den gewöhnlichen menschlichen Einrichtungen sind [...]«[9] — und es wäre nicht erstaunlich, daß die nach diesen Prinzipien ausgewählten ›Regenten‹ auch gleichgesinnte Novizen werben würden. Wenn man Ordensbrüder warb, die mit dem Bestehenden unzufrieden waren, sie trotzdem dazu anhielt, gute Staatsbürger zu sein, so liegt nahe, daß diese Mitglieder nicht zu Oppositionellen erzogen werden sollten, sondern daß ihnen im Illuminatenorden Gelegenheit verschafft werden sollte, die Tätigkeiten auszuüben, die ihnen in der gesellschaftlichen Wirklichkeit versagt waren. Im Ritual zur Einführung in die höheren Ordensgrade werden Fragen gestellt, die den Kandidaten geradezu unbeholfen auf Unzufriedenheit mit Institutionen in diesen drei Bereichen prüfen sollen:

> »Sind unsre jetzigen Welteinrichtungen der Bestimmung, zu welcher der Mensch auf diese Erde gesetzt zu seyn scheint, angemessen oder nicht? Erfüllen z.B. Staaten, bürgerliche Verbindungen, Volksreligionen den Zweck, um derentwillen die Menschen dieselben errichtet haben? Befördern die gemeinen Wissenschaften wahrhafte Aufklärung, wahre menschliche Glückseligkeit; oder sind sie vielmehr Kinder der Noth, der vervielfältigten Bedürfnisse, des widernatürlichen Zustandes, Erfindungen spitzfündiger eitler Köpfe?«[10]

Diese Fragen sollen prüfen, ob der Kandidat geeignet ist, die *Anrede* zu hören, in der diese Fragen dann im hier angedeuteten institutionskritischen Sinne beantwortet werden. Und nach erfolgter Aufnahme in den »kleinen Priestergrad« wird dem Kandidaten dementsprechend verkündigt, er werde »künftig zu der Klasse derer gehören, in deren Händen die Regierung im Wissenschaftlichen, Religiösen und Politischen steht«.[11] Das Schlüsselwort ist »Regierung«, ein Wort, das sehr häufig in Illuminatendokumenten auftaucht — meist in der Form: ›die Welt regieren‹; es verrät, daß die Illuminaten eine Art von *Ersatzstaat* aufbauten, in der sie die Mißstände des absolutistischen Staates beseitigen wollten. Das eigentliche Charakterische für den Illuminatenorden ist jedoch, daß er diese feudalabsolutistischen Mißstände nur reproduzierte. Als Requisit des absolutistischen Staates sind z.B. die weitgespann-

[9] NA 114 f.
[10] NA 3 f.
[11] NA 11.

ten Erwartungen zu verstehen, welche die Illuminaten an den Orden stellten — klingen doch diese Erwartungen, wie Knigge sie beschreibt, wie die Ansprüche, die der neue zentralistische allesregulierende Staat erweckte, aber nicht befriedigte: »Wollte ein Forstmann wissen, was für Holzarten in diesem oder jenem Boden am besten gedeyen könnten; so fragte er bey dem Orden darum an; Wollte ein Chemiker wissen, welche Art Phosphor zu machen die beste wäre; so musste der Orden ihm Auskunft geben. Sehr Viele forderten Beförderung zu Bedienungen und Ehrenstellen; Andre Geld-Vorschüsse, Pränumerationen auf Bücher, die sie schreiben und durch den Orden ausposaunen wollten; Andre beträchtliche Darlehne, um ihre Güter schuldenfrey zu machen [...]«[12] — kurz, sie erwarteten vom Orden alles, was die bestehenden gesellschaftlichen Institutionen, allen voran der absolutistische Staat, nicht leisten konnten. Dazu gehört natürlich auch soziale Gleichheit, eine der wichtigsten ideologischen Stützen der Geheimbünde des 18. Jahrhunderts; daß der Adel und manchmal der Fürstenstand in Geheimbundversammlungen neben Bürgern saßen, diente als Kompensation für die arge Ungleichheit in der wirklichen Gesellschaft. Auch die in der realen Gesellschaft fehlende soziale Mobilität wird im Orden gesucht und ausprobiert; der stufenweise Anstieg durch die verschiedenen Grade, in dessen Verlauf das Mitglied immer mehr über die Ordensziele erfuhr: Das war ein Weg, der potentiell jedem Begabten freistand, so daß hier theoretisch der bürgerliche Geistes- oder Verdienstadel sich gegen den Geburtsadel durchsetzen und gleichzeitig die in der Wirklichkeit fehlende soziale Mobilität spielerisch verwirklichen konnte. Ein früher Kritiker des Ordens urteilte ganz richtig, wenn er von der »Absicht« der Illuminaten sprach, »sich höher zu schwingen, dadurch in der Einbildung sich durch gewagte Grundsätze in die Klasse höherer Geister zu setzen [...]«.[13] Soziale Ungleichheit, die starren Standesgrenzen, die Ossifizierung der gesellschaftlichen Institutionen Staat, Kirche, Wissenschaft: Das alles sollte im Orden überwunden werden. Aber wichtiger noch: Diese Überwindung sollte langsam und unmerklich auch die größere gesellschaftliche Wirklichkeit verwandeln. Und der Weg dazu war der Einfluß auf den absolutistischen Herrscher. Die bestehende Gesellschaft sollte also ›von oben‹ transformiert werden, durch mit dieser Gesellschaft zutiefst unzufriedene aufgeklärte Berater, die den Fürsten

[12] EE 43.

[13] Kaiserlicher Bericht an die K.K. Gesandtschaft in München, Wien 23.11.1784, E 202, D 373.

umgeben sollten. So heißt es bei Weishaupt: »[...] daran zweifle ich nicht, daß es mehrere [=mehr] Elde Fürsten g[ä]be, wenn dieser Stand das Glück hätte in bessere Hände zu fallen, und mit Edlern uneigennüzigen Männern umgeben zu seyn. Das gehört aber mit zu den Zwecken des ʘ, disen Mangel zu heben.«[14]

Die größte Schwierigkeit in diesem großartigen Projekt bestand nun darin, daß die Illuminaten voraussetzten, daß sie in ihrer Enklave die Mißstände, die sie in der größeren Gesellschaft überwinden wollten, hinter sich lassen könnten, so daß sie von einer unkontaminierten Insel der Reinheit ausgehend die verderbte Gesellschaft umgestalten konnten: Die psychische und machtpolitische ›Sezession‹ war die Voraussetzung für die soziopolitische Transformation. Aber sie konnten die gesellschaftliche Wirklichkeit des absolutistischen Staates nicht abstreifen, sondern in Wirklichkeit reproduzierten bzw. imitierten sie diesen Staat. Der oft bemerkte ›Despotismus‹ der Ordensspitze, die aufwendige gegenseitige Bespitzelung und Überwachung der Mitglieder, die hierarchische Struktur mit Machtelite und Wissensmonopol an der Spitze: Dies alles zeigt, daß die Illuminaten sich gründlich täuschten, wenn sie meinten, sie könnten die bestehenden Verhältnisse hinter sich lassen und in einem privaten Freiraum Reinheit, Freiheit, Gleichheit finden — wenn sie also meinten, sie könnten durch Despotismus zur Freiheit gelangen.[15] Den Buckel des deutschen Untertans trugen sie unter ihren

[14] Weishaupt an Bode, 29.7.1783 (vgl. Dokument Nr. 5, dort ist die Stelle aber ausgelassen), Bl. 2r.

[15] In seiner ausgezeichneten und erschöpfenden Arbeit zum Geheimbundroman sieht auch Michael Voges die Nähe der Illuminaten zum aufgeklärten Absolutismus, mit etwas anderer Betonung: »Wo das Bürgertum nicht über eine kollektive Subjekterfahrung verfügte, wo es nicht als geschlossene Klasse seine Interessen von unten, aufgrund eigener Initiative durchsetzen konnte, da lag es nahe, der Aufklärung von oben her, auf autoritärem Wege eine breitere Basis zu verschaffen. Andererseits tritt gerade hier die Verwandtschaft dieses Konzepts mit dem (aufgeklärten) Absolutismus deutlich hervor. Hier wie dort wurden unter Mißachtung der Würde und Rechte, der Subjektfähigkeit des Menschen apriorisch formulierte Wahrheiten in die Wirklichkeit umgesetzt« (Aufklärung und Geheimnis, S. 104). Obwohl im Grunde richtig, betont diese Analyse vielleicht zu sehr die Leistungen des aufgeklärten Absolutismus (die in die Wirklichkeit umgesetzten Wahrheiten) statt des Illusionscharakters dieses Modells; außerdem wäre wohl zutreffender nicht von vagen bürgerlichen Interessen, sondern von Interessen der Intelligenz zu reden, die nur akzidentell die bürgerlichen berührten. — Norbert Schindler beschreibt das Verhältnis des Ordens zum Modell des absolutistischen Staates so: »Weishaupt verfolgte bürgerliche Ziele mit vorbürgerlichen Mitteln; seine Illuminatenpläne blieben gerade in ihrem utopisch-mechanistischen Bemühen, den Prozeß der Aufklärung von oben steuern und dessen Armaturen gegenüber ihren Trägern und Adres-

Kleidern, so wie auch den frustrierten Drang, ihrerseits selbst solche Untertanen zu beherrschen. Wir werden gerade am Beispiel Weimars sehen, wie eklatant der Widerspruch zwischen Theorie und Praxis der Illuminaten war, wie sehr die gesellschaftlichen Mißstände in die Ordenswirklichkeit hineinragten. Der sezessionistische Traum, die Gesellschaft hinter sich zu lassen, war schon immer eine Illusion; im Illuminatenorden wurde diese Illusion institutionalisiert.

So bauten die Illuminaten gleichsam ihren eigenen absolutistischen Staat auf. Und es ist nicht unwichtig, daß sie diesen Staat zunächst herrichteten, ohne eine Vorstellung davon zu haben, was sein Zweck sein sollte oder wie er auf die größere Gesellschaft wirken sollte. Van Dülmen konstatiert: »Bezeichnenderweise entwarf Weishaupt zunächst Statuten und bemühte sich erst dann um Mitglieder [...] Was bis Mitte 1778 bzw. Anfang 1779 in Ingolstadt entstand, ist schwer zu bestimmen [...]. Alles war [...] noch mehr Projekt und Programm als Wirklichkeit.«[16] Knigge berichtet, auf seiner Reise nach Bayern im Jahre 1781, also fünf Jahre nach der Gründung des Ordens, habe er erfahren, daß unter den Oberen »noch immer [...] die Frage aufgeworfen [wurde]: *Was denn nun eigentlich der letzte Hauptzweck des Ordens seyn sollte?* Allgemeine Aufklärung zu befördern; sich unter einander zu schützen, beyzustehn, und im bürgerlichen Leben jedes Mitglied nach Verdienst und Fähigkeit emporzuheben — das war freylich die herrschende Idee von Allen«.[17] So fing der Illuminatenorden als Interessengemeinschaft der aufgeklärten Intelligenz an, ohne daß der Zweck einer Unterwanderung des Staates zunächst in Erscheinung tritt. Der eigene Ersatzstaat sollte erst einmal aufgebaut werden; dann würde man sehen, was damit zu unternehmen sei. Vorerst wurde offensichtlich der Drang gestillt, insgeheim den eigenen Staat aufzubauen und so die Wunschvorstellungen der Intelligenz zu erfüllen.

Dabei ist jedoch auch von grundlegender Bedeutung, daß diese Ansprüche auch der Karriere der einzelnen Mitglieder in der absolutistischen Gesellschaft und im Staat galten, und nicht nur der Stellung im Orden selbst. Besonders die Beförderung in staatlichen Ämtern, also

---

saten hermetisch abschotten zu wollen, dem reglementierenden Machtkalkül des absolutistischen Obrigkeitsstaates verpflichtet« (Schindler: Der Geheimbund der Illuminaten, S. 302).

[16] Dülmen: Geheimbund der Illuminaten, S. 27.

[17] EE 71.

eine effektive Versorgungspolitik, wird immer wieder als Anliegen der Mitglieder und als Aufgabe des Ordens erwähnt. Wir haben jedoch auch gesehen, daß diese illuminatische Protektionspolitik darauf hinzielte, den absolutistischen Staat zu ›besetzen‹, mit den Mitgliedern zu okkupieren. So ist es keineswegs der Fall, daß die Illuminaten beim Plan blieben, einen sezessionistisch angelegten Ersatzstaat im Orden aufzubauen; wenigstens die Ordensspitze konzipierte schließlich das Ziel, den bestehenden Staat graduell zu übernehmen, indem sie ihm den illuminatischen Ersatzstaat sozusagen überstülpen sollten.

Stellt dieser Plan jedoch etwas anderes dar als der *organisierte* Versuch der Intelligenz, die Idee des aufgeklärten Absolutismus in die Wirklichkeit umzusetzen? Im Grunde besagt die Theorie des aufgeklärten Absolutismus, daß der Fürst absolut herrscht, diese Herrschaft jedoch im Sinne der Aufklärung ausübt. Dieser Zustand sollte vor allem durch Einfluß der aufgeklärten Intelligenz auf den Herrscher zustande gebracht werden; in anderen Modellen sollte die aufgeklärte höhere Beamtenschaft selbst in dem Maße gestärkt werden, daß sie anstelle des Fürsten herrscht. In beiden Fällen kommt die Macht indirekt in die Hände der Intelligenz. In diesem Sinne sind die Fragen von Interesse, die an die Kandidaten für den illuminatischen Regentengrad, also für die »politische Direction des Ordens«,[18] gestellt werden: »Wäre eine Gesellschaft verwerflich, welche, bis einst die größern Revolutionen der Natur reif wären, solche Lage erfunden, durch welche die Monarchen der Welt ausser Stand gesetzt würden, Böses zu thun? Auch wenn sie wollten, doch nicht könnten? eine Gesellschaft, welche im Stillen den Misbrauch der obersten Gewalt hindert?«[19] Der Unterstellung, daß hierdurch ein neuer Machtmißbrauch durch den Orden entstehen könnte, wird wie folgt begegnet: »Machen nicht unsre jetzige Staatsregierungen täglich Misbrauch von ihrer Macht, ob wir gleich dazu schweigen? Diese Macht nun ist doch wohl nicht so sicher, als in den Händen unserer Mitglieder, die wir mit so unendlicher Mühe bilden?«[20] Hier wird unverblümt ausgesprochen, daß die wirkliche Macht in die Hände der aufgeklärten Intelligenz kommen soll. Wenn dies geschieht, dann ginge doch wohl das Interesse der Intelligenz dahin, an der Macht zu bleiben — also den bestehenden Staat, der nunmehr der Stimme der Vernunft gehorcht, beizubehalten und womöglich gar zu stabilisieren.

[18] NA 114.
[19] NA 115.
[20] NA 116.

All dies ist nichts anderes als eine originelle Variante der Theorie des aufgeklärten Absolutismus. Zwar heißt es in den Ordensschriften weiter — wir haben es gerade gesehen —, diese Machtübernahme sei ein Nahziel »bis einst die größern Revolutionen der Natur reif wären«.[21] Diese »Revolutionen« sind jedoch keine gewalttätigen im Sinne der in wenigen Jahren erfolgenden französischen, welche die Bedeutung des Wortes unwiderruflich politisierte, sondern moralische; mit diesem Satz werden die gewaltlosen Veränderungen gemeint, die erst in weiter Zukunft eintreten sollten — später in der *Anrede* heißt es sogar: »Vielleicht vergehen Jahrtausende oder hunderttausende darüber: aber früher oder später muß die Natur doch ihr Tagwerk vollenden.« Erst dann würden »Fürsten und Nationen [. . .] ohne Gewaltthätigkeit von der Erde verschwinden« und die Erde werde »der Aufenthalt vernünftiger Menschen werden«.[22] Aber das bleibt ein Fernziel, über das in den Ordensschriften nicht viel Tinte verschwendet wurde; auch Knigge schrieb: »Man muß durchaus der Freude entsagen, bey seinem Leben die Früchte einzuerndten [. . .]«.[23] Wir sind heute spätestens durch die Veränderungen in Mittel- und Osteuropa mißtrauisch geworden gegen die Behauptungen, ein mächtiger Staat, der von Aufgeklärten beherrscht wird, werde eines Tages — der Termin ist unwichtig, solange er unbestimmt und in der Zukunft bleibt — verschwinden und einem utopischen, herrschaftsfreien Zustand Platz machen; ja, man könnte sagen, immer da, wo Anarchie als Ziel propagiert wird, liegt eine unrealisierbare Utopie vor, die letztendlich zur Befestigung einer ›vorläufigen‹ Herrschaft führt.[24] Während Marx jedoch die gewaltsam übernommene Herrschaft des Proletariats als Voraussetzung für diese Veränderung postulierte und auch andere marxistische Modelle wenigstens daran festhalten, daß das Ziel *politisch* herbeizuführen ist, hieß es bei den Illuminaten: »Die *Moral* allein wird diese Veränderungen unmerkbar herbeyführen«;[25] das »Sittenregiment«, die sittliche Erziehung der Auserwählten und schließlich der ganzen Menschheit, werde die Neuordnung

[21] NA 115.

[22] Weishaupt, *Anrede* [. . .], NA 38, vgl. NOS 2: 80 f., in D 179.

[23] Brief an Lavater, 3.2.1783, Erstdr. in Dülmen: Geheimbund der Illuminaten, S. 314.

[24] Voges schreibt mit Bezug auf das geschichtsphilosophische Programm in Weishaupts *Anrede*: »Das Sichverlassen auf die Prognose enthebt eigener politischer Aktivität, unterstützt bequeme Selbsttäuschung angesichts der ungelösten Widersprüche der Gegenwart« (Aufklärung und Geheimnis, S. 108).

[25] Ebda., meine Hervorhebung.

verwirklichen. Dieser im Orden organisierte, jedoch im Grunde individualistisch fundierte moralische Erziehungsprozeß ist zweifellos viel illusionärer als die Marxsche Vision. Aber beide übersehen das Diktat der Macht, die Fragwürdigkeit eines Modells, das die freiwillige Aufgabe der Herrschaft vorsieht. Und auch in der Theorie wird der Eintritt der illuminatischen Utopie erst in Jahrhunderten erwartet. Praktisch gesehen also, d.h. für die absehbare Zukunft und mit Hinblick auf das Diktat der Macht, bleibt die Intelligenz in diesem Modell an der Macht, bezweckt diese Theorie eigentlich die Vervollkommnung des aufgeklärten Absolutismus durch konspirative Mittel.

In der Forschung wird allerdings wieder die These aufgestellt, daß die Illuminaten oder wenigstens einzelne führende Köpfe tatsächlich gewaltsame Revolutionen als Mittel zur Erreichung ihrer unmittelbaren Ziele befürworteten. Erst-Otto Fehn hat diese Möglichkeit vertreten. Er führt als Beleg dafür eine Stelle aus einer Denkschrift an, die Knigge in den Vorbereitungen für den 1779/80 von Herzog Ferdinand von Braunschweig einberufenen Freimaurerkonvent verfaßte, der erst 1782 in Wilhelmsbad stattfand. In diesem Dokument heißt es: Zu den möglichen politischen Aktionen, welche eine politisch engagierte Freimaurerei unternehmen könne, gehöre es, »wenn man sogar bei grosen politischen Evenements und Revolutionen sich bestrebt, mit vereinten Kräfften, der Tyranney und dem Unrechte zu steuren, Freyheit, Frieden und eine vernünftige nicht idealische Gleichheit, herrschen zu machen.«[26] Zunächst ist zu fragen, ob die hier angesprochenen »Revolutionen« mit den gewalttätigen Umstürzen zu identifizieren sind, die seit der Französischen Revolution die Bedeutung des Wortes unwiderruflich verändert haben; handelt es sich hier nicht eher um die politischen Veränderungen, die von Zeit zu Zeit ohne Gewalt erfolgen? Und es klingt nicht so, als sollten diese politischen Ereignisse von den Geheimbündlern selbst in Gang gebracht werden, sondern sie agieren »*bei* grosen Evenements und Revolutionen«, sie ergreifen die Gelegenheit, die der Zufall ihnen zuspielt. Außerdem: Fehn bezeichnet diese Aussage zwar ausdrücklich als Teil von Knigges »*freimaurerischem* Reformentwurf«, aber er behandelt sie im Zusammenhang mit dem

[26] Fehn: Biographische Anmerkungen, S. 317. Dieser *Entwurf derjenigen Vorschläge, welche auf dem hier zu veranstaltenden allgemeinen Freymaurer Convent zum Vortrag gebracht werden könnten* (1780 entstanden) wird von Fehn nach einer Handschrift im Kopenhagener Freimaurerarchiv zitiert und soll in Bd. 13 der Sämtlichen Werke Knigges publiziert werden.

Illuminatenorden und suggeriert damit, daß sie ein Teil von Knigges Ansichten geblieben sei — was nur logisch wäre, denn Knigge trat dem Illuminatenorden in demselben Jahr bei, in dem er die Schrift verfaßte. Fehn berichtet jedoch, daß Knigge eine solche Teilnahme an Staatsveränderungen als »äußerst gefährlich« ansah und diese Aussage in derselben Schrift »später etwas abgemildert« habe; dort wird der Blick eher auf aufgeklärt-absolutistische Reformtätigkeit als auf Revolution gelenkt.[27] Jedenfalls ist bisher kein Beleg für die Annahme gebracht worden, daß Knigge solche Ideen — auch wenn sie tatsächlich als revolutionär verstanden werden können — im Illuminatenorden verwirklicht sehen wollte.

Bei Weishaupt dagegen kann Fehn aus der *Anrede* einen brisanten Satz zitieren, der revolutionäre Aktivität zu befürworten scheint: »Die Menschen untersuchen ihre ursprünglichen Rechte, und greifen endlich zu den so lang verkannten Mitteln, um die Gelegenheit zu benutzen, sich in der Mittelzeit zu verstärken, auf diese Art die bevorstehende Revolution des menschlichen Geistes zu befördern, sich vor dem Rückfall zu sichern, und über ihre bisherige Unterdrücker einen ewigen Sieg zu erfechten.«[28] Die »bevorstehende Revolution des menschlichen Geistes« bezieht sich deutlich auf das von Fehn auch richtig so eingeschätzte, friedlich herbeizuführende »Fernziel« der Abschaffung der Staaten nach der allgemeinen Verbreitung der Moralität. Aber auch der vage Hinweis auf die »so lang verkannten Mittel« braucht keineswegs auf revolutionäre Gewalt hinzudeuten; wenn dem so wäre, würde das vielen anderen Aussagen der *Anrede* und anderen illuminatischen Schriften widersprechen. Knigge schrieb z.B. an Zwack: »Indeß der Despotismus derselben [= der Fürsten] täglich steigt, reißt zugleich allgemeiner Freyheitsgeist aller Orten ein. Also auch diese beyden Extrema müßen [im Orden] vereinigt werden«;[29] ein solcher Kompromiß zwischen Despotismus und Freiheit würde ja den Staat nicht gefährden, sondern eher stabilisieren. In der *Anrede* heißt es (in einem Passus, der von Knigge hinzugesetzt wurde und der deshalb seine frühere revolutionär scheinende Aussage in der Freimaurerschrift eher zurücknimmt): so lange »die Quelle des Uebels, der Mangel an Moralität [...] im Gange ist, hilft alle Revolution nicht«, denn die alten Tyrannen würden nur durch neue er-

[27] Fehn: Biographische Anmerkungen, S. 317.

[28] NA 37 f., vgl. NOS 2: 79 f., in D 179; Fehn: Der Illuminatenorden und die Aufklärung, S. 16.

[29] Knigge an Zwack, 20.1.1783, NOS 1: 104 f., D 291.

setzt werden.[30] An einer anderen (von Weishaupt verfaßten) Stelle wird nahegelegt, die Menschen sollten »nicht durch Rebellion und gewaltsame Abschüttelung des Jochs, sondern durch die Hilfe der Vernunft in die Freyheit [...] tretten«.[31] Weishaupt selbst hielt seine Ansichten in der *Anrede* für so wenig gefährlich, daß er während der Verfolgungen den Ordensbrüdern empfahl, die Schrift ohne Streichungen dem bayrischen Kurfürsten vorzulegen, um die politische Unschuld des Ordens zu beweisen.[32] Und als nach 1789 eine Revolution in die Wirklichkeit umgesetzt wurde, war Weishaupt eher entsetzt als begeistert. In einem bisher ungedruckten Brief äußert er zwar Furcht vor Unterdrückung, wenn die Fürsten siegen, aber dann schreibt er: »Siegt das Volk, so steht ein Zustand bevor, der nun ärger als aller Despotismus, und der aufklärung noch viel gefährlicher ist: wir lauffen gefahr, in einen anarchischen zustand zu verfallen.«[33] Hier drückt sich die tiefe Angst des Bürgerlichen vor Gewalt und Autoritätsverlust aus, und wo das anarchistische Fernziel näher zu rücken schien, betonte Weishaupt wieder die mit Blick auf das Nahziel zu verwendenden nichtrevolutionären Taktiken des Ordens. Eine Revolution war nach Weishaupts Ansicht eben unnötig; in der *Anrede* schreibt er: »des unfehlbaren Erfolgs

[30] NA 35, nicht in NOS 2 und D enthalten.

[31] NA 41; vgl. NOS 2: 85, D 181.

[32] D 374; in anderen Schriften sollten allerdings Stellen weggelassen werden, die allzu schroff gegen Pfaffen und *böse* Fürsten witterten.

[33] Weishaupt an Johann Christian Siebenkees, Gotha, 4.2.1790, vgl. Dokument Nr. 56, Bl. 682v. — Auch Knigge, der oft irrtümlich als ›deutscher Jakobiner‹ bezeichnet wird, wendet sich gegen eine Übertragung der Französischen Revolution auf andersgeartete deutsche Zustände und sieht die Umwälzung als Warnung an die deutsche Fürsten, Reformen durchzusetzen — also auch er blieb ein Anhänger des aufgeklärten Absolutismus. Da diese Ansichten in veröffentlichten Schriften vorgetragen wurden, können sie zwar keine so wichtige Rolle in der Argumentation spielen wie Weishaupts Brief, da sie vielleicht zum Zweck der Verteidigung geschrieben wurden. Immerhin: Es hat den Klang der wahren Überzeugung, wenn Knigge gegen die Idee der Anarchie schreibt, die ein Ziel der Illuminaten war: »Es ist ein herrlicher Traum, den Philosophen geträumt haben, aber es ist auch wohl nur ein Traum, daß dereinst eine Zeit kommen müste, wo das ganze Menschengeschlecht mündig geworden seyn, den höchsten Grad von Geistes-Bildung erlangt, zugleich seine moralischen Gefühle auf's Höchste veredelt haben und dann keiner Gesezze mehr bedürfen würde, um weise und gut (denn das ist ja einerley) kurz! um seiner Bestimmung gemäß zu handeln.« Knigge: Joseph von Wurmbrand, S. 100; an vielen Stellen dieser Schrift wird die Revolution für Deutschland abgelehnt.

gesichert, enthalten wir uns aller gewaltsamen Mittel«.[34] Das klingt nicht so, als wenn auch für das Nahziel, zur Vorbereitung des anarchistischen Fernziels, ein gewaltsamer Umsturz nötig wäre. Vielmehr wird das dieses Nahziel herbeizuführende Instrument, also die »so lang verkannten Mittel«, deutlich und wiederholt definiert als die mit Ämterpatronage verbundene Unterwanderung der Staatsspitze durch Ordensmitglieder, also die Machtergreifung durch die Intelligenz im Sinne des aufgeklärten Absolutismus. Fehn hat durchaus Recht, wenn er schreibt: »Die politische Geheimorganisation wird den Übergang von der jetzigen Herrschaftsordnung zu einer besseren Regierung der Welt bewerkstelligen«,[35] aber die Taktik besteht in der Infiltrierung des Staates, nicht in gewaltsamer Revolution. Und die Unterwanderung der Staatsspitze würde keineswegs die »jetzige Herrschaftsordnung« beseitigen, sondern sie eher zementieren.

[34] NA 69; vgl. NOS 2: 119, D 193. — Es könnte der Einwand erhoben werden, daß die *Anrede*, die auch über religiöse Vorstellungen vorsätzlich täuschte (s.o.), vielleicht auch *politische* Harmlosigkeit nur vortäuschte und auch sonst die Meinung der Ordensspitze nicht vertreten habe. Dagegen ließe sich manches anführen: 1) Fehn, der zuerst auf diese Täuschung in religiösen Sachen hingewiesen hat, stimmt mit Recht der Ansicht zu, diese Täuschung sei die »religiös[e] Verbrämung des politischen Anspruchs« (Fehn: Der Illuminatenorden und die Aufklärung, S. 15), so daß das politische Programm der *Anrede* ernst genommen werden müsse, was Fehn auch tut. 2) Die *Anrede* sollte nicht an die Öffentlichkeit verraten werden, so daß wenigstens mit Bezug auf die staatlichen Behörden kein Grund zur Tarnung der eigentlichen politischen Ansichten vorlag; das politische Programm selbst, mit seiner Befürwortung einer Abschaffung von Fürsten und Staaten, legt eine solche Annahme nahe, denn die Ordensleiter waren sich sicher bewußt, wie schockierend eine solche Aussage auf die Öffentlichkeit wirken würde. 3) Auch in anderen Schriften wird die Gewalt verworfen; schon im *Gemeinschaftlichen Schluss des Areopagus* [das damalige Führungsgremium] *über den Zweck, die Mittel und Einrichtung der Gesellschaft* aus dem Jahre 1781, also vor der Ausarbeitung des politischen Programms in der *Anrede*, wird ausdrücklich als »ein immerwährendes Gesätze« angenommen, »dass sich der Orden weder mit Religion, noch Staats-Sachen beschäftigt. Insofern der Hauptzweck und die oben angezeigte Mittel von selbst einen Einfluss auf Aberglauben, Despotismus und Tyranney haben, gegen welche unser Jahrhundert bereits Riessen-Schritte gegangen ist, überlässt man dem Genius, und der Beschäftigung künftiger generationen. / Die öffentlichen Ausbrüche des Unglaubens sind eine Wirkung von Sitten-Verderbniss und eine Ursache derselben, wir müssen uns also diesen *eben so wie den grausamen schwärmerischen, die Verfassung der Staaten, die Ruhe der Bürger und Fürsten zerstörenden Handlungen widersetzen*« (D 163, meine Hervorhebung).

[35] Fehn: Der Illuminatenorden und die Aufklärung, S. 17.

Es bleiben allerdings einige sehr scharfe antifürstliche Formulierungen zu berücksichtigen, die dieser These zu widersprechen scheinen; stellvertretend sei ein Passus aus dem ›Rittereid‹ des ›Illuminatus dirigens‹ angeführt: »Nie will ich *ein Schmeichler der Großen*, nie *ein niedriger Fürstenknecht* seyn. Sondern *muthig*, aber mit Klugheit für Tugend, *Freiheit* und Weisheit *streiten*. Dem *Aberglauben*, dem Laster, dem *Despotismus* will ich, wo es dem Orden und der Welt wahren Nutzen bringen kann, kräftig widerstehen.«[36] Die pathetische Abstraktheit dieses Eides verrät, daß er nicht auf konkret oppositionelle Zwecke gemünzt war, eine Vermutung, die durch den Schluß des Eides verstärkt wird: »Übrigens gelobe ich, die Erfüllung meiner häuslichen, geselligen und bürgerlichen Pflichten meinem Herzen heilig seyn zu lassen«, und dem neue Ritter wird nahegelegt, er solle »ein Freund des Fürsten und des Bettlers« sein, »wenn sie tugendhaft sind«.[37] Das ist eine Öffnung gegenüber dem aufgeklärten Absolutismus. In ihren nur scheinbar oppositionellen Teilen erfüllten solche feurigen Reden und Schriften eine Alibifunktion für Intellektuelle, die mit dem Bestehenden unzufrieden waren und sich überzeugen wollten, daß sie dieses auch wirklich abschafften; Michael Voges spricht treffend von einem »papierne[n] Radikalismus« der »über die tatsächlich vorhandene Ohnmacht, die Diskrepanz zwischen Programm und Wirklichkeit zu schließen, hinwegtröstet«.[38] Dabei konnte ihnen gerade das Geheimnisvolle, das scheinbar gegen den Staat gerichtete Verschwörerische, in diesem Selbstbetrug förderlich sein. Hier werden auch wieder die dem aufgeklärten Absolutismus inhärenten Widersprüche sichtbar, die im Vorwort umrissen wurden. Der Illuminatenorden muß als Teil der Tendenz gesehen werden, die aufgeklärte Intelligenz durch Bindung an den Staat zu vereinnahmen; Heinz Schlaffer sieht deshalb mit Recht im Orden »weniger die fortschrittlichen politischen Intentionen als die fortgeschrittenen politischen Illusionen des aufgeklärten Absolutismus manifestiert«.[39]

Verwandt mit den gesellschaftskritischen Äußerungen, die sich als Alibiträger entpuppen, ist auch der scheinbar autoritätskritische Geist

[36] Illuminatus Dirigens, S. 47 f. Die Hervorhebungen stammen möglicherweise von dem (illuminatenfeindlichen) Herausgeber.

[37] Illuminatus dirigens, S. 48.

[38] Voges: Aufklärung und Geheimnis, S. 99. Schindler schreibt: »[. . .] die Idee des Illuminatenordens [blieb] letztlich eine administrativ-elitäre Utopie des in den Vorzimmern der Macht versammelten Beamtenstandes« (Schindler: Der Geheimbund der Illuminaten, S. 302).

[39] Schlaffer: [Rezension von Dülmen], S. 142.

des Illuminatismus. Schon früh empfiehlt Weishaupt eine spezifisch illuminatische Lesetätigkeit, die das Gelesene ständig hinterfragt: »[...] zeichnet fleißig auf, was ihr gelesen, denkt darüber, aber gebraucht vorzüglich euren und nicht fremden Sinn, wenn es ein anderer gedacht und gesagt, denkt und sagt es auch für eure Art, nehmt keine Meynung an, ohne ihre Urheber, Ursprung, Grund untersucht zu haben [...]«.[40] Es stellte sich jedoch sehr schnell heraus, daß dieser kritische Geist sich nicht gegen den Orden selbst, gegen seine Ziele und Führer richten durfte. Das wird schon im Unterricht für den Priestergrad deutlich, also der zweithöchste der wirklich eingeführten Grade; die *Anrede* bildete einen Teil dieses Unterrichts. So wird der Kandidat gegen Ende der *Anrede* aufgefordert: »wir dringen dir diese Lehre nicht auf: folge niemand als der erkannten Wahrheit: gebrauche als ein freyer Mensch auch hier und noch ferner dein ursprüngliches Recht zu forschen, zu zweifeln, zu prüfen«.[41] Aber wenn der Kandidat tatsächlich in diesen Grad aufgenommen werden will, so muß er die Zweifel beseitigen. Nach der beendeten Vorlesung der *Anrede* fragt man den Kandidaten: »›Haben Sie Anstoß oder Zweifel bey irgend einem dieser Sätze gefunden?‹ (Er antwortet, und man hebt ihm die Zweifel) ›Ist Ihr Herz von der Heiligkeit dieser Wahrheit durchdrungen? [...] Wollen Sie sich [...] ohne Willkühr der Führung unserer Erl[auchten] Obern überlassen?«[42] Unterwerfung blieb also durch die ganze Ordensstruktur bestimmend. Dem kritischen Geist wurden enge Grenzen gesetzt.[43]

Es entbehrt allerdings nicht der Ironie, daß Weishaupts autoritätskritische Äußerungen sich schließlich gegen ihn selbst richteten, vor allem gerade in Weimar und Gotha. Denn man hatte schließlich genug von seinem herrscherhaften Führungsstil; wir werden im Abschnitt über die Auseinandersetzung mit Knigge auf die Probleme zurückkommen, die dieser Streitpunkt für den Orden bereitete, und nach der Analyse der Weimarer Illuminaten wird diese Reformtätigkeit Anlaß zu einer Überprüfung der hier dargelegten Einschätzung der politischen Bedeu-

[40] OS 14; D 28.

[41] NA 69 f.; eine leicht variierte Fassung in D 193 (diese Fassung wurde jedoch nicht im Ritual verwendet).

[42] NA 71.

[43] In diesem Sinne sind auch die ›Quibus-licet‹-Berichte der Mitglieder zu verstehen, in denen sie ihre Ordensoberen kritisieren konnten; dieses System artete sehr leicht zu gegenseitiger Bespitzelung aus, und diente außerdem als »ein Mittel zur umfassenden Information der Ordensspitze« (Dülmen: Geheimbund der Illuminaten, S. 36).

tung des Ordens geben. Aber es sei hier noch darauf hingewiesen, daß der ›Aufstand‹ gegen Weishaupt mit einer politischen Sprache geführt wurde, die sich an das Vokabular politischer Opposition anlehnte und so die Alibifunktion des Ordens verstärkte. Herzog Ernst von Gotha meinte am Ende des Jahres 1783 während der Überlegungen über den Knigge-Weishaupt-Streit: »Es blieben also nur zwey Wege übrig, Unterwerffung — oder Umsturz der einmahl bestehenden, und als bestehend angenommenen Verfassung«; Ernst entscheidet sich für eine Demokratisierung innerhalb des Ordens: »ich [. . .] muß hierbey wiederum dies zum voraus sezzen, daß ich nach meiner eigenen Überzeugung keine andere Regierungs Form für unsere Gesellschaft, als die Republicanische wünsche [. . .]«.[44] Der Begriff ›republikanisch‹ wird dann zu einem Losungswort der Weimarer und Gothaer in ihrem Bestreben, den Orden zu reformieren; zwei Monate später schreibt Ernst mit Bezug auf Weishaupt und den mit ihm alliierten Nationaloberen Graf Stolberg-Roßla, er (Ernst) wolle »unsern Erlauchten Obern, nicht auf einmahl mit unsern republicanischen Grundsätzen bekannt, noch Uns ihnen damit gehässig [. . .] machen«.[45] Auch innerhalb der Ordensstruktur können die ins Auge gefaßten Reformen jedoch keineswegs als wirklich demokratisch oder republikanisch bezeichnet werden; sie liefen darauf hinaus, daß die »Regenten Classe«, also eine elitäre Oberschicht im Orden, die Führung wählen würde;[46] Herzog Ernst meinte einmal sogar, nicht jeder Illuminat solle Vorschläge für die bevorstehende Reform des Ordens einschicken, denn es gäbe überhaupt zu viele Selbstdenker.[47] So übernahmen die norddeutschen Illuminaten nur das an sich oligarchische Führungsprinzip aus der freimaurerischen Strikten Observanz[48] und gaben nie die Bevormundung der unteren Ordensmitglieder auf. Und davon, daß die ›republikanisch‹ klingenden Formulierungen eine Wirkung *außerhalb* des Ordens im Sinne einer die Gesellschaft und den Staat transformierenden Breitenwirkung erzielt hätten, ist nirgends etwas zu spüren. So trösteten sich liberal denkende Intel-

[44] Herzog Ernst II. von Gotha an Bode, »Syracusa, den 14 Ader 1153« [=Gotha, 14.12.1783], sig. »Qu[intus] Severus«, eigh., Sk 1, Dok. 56, Bl. 2v, 4r.

[45] Herzog Ernst II. von Gotha an Bode, »Syracuse den 29. Bahman 1153«, sig. »Quintus Severus«, eigh., Sk 1, Dok. 22.

[46] Vgl. Dokument Nr. 18, Bl. 7r, und unten, Kap. 3.4.

[47] Herzog Ernst an Koppe, 7.1.1785 (vgl. Dokument Nr. 28, dort jedoch weggelassen), Bl. 1r.

[48] Vgl. dazu unten, Kap. 3.2.

lektuelle im Illuminatenorden mit der Vorstellung, daß sie gegen das Bestehende opponierten, und schließlich fand sich eine kleine Gruppe von ihnen nur dazu bereit, innerhalb des Ordens selbst eine eher halbherzige Opposition zu bilden — eine Opposition übrigens, die ohne die unbeabsichtigte Unterstützung durch die Verfolgung der bayrischen Regierung wahrscheinlich nie Erfolg gehabt hätte; Weishaupt mußte von außen gestürzt werden, bevor er innerhalb des Ordens seiner Führungsrolle verlustig ging. Außerhalb des Ordens dagegen blieben die herrschenden politischen und gesellschaftlichen Zustände nicht nur unverändert bestehen, sondern sie wurden vielleicht auch dadurch zementiert, daß so viel Energie der Intelligenz in eine Ersatzopposition gelenkt wurde, die sich letzten Endes nur gegen selbsterfundene Ordenstyrannen richtete.

Die Tendenz des Rapprochements zwischen Illuminatenorden und absolutistischem Staat ist am deutlichsten in der Symbiose zwischen Fürsten und Intelligenz in der Frage der Versorgungspolitik zu erkennen. Immer wieder lesen wir in den Illuminatenschriften, daß die illuminatische Beförderungstaktik letzten Endes dem Staat diene; der führende Weimarer Illuminat J.J.C. Bode schreibt:

> «Ich bin so gar der Meinung, ieder Fürst, der nur weiß (wie doch wohl die meisten mehr als halb wißen) daß sein eignes Intereße vom Wohl seiner Unterthanen unzertrennlich ist, und daß dieses am besten befördert wird, wenn iedes Amt mit seinem rechten Manne besezt ist, müße uns mit Anhänglichkeit lieben, wenn er unsere geheime Verbindung, ihren Zweck und ihre Mittel auf die gehörige Art kennen lernte [. . .]«[49]

Bei Knigge hieß es ähnlich, mit der Protektionspolitik hätte der Orden »nur die Würdigsten empfohlen, folglich die Pflichten treuer Bürger erfüllt, Jeden an seinen Platz gestellt, und geleistet, was kein Monarch leisten kann.«[50] Deutlicher läßt sich das Ziel des aufgeklärten Absolu-

[49] Bode an Unbekannt, 21.6.1783, vgl. Dokument Nr. 3, Bl. 7r. — Weishaupt behauptet in einer Erklärung des Jahres 1799, »[. . .] daß hier [d.h. im Orden] an Umwälzungen der Staaten nie gedacht worden, dass der Plan tief und auf ganze Generationen angelegt war, dass man nichts anderes wollte, als was jede Regierung, wenn sie gut und vernünftig ist, wollen muss [. . .]« (D 421).

[50] EE 95 (D 350), vgl. auch EE 29. Ähnlich in der *Allgemeinen Uebersicht des ganzen Ordenssystems* (1782): »Warum sollte es nicht erlaubt seyn, sich durch redliche und sanfte Mittel so fest zu sezzen, daß man Einfluß auf Regierungen bekäme? Die erste Absicht jeder Staatsverfassung ist, gute Menschen an das Ruder zu sezzen [. . .] hat er [=der Orden] in seinem Schooße die treuesten, besten, klügsten,

tismus kaum umreißen: man wollte den potentiell guten Fürsten mit rechtschaffenen Beamten umgeben, um die absolutistische Politik im Sinne der menschlichen Bedürfnisse zu lenken. Ein solches Projekt konnte kaum zum Aufruhr führen, geschweige denn zur Identifikation mit den Interessen der unteren Schichten.[51] Und wir finden von der herrschaftlichen Seite her, daß diese Vorstellungen tatsächlich den Interessen der absolutistischen Fürsten entsprachen. *Wenn* die Fürsten selber Illuminaten waren — wie das häufig der Fall war, zudem in den hier zu behandelnden Weimarer und Gothaer Gruppen —, so bedeutete die Unterwanderung der Staatsspitze, daß die Illuminaten zu einem ausgewählten Regierungsgremium wurden, das die Staatsinteressen wahren mußte. Das erkannte einer der ersten Kritiker der Illuminaten, Joseph Marius Babo (1784); er bespricht den Fall, daß Monarchen »selbst die ersten Triebfedern und Vorsteher derer von ihnen gutgeheissenen Logen sind«, und er folgert: »Gewiß hat eine solche Loge kein Geheimniß für den Monarchen und sein Ministerium, folglich in Rücksicht auf den Staat gar keines. Dieses sind vielmehr ehrenvolle Versammlungen der ersten Staatsbedienten und besten Köpfe, worinn von gemeinnützigen Gegenständen gesprochen, und dem Monarchen in Ausführung guter Entwürfe hülfreiche Hand gereichet wird: fern von Kabalen und Intriguen, sind diese sogenannten Freymaurerlogen vielmehr als gute, nützliche, von den Monarchen gelenkte Kollegien anzusehen.«[52] So gipfelten die Wünsche einiger Illuminaten wie einiger Fürsten in einer Potenzierung der Ideen des aufgeklärten Absolutismus durch eine in die Regierung vollständiag integrierte Geheimgesellschaft. Auf die weiteren geschichtlichen Implikation dieses Bestrebens, die schon im Vorwort umrissen wurden, sei hier nochmals mit den Worten Michael Voges' hingewiesen: »Noch die Abschaffung des Staates geschah auf

---

geprüftesten Menschen für den Staat gebildet; [. . .] so erfüllt er ja alle Pflichten des treuesten Unterthanen [. . .]« (D 213).

[51] Norbert Schindler schreibt mit Recht: »Getragen wurde der Illuminatenorden nicht etwa von marginalisierten Gruppen, sondern von einer etablierten und gebildeten Schicht von Staatsbediensteten im weitesten Sinne, [. . .] die schon aufgrund ihres beruflichen Erfahrungshorizonts der Propagierung der ›Aufklärung von oben‹ ebenso verpflichtet wie republikanischen Volkssouveränitätsideen gegenüber verschlossen blieb« (Schindler: Der Geheimbund der Illuminaten, S. 287).

[52] [Babo:] Ueber Freymaurerey, S. 27 f. Obwohl Babo hier von Freimaurerei spricht, geht es in der Schrift vornehmlich um Illuminaten, deren Selbständigkeit noch nicht ganz deutlich erkannt wurde.

staatlichem Wege: von etatistischem Denken, wie es die Geschichte der bürgerlichen Gesellschaft in Deutschland von der Preußischen Reform bis zum Faschismus und darüber hinaus durchzog, waren auch die Illuminaten nicht frei.«[53] Wie wir weiter unten sehen werden, bestand die Funktion eines solchen Arrangements in einem Legitimationstausch: Der Fürst, der Geheimbundmitglied war, legitimierte sich im Sinne der Humanitätsideale der Aufklärung und sicherte damit seine absolutistische Herrschaft durch die Illusion eines ›aufgeklärten‹ Reformismus; die Intelligenz verschaffte sich staatliche Legitimation und Prestige für eben diese Pläne. Aber dadurch machten sie die Verwirklichung ihrer Projekte unmöglich.

Allerdings bleibt der vor allem in Bayern auftretende Fall, daß der Fürst *nicht* am Bund teilnahm; und so muß man den bisherigen Überlegungen hinzusetzen, daß in diesem Fall wenigstens das *Potential* für eine oppositionelle Wirkung gegeben war. Dieses Potential wurde wohl hauptsächlich deswegen von den Illuminaten nicht verwirklicht, weil Fürsten außerhalb Bayerns eine so große Rolle im Orden spielten, und eine leitende Fragestellung in der vorliegenden Untersuchung ergibt sich deshalb durch die ordensinterne Diskussion über die Zweckmäßigkeit der Aufnahme von Fürsten und ihrer höchsten Beamten. Diese Diskussion trifft den Kern des Grundwiderspruchs im illuminatischen Programm: den Versuch, den Staat mit Hilfe der Staatsspitze zu überwinden. Die Diskussion tangiert damit auch die zentrale Frage der Möglichkeit eines sezessionistischen Rückzugs aus der Gesellschaft, mit dem man deren Machtverhältnisse hinter sich lassen könne. Es wird sich herausstellen, daß diese Debatte nach dem damaligen Stand der Erkenntnis die Möglichkeit der politischen Opposition überhaupt betrifft.

Es muß nämlich erkannt werden, daß wenigstens im theoretischen Fall, daß keine Fürsten Mitglieder wären, bei den Illuminaten eine neue Variante des aufgeklärten Absolutismus vorliegt, nämlich in Abweichung vom bis dahin individualistischen, akzidentellen Modell — der Fürstenmentor bzw. -berater — nunmehr eine *organisierte*, dazu noch geheim organisierte Interessengemeinschaft der Intelligenz. Und hier setzt nun die schockierte Rezeption des Illuminatenprojekts ein, denn man erkannte nicht, daß der Illuminatenorden in der Praxis den Vorstellungen des aufgeklärten Absolutismus verbunden blieb; für viele

[53] Voges: Aufklärung und Geheimnis, S. 105.

Herrscher war eine derartige geheime Organisation ein Greuel, weil sie über deren Ziele nie richtig Bescheid wissen konnten. Der schon zitierte Illuminatenkritiker Babo drückte diesen Horror so aus:

> »Nehmen wir an, es könne ein weiser Mann nach langem Nachsinnen sich mit Wahrheit überzeugen, daß unsre Religions- und politische Verfassung ganz oder zum Theil ein Gewebe von Irrthümern und Vorurtheilen sey. Wir dulden ihn, so lange er diese höchstgefährliche Wissenschaft für sich behält: fiel's ihm aber ein, eine wochentliche läppische, dunkle Zusammenkunft zu halten, und darinn jungen und alten Gecken von gemeinen, und weniger als gemeinen Verstandeskräften seine Lehre vorzutragen, so verdient er Galgen und Rad: denn welch ein Haufe losen Gesindels unglücklicher Schwärmer würde aus dieser Loge ausgehen?«[54]

Diese Ängste wurden paradoxerweise durch die Machenschaften des mit den Illuminaten verfeindeten Jesuitenordens an europäischen Höfen geschürt, Ängste, die durch dessen Aufhebung 1773 eher bestätigt schienen als beruhigt wurden. Sie liefern die Grundlage für die ›linke‹ Verschwörungstheorie, die der ›rechten‹ antiilluminatischen vorausging und sie dann begleitete.

Nach der Preisgabe des Illuminatenordens und der Publikation vieler ihrer Schriften sah man in ihr eine einzige große Verschwörung gegen den Staat. Die meisten Zeitgenossen lasen nicht sehr genau; sie lasen über das antistaatliche, anarchistische Fernziel (Fehn) der Illuminaten und sahen darin ein Nahziel; sie lasen über die Unterwanderung des Staates und sahen darin einen Umsturz. Die Fürsten hatten hier ihre eigenen Interessen aus dem Blick verloren, denn wir haben gesehen, daß der Orden letztendlich den Zwecken des aufgeklärten Absolutismus entsprach. Knigge begegnete nach dem Ausbruch der französischen Revolution sehr überzeugund solchen Fehlinterpretation; er berichtet, die Illuminatenziele seien geteilt worden »*von regierenden und apanagirten, mächtigen und weniger mächtigen, geistlichen und weltlichen Fürsten* [...] *von Staats-Ministern, Räthen in hohen und niedern Reichs- und andern Gerichten, Gesandten, Heer-Führern*« usw., und er verspottet die Idee, daß solche Männer an »einer schändlichen Verschwörung« teilnehmen würden; deutlicher schreibt dieser adlige Beamte dann auch: »*Uebrigens kann auch nur in dem Kopfe eines Schöpfes die Idee*

[54] [Babo:] Ueber Freymaurer, S. 18 f.

Wurzel fassen, daß ich in Teutschland eine solche Umkehrung der Dinge wünschen könnte, als in Frankreich Statt gefunden hat. Die erste Folge einer solchen Revolution würde der Verlust meines Standes, eines großen Theils meines Vermögens und meiner Bedienung seyn.«[55] Dieser Argumentationslogik wäre einiges entgegenzusetzen, vor allem die Teilnahme einiger Adliger an der französischen Revolution, auch die Möglichkeit, daß einige fürstliche und beamtete Mitglieder des Ordens von den politischen Zielen nichts ahnten. Aber das Argument trifft nichtsdestoweniger den Kern der Machtfrage im Illuminatenorden: Der Schlag gegen das Bestehende und damit gegen die Interessen vieler Mitglieder wurde in eine permanente Zukunft verlegt, und die Mitgliedschaft von Privilegierten, besonders Fürsten und höheren Beamten, war geeignet, diesen permanenten Aufschub zu garantieren. In der Zwischenzeit wollten die Illuminaten den bestehenden Staat nicht beseitigen, sondern humanisieren; und nur deshalb können sie dem uralten Vorwurf gegen Geheimgesellschaften, sie seien ein ›status in statu‹, mit dem Anspruch begegnen, »daß durch diese Gesellschaft die Staaten selbst ein Status in Statu würden«[56] — d.h. der illuminatische Ersatzstaat würde seine Interessen mit denen des bestehenden Staates vereinigen und in ihm aufgehen. Infolge dieser Interessenverschmelzung zwischen Illuminatentum und Staat liegt es nahe, die Aussage eines Zeitgenossen, die illuminatischen Rituale bedeuten nur ein »jouer la Religion«,[57] auch auf die politischen Vorstellungen der Illuminaten zu beziehen, die ja auch nichts mehr waren als ein »jouer la politique«. Aber den Reaktionären, unter ihnen vielen Staatsmännern, erschienen diese politischen Ideen durchaus nicht als ein Spiel; »so vortrefliche Dinge auch in den Heften [=Ordensschriften] gesagt werden,« schrieb der führende Gothaer Illuminat Herzog Ernst II. von Gotha, »so laßen sich doch solche sehr leicht verdrehen, von denen, den es daran gelegen ist, sie verdreht zu wißen.«[58]

[55] Knigge: Auszug eines Briefes, S. 23 f.; 30 f. (Hervorhebung im Original).
[56] NA 115.
[57] NOS 1: 67, zit. nach Fehn: Biographische Anmerkungen, S. 320.
[58] Herzog Ernst II. von Gotha an Bode, 3.4.1785, vgl. Dokument Nr. 42, Bl. 2v.

2
Die Verschwörungslegende: Deutsche Illuminaten und Französische Revolutionäre

Im Jahre 1793 schrieb ein Wiener Professor, Leopold Alois Hoffmann, über die Ereignisse in Frankreich:

> »Nicht die Franzosen sind [. . .] die eigentlichen Erfinder dieses großen Projects, die Welt umzukehren; diese Ehre kommt den Deutschen zu. [. . .] [D]en Franzosen gehört nur die Ehre daß sie mit der Ausführung den Anfang gemacht haben. [. . .] Aus dem in Deutschland entstandenen, und noch *ganz* und *gar nicht erloschenen*, sondern nur *Verborgenen* und um desto gefährlicher sein Wesen treibenden Illuminatismus sind [. . .] die Comités politiques entstanden, die dem Jacobinerclubb sein Daseyn gegeben haben.«[1]

Den Deutschen ist im Laufe der Jahrhunderte vieles vorgeworfen worden, manches mit Recht. Aber die Vorstellung, daß der deutsche Geheimbund der Illuminaten die Französische Revolution konspirativ verursacht hätte, wirkt heute etwas lächerlich. Trotzdem spielt diese Vorstellung bis heute eine nicht zu unterschätzende Bedeutung in reaktionären Ideologien, und schon im Zeitalter der Revolution selbst dominierte sie den konservativen Diskurs.[2] Und angesichts der politischen Ohnmacht des Illuminatenordens dürfte man sagen, daß seine eigentliche Bedeutung eher in diesem Aspekt seiner Wirkung lag, ja in der Legende seiner politischen Macht.

In seiner konkreten Form geht die Verschwörungsthese von der Annahme aus, daß der Illuminatenorden die 1784 einsetzende Verfolgung

[1] [Hoffmann:] Fragmente zur Biographie Bodes, S. 30-32; Hoffmann zitiert aus seinem Artikel: Ein wichtiger Aufschluß über eine noch wenig bekannte Veranlassung der französischen Revolution (Mitgetheilt von zuverlässiger Hand), In: Wiener Zeitschrift 1793, 2, S. 145-58, hier 156; der Artikel wurde mehrmals nachgedruckt.

[2] Zur Verschwörungstheorie vgl. vor allem Rogalla von Bieberstein: Die These von der Verschwörung, sowie Wenck: Deutschland vor hundert Jahren, 2: 38-43, 136-50; Engel: Geschichte des Illuminaten-Ordens, S. 402-25; Le Forestier: Les illuminés, S. 613-717; Valjavec: Die Entstehung der politischen Strömungen, S. 302-27; Epstein: German Conservatism, S. 503-46; Dülmen: Geheimbund der Illuminaten, S. 93-98.

und Unterdrückung überlebte — eine richtige Feststellung, wie wir gerade am Beispiel Weimar sehen werden. Die Verschwörungstheoretiker knüpften ferner an eine andere Tatsache an: Die Reise des in Weimar lebenden führenden Illuminaten J.J.C. Bode (mit einem Begleiter, Chr. W. von dem Bussche) nach Paris im Jahre 1787.[3] Auf dieser Reise informierte sich Bode in langen Gesprächen mit Mitgliedern der Pariser Loge ›Les Amis Réunis‹ über die Lage der französischen Maurerei und — das wissen wir aus seinem Reisetagebuch[4] — warb für den Illuminatismus. Die Verschwörungstheoretiker nahmen diese Kontakte als die Basis ihrer Legende; Bode soll die französischen Logen politisiert haben. Der berühmteste Verschwörungstheoretiker, der eingangs zitierte Leopold Alois Hoffmann, gibt eine knappe Zusammenfassung des von den Reaktionären konstruierten weiteren Verlaufs der Ereignisse:

> »In einer jeden dieser also umgewandelten Innungen [=Logen], und vorzüglich in derjenigen du contract Social, als der vornehmsten, entstand nun, ein Comité politique, so ganz damit beschäftigt war, das Projekt einer allgemeinen Religions- und Staatsumwälzung (le grand Oeuvre) zu realisiren. Zu diese[n] Comités Secrets oder politiques gehörten: die Ehrenmänner, die in der Epoche vom 14. Jul. 1789 die erste Rolle gespielt haben[:] de Leutre, [...] Mirabeau, M. le Duc d'Orleans, Condorcet, l'abbé Bertolis, le Duc d'Aiguillon, le Marquis de la Fayette, l'abbé Fauchet, M. Bally, le Marquis de la Salle, l'Eprémeuil und andere, kurz die vornehmsten Häupter der Rebellion.«[5]

Unter dem Eindruck der Kritik modifizierte Hoffmann zwar seine Behauptung, »die zwey deutsche[n] Illuminaten« Bode und von dem Bussche »hätten die *ganze* Revolution *ursprünglich hervorgebracht*«, aber auch in der neu formulierten Fassung wird ihr Einfluß als entscheidend dargestellt:

[3] Vgl. dazu besonders Werner: Le Voyage de Bode, S. 435; Schüttler: Karl Leonhard Reinhold, sowie Epstein: German Conservatism, S. 513; Le Forestier: Les illuminés, S. 664-70; Engel: Geschichte des Illuminaten-Ordens, S. 406-09; Rogalla von Bieberstein: Die These von der Verschwörung, S. 103-04.

[4] Das Tagebuch (in der Sächsischen Landesbibliothek Dresden) soll von Hermann Schüttler veröffentlicht werden; Information darüber ist seiner Arbeit über Reinhold sowie den Beiträgen von Werner und Rossberg zu entnehmen.

[5] Hoffmann: Fragmente zur Biographie Bodes, S. 29-30.

»Die Stimmung zu einer Revolution zu einer Abänderung vieler Dinge, zur Abschaffung mancher groben Mißbräuche, zu Einschränkung der Königlichen Gewalt, *war bereits* vorhanden. Daß aber die Revolution *geschwinde*, und *auf eine solche Art* ausbrach, nach welcher man alles zu einer republicanischen Verfassung hinzuleiten bemüht war, *dieses*, nur dieses war eine Folge jener illuminatischen Bemühungen.«[6]

In all diesen Äußerungen steht etwas Wahrheit neben vielem Unsinn. Ohne im Detail auf die Probleme dieser Unterstellungen eingehen zu wollen, sei mit Hermann Schüttler zugegeben, daß es »personelle und ideelle Beziehungen« zwischen den Illuminaten und einigen französischen Revolutionären gab, die aber nicht »ausschlaggebend« waren; »Eine direkte Schuld oder gar Mitverantwortung der Illuminaten und hier besonders Bodes an den Ereignissen seit dem 14. Juli 1789 ist natürlich nicht zu belegen, ebensowenig kann man von einer regelrechten illuminatisch-freimaurerischen Verschwörung sprechen, der man dann auch noch den Jakobinerterror und am besten gleich noch Napoleon mit allen Folgen in die Schuhe schieben kann.«[7] Genau das ist jedoch die Position vieler Verschwörungstheoretiker der 1790er Jahre. Durch diese ganze Zeit warnt ein Chor von fanatischen Reaktionären gegen die Gefahr, die von ›Jakobinern und Illuminaten‹ — die Termini werden synonym verwendet und werden zu einer stereotypen Formel — ausgehe.

Die politischen Anschuldigungen gegen die Illuminaten gehen freilich weiter zurück als 1789; schon 1784, in den ersten antiilluminatischen Schriften, wird vom »Komplot« der Illuminaten gegen den bayrischen Staat gesprochen.[8] Diese frühen Angriffe auf die Illuminaten verblaßten jedoch vor den Reaktionen auf die Publikation der Ordensschriften im Jahre 1787. Man war schockiert über die Aufdeckung einer scheinbaren Verschwörung gegen Staat und Religion, die vor Betrug, Gift und Mord nicht zurückschreckte. Und als dann 1789 die Revolution in Frankreich ausbrach, assoziierten Konservative und sogar

[6] Hoffmann: Fragmente zur Biographie Bodes, S. 147.

[7] Schüttler: Karl Leonhard Reinhold, S. 75. Schüttler ist hier viel vorsichtiger als sein Kollege an der Bayrischen Akademie der Wissenschaften, Reinhard Lauth, der die Verschwörungstheoretiker aus dem 18. Jahrhundert unbekümmert als Autoritäten anführt. Vgl. Wilson: Shades of the Illuminati Conspiracy.

[8] [Babo:] Ueber Freymaurer, S. 24, 63.

Gemäßigte fast automatisch den noch frischen Illuminatenskandal mit den beunruhigenden und verwirrenden Ereignissen im scheinbar so zivilisierten Nachbarland.[9] Zwei führende deutsche Vertreter der Verschwörungslegende behaupteten später, als sie vom Sturm auf die Bastille gehört hätten, hätten sie einander angeschaut und gleichzeitig gesagt: »Das ist das Werk der 44 [= der Illuminaten]«,[10] und auch vernünftige Intellektuelle konnten sich solcher Gedanken kaum erwehren. Nach dem Anfang der Revolution nahmen auch die Warnungen eines *vor*revolutionären Verschwörungstheoretikers an Bedeutung zu; plötzlich erregte sein »wahrhaft prophetischer Geist jetzt Erstaunen«,[11] weil er 1786 von »*Revolutionen*« geschrieben hatte, »die unausbleiblich sind, die ich erwarte [und] sicher vorhersehe«, nämlich als Resultat illuminatischer Umtriebe,[12] so daß der Bezug zwischen Illuminaten und Revolution im Rückblick desto schlüssiger erschein. Bis 1793 hatten die Konservativen dann die Reise Bodes und andere damit zusammenhängende Umstände entdeckt, die für ihre These den schlagenden Beweis zu liefern schienen, und damit triumphierten sie schadenfroh über ihre Gegner.

Diese bedeutendste aller Verschwörungstheorien hat für die Moderne eine größere Aktualität, als man zunächst denken mag. Sie nährte sich im Laufe der Zeit mit Ängsten vor Juden (schon seit 1806) und Sozialisten, so daß sie dann als Angst vor einer weltweiten jüdischen, sozialistischen, freimaurerischen Verschwörung der nationalsozialistischen Herrschaft und den von ihr angezettelten Verfolgungen — auch der Freimaurerei — eine ideologische Stütze bieten konnte. So wurde

[9] »[Man] erinnerte [. . .] sich [. . .] angesichts des Schocks von 1789 besser als zuvor des durch die Veröffentlichung der [. . .] Ordensstatuten verursachten Skandals. [. . .]« — Hoffmann: Illuminatenorden in Norddeutschland, S. 377; vgl. auch Rogalla von Bieberstein: »Auf dem Hintergrund solcher bereits vor dem Bastillesturm mit großer Intensivität geführter Auseinandersetzungen kann die Tatsache, daß der Freimaurerei wenig später die Verantwortung für die Französische Revolution zur Last gelegt wurde, kaum verwundern« (Die These von der Verschwörung, S. 88).

[10] Zit. nach Rogalla von Bieberstein: Die These von der Verschwörung, S. 88; die beiden Männer waren Ludwig Adolf Christian von Grolmann und Johann August Starck, spätere Herausgeber des Hauptorgans der Verschwörungstheorie, der Zeitschrift *Eudämonia* (s. dazu weiter unten).

[11] [Grolmann:] Rede über den Illuminaten-Orden, S. 5.

[12] [Göchhausen:] Enthüllung des Systems der Weltbürger-Republik, S. vii. Auf den Autor dieser Schrift, Ernst August von Göchhausen, werden wir wieder zurückkommen, da er ein Geheimrat in Eisenach war, also im Herzogtum Weimar.

in der nationalsozialistischen Propaganda behauptet, Karl Liebknecht und Rosa Luxemburg seien Illuminaten gewesen, und Alfred Rosenberg schrieb 1940 im *Völkischen Beobachter*: »Die Freimaurerei ist es gewesen, aus deren Mitte die Losungen der Französischen Revolution von 1789 gestiegen sind.«[13] Die politische Relevanz dieser Legende geht jedoch über das Jahr 1945 hinaus; sie kann heute noch in bestimmten Kreisen der extremen Rechten — nicht zuletzt in den USA — angetroffen werden, wie Johannes Rogalla von Bieberstein dargelegt hat.

Damit ist jedoch schon die weiterreichende Konsequenz der Verschwörungstheorie angedeutet: Intellektuelle sind für soziale Unruhe verantwortlich, nicht die betroffenen Unterschichten. Die Verschwörungstheorie der Französischen Revolution nimmt eine Sonderstellung ein als die erste — wie Klaus Epstein sie nennt — »säkulare Dämonologie« der Moderne, die einen Teufel namhaft macht, von dem alles Böse herstammt. Die Funktion solcher Dämonologien, meint Epstein, liegt in ihren optimistischen Implikationen; denn wenn die Gefahr der Revolution nur dem subjektiven Willen einzelner Verschwörer entstammt — statt der unaufhaltsamen, objektiven Entwicklung sozialer Kräfte —, so kann diese Gefahr einfach durch effektive Polizeimaßnahmen aufgefangen werden, so daß grundlegende Reformen, die echte Mißstände zu beseitigen hätten, gar nicht nötig sind.[14] Für die vorliegende Fragestellung ist entscheidend: Die Verschwörungsthese legte nahe, daß Intellektuelle — nicht soziale Dynamik und Klasseninteressen — für die Französische Revolution, wie für alle soziale und politische Unruhe, verantwortlich waren. Die großzügigsten dieser Reaktionäre gaben gelegentlich zu, daß der französische Absolutismus »Volksbedrückung, die Verschwendungen des Hofes und der Großen, [den] Despotismus, die Zerrüttung in den Finanzen« gezeitigt hätte, aber letzten Endes behaupten sie, daß »alles dieses noch lange nicht eine Revolution hervorgebracht haben würde, wenn keine *Philosophen-* und *Schriftstellerkabale* existirt, die eine totale Umwälzung der Dinge, bearbeitet hätte«.[15] Um einen Eindruck davon zu vermitteln, wie diese paranoischen Theorien formuliert waren, sei nochmals aus einem der ersten Verschwörungstheoretiker (jenem scheinbar prophetischen Göchhausen) zitiert, der einen fiktiven Geheimbund-›Meister‹ sagen läßt:

[13] Rogalla von Bieberstein: Die These von der Verschwörung, S. 223.
[14] Epstein: German Conservatism, S. 503.
[15] Eudaemonia 3 (1796), S. 189.

> »Wir machen vorerst die Pfaffen verdächtig, lächerlich, decken alle ihre Scandalen und Betrug auf. Wir stellen in Almanachen, fliegenden Blättern u.s.w. unvermerckt [. . .] Fürsten, Adel, und Despoten als synonyme Begriffe auf. Ist Pfaffenkredit dahin, so ist es auch um den Aberglauben, *geoffenbarte Religion* genannt, die an Pfaffenexistenz und Einfluß gebunden ist, geschehen. Sind Fürsten [. . .] in den Augen des Volcks nichts als Despoten, Fürsten aber und ihre Trabanten, der Adel, überhaupt nichts weiter, als — Menschen, so ist — ihr Nimbus dahin!«[16]

So wird die ganze Intellektuellenzunft gegen die bestehenden Autoritäten gesetzt, und wichtiger noch: gegen das *Volk*, das durch Schriftsteller zur Rebellion verführt werde. So konnte man behaupten, das Volk begehre nie von selbst auf, egal wie sehr es leidet, sondern es werde von der schreibenden Intelligenz zum Aufruhr verleitet. Schon in einer antiilluminatischen Schrift aus dem Jahre 1784 wird behauptet, daß diese Intellektuellen, diese »Brut von Schurken im Staate«,[17] das an sich pflichtbewußte und zufriedene Volk gegen die rechtmäßige Autorität aufwiegeln: »Aus euren Logen strömt ein Haufen zerrütteter Phantasten; lachend über Religionsgebräuche und Religion, über Gesetze und Pflicht raisonniren sie dem gutmüthigen Bürger seinen besten Trost weg [. . .].«[18] Es half wenig, daß Schriftsteller wie der führende Illuminat Knigge sich gegen diesen Mythos des »gutmütigen Bürgers« wehrten. »[E]inzelne Büchermacher [können] nicht die Denkungsart ganzer Nationen mit ihren Federkielen umschaffen«, schreibt Knigge, und weist dann auf die hintergründigen Motivationen dieser Komplottbesessenen: »[d]ie armen Schriftsteller als die Triebfedern so großer Revolutionen anzuklagen, das ist die Sprache derer, welche die Wahrheit nicht gern laut werden lassen mögen und in Verewigung aller Art von Stumpfheit, Blindheit und Dummheit der Völker ihren Vortheil finden«.[19] Knigge

[16] [Göchhausen:] Enthüllung des Systems der Weltbürger-Republik (1786), S. 248. — An einer anderen Stelle wird der Zusammenhang zwischen Religionskritik und Gesellschaftskritik summarisch dargestellt als der »Entwurff: *auf Freyheit des Denckens über religiose Gegenstände bürgerliche Freyheit zu gründen*« (S. 258).

[17] [Babo:] Ueber Freymaurer, S. 25.

[18] [Babo:] Ueber Freymaurer, S. 21.

[19] [Knigge:] Rückblicke, S. 33 f. Schon vor der Revolution leugnet auch Weishaupt, daß »[. . .] die Geschichte ein Beispiel aufzuweisen hätte, daß Philosophen jemahls Länder verwirret, die Regierungen untergraben oder die Erde verwüstet haben« (Weishaupt: Verfolgung der Illuminaten, S. 237).

legt den Finger auf den ideologischen Puls dieser Reaktionären; es ging darum, den Marsch der Aufklärung aufzuhalten, die Uhr zu den Tagen der Hegemonie von Kirche und Staat zurückzudrehen. So wurde dann der Kampf konsequent ausgeweitet; man konnte kaum vermeiden, daß viele der wichtigsten Vertreter der aufgeklärten Intelligenz — sogar Lessing, Klopstock, and Schiller, die nie Illuminaten waren — als ›Illuminaten und Jakobiner‹ denunziert wurden[20]; am Anfang der politischen Moderne erinnern sie also schon an viele ähnliche Auftritte in unserem Jahrhundert, denen wie damals »durchaus gemäßigte und loyale Gelehrte«[21] zum Opfer fielen. Ließ doch Göchhausen seinen fiktiven ›Meister‹ behaupten: »Im Reich der Wissenschaften und der Litteratur geben wir den Ton an, folglich haben wir die besten Köpfe jedes Volcks, jeder Confession [...] in unsrer Gewalt, ohne daß sie es wissen«.[22] So wurde die ganze nichtkonservative Intelligenz in einen Topf geworfen und vor allem Aufklärung als ihre Ideologie in Bezug zu Illuminatismus und Revolution gebracht und diffamiert:

> »[...] wimmeln nicht unsere Höfe, unsere Städt und Städtlein, unsere Schulen und Universitäten, unsere Dikasterien, unsere Buchladen, unsere Handlungscomptoirs, von *Aufklärern* und *Aufgeklärten*, alle unter der großen Rubrik: *Philosophen*, folglich *Illuminaten*? Allgemeiner Republicanismus! Freyheit ohne Einschränkung! und sein Resultat? *Despotismus übers Menschengeschlecht*. [...] Alles was sich hierüber sagen läßt, dieß sagt jezt *der gegenwärtige Zustand von Frankreich*.«[23]

So ist die paranoische Angst vor einer konspirativen Verschwörung nicht der einzige Ausdruck der Verschwörungstheorie; um Rückhalt in der Verschwörungslegende zu finden, brauchte man nicht unbedingt

[20] Braubach: Die ›Eudämonia‹, S. 313-14. Vgl. Engel: »Kein irgendwie geistig hervorragender Mann konnte dem Verdachte entgehen, Illuminat zu sein. Es gibt Schriften aus jener Zeit, die die Entstehung der Sturm- und Drangperiode in Politik und Literatur einzig und allein den aufrührerischen Ideen der Illuminaten zuschreiben« (Die Geschichte des Illuminaten-Ordens, S. 425).

[21] Braubach: Die ›Eudämonia‹, S. 314.

[22] [Göchhausen:] Enthüllung des Systems der Weltbürger-Republik, S. 249. Grolmann macht dieselbe Behauptung; für ihn war der Illuminat Friedrich Nicolai der »große Bücherdespot«, der das literarische Leben beherrschte (Endliches Schicksal des Freymaurer-Ordens [...], 1794, zit. in Hoffmann: Fragmente zur Biographie Bodes, S. 99 ff.).

[23] [Grolmann:] Rede über den Illuminaten-Orden, S. 6.

überall Illuminaten oder von ihnen bewußt Gesteuerte zu fürchten. Nach und nach wurde die Vorstellung eines bewußten Komplotts immer mehr in den Hintergrund gedrängt, und die Propagierung aufgeklärter Prinzipien gegenüber einem ahnungslosen Volk trat nun in den Vorstellungen der Reaktionäre graduell das Erbe einer Verschwörung im engeren Sinne an. Sicherlich dachte nicht jeder Fürst, der im Zeitalter der Französischen Revolution die Intelligenz zum Sündenbock für soziale Unruhe machte, an den Illuminatenorden und andere Geheimbünde, wenn er die Zensur verschärfte und unbequeme Denker einsperrte oder über die Grenzen jagte. Aber die Verschwörungstheorie steht Pate für diese Ängste vor der Intelligenz, sie hatte nun einmal die Idee in Umlauf gebracht, daß alle Gefahren für den Staat auf eine ganz kleine und leicht identifizierbare Zunft eingegrenzt und durch rigorose Härte eliminiert werden könnte. Diese Vorstellung sollte in Weimar ihre Spuren hinterlassen.

3
Die Weimarer Illuminaten
Goethe und Herzog Carl August

Daß es in Weimar eine Illuminatenniederlassung gab, ist außerhalb des engeren Kreises der Illuminatenforschung fast unbekannt. Die neuere Darstellung von Richard van Dülmen, die den Orden ›wiederentdeckte‹, bedeutete hier einen Rückschritt, da sie auf die ältere Forschung nicht einging und für Weimar nur die Möglichkeit einer Illuminatengruppe zugab (dazu ausführlicher weiter unten). Vor allem war bisher die eigentliche Bedeutung dieser Illuminaten in Weimar (und Gotha) für den Illuminatenorden eine eher unbekannte Größe. Man weiß, daß im nahegelegenen und dem Weimarer Herrscherhaus verwandten Herzogtum Sachsen-Gotha der Herzog Ernst II. Ludwig Ende 1782 von dem wichtigen Illuminaten Johann Joachim Christoph Bode für die Illuminaten geworben wurde und 1787 dem aus Bayern vertriebenen Ordensstifter Weishaupt in Gotha Asyl gewährte. Es ist auch bekannt — wenigstens aus der älteren Darstellung von Le Forestier, obwohl von van Dülmen kaum erwähnt —, daß die Illuminaten in diesen Gebieten einige Jahre nach der offiziellen Aufhebung des Ordens weiterhin aktiv waren. Daß jedoch die Niederlassungen in Gotha und Weimar noch in der Zeit vor dem bayrischen Verbot, also in den Jahren 1783/85, eine für die Illuminaten zentrale Rolle spielten, war lediglich eine Vermutung bzw. — unter zeitgenössischen Illuminatengegnern — ein Verdacht geblieben.

Daß dieses Kapitel der Illuminaten- und Klassikergeschichte im Dunkeln blieb, geht aus der Quellensituation hervor (die aber politische Gründe hat): Es konnte nur anhand der Dokumente in der sogenannten ›Schwedenkiste‹ geschrieben werden, die erst in jüngster Zeit wieder an den Tag gekommen sind. Aus diesen Dokumenten kann die Geschichte der Illuminaten in Weimar und Gotha rekonstruiert werden. Diese Geschichte ausführlich darzulegen, ist jedoch nicht das Ziel der folgenden Ausführungen, schon wegen des vorläufig noch schwierigen Umgangs mit dem Material.[1] Sie befassen sich mit den literarisch und

[1] Die Dokumente der ›Schwedenkiste‹ dürfen wegen ihres schlechten Erhaltungszustands vorläufig nicht reproduziert werden. Für das Goethe- und Schiller-Archiv lag nach der Fertigstellung dieser Arbeit eine Ausnahmegenehmigung für die Verfilmung der Goethe-, Herder- und Carl-August-Briefe vor.

politisch bedeutenden Figuren Goethe und Herzog Carl August (ein eigener Abschnitt wird Herder gewidmet). Eine Beschreibung der Quellensituation und ihrer Bedeutung insbesondere für die Goetheforschung dient dazu zu erklären, warum diese Untersuchung erst im letzten Jahrzehnt des 20. Jahrhunderts durchgeführt werden konnte.

3.1 Die ›Schwedenkiste‹ und die Goetheforschung

Die Dokumente, die in Abschnitt 3 (und zum Teil in anderen Abschnitten) verwertet werden, sind fast alle ungedruckt. Sie liegen heute als Bestand der sogenannten ›Schwedenkiste‹ im Geheimen Staatsarchiv Preußischer Kulturbesitz, Abteilung Merseburg (ehem. Zentralen Staatsarchiv der DDR, Dienststelle Merseburg[2]), Signatur: 5.2. G 39. Der Bestand umfaßt 19 große Foliobände, in welche tausende von Dokumenten geklebt sind; allein in den ersten sieben Bänden, die im wesentlichen die Briefwechsel von Herzog Ernst von Gotha und J.J.C. Bode mit Dutzenden von Korrespondenten und damit den Kern der Sammlung enthalten, sind mehr als 2100 Dokumente vorhanden.[3]

Die Geschichte der ›Schwedenkiste‹ ist für Archivalien verhältnismäßig abenteuerlich. Der führende Weimarer Illuminat Bode starb im Dezember 1793. In seinem Nachlaß befand sich der wichtigste Teil der Ordensdinge betreffenden Korrespondenz der Gothaer und Weimarer Illuminaten. Diese Papiere gingen in den Besitz des anderen leitenden Illuminaten Herzog Ernst von Gotha über, wo sie streng verwahrt wurden.[4] (Wir kommen auf die Übergabe dieser Papiere an den Herzog in

[2] Obwohl das Archiv im Verlauf der staatlichen Vereinigung mit dem Stammhaus in Berlin-Dahlem vereinigt wurde, ist nach Auskunft von Archivarin Endler jedoch in der nächsten Zeit nicht mit einem Umzug zu rechnen.

[3] Die Einteilung der ›Schwedenkiste‹ wird in Anhang 2 dargestellt. Eine Abbildung der Bände bei Endler: Papiere von J.J.C. Bode, S. 10 f.

[4] Zum folgenden vgl. Endler: Papiere von J.J.C. Bode, S. 10 ff. Renate Endler ist die für die Erfassung der Merseburger Freimaurer- und Geheimbundbestände verantwortliche Archivarin. Für die Einsicht in diese Arbeit (die in einem nur für Freimaurer bestimmten Organ publiziert und daher nicht allgemein zugänglich ist) bin ich ihr zu Dank verpflichtet. — Endler referiert (S. 13) über Berichte, daß der Herzog verfügt habe, die Dokumente sollten vor seinen Augen verbrannt werden; nach dem Zeugnis von Ernsts Bibliothekar Reichard waren es jedoch andere Papiere, die Ernst verbrennen ließ (Reichard: Selbstbiographie, S. 338 f.).

Kap. 4 zurück, weil sie zum Thema gehört.) Nach dem Tod von Herzog Ernst im Jahre 1804 wurden Bodes Dokumente zusammen mit Ernsts eigenem illuminatischen Nachlaß dem Archiv der Großen Nationalloge von Schweden übergeben — Herzog Ernst hatte gemeint, der Nachlaß wäre in keiner deutschen Loge vor Veröffentlichung sicher, und unter der Aufsicht des späteren schwedischen Königs Karl XIII. konnte garantiert werden, »daß nie etwas davon zur öffentlichen Kenntniß gelange«.[5] 1880 entsprachen die schwedischen Freimaurer dem Wunsch des damaligen Herzogs Ernst II. von Sachsen-Coburg und Gotha (Urenkel des gleichnamigen illuminatischen Herzogs von Sachsen-Gotha und Altenburg), die Papiere wieder zu erhalten, und 1883 ging der Bestand in den Besitz der Gothaer Loge ›Ernst zum Kompaß‹ über. Dort wurde er im Auftrag des Herzogs in 20 Bänden geordnet und im Jahre 1909 vom Pfarrer Carl Lerp mit sehr nützlichen Registern und Regesten versehen; er erhielt jetzt den Namen ›Schwedenkiste‹.

Auch im Gothaer Freimaurerarchiv wurde die ›Schwedenkiste‹ streng unter Verschluß gehalten; der Herzog legte der Loge die Verpflichtung auf, keine Veröffentlichung zuzulassen. Wirklich ernst genommen wurde die Vorsicht erst in der von der rabiat gewordenen Verschwörungsthese beherrschten Zeit der 1920er und 1930er Jahre; vor dem Ersten Weltkrieg dagegen durften noch verschiedene Forscher, vor allem Freimaurer, den Inhalt der ›Schwedenkiste‹ benutzen. Die wichtigsten unter ihnen waren der Erneuerer des Illuminatenordens Leopold Engel und der (nichtmaurerische) französische Verfasser des erschöpfenden frühen Werkes über die Illuminaten, René Le Forestier. Aber auch Le Forestier hat letztlich nur Sporadisches über die Aktivitäten der Weimarer und Gothaer Illuminaten ermittelt. Für die Goethe- und Weimar-Forschung wären diesen frühen Forschungen, besonders von Le Forestier, allerdings einige wichtige Einzelheiten zu entnehmen gewesen. Le Forestier hat in einer Anmerkung sogar einen bis dahin unbekannten Brief von Goethe an Bode vollständig wiedergegeben, allerdings in französischer Übersetzung. Mindestens drei andere Forscher haben im Zusammenhang mit Untersuchungen über Goethe und die Freimaurerei (in einem Fall sogar über Goethe und den Illuminatenorden) Goethes Beitrittsrevers und einige andere Einzelheiten refe-

[5] So die Verfügung in einem Nachtrag zum Testament des Herzogs vom 12.4.1804, zit. nach Beck: Ernst der Zweite, S. 414. Die Kisten gelangten erst 1806 nach Schweden (ebda. S. 415 Anm.). Vgl. Endler: Papiere von J.J.C. Bode, S. 13.

riert.[6] Keinem von ihnen ging es jedoch um eine ausführliche Untersuchung der Weimarer Gruppe oder der illuminatischen Tätigkeit Goethes (bzw. die Benutzung der Dokumente für ein solches Unternehmen wurde ihnen vom Logenarchiv nicht freigegeben); insbesondere die Arbeit von Arthur Ott über Goethe und den Illuminatenorden umfaßt nur sieben Seiten und enthält einige Fehler. Trotzdem sind diese Arbeiten heute von besonderem Interesse, weil sie offensichtlich einige Dokumente verwerteten, die im verschollenen 10. Band der ›Schwedenkiste‹ enthalten waren.

Am 20.3.1936 wurden die Dokumente als Teil der nationalsozialistischen Verfolgung der Freimaurerei beschlagnahmt[7] — wiederum ein für die vorliegende Untersuchung unmittelbar interessierender Vorgang, weil er ein Resultat der Verschwörungslegende war, die im vorigen Abschnitt dargestellt wurde. Wie es der Zufall wollte, wurden die Papiere vorübergehend im Gebäude der ehemaligen Loge ›Goethe zur Gestaltung des Lebens‹ in Berlin untergebracht, bevor sie während der Luftangriffe in den späteren Kriegsjahren auf schlesische Schlösser ausgelagert wurden. 1945 wurden sie von der Roten Armee in die Sowjetunion transportiert; in den 1950er Jahren gelangten sie im Verlauf der Rückgabe unfangreichen Archivguts aus der Sowjetunion wieder in die DDR. Sie bilden einen kleinen Teil der reichen Freimaurerarchivalien (ca. 1100 Bestände!) des Merseburger Archivs — praktisch alle noch überlieferten Freimaurer-Dokumente, die während der nationalsozialistischen Herrschaft konfisziert wurden.[8] Aus Platzmangel wurde die ›Schwedenkiste‹ in einem Depot in Dornburg gelagert; 1974 begann die Aufarbeitung ihres Inhalts in Merseburg, z.T. auf Veranlassung der Akademie der Wissenschaften der DDR. Aber auch dann wurden sie nicht allgemein zugänglich; Vorurteile des SED-Staates gegen die — immer noch verbotene — Freimaurerei verhinderten die wissenschaftliche Auswertung der ›Schwedenkiste‹ (die Staatliche Archivverwaltung unterstand dem Innenministerium der DDR). Nachdem sich der profilierte DDR-Wissenschaftler Gerhard Steiner Anfang der 1980er Jahre für eine Untersuchung über Georg Forster und die Geheimbünde als

[6] Wernekke: Goethe und die königliche Kunst; Deile: Goethe als Freimaurer; Ott: Goethe und der Illuminatenorden (alle zwischen 1905 und 1910 veröffentlicht). Auch Engel erwähnt den Beitrittsrevers (Geschichte des Illuminaten-Ordens, S. 355 f.).

[7] Zum folgenden vgl. Endler: Die Papiere J.J.C. Bodes, S. 17 f.

[8] Diese Bestände sind praktisch alle bis voraussichtlich 1992 unzugänglich; eine Außenstelle des Merseburger Archivs soll sie beherbergen.

Benutzer der ›Schwedenkiste‹ durchgesetzt hatte,[9] konnten ab Mitte der 1980er Jahre ein halbes Dutzend Forscher den Bestand benutzen. Der einzige außer Steiner, der bisher Ergebnisse seiner Arbeit mit diesem Material publiziert hat, ist Hermann Schüttler, der eine Bode-Biographie vorbereitet und andere Materialien zu veröffentlichen gedenkt. Schüttler hat erneut auf die Bedeutung des Illuminatenordens für Goethe hingewiesen, ohne dieses Thema zum Gegenstand seiner Arbeit zu machen.[10]

Sonst hat die Goethe-Forschung erstaunlich wenig Notiz von Goethes Mitgliedschaft im Illuminatenorden genommen, obwohl die frühen Untersuchungen sie eindeutig belegt hatten. Sogar van Dülmen bezeichnet Goethes Mitgliedschaft als ungesichert (»angeblich«),[11] ein Fehler, der auf mangelnde Kenntnis der älteren Literatur zurückzuführen ist und auf welchen Ernst-Otto Fehn die Forschung aufmerksam zu machen suchte.[12] Aber nur in verstreuten Nachschlagewerken[13] und in Arbeiten zu einzelnen Themen wie der Turmgesellschaft in *Wilhelm Meisters Lehrjahre* findet man gelegentliche Erwähnungen von Goethes

[9] Vgl. Steiner: Forsters Weg durch Geheimbünde. Die ›Schwedenkiste‹ stand allerdings nicht im Zentrum der Forschungen Steiners, welche vornehmlich Forsters Beziehungen zu den Rosenkreuzern betrafen. Steiner schreibt sogar, Goethe »soll« Illuminat gewesen sein (S. 54), was nicht von einer eingehenden Einsichtnahme in die wichtigsten Briefwechsel der ›Schwedenkiste‹ zeugt.

[10] Vgl. Schüttler: Strikte Observanz; Schüttler: Karl Leonhard Reinhold (neue Information zu Goethe befindet sich hier auf S. 68; s. dazu jedoch unten, Kap. 3.4).

[11] Dülmen: Geheimbund der Illuminaten, S. 66: »Angeblich sollen u.a. sogar Karl August (Aeschylos), Goethe (Abaris) und Herder (Damasus pontifex) ihre Reverse unterzeichnet haben, doch von einer besonderen Ordensaktivität ist aus Weimar nichts bekannt«; vgl. auch die Mitgliederliste (S. 439-53), wo die Mitgliederschaft der genannten Weimarer Illuminaten als »ungesichert« angeführt wird und von den übrigen (mindestens!) 17 bekannten Weimarer und Jenaer Illuminaten (außer Bode) lediglich drei (Batsch, Kästner, Musäus — s. Anhang 1) überhaupt angeführt werden, ebenfalls als »ungesichert«.

[12] Fehn: Zur Wiederentdeckung des Illuminatenordens, S. 238 (Fehn weist auf die Arbeiten von Wernekke, Deile und Ott und auf den bei Le Forestier wiedergegebenen Goethe-Brief hin).

[13] Der Beitrittsrevers ist auszugsweise wiedergegeben bei Grumach (BG 2: 403) und, darauf fußend, Steiger (GL 2: 399), aber in der Standardbibliographie von Pyritz fehlt jeder Hinweis auf Illuminatentum oder Otts Artikel. Hinweise auf Goethes Mitgliedschaft finden sich in älteren Nachschlagewerken wie das Goethe-Handbuch (der Artikel ›Geheime Gesellschaften‹ ist von Wernekke verfaßt), 1: 670, und in neuerer Zeit in der bahnbrechenden Goethebiographie von Richard Friedenthal (Goethe, S. 477).

Illuminatenmitgliedschaft,[14] kaum jedoch in den Untersuchungen zu Goethes politischen Einstellungen und Tätigkeiten. Auch der von Le Forestier zitierte Goethe-Brief — der in der vorliegenden Untersuchung zum ersten Mal in seiner ursprünglichen deutschen Fassung wiedergegeben wird[15] — ist nie in der Goethe-Forschung beachtet worden, weder in Briefausgaben[16] oder sonstwo. Der Grund dafür ist im Falle dieses Briefes einfach: Er war an einer sehr versteckten Stelle veröffentlicht worden, obwohl auch das Mißtrauen gegen die ausländische Germanistik und die damit verbundene französische Überlieferung des Briefes eine Rolle gespielt haben mögen.[17] Sonst ist die Nichtbeachtung von Goethes Illuminatentätigkeit erstens auf die fehlerhafte Aufarbeitung der Sekundärliteratur zurückzuführen, zweitens auf die mangelhafte Kenntnis der Illuminatenforschung überhaupt bei Germanisten, drittens jedoch natürlich darauf, daß die entscheidenden, in der ›Schwedenkiste‹ enthaltenen Dokumente nie ausführlich erforscht wurden. Diesem Mangel abzuhelfen, ist ein Zweck der vorliegenden Arbeit. Dabei muß jedoch der im Vorwort betonte Hinweis wiederholt werden, daß es hier nicht primär um die Goethebiographie geht, sondern um eine Darstellung der Machtverhältnisse in einem dem aufgeklärten Absolutismus verpflichteten Kleinstaat des 18. Jahrhunderts, aus dem konservative Kräfte seitdem Legitimation schöpfen.

[14] Haas: Die Turmgesellschaft, S. 77; darauf zurückgehend: Hans-Jürgen Schings in seinen Anmerkungen zu den *Lehrjahren* in MA 5: 820 (1988). Schings bereitet auch eine Studie zu Schillers Beziehungen zu den Illuminaten vor (vgl. dazu Kap. 5.1). An wenigstens einer anderen Stelle wird in der Münchner Ausgabe auf Goethes Mitgliedschaft hingewiesen: MA 4.2: 1217, 1219 (Klaus H. Kiefer).

[15] Vgl. Dokument Nr. 19.

[16] Auch im neuen, von Paul Raabe herausgegebenen Nachtrag zur Weimarer Ausgabe fehlt jeder Hinweis darauf. Im übrigen wird dort zwar der illuminatische Beitrittsrevers vollständig wiedergegeben, aber nicht als ein solcher gekennzeichnet (WA IV/52: 95 f.).

[17] Nach einem Vortrag des Verfassers über diese Materie fragte ein deutscher Germanist, ob man der Überlieferung dieses französischen Forschers wirklich trauen könne? — Durch die vorliegende Edition wird Le Forestier posthum gerechtfertigt: Seine Übersetzung war genau.

3.2 Die freimaurerische Strikte Observanz und der Beitritt der Weimarer zum Illuminatenorden

Was bedeutete das Illuminatentum für Goethe und Herzog Carl August? Wie alle Historiker sind wir heute auf Dokumente angewiesen, welche nie die vollständige Wahrheit sagen. Dies ist besonders im Falle der Geheimgesellschaften der Fall, da die Mitglieder ihre Gedanken oft dem Papier nicht anzuvertrauen wagten; oft stoßen wir an entscheidenden Briefstellen auf den frustrierenden Hinweis, daß sich mündlich noch mehr werde sagen lassen. Trotzdem enthalten die Dokumente der ›Schwedenkiste‹ viele Indizien für die Illuminatentätigkeit der führenden Weimarer. Die Briefe Goethes und Herzog Carl Augusts enthalten hierbei nicht den wichtigsten Teil der Geschichte, sondern vor allem in den Briefen anderer finden wir einen Schatz an Hinweisen, welche die Motivation der Illuminaten Goethe und Carl August zu beleuchten helfen.

Obwohl die Beitrittsreverse der Weimarer Illuminaten wahrscheinlich im 10. Band der ›Schwedenkiste‹ lagen, der als einziger verlorengegangen ist, wurden sie im frühen 20. Jahrhundert von einigen Forschern gesehen, und Goethes Revers wurde veröffentlicht.[1] Aus diesen früheren Forschungen geht hervor, daß Herzog Karl August am 10. Februar 1783 beigetreten ist, Goethe am nächsten Tag, ein Tag übrigens, an dem Goethe einer Sitzung des Geheimen Consiliums beiwohnte.[2] Da Goethes Revers einen Einblick in die Ordenspraktiken gewährt, sei er nochmals im vollen Wortlaut wiedergegeben.

[1] Wernekke: Goethe und die königliche Kunst, S. 24 f.; Deile: Goethe als Freimaurer, S. 25 f.; Ott: Goethe und der Illuminatenorden, S. 86 (Auszug); ein älterer Druck in National-Zeitung 1899, Sonntagsbeilage Nr. 31. Eine Kopie von Goethes Revers soll 1901 dem Goethe-Archiv in Weimar übergeben worden sein, aber heute scheint sie im GSA nicht mehr vorhanden zu sein. In der neueren Goethe-Forschung ist der Revers auszugsweise abgedruckt bei Grumach (BG 2: 403) sowie in letzterer Zeit, zum ersten Mal seit Anfang dieses Jahrhunderts vollständig, bei Raabe, WA IV/52: 95 f. (dort wird die Schrift jedoch nirgends als Illuminatendokument bezeichnet, sondern als Dokument zur »Mitwirkung Goethes an der Freimaurerei in Weimar«).

[2] Vgl. AS 1: LXXVI.

»Ich Endesunterzeichneter verpflichte mich bei meiner Ehre und gutem Namen, mit Verzicht auf allen geheimen Vorbehalt, von den mir durch den H[errn] Hof- und Legationsrat Bode anvertrauten Sachen, meine Aufnahme in eine geheime Gesellschaft betr[effend], gegen niemanden, auch nicht gegen die vertrautesten Freunde und Verwandten, auf keine irgendmögliche Weise, weder durch Worte, Zeichen noch Blicke, oder sonst niemals nicht das geringste zu offenbaren, es mag nun diese meine Aufnahme zustande kommen oder nicht. Dies um so mehr, da man mich versichert, daß in dieser Gesellschaft nichts gegen den Staat, Religion und gute Sitten unternommen werde. Auch verspreche ich, die mir desfalls mitzuteilenden Schriften und zu erhaltenden Briefe, nach vorher gemachten, außer mir niemand verständlichen nötigen Auszügen, sogleich zurückzugeben; und wenn ich künftig Ordensschriften in mein Gewahrsam bekommen sollte, dieselben besonders verschließen und mit einer Adresse an ein belehrtes rechtschaffenes Ordensglied versehen will, damit dieselben auf meinen unvorhergesehenen Todesfall auf keine Weise, Art und Wege in fremde Hände geraten können. Dies alles verspreche ich ohne geheimen Vorbehalt und erkläre, daß ich keine Verbindlichkeit von einer anderen Gesellschaft auf mir habe, Geheimnisse, welche man mir unter dem Siegel der Verschwiegenheit anvertraut, anderen mitzuteilen; so wahr ich ein ehrlicher Mann bin und sein will.
Weimar, den 11. Februar 1783. Goethe.«[3]

Der Anfang dieses eigenhändig geschriebenen Reverses folgt einem für jeden Aufzunehmenden gleichen Muster,[4] das hier durch außerordentliche Maßnahmen zur Geheimhaltung der Ordensschriften ergänzt wird; diese gehören wohl zu den von Bode eingeführten Änderungen in der Organisationspraxis und sind vielleicht auch ein Indiz dafür, daß Goethe schon zum Zeitpunkt seiner ersten Aufnahme für die höheren Grade vorgesehen war oder sie sogar von Anfang an empfing (darauf werden wir zurückkommen). Auffallend ist an diesem Dokument auch, daß die Formel vom ›geheimen Vorbehalt‹ wiederholt wird. So wird fast zwangsläufig die Frage nach den Motivationen Goethes — und Carl

[3] Vgl. oben Anm. 1 (der Text wurde gegenüber dem Original offensichtlich modernisiert).

[4] Abgedruckt in OS 60 f. und D 158 f.

Augusts — beim Eintritt in den Illuminatenorden gestellt: Hatten sie denn vielleicht ›geheime Vorbehalte‹ gegenüber dem Orden?

Wenn man aus dem Mangel an überlieferten Dokumenten schießen kann, haben der Herzog wie auch sein Geheimrat zeitlebens das Versprechen eingehalten, über ihre Mitgliedschaft im Orden zu schweigen; nirgends in ihren anderen bekannt gewordenen Schriften ist außerhalb des Bestands der ›Schwedenkiste‹ auch nur ein Wort über ihre Verbindungen zum Illuminatenorden zu finden. Dieser Tatbestand hatte nicht nur die eingangs beschriebene Nichtbeachtung dieses Komplexes in der Forschung zur Folge, sondern erschwert auch heute noch eine Einschätzung der Bedeutung des Ordens für sie. Trotzdem gibt es — nicht nur in den Dokumenten der ›Schwedenkiste‹ — einige Indizien wenigstens für mögliche Motivationen. Um uns zunächst auf Goethe zu beschränken: Er hatte fast genau drei Jahre früher (am 13.2.1780) die Aufnahme in die Weimarer Freimaurerloge Anna Amalia beantragt.[5] Die Variante der Freimaurerei, in die Goethe vier Monate später aufgenommen wurde, war die ›Strikte Observanz‹ — der Name weist auf den absoluten Gehorsam und den Eid der Verschwiegenheit hin, den die Mitglieder leisten mußten. Wir wissen heute, daß die wegen Betrügereien berüchtigte Strikte Observanz — mit wichtigen Einschränkungen — ein Politikum war.[6] Sie gehörte zur ›Hochgradfreimaurerei‹, in der die üblichen drei Grade Lehrling, Geselle und Meister durch ein geheimes ›Hochkapitel‹ ergänzt wurden, das in das Geheimnis der eigentlichen Ordensziele eingeweiht war. Ganz ähnlich wie später die Illuminaten wollte die Strikte Observanz Fürsten und hohe Staatsmänner für ihre Zwecke gewinnen. Man plante, irgendwo in der Welt — konkret wurde das russische Gebiet Saratow ins Auge gefaßt — »einen neuen und unabhängigen Staat zu stiften, wo kein einzelner Wille und keine unabhängige Ober-Gewalt herrschet«;[7] dieser Staat sollte aristokratisch struk-

[5] Brief an Fritsch, HAB 1: 294, WA IV/4: 175 f.

[6] Zum folgenden vgl. Schüttler: Strikte Observanz, sowie Schüttler: Karl Leonhard Reinhold, S. 61-64.

[7] Ernst Gottlob von Kiesewetter an Bode, 1.2.1767, zit. nach Schüttler: Strikte Observanz, S. 168 f.; vgl. auch Schüttler: Karl Leonhard Reinhold, S. 63. Einige Andeutungen auf den Plan sind enthalten im *Projekt zu einem Operations-Plan, wornach die Vortheile des hohen Ordens und fürnehmlich des deutschen Heer-Meisterthums hinfort beobachtet werden können, welcher von dem ersten Gros-Capitel zu Unwürde ist ausgearbeitet worden*, in: [Schröder:] Materialien zur Geschichte der Freimaurerei 2: 225-39.

turiert sein, also betont nicht-monarchisch.[8] Diese Ziele waren nicht revolutionär, sondern eher utopisch, aber sie hatten wenigstens einen politischen Gestus, weil sie den staatlichen Bereich tangierten. Nur die Oberen wußten von diesen Zielen; »die Mitglieder der unteren Grade dienten lediglich als Geldquelle für die Projekte des ›Inneren Ordens‹ [...]«.[9]

Nun war aber gerade Bode, der die Weimarer Illuminaten initiieren sollte, nicht nur einer der Oberen, sondern einer der wichtigsten Männer in der Strikten Observanz überhaupt; als Schatzmeister war er auch am russischen Projekt beteiligt.[10] Ein paar Wochen vor dem erwähnten Gesuch um Aufnahme in die Loge Anna Amalia hatte Goethe ein Gespräch mit Bode über Freimaurerei geführt,[11] und Bode war es, der Goethe als Freimaurer aufnahm. Zu diesem Zeitpunkt wird Bode wohl wenig oder nichts von den politischen Zielen der Strikten Observanz an den Novizen verraten haben, aber er kann durchaus etwas in dieser Richtung angedeutet haben — ein übliches Verfahren, um Mitglieder anzulocken. In diese Richtung weist ein Brief Goethes an Lavater ein Jahr später (22.6.1781), in dem vom berüchtigten Scharlatan Cagliostro die Rede ist. Cagliostro war schon damals mit Geheimgesellschaften in Verbindung gebracht worden, und Goethe deutet eine gefährliche, geheime Zielsetzung im Stil der Geheimgesellschaften an, wenn er schreibt: »Ich habe Spuren, um nicht zu sagen Nachrichten, von einer großen Masse Lügen, die im Finstern schleicht, von der du noch keine Ahndung zu haben scheinst. Glaube mir, unsere moralische und politische Welt ist mit unterirdischen Gängen, Kellern und Cloaken miniret, wie eine große Stadt zu seyn pflegt, an deren Zusammenhang, und ihrer Bewohnenden Verhältniße wohl niemand denkt und sinnt;

[8] Schüttler benutzt für diesen Plan den Ausdruck ›demokratisch-aristokratisch‹ in einem etwas irreführenden Sinn; von ›Demokratie‹ war außerhalb der Elitestruktur des Ordens selbst keine Rede (Schüttler: Strikte Observanz, S. 169). Somit geht der Plan in seiner politischen Struktur kaum über existierende Modelle wie die schweizerische hinaus, so daß Schüttlers Behauptung einer »Vorreiterrolle im Kampf der politischen Emanzipation der Völker der Neuzeit« für diesen Plan weit übertrieben erscheint.

[9] Schüttler: Karl Leonhard Reinhold, S. 63; vgl. Schüttler: Strikte Observanz, S. 168.

[10] Schüttler: Strikte Observanz, S. 168.

[11] Tagebuch, 17.1.1780: »[...] zu Boden. weitläufige Erklärung über □ [=Loge] [Bode]« (WA III/1: 105).

nur wird es dem, der davon einige Kundschaft hat, viel begreiflicher, wenn da einmal der Erdboden einstürzt [...]«.[12] Diese Stelle liest sich wie später die Warnungen der Verschwörungstheoretiker, und könnte auf eine Bekanntschaft mit den politischen Zwecken der Strikten Observanz hindeuten. Wichtig ist, daß solche politische Ziele für Goethe sehr verdächtig sind; wir werden sehen, daß diese Einstellung sich im Laufe der Jahre nicht ändert.

In den nächsten Jahren war die Loge Anna Amalia nicht sehr aktiv, und trotzdem sind verschiedene Gespräche über Freimaurerei in Goethes Tagebüchern überliefert — u.a. mit einem späteren Illuminaten, Friedrich Münter.[13] Auch Carl August wird in die Loge aufgenommen.[14] Interessanter wird die Entwicklung erst im Frühjahr 1782; im März wird Goethe zum Meister befördert,[15] so daß der nächste Schritt für ihn die Hochgrade sind, also der Anfang des Weges in den ›Inneren Orden‹, in dem ihm die politischen Ziele der Strikten Observanz offenbart werden können. Der Sommer 1782 ist aber auch die Zeit der Feuerprobe für die Strikte Observanz; im Freimaurerkonvent vom Juli bis September in Wilhelmsbad wurde die deutsche Freimaurerei den politischen Zielen der sich aufgeklärt gebärdenden, aber durch Skandale in Mißkredit geratenen Variante, also der Strikten Observanz, entfremdet und auf eine mystizistische Richtung festgelegt.[16] Als Resultat gingen viele Mitglieder der Strikten Observanz zu den Illuminaten über, angeworben durch Knigge. Schon im Mai wird Bode in den Illuminatenorden aufgenommen.[17] Einen Monat später schreibt Goethe in einem Brief an den Komponisten Philipp Christoph Kayser, seinen Briefkorrespondenten in Freimaurersachen: »Im Orden heis ich Meister das heist nicht viel, durch die übrigen Säle und Kammern hat

[12] HAB 1: 365.

[13] Münters Tagebuch, 5.9.81: »Wir spr[achen] [...] von Freimaurerei« (BG 2: 318). Vgl. Goethes Tagebuch vom 9.1.1781: »[...] mit Kaysern über □ [=Loge]« und vom 14.1.1782: »zu Seckendorf wo Kalb war. viel über □« (WA III/1: 127, 136); vgl. auch den Brief an Kayser vom 20.7.1781 (WA IV/5: 173);

[14] Am 5.2.1782; vgl. Goethes Tagebuch: »Aufnahme des Herzogs. Bis gegen 11 in der □« (WA III/1: 138); vgl. Wernekke: Goethe und die königliche Kunst, S. 19 (danach BG 2: 347).

[15] Am 2.3.1782, zusammen mit Carl August und Loder (Wernekke: Goethe und die königliche Kunst, S. 19, danach BG 2: 351).

[16] Vgl. besonders Hammermayer: Der Wilhelmsbader Freimaurer-Konvent; Schüttler: Karl Leonhard Reinhold, S. 71 f.

[17] Schüttler: Karl Leonhard Reinhold, S. 65.

mich ein guter Geist extrajudizialiter durch geführt. Und ich *weis* das *unglaubliche*.«[18] Diese »Säle und Kammern« über den Meistergrad hinaus entsprechen in der Strikten Observanz den Hochgraden;[19] und wenn tatsächlich der in alle Geheimnisse eingeweihte Bode der »gute Geist« war, der Goethe »extrajudizialiter« durch den Ordensbau führte, so kann ihn Bode auch über den Inneren Orden informiert haben — er kann natürlich auch etwas über die Illuminaten angedeutet haben. Auf die politischen Inhalte dieser beiden Geheimbünde deutet doch wohl Goethes Ausdruck »das *unglaubliche*« — es ist kein Wunder, wenn der vorsichtige Geheimrat die politischen Ziele, auch wenn sie nur die der Strikten Observanz waren, so nennt. In dieser für die Strikte Observanz so kritischen Zeit des Wilhelmsbader Konvents — übrigens schrieb Goethe einen nicht überlieferten Brief an Bode, als dieser sich auf dem Konvent aufhielt,[20] und er äußert den Wunsch, selbst in Wilhelmsbad zu sein[21] — sind wieder Logenbesuche Goethes bezeugt.

Die nächsten Ereignisse, nach dem Ende des Wilhelmsbader Konvents, sind etwas rätselhaft, führen aber offensichtlich in die eigentliche Problematik des Verhältnisses des Herzogs und seines vertrauten Geheimrats zu den Geheimbünden ein. Hugo Wernekke, der die verschollenen Weimarer Logenakten[22] benutzte, berichtet, Bode habe den Meister vom Stuhl der Weimarer Loge, von Fritsch, versichert,

> »von der hohen Behörde [des Ordens] die Erlaubnis erhalten zu haben, dem durchlauchtigsten Bruder [=Herzog Carl August] seines doppelten Wunsches zu gewähren und demselben sowohl als dem Br[uder] v[on] Goethe, nicht nur in Ansehung des vierten Grades, sondern auch in Ansehung dessen, was nächst diesem folgt, was der Orden gewesen oder geworden zu sein glaubt, was er uns ist und was

[18] 14.6.1782, WA IV/5: 342.

[19] Man könnte zunächst meinen, sie entsprechen den unteren Graden, die Goethe *erspart* geblieben wären (er sei »durch geführt« worden, ohne da sitzen zu bleiben), aber Goethe hatte schon einige Zeit in den unteren Graden verbracht.

[20] Postausgabebücher, 15.7.1782: »Bode, Wilhelmsbad« (WA IV/6: 474).

[21] 27.7.1782 an Knebel: »Lavaters Erscheinung in der Gegend von Franckfurt hat grose Bewegung gemacht. In Wilhelmsbad hätte ich ihn selbst sehen mögen« (HAB 1: 402).

[22] Ein Teil der Akten der Weimarer Loge ›Anna Amalia‹ ist in Merseburg aufbewahrt, jedoch noch nicht zugänglich; eine Überprüfung durch Archivrätin Endler hatte zum Ergebnis, daß keine sehr aufschlußreichen Dokumente in diesem Bestand enthalten sind.

er künftig sein wird, unter einer von ihnen zu erbittenden Verpflichtung ad silentium einen Unterricht und Aufschluß zu geben, mithin sie mit dem inneren Orden ohne weitere Umstände bekannt zu machen.«[23]

Bode hatte also für die beiden an der Regierung beteiligten Brüder eine besondere Dispensation erwirkt, so daß sie vorzeitig über den Inneren Orden, der eigentlich erst mit dem 6. Grad einsetzt, informiert werden konnten. Die Weimarer Loge hatte zu diesem Zeitpunkt anscheinend ihre ›Arbeit‹ eingestellt, so daß diese Fragen nicht mehr unmittelbar aktuell waren; trotzdem kann man sich nicht vorstellen, daß die Neugierde der beiden Brüder lediglich theoretischer Natur war — besonders wenn, wie wir vermuten, Bode schon etwas über die Zwecke des Inneren Ordens, das »Unglaubliche«, verraten hatte. Es ist wenigstens möglich, daß der Herzog und der Geheimrat herausfinden wollten, ob die Pläne der Strikten Observanz für den Staat gefährlich waren. Diese Vermutung wird erst aus dem späteren Verhalten der beiden Männer zur Wahrscheinlichkeit, bleibt jedoch letzten Endes Spekulation. Aus den von Wernekke angeführten Dokumenten geht jedoch wenigstens hervor, daß die von Bode und den Ordensoberen autorisierte Einführung in die Geheimnisse des Inneren Ordens am 10. Dezember 1782 stattfand.[24] Nach einem überlieferten Verzeichnis des Inneren Ordens soll Goethe ihm sogar offiziell angehört haben, aber kein Ordensname wird für ihn angeführt; dieser extrem ungewöhnliche Fall erklärt sich wohl dadurch, daß die Strikte Observanz »in der Auflösung begriffen« war.[25]

Wenn Goethe also zwei Monate später in den Illuminatenorden aufgenommen wurde, so weisen wenigstens einige Indizien darauf hin, daß er schon *vor* seiner Aufnahme durch Kontakt mit Bode eine Ahnung hatte, daß die Illuminaten politische Ziele verfolgten, denn die Illuminaten sollten ja nach Bodes Vorstellungen an die Stelle der Strikten Observanz treten. Wenn wir diese Konstellation bedenken, so lassen sich verschiedene mögliche Motivationen für Goethes Eintritt in den Illuminatenorden denken, die wir nacheinander untersuchen wollen. Der bedeutende französische Historiker der Illuminaten, René Le

23 Wernekke: Goethe und die königliche Kunst, S. 22.

24 Wernekke: Goethe und die königliche Kunst, S. 23, danach BG 2: 395.

25 Wernekke: Goethe und die königliche Kunst, S. 24; vgl. Lindt: Verzeichnis der inneren Ordensbrüder.

Forestier, meint, Goethe sei beigetreten, um seinen ›Gönner‹ Carl August zu imitieren,[26] der ja am Vortag in den Orden aufgenommen worden war. Aber in geheimbündlerischen Belangen waren die Dinge eher umgekehrt: Goethe war der Loge Anna Amalia lange vor Carl August beigetreten; übrigens scheint Goethe auch in anderer Hinsicht eher der Tonangebende in diesem Verhältnis gewesen zu sein. Auch wenn Goethe dem Herzog nur folgte: Dieser gehört auch in unser Blickfeld, und so müssen wir fragen: Was waren die Motivationen für Carl August? Und für ein anderes Mitglied des höchsten Regierungsgremiums des Landes, Johann Jakob Fritsch? Auffallend ist, daß damit drei der damals vier Mitglieder des Geheimen Consiliums in Weimar Illuminaten waren, so daß die Regierungsinteressen in der Weimarer Niederlassung übermäßig vertreten waren.[27]

Möglich ist allerdings, daß den Herzog die esoterische Seite der Geheimbünde reizte. Ein Brief des Herzogs Ernst von Gotha an Bode wenige Tage vor Carl Augusts Aufnahme in den Illuminatenorden spricht von geheimnisvollen, wahrscheinlich alchemistischen Experimenten: »Ich weiß nicht durch welchen Zufall der Herzog [=Carl August] in Erfahrung gebracht hat, daß die GoldStange die Sie mir heute anvertraut haben, sich in meinen Händen befände. Er verlangt ein Stück von derselben um sie Probieren zu laßen«.[28] Diese Episode steht eindeutig im Zusammenhang mit der Aufnahme in den Orden; Herzog Ernst ist befremdet über die Verletzung des Geheimnisses über diese »Probe«, deren »publicität« vermieden werden sollte, und Ernst braucht Bodes Erlaubnis, um Carl August ein Stück von diesem Gold zu geben.[29] Es scheint also, daß Bode alchemistische Versuche benutzte,

[26] Le Forestier: Les illuminés, S. 396-97.

[27] Auch Christian Gottlob Voigt, der später im Consilium saß, wurde ein Ordensbruder.

[28] Herzog Ernst II. von Gotha an Bode, »W[eimar] den 7. Februar 83«, sig. »Ernst«, eigh., Sk 1, Dok. 20. Aus der Unterschrift geht hervor, daß Ernst zu diesem Zeitpunkt noch nicht in den Orden aufgenommen worden war; der erste mit seinem Ordensnamen »Quintus Severus« unterschriebene Brief stammt vom 12.2.1783 (Sk 1, Dok. 21, bei Engel: Geschichte des Illuminaten-Ordens, S. 143 f. und D 326 f. mit der Unterschrift »Ernst«, wohl nach einer Kopie), so daß er zwischen diesen Daten aufgenommen wurde — also zur selben Zeit wie Goethe und Carl August, in Weimar (wo er vom 4. bis zum 10.2. weilte: Fourierbuch 1783, S. 43 [StA Weimar]; WA IV/6: 127).

[29] Ebda.; Ernst meint außerdem: »Ich dächte, wenn Sie es ja genehmigen sollten, würde ein klein Stück hinreichend seyn des Herzogs Neugierde zu befriedigen.« — Daß diese Experimente mit dem Orden in Verbindung standen, wird auch durch den Umstand bestätigt, daß dieser Brief in der ›Schwedenkiste‹ überliefert ist.

um Interesse am Illuminatenorden unter den Weimarern (und bei Herzog Ernst) zu wecken. Diese Episode fasziniert vor allem deswegen, weil solche Umtriebe im Illuminatenorden sonst praktisch unbekannt sind. Sie werden eher mit den Gegnern der Illuminaten, den konservativen Gold- und Rosenkreuzern in Verbindung gebracht. Es läßt sich hier schon die Vermutung aussprechen, daß andere Motivationen als reines Interesse an den eigentlichen Zielen der Illuminaten ins Spiel gebracht wurden, um den Weimarer Herzog für den Orden zu gewinnen. Und möglicherweise hatte Carl August Interesse an den Rosenkreuzern. Wir werden zu diesem Komplex zurückkommen, da Carl August später von einem einflußreichen Rosenkreuzer im Verdacht gegen den Illuminatenorden bestärkt wurde. Hier können wir schon feststellen, daß Bode vielleicht die Ordenswirklichkeit verzerrt darstellen mußte, um den Herzog in den Orden aufzunehmen, und daß nichts dafür spricht, daß Carl August an den ideologischen Zielen des Ordens interessiert war.

Daß Goethe Vergnügen an solchen esoterisch-mystizistischen Seiten der Geheimbünde gespürt hätte, ist nicht zu vermuten; auch aus seinem Ordensnamen ›Abaris‹, der auf einen fabelhaften Wundermann hinweist,[30] ist wohl nicht mehr als Spielerei zu schließen. In einem Brief an Kayser wenige Wochen nach seiner Aufnahme in den Illuminatenorden spricht Goethe mit Distanz von der Maurerei und von sich selbst als desinteressiertem Zuschauer beim »Spiel« dieser Männer, und mit Bezug auf die Auseinandersetzungen nach dem Wilhelmsbader Konvent spottet er über die »weiß und rote Maskerade«.[31] An den wissen-

30 Vgl. Bethe: Abaris, Sp. 16: »ein fabelhafter Wundermann, gehört mit Zamolxis [...], Epimenides u.s.w. zusammen [...] und verdankt wohl Existenz, sicherlich Ruhm jener religiös-mystischen Richtung, welche im 6. Jhdt. aus innerem Bedürfnis und als Reaction gegen die beginnende Aufklärung hervortritt.«

31 »Die geheimen Wissenschaften haben mir nicht mehr noch weniger gegeben als ich hoffte. Ich suchte nichts *für mich* drinne, bin aber schon belehrt genug da ich sehe, was andere *für sich* drinne suchten, fanden, suchen und hoffen. Man sagt: man könne den Menschen beym Spiel am besten kennen lernen, seine Leidenschaften zeigten sich da offen und wie in einem Spiegel; so hab ich auch gefunden, daß in der kleinen Welt der Brüder alles zugeht wie in der großen, und in diesem Sinne hat es mir viel genutzt diese Regionen zu durchwandern. [...] Ich habe alles gelesen, und bin in Erwartung, ob die wohltätigen Ritter das Rennen gewinnen. Vielen, merke ich, ja fast allen, ist die weiß und rote Maskerade lieber« (15.3.1783, HAB 1: 422). Der Ausdruck »die wohlthätigen Ritter« bezieht sich auf das System der ›Wohltätigen Ritter der Heiligen Stadt‹, das nach den Beschlüssen des Wilhelmsbader Konvents aus Frankreich in die Strikte Observanz eingeführt wurde und deren Ende vorbereitete (dazu Schüttler: Karl Leonhard Reinhold, S. 51 Anm.).

schaftlichen und künstlerischen Bestrebungen der Illuminaten wäre er sicherlich eher interessiert gewesen, aber da wir in den Zeugnissen von seiner Tätigkeit für den Orden kein Anzeichen dafür finden, daß er solche Beschäftigungen förderte, sondern umgekehrt Belege dafür, daß er die entsprechenden Aktivitäten der Minervalkirche eher hinderte (s.u.), so scheint diese mögliche Motivation nebensächlich zu sein. Entscheidend für die Bewertung all dieser Möglichkeiten ist die Haltung, die Goethe in jenem Brief an Kayser zum Ausdruck bringt, ein Satz, der wieder an die Warnung vor der »großen Masse Lügen, die im Finstern schleicht«, vor den »unterirdischen Gängen, Kellern und Cloaken« erinnert, mit denen »unsere moralische und politische Welt [...] miniret« sei; jetzt heißt es nämlich: »Und aufrichtig, wenn man vernünftig und wohltätig seyn will und weiter nichts, so kann das jeder für sich und am hellen Tage in seinem Hauskleide.« Hier spricht Goethe einen alten, toposhaften Vorwurf gegen geheime Gesellschaften aus: wenn sie nur edle Zwecke haben, warum können sie diese nicht vor den Augen der Welt verfolgen? Warum müssen sie sich verstecken? Schon im ersten wichtigen antiilluminatischen Pamphlet aus dem nächsten Jahr (1784) hieß es ähnlich: »Warum verbinden sich die Brüder zu einem ewigen Stillschweigen? — — Wenn ihre Absichten gut, ihr Endzweck ihrer eignen und der Vervollkommung [sic] des Staates angemessen ist; — warum ein ewiges Stillschweigen? [...] Wer es redlich meynt, mit Gott und der Welt, der gehe ans Tageslicht!«[32]

Aus Goethes Zeilen spricht denn auch deutlich nicht einer, der an den angeblichen Geheimnissen der Freimaurerei und ähnlicher Geheimbünde interessiert war, sondern vielmehr der Geheimrat, und in Goethes amtlicher Tätigkeit lassen sich wohl am ehesten seine Motivationen für den Beitritt zum Illuminatenorden aufspüren. Zunächst ist mit Hinsicht auf Goethes politische Sendung zu fragen, ob er nicht im Illuminatenorden ein Mittel sah, auf den Herzog Carl August eine sittliche Wirkung auszuüben. Der Zweck des Ordens ging ja dahin, durch ein ›Sittenregiment‹ erst einmal die Fürsten und andere in der gesell-

[32] [Babo:] Ueber Freymaurer, S. 40. Vgl. [Göchhausen:] Enthüllung des Systems der Weltbürger-Republik, S. 175: »Wenn er [=ein braver Mann] die Menschen [...] thätig von seiner Liebe überzeugen will, so hat er auf der gantzen weiten Welt Raum genug dazu, und ich sehe nicht, was das Winckelkriechen, oder geheimnißvolle Tempelhucken dazu beytragen soll? Warum sondert ihr euch ab? Haltet ihr euch für besser, oder seyd ihr schlimmer als andre ehrliche Leute?«

schaftlichen Elite zu bessern, damit dann die ganze Gesellschaft transformiert würde; dieser Zweck ist, wie wir gesehen haben, eine Verkörperung der Idee des aufgeklärten Absolutismus. Und Goethes Gedanken gingen in dieselbe Richtung: Er wollte erzieherisch auf Carl August wirken, um damit das Wohl der dem Fürsten untertänigen Menschen zu fördern; Goethe blieb sein ganzes Leben lang diesem Ideal des aufgeklärten Absolutismus verpflichtet. Dieses Bestreben ist als Motivation für den Beitritt zum Illuminatenorden nicht einfach von der Hand zu weisen — war doch Goethe in der nicht so fernen Vergangenheit fast verzweifelt über die Entwicklung Carl Augusts gewesen, und Mahnungen, wie sie in einem Brief wenige Wochen vor dem Eintritt in den Orden einen Höhepunkt erreichten,[33] schienen nichts zu fruchten. Es kann sein, daß Goethe nach der extremen Lösung des illuminatischen ›Sittenregiments‹ wie nach einem Strohhalm griff. Gegen diese These läßt sich jedoch erstens einwenden, daß erst eine Woche vor Carl Augusts und Goethes Beitritt zum Illuminatenorden ein Erbprinz geboren worden war — übrigens der Anlaß zum Besuch Herzog Ernsts und damit eine willkommene Gelegenheit für Bode, die Weimarer für den Orden zu werben. Goethe setzte bekanntlich große Hoffnungen in die Geburt des Erben als Stabilisierungsfaktor für die Persönlichkeit des Herzogs; ja er glaubte schon am nächsten Tag eine Wirkung zu spüren,[34] so daß er zu diesem Zeitpunkt den Einfluß der Illuminaten auf den Herzog wohl nicht mehr für besonders notwendig hielt. Zweitens darf die eben zitierte Stelle nicht vergessen werden: »[. . .] wenn man vernünftig und wohltätig seyn will und weiter nichts, so kann das jeder für sich und am hellen Tage in seinem Hauskleide.« Goethes möglicher Wunsch nach sittlicher Wirkung auf den Herzog wäre ohne andere Motivationen sicherlich seinen Bedenken gegenüber Geheimgesellschaften gewichen — oder vielmehr glaubte er wohl, diesen Einfluß selbst, durch persönliche Einwirkung, viel effektiver als durch einen mysteriösen Geheimbund verwirklichen zu können. Es kann sein, daß er den Orden gleichzeitig auf diese mögliche Wirkung hin prüfen wollte, aber m.E. ist Goethes primäre Motivation für den Eintritt in den Illuminatenorden nicht in dieser Richtung, sondern seinen *politischen Bedenken gegen Geheimgesellschaften* zu suchen. Wenn Goethe in späteren

[33] Goethe an Herzog Carl August, 26.12.1783, HAB 1: 466-69.

[34] Goethe an Knebel, 3.2.1783, HAB 1: 420; vgl. auch an Merck, 17.2.1784, WA IV/6: 128.

Jahren schrieb: »Das Ganze Leim aller Orden der Leim aller geheimen Gesellschaften ist der große Reiz das verbodene zu tun, Partei zu nehmen, Gesetz gegen Gesetz und wo möglich Gewalt gegen Gewalt zu stellen«,[35] so hielt er damit eine Motivation fest, die ihn sicher nicht selbst bewegte, sondern eher beunruhigte, und ihn nur in dem Sinne zum Beitritt in den Illuminatenorden veranlassen konnte, daß er die Aktivitäten solcher Menschen genau beobachten wollte.[36] Es soll im folgenden vor allem durch die Dokumente der ›Schwedenkiste‹ wahrscheinlich gemacht werden, daß Goethe und auch Carl August die Gelegenheit wahrnahmen, diese neue, politisch fragwürdige Geheimgesellschaft dadurch zu überwachen, daß sie ihm beitraten — sie unterwanderten also die Unterwanderer. Sie wollten, so scheint es, die Kontrolle über eine potentiell gefährliche Entwicklung im Herzogtum behalten. Sie wollten ein Auge auf die Illuminaten haben.

Ob das von Anfang an der Fall war — ob Überwachung schon als Motivation für den *Entritt* in den Orden geltend gemacht werden kann, läßt sich allerdings nicht mehr feststellen. Bald danach muß Goethe jedoch über die politischen Ziele des Ordens Bescheid gewußt haben. Wir wissen zwar, daß er den höchsten illuminatischen Grad, den Regentengrad, erhielt, aber wir wissen nicht, zu welchem Zeitpunkt das geschah.[37] Aus noch zu erläuternden Gründen muß Goethe jedoch schon bei seiner Aufnahme in wenigstens den Grad des Illuminatus major befördert worden sein. Und die für diesen Grad bestimmte »Geheime Instruction zum Unterricht derer, welche neue Mitglieder zum O[rden] anwerben sollen«, enthält einige sehr deutliche Anspielungen auf die politischen Ziele: »Er führe Beispiele an, was Unterthanen vermögen, die einig abgerichtet und auf Einen Ton gestimmt sind, als Armeen«;

[35] [Schema zur Abschaffung der Duelle an der Universität Jena], AS 2/1: 205, jetzt auch MA 4.2: 816 f.

[36] Die zitierte Aussage steht zwar im Zusammenhang mit den tatsächlich verbotenen Ordensverbindungen an der Universität Jena und im Zusammenhang der Verschwörungstheorie nach dem Anfang der Französischen Revolution, sie reflektiert zwar erst nachträglich Goethes eigene Erfahrungen im Illuminatenorden und dürfte damit für den Eintritt in den Orden selbst von begrenztem Wert sein, aber diese Aussage deckt sich mit den im folgenden zu analysierenden Dokumenten aus der Frühzeit seiner Mitgliedschaft und mit dem schon angeführten Verdacht gegenüber Geheimgesellschaften, so daß sie eine Grundhaltung ihnen gegenüber dokumentiert, die schon sehr früh zu konstatieren ist.

[37] S. Abschnitt 3.3.

»Dann rede er aber von den Mängeln der bürgerlichen Gesellschaft [. . .]«; »Er suche bey ihm einen Trieb zu erwecken, im Stillen zu herrschen, [. . .] über die zu herrschen, die meine Meister zu seyn glauben«.[38] *Spätestens* kurz nach dem Eintritt in den Orden wird Goethe politische Absichten gewittert haben. Auch wenn er dem Orden nicht deswegen beitrat, um ihn mit dem Herzog zu überwachen, so werden sich seine Absichten sehr bald nach der Aufnahme dahin gerichtet haben.

Es stellt sich aber auch gleichzeitig die weitere Frage: Was waren wiederum beim Orden selbst — hier konkret Bode — die Motivationen für die Aufnahme von Carl August und Goethe? Die Beantwortung dieser Frage läßt sich erst durch eine weiter unten durchzuführende Analyse der im Orden heiß diskutierten Kontroverse erreichen, ob Fürsten und hohe Staatsmänner überhaupt in den Orden aufgenommen werden sollten. Vorläufig jedoch sei die These aufgestellt, daß diejenigen Ordensoberen, die Fürsten zulassen wollten, in ihnen Legitimation suchten — genau das also, was auch die Fürsten vom Orden erhofften. Die Fürsten suchten im Rahmen des aufgeklärten Absolutismus Bestätigung dafür, daß sie aufgeklärte Herrscher waren, und als solche galten Fürsten, die sich dazu herabließen, in Geheimgesellschaften neben Mitgliedern aus anderen Ständen für eine sittliche Erneuerung der Menschheit zu arbeiten. Ein zeitgenössischer Illuminatenkritiker meinte offensichtlich mit Recht, die »Landesfürsten« wurden für den Orden eingenommen, weil ihnen »die brüderliche Gleichheit in den Logen gefiel«.[39] Es war vor allem dieses Gleichheitsspiel, das sie über die wirkliche Ungleichheit hinwegtäuschte. Wir haben auch gesehen, daß im Rahmen des aufgeklärten Absolutismus beide Seiten, Fürsten wie Intelligenz, bemüht waren, den Illuminatismus dadurch als Instrument einer guten Herrschaftspraxis zu benutzen, daß sie ›die besten Männer‹ in Regierungsgremien förderten; und der erwähnte zeitgenössische Illuminatenkritiker meinte dann auch konsequent, Logen, in denen ein Fürst herrscht, hätten keine Geheimnisse vor dem Staat und seien deshalb nicht gefährlich.[40] Trotzdem blieben die Fürsten, wie alle Vertreter des aufgeklärten Absolutismus, eben absolutistische Herrscher, die letzten Endes aufgeklärte Prinzipien ihren eigenen Interessen opfern mußten.

[38] [Faber (Hrsg.:)] Der ächte Illuminat, S. 146-48.
[39] [Babo:] Ueber Freymaurer, S. 23 f. (zu dieser Schrift s.u. Abschnitt 3.6).
[40] [Babo:] Ueber Freymaurer, S. 27.

Ein Fürst mußte vor allem darauf bedacht sein, daß seine Mitgliedschaft in einem Geheimorden dem Ansehen des fürstlichen Hauses nicht schadete, oder daß der Verein gar den Staat selbst gefährdete. So werden wir sehen, daß zwischen Fürsten und den anderen Ordensmitgliedern ständiges Konfliktpotential bestand. Der Orden suchte in Fürsten seinerseits Legitimation, die bei der Werbung neuer Mitglieder von Nutzen sein sollte — ein Nutzen, der in Gesprächen der Weimarer Illuminaten mit einem Jenaer Freimaurer deutlich wurde, in denen sie die Gründung einer (natürlich illuminatisch beherrschten) Loge in Jena besprachen, aber ausdrücklich darauf hinwiesen, daß dies nur »mit Höchster Erlaubnis des Durchlauchtigsten LandesRegenten«, also Herzog Carl August, erfolgen würde — eine Taktik, die beim Gesprächspartner auch den erwarteten Erfolg hatte.[41] Viele Illuminaten mußten offensichtlich eben doch überzeugt werden, daß sie nichts Staatsverräterisches begingen, daß der hohe Landesherr alles genehmige. Das Bedürfnis des Ordens nach Legitimation ging jedoch weiter. Es ging dabei nicht nur um Werbungstaktik, sondern vor allem auch um die eigene Sicherheit. Legitimation bedeutete Schutz vor dem möglichen Zugriff fremder Großmächte wie Preußen, Sachsen oder der verschiedenen Reichsinstanzen (auf solche Zugriffe kommen wir wieder zurück); die herrschaftlichen Mitglieder galten als eine Art Versicherung gegen Unterdrückung. Diese Vorteile für den Orden mußten jedoch mit einem hohen Preis bezahlt werden, nämlich der Gefahr eines Umschlags, einer Unterdrückung durch gerade diese Fürsten, oder zumindest der Gefahr der Überwachung. Deswegen werden wir immer wieder Fälle sehen, in denen die Mitglieder ihre fürstlichen Brüder von der politischen Abstinenz des Ordens zu überzeugen suchen, aber auch andere Fälle, in denen die Fürsten offen oder versteckt ihr Mißtrauen gegen den Orden verraten. Auch nachdem Fürsten aufgenommen worden waren, mußte noch ständig um ihr Vertrauen geworben werden, und in diesem Kampf scheiterte letztendlich der Orden. So werden wir sehen, daß die Illuminaten ihr Legitimationsbedürfnis mit einem klaffenden Widerspruch zu

[41] Bericht von Batsch über sein und Bodes Gespräch mit Lorenz Johann Daniel Succow, »Registratura Heropolis d. 12ten Adarpahast Jezdedjerd 1154« [=Weimar, 12.5.1784], eigenh., sig. »Flavianus«, Sk 15, Dok. 60. — Auch dem Herzog von Gotha gelang es, einen Zweifelnden allein durch die eigenen Versicherungen für den Orden zu gewinnen, was vielleicht auf seinen Fürstenstand zurückzuführen ist (Herzog Ernst II. von Gotha an Bode, »Syracusis den 40.ten Phararvardin 1154. Jezdedgerd« [=Gotha, 29.4.1784], sig. »Timoleon«, eigh., Sk 1, Dok. 70, Bl. 2r).

den eigenen Konzeptionen befriedigen mußten: Der eingangs erörterte Versuch, im Orden ein Asyl vor den Mißständen der feudalabsolutistischen Gesellschaft zu finden, war zum Scheitern verurteilt. Die Fürsten ließen so wenig wie die anderen Ordensbrüder die gesellschaftlichen Machtverhältnisse des absolutistischen Staates am Eingang des Ordensbaus liegen. Der Orden gestand diesen Widerspruch zur eigenen Theorie ungewollt ein, wenn er Fürsten für die eigenen Zwecke ausbeuten wollte. Diese Konstellation wird in Weimar schon sehr früh deutlich.

3.3
Die beginnenden Spannungen zwischen dem Orden und seinen herrschaftlichen Mitgliedern

Bisher sind insgesamt vierzehn Illuminaten in Weimar namhaft gemacht worden (s. Anhang 1). Nicht alle diese Mitgliedschaften können heute noch überprüft werden, wahrscheinlich weil einige davon nur im verschollenen 10. Band der ›Schwedenkiste‹ verbürgt sind. Aber diese Illuminaten sind auch von sehr unterschiedlichem Gewicht im Orden. Einige von ihnen, wie etwa der Weimarer Steuerrat Johann August Ludecus, kommen in den Ordensdokumenten fast gar nicht vor und haben offensichtlich eine untergeordnete Rolle gespielt. Zu diesen gehört auch der dritte Illuminat, welcher Mitglied des damals vierköpfigen herzoglich-weimarischen Geheimen Consiliums war, Jakob Friedrich von Fritsch. Er wurde wahrscheinlich auf Grund seiner Stellung als Meister vom Stuhl der nunmehr suspendierten Weimarer Freimaurerloge Anna Amalia in den Illuminatenorden aufgenommen. Er wird nur als ›Illuminatus minor‹ angeführt,[1] ein relativ niedriger Grad. Fritsch hatte bekanntlich persönliche Auseinandersetzungen mit Goethe, die bis zu diesem Zeitpunkt nur zum Teil überwunden worden waren. Goethe gab bei Carl August den Ton an, und diese beiden Figuren dominierten Weimar politisch und gesellschaftlich. So leuchtet ein, daß Fritsch in den Dokumenten kaum in Erscheinung tritt und in den Weimarer Ordensaktivitäten offensichtlich am Rande stand.[2] Und Fritsch ist dann auch zusammen mit Bode die einzige Ausnahme zu der konsequenten sozialen Regel in der Weimarer Gruppe: Der gesellschaftliche und politische Status bestimmt den Status im Orden — gerade das Gegenteil des vom Orden propagierten Ideals der Überwindung gesellschaftlicher Ungleichheit. Die wichtigsten Figuren, alle mit den höchsten Graden ›Regent‹ oder ›Priester‹, waren die gesellschaftlich und po-

[1] Ott: Goethe und der Illuminatenorden, S. 86; Le Forestier: Les illuminés, S. 396 Anm.

[2] Die einzige Erwähnung Fritschs, die ich gefunden habe, ist in einem Brief des Herzogs Ernst an Bode vom 5.2.1785, wo ihm attestiert wird, er sei zu sehr mit »andere[n] Geschäfte[n]« »überhäuft«, um am Orden aktiven Anteil zu nehmen (vgl. Dokument Nr. 29, Bl. 1v).

litisch prominentesten Mitglieder in Weimar; außer Bode stammten sie alle aus dem Adel.

Vier von diesen Figuren kommen in den Dokumenten immer wieder vor und bilden offensichtlich den Kern der Weimar Illuminatengruppe: Neben den ›Regenten‹ Carl August und Goethe sind es vor allem zwei Adlige im Regentengrad, die offensichtlich durch ihre gesellschaftliche Stellung oder ihre Freundschaft mit Bode für den Orden wichtig wurden. Ernst Carl Constantin von Schardt (1744-1833), der Bruder der Charlotte von Stein, war Kammerherr und Geheimer Regierungsrat und genoß gesellige Beziehungen zu Goethe.[3] Er tritt sehr früh in der Ordenskorrespondenz in Erscheinung; schon zwei Tage vor der Aufnahme von Carl August schreibt er begeistert an Bode über die »Gesellschaft«, von der dieser ihm erzählt hat, und über eine mögliche Verbindung zwischen ihr und der Strikten Observanz.[4] So wurde er wahrscheinlich in diesen Tagen zusammen mit Goethe, Carl August, und Ernst II. aufgenommen. Schon im frühen April erscheint er als einziger aus Weimar in einer Liste von ›Regenten‹ in jenem Ordensgebiet.[5] Im Januar 1784 finden wir Schardt sogar auf einer Reise im Auftrag Bodes zum benachbarten ernestinischen Hof Sachsen-Meiningen, offensichtlich um nach dort neu aufgenommenen Ordensmitgliedern zu sehen.[6] Wie wir weiter unten sehen werden, war Schardt zusammen mit

[3] Ob in den bezeugten Kontakten zwischen Goethe und den anderen Illuminaten Ordensangelegenheiten eine Rolle spielten, kann in den meisten Fällen natürlich nicht mehr überprüft werden. Z.B. verreiste Goethe fünf Tage nach seiner Aufnahme in den Orden mit Schardt (an Charlotte von Stein, 17.2.1783, WA IV/6: 128); zwei Tage später (18.1.1783) aß er an der Fürstlichen Tafel mit Dalberg (auch ein Illuminat) und Graf von Marschall (BG 2: 401). Etwas rätselhaft ist allerdings der Eintrag im Weimarer Fourierbuch für den 16.3.1783: »War Fräumeier Loge in Saal und Durchl. Herzog gab sämtl. Brüdern und Schwestern eine Suppe von 64 Couverts« (BG 2: 408), denn die Weimarer Freimaurerloge hatte im Vorjahr ihre Tätigkeit eingestellt, und bei einer so großen Menge von Personen und in der Anwesenheit von Frauen ist eine Illuminatenversammlung ausgeschlossen; wahrscheinlich überdauerten die geselligen Veranstaltungen die ›Deckung‹ der Weimarer Loge.

[4] Schardt an Bode, »Weimar den 8. Febr. 1783«, unsig., Sk 7, Dok. 7.

[5] Aufgezählt werden die Regenten »v. Schardt, Köppern, Heine, u. Schwarz«; keine der letzten drei waren in Weimar. Bode an Knigge, »Hamburg, den 5ten Aprill, 1783«, sig. »Aemilius«, eigh., Sk 3, Dok. 128, Bl. 1r. — Schardt schickt Bode ein paar Wochen später einen *zweiten* Revers, der sich wahrscheinlich auf seine Beförderung in den Regentengrad bezieht: Schardt an Bode, »Weimar den 23. Apr. 1783«, sig. »Appollonius«, Sk 7, Dok. 8, Bl. 1r.

[6] Schardt an Bode, »den 14. Jan: 1784«, sig. »Appollonius«, Sk 7, Dok. 9. Die Meininger Illuminatengruppe verdient, erforscht zu werden. Erwähnt werden in diesem Brief »B[ruder] von Durckheim«, also wohl Franz Christian Eckbrecht von Dürckheim, Geheimrat und Oberforstmeister in Meiningen, sowie »Br[uder] von

»Philostratus«, dem ehemaligen braunschweigischen Kammerherr August Dietrich Reichsgraf von Marschall auf Burgholzhausen (1750-1824) eine Schlüsselfigur in der wichtigsten frühen Aktivität der Weimarer Illuminaten, der Behandlung des Konflikts zwischen Knigge und Weishaupt. In einem Brief vom 12. Juni 1783 schreibt Bode an Knigge, daß Marschall, mit dem Bode jahrelang freimaurerische Beziehungen gepflegt hatte,[7] ein Gut im nahen Oßmannstedt gekauft habe[8] und ihm »künftig eine gute Stütze seyn kann«; weiter heißt es, daß Schardt und Marschall verreist seien, aber: »So bald die wieder kommen, und ich ordentlich dazu berechtigt bin, will ich streben, hier, in Jena und in Rudolstadt kleine Minerval Anstalten einzurichten.«[9] Die Rolle dieser beiden Männer in der Weimarer Illuminatengruppe war also beträchtlich; sie wurden mit delikaten Missionen beauftragt und genossen offensichtlich das Vertrauen Bodes.[10] Gerade im Falle von Schardts Entsendung zu den Meininger Brüdern ist auffallend, daß Goethe für die-

---

Bibera«, also Ludwig von Bibra, herzogl. sachsen-meiningischer Reisemarschall; beide waren Mitglieder der Strikten Observanz. Auch ein »Loebenstein« wird erwähnt. — Auch weitere Briefe behandeln die Werbungen in Meiningen; aus dem ersten zitiert Ott (Goethe und der Illuminatenorden, S. 88 f.) eine Stelle mit der Angabe, daß sie von Fritsch stammt; dies ist falsch, da »Appollonius« eindeutig (nach Sk 15, Dok. 57, Bl. 7v) als Schardt nachgewiesen ist (Schardt an Bode, »den 23. Jan. 1784«, sig. »Appollonius«, Sk 7, Dok. 10). Im zweiten Brief erzählt Herzog Ernst, er habe Dürckheims Zweifel überwunden und ihn für den Orden gewonnen; Ernst glaubt mit Bode, »daß dieser würdige und Brave Mann, ganz durch [=durch die Grade] geführt werden müße, und dies zwar in kurzer Zeit. [...] Von Bibra hingegen, der ein gutes Herz, aber nicht so viel Kopf hat, kann schon ein wenig warten« (Herzog Ernst von Gotha an Bode, »Syracusis den 40.ten Phararvardin 1154. Jezdedgerd [=Gotha, 29.4.1784]«, sig. »Timoleon«, eigh., Sk 1, Dok. 70, Bl. 2r). Bibra beschwert sich wenig später: »ob ich gleich mit Vielem Eifer in diesen ⊙ getreten bin, so ward mir die Laage in der ich, biß anjetzo in demselben stand äußerst beschwerlich«; er scheint jedoch der »Nachfolger« Helmolts in irgendeinem Ordensamt geworden zu sein (Bibra an von Helmolt, »Meiningen den 3ten Jun: 1784«, sig. »Cato« [Identifikation nach Lerp], Sk 3, Dok. 110).

7 Vgl. die 16 Briefe von Marschall an Bode, aus den Jahren 1777/1778 (8 Briefe) und 1782/1784 (8 Briefe, 3 als Illuminat): Sk 6, Dok. 6-21 (von Schardt sind 5 Briefe überliefert: Sk 7, Dok. 6-10).

8 Dies ist übrigens in der Literaturgeschichte bekannt als das Gut, das Wieland im Jahre 1797 kaufte.

9 Vgl. Dokument Nr. 2.

10 Wenigstens bis zu den Verfolgungen; kurz nach der Publikation der den Orden blamierenden Dokumente durch die bayrische Regierung schreibt der Illuminat Friedrich Münter in sein Tagebuch während eines Weimarer Aufenthalts, Schardt habe »sich mit Bode überworfen« ([Münter:] Tagebücher 2: 401).

ses Geschäft nicht herangezogen wurde, denn er unterhielt persönliche Beziehungen zu ihnen.[11] Natürlich war Goethe mit Amtsgeschäften beladen, aber er fand schon Zeit für viel unwichtigere illuminatische Dinge, wie wir sehen werden. Sein Einfluß in Meiningen wäre in dieser Angelegenheit dem Orden zugutegekommen. Andererseits war es vielleicht gerade seine amtliche Stellung, was bei Bode Bedenken auslöste. Er wußte vielleicht, daß in Goethe der Geheimrat vor dem Illuminaten Priorität hatte, wie wir im weiteren Verlauf der Untersuchung konstatieren werden.

Es ist kein Zufall, daß (außer dem Organisator Bode) die wichtigsten Weimarer Illuminaten im Regentengrad Adlige waren. Diese soziale Entsprechung wird während der Weishaupt-Affäre[12] mit bemerkenswerter Offenheit eingestanden; dort heißt es, eine Geldkollekte für den vertriebenen Ordensgründer sollte »nur von den Br[üdern] des 7ten Grads [also ab Illuminatus major] eingesammlet« werden, und einer der Gründe dafür ist: »Diese sind [. . .] mehr als andere im Stande etwas von ihrem Überflusse zu entbehren [. . .]«.[13] Und es entsprach ihrer sozial-politischen Stellung im Herzogtum Weimar, daß Goethe und Herzog Carl August allmählich die wichtigsten Weimarer Illuminaten wurden — ihre Rollen als Herrscher und Geheimrat spielten auch in die Ordensenklave hinüber. Wenn man Bodes ursprüngliche Begünstigung von Schardt und Marschall bedenkt, so hat es fast den Anschein, daß Goethe und Carl August diese Macht unbemerkt an sich rissen.

Die Beförderungen des Herzogs und seines Günstlings werfen Licht auf die Haltung der Ordensspitze — in Weimar waren es Bode und Herzog Ernst II. von Gotha — zu ihnen. Die Beförderungen sind zwar in den Dokumenten nicht direkt festgehalten, aber einige Indizien tauchen auf. Zur Orientierung sei auf der folgenden Seite die Ordensstruktur skizzenhaft dargestellt.[14] Zunächst erhebt sich die Frage, zu welchem

[11] Zu den Meininger Illuminaten von Bibra und von Dürckheim, über die Schardt in seinem Brief berichtet (vgl. Anm. 6), vgl. die Briefe WA IV/4: 302 (1780), IV/5: 306, 310, 328 (April und Mai 1782).

[12] Vgl. Abschnitt 3.6.

[13] Ernst II. an Bode, 10.3.1785 (vgl. Dokument Nr. 32), Bl. 1v.

[14] Vor allem nach Knigges Darstellung, da seine Reformen zu diesem Zeitpunkt eingeführt worden waren; vgl. NOS 1: 108 (D 292); EE 89-119 (D 348-59). In den Weimarer Dokumenten ist häufig vom »7. Grad« die Rede. Man könnte zunächst vermuten, daß dies den Regentengrad bezeichne, da die Freimaurergrade nicht zum eigentlichen Gradsystem des Ordens gehörten und deswegen vielleicht nicht mitgezählt wurden. Aber für die Weimarer Versammlung der Mitglieder vom 7. Grad (also ab 7. Grad) vom 17.3.1785 werden zwei Illuminaten als anwesend bezeichnet, die laut Le Forestier die Grade Illuminatus dirigens bzw. Priester innehatten (Le Forestier: Les illuminés, S. 396 Anm.; vgl. Dokument Nr. 37, Batsch und

---

Die Illuminatengrade

I. Klasse: Pflanzschule (bzw. Minervale)
  1. Novize
  2. Minervale
  3. Illuminatus minor
II. Klasse: Freimaurerei
  A. Symbolische (englische, reguläre) Freimaurerei
    4. Lehrling
    5. Geselle
    6. Meister
  B. Schottische (ritterliche, esoterische, Hochgrad-) Freimaurerei
    7. Illuminatus major (Schottischer Noviz)
    8. Illuminatus dirigens (Schottischer Ritter)
III. Klasse: Mysterien
  A. Kleine
    9. Priester (Presbyter)
    10. Regent (Princeps)
  B. Große
    11. Philosoph (Weltweiser, Magus)
    12. Dozent (Rex?)

Zeitpunkt Goethe und Carl August in den politisch sehr wichtigen Regentengrad befördert wurden, denn die ›Regenten‹ erledigten die eigentliche ›politische Direktion‹ des Ordens. In Weimar wurden die normalen Beförderungsrichtlinien nicht sehr genau befolgt; das erlebte Schardt, der schon nach ein paar Monaten zum Regenten befördert wurde, ein Vorgang, der theoretisch Jahre in Anspruch nehmen sollte; auch Prinz August, der Bruder des Herzogs von Gotha, wurde sehr

---

Herder). Es ist möglich, daß beide nach dem Zeitpunkt des von Le Forestier eingesehenen, nicht näher identifizierten Dokuments zu ›Regenten‹ befördert wurden, aber bei Batsch ist das keineswegs zu vermuten, da er im Orden nur als Sekretär eine Rolle spielte.

schnell für den Regentengrad vorgeschlagen.[15] Es hat also den Anschein, daß wichtige Männer sofort oder sehr bald nach ihrer Aufnahme zu ›Regenten‹ befördert wurden; eine solche Beschleunigung war auch in der Freimaurerei gang und gäbe.[16] Und besonders für Freimaurer war ein Sprung über die unteren Grade des Illuminatenordens angebracht, denn es wäre unsinnig und beleidigend, sie erst die Pflanzschule — die sowieso eigentlich für jüngere Mitglieder gemeint war — durchlaufen zu lassen, die in der Illuminatenstruktur tiefer stand als die in sie eingebauten Freimaurergrade. Einleuchtender war es, wenn Freimaurer, die wenigstens den Meistergrad erreicht hatten, bei der Einführung in den Illuminatenorden direkt zum nächsten (7.) Grad, also zum Illuminatus major befördert wurden. Ein ähnliches Verfahren wurde beim Prinzen August auch ausgeübt; schon ›Lehrling‹ (4. Grad) in der Maurerei, wurde er bei seiner Aufnahme in den Illuminatenorden in den 5. und 6. Maurergrad (Geselle und Meister) befördert, ohne die ›Pflanzschule‹ durchgemacht zu haben.[17] Der nächste Schritt nach dem Illuminatus major wäre der Illuminatus dirigens, nach dem dann die höchsten Stufen, der Priester- und Regentengrad der ›Kleinen Mysterien‹, erreicht würden.[18]

So ist wahrscheinlich, daß Goethe und Carl August, die beide schon über den maurerischen Meistergrad hinaus in die Hochgradfreimaure-

[15] Am 26.8.1783 war Prinz August noch gar nicht in den Orden aufgenommen worden (vgl. unten Anm. 17); am 24.12.1783 wird schon über seine Beförderung in den Regentengrad beraten (Bode an Herzog Ernst von Gotha, »Heropolis den 24 Ader. 1153 Jzded.« [=Weimar, 24.12.1783], sig. »Aemilius«, eigh., Sk 2, Dok. 182, Bl. 2r; vgl. auch Sk 2, Dok. 153 vom 9.1.1784). Allerdings zerschlug sich die Beförderung an Augusts nicht näher erläuterter Unzufriedenheit mit dem Orden (Herzog Ernst an Bode, »Syracusis den 28. Dee 1153« [=Gotha, 28.1.1784], sig. »Qu[intus] Severus«, eigh., Sk 1, Dok. 66, Bl. 2v), und Ernst erinnert Bode an seine Warnung, seinen Bruder »nicht allzu schnelle Schritte zu führen« (Ernst an Bode, »Syracusa den 22. Dee 53« [=Gotha, 22.1.1784], sig. »Qu[intus] Severus«, eigh., Sk 1, Dok. 65, Bl. 2v).

[16] Carl August wurde am 5.2.1782 in die Freimaurerei aufgenommen, und schon weniger als einen Monat später wurde er (mit Goethe) in den Meistergrad eingeführt; Goethe hatte fast zwei Jahre auf dieselbe Beförderung warten müssen, obwohl er schon 11 Monate früher darum ersucht hatte (Wernekke: Goethe und die königliche Kunst, S. 19; BG 2: 245, 347, 351; HAB 1: 353).

[17] »Er [=Prinz August] scheint mir noch in demjenigen Gedancken zu stehen von dem ich Ihnen sagte, sich durch Sie, in dem 5 und 6. Grade der M[au]r[e]r[e]y das ist, im I[lluminaten] O[rden] initiiren zu lassen [. . .]«, Herzog Ernst von Gotha an Bode, »Syr[acus] den 26. Merdedm. 53« [=Gotha, 26.8.1783], sig. »Qu[intus] Severus«, eigh., Sk 1, Dok. 35, Bl. 1r.

[18] Zu den ›Höheren Mysterien‹ vgl. unten S. 76.

rei und anscheinend sogar in den Inneren Orden der Strikten Observanz gelangt waren, bevor sie Illuminaten wurden, zum Zeitpunkt ihrer Aufnahme im Februar 1783 oder kurz danach wenigstens schon in den 7. oder 8. Grad befördert wurden. Die ersten Belege dafür, daß Goethe und Carl August Regenten geworden waren, stammen aus der Zeit der Knigge-Affäre im Februar 1784.[19] Es leuchtet zwar ein, daß zwei so wichtige Mitglieder schon einige Zeit vor diesem Zeitpunkt zu Regenten befördert worden wären, wenn das auch für Schardt der Fall war. Auf der anderen Seite steht jedoch der schon erwähnte Brief Bodes vom 5. April 1783, in dem als Regent nur Schardt erwähnt wird, sowie der ebenfalls angeführte Brief vom 12. Juni 1783, als Bode auf die Rückkunft von Schardt und Marschall wartet, damit er »ordentlich dazu berechtigt« sei, Minervalkirchen einzurichten. Da Goethe zu diesem Zeitpunkt auch verreist war[20] und von Bode nicht erwähnt wird, so hat es den Anschein, daß er zu diesem Zeitpunkt kein Regent war — oder daß Bode ihn auch in dieser Angelegenheit nicht heranziehen zu können oder zu müssen glaubte. Diese Frage kann nicht gelöst werden, obwohl sie von einiger Wichtigkeit ist — denn mit dem Regentengrad wurden die politischen Zwecke enthüllt, wenn Bode sie nicht schon früher mitgeteilt hatte. Wenigstens wird deutlich, daß Bode schon am Anfang andere Mitglieder — Schardt und Marschall — für eine rasche Beförderung auswählte und für die eigentlich wesentlichen Aufträge heranzog, nicht Goethe und Carl August.

Weiter als in den Regentengrad scheinen die beiden Regierungsmänner nicht befördert worden zu sein. Das fällt um so mehr auf, als andere, weniger prominente Mitglieder die brisantesten Grade, die ›Höheren (bzw. Großen) Mysterien‹ wenigstens theoretisch kannten (diese Grade scheinen nicht praktisch eingeführt worden zu sein[21]). Diese Grade lösten großes Interesse und einiges Unbehagen aus, als sie im Herbst 1784 einigen Gothaer Illuminaten — und natürlich Bode — bekannt wurden, denn Weishaupts Sprache richtete sich hier äußerst scharf gegen die bestehenden Verhältnisse. Die höheren Grade wurden vor der (vorläufigen) Aufhebung des Ordens im Frühjahr 1785 an sehr wenige Illuminaten verteilt, so daß wir auch heute noch wenig über sie

[19] Vgl. Dokumente Nr. 18 und 19.

[20] Zwischen dem 12. und dem 18. Juni war er in Erfurt, Gotha und Wilhelmsthal (BG 2: 418 f.).

[21] Schüttler: Karl Leonhard Reinhold, S. 68.

wissen.[22] Hermann Schüttler hat eine Stelle aus dem Philosophengrad veröffentlicht, die, auch wenn sie keineswegs seiner Beschreibung einer »Aufforderung zum Umsturz« entspricht, doch wenigstens die Ordensbrüder vor einem solchen Umsturz warnt und deswegen politisch beunruhigend wirken konnte.[23] Aus Briefen um die Jahreswende 1784/85 geht hervor, daß nicht nur Herzog Ernst von Gotha und Bode, sondern auch der kurmainzische Statthalter in Erfurt und spätere napoleonische Primas von Deutschland Karl Theodor von Dalberg,[24] die Göttinger

22 In zwei neueren Darstellungen haben van Dülmen und Manfred Agethen angenommen, daß die ›Höheren Mysterien‹ nie ausgearbeitet worden waren. Vgl. Fehn: Der Illuminatenorden und die Aufklärung, S. 27, Anm. 11.

23 Schüttler: Karl Leonhard Reinhold, S. 70 (Schüttler zitiert aus einem Dokument der ›Schwedenkiste‹). Diese Stelle ist kein Beleg dafür, daß die Illuminaten »direkt auf den revolutionären Umsturz hingearbeitet« hätten, wie Schüttler meint (um damit den Beweis zu erbringen, daß Bode mit einem revolutionären Dokument nach Paris gereist sei), sondern es wird vor einem Umsturz gewarnt, der unvermeidlich wird, wenn Reformen nicht eingeleitet würden. Dies war dann auch die Position vieler Reformkonservativen nach dem Anfang der Französischen Revolution: eine Revolution sollte in Deutschland dadurch überflüssig gemacht werden, daß Reformen erfolgten. Dies stellt jedoch nichts anderes als eine verspätete Ideologie des aufgeklärten Absolutismus dar, der auf die revolutionäre Bedrohung zu antworten suchte. — Bis die ›Höheren Mysterien‹ vollständig publiziert sind — und das geht über den Rahmen der vorliegenden Arbeit hinaus — und bis einige von Schüttlers Aussagen (z.B. daß Bode solche Schriftstücke mit nach Paris nahm) dokumentiert sind, können seine Ergebnisse nicht überprüft werden. Indessen ist richtig, daß die Stelle, die Schüttler zitiert, wenigstens den *Eindruck* der Radikalität auf den Leser (wie etwa Herzog Ernst: vgl. Kap. 3.5) machen konnte — genauso wie andere eigentlich nichtrevolutionäre Aussagen in Weishaupts *Anrede* die Öffentlichkeit ohne eigentlichen Grund skandalisierten (vgl. dazu Kap. 1 und 2).

24 Dalberg (zu seiner Illuminatentätigkeit vgl. Kap. 1, Anm. 2) wäre auf Grund der in der ›Schwedenkiste‹ liegenden Dokumente einer eingehenden Untersuchung wert, inwieweit die gesellschaftlichen und politischen Ansichten der Illuminaten in die aufgeklärt-absolutistische Regierungspraxis eingingen (Ansätze befinden sich bei Freyh: K.Th. von Dalberg, S. 330-36, Rob: K.Th. von Dalberg, S. 134-36; Färber: Kaiser und Erzkanzler, S. 24, alle natürlich ohne Kenntnis der Merseburger Dokumente). Von besonderem Interesse ist sein Brief an Herzog Carl August aus dem Umfeld seiner Wahl zum Koadjutor von Mainz (12.2.1787), in dem er weitreichende Reformabsichten ankündigt; Carl August war über den Brief tief beunruhigt und riet Dalberg zum Stillschweigen über solche Pläne (CAPB 1: 293 f., 300 f.). In seiner Wahl zum Koadjutor ging es z.T. um seine ehemalige illuminatische Tätigkeit. Auch noch 1793 (wie später in seinen Beziehungen zu Napoleon!) spielten diese Kabalen eine Rolle; vgl. die oben angeführte Literatur sowie das aufschlußreiche Gespräch mit Weishaupt, [Schleswig-Holstein-Sonderburg-Augustenburg, Friedrich Christian von:] Aus dem Briefwechsel, S. 117 f. und [Schröder:] Materialien 4: 116.

Professoren Johann Georg Heinrich Feder und Christoph Meiners sowie der Gothaer Generalsuperintendent Koppe die Grade entweder kennen lernten oder dafür in Erwägung gezogen wurden.[25] Deswegen ist es etwas irreführend, wenn Schüttler schreibt: »Goethe [. . .] gehörte als Eingeweihter des ›Regentengrades‹ in den innersten Führungskreis des Ordens, denn dieser Grad war der höchste, der in den Logen formell ausgeteilt und bearbeitet wurde. Die darüber stehenden Höheren Mysterien wurden lediglich mündlich mitgeteilt und nicht rituell bearbeitet.«[26] Wenn die Höheren Mysterien jedoch wenigstens mitgeteilt wurden, war das ein Vertrauensbeweis, der auch von der eigentlichen Machtverantwortung im Orden zeugte und auch offensichtlich der Erlaubnis des Oberen bedurfte. Bode bemerkt in einem Brief aus dem Frühjahr 1785 ausdrücklich, daß Goethe und Carl August »nicht weiter gelesen haben als die Hefte bis an den RR [=Regenten] Grad«, und daß er keine »Erlaubniß« habe, ihnen »die beyden letzten Grade als Actenstücken« zu zeigen.[27] Diese Erlaubnis hätte wahrscheinlich von Herzog Ernst erteilt werden müssen, und offensichtlich fühlte er Unbehagen, die beiden Weimarer in diese delikate Materie einzuweihen. Daß Goethe trotz seines Regententitels nicht am »innersten Führungskreis des Ordens« teilnahm, wird im Zusammenhang des Knigge-Streits deutlich (Kap. 3.4); auch sonst ist kein Anzeichen einer solchen Tätigkeit von Goethe vorhanden, so daß unter den Mitgliedern, die den Titel ›Regent‹ führten, offensichtlich unterschieden werden muß, je nach dem Vertrauen, das die Ordensspitze ihnen entgegenbrachte.

Trotz des Mißtrauens gegen die Weimarer Regierungsmitglieder schlägt Bode in der Sitzung vom 22. Juli 1783, also kurz nach dem zuletzt erwähnten Brief über Marschall und Schardt, den Herzog als einen Oberen der zu gründenden Weimarer Minervalkirche vor, »wozu sich Br[uder] Aeschylus [=Carl August], auf anhaltendes Bitten der [Brüder] endlich verstanden.«[28] Dieser Punkt des Protokolls gibt im weiteren Kontext wenigstens zwei Rätsel auf. Zunächst überrascht der

[25] Vgl. bes. Herzog Ernst II. von Gotha an Koppe, 7.1.1785 (vgl. Dokument Nr. 28), Bl. 1r-1v, sowie ders. an Bode, »Syracusis den 4. Aban 1154« [=Gotha, 4.11.1784], sig. »Timoleon«, eigh., Sk 1, Dok. 90, Bl. 1v.

[26] Schüttler: Karl Leonhard Reinhold, S. 68.

[27] Bode an Koppe, 15.4.1785, vgl. Dokument Nr. 49, Bl. 3v; es geht hier darum, durch das Zeugnis der ›Höheren Mysterien‹ Goethe und Carl August für die Berufung Weishaupts nach Jena zu gewinnen; vgl. Kap. 3.6.

[28] Protokoll der Sitzung vom 22.7.1783, Sk 15, Dok. 56, Bl. 2r.

Umstand, daß Bode im oben angeführten Brief vom 12. Juni 1783 nachdrücklich gemeint hatte, man müsse Fürsten »*mit allen Directions-Geschäften verschonen*«,[29] was Bodes Vorschlag in dieser Sitzung zu widersprechen scheint. Darüber hinaus besitzen wir ein ausführliches »Pro Voto« von Carl August über verschiedene an ihn gestellte Fragen über Aspekte der geplanten Weimarer Minervalkirche; dieses Schriftstück läßt sich überraschenderweise *vor* der erwähnten Sitzung datieren, in der Carl August zur Direktion der Minervalkirche gedrängt wird.[30] Daraus wird deutlich, daß ausgerechnet dem Herzog wenigstens einige Aspekte der Minervalkirche zur Bestätigung vorgelegt werden mußten, bevor sie eigentlich gegründet wurde, und noch bevor er offiziell als ihr Leiter eingesetzt wurde — ein eklatanter Beleg für die Feststellung, daß der Fürst *nicht* wie ein beliebiger Illuminat behandelt wurde. Ob hier ein Versteckspiel vor den anderen Mitgliedern getrieben wurde, läßt sich nicht mehr feststellen. Aber es hat andererseits den Anschein, daß der Herzog mit einem Geschäft beladen wurde, das nicht gerade zu den beliebtesten gezählt wurde, weil es beträchtlichen Zeitaufwand kostete. Wenigstens darf man das Amt eines Oberen der Minervalkirche, also der untersten Ordenseinrichtung, nicht zu den eigentlichen »Directions-Geschäften« des Ordens zählen;[31] auf dieser Stufe brauchte der Illuminatenorden »nur als eine gelehrte Gesellschaft betrachtet zu werden.«[32] Bodes Vorschlag erscheint daher eher wie ein Versuch, den sträubenden Herzog mit einer weniger wichtigen Aufgabe abzufinden. Die eigentlich bedeutsame Arbeit in der Minervalkirche, die »Praeparation« der in der vorigen Sitzung bestätigten Kandidaten, wird durch Bode und Schardt übernommen,[33] aber die Angelegenheiten der Minervalkirche betreffen sowieso nicht die politisch bedeutenden Aktivitäten des Bundes. Die ganze Episode zeugt nicht von übermäßigem Vertrauen gegen den Landesherrn. Auch »das Amt eines Censors«, das dem Bruder Goethe in derselben Sitzung — nicht durch Wahl, sondern »durchs Loos« — aufgetragen wird, war von ähnlichem, ja sogar noch geringe-

[29] Vgl. Dokument Nr. 2.

[30] Vgl. Dokument Nr. 4, mit Angaben zur Datierung.

[31] Zu den Pflichten des Oberen der Minervalkirche vgl. Le Forestier: Les illuminés, S. 253-59.

[32] »Statuten für die Minervalen«, [Faber (Hrsg.):] Der ächte Illuminat, S. 50, zit. nach Schindler: Der Geheimbund der Illuminaten, S. 298.

[33] Protokoll der Sitzung vom 22.7.83, Sk 15, Dok 56, Bl. 1v; die Kandidaten waren Ludecus und Musäus (von Bode übernommen) und Kästner (von Schardt).

rem Format.[34]

Merkwürdig bleibt, daß dieser Beschluß zur Gründung einer Minervalkirche jahrelang gar nicht ausgeführt wurde; vielmehr beschwert sich Herzog Ernst wiederholt über die Untätigkeit der führenden Weimarer Illuminaten. Im Mai 1784 erwähnt Ernst eine Beschäftigung Goethes mit einem »Vögellein« — wahrscheinlich ging es um eine symbolische Eule für eine offensichtlich nicht zustandegekommene Minervalversammlung — und drückt in diesem Kontext seinen Unmut über »die Läppischen Hinderniße« aus, die der immer noch nicht in Gang gesetzten Tätigkeit der Minervalkirche im Wege stehen.[35] Bei einer anderen Gelegenheit unterstellt er, die »Inactivitaet« der Weimarer Brüder sei durch die Abwesenheit des Herzogs auf einer Reise lediglich »entschuldigt« worden, und dann gibt er zu, Goethe und von Fritsch seien »wegen überhäufter anderer Geschäfte« vielleicht unfähig zur tätigen Mitwirkung, so daß andere Mitglieder diese Leitung der Minervalen übernehmen müßten.[36] Und in einem anderen Brief meint er schließlich, die »Gute und Edle Sache« werde in Weimar »ziemlich *Lau* betrieben«, und er sucht die Verantwortung festzulegen: »an Chrysostomo [=von Helmolt] liegt die Schuld wahrhaftig nicht — Nein — sondern es scheinen mir überhaupt die Gemüther eines Sporns zu bedürffen, die sie antriebe; und ins besondere, sich nicht mit Spizfindigkeiten und Wizeleyen abzugeben — die nichts *frommen*«.[37] Diese Vorwürfe müssen gegen Carl August und vielleicht Goethe gerichtet worden sein, die für die Minervalkirche verantwortlich sein sollten und die Aufgabe offensichtlich nicht sehr ernst nahmen.

[34] Ibid., Bl. 2r-2v: »Worauf das Amt eines Censors |[2v] durchs Loos dem H[errn] Br[uder] Abaris [=Goethe] per plurima [...]... aufgetragen worden.« Zu den Aufgaben des Zensors in den Versammlungen vgl. Le Forestier: Les illuminés, S. 253-59; 269. — In dieser Sitzung schlägt Carl August seinen Bruder, Prinz Constantin, »als Candidaten des Ordens« vor, »welcher auch sofort ohne Bedencken agreiret wurde« (1r-1v) — kann man sich einen anderen Ausgang des fürstlichen Gesuchs vorstellen?

[35] Herzog Ernst II. von Gotha an Bode, 2.5.1784, vgl. Dokument Nr. 21, Bl. 1v.

[36] Herzog Ernst II. von Gotha an Bode, 5.2.1785, vgl. Dokument Nr. 29, Bl. 1r.

[37] Herzog Ernst II. von Gotha an Bode, »Syracusis den 22 Pyr. [=Tyr] 1154« [=Gotha, 22.7.1784], sig. »Timoleon«, eigh., Sk 1, Dok. 77, Bl. 1v. Helmolt war anscheinend als Aufseher der geplanten Minervalkirche vorgesehen; am 3.5.1784 hatte Bode an Ernst geschrieben: »An Br[uder] Chrysostomus sende ich Heute ein Päckchen mit demjenigen ab, was ich beytragen können, daß die Eröfnung der M[inerval] K[irche] bald befördert werde [...]« (vgl. Dokument Nr. 22, Bl. 2v; vgl. auch Dokument Nr. 21, Bl. 1v).

Angesichts dieser »Inactivitaet« überrascht es nicht, daß das Protokoll der Versammlung vom 17. März 1785 den Vorschlag Bodes registriert, »daß hier in Heropolis [=Weimar] eine [Minerval-]Kirche einzurichten sey. Welches agréirt wurde.«[38] Es wurde also derselbe Beschluß gefaßt wie zwei Jahre früher, da offensichtlich nichts in dieser Angelegenheit in Gang gebracht worden war. Daß der Beschluß auch 1785 ausgeführt wurde, ist sehr unwahrscheinlich.[39] Das Protokoll hält dann noch fest, »daß Serenissimus Aeschylus [=Carl August], und die H[och]w[ürdigen] [Brüder] Abaris [=Goethe] und Damasus [=Herder] darin nicht füglich erscheinen, und also keine Aemter annehmen könnten.«[40] Hier zeigen sich deutlich die Grenzen der möglichen Tätigkeit von Fürsten und hohen Beamten im Orden. Der Grund dafür ist jetzt — 1785 — wahrscheinlich zum Teil die Verfolgung in Bayern (im selben Protokoll wird über Hilfe für den vertriebenen Weishaupt beraten), die zur Diskretion gegenüber den noch ungeprüften Novizen zwang. Aber es kann auch sein, daß diese Illuminaten in Bodes Augen versagt hatten, und daß deswegen die Verfolgung als willkommener Anlaß benutzt wurde, sie von der Direktion der Minervalkirche abzusetzen. Man kann es diesen mit öffentlichen Regierungsgeschäften beladenen Männern

[38] Vgl. Dokument Nr. 37.

[39] Herzog Ernst gratuliert Bode zwar eine Woche später, »daß Sie es doch dahin zu bringen gewußt, Endlich einmahl eine MinervalKirche zu Heropolis zu gründen« (Ernst II. an Bode, 24.3.1785, vgl. Dokument Nr. 40, Bl. 1r), aber Ernst meint sicherlich nur den *Beschluß* zur Gründung einer Minervalkirche, denn dieser Beschluß war erst eine Woche früher gefaßt worden, und Bode hatte erst vier Tage früher an den Herzog über den Beschluß geschrieben, der erst in der nächsten Versammlung, also am 1.4., ausgeführt werden sollte (vgl. Dokument Nr. 38, Bl. 2r sowie Dokument Nr. 37, Bl. 3r); diese Sitzung wurde jedoch »aufgehoben« (Dokument Nr. 46, Bl. 2r), und wahrscheinlich gebot die dann einsetzende Verfolgung in Bayern und die im April erfolgte offizielle Aufhebung des Ordens eine Einstellung dieser Bemühungen. Von einer eigentlichen Tätigkeit der Minervalkirche ist keine Spur. Merkwürdig ist auf jeden Fall, daß Batsch, anscheinend auf Anfrage Bodes, sieben Monate später von keiner Minervalkirche in Weimar weiß; obwohl Batsch sich hier als unwissenden »Profanen« hinstellt, war er ja Ordensmitglied und unterzeichnete sich mit seinem Ordensnamen. Batsch an ?Bode, »Heropolis d. 3ten Meharmeh 1155« [=Weimar, 3.10.1785], sig. »Fr. Flavianus«, Sk 3, Dok. 17. Es ist für die Weimarer Verhältnisse symptomatisch, daß im weimarischen Ort Rudolstadt eine Minervalkirche gegründet werden konnte (Bode an Ernst, »Heropolis den 27 Môrdâd 1154« [=Weimar, 27.8.1784], sig. »Aemilius«, eigh., Sk 2, Dok. 214; Schardt assistierte), in Weimar selbst jedoch nicht.

[40] Vgl. Dokument Nr. 37, Bl. 2v.

vielleicht auch nicht verdenken, daß sie zu solchen Tätigkeiten keine Zeit fanden bzw. keine Lust verspürten. Andererseits ist auf alle Fälle eine Kluft zwischen den beim Eintritt in den Orden verpflichteten Idealen und dem Einsatz für diese Zwecke festzustellen. Aber darüber hinaus bleibt noch die Frage, ob diese Trägheit in der Ordensaktivität nicht wenigstens zum Teil einem Mißtrauen gegenüber dem Orden entsprungen ist, das politischen Verdacht zum Grunde hat. Die dargestellten Ereignisse sind vereinbar mit der These, daß Goethe und Carl August die Kontrolle über den Orden in ihre Hände brachten und dann so verfuhren, daß sie die Tätigkeit der Weimarer Illuminaten so weit wie möglich behinderten.

Mittlerweile taten Goethe und Carl August das ihre, um als treue Brüder zu erscheinen. Ein Billet von Goethe in der ›Schwedenkiste‹ berichtet an Bode ein für Geheimbündler faszinierendes Ereignis im Zusammenhang mit dem weiteren Schicksal der überall in Mißkredit geratenen Strikten Observanz;[41] Goethe befriedigte das freimaurerische Interesse seines Freundes mit einer Nachricht, die ihm selbst bestimmt von keinem besonders großen Wert war. Mit einem weiteren Brief erfüllt Goethe einen »Auftrag« von Bode, der für einen Freund eine Geldanleihe suche und vom Herzog gehört habe, daß man diesem »ein großes Capital angeboten, das wahrscheinlich Jesuiten Geld seye«.[42] In der Versorgungspolitik scheinen die Illuminaten uneinheitliche Ergebnisse bei Goethe und Carl August erzielt zu haben. Bode konnte zwar durch die Vermittlung Goethes seinem Schwager Joachim Peter Tamm,

[41] Goethe an Bode, etwa Anfang April 1784, vgl. Dokument Nr. 20 und die Anmerkungen dazu.

[42] Der Brief berichtet weiter von den Vorbereitungen auf den Pariser Freimaurerkongreß, der 1787 schließlich zustandekam und Bodes unter den Verschwörungstheoretikern so berüchtigte Reise veranlaßte. Dieser Brief ist außer dem schon erwähnten an Kayser vom 15.3.1783 der einzige außerhalb der ›Schwedenkiste‹ bekannte Brief Goethes, der mit dem (in keinem von beiden jedoch namentlich erwähnten) Illuminatenorden zu tun hat. Goethe an Carl August, 28.10.1784, BG 2: 497; WA IV/6: 382 (der Brief an Kayser wurde ursprünglich von der Freimaurerloge in Zürich nicht für die Weimarer Ausgabe zur Veröffentlichung freigegeben; vgl. WA IV/6: 440 f.). — Es könnte sein, daß diese Geldangelegenheit mit »dem in Ihren Händen befindlichen Plane zu einem Wechsel Geschäfte« zusammenhängt, den Ernst in einem Brief an Bode vom 26.9.1784 erwähnte (Sk 1, Dok. 85, Bl. 2r [die Stelle ist aus meinem Auszug, Dokument Nr. 26, ausgelassen worden]). Solche Geldgeschäfte waren eher für die Strikte Observanz typisch, in der Bode der Schatzmeister gewesen war.

einem Illuminaten, einen Legationsrattitel verschaffen (anscheinend in Verbindung mit Ordensangelegenheiten),[43] aber Schardts Mitgliedschaft hat nicht verhindert, daß er von den Besoldungszulagen für Beamte im Juni 1783 ausgeschlossen wurde, was seine Schwester, Frau von Stein, mit Befremden quittierte.[44] Goethes Dienste für den Orden gingen eben nicht sehr weit. Es waren ja schließlich nicht Goethe und Carl August, welche dem Illuminatenorden ihre Treue beweisen und Vertrauen zu gewinnen suchen mußten, sondern umgekehrt: Der Orden mußte seine politische Zuverlässigkeit beweisen. Dies tat er bei gegebenem Anlaß mit großem Eifer.

Denn als logische Folge ihrer politischen Stellung benutzten die herrschaftlichen Mitglieder Goethe und Carl August den Orden für ihre staatlichen Zwecke. Der Orden mußte in einer solchen Situation alles mögliche versuchen, um das Vertrauen der Ordensbrüder in der Regierung zu behalten, und so strengte er sich gewaltig an, um diese Aufträge zu erfüllen. Im einem bisher unveröffentlichten Brief, der vor dem 26. Okt. 1783 geschrieben wurde (vgl. Dokument Nr. 11), bittet Goethe um Information über einen angeblichen Freimaurer aus Thüringen, der an einem pfälzischen Hof von sich reden macht. Am Ende des Briefes heißt es mit der souveränen Haltung des hohen Staatsbeamten: »Wohlgesinnte die hiervon entfernte Nachrichten erhalten wünschten durch unpartheiische Menschenkenner von dem wahren Charackter gedachten Mosdorfs und von seiner Aufführung auf das baldeste unterrichtet zu seyn.« So liest sich der Brief wie eine Prüfung des Ordens durch den berühmten Geheimrat, und Bode hat ihn entsprechend aufgefaßt. Er schreibt an gleich zwei wichtige Ordensobere, Knigge und den Nationaloberen Graf von Stolberg-Roßla; ersterem empfiehlt er die Sache »aufs Angelegentlichste« und erläutert dann seinen Eifer so: »Die Erfüllung [der Bitte Goethes] von O[rden]s wegen, wird eine gute Würkung auf die hiesige Provinz [Ionien, = Obersachsen] thun.«[45] So wird deutlich,

43 Vgl. Dokument Nr. 9 sowie die Anmerkungen und den Kommentar.

44 Charlotte von Stein an Sophie von Schardt, 6.6.1783, zit. in BG 2: 416; Steiger (GL 2: 409) verweist in diesem Zusammenhang auf Goethes Brief an Charlotte von Stein vom 21.6.83 (WA IV/6: 174).

45 Bode an Knigge, »Heropol[is] [=Weimar] den 26. Mermeh 1153« [=26.10.1783], von Schreiberhand [vgl. das Original in Bodes Hand, Sk 3, Dok. 134], sig. »Aemilius«, Sk 3, Dok. 133, Bl. 7v. Bode zitiert dann Goethes Brief im vollen Wortlaut, mit einigen orthographischen Varianten (Bl. 7v-8r). — Der nicht überlieferte Brief an Stolberg-Roßla ist bezeugt durch Bodes Postverzeichnis, wo es für den 14.11.1783 heißt: »[an] Campanelle [=Stolberg-Roßla] [...] [Beilage Nr.] 4) Abaris wegen Mosdorff«. Bode, »O[rden]s Correspondenz 4ten October 1782 u. ff. [bis

daß der Ordensobere Bode peinlich bemüht war, Goethes Vertrauen zu gewinnen und wohl auch dessen Verpflichtungsgefühl gegenüber dem Orden zu verstärken, und weiter, daß er sich aus der erfolgreichen Erfüllung dieses Auftrags ein stärkeres Engagement Goethes für den Orden erhoffte. Knigge und Stolberg-Roßla verstanden dann auch die Wichtigkeit der Anfrage, obwohl Bode Goethes Namen gar nicht erwähnt hatte. Knigge ließ wissen, daß auch ein anderer wichtiger Ordensbruder, der Heidelberger Kirchenrat Johann Friedrich Mieg, sich über Mosdorf informieren würde, und Knigge selbst teilte seine eigene (positive) Meinung über den ihm flüchtig bekannten Mann mit. Er meint, auch Stolberg-Roßla werde ein anderes Ordensmitglied in dieser Sache befragen,[46] und auch Stolberg-Roßla selbst schrieb eine vorläufige Meinung[47] und dann einen Bericht[48] an Bode. So brachte Goethe mit seiner Anfrage, die sicherlich in einem amtlichen Zusammenhang stand, einen kleinen Wirbel von Aktivität in Gang; gleich vier Ordensbrüder, darunter zwei führende Obere, befleißigten sich, den Auftrag zu erfüllen. Und trotzdem ist von einem verstärkten Engagement Goethes für den Orden keine Spur in den Dokumenten. Vielmehr zeigt sich bei beiden Ordensoberen, Bode und Herzog Ernst, eher Mißtrauen Goethe gegenüber.

Auch Carl August stellte dem Orden eine ähnliche Aufgabe, als er über einen Illuminaten nachfragen ließ, der aus einer Regierungsstelle in Fulda entlassen worden war, denn, so schrieb er, »ich wüste gar sehr gerne das detail davon um den Mann näher kennen zu lernen, welcher auch zu uns gehört; u[nd] um die leute beurtheilen zu können welche ihn gestürzt haben«.[49] Auch hier geht es ziemlich deutlich um eine politisch-amtliche Verwendung des Ordens (wahrscheinlich in Verbindung mit dem Fürstenbund). Und in einer intrigenreichen Episode um den preußischen Kronprinzen Friedrich Wilhelm zeigte Carl August, daß er

---

Ende 1783]«, Sk 18, Dok. 303, Bl. 13r.

[46] Knigge an Bode, 14.11.1783; vgl. Dokument Nr. 12.

[47] Stolberg-Roßla an Bode, »Claudiopolis den 20ten Abân 1153 Jezdedgerd« [=Neuwied, 20.11.1783], sig. »Campanella«, Sk 7, Dok. 114, Bl. 1v: »Wegen Mossdorf will ich mich bei erster Gelegenheit erkundigen. Ich habe immer das Gegentheil von ihm gehört, und zwar von einem Manne, der ihn ziemlich genau kent«. Diesen Brief erhielt Bode am 25.11.1783 (Bodes Ordenskorrespondenz, Sk 18, Dok. 303, Bl. 13v).

[48] Stolberg-Roßla an Bode, 3.1.1784; vgl. Dokument Nr. 14.

[49] Vgl. Dokument Nr. 53.

die Kontrolle über den Orden in seinen Händen behalten wollte. Bevor wir uns diesem Fall jedoch zuwenden, soll eine Angelegenheit untersucht werden, in der Goethes Schwierigkeiten mit dem Orden deutlicher in Erscheinung treten.

3.4
Der Streit zwischen Knigge und Weishaupt und Knigges Plädoyer vor den Weimarer Illuminaten (1784)

Obwohl der Ordensstifter Weishaupt die Aktivitäten des nach ihm wichtigsten Illuminaten Adolph Freiherr von Knigge zunächst enthusiastisch begrüßte, verschlechterten sich rasch die Beziehungen zwischen den beiden Männern. Nach Knigges Beitritt lief die Werbung von neuen Mitgliedern in den frühen 1780er Jahren auf Hochtouren, und Weishaupt befürchtete — nicht ohne Recht — eine zu schnelle Expansion. Außerdem hatte Weishaupt im Gegensatz zu Knigge ernsthafte Bedenken gegen die Aufnahme von Fürsten, wie wir sehen werden. Daneben war ein wichtiger Streitpunkt die maurerischen Elemente, die Knigge im Laufe seiner Umstrukturierung des Ordens einführte. Schließlich zerrieben sich die beiden Männer an Weishaupts despotischem Führungsstil. Mitte 1783 kam es zu einem Bruch.[1] Die Dokumente der ›Schwedenkiste‹ zeigen, daß Knigge im Februar 1784 ein Plädoyer vor den Weimarer und Gothaer ›Regenten‹ ablegte, die im Interesse des Ordens den Streit zu schlichten versuchten.[2] Offensichtlich waren die Illuminaten in Gotha und Weimar zu großem Ansehen in der Ordensführung gelangt, da Knigge sich willig zeigte, sie als Richter zu akzeptieren. Der Ausgang der Sache entsprach allerdings nicht völlig seinen Erwartungen.

Während der Vorbereitungen zu diesem »Congreß«, an dem ursprünglich auch Weishaupt teilnehmen sollte, scheint wenigstens Bode mehr oder weniger neutral über den Parteien zu stehen; er sieht Recht und Unrecht auf beiden Seiten, und er rechnet mit dem Respekt der beiden Kontrahenten für Herzog Ernst, um den Streit beizulegen[3] — ein

[1] Zu diesen Vorgängen vgl. etwa Dülmen: Geheimbund der Illuminaten, S. 47, 70 f.

[2] Dieser Tatbestand wird in der älteren Forschung flüchtig erwähnt nur von Le Forestier: Les illuminés, S. 426 (obwohl Engel das Gothaer Archiv benutzte, erwähnt er Knigges Besuch in Weimar nicht); in letzter Zeit wies Schüttler kurz darauf hin (Karl Leonhard Reinhold, S. 68); zu Schüttlers Interpretation vgl. weiter unten.

[3] Vgl. Dokument Nr. 10.

weiteres Beispiel für die übertriebenen Erwartungen, die Bode und andere an die Mitgliedschaft von Fürsten knüpften! Noch im Oktober verspricht Bode gegenüber Knigge, über dessen »Berathschlagungspunckte« für das Zusammentreffen die Meinungen der »[Brüder] R[egen]ten von Ionien [=Obersachsen]«, also auch von Goethe und Herzog Carl August, zu sammeln und weiterzuleiten; es war Knigge selbst, der die Erörterungen über den Streit auf die Regentenklasse beschränken wollte.[4] Nach langen Vorbereitungen traf Knigge am Abend des 10. Februar 1784 in Weimar ein. Von Bode liegen Notizen über diesen Besuch vor.

In unserem Zusammenhang — die Haltung der Weimarer Regierungsmitglieder Goethe und Carl August — interessiert weniger der konkrete Gehalt der Ausführungen Knigges als die Form der Beratschlagungen. Die Gespräche fanden zunächst nur zwischen Knigge und Bode statt, dann zusammen mit den beiden vertrauten ›Regenten‹ von Schardt und Graf von Marschall (vgl. Dokument Nr. 17). Am 12. Februar wurde der Vor- und Nachmittag damit zugebracht, Knigges Darstellung »schriftlich aufzunehmen«;[5] abends um 6 Uhr unterschrieben Knigge und die vier genannten Männer dieses ausführliche, 13 Seiten lange »Actum«.[6] Wichtige Gespräche fanden auch am nächsten Tag statt, aber erst am Abend dieses vierten Tages des Besuchs von Knigge wurde dann auch Goethe in die Verhandlungen einbezogen, nämlich in einem Treffen in seinem Haus, an dem außer Goethe die vier bisher Beteiligten (Bode, Schardt, Marschall und Knigge) teilnahmen. Hier soll Knigge »wie bey Philostrat[us] [=Graf von Marschall] und in der schriftlichen Deposition« gesprochen haben. Es wird abgemacht, daß man die Sache unter sich, mit Zuziehung von Carl August, Herder, Herzog Ernst und ein paar Gothaer ›Regenten‹ streng geheim halten werde. Dieses Stillschweigen soll durch Unterschrift auf einem Zusatz zum Protokoll der Sitzung vom 12. Februar bekräftigt werden. Noch wichtiger ist die Entscheidung, daß diese Thüringer ›Regenten‹ sowie einige wichtige süddeutsche Illuminaten »eine eigene Classe von Areopagiten ausmachen, die an der allgemeinen Regierung [des Ordens] Theil nehmen müssen«.[7]

[4] Bode an Knigge, »Heropol[is] den 26. Mermeh 1153« [=26.10.1783], sig. »Aemilius«, von Schreiberhand, Sk 3, Dok. 133, Bl. 1v, 3r.

[5] vgl. Dokument Nr. 17, Bl. 1r.

[6] Vgl. Dokument Nr. 18; das ganze Dokument wurde hier aufgenommen, weil Goethe sich weigerte, es zu unterschreiben, den Zusatz jedoch unterschrieb.

[7] Ebda., Bl. 1v.

Somit war Goethe als Weimarer ›Regent‹ in einer wichtigen Entscheidung herangezogen worden und sollte Mitglied eines leitenden Ordensgremiums werden, das offensichtlich nach Knigges Vorstellungen die Macht Weishaupts schwächen sollte. Aber es führt irre, deswegen von Goethes »Engagement« für den Orden zu sprechen.[8] Es fällt auf, daß Goethe erst in einem verhältnismäßig späten Stadium der Beratschlagungen herangezogen wurde. Und er hat dies selbst bemängelt. In seinem Brief an Bode vom 14. Februar 1784 beschwert er sich, daß er »statt eines erwarteten Aufsatzes von Ihnen ein Protokoll« erhalten habe, »woraus ich sehe daß am 12ten eine förmliche Zusammenkunft der Regenten gewesen vor welcher sich Br[uder] Philo [=Knigge] erklärt und in welcher man über einige Maasregeln übereingekommen«. Goethe erklärt sich »in der Hauptsache« für völlig einverstanden, bleibt bei seiner »gestrigen Erklärung« — also wohl über den neu einzurichtenden Areopagus — und gelobt Stillschweigen »über die gegenwärtige Verfassung des Ordens«. Aber er betont unwillig, daß er das Protokoll nicht unterschreiben kann, weil er in der Sitzung vom 12. Februar nicht anwesend war — und das offensichtlich nicht aus eigenem Willen: »Ich begreife nicht m[ein] l[ieber] Br[uder] Aemilius warum Sie mir nicht einen Winck gegeben daß ich mich auch hätte einfinden können.« Der Brief schließt dann abrupt, ohne Gruß (vgl. Dokument Nr. 19).

Der »Aufsatz«, den Goethe erwartete, war wohl Knigges Darstellung seines Disputs mit Weishaupt. Goethe hatte vermutlich aufgrund von Äußerungen beim Treffen in seinem Haus am Vorabend den Eindruck gewonnen, daß das Schriftstück ein von Knigge verfaßter Aufsatz sei. Stattdessen erhielt er dessen Darstellung in der überlieferten Form eines Protokolls, das die Sitzung vom 12. Februar referiert (vgl. Dokument Nr. 18), in der Knigge nicht nur einen erschöpfenden mündlichen Bericht erstattete, sondern von den anwesenden Brüdern ausführlich ausgefragt wurde. Daß Goethe sich brüskiert fühlte, weil er zu dieser

[8] So schließt Schüttler (Karl Leonhard Reinhold, S. 68 Anm.), einer der wenigen neueren Benutzer der ›Schwedenkiste‹. Schüttler macht hier zwei Fehlschlüsse. Erstens können nicht allein aufgrund des von ihm angeführten Protokolls vom 12.2.1784 Schlüsse über die Beschlüsse in dieser Angelegenheit gezogen werden, sondern erst in Verbindung mit anderen Dokumenten — vor allem den hier zitierten Notizen Bodes, Dokument Nr. 17. Noch wichtiger ist, daß in keinen von diesen Dokumenten eine Entscheidung festgehalten ist, »langsam, aber sicher die Macht über die gesamte Organisation [zu] übernehmen« (Schüttler: Karl Leonhard Reinhold, S. 68), sondern nur die Entscheidung, an der Regierung des Ordens »*Theil [zu] nehmen*«, also nicht vollständig zu »übernehmen«. Erst dann, wenn Schüttler weitere Dokumente vorlegt, kann diese Behauptung überprüft werden.

Sitzung nicht eingeladen und beim Treffen in seinem Haus sogar über die Sitzung offensichtlich überhaupt nicht informiert worden war, leuchtet ein, und es fragt sich nur, warum Bode ihn nicht heranzog, besonders da dieselben Teilnehmer sich am nächsten Abend bei Goethe trafen und dort eine wichtigere Entscheidung trafen als am 12., nämlich die Gründung des neuen Areopags. Ausgeschlossen ist fast mit Sicherheit die Möglichkeit, daß Goethe gerade nicht zu erreichen war, als die Einladung eintraf, denn von einer solchen verfehlten (natürlich schriftlichen) Einladung hätte Goethe bis zum 14. sicherlich erfahren, und sein Protestbrief läßt nicht vermuten, daß er anderweitig beschäftigt gewesen wäre.[9] Das Verfahren paßt jedoch völlig zu Bodes bisherigen Praktiken: Er konsultierte mit Vorliebe Schardt und Marschall, nicht Goethe und Carl August, obwohl auch letztere zu diesem Zeitpunkt zur Regentenklasse gehörten. Zum erstenmal liegt jetzt ein Dokument vor, in dem Goethe sich über dieses Verfahren beschwert.

Es ist durchaus möglich, daß Bode die ganze Angelegenheit, also auch nach den Beratschlagungen am 12., ohne Beteiligung der Ordensbrüder in der Weimarer Regierung regeln wollte. Vielleicht erfuhr Goethe erst am 13. — am vierten Tag der Verhandlungen — von Knigges Anwesenheit und wurde nur deswegen in das Verfahren aufgenommen, weil er es selbst verlangte. Und auch noch beim Treffen in seinem Haus am Abend des 13. wurde ihm offensichtlich nicht mitgeteilt, daß der ganze vorige Tag damit zugebracht worden war, Knigges Erzählung in einer Sitzung zu Protokoll zu nehmen, mit anschließenden Fragen der Anwesenden — Goethe bekam den Eindruck, daß Knigge (wohl vor seiner Ankunft) einen »Aufsatz« über diese Materie verfaßt hatte. Deswegen sein Befremden, als er am 14. aus den Dokumenten ersah, daß »eine förmliche Zusammenkunft der Regenten« stattgefunden hatte — aus einem solchen Treffen hätte er als Regent nie ausgeschlossen werden dürfen. Und nun, am 14., bekommt er das Protokoll zu lesen — wahrscheinlich hat Bode, entgegen der Annahme Goethes, nie verlangt, daß dieser es unterschreibt, denn es wurde ja nur von den am 12. Anwesenden unterschrieben; Goethe muß allerdings einen Zusatz unterschreiben und damit Stillschweigen über den Inhalt des Protokolls geloben. Es ist kein Wunder, daß er sich beleidigt fühlt. Obwohl er schreibt, daß er nicht »begreife«, warum Bode ihn am 12. nicht eingeladen habe, ist er durch die Betonung seines Stillschweigens

[9] Für den 10.-12.2.1784 sind keine anderen Informationen zu Goethes Tätigkeit überliefert; eine Sitzung des Geheimen Consiliums fand nicht statt (BG 2: 443; GL 2: 428).

peinlich bemüht, seine Treue zum Orden zu beteuern — ein Bestreben, das vielleicht seinen Grund in Bodes Mißtrauen gegen ihn hat.

Weiter fällt auf, daß nur ein Regent aus Weimar und Gotha unter den Unterzeichnenden des Schweigeversprechens fehlt: Herzog Carl August.[10] Es ist theoretisch möglich, daß er von der Sache informiert war, was auf Grund des Beschlusses vom 13., ihn hinzuzuziehen, naheliegt. Wenn sein Name trotzdem nicht auf den Dokumenten steht, so ist möglich, daß er sich freiwillig von der ganzen Angelegenheit zurückhielt, weil er sie für zu delikat hielt und seine Unterschrift nicht auf ein solches Dokument setzen wollte. Aber es hat eher den Anschein, daß er an den Verhandlungen überhaupt keinen Anteil nahm, denn Bode hätte ihn nie über den Inhalt des Protokolls informiert, ohne ihn zum Stillschweigen zu verpflichten. Carl August hatte zu diesem Zeitpunkt sein Mißtrauen gegenüber dem Orden wahrscheinlich noch nicht so offen gezeigt wie in einem anderen, sechs Monate später verfaßten Brief,[11] aber wir wissen aus einem späteren Zeugnis des Herzogs Ernst II. von Gotha, daß die Weimarer — es sind vor allem Goethe und Carl August gemeint — sich »von Anfang an« mißtrauisch gegen den Orden verhielten.[12] Daß nur Ernst dieses Mißtrauen der Weimarer Regierungsmitglieder gespürt hätte, ist unwahrscheinlich; als Weimarer muß Bode es desto eher gemerkt haben. Die Tatsachen lassen wenigstens die Vermutung nicht ausschließen, daß Bode Goethe und Carl August am Rande des Knigge-Disputs zu halten versuchte, weil er ihr herrschaftliches Engagement für stärker hielt als ihr illuminatisches und diese beiden Impulse in Konflikt miteinander sah.[13]

Daß die Knigge-Episode übrigens auch in anderer Hinsicht gegen das Engagement Goethes und Carl Augusts für den Orden spricht,[14] geht aus dem schon Festgestellten hervor. Wenn sie ernsthaft daran

[10] Er war in Weimar; am 12. kehrte er um Mittag von einer Reise nach Dessau und Leipzig zurück (Fourierbuch 1784, S. 40, 43 [StA Weimar]).

[11] Vgl. Dokument Nr. 23 und Kap. 3.6.

[12] Vgl. Dokument Nr. 41, Bl. 1v, und Kap. 3.6.

[13] Die einzigen Ordensmitglieder, die an den Verhandlungen vor dem 13.2. nicht teilnahmen und dann hinzugezogen wurden, um das Versprechen zum Stillschweigen am 13.2. zu unterschreiben, waren Goethe, Herder und die Gothaer Regenten Herzog Ernst, von der Lühe und von Helmolt (Dokument Nr. 18, Bl. 7r, 7v). Die Gothaer wären auf jeden Fall hinzugezogen worden, so daß es möglich ist, daß Goethe auch Herders Beteiligung verlangte; als Generalsuperintendent war auch Herder an der Weimarer Regierung beteiligt, wenn auch nicht als Mitglied des Geheimen Consiliums.

[14] Vgl. oben Anm. 8.

interessiert waren, einen neuen Areopag einzurichten und dadurch die Führung in Bayern zu schwächen, so läßt sich das vollkommen mit ihrer — später mit Bezug auf fürstliche Mitglieder zu konstatierenden — Bestrebung in Einklang bringen, selbst Kontrolle über den Orden zu bekommen. Wenn Herzog Ernst im Zusammenhang mit der geplanten Teilnahme an der Ordensführung von »unsern republicanischen Grundsätzen« schrieb, mit denen sie die Ordensoberen »nicht auf einmahl« bekannt machen wollten,[15] so ist das kein Hinweis auf republikanische Prinzipien im geläufigen Sinne des Wortes, sondern darauf, daß die Weimarer und Gothaer eine von den Regenten gewählte Ordensführung sehen wollten, durch die jedoch »die gegenwärtige hierarchische Verfassung nicht aufgehoben« werde,[16] sondern in der auch die Weimarer und Gothaer leitende Rollen spielten sollten. Das alles hätte die Macht der Regierungsleute in Weimar nur verstärkt und ihre Überwachung des Ordens erleichtert. Außerdem gibt es kein Anzeichen dafür, daß der hier gefaßte ›Beschluß‹ zunächst wirklich durchgeführt wurde. Die Knigge-Episode selbst — deren weiterer Verlauf hier im einzelnen nicht nachgezeichnet werden kann[17] — endete ganz anders, als Knigge es erwartet hatte: Die Weimarer und Gothaer wendeten sich gegen ihn, und Knigges Flehen an »die Br[uder] Regenten in Ober und Niedersachsen«, ihm »doch *baldigst* zu helfen«[18] gegen die Gerüchte, die gegen ihn lanciert wurden, scheint nichts gefruchtet zu haben. Im Auftrag des Nationaloberen Graf von Stolberg-Roßla holte Ernst II. ein Gutachten von Bode über die Affäre ein;[19] auf Grund davon gab er Bode in einem imponierenden Dokument die Vollmacht, Knigge zu besuchen, »die kräftigsten Maasregeln zu fassen, um dies so ärgerliche Scandalum zu heben und zu vernichten«, Knigges Ordenspapiere zu beschlagnahmen und ihn »durch Drohungen sowohl als durch Versprechungen« zum Stillschweigen in Ordensangelegenheiten zu zwingen.[20] Der Skandal

[15] Herzog Ernst II. von Gotha an Bode, »Syracuse d. 29. Bahman 1153« [=29.2.1784], sig. »Quintus Severus«, eigh., Sk 1, Dok. 22, Bl. 1r.

[16] Vgl. Dokument Nr. 18, Bl. 7r.

[17] Vgl. Sk 17, Dok. 130 ff.

[18] Knigge an Bode, »Heidelberg den 18ten Aprill 1784«, sig. »Philo«, eigh., Sk 5, Dok. 39, Bl. 1r. Knigge nennt »Minos« (seine alte Nemesis F.D. von Dittfurth) als die Quelle dieser Verleumdungen.

[19] Bode, »Meine gewissenhafte Meynung über die Lage des Br[uders] Philo, gegen den Orden / Monath May 1784«, Sk 17, Dok. 127 (29 S., von Schreiberhand).

[20] Schreiben von Herzog Ernst II., Gotha 31.5.1784, sig. »Ernst H[erzog] zu Sachsen / in Ordine dictus / Frater Timoleon Inspector Abyssinia / & CoAdjutor Reverendissimi Nationalis«, Sk 17, Dok. 124; Dok. 125 ist eine Kopie. Vgl. [Schröder:] Materialen 4: 30 f.

wurde vorübergehend zur Ruhe gebracht, aber er flammte wieder auf, als im nächsten Frühjahr Herzog Ernst, Stolberg-Roßla und Bode durch eine Schrift diffamiert wurden, hinter der sie Knigge vermuteten.[21] Und auch noch zu diesem späteren Zeitpunkt, wo man sich darum bemühte, Weishaupt mit einer Berufung nach Jena zu ›retten‹, gingen die Absichten der Weimarer und Gothaer wenigstens anfangs nicht dahin, ihn zu »entmachten«,[22] sondern ihn zur geplanten Reform und ›Reinigung‹ des Ordens heranzuziehen.[23]

Freilich wurde später unabhängig von der Auseinandersetzung mit Knigge der Versuch gemacht, den Orden in Thüringen weiterzuführen, auch nachdem er in Bayern unterdrückt wurde (wie wir sehen werden). Aber Goethe und Carl August wurden nicht mehr in diese Aktivitäten einbezogen. Goethe war ein Teil der Zeit in Italien, aber auch davor und danach hatten die Illuminaten gute Gründe, ihn und erst recht Carl August nicht mehr teilnehmen zu lassen. Das Mißtrauen der beiden herrschaftlichen Illuminaten gegen den Orden äußerte sich in diesem späteren Zeitraum als Unterdrückung geheimer Gesellschaften, wie wir in einem späteren Kapitel sehen werden. Vorläufig kann jedoch auch die Hypothese aufgestellt werden, daß seinerseits auch die Ordensspitze gegenüber diesen herrschaftlichen Mitgliedern Mißtrauen empfand und sie vielleicht aus wichtigen Verfahren auszuschließen oder wenigstens an den Rand zu drängen versuchte. Es überzeugt also schon auf Grund der Knigge-Episode nicht, Goethe zum »Führungskreis des ganzen Ordens« zu zählen;[24] dafür war das Mißtrauen auf beiden Seiten zu groß. Das Mißtrauen der Ordensoberen gegen Goethe und Carl August hatte seinen Ursprung in der grundsätzlichen Problematik der Beteiligung von Herrschenden am Orden.

[21] Vgl. unten Kap. 3.6.

[22] Schüttler: Karl Leonhard Reinhold, S. 68, mit Bezug auf die Absichten im Februar 1784.

[23] Vgl. dazu Kap. 3.6.

[24] Schüttler: Karl Leonhard Reinhold, S. 68; vgl. oben, S. 78.

3.5
Der Streit um die fürstlichen Mitglieder

Die in Illuminatenkreisen brennende und bis zuletzt ungelöste Frage, ob Fürsten als Mitglieder geworben werden sollten, trifft den Kern der Problematik der Weimarer Illuminatengruppe. Die Debatte tangiert auch den inneren Widerspruch der illuminatischen Ideologie: Der Versuch, den Staat zu reformieren, kann nicht ohne Einstieg in Machtverhältnisse erfolgen; dieser Einstieg kontaminiert jedoch die (ohnehin brüchige) Ordensutopie, die auf Sezession aus der verderbten Wirklichkeit beruht. Die zentrale Frage war nicht nur, ob die Fürsten ihre Herrschaft *innerhalb* der Ordensenklave, sondern auch *gegenüber* dem Orden geltend machen würden — ob sie zu Überwachung oder gar Verfolgung umschalten würden, wenn sie ihre herrschaftlichen Interessen für bedroht hielten. Die Herrschaftsansprüche *innerhalb* des Ordens nahm man in den meisten Fällen in Kauf, denn man hatte einige nicht-regierende[1] Fürsten (vor allem Herzog Ferdinand von Braunschweig und Prinz Carl von Hessen-Kassel) hauptsächlich deswegen geworben, weil sie in der Strikten Observanz führende Stellungen innegehabt hatten und der Verbreitung und Legitimation der Illuminaten unter Maurern von großem Nutzen sein konnten; auf Grund ihrer maurerischen Prominenz mußten diesen Fürsten jedoch hohe Stellungen versprochen werden. Auch wenn man es nicht zugeben wollte, hatte der Orden damit ein schwieriges Problem von der Strikten Observanz geerbt, in der man ebenfalls versucht hatte, »die Achtung großer Herrn und Standes-Personen [...] zu erlangen«.[2] Mit der fürstlichen Herrschaft

[1] In der Forschung entsteht oft der irreführende Eindruck, daß Ferdinand und Carl *regierende* Fürsten waren (Epstein behauptet dies ausdrücklich für Ferdinand: Genesis of German Conservatism, S. 93), denn Ferdinand wird einfach als Herzog und Carl als Landgraf bezeichnet (bes. van Dülmen: Geheimbund der Illuminaten, S. 65 u.ö.; Carl erhielt erst 1805 das Recht auf den Titel des — nichtregierenden! — Landgrafen). Prinz Carl war allerdings Statthalter der dänischen Herzogtümer Schleswig und Holstein, Dalberg war kurmainzischer Statthalter in Erfurt und der Landgraf von Hessen-Homburg war Ordensmitglied (vgl. Kap. 1, Anm. 3). Aber *regierende* Fürsten kamen mit Ausnahme des letzteren erst mit den Herzögen von Gotha und Weimar in den Orden.

[2] *Projekt zu einem Operations-Plan* [...] (vgl. Kap. 3.2, Anm. 7), in [Schröder:] Materialien zur Geschichte der Freymaurerey 2: 233.

innerhalb des Ordens wäre man eventuell fertig geworden; die Herrschaft *gegenüber* dem Orden war etwas ganz anderes. Der politische Verdacht einiger Fürsten gegen den Orden und die ständig drohende Möglichkeit, daß sie zu Verfolgung schreiten würden, stellte eine unberechenbare Größe dar, die nie befriedigend bewältigt wurde. Die ganze Diskussion betrifft nicht nur grundsätzliche Widersprüche der Illuminaten und die Problematik der Verstrickung in Machtverhältnisse überhaupt, sondern ist im vorliegenden Kontext von besonderem Interesse, weil mit Herzog Carl August von Weimar — und seinem Geheimrat Goethe, der dieselben Interessen vertrat — Mitglieder geworben wurden, die in der Strikten Observanz keine leitenden Stellen bekleidet hatten, sondern die wohl hauptsächlich wegen des schon erwähnten Legitimationsbedürfnisses der Illuminaten geworben wurden: Sie sollten den Ordensaktivitäten im Herzogtum nicht nur Schutz gewähren, sondern ihre Approbation war auch nützlich, um neue Mitglieder zu werben. Aber mit den Aufnahmen von Herzog Carl August und Herzog Ernst hatte der Orden auch in dem Sinne Neuland beschritten, daß (abgesehen von einer unbedeutenden Ausnahme[3]) zum ersten Mal *regierende* Fürsten Mitglieder des Bundes wurden. Wir werden auch sehen, daß gleichzeitig das Projekt konzipiert wurde, einen der mächtigsten Fürsten in Deutschland zu werben, nämlich den künftigen preußischen König. Auch nichtregierende Prinzen und hohe Beamte vertraten natürlich dynastische Interessen, aber mit den Aufnahmen regierender Fürsten tat man doch einen Vorstoß in Machtzentren, der zur Reflexion zwang.

Die Debatte über fürstliche Mitglieder lief im Sommer 1783, also nach der Werbung der Herzöge Ernst und Carl August, auf vollen Touren. Im Mai meldet sich der Nationalobere, Graf von Stolberg-Roßla, in einem Brief an Bode, in dem er ihn »inständigst« bittet, die Werbung des preußischen Kronprinzen durch Prinz Carl von Hessen-Kassel »eiligst [zu] hintertreiben« (vgl. Dokument Nr. 1). Prinz Carl war einige Monate früher von Knigge geworben worden, hauptsächlich weil er, wie dieser schrieb, »die wichtigste Person im System der stricten Observanz« sei.[4] Aber Prinz Carl sollte sich bald als falscher Freund herausstellen, der später zu einem der vehementesten Vertreter der Verschwörungslegende wurde. Er war wegen seiner dynastischen Bezie-

[3] Der Landgraf von Hessen-Homburg; vgl. Kap. 1, Anm. 3.

[4] Knigge an Zwack, 31.3.1784, D 323; vgl. dort die Vollmacht Carls an Bode vom 10.3.1783 (D 327 f.), deren Original zusammen mit einem Brief an denselben in der Schwedenkiste liegt (mit Kopien: Sk 1, Dok. 250-252).

hungen dafür vorgesehen, zum Ordensoberen über Skandinavien und Rußland ernannt zu werden, aber er selber bezeugte später, daß er — mit den Worten van Dülmens — »in rascher Erkenntnis des wahren Ordenszieles dem Orden beigetreten [sei], um das Übel abzuwenden«, also, wie Prinz Carl es selbst rückblickend formulierte, um den »vollständigen Plan zur Einführung des Jakobinismus zu verhindern«.[5] In ihm haben wir also ein konkretes Beispiel für das Verhalten, das wir bei Carl August und Goethe vermuten: der Beitritt zum Illuminatenorden aus Gründen der politischen Überwachung und Kontrolle. Wenn Prinz Carl auch noch den preußischen Kronprinzen Friedrich Wilhelm als Mitglied vorschlug, so gingen seine Absichten deutlich dahin, die fürstliche Herrschaft über den Orden zu verstärken. Stolberg-Roßla erkennt dies sofort; er nennt als ersten Einwand gegen die Werbung »solcher Fürsten« die Gefahr, daß die anderen Mitglieder den Verdacht hegen würden, »daß der O[rden] eine Erfindung des Preusischen Hofes seye, um sich überall stark zu machen, und die Geheimnise auswärtiger Cabineten zu erfahren«, aber dann deutet er die größere Gefahr an: »Verfolgungen«, die aus der Werbung von Fürsten »erwachsen könten«.[6]

Bode ließ sich eher durch die ideelle Konzeption des Ordens als durch die machtpolitische Wirklichkeit leiten, als er die Aufnahme von Fürsten verteidigte. Er überläßt sich der Illusion des aufgeklärten Absolutismus, daß man die Fürsten bessern und dadurch von oben einen blühenden Staat erschaffen könne. Er meint, die Bildung der Menschheit, die vom Orden ausgehen soll, sollte nicht Fürsten vorenthalten werden, »bloß deswegen [...], weil die Vorsehung sie in einen Stand gesezt hat, der die gewöhnlichen Menschen abhält, ihnen die ih-

[5] Dülmen: Geheimbund der Illuminaten, S. 65. — Der Austritt Prinz Carls aus dem Orden ist in der ›Schwedenkiste‹ festgehalten: »[...] in Absicht auf Aaron, ist mir sein Vorsaz, vor der Hand, seine activitaet in unserm System, bis zu ruhigern Zeiten und mehreren Einsicht in dasselbe, ruhen zu laßen gar sehr lieb [...]« (Herzog Ernst II. von Gotha an Bode, »Syracusis, den 14. Aban 1154« [=14.11.1784], sig. »Timoleon«, eigh., Sk 1, Dok. 93, Bl. 1r). Drei Monate früher hatte sich Prinz Carl bereit erklärt, die »Würde eines Nationals anzunehmen« (an Weishaupt, 5.8.1784, in [Schröder:] Materialien 4: 32), aber die antiilluminatischen Attacken hatten ihn offensichtlich widerspenstig gemacht.

[6] Vgl. Dokument Nr. 1. Noch ein halbes Jahr später fragt Stolberg-Roßla mit spürbarer Besorgnis: »Was machen Aaron [=Prinz Carl] und Joseph [=Herzog Ferdinand von Braunschweig]? Sind sie noch gut gegen uns gesinnt?« Stolberg-Roßla an Bode, »Claudiopolis den 20ten Abân 1153 Jezdedgerd« [=Neuwied, 20.11.1783], sig. »Campanella«, Sk 7, Dok. 114, Bl. 2r.

nen heilsamen Wahrheiten, zu sagen«.[7] Die Implikation dieser Aussage ist, daß die Illuminaten, nach Bodes Auffassung natürlich keine »gewöhnlichen Menschen«, in ausreichendem Maße Zugang zum Fürsten haben, um ihn zu bessern, denn die evidenten Wahrheiten, die ihm von Ordensmitgliedern gepredigt werden, sollten von selbst auf das Verhalten des Fürsten wirken — ein optimistischer Gedanke, der an frühaufklärerische Vorstellungen eines Christian Wolff erinnert. Es sind ja, meint Bode, nur »eigensüchtige Schmeichler«, welche die Fürsten »erniedrigt« hätten, und die Illuminaten müßten diese nur verdrängen, sie müßten den Regenten ja nur »solche Wahrheiten an die Seite legen, welche ihnen sonst ganz unbekannt bleiben«, um sie »wieder zu guten Menschen zu erheben [zu] trachten«.[8] — Von »notorischer Weiße Lasterhaften, oder unheilbar verderbten Tyrannen« sei nicht die Rede, sondern Bode interessiert sich »für die Fürsten, welche noch gleichsam auf dem Scheidewege stehn, und eines guten Wegweisers bedürfen, welcher, wie mich deucht, es eben eine so verhältnißmäßige Anzahl giebt, als in den niedern Ständen.« Und der potentielle Gewinn ist noch viel gewichtiger als bei anderen Menschen, weil »iede gute Gesinnung, die durch den O[rden] in einem Fürsten bewürckt würde, viel ausgebreiteter aufs Wohl der Menschen wirckt als im Privatstande.«[9] Diesen Ansichten Bodes muß man entgegensetzen, daß gerade diese Verstricktheit in *öffentliche* Aufgaben den Fürsten zu einem von Machtverhältnissen ganz anders Beeinflußten macht als Menschen im »Privatstande«. In diesem Brief erkennt Bode zwar auch einige Schwierigkeiten darin, Fürsten in den Bund aufzunehmen, aber er wittert eben keine Gefahren, sondern fürchtet nur ein Mißtrauen vonseiten der Fürsten selbst, dem er dadurch begegnen möchte, daß er ihnen keine »Directions-Geschäft[e]« aufbürden will und sie sonst auch »nach dem Grade worin sie stehen, alle Rechte genießen läßt«. Trotzdem haben wir gesehen, daß Bode gegenüber Carl August nur dadurch Vertrauen zu gewinnen gesucht hatte, daß er ihm ein unbedeutendes Amt übertrug und ihn und Goethe relativ spät beförderte — sein instinktives Vertrauen galt Marschall und Schardt. In der Knigge-Affäre zog er Goethe auch erst spät heran, vielleicht erst nach dessen Aufforderung. Und zu Stolberg-Roßlas Bedenken gegenüber Friedrich Wilhelm schreibt Bode mit ähnlicher Skepsis: »Ich sollte nicht glauben, daß Aaron [=Prinz Carl] eilig und ohne Anfrage den KronPr[inzen] v[on] Pr[eußen] auf-

[7] Vgl. Dokument Nr. 3, Bl. 6v.
[8] Vgl. Dokument Nr. 2, Bl. 1v-2r.
[9] Vgl. Dokument Nr. 3, Bl. 6v-7r.

nehmen werde«.[10] In einem späteren Brief geht Bodes »Besorgniß« wegen der Werbung fürstlicher Mitglieder noch weiter; er befüchtet, daß »Einmal etwas menschliches unterlaufen könne, und dadurch, daß der ⊙. in Hände gerathe, die [...] [ihn] zu Politischen Absichten lenken wollten, alle Glieder desselben in eine mißliche Lage gerathen möchten«; aber als Lösung für diesen Mißbrauch des Ordens empfiehlt er nicht die Änderung der bestehenden »hierarchischen Verfassung«, sondern nur die individuelle Selbstverpflichtung, »für jeden der darin ein Amt [hat], bis zum Provinzial herunter, sich zu überzeugen, daß solche Menschlichkeiten nicht Statt finden *können*«.[11] So packt er das Problem nicht an der Wurzel, indem er eine *institutionelle* Änderung in der (aus der feudalen Gesellschaft übernommenen) hierarchischen Machtstruktur des Ordens vorzunehmen oder die in der bestehenden Gesellschaft Herrschenden aus dem Orden überhaupt auszuschließen empfiehlt, sondern er verläßt sich hilflos auf eine explizite Unterdrückung oder Umwandlung der menschlichen Natur und legt damit die Widersprüche seiner Konzeption, ja eine eigenartige Dialektik der Aufklärung offen.

Bode zeigte also hin und wieder ein gesundes Mißtrauen gegen fürstliche Initiationen; trotzdem gewannen bei ihm optimistische Vorstellungen über die Möglichkeit einer Einflußnahme auf Fürsten und über individuelle moralische Selbsterziehung die Oberhand — oder war er nur durch Eitelkeit motiviert? (Bode soll es gerne gesehen haben, daß ihm die Fürsten schmeichelten.[12]) Auch diese Eitelkeit stellt freilich nur einen soziopsychologischen Auswuchs der Bindung der Intelligenz an den Staat dar. Daß Bode den Herzog Carl August und auch Goethe unter diesen Umständen geworben hätte, sollte nicht überraschen; gleichzeitig bewahrte er jedoch auch seine Maxime, solche Großen mit »Directions-Geschäften [zu] verschonen«.

Die Aufnahme von Fürsten war im Disput zwischen Weishaupt und Knigge ein so heißer Streitpunkt, daß er einer der Hauptgründe für den Konflikt wurde, welcher zum Untergang des Ordens führte.[13] Man

[10] Vgl. Dokument Nr. 2, Bl. 2r, 3v.

[11] Bode an Herzog Ernst II. von Gotha, 19.1.1784, vgl. Dokument Nr. 16.

[12] Knigges Bericht über Ionien [=Obersachsen], Jan. 1783, NOS 1: 214, in D 296; H.A.O. Reichard: »Bode war ein Mann, der das Illuminaten- und Ordenswesen hauptsächlich benutzte, um sich Einfluß und eine vertraute, ausgezeichnete Aufnahme an Höfen wie bei Vornehmen zu verschaffen« (Selbstbiographie, S. 167). Ähnlich F.L. Schröder: »Er hieng mit Schwachheit an den Fürsten, und drängte sich nur zu sehr an sie; dankbar nahm er die Titel an, die sie ihm spendeten« ([Schröder:] Materialien 4: 77).

[13] Vgl. Dülmen: Geheimbund der Illuminaten, S. 47.

hatte den »Local-Obern« verboten, Fürsten in die höheren Ränge zu befördern, »denn wenn man diesen Leuten ungebundene Hände giebt, so folgen sie nicht nur nicht, sondern benutzen auch die besten Absichten zu ihrem Vortheil.«[14] Schon die Aufnahme des Herzogs Ernst von Gotha erregte bei Weishaupt beträchtlichen Ärger[15] — doch sollte dieser Ärger in den Briefen des Ordensstifters an den Herzog oder an dessen engen Mitarbeiter Bode natürlich nie zur Sprache kommen. Im Juli 1783 legt Weishaupt seine Ansichten in einem langen Brief Bode vor; sie laufen auf die Besorgnis hinaus, daß ›weltliche‹ Machtverhältnisse in die Ordensenklave eindringen würden, wenn man zu viele Fürsten aufnehmen sollte (vgl. Dokument Nr. 5). Er erwartet, daß die fürstlichen Mitglieder unter sich streiten und daß andere Mitglieder ihnen schmeicheln würden. Sein Haupteinwand ist jedoch, daß »ein Fürst, wenn er nicht sehr Moralisch ist, diesen ʘ auf die fürchterlichste Art misbrauchen kann«, da dieser anhand der persönlichen Berichte der Mitglieder »in das innerste der Herzen seiner Untergebenen schauen [...] kann«; dieser Mißstand werde wiederum zur Folge haben, daß die Mitglieder in diesen Berichten sich bestreben würden, dem Herrscher zu schmeicheln. »Unsre Leute, suchen in diesem ʘ einen Freyhaven, gegen die so häuffige Gewaltthätigkeiten und Ungerechtigkeiten der Grossen: Und auf dise art, werden sie ihnen noch um so mehr in die Hände geliefert« — so drückt Weishaupt prägnant seine Sorge darüber aus, daß die sezessionistische Reinheit der Ordensenklave durch Machtverhältnisse befleckt werde. Dann macht Weishaupt einen Einwand geltend, den wir ironischerweise an Herzog Carl Augusts und Goethes Verhalten gegenüber Weishaupt selbst bestätigt finden werden: »Wie leicht und häuffig ist der Fall, daß ein Fürst, Foderungen an den ʘ macht, welche unsern Zwecken entgegen sind, und seinen engern Zwecken und Wünschen schmeicheln[;] zeigt mann sich dazu nicht sogleich willfährig, so läufft der ʘ Gefahr den stärcksten verfolgungen ausgesezt zu werden.«

Trotz dieser Einwände steht Weishaupt vor vollendeten Tatsachen, und er findet sich dazu bereit, die bereits durch Bode aufgenommenen »Durchlauchtigsten Mitglieder« zu loben und möglicherweise auch weitere zu akzeptieren. Mit der Maßnahme, daß die Mitgliedschaft eines Fürsten in seinem eigenen Land ein Geheimnis bleiben soll, meint er, wenigstens den einen Einwand, daß die Untertanen unaufrichtige Be-

[14] *Instruction der Präfecten oder Local-Obern* (1782), NA 147-66, auch in D 199-209, Zitat S. 202.
[15] Ebda., S. 70.

richte schreiben würden, zu umgehen. Und offensichtlich traut er Prinz Carl von Hessen-Kassel so sehr, daß er vorschlägt, ihm die Leitung über Preußen, Dänemark, und andere norddeutsche Gebiete zu übergeben. Außer der maurerischen Erfahrung Prinz Carls sind es taktische Gründe, die Weishaupt zu diesem Schritt bewegen: Erstens um den Prinzen zu überzeugen, »daß unsre Zwecke und arbeiten keinem Staat auf Erden gefährlich sind: daß keine Politische Absichten irgend eines Stoffs dahinter stecken«, und dies könne man erreichen, wenn man alle Geschäfte dieser Gebiete durch die Hände des Prinzen gehen lasse; zweitens, »Weil S[eine] Durchlaucht dadurch am besten in Stand gesezt würden S[einer] Königlichen Hoheit [Kronprinz Friedrich Wilhelm] von Preussen, den gegen uns gehegten Verdacht zu benehmen, und unsre Unschuld gegen solche Verleumdungen aus eigner Erfahrung zu vertheidigen.« Und auch dann, wenn die übrigen fürstlichen Mitglieder keine Führungsgeschäfte annehmen, solle man die an ihre Untertanen ergangenen Befehle durch ihre Hände gehen lassen.

So hat auch Weishaupt schließlich den verlockenden Argumenten für eine Aufnahme von Fürsten nachgegeben. Offenbar war er vom Beispiel des Herzogs Ernst von Gotha schließlich überzeugt worden, daß es wirklich möglich sei, den Fürstenstand im Orden abzustreifen. Ernst war zusammen mit Bode der wichtigste Illuminat in ›Ionien‹ (Obersachsen); er wurde einige Monate später sogar mit der ›Inspektion‹ über ganz Ober- und Niedersachsen beauftragt. Wiederholt beklagt Ernst die Nachteile seines Standes und die vielen Unzulänglichkeiten bei seinen Standesgenossen. Kurz nach seiner Aufnahme in den Orden schreibt er an Bode über die Weishauptschen Ordensschriften, die er erhalten hat: »Ohngeachtet aller der Bitterkeiten die über die Vorurtheile meines Standes darinnen befindlich sind, so bin ich doch, aufrichtig zu reden völlig mit dem Verfaßer dieser Schrifften darüber *einig*, und wünschte im Stande zu seyn sie zu überzeugen, daß es dennoch auch redliche Herzen in dieser Classe Menschen gebe«.[16] Er bittet

[16] Ernst II. an Bode, 12.2.1783, sig. »Severus«, Sk 1, Dok. 21; der Brief ist mit einigen abweichenden Lesarten — offensichtlich nach einer Kopie im Münchner Staatsarchiv — abgedruckt bei Engel: Geschichte des Illuminaten-Ordens, S. 143 f. und D 326 f.; dort steht die Unterschrift »Ernst«, während die Unterschrift »Severus« auf dem Original in der ›Schwedenkiste‹ darauf hindeutet, daß Herzog Ernst zu diesem Zeitpunkt schon aufgenommen worden war. — Ernst schreibt noch zwei Jahre später ähnlich: »Eine Vorliebe zu meinem Stande habe ich überhaupt gar nicht [. . .]«. Ernst II. an Koppe, »den 29. Januar 1785«, sig. »Timoleon«, eigh., Sk 1, Dok. 151, Bl. 1v.

Bode, »die vergeblichen Complimente und Ceremonien« aus seinen Briefen wegzulassen,[17] und erwägt sogar, seine Krone niederzulegen und sich in stille Alpentäler zurückzuziehen[18] — ein fast paradigmatisches Beispiel für die rousseauistisch gefärbte sezessionistische Ideologie der Zeit, die den Fürsten für die bürgerliche Intelligenz als hoffeindlich und damit menschenfreundlich auswies.

Auf Weishaupts an Bode gerichtete Äußerungen reagiert Herzog Ernst mit der Versicherung, er wolle »nicht aus Herrschsüchtigen Absichten« ein Führungssamt übernehmen, »sondern bloß, um endlich einmahl irgend etwas Gutes stiften zu können, das mit den Gesinnungen meines redlichen Herzens übereinstimmte — da bisher, die leidige falsche politic und die Vorurtheile der Welt, mir Feßeln angelegt haben, deren Last, ich täglich mehr und mehr fühle[;] auch würde ich gewißlich nie einen Eigenmächtigen Schritt thun, sondern mit dem Bey-Rathe meiner Brüder, das mir anvertraute Amt, mit Gewißenhaftigkeit und wahrer Aufrichtigkeit des Herzens, zu verwalten suchen«.[19] Diese Stelle zeigt, daß auch Fürsten im Orden eine Möglichkeit zur Wirkung wahrnahmen, die sie in den bestehenden Verhältnissen nicht vorzufinden meinten; damit wird der Orden auch für Herzog Ernst zu einer sezessionistischen Enklave, aus der heraus er in der breiteren Gesellschaft Veränderungen zu bewirken gedenkt. Aber man konnte nicht sicher sein, ob diese Motivationen so bleiben würden, man konnte im Grunde nie wissen, was die Fürsten im Schild führten, und mußte sich auf ihre Beteuerungen verlassen. Dieses Problem unterschätzt Weishaupt, wenn er schreibt: »Monarchische Gewalt, ist nur gefährlich, bey rohen, ungebildeten unsittlichen Eigennüzigen Menschen«, dann aber hinzusetzt: »Aber dise sollen und dürffen unsre Obere nicht seyn. Je höher im ʘ, um so sittlicher mus der Obere seyn. Unser ganzes Gebäude ist auf disen höchsten Grad der Sittlichkeit gebaut, außerdem eine Chimäre«.[20] Die Fragilität des ganzen Systems wird damit deutlich. Der Orden versuchte zwar, die neuen Mitglieder durch Befragung und Bespitzelung auszuforschen, aber diese Ergründung der Motivationen hatte natürlich ihre Grenzen; außerdem beraubte sich der Orden selbst weitgehend dieser Taktik im Falle der Fürsten, die sie mit den üblichen moralischen

[17] Ernst II. an Bode, »Gotha den 26 Julii 83«, sig. »Severus«, Sk 1, Dok. 28b, Bl. 4r. Vgl. auch Ernst II. an Bode, »Syracusis [=Gotha] den 21. April 85«, sig. »Timoleon«, Sk 1, Dok. 114, Bl. 1v.

[18] Beck: Ernst der Zweite, S. 59.

[19] Herzog Ernst II. an Bode, 10.8.1783, vgl. Dokument Nr. 6, Bl. 1r.

[20] Dokument Nr. 5, Bl. 2v.

Bekenntnissen nicht zu belästigen wagten.[21] So geschah es denn auch, daß Fürsten den Orden verrieten, wenn er mit ihren Interessen in Konflikt zu kommen schien. Das war nicht nur beim Prinzen Carl von Hessen der Fall. Auch Herzog Ernst, der auf fast rührende Weise versucht, seinen Fürstenstand und mit ihm die wahren Machtverhältnisse zu leugnen, auch diesen scheinbar so aufgeklärten Fürsten holten sie schließlich ein. Als er um die Jahreswende 1784/1785 die ›Höheren Mysterien‹ zu sehen bekommt, in denen vor Umsturz gewarnt wurde, wenn die Reichtümer nicht gerechter verteilt werden,[22] stutzt der Herzog; nunmehr gesteht er zum ersten Mal ein, daß er sich als Fürst im Widerspruch zum erklärten Fernziel der Illuminaten befindet, nämlich der Abschaffung von Fürsten und Staaten:

> »Ich kann mir wenigstens keine Menschliche Gesellschaft ohne gewiße Verträge, und Gesezze dencken, die immer in einigen Fällen die Natürliche Freyheit des Menschen zum Besten der Societaet einschräncken würde — diese Nothwendigen Einschränkungen, werden dann immer bey den leidenden Theilen, für Vorurtheile gelten. Vielleicht wircklich nicht ganz ohne Grund, indeßen sehe ich doch, im Allgemeinen genommen, die Möglichkeit nicht ein wie allem abgeholffen werden könnte.«[23]

Der Herzog brauchte natürlich keine Angst zu haben, denn offensichtlich nahm niemand dieses anarchistische Fernziel als praktisches Programm ernst; sonst wären doch wohl keine Fürsten in den Orden aufgenommen worden. Später bekannte Ernst noch deutlicher Farbe, als sich seine Ängste zu verwirklichen schienen: Nach dem Ausbruch der Französischen Revolution zog er sich unter dem Eindruck der Verschwörungstheorie von den Geheimbünden zurück und suspendierte 1793 die Gothaer Freimaurerloge[24] — ganz im Gegensatz zu seinem politisch radikalen jüngeren Bruder Prinz August, der jedoch kein Landesherr war und sich politische Ausschweifungen leisten konnte (und der auch konsequent meinte, Fürsten hätten im Orden nichts zu

21 Vgl. unten S. 104.

22 Vgl. oben Kap. 3.3, Anm. 23.

23 Herzog Ernst II. von Gotha an Koppe, 7.1.1785, vgl. Dokument Nr. 28, Bl. 2v.

24 Vgl. Endler: Zum Schicksal der Papiere von Bode, S. 4. Zu Weishaupts Ängsten gegenüber dem im Jahre 1793 reaktionär gewordenen Herzog vgl. Kap. 4; zu Ernsts Haltung zur Französischen Revolution vgl. Beck: Ernst der Zweite, S. 44-46.

suchen![25]). Die Illuminatenwelt war sicher erstaunt, als Ernsts Bibliothekar, der Exilluminat Reichard, in seinem *Revolutionsalmanach* die Legende von der Pariser Revolutionsverschwörung des ehemals mit dem Herzog eng befreundeten Mitoberen Bode kolportierte.[26]

Im Jahre 1783 jedoch sah man die Gefahren der fürstlichen Teilnahme an den Geschäften des Ordens nicht so deutlich wie nach dem Anfang der Verfolgungen und der Revolution — man hatte wohl auch nicht klar begriffen, daß, wie Hermann Schüttler feststellt, auch die politischen oder pseudopolitischen Pläne der Strikten Observanz wegen der Aufnahme von Fürsten hatten abgeschwächt werden müssen.[27] Man hoffte, die Fürsten durch die Ausführung kleiner Aufträge zu gewinnen (wie wir bei Goethe und Carl August gesehen haben); man war sogar darauf angewiesen, immer wieder Vertrauensbeweise für sie zu erfinden. Die Gefahr dabei war, daß man die Fürsten vielleicht doch nicht davon überzeugen konnte, daß der Orden keine Gefahr für den Staat bedeutete.

In der alltäglichen Ordenswirklichkeit klaffte ein großer Widerspruch zwischen den egalitären Prinzipien der Illuminaten und dem Verhalten gegenüber Fürsten. In fast allen Protokollen der Versammlungen werden die Fürsten als »Durchlauchtige« Brüder vor den ganz normalen »Hochwürdigen« Brüdern ausgezeichnet.[28] Ein später Freimaurerkritiker bemerkt durchaus richtig mit Bezug auf die geheimbündlerischen Gleichheitsansprüche: »Freilich nennen sich [...] alle *Brüder*, tragen einerley Schurz und behalten in der Versammlung den Huth auf dem Kopfe. Aber man merkt bey aller Gleichheit hier doch die Ungleichheit deutlich genug, und wenn auch der dienende Frei-Maurer den Mann mit Band und Stern in der Loge ›*Bruder*!‹ anredet, so thut er es doch mit einer Schüchternheit und einem Anstande, daß man jenes ›Bruder‹ durch ›unterthänigster Diener‹ zu übersetzen sich genöthigt

[25] Münter berichtet von einem Gespräch mit Prinz August am 20.5.1787 in Weimar: »dann kamen wir über den O[rden] selbst, er sagte aus freyen Stüken Fürsten hätten nichts drin zu thun, u[nd] schadeten [...]« ([Münter:] Tagebücher 2: 400 f.; das Wort »Fürsten« ist in Ziffern geschrieben).

[26] Hoffmann: Fragmente zur Biographie Bodes, S. 60 (Zitat aus Böttigers Nekrolog für Bode).

[27] Schüttler: Strikte Observanz, S. 169.

[28] Protokolle vom 22.7.1783 (Sk 15, Dok. 56, Bl. 1r) und 17.3.1785 (vgl. Dokument Nr. 37, Bl. 1r). Diese Praxis wurde von der Freimaurerei übernommen.

fühlt«.[29] Interessanterweise soll sich Carl August noch vor seinem Beitritt zur Freimaurerei beim Besuch eines maurerischen Vereins in der Schweiz geweigert haben, einen Ehrensitz anzunehmen, mit der Begründung: »Hier sind wir alle gleich«.[30] Eine ähnliche Auszeichnung vor den anderen Weimarer Illuminaten verbat sich der Herzog jedoch nicht — offensichtlich war der lockere Umgang, der im fernen Bern gepflegt wurde, im eigenen Herrschaftsbereich problematisch. Denn wenn in den Geheimbünden Fürsten »nur Brüder sind, und der unbedeutendste ihrer Unterthanen ihnen gleich ist«, so besteht die Gefahr, wie ein früher Verschwörungstheoretiker es befürchtete, daß der Geheimbund »die einmahl geheiligten natürlichen, religiösen und politischen Verhältnisse aufhebt«,[31] und das wollte der Herzog von Weimar sicherlich nicht. Vollends grotesk wirkt das schon erwähnte »Pro Voto« Carl Augusts über die Einrichtung einer Minervalkirche in Weimar.[32] Denn die ganze Form des Dokuments imitiert die Eingaben der Mitglieder des Geheimen Consiliums an den Fürsten selbst; Carl Augusts »Votum« operiert ganz mit dem Vokabular der Geheimräte — z.B. »accedo« (ich stimme zu) und besonders die Formel »Salvo Meliore«, mit der die Geheimräte untertänigst bekundeten, ihre Meinungen würden ›vorbehaltlich eines Besseren‹ dem Landesherrn vorgelegt, seien also nur als Ratschläge für den alles selbst entscheidenden Fürsten aufzufassen (Bl. 1v). Wenn der Herzog selbst diese Formel verwendet, dann spielt er die Rolle eines den Orden nur beratenden Bruders, aber der Inhalt des Dokuments selbst macht deutlich, daß Carl August nur wegen seiner Stellung als Landesherr über die Einrichtung der Minervalkirche konsultiert werden mußte — er gibt sogar zu erkennen, daß seine Beamten nicht zu sehr mit Ordensgeschäften geplagt werden dürften und die im Orden übliche Stellung von persönlichen Fragen an Mitglieder eingeschränkt werden müsse. So entlarvt der Herzog ungewollt die Ansprüche des Ordens, alle Mitglieder als gleichwertig zu betrachten. Der Herzog unterschrieb dieses Dokument mit seinem Ordens-

[29] Unumstößlicher Beweiß, S. 6 f. (ich bin Werner Kohlert, Dresden, für den Hinweis auf diese Schrift dankbar).

[30] Bericht von L. Hirzel über die Überlieferung zu einem Besuch in Bern zwischen 15.-19.10.1779, BG 2: 159. Hirzel weist darauf hin, daß Goethe hier eine Rede gehalten haben soll.

[31] [Göchhausen:] Enthüllung des Systems der Weltbürger-Republik, S. 175, 178.

[32] Vgl. Dokument Nr. 4 sowie oben, S. 79.

namen nicht, da er noch keinen bekommen hatte, aber die wirkliche Unterschrift entspricht eher den wirklichen Machtverhältnissen: Er blieb auch als Illuminat eben »Carl August Herzog zu Sachsen«.

Es erübrigt sich fast anzumerken, daß die Ordensmitglieder in ihren Briefen die untertänige Haltung gegenüber fürstlichen Mitgliedern beibehielten — auch Bode tat dies gegenüber Ernst, der ihn bat, es zu unterlassen. Ausgerechnet Weishaupt, der sich in einigen seiner Schriften so hart gegen Fürsten geäußert hatte und ihnen im Orden keine Privilegien einräumen wollte, schreibt in geradezu peinlich wirkenden, veralteten Formeln an Herzog Ernst, über dessen Aufnahme er sich beschwert hatte: »Durchlauchtigster Herzog! Gnädigster Herr! Herr! Wie beschämt stehe ich da Gnädigste[r] Herr! Und in welchem herrlichen Licht erscheinen Ihro Hochfürstliche Durchlaucht!« Wichtiger noch ist die Feststellung, daß Weishaupt den Herzog vor den anderen Illuminaten bevorzugte; er stellte sich uneingeschränkt zur Verfügung, etwaige Fragen des Herzogs über den Orden zu beantworten,[33] und in einem anderen Brief bekundet er diese Unterwürfigkeit in der gewöhnlichen Floskel: »Die von Euer Herzoglichen Durchlaucht mir gnädigst gegebne Wincke sind mir Geseze und Befehle [...]«.[34] Es überrascht nicht, daß Herzog Ernst nach solchen Unterwürfigkeitsbeteuerungen dem Ordensgründer Asyl gewährte, aber solchen Taktiken opferten die Illuminaten ihre egalitären Prinzipien. Auch Bode behandelt die Fürsten anders als die übrigen Mitglieder. An Knigge schreibt er im April 1783 über die verlangten autobiographischen Aufzeichnungen der fürstlichen Illuminaten Herzog Ferdinand von Braunschweig, Prinz Carl von Hessen und Herzog Ernst von Gotha: »Was ich übrigens über den Gang ihrer moralischen Bildung von ihnen selbst erhalten kann, will ich versuchen; aber treiben *kann ich*[35] sie nicht«; von den übrigen, nicht-

[33] »Finden Euer Hochfürstlichen Durchlaucht über gewisse Einrichtungen und Säze nähere Erläuterung nöthig, so bin ich ganz zu Höchst dero Befehlen. Kein Augenblick meines lebens soll mir heiliger seyn, als derjenige, wodurch ich Höchstdenselben meine geringe Erkenntnis vorlegen, und von Euer Hoch Fürstlichen Durchlaucht Berichtigung meine[r] Pläne und Gedancken erwarten darf.« Beide Zitate: Weishaupt an Herzog Ernst II. von Gotha, »Sandersdorff den 14. October 1783«, sig. »Spartacus«, eigh., Sk 2, Dok. 98, Bl. 1r, 2r.

[34] Weishaupt an Herzog Ernst II. von Gotha, »Corinth [=Regensburg] den 2. Jan: 1785«, sig. »Spartacus«, eigh., Sk 2, Dok. 103.

[35] »*Ich*« ist zweimal unterstrichen.

fürstlichen Mitgliedern werde er die Daten verlangen.[36] Und Knigge selbst, nachdem er die freimaurerische Gehorsamkeit Herzog Ernsts (»[...] gehorcht er pünktlich, wie der gemeinste Freymaurer«) als Qualifikation zum Illuminaten hervorgehoben hatte, schreibt dann über die Aufnahme des Herzogs: »Es war nicht möglich, ihn so zu behandeln wie man andere behandelt.«[37] Es ist einer der im 18. Jahrhundert am weitesten verbreiteten Gemeinplätze über Freimaurer und Illuminaten, daß sie Gleichheit praktizierten, aber es ist auch einer der irrigsten.[38]

Es war jedoch nicht in erster Linie die interne Ungleichheit, die dem Orden in seiner Existenz bedrohte, sondern die Macht der Fürsten, die Möglichkeit, daß Vertrauen sich in Verdacht und Verfolgung verwandeln konnte. Wir haben gesehen, daß der Orden dieser Macht nichts entgegensetzen konnte, er war ihr ausgeliefert. Im nächsten Abschnitt werden wir einen Fall sehen, in dem diese Macht gegen den Orden verwendet wurde; hier äußert sich auch Herzog Carl August über die Mitgliedschaft von Fürsten in einer Weise, die seinen Verdacht gegen den Orden deutlich macht. Und ironischerweise ging gerade vom preußischen Kronprinzen, dessen Vertrauen Prinz Carl von Hessen gewinnen sollte, ein Verdacht auf einen anderen Fürsten über, von dem man ihn wohl nicht erwartet hätte: den weimarischen Herzog. Gerade am Beispiel Carl August — und Goethe — sollte Weishaupt am eigenen Leib erfahren, wie gründlich er sich getäuscht hatte, als er meinte, die Gunst der Herrschenden durch Vertrauensbeweise erkaufen zu können.

[36] Bode an Knigge, »Hamburg, den 5ten Aprill, 1783«, sig. »Aemilius«, eigh., Sk 3, Dok. 128, Bl. 1r.

[37] Knigge an Zwack, 31.3.1783, Engel: Geschichte des Illuminaten-Ordens, S. 139 f.; D 323.

[38] Dieses Postulat wird in der sonst sehr verdienstvollen Arbeit von Schindler nachdrücklich vertreten, der darauf hinweist, daß »die geheimen Assoziationen im Unterschied zum proklamatorischen Charakter der räsonierenden Öffentlichkeit eine kommunikative Handlungspraxis antizipierten, die aufgeklärt-bürgerliche Ansprüche wie Gleichheit, Brüderlichkeit und die Achtung der Persönlichkeit in soziale Erfahrungskontexte umzusetzen und mit lebensweltlicher Plastizität auszustatten erlaubte«; im Gegensatz zur »lauten« Aufklärungspublizistik habe die Freimaurerei »den stillen Weg der Emanzipation« gewählt (Schindler: Der Geheimbund der Illuminaten, S. 290 f.).

3.6
Die verhinderte Berufung Weishaupts nach Jena (1785)

Mitte 1784 setzte die Verfolgung der Illuminaten in Bayern ein, geschürt durch Denunziationen und Verleumdungen.[1] Einem ersten Verbot aller ohne landesherrliche Erlaubnis gegründeten Geheimverbindungen (22. Juni 1784) folgten öffentliche Angriffe gegen die Illuminaten. Weishaupt wurde auf die entwürdigendste Weise von seiner Ingolstädter Professur entlassen; der äußere Anlaß war seine Weigerung, dem akademischen Senat ein Glaubensbekenntnis abzulegen, das ihm befohlen worden war, nachdem er für die Universitätsbibliothek die freigeistig-aufklärerischen Schriften von Bayle und Simon empfohlen hatte.[2] Die Entlassung erfolgte am 11. Februar 1784, und schon sieben Tage später erörtert Herzog Ernst von Gotha ausführlich die Möglichkeit einer Berufung Weishaupts an die Universität Jena,[3] die im Herzogtum Weimar lag, für welche aber die vier ernestinischen Herzogtümer Weimar, Gotha, Meiningen und Coburg die Verantwortung teilten. Ernst äußert zunächst Bedenken vor allem gegen »die Errichtung einer Lehrstelle des Catholischen Kirchen Rechts« an jener protestantischen Universität;[4] er erinnert Bode nachdrücklich daran, daß die vier ›Nutritoren‹-Herzogtümer alle in solchen Personalfragen

[1] Vgl. Dülmen: Geheimbund der Illuminaten, S. 85-98; Le Forestier: Les illuminés, S. 430-556.

[2] Dülmen: Geheimbund der Illuminaten, S. 87 f.

[3] Der Versuch einer Berufung Weishaupts nach Jena ist in der Forschung fast völlig unbekannt; Le Forestier skizziert anhand von Dokumenten aus der ›Schwedenkiste‹ die Flucht Weishaupts, ohne die gescheiterte Berufung zu erwähnen (Les illuminés, S. 514), und bei Engel, der das Gothaer Freimaurerarchiv (in dem damals die ›Schwedenkiste‹ aufbewahrt wurde) benutzte, vermißt man an der betreffenden Stelle gleichfalls jeden Hinweis (Engel: Geschichte des Illuminaten-Ordens, S. 212). Die Episode wird erwähnt nur von Beck, der jedoch irrtümlich schreibt: »Aus dem ganzen Plane wurde jedoch nichts, weil Weishaupt freiwillig von seinem Wunsche zurücktrat« (Ernst der Zweite, S. 100); ansonsten wird die gescheiterte Berufung in der 1972 veröffentlichten Autobiographie eines bayrischen Exilluminaten erwähnt, der 1789 nach Weimar und Jena reiste (Schmidt: Ein bayrisches Beamtenleben, S. 642).

[4] Ernst II. an Bode, 18.2.1785, vgl. Dokument Nr. 30, Bl. 1r.

konsultiert werden mußten, wobei aber das Votum aus Weimar gewöhnlich das Übergewicht behielt. Ernst verspricht jedoch, trotz der praktischen Probleme — und darum geht es hauptsächlich in diesem Brief — mit seinem leitenden Minister von Franckenberg darüber zu sprechen. Dann erreichen ihn die Argumente seines einflußreichen illuminatischen Generalsuperintendenten Johann Benjamin Koppe,[5] der zusammen mit Franckenberg die praktischen Bedenken des Herzogs gegen das Projekt auszuräumen vermag. Koppe versucht, nicht nur dem Argument gegen einen Lehrstuhl des katholischen Kirchenrechts zu widerlegen,[6] sondern er gibt entscheidende Gründe dafür, Weishaupt nach dem Norden zu ziehen. In den Vorstellungen Koppes war das Projekt keineswegs nur als Gewinn für die Universität Jena gedacht, und auch die ›Rettung‹ Weishaupts vor der Verfolgung in Bayern reichte nicht als Begründung für die Berufung aus. Koppe erläutert den für ihn offensichtlich wichtigsten Grund:

> »[. . .] für unsre Verbindung wäre es, glaube ich, zweifacher wesentlicher Vortheil, daß durch sein Weggehen aus Bayern der ganze Illuminatismus dort, wo er nach seiner ganzen Anlage mehr geschadet als gefruchtet zu haben scheint, einschliefe; und dafür in unsren und in den protestantischen Gegenden überhaupt, durch die nahe Vereinigung mit Andrus [=Göttingen] sicherer und ausgebreiteter würken könnte.«[7]

Man wollte den Orden ›reinigen‹, die Mißstände, die Weishaupt eingeführt hatte, beseitigen — und paradoxerweise meinte man dies am

[5] In van Dülmens Mitgliederverzeichnis wird Koppe nur als »Generalsuperintendent in Göttingen und Hannover« bezeichnet; damit wird die Aufmerksamkeit von Gotha abgelenkt, wo dieser wichtige Illuminat 1784-88 tätig war. — Es war Koppe, der schon am 14.2.1785 den Vorschlag einer finanziellen Hilfe für Weishaupts Familie machte (Koppe an Herzog Ernst II. von Gotha, »den 14 Febr. 85«, sig. »Acacius«, eigh., Sk 2, Dok. 251, Bl. 1r).

[6] Koppe nennt ein solches Vorhaben einen »Gewinn« für Jena und erinnert den Herzog daran, daß man in Göttingen ein ähnliches Projekt versucht habe (Koppe an Herzog Ernst II. von Gotha, »den 17 Febr. 85«, sig. »Acacius«, eigh., Sk 2, Dok. 253, Bl. 1r). Daß Koppes Argumente den erwünschten Erfolg hatten, zeigt der einzige außerhalb der ›Schwedenkiste‹ überlieferte Brief in dieser Angelegenheit; hier sucht Ernst den Weimarer Herzog davon zu überzeugen, daß die Berufung eines katholischen Professors von der »Toleranz« der Universität zeugen und Studenten anziehen würde (Herzog Ernst II. von Gotha an Herzog Carl August von Weimar, Datum nicht überliefert [wohl um 23.2.1785], Beck: Ernst der Zweite, S. 99 f.).

[7] Ebda., Bl. 1r-1v.

effektivsten mit Weishaupts Hilfe bewerkstelligen zu können. Bode teilt diese Ansicht, und er löst das anscheinende Paradoxon auf mit seinem »Gedanken, daß es vielleicht ein sehr gutes Geschick für den O[rden] ist, daß Spart[acus] unter Protestanten versetzt wird. Er muß in der neuen Lage solche Erfahrungen, über die nothwendige Verschiedenheit in der Behandlung so verschieden denkender Menschen machen, von denen er in Ephesus [=Ingolstadt] vielleicht kaum dunkle Ideen hatte; und das könnte und würde bey der vorliegenden Revision der Hefte, von sehr glücklichen Folgen seyn.«[8] Kurz, Weishaupt schien den Brüdern in Norddeutschland unentbehrlich für ihren bevorstehenden Versuch, den Orden im Sinne einer freieren, dem Protestantismus entsprechenden Struktur in gereinigter Gestalt neu auferstehen zu lassen. — Nunmehr kann Ernst von einer sehr günstigen Meinung Franckenbergs berichten, und plötzlich scheinen viele praktische Hindernisse aus dem Wege geräumt zu sein. Ernst erwartet, »daß W[eimar] gleiche Gesinnungen hierinnen, wie wir selbst heegen werde, weil W[eimar] den größten Nuzzen von uns allen, von der Univ[ersität] zieht«.[9] Weil die Universität auf Weimarischem Gebiet lag, zog das Herzogtum tatsächlich beträchtlichen wirtschaftlichen Nutzen aus ihr. So scheint es, daß bei den Weimarern der Gewinn für die Universität geltend gemacht werden sollte, während in Gotha eher der Gewinn für den Orden entscheidend war.

In den Augen der Ordensbrüder war dieser Gewinn sehr groß; die Alternative wäre eine Katastrophe. Auch Weishaupts alter Verbündeter Graf Stolberg-Roßla plädiert für die Berufung des Ordensgründers und gibt der Angelegenheit eine weitere wichtige strategische und moralische Bedeutung: »Jezt ist der Zeitpunkt vorhanden, [...] wo wir der Welt zeigen müssen, wer wir sind, und nach welchen Grundsäzen wir handeln«; die Ehre des Ordens sollte also gerettet und seine Macht in der Öffentlichkeit bewiesen werden. Bode soll sich seines »Einflusses auf die Grossen der Erde« — also Carl August und Goethe, vielleicht auch Ernst — »bedienen«, um dem Ordensgeneral »eine anständige Versorgung zu verschaffen.«[10] Stolberg-Roßla hatte darin Recht, daß er

[8] Bode an Herzog Ernst II. von Gotha, 11.3.1785, vgl. Dokument Nr. 34, Bl. 2r-2v; Bode drückt denselben Gedanken im Brief vom 4.(?).4.1785 aus, vgl. Dokument Nr. 43, Bl. 2r.

[9] Ernst II. an Koppe, »den 23. Februarii 85«, sig. »Timoleon«, Sk 1, Dok. 155, Bl. 1v.

[10] Stolberg-Roßla an Bode, »Claudiopolis [=Neuwied] den 27ten Febr. 1785«, sig. »Ludovicus Germanicus«, Sk 7, Dok. 127, Bl. 1r.

in der Entlassung Weishaupts eine Niederlage für den Orden sah und den Wert einer Berufung nach Jena in der öffentlichen Meinung sehr hoch veranschlagte. Er folgte darin der Meinung Weishaupts, der so plädierte: »Meine Feinde triumphiren ohnehin schon, daß ich noch immer ohne Versorgung bin. Euer Hochwürden werden von selbst einsehen, daß der Verdrus und die Beschämung der Feinde der Vernunft um so größer seyn müsse, je honorabler meine Versorgung seyn wird«.[11] Alles kam also zusammen, um diese Angelegenheit zu einer Feuerprobe für den Orden zu machen: Die Absicht der allgemeinen Ordensreform, zu der man Weishaupts Hilfe zu benötigen meinte; die einsetzende Verfolgung, die vielleicht sogar durch die entschiedene Unterstützung Weishaupts vonseiten der angesehenen sächsischen Herzöge aufgehalten werden könnte; die öffentliche Wirkung einer Solidaritätshandlung, die zu beweisen vermochte, daß die oft beteuerte brüderliche Bindung der Ordensmitglieder keine leere Floskel war. So faßt auch Bode die Krise als eine Forderung an die Ordensmitglieder auf, ihre Treue zu zeigen. Offensichtlich wollte er auch feststellen, ob man mit dem Engagement der höheren Mitglieder rechnen könne: Er dachte, so schreibt er, vielleicht »gäbe diese Gelegenheit einen untrüglichen Probierstein für den Grad der Schätzung der Güte, und der Anhänglichkeit dieser [Brüder ab 7. Grad in Weimar] nicht sowohl an Spart[acus] sondern an den ⊙ selbst. — Eine Einsicht, die über die Hofnung, und Erwartung des künftigen Nutzens vom ⊙ sehr viel Licht verbreiten müßte«.[12] Da hier nur der Herzog, Goethe, Schardt, Marschall und vielleicht Herder gemeint sein können[13] und Schardt und Marschall das Vertrauen von Bode schon genossen, kann es eigentlich nur in Bodes Intention liegen, vor allem Carl August und Goethe auf ihr Engagement für den Orden hin zu prüfen. Bode äußert sich auch zuversichtlich, daß sie diese Prüfung bestehen würden, obwohl er auch Besorgnis eingesteht.[14]

Die Berufung muß einige Hürden überwinden, aber sie läuft. Wegen finanzieller Schwierigkeiten wird als Alternative immer wieder eine Professur in Göttingen erwogen (wo schon mehrere Illuminaten

11 Weishaupt an Bode, 5.4.1785, vgl. Dokument Nr. 44, Bl. 1r.

12 Bode an Herzog Ernst II. von Gotha, 16.3.1785, vgl. Dokument Nr. 36, Bl. 2v.

13 Vgl. die erste Anmerkung zu Dokument Nr. 36 (Batsch, der Sekretär der Weimarer Versammlung, scheint nie von Bedeutung im Orden gewesen zu sein).

14 »Da ich aber in diesem Punkte doch gerne mehr hoffe, als besorge [. . .]«, ebda., Bl. 2v.

unter den Professoren tätig sind), desgleichen eine Professor in Erfurt, wo der Statthalter Dalberg Illuminat war, oder eine Stelle als Erzieher des Prinzen von Zweibrücken, sogar — in Verkennung der wirklichen Lage — eine Versorgung in Preußen,[15] aber Jena bleibt der Brennpunkt der Pläne, waren doch wenigstens zwei der vier für eine dortige Berufung verantwortlichen Herzöge selbst Illuminaten.[16] Weishaupts Vorstellungen von einem Gehalt werden als zu teuer zurückgewiesen, da es sich in Jena sehr billig leben lasse,[17] aber Ernst erklärt, er würde »selber weit lieber [. . .] ein Außerordentliches für Ihn thun [. . .] als daß ich Ihn fallen ließe«;[18] damit deutet er an, daß er einen ungewöhnlich großen Teil des Gehalts selber tragen könnte. Als vorübergehende Notmaßnahme leitet er eine unter der Regentenklasse einzusammelnde »milde Beysteuer« ein, die man Weishaupt anonym zusenden solle; für diesen Vorschlag versucht er Carl August zu interessieren. Ernsts Pflichtgefühl gegenüber dem Ordensstifter kommt immer wieder zum Vorschein: »Dem Manne sind wir doch bey allen seinen Fehlern, Danck, großen Danck schuldig, da wir die Vorzüge und Vortheile seines großen und wichtigen Plans ruhig genießen ohne an Seiner Verfolgung andern Theil als Antheil des Herzens zu nehmen.«[19] Auch Carl August scheint dem Plan zuzustimmen; er leitet Ernsts Vorschlag der »Beysteuer« an Bode weiter und trifft sich mit diesem in dieser Angelegenheit.[20] Nichts mehr scheint der Berufung im Wege zu stehen. Am 17. März wird eine Versammlung der Weimarer Brüder Carl August, Bode, Schardt und Herder (mit Batsch als Sekretär) gehalten, in der die vorläufige Geldunterstützung besprochen wird.[21] Alle Hindernisse scheinen allmählich beseitigt zu werden.

[15] Zu diesen Alternativen vgl. Dokumente Nr. 31 und 36.

[16] Ob außer den Herzögen von Weimar und Gotha auch der Herzog von Meiningen Illuminat war, ist unbekannt, aber wenigstens zwei seiner leitenden Beamten waren Ordensmitglieder (vgl. Kap. 3.3, Anm. 6). Coburg wird in der »Ordens Geographie« verzeichnet (unter dem Namen »Syene«: Sk 17, Dok. 29), so daß wohl auch dort eine Niederlassung vorhanden war (Meiningen erscheint in diesem Verzeichnis allerdings nicht); zum Herzog von Coburg vgl. auch unten, S. 118.

[17] Ernst II. an Koppe, »den 10. März, 85«, sig. »Timoleon«, Sk 1, Dok. 158.

[18] Herzog Ernst II. von Gotha an Bode, »Syracusis [=Gotha] den 12. März 85«, sig. »Timoleon«, eigh., Sk 1, Dok. 103, Bl. 1v.

[19] Ebda. Bl. 2r.

[20] Vgl. Dokument Nr. 33, 34, 36 und 45.

[21] Vgl. Dokument Nr. 37.

Trotzdem zieht sich die Sache in die Länge, und Weishaupt, der lange nichts aus Weimar oder Gotha hört, wird ungeduldig und verlangt von Bode, daß dieser am Weimarer Hof sein Gesuch unterstütze.[22] Die beschlossene Geldunterstützung stockt, so daß Ernst sich über die Brüder in Weimar beklagt;[23] Bode entschuldigt sie mit ihren Vermögensumständen und hofft noch auf Beiträge.[24] Stolberg-Roßla sammelt sogar unter den auswärtigen Brüdern Geld, so daß Weishaupt im Notfall auch ohne Gehalt berufen werden könnte.[25] Die ersten Anzeichen einer Katastrophe zeigen sich in zwei langen und aufschlußreichen Briefen von Herzog Ernst, der erste an Koppe vom 26. März, der zweite an Bode vom 3. April 1785,[26] und die Probleme sind in Weimar entstanden. Carl August hat an Ernst einen nicht überlieferten Brief geschickt, mit dem Vorschlag, daß Weishaupt in irgendeiner Weise seine Zeit »zwischen W[eimar] J[ena] und G[otha]« teile,[27] *»um ihn genauer kennen- und einsehen zu lernen, ob er sich für uns + wir uns für ihn? und im ganzen genommen er sich für Butus [=Jena] schicke?«*[28] Dieser Vorschlag scheint aus Ernsts Sicht bei den Weimarern »ein Mißtrauen in Sp[artacus] [=Weishaupt] zu verrathen«,[29] er sehe ihn im Grunde als »eine abschlägliche Antwort«[30] — und daß der seltsame Vorschlag nicht aus finanziellen Gründen gemacht worden war, da er noch kostspieliger wäre als die Professur, legt Ernst überzeugend dar. (Er scheint darin Recht gehabt zu haben, daß die Geldfrage nur ein Vorwand war; Goethe selbst, der ein sehr hohes Gehalt hatte, erhielt wenige Wochen später eine »Besoldungszulage von 200 rh«, die ihm »ganz unerwartet«

[22] Weishaupt an Bode, »Altorff den 23t. Merz 1785«, sig. »Sp[artacus]«, Sk 7, Dok. 248, Bl. 1r.

[23] »Denn alle meine projecte zu seiner Versorgung werden mir dort [=in Weimar] vereitelt — sogar versagt man mir den kleinen Beytrag um den ich für ihn bath — denn nur einen geringen forderte ich [. . .]«, Herzog Ernst II. von Gotha an Bode, 3.4.1785, vgl. Dokument Nr. 42, Bl. 1r.

[24] Bode an Herzog Ernst II. von Gotha, 6.4.1785, vgl. Dokument Nr. 46, Bl. 1v-2r; vgl. auch Bode an Herzog Ernst, 11.3.1785, vgl. Dokument Nr. 34, Bl. 2r.

[25] Stolberg-Roßla an Bode, »Claudiopolis den 4ten Pharavardin 1155. Jezd.« [=Neuwied, 24.3.1785], sig. »Ludovicus Germanicus«, Sk 7, Dok. 128.

[26] Vgl. Dokumente 41, 42.

[27] Vgl. Dokument Nr. 41, Bl. 2v.

[28] Vgl. Dokument Nr. 42, Bl. 2r.

[29] Vgl. Dokument Nr. 41, Bl. 1v.

[30] Vgl. Dokument Nr. 42, Bl. 2r.

kam.[31]) Und dann läßt Ernst einem offensichtlich lange verhaltenen Ärger gegen die Weimarer Illuminaten in der Regierung freien Lauf, einem Ärger, der hier nicht zum letzten Mal durchbricht. Gegen einen Mann wie Weishaupt scheine die »Vorsicht« Carl Augusts »hart und Übel angebracht«, und Ernst trifft dann den Kern der Probleme mit den Weimarer Illuminaten: »Gleich von Anfang an, hab ich dort [=in Weimar] sehr großes Mißtrauen in die Verbindung selbst, bemerckt. Die Kälte hat wie Sie sehen dagegen bis eben jetzt immer im Stillen fort gedauert«.[32] Gegenüber Bode beklagt Ernst ähnlich, daß Weishaupt »bei Ihren dortigen [=Weimarer] Brüdern so schlecht angeschrieben steht. Denn alle meine projecte zu seiner Versorgung werden mir dort vereitelt«. Zum ersten Mal erwähnt Ernst neben Carl August auch ausdrücklich Goethe als Hindernis für die Berufung: »Eschylus [=Carl August] so wie Abaris [=Goethe], scheinen mir beyde, nicht die günstigsten Gesinnungen für ihn zu heegen, haben mir beyde viele Schwierigkeiten wegen seiner Anstellungen zu Butus [=Jena] gemacht«.[33]

Diese Stellen bestätigen weitgehend die Vermutung, daß die Weimarer Regierenden *von Anfang an*, wie Ernst schreibt, nicht von Enthusiasmus für illuminatische Ziele beseelt waren, sondern vom Verdacht gegen den Orden. Ernst beschreibt im Brief an Koppe weiter, wie dieser Verdacht von anderen Fürsten geschürt wurde: Es ist zunächst der Widerwille des Fürsten von Anhalt-Dessau »gegen die Fr[ey] M[aure]rey und alle geheimen Verbindungen«, der die »Gährung« in Carl August unterhalten habe[34] — damit tritt übrigens die Selbsttäuschung der Illuminaten immer deutlicher hervor, da ausgerechnet der Fürst von Dessau einer der wenigen Fürsten war, den Weishaupt in seinem schon erörterten Brief über die Aufnahme von Regenten als »Fürstlichen Menschenfreund« gepriesen hatte.[35] Aber ein wichtigerer

[31] Goethe an Charlotte von Stein und an J.F. v. Fritsch, 24.(?) und 25.5.1785, WA IV/7: 56. Goethes Gehalt war das zweithöchste im Herzogtum.

[32] Vgl. Dokument Nr. 41, Bl. 1v.

[33] Vgl. Dokument Nr. 41, Bl. 1v.

[34] Vgl. Dokument Nr. 41, Bl. 1v; zur Antipathie des Fürsten von Dessau gegen Geheimgesellschaften vgl. auch Dokument Nr. 26, Bl. 1v, sowie Ernst II. an Bode, »Syracusis den 5 [Lücke] 1154« [=Gotha, 5.9.1784], sig. »T[imoleon]«, eigh., Sk 1, Dok. 80, Bl. 2r.

[35] Weishaupt an Bode, 29.7.1783 (vgl. Dokument Nr. 5, die Stelle ist dort aber ausgelassen), Bl. 2r. — Gudrun Burggraf meint, der Fürst von Dessau wäre später Illuminat geworden, aber sie belegt diese Ansicht nicht; sie zitiert einen Brief des Fürsten an Herzog Carl August aus dem Jahre 1783, der sich in das hier entworfene Bild paßt: »Eines zu verschweigen, läßt mein Herz nicht zu. Hüten Sie sich vor der Freimaurerei. Über diesen Artikel hätten wir alle viel zu sprechen gehabt. Es hat

Einfluß auf Carl August ist nach Herzog Ernsts Einschätzung der »Verdacht, der vom Kr[on] Pr[inzen] von Preussen herrühren mag«. Ernst berichtet, daß Friedrich Wilhelm sich im vergangenen Sommer »gegen die Ill[uminaten] geäußert« habe; »der H[erzo]g [Carl August], um es mit seinem H[err]n Schwager [=dem Kronprinzen] nicht zu verderben schien geneigt, sogar, diesen Orden verlaßen zu wollen. Er schlug mir vor, dem Pr[inzen] alles zu offenbahren um diesen zu beruhigen daß nichts Politisches dahinter verborgen sey«.[36] Wir gehen kurz auf diese Ereignisse ein, weil sie für Carl Augusts Haltung zu den Illuminaten von einiger Bedeutung sind.

Im letzten Abschnitt wurde dargelegt, daß schon 1783 das Projekt lanciert worden war, den künftigen preußischen König für den Orden zu gewinnen. Ein Jahr später, im Sommer 1784, waren diese Pläne so weit verwirklicht worden, daß man ein Vertragsdokument für den Beitritt aufgestellt hatte, was in Fällen von fürstlichen Kandidaten nicht unüblich war. Ein potentiell brisanter Streitpunkt bei der Aufnahme von Fürsten war die Geheimhaltung der Mitgliederlisten.[37] Herzog Ernst meinte in einem anderen Kontext, daß »es nicht gut sey, *allen*, alle Mitglieder wißen zu laßen«,[38] und die folgenden Ereignisse lassen schließen, daß er Fürsten von dieser Regel nicht ausgenommen wissen wollte. Ein langer Brief Carl Augusts an Ernst vom 20. August 1784 zeigt deutlich, daß der Weimarer Herzog die Dinge ganz anders sah als sein Gothaer Verwandter.[39] Carl August beklagt nämlich gegenüber Ernst, daß folgende Bedingung für die Aufnahme des Kronprinzen Friedrich Wilhelm vorgesehen sei: »Der P[rinz] v[on] P[reußen] soll verzicht thun jemahlen kenntniß von denen Mitgliedern des Ordens zu erlangen wenn er sich nicht zur thätigkeit in diesem orden verbindl[ich] macht«. Carl August erkennt, daß diese Bedingung von einem pflichtbewußten Fürsten, der seinen zeitraubenden Geschäften gewissenhaft nachgeht, nie

---

aber nicht sein sollen« (Burggraf: Chr. G. Salzmann, S. 101).

36 Vgl. Dokument Nr. 41, Bl. 2r.

37 Vgl. den im Kommentar zu Dokument Nr. 8 zitierten Brief Ernsts an Bode vom 31.7.1783; dieser Brief sowie Dokument Nr. 8 zeigen das Vertrauen, das mit der Mitteilung solcher Listen verbunden war.

38 Ernst II. an Bode, »Syracuse d. 29. Bahman 1153« [=Gotha, 29.2.1784], sig. »Quintus Severus«, Sk 1, Dok. 33, Bl. 1v. Es geht hier um ein Verzeichnis »unserer sämmtlichen Mitglieder«, das er Bode sehen lassen wolle.

39 Vgl. Dokument Nr. 23.

erfüllt werden könnte, und er fragt dann grundsätzlich nach der eigentlichen Motivation für die Aufnahme eines so mächtigen Regenten:

> »solte es unsere Absicht seyn in der Person des P[rinzen] v[on] P[reußen] ein thätiges Mittglied des Ordens zu erlangen, ists uns nicht vielmehr darum zu thun den künftigen K[önig] von unserer Unschuld, u[nd] rechtschaffenen Gesinnungen zu überzeugen, wäre das wohl das erste Mittel zu unsrem Endzweck zu gelangen wenn wir ihm eines der wichtigsten stücke unserer Endeckungen nur unter unerfüllbaren bedingungen mitzutheilen versprechen? Einem H[errn] wie den zukünftigen K[önig] kan es nicht gleichgültig seyn die Personen zu wißen welche sich mit führung des Ordens beschäftigen, er kan daraus abnehmen ob der Orden auf rechten wegen geht, od[er] ob er, wenn er sich mit verdächtigen Personen behänge, nicht etwa auf unerlaubte abwege geriethe.«

Man geht hier gewiß nicht fehl, in dieser Besorgnis nicht nur Friedrich Wilhelms, sondern auch Carl Augusts eigenen Verdacht gegen den Orden zu sehen. Zwar stellt Carl August es als den Vorteil des *Ordens* hin, daß der König von Preußen wisse, daß der Orden kein »gefährl[iches] institu[t]« sei, daß er die Mitglieder nicht »wie Feinde des Staates« ansehe, aber schließlich schreibt Carl August, er würde sich selbst dem »Mißtrauen« des Kronprinzen »außsetzen«, wenn er ihm dies antragen müßte, und er droht mit dem Austritt. Der Kontext des Briefes darf nicht übersehen werden: Zwei Monate früher war das schon erwähnte erste bayrische Edikt gegen Geheimgesellschaften erlassen worden, und seitdem wuchs der Sturm gegen die Illuminaten (darauf wird in diesem Abschnitt noch zurückzukommen sein). Carl August spielt auf diese Ereignisse an, wenn er mit Verlassung des Ordens droht: »lieber wolte ich mich von der Ordens Vebindung gantz loß sagen als bey der jetzigen Critischen lage der Dinge« vom preußischen Hofe »für zweyseytig angesehn werden«. In der kritischen Lage, die den Orden bedrohte, sieht Carl August die Rettung allein in der Auslieferung an einen mächtigen Fürsten. Er versucht, zusammen mit anderen Fürsten Kontrolle über den Orden zu bekommen, dessen politische Absichten zu prüfen und zu lenken.

Carl August hatte allerdings die Rechnung ohne den Wirt gemacht; die beiden Ordensführer Bode und Herzog Ernst waren fest entschlossen, daß der preußische Kronprinz keine Führungsstellung im Orden übernehmen oder über die anderen Mitglieder viel erfahren sollte. Und deswegen versuchen sie, Carl August mit einem Trick zu übertölpeln. Herzog Ernst ändert den Wortlaut des beanstandeten Vertragsartikels, aber die neuen Ausdrücke enthalten »doch *ganz genau* den Sinn« der alten[40] — denn Ernst beteuert: »unser Gedancke war doch auch wircklich, ihn [=Kronprinz Friedrich Wilhelm] von der Thätigkeit im O[rden] zu entfernen«.[41]

Mit diesem geringfügig geänderten Dokument und sämtlichen Ordenspapieren ausgerüstet reist Ernst im September 1784 nach Dessau, um den Kronprinzen zu treffen.[42] Herzog Carl August ist auch dort, und es scheint nicht nur der Kronprinz gewesen zu sein, der in Carl August Verdacht erweckte, sondern auch umgekehrt: »Aeschylus [=Herzog Carl August von Weimar] hatte bereits Gelegenheit gehabt ihn [=Kronprinz Friedrich Wilhelm] darüber zu sprechen, bevor ich ihn selber sprach, Er beharrete, auf seinem wiedrigen Vorurtheile gegen uns [. . .]«.[43] Ernst hatte ursprünglich vor, dem Prinzen nur dann die wichtigsten Ordensdokumente vorzulegen, wenn dieser bereit war, sich eidlich zu verpflichten, nichts gegen den Orden zu unternehmen. Aber der Prinz lehnt diesen Plan ab — und schlägt stattdessen vor, dem Gothaer Herzog wiederum die Papiere zu zeigen, die er selbst von den Illuminaten zu haben glaubt. Der Herzog geht darauf ein, und der preußische Kronprinz erfüllt sein Versprechen; in einem Brief an Ernst vom 19. September 1784, der die mitgeschickten Papiere begleitet, äußert Friedrich Wilhelm seine Überzeugung, daß das ganze Fundament des Systems schlecht sei, und er erinnert Herzog Ernst an die biblische Mahnung, daß der Engel der Finsternis sich in den Engel des Lichts zu verwandeln vermöge.[44] Es stellt sich jedoch zu Ernsts Freude heraus, daß die ihm geschickten Papiere nicht von den Illuminaten stammen.[45] Trotzdem besteht wenig Hoffnung, den Kronprinzen davon

[40] Herzog Ernst II. von Gotha an Bode, 29.8.1784, vgl. Dokument Nr. 24, Bl. 1v.

[41] Ebda.

[42] Die Ereignisse sind festgehalten im erwähnten Brief an Koppe vom 26.3.1785 (Dokument Nr. 41) und in dem den Ereignissen zeitlich näher stehenden Bericht an Bode vom 26.9.1784 (Dokument Nr. 26).

[43] Dokument Nr. 26, Bl. 1r.

[44] Vgl. Dokument Nr. 25.

[45] Ernst hat wahrscheinlich Recht; in dieser von geheimbündlerischen Intrigen beherrschten Zeit besteht auch durchaus die Möglichkeit, daß die Rosenkreuzer diese Dokumente durch Bischoffswerder oder Wöllner dem Kronprinzen zukommen ließen und als Illuminatenpapiere ausgaben, um ihn von den gefährlichen Absichten der Illuminaten zu überzeugen. Merkwürdig ist allerdings der Hinweis von Knigge: »Costanzos Unvorsichtigkeit liefert[e] einen Theil der Hefte in Berlin in fremde Hände« (vgl. Dokument Nr. 18, Bl. 5r), und Zwack schrieb schon im Früh-

zu überzeugen,[46] und das Projekt scheitert. Aber auch in Weimar war der Schaden getan; Bode bemerkt, obwohl »die Jalousie in Berl[in] und W[eimar] *eigentlich* unsre Verbindung nicht trift«, so befürchtet er, »daß doch der Verdacht im Gange ist, nicht allenthalben, wo er hingereicht haben mag vertilgt, und also hin und wieder ein grosses Hinderniß des durch unsern O[rden] zu stiftenden Guten werden kann«.[47] Diese Besorgnisse sollten sich bewahrheiten, denn im März 1785 — wir kehren zu den Ereignissen um Weishaupt zurück — sieht Herzog Ernst in der Ablehnung der Berufung Weishaupts eine Wirkung des »Verdacht[s], der vom Kr[on] Pr[inzen] von Preussen herrühren mag«; er erzähle das alles so ausführlich, so schreibt er an Koppe, »bloß um Ihnen zu zeigen warum ich glaube daß der H[erzo]g so sehr gegen Spartacus [=Weishaupt] eingenommen ist.«[48] Die Weimarer »Jalousie« gegen den Orden blieb tatsächlich bestehen und hatte Folgen für die Illuminaten.

Der Gothaer Herzog war sich wahrscheinlich nicht bewußt, daß Friedrich Wilhelm zu diesem Zeitpunkt schon Mitglied des antiaufklärerischen Geheimbunds der Rosenkreuzer war,[49] also in jeder Hinsicht ein Erzfeind der mit den Rosenkreuzern in ständigem Kampf liegenden Illuminaten; der Kronprinz stand unter dem Einfluß seiner beiden Berater Rudolf von Bischoffwerder und Johann Christoph Wöllner (Verfasser des berüchtigten Religionsedikts von 1788), die nach dem Tode Friedrichs II. im Jahre 1786 den neuen preußischen König auf einen reaktionären Kurs lenken sollten. Wir werden auch sehen, daß

---

jahr 1783 an Knigge: »Hier [d.h. in Bayern] haben wir von den R[osen] C[reuzern] erfahren, daß diese unser ganzes System nicht nur genau kennen, sondern auch die Grade biß auf den Priester Grad wißen« (»Athen [=München] 16. Merz 1783«, sig. »Cato«, eigh., Sk 3, Dok. 108, Bl. 1v). Andererseits könnte es sich hier um den Illuminatengrad handeln, den die Rosenkreuzer in den eigenen Orden einführten, um die Gegner zu verwirren (Burggraf: Chr. G. Salzmann, S. 116), besonders da Ernst die Papiere als nicht-illuminatisch erkennt. — Zu den Rosenkreuzern vgl. weiter unten; zu den Bemühungen eines anderen konservativen Geheimbunds, Friedrich Wilhelm im Frühjahr 1784 zu werben, vgl. Engel: Geschichte des Illuminaten-Ordens, S. 244 f.

46 Bode erwägt diese Möglichkeiten in seinem Brief an den Herzog vom 1.10.1784; vgl. Dokument Nr. 27.

47 Ebda., Bl. 1v, 2r.

48 Vgl. Dokument Nr. 41, Bl. 1v-2r, 2v.

49 Koppe teilt dem Herzog erst im November 1785 seine Vermutung mit, daß die »R.+ durch den *Pr[inzen] von Preussen*« wirken (»den 3 Nov. 85«, sig. »A[ccacius]«, eigh., Sk 2, Dok. 262, Bl. 1v).

Friedrich Wilhelm II. einer der ersten war, der nach dem Ausbruch der Französischen Revolution deren Zusammenhang mit einer angeblichen illuminatischen Verschwörung behauptete. Der Einfluß dieses schwärmerischen Obskuranten auf seinen Schwager Carl August darf nicht unterschätzt werden.

Diese Episode hilft aber nicht nur erklären, warum Herzog Carl August einen politisch begründeten Verdacht gegen den Orden hegte, sondern beweist auch, daß die beiden Ordensoberen in Weimar und Gotha dem Herzog mißtrauten. Sie hintergingen ihn, indem sie versuchten, seine Einwände gegen den Beitrittsvertrag für den Kronprinzen durch ein legalistisches Versteckspiel zu umgehen. Offenbar hielten sie Carl August für unfähig, seine Herrscherängste zu überwinden. Mit dieser Episode hat Carl August tatsächlich die Grenzen seines Engagements für die Illuminaten erreicht (wenn es ein Engagement je gegeben hat); spätestens seit der einsetzenden »Critischen lage« für den Orden bestimmen dynastische und politische Interessen sein Verhalten.

Angesichts der schwerwiegenden Vorwürfe gegen den Herzog und Goethe, daß sie sich der Berufung von Weishaupt gegenüber zweideutig verhalten hätten, bemüht sich Bode jetzt darum, deren Meinungen auszukundschaften. Der Herzog war gerade verreist, aber Bode traf Goethe wahrscheinlich am 3. April in einem Konzert am Weimarer Hof.[50] Goethe berichtet, der Herzog würde Weishaupt wahrscheinlich gerne als außerordentlichen Professor in Jena haben, und er bietet sich dazu an, selbst darüber an den Herzog zu schreiben. Bode berichtet weiter über das Gespräch: »Es war *mir* darum zu thun des Abaris [=Goethe] eigene Meynung darüber zu erfahren, weil ich ihn sehr lange nicht gesprochen hatte. Er schien mir aber auch gänzlich für Spartacum [=Weishaupt] zu seyn.« Bode versichert dann auch in einem Brief an Weishaupt selbst, dieses Gespräch »mit einem Minister« sowie ein früheres Gespräch mit dem Herzog hätten ihn überzeugt: »wir erhalten unsern ersten und Hauptwunsch«.[51]

Goethe kann hier nicht sehr aufrichtig gegenüber Bode gewesen sein, denn die Entscheidung gegen Weishaupt — von der Goethe sicherlich wußte — war zu diesem Zeitpunkt schon getroffen worden.[52] Diese Feststellung wird durch den vorangegangenen Brief Ernsts bestätigt, wo

[50] Vgl. Dokument Nr. 43 sowie die Bemerkungen zur Datierung.
[51] Vgl. Dokument Nr. 45, Bl. 2v.
[52] Vgl. den Kommentar zu Dokument Nr. 43.

es ja hieß, Goethe und der Herzog hätten beide »viele Schwierigkeiten« wegen der Berufung gemacht. Ernst schreibt in einem weitern Brief vom 9. April, er könne sich nunmehr für Weishaupt keinen ungeeigneteren Ort als Weimar denken, denn die dortigen Illuminaten würden ihn vielleicht sogar »zu demüthigen suchen«, was Ernst »leider aus der zweydeutigen Stimmung befürchten muß, mit welcher man in Ansehung seiner, gesinnt ist. Denn ich weiß in Wahrheit nicht bestimmt zu sagen, was ich davon sagen oder dencken soll. Einige Briefe lauten so vortheilhaft für meinen Vorschlag, als andere wiederum demselben geradezu entgegen«, und er vermutet »Neben Absichten«.[53] Man könnte dieser Formulierung zufolge vermuten, Goethe wäre *für* den Vorschlag und Carl August dagegen, aber so hätte es Ernst hier bestimmt formuliert, wenn er Bode auf die Quelle des Problems hinweisen wollte, damit dieser auch gezielt versuchen könnte, den betreffenden Mann zu bekehren. Ernst hatte wohl Recht, wenn er gegenüber der eigenen Offenherzigkeit das Verhalten der Weimarer als »zweydeutig[e] Weg[e]« kennzeichnete.[54]

Inzwischen wendet sich Weishaupt nacheinander an die anderen Nutritorenherzogtümer, zunächst Coburg. Dort nimmt ihn der Herzog »sehr gnädig« auf, verspricht seine Unterstützung und rät, Weishaupt möge »die übrige Durchlauchtigste Höffe, vorzüglich Weimar« für sich zu gewinnen suchen, denn alle Beteiligten erkannten, daß Weimar die entscheidende Stimme in Jenaer Universitätsangelegenheiten hatte.[55] Weishaupt wird zunehmend unruhig, weil er nichts aus Weimar oder Gotha über seine Angelegenheit hört,[56] bis ihn dann die Hiobspost trifft: Der Herzog von Weimar hat die Berufung abgelehnt. Mit dem ihm eigenen Pathos schreibt Weishaupt am 10. April 1785 an Bode: »Ich kann sagen, von Weimar hätte ich das nicht erwartet«, und, mit deutlicher Anspielung auf die weimarische Förderung von Goethe, Herder, Wieland und wohl auch verschiedenen Jenaer Professoren: »Also der Herzog von Weimar, der so vieles für Gelehrte thut, der allein ist mein Gegner, und hindert das Etablissement eines Menschen, der es vil-

[53] Herzog Ernst II. von Gotha an Bode, 9.4.1785, vgl. Dokument Nr. 47, Bl. 1v.
[54] Ebda., Bl. 2v.
[55] Weishaupt an Bode, 5.4.1785, vgl. Dokument Nr. 44, Bl. 1v.
[56] Weishaupt an Bode, »Coburg den 9: April 1785«, sig. »Sp[artacus]«, Sk 7, Dok. 251, Bl. 1r.

leicht so gut verdient als jeder andre«.[57] Es wirkt fast paranoid, daß Weishaupt sofort »Personal rücksichten und Intriguen« hinter der Abfuhr vermutet, und die angeblichen Beziehungen zwischen der Jesuitenpartei und Jenaer Professoren, die er hier anführt, haben gewiß keine Rolle gespielt, aber daß »R+ [=Rosenkreuzer] oder Jesuiten Kniffe dahinter stecken«, ist so abwegig nicht, denn wir haben schon gesehen, daß der fanatische Rosenkreuzer Friedrich Wilhelm von Preußen wahrscheinlich einen langfristigen entscheidenden Einfluß auf Carl August ausübte. Daß Carl August tatsächlich für die Ablehnung der Berufung verantwortlich war, wird nicht nur von Weishaupt selbst bezeugt; Ernst fühlt sich durch einen Brief von Bode in seiner Meinung von »den wiedrigen Gesinnungen Aschyli [=Carl August] für Sp[artacus] [=Weishaupt] aufs Neue überzeugt«.[58]

Bode versucht sich über die ablehnende Haltung des Herzogs in einem Gespräch mit diesem am 14. April Klarheit zu verschaffen. In diesem Gespräch, berichtet er am nächsten Tag,[59] habe Carl August »Privatgründe« gegen eine sofortige Berufung geäußert und habe ausdrücklich versichert, daß Goethe diese Bedenken teile und dem Gothaer Herzog mitgeteilt habe. Goethe und der Herzog seien der Meinung, »man müsse erst seine [=Weishaupts] Talente und Gelehrsamkeit kennen lernen«, bevor man ihn berufe (Bl. 3v); außerdem meint Carl August, Weishaupt werde als Freimaurer von einigen Professoren vielleicht verachtet oder verspottet werden (Bl. 3v). Bode ist reichlich naiv, wenn er glaubt, es seien die Qualifikationen Weishaupts, die Goethe und Carl August mit Besorgnis erfüllen — und Bode geht so

[57] Weishaupt an Bode, 10.4.1785, vgl. Dokument Nr. 48, Bl. 1r (im ersten Zitat ist »hätte« eventuell als »hatte« zu lesen, da Weishaupt keine Umlautzeichen verwendet). — Daß die Unterstützung des Wiener Illuminaten Reinhold in Weimar als illuminatische Versorgungsmaßnahme verstanden wurde, geht aus der in der nächsten Anmerkung zitierten Briefstelle hervor.

[58] Ernst erwähnt im selben Brief, anscheinend ohne die Ironie zu spüren, den Schutz, den Carl August dem wichtigen Wiener Illuminaten Karl Leonhard Reinhold in Weimar gewährt hat: »Numo [=Sonnenfels?] den ich von jeher für einen Narren gehalten habe, irrt sich vemuthlich in dem Nahmen, und sollte Aeschylo [=Carl August] für den Schuz dancken, der bisher Decio [=Reinhold] zu Heropolis [=Weimar] wiederfahren ist.« Ernst II. an Bode, »Syracusis den 21. April 85«, sig. »Timoleon«, eigh., Sk 1, Dok. 114, Bl. 1r-1v. — Auch Stolberg-Roßla bestätigt Carl Augusts Verantwortung für die Ablehnung: »Eschylus hat Spartacus förmlich abgewiesen« (s.u. Anm. 91).

[59] Brief an Koppe, vgl. Dokument Nr. 49.

weit, zu behaupten, diese Regierungsmänner kennten Weishaupts Talente nicht, weil sie die von Weishaupt verfassten Illuminatengrade nur »bis an den RR [=Regenten] Grad« kennen und auch da nicht wissen, was Knigges Zusätze sind (Bl. 3v). Bode erkennt nicht, daß diese Begründungen nur Ausreden waren; wahrscheinlich, weil er Carl August und Goethe geworben hatte, will er sich nicht eingestehen, was er durch sein eigenes mißtrauisches Verhalten gegenüber den beiden schon zugegeben hatte: daß sie politischen Verdacht gegen die Illuminaten hegten.[60]

In all diesen Vorgängen ist der reaktionäre preußische Kronprinz nicht der einzige politische Faktor. Der Skandal um den Orden hatte seit Mitte 1784 ständig zugenommen, und er drohte auch der Weimarer Gruppe. Schon am 14. Januar 1785 schrieb der in Italien reisende Illuminat Friedrich Münter vermutlich an Herzog Ernst, daß die Illuminatenniederlassung in Weimar bekannt geworden sei: »Das unangenehmste ist daß die R[osen] C[reuzer] Weimar kennen«; in Bologna habe man ihm »als Siz des O[rdens] Athen [=München], Korinth [=Regensburg], und Weimar« genannt[61] — Kenntnisse, die der Wahrheit allzu nahe kamen und die Weimarer mit Unruhe erfüllen mußten, wenn sie sie erfuhren. Am 2. März 1785, also mitten in den Verhandlungen über Weishaupts Schicksal, wurde in Bayern ein kurfürstliches Dekret erlassen, das im Gegensatz zum früheren nun die Illuminaten zum ersten Mal namentlich verbot. Dieses Dekret wird in der überlieferten Korrespondenz um die Berufung Weishaupts nie erwähnt, aber die Weimarer und Gothaer Illuminaten waren zweifellos darüber informiert, wie über alles, was in Bayern in Bezug auf den Orden geschah.[62] Für viel wichtiger hielten sie aber offensichtlich eine andere Schrift, die nicht veröf-

[60] Carl Augusts Argument, daß Weishaupt als Freimaurer auf Spott in Jena treffen würde, ist ebenfalls nicht stichhaltig; es gab gerade in der Jenaer Professorenschaft genug Freimaurer, die öffentliches Ansehen genossen (etwa Loder, Gruner, Hufeland).

[61] Münter an ?Herzog Ernst, »Livorno. d. 14. Jan. 1785«, sig. »Syrianus«, Sk 1, Dok. 96, Bl. 5; in diesem Brief werden die Buchstaben in »Weimar« zwischen »W« und »r« über eine Reihe von Punkten geschrieben. — Münter korrespondierte mit Herder, Koppe und Bode ([Münter:] Briefwechsel 1: 394-98).

[62] Die Effektivität der Berichte aus Bayern wird dadurch belegt, daß der schwedische Gesandte in München erst am 14. März 1785 die Entlassung Weishaupts durch den bayrischen Kurfürsten nach Stockholm mitteilt (Engel: Geschichte des Illuminaten-Ordens, S. 208), während im fernen Gotha Herzog Ernst schon vier Tage zuvor denselben Tatbestand an Bode berichtet hatte (vgl. Dokument Nr. 32).

fentlicht wurde, deren Publikation sie jedoch befürchteten.[63] In dieser Schrift, so schreibt Ernst Ende März 1785, werden er selbst, Bode und Stolberg-Roßla namentlich denunziert, und so meint er, daß »die Lage der Dinge, und unserer Theueren Verbindung, dadurch sehr critisch geworden« sei.[64] Aus diesem Grunde fühlt sich auch Ernst nun daran gehindert, Weishaupt in dem Maße zu helfen, wie er es sonst gewollt hätte; im schon erörterten Brief vom 3. April 1785 (vgl. S. 111) gibt er dieses »schändliche und verrätherische Schreiben« als *weiteren* Faktor (nach Carl Augusts und Goethes Bedenken) an, der ihn »verhindert, alles das für Spartacum [= Weishaupt] zu thun wozu mich mein Herz für ihn aufforderte«, denn die Berufung würde »unserer ganzen Verbindung im Angesichte des Neu und Rachgierigen publici einen harten Stoß [...] versezzen«.[65] Diese Schrift lähmt Ernst so sehr, daß er den Argumenten Carl Augusts gegen die Berufung nichts entgegensetzen kann (Bl. 2r). Aus diesem Brief erfahren wir sogar, daß es Ernst selbst war, der nun dem Nationaloberen Graf von Stolberg-Roßla den Vorschlag tat, den Orden »ruhen zu laßen« — was dieser noch im selben Monat bekanntlich tat;[66] so weitreichend war die Wirkung dieser Anklageschrift. Ernst erwartet ausdrücklich, die Schrift möge »die verschiedenen Regierungen zu Schritten vermögen, wozu in Graecia [= Bayern] bereits die Bahn so ziemlich gebrochen ist« (Bl. 2v). Er schlägt als Schutzmaßnahme und zugleich als »eine erwünschte Gelegenheit zu jener vorgeschlagenen Reforme« des Ordens eine Säuberung der Ordensschriften und zugleich der Gesellschaft selber »von untauglichen Subjectis« vor,[67] ein Vorschlag, den Bode begrüßt.[68] Die Gefahr wurde

[63] Ernst vermutet, daß die Denunziation von Knigge oder einem mit ihm befreundeten Vefasser stamme, weil sie Dinge enthalte, die nur Knigge wissen könne; wenn sie tatsächlich von Knigge stammte, dann wohl als Reaktion auf die von Herzog Ernst legitimierte Maßregelung Knigges (s.o. S. 91). Bode glaubt jedoch nicht, daß Knigge der Verfasser ist.

[64] Ernst II. an Koppe, »den 30 März 1785«, sig. »Timoleon«, Sk 1, Dok. 162, Bl. 1v: »Ich selbst, bin einiger maaßen compromittirt da der Verfaßer des Briefs mich und Bode, ausdrücklich mit Nahmen darinnen nennt.« Vgl. Ernst II. an Bode, »Syracusis den 31 März 85«, sig. »Timoleon«, Sk 1, Dok. 106, Bl. 1r (wo Stolberg-Roßla erwähnt wird).

[65] Herzog Ernst II. von Gotha an Bode, 3.4.1785, vgl. Dokument Nr. 42, Bl. 1v.

[66] Ebda., Bl. 2v; das Rundschreiben Stolberg-Roßlas ist abgedruckt bei D 390. Bisher wurde Herzog Ernst nie in Verbindung damit gebracht.

[67] Ebda., Bl. 2v; ähnlich: Ernst II. an Bode, »Syracusis [= Gotha], den 7. April, 85«, sig. »Timoleon«, Sk 1, Dok. 108.

[68] Bode an Herzog Ernst II. von Gotha, 4.(?)4.1785, vgl. Dokument Nr. 43, Bl. 2r.

also als sehr groß gesehen, obwohl diese Denunziation noch gar nicht gedruckt worden war. Es geschah selten, daß namentlich denunziert wurde;[69] wenn das wirklich in Gang kommen sollte, so müßten alle Weimarer Illuminaten eine Katastrophe fürchten.

Es ist nicht bekannt, ob die *Weimarer* Illuminaten über diese »Schandschrift« gegen Herzog Ernst und Bode informiert waren, aber im Falle einer anderen, wichtigen Denunziation um diese Zeit sind wir auf festerem Boden. Ernst erwähnt in seinem Brief vom 12. März 1785, in dem die Modalitäten der Berufung Weishaupts behandelt werden, das von Joseph Marius Babo anonym veröffentlichte Pamphlet *Ueber Freymaurer. Erste Warnung*.[70] Wichtig ist in unserem Zusammenhang Ernsts Bitte an Bode, die Schrift Carl August zu zeigen.[71] Und Bode berichtet vier Tage später, er habe die Schrift nicht so schnell zurückschicken können, da er sie »erst Heute Morgen von S[erenissi]mo Eschilo [=Carl August] zurückerhalten habe«.[72] So ist es fast sicher, daß Carl August das Pamphlet Babos las. Daß er von den Verfolgungen und Denunziationen wenigstens aus zweiter Hand wußte, steht fest; wie wir oben gesehen haben, schrieb Carl August schon zwei Monate nach dem ersten bayrischen Edikt gegen Geheimgesellschaften von der »jetzigen

[69] Ein Fall aus dem Jahre 1784, den van Dülmen (Geheimbund der Illuminaten, S. 87) erwähnt, ist irreführend; die betreffenden Illuminaten wurden nicht »namentlich« angeführt, sondern nur mit ihren Ordensnamen (in [Babo:] Ueber Freymaurer, S. 57).

[70] Ernst hatte die erste Auflage dieser Schrift spätestens im Januar gesehen; er erwähnt »die Abscheuliche Druckschrift *der Warnung*« in seinem Brief an Bode, »den 10. Januar 1785«, sig. »Timoleon«, eigh., Sk 1, Dok. 96, aber auch ein undatierter, vielleicht noch früher entstandener Brief erwähnt gleichfalls »die Abscheuliche Brochure« (Ernst an Bode, undatiert [in der ›Schwedenkiste‹ zwischen 4. und 6.11.1784 eingereiht], sig. »Timoleon«, eigh., Sk 1, Dok. 91). Die Neuauflage, die Ernst im März in Händen hat, enthält außerdem noch eine Verteidigungsschrift und eine abermalige Attacke; von dieser letzten Entgegnung meint Ernst, sie »erleichtert unsere Lage im geringsten nicht«. Aus Ernsts Beschreibung geht hervor, daß die erwähnte »Neue und vermehrte Auflage« der Schrift von Babo identisch ist mit Beyer Nr. 10777, aus der deswegen im folgenden zitiert wird.

[71] »Auch hier schicke ich Ihnen die Abschrift, des Abschieds des redlichen Spartacus [=Weishaupt]. Diese, so wie die vorigen, bitte ich Sie Eschylo [=Carl August] zu zeigen [. . .].« Ernst II. an Bode, »Syracusis [=Gotha] den 12. März 85«, sig. »Timoleon«, eigh., Sk 1, Dok. 103, Bl. 2r.

[72] Bode an Herzog Ernst II. von Gotha, 16.3.1785, vgl. Dokument Nr. 36, Bl. 4r.

Critischen lage«.[73] Sicherlich hörte er wenigstens etwas vom Inhalt der Schrift Babos, und das war verheerend genug für die Illuminaten.

Babos Polemik war die erste bedeutende Denunziation der Illuminaten überhaupt; van Dülmen konstatiert: »Kaum eine antiilluminatische Schrift hat später den Orden und seine Mitglieder so direkt angeklagt und denunziert wie diese.«[74] Das Pamphlet ist aus guter Kenntnis des Ordens verfaßt,[75] was eine Widerlegung desto schwerer machte. Und so war es besonders schädlich, als Babo behauptete, die Illuminaten hätten »Mitglieder in allen, auch den geheimsten [Regierungs-]Kollegien«, daß auch »alle Rathsstuben« mit den Brüdern »besetzt« wären (S. 4). Er läßt einen fiktiven Illuminaten behaupten — dies mußte im Augenblick einer Berufung Weishaupts besondere Wirkung auf Weimarer Regierungsbrüder haben —, daß »der Staat selbst durch seine Universität und Gymnasien für unre Vorbereitungsklasse gesorgt hätte, besonders, da man darauf zu sehen habe, die wichtigsten Lehrämter aus unserm Orden zu besetzen« (S. 6). Natürlich konnte Carl August meinen, die Illuminaten hätten nicht seinen Staat besetzt, sondern er und Goethe hätten umgekehrt den Orden besetzt und hielten ihn unter Kontrolle. Aber auch diesen Fall sieht Babo voraus, er sieht in einer solchen obrigkeitlichen Zuversicht nur Selbstbetrug am Werk: »Einige Landesfürsten glaubten sich gegen die Schädlichkeit dieser geheimen Verbrüderung hinlänglich gesichert zu haben, wenn sie sich selbst, oder einen vertrauten Minister in dieselbe aufnehmen ließen: was fanden sie? Unschuldige Tändeleyen, oder wohl gar eine gute, lehrreiche Beschäfftigung, weil man sie gerade das, und nichts anders wollte sehen lassen. Sie zahlten den Betrug, und blieben ruhig« (S. 23). Solche Behauptungen mußten auf einen Landesherrn, der schon »von Anfang an« Mißtrauen gegen die Illuminaten empfunden hatte, wie ein Schock wirken; wie sollte er da nicht dem unruhigen Gefühl verfallen, daß der Illuminatismus ein »schleichendes Gift im Staatskörper« sei (S. 18), besonders, wenn er von staatsfeindlichen Gesinnungen unter ihnen liest, die er vielleicht geahnt hat, von Männern, die »über Gesetze und Pflicht [...] dem gutmüthigen Bürger seinen beßten Trost weg[raisonniren]«

[73] Herzog Carl August von Weimar an Herzog Ernst II. von Gotha, 20.8.1784, vgl. Dokument Nr. 23, Bl. 2r (zitiert oben S. 113).

[74] Dülmen: Geheimbund der Illuminaten, S. 87.

[75] Das geht besonders aus den Informationen über Ordenspraktiken hervor ([Babo:] Ueber Freymaurer, S. 50 f. und 58 f.).

(S. 21). Das Schlimmste war, daß die Schrift Babos scheinbar den Beweis dafür, daß die bayrischen Illuminaten »eine Brut von Schurken im Staate« sei (S. 25), durch den Nachweis »schädlich[er] Komplote« (S. 24) zu erbringen schien, konkret, daß sie Akten aus Staatsarchiven entfernten (S. 48 f., 56). Diese Beschuldigungen verbindet Babo so geschickt mit seinen tatsächlichen Kenntnissen über die Illuminaten, daß sie auch für manchen Ordensbruder glaubwürdig wirken mußten. Für Carl August mußten diese Enthüllungen aus Bayern seine Verdächtigungen gegen den Orden bestärken, und es ist kaum verwunderlich, daß er, wenn er sie schon 1784 kannte, darauf mit dem Bestreben reagierte, die Illuminaten noch stärker unter fürstliche Kontrolle zu bringen, und zwar durch die Einführung des preußischen Kronprinzen Friedrich Wilhelm in die Leitung des Ordens. Er mußte befürchten, daß diese staatsgefährlichen Aspekte des Illuminatentums vom bayrischen Ordensstifter Weishaupt herrührten — auch die moralisch anstößigen Vorwürfe wie Mord- und Selbstmordpläne, Giftmischerei usw. Wie sollte er sich da den Entschluß abringen, Weishaupt als Professor nach Jena zu berufen?

Trotzdem muß nochmals betont werden, daß diese Denunziationen, die einsetzende Verfolgung in Bayern und auch der Einfluß des preußischen Kronprinzen zwar wichtige, im Endeffekt jedoch nur verstärkende Faktoren blieben, wenn wir dem Zeugnis von Herzog Ernst glauben können, daß man in Weimar nicht erst 1784 oder 1785, sondern »Gleich von Anfang an [...] sehr großes Mißtrauen in die Verbindung selbst« hegte (s.o. S. 112); wir sahen auch, daß nicht nur Friedrich Wilhelm seinen Schwager Carl August in diesem Verdacht bestärkte, sondern umgekehrt: Der Weimarer Herzog scheint im Kronprinzen das »wiedrig[e] Vorurtheil« gegen die Illuminaten zu schüren (s.o. S. 115). Noch Monate nach dem Scheitern der Berufung konstatiert Ernst das fehlende illuminatische Engagement in Weimar; er bittet Bode, den Weimarer Brüdern Berichte über die Verfolgungen in Bayern mitzuteilen, damit diese die dabei begangenen »illegalitaeten« recht einsehen mögen; »Mitleiden, und wärmere Gesinnungen für die gute Sache, soll hoffentlich, die Durchlesung dieser Schriften in den Gemüthern bey Ihnen [d.h. in Weimar] erregen. Wenigstens wünschte ich solches wohl herzlich — denn für Wahr, Ihre Heropolitaner [=Weimarer] sind bisher sehr *Lau* in ihrem Betragen gewesen.«[76] Damit meint er sicherlich nicht alle Weimarer Illuminaten, sondern die beiden, die in der Weishauptschen Angelegenheit allein eine Rolle

[76] Vgl. Dokument Nr. 52, Bl. 2r; »*Lau*« ist dreimal unterstrichen.

spielten, eben der Herzog und sein vertrautester Geheimrat. Und dieses Betragen stellt Ernst auch nicht erst nach der Weishauptschen Katastrophe fest, sondern sogar noch vor der Episode mit dem Kronprinzen, und zwar mit demselben Ausdruck: die gute und edle Sache, hieß es schon im Juli 1784, werde in Weimar »ziemlich *Lau* betrieben«.[77]

Daß Carl Augusts Ablehnung der Berufung auch das letzte Wort bleiben sollte, versteht sich von selbst. Als die Anzeichen einer Ablehnung sich häuften, lenkte jetzt auch Bode ein, denn er befürchtete die Veröffentlichung der Denunziationsschrift, die ihn und Ernst nannte, er befürchtete aber auch, daß die Öffentlichkeit auf die Ordensverbindungen in Gotha und Weimar aufmerksam gemacht würde, wenn Weishaupt nach Jena berufen werden sollte.[78] Außerdem fällt für Bode die Eintracht zwischen Ernst und Carl August schwer ins Gewicht: Man müsse »fast besorgen, daß wenn S[erenissi]mus Timoleon [=Ernst II.] auf seinem Verlangen, und Eschilus [=Carl August] auf seiner Weigerung besteht eine Erkältung in der Freundschaft dieser beyden Fürsten entstehen könnte, welche auf alle mögliche Art unter so Verwandten, und benachbarten Häusern zu verhüten O[rdens] Pflicht wäre.«[79] Spätestens hier hätte Bode einsehen müssen, wie nachteilig die herrschaftlichen Mitglieder für den Orden geworden waren. Nicht nur folgten der Fürst und Goethe in jedem Fall den staatlichen Interessen (oder was sie dafür hielten), sondern auch der Orden war gezwungen, sich herrschaftlichen Interessen anzupassen. Die größten Vorteile, die den Illuminaten als Gegenleistung der Mächtigen hätten theoretisch zugute kommen müssen, nämlich Schutz gegen Verfolgung und Unterstützung in der Versorgungspolitik, blieben aus.

Auch Herzog Ernst lenkte ein, als er sah, daß Carl August dem Projekt ablehnend gegenüberstand. Es war zwar zum Teil die Denunziationsschrift, die ihn einschüchterte, wie wir sahen, aber auch er muß dem Diktat der bestehenden Verhältnisse nachgeben; er beschwert sich, daß die gescheiterte Berufung in Weimar totgeschwiegen wird, aber er ist nicht willens, das wichtige Verhältnis zu seinem ernestinischen Ver-

[77] Herzog Ernst II. von Gotha an Bode, »Syracusis den 22. Pyr. [=Tyr] 1154« [=Gotha, 22.7.1784], sig. »Timoleon«, eigh., Sk 1, Dok. 77, Bl. 1v.

[78] Bode an Koppe, 15.4.1785, vgl. Dokument Nr. 49, Bl. 3r.

[79] Ebda., Bl. 3v.

wandten durch Beharren aufs Spiel zu setzen.[80] Trotzdem handelt Herzog Ernst in einem ganz anderen Sinne als Carl August. Schon am Anfang, trotz starken Bedenkens, treibt er die Sache doch fort,[81] bis sie fast schon verwirklicht scheint; obwohl er »nicht die größten Hoffnungen habe — noch weniger aber vor den Ausschlag der Sache selbst, zu stehen vermag«, hält er trotzdem durch: »Indeßen soll es an meinem guten Willen und Eyfrigen Betrieb nicht fehlen«.[82] Er erörtert die Denunziation zudem als einen Faktor, der zu Carl Augusts ablehnender Haltung noch *hinzukommt* und ihn verhindert, den Argumenten Carl Augusts etwas entgegenzusetzen oder öffentlich etwas für Weishaupt zu tun. Er befürchtet sogar Maßnahmen auf Reichsebene durch den Kaiser! Dennoch entschließt er sich zu einer geheimen Hilfe, und im Falle der Unterdrückung des Ordens ist er entschlossen, ihn in einer reformierten Gestalt, vielleicht unter einem anderen Namen, fortleben zu lassen.[83] Und noch Wochen nach dem Auftauchen der Denunziationsprobleme will er die Berufung immer noch durchsetzen. Er weigert sich, seine früheren Versicherungen zu widerrufen.[84] Ernst gibt auch deswegen den Plan auf, weil er, wie Bode, die Gefahren eines Bruchs zwischen sich und Carl August einsieht, und er dankt Bode dafür, einen den weimarischen Herzog offensichtlich kritisierenden Brief des Nationaloberen, Graf Stolberg-Roßla, Carl August nicht gezeigt zu haben, denn er befürchtet, Carl August könne meinen, er (Ernst) habe das Schreiben veranlaßt.[85] Er fürchtet auch, daß Goethe und Herder wahrscheinlich »Zank und Zwist« mit Weishaupt erlebt hätten[86] — vielleicht nicht nur durch die Weimarer veranlaßt, denn Weishaupt war offensichtlich eine schwierige Persönlichkeit. Trotzdem hielt Ernst in

[80] Erst berichtet am 12. Mai von einem Besuch am Hof in Weimar: »Von dem Manne [=Weishaupt] selbst, aber ist weder im Guten noch im Bösen zu Heropolis [=Weimar] gedacht worden, nehmlich unter uns. Meine Frau sprach von ihm aber unbedeutender Weise, und dabey blieb es.« Ernst II. an Koppe, »Syracusis. den 12. May 85«, sig. »Timoleon«, eigh., Sk 1, Dok. 170, Bl. 1v. Goethe meldet den Besuch der »Gothische[n] Herrschaft« am 5.(?)5. (an Knebel, WA IV/7: 51).

[81] Vgl. Ernst II. an Bode, 18.2.1785 (oben, Anm. 4), Bl. 1v.

[82] Ernst II. an Koppe, 10.3.1785 (vgl. Anm. 17), Bl. 1r.

[83] Herzog Ernst II. von Gotha an Bode, 3.4.1785, vgl. Dokument Nr. 42, Bl. 2r-2v, 1v, 3r.

[84] Ernst II. an Koppe, »den 13 April 85«, sig. »Timoleon«, eigh., Sk 1, Dok. 166, Bl. 2r.

[85] Ernst II. an Bode, 28.4.1785, vgl. Dokument Nr. 51, Bl. 2v-3v.

[86] Ebda., Bl. 3v.

der Folge zu Weishaupt, denn er verlieh ihm bekanntlich einen Ratstitel und unterstützte ihn fortan in Regensburg, und zwei Jahre später, als Weishaupt auch dort nicht mehr sicher war, gewährte ihm der Herzog Asyl in Gotha und eine Pension auf Lebenszeit.[87] Die Gewährung des Schutzes in Gotha geschah nach der Publikation der für den Orden am schädlichsten Dokumente, und so setzte sich Ernst dem Druck des bayrischen Kurfürsten Carl Theodor aus, der in den härtesten Wendungen die Auslieferung des angeblichen Blutschänders, Landesverräters und Kindesmörders Weishaupt forderte.[88] Diesem Druck widerstand der Herzog bis zuletzt auf eine sehr mutige Weise.[89] Wie wir gesehen haben, kontrastiert Carl Augusts Verhalten von allem Anfang an mit dem des Herzog Ernst; der Weimarer Landesherr hatte offensichtlich schon immer Verdacht gegen den Orden und fühlte keine Verpflichtung gegenüber Weishaupt; als man ihn 1787 drängte, Weishaupt zu schützen,[90] reagierte er nicht, ganz im Gegensatz zu Herzog Ernst. Als er Farbe bekennen mußte, erwies er sich als absolutistischer Herrscher.

[87] Engel: Geschichte des Illuminaten-Ordens, S. 212 f., 230 ff.

[88] Der Text des entscheidenden Briefes vom 6.9.1787 ist abgedruckt bei Engel: Geschichte des Illuminaten-Ordens, S. 238 f; D 404 f. — Der Vorwurf des Kindesmords leitet sich von Weishaupts angeblicher Befürwortung der Abtreibung her; Inzest hatte er nach damaligem Recht begangen, als er nach dem Tode seiner ersten Frau mit deren Schwester Geschlechtsverkehr hatte, bevor die päpstliche Dispensation eintraf, sie zu heiraten (vgl. ebda., S. 216-22).

[89] Ernst antwortete dem Kurfürsten trotzig: »Ew. Lbd. verargen uns nicht, wenn Wir Uns begnügen, derselben von dero Schreiben vom 6. dss. Mon. blos den Empfang anzuzeigen, auf dessen Inhalt aber, dergleichen Uns in seiner Art noch nicht vorgekommen ist, etwas zu erwiedern Uns um deswillen enthalten, weil Wir die darinn anzutreffenden bedrohlichen Äusserungen nicht anders als auf eine Art begegnen könnten, welche mit der vollkommendsten Hochachtung, die wir E. L. jederzeit zu bezeigen wünschen, nicht vereinbarlich scheinen möchte.« Engel: Geschichte des Illuminaten-Ordens, S. 239.

[90] So ist wohl folgende Stelle aus dem Tagebuch des profilierten Illuminaten Friedrich Münters über ein Gespräch mit Carl August am 17.5.1787 zu verstehen: »Wir redeten [. . .] über Weishaupt, u[nd] über das ganze Münchener Wesen; [. . .] u[nd] ich hatte Gelegenheit ihm [. . .] besonders, von Weish[aupt] u[nd] München, vieles zu sagen, welches ihm zu wissen nötig u[nd] heilsam seyn könte« ([Münter:] Tagebücher 2: 398 f.). Entscheidend ist der Kontext: Wenige Wochen früher hatte Münter aus erster Hand die Verfolgungen der Illuminaten in München erlebt; er soll selbst knapp der Verhaftung entkommen sein. (Übrigens hätten Münters Tagebucheinträge, die 1937 veröffentlicht wurden, die Forschung schon längst auf die Bedeutung der Weimarer Illuminaten und insbesondere auf die Möglichkeit von Carl Augusts Mitgliedschaft aufmerksam machen sollen.)

Graf Stolberg-Roßla faßt den Kontrast zwischen den beiden ernestinischen Herzögen prägnant zusammen: »Der großmüthige timoleon [=Ernst] hat alles gethan, was seine Verhältnisse erlaubten. Eschylus [=Carl August] hat Spartacus [=Weishaupt] förmlich abgewiesen. Da steken wir zwischen beyden Extremen.«[91]

Es kann durchaus der Fall sein, daß Weishaupt sich sehr schlecht für eine Professur in Jena geeignet hätte. Er war bekannt als ein wenigstens im Umgang mit Ordensbrüdern despotischer Mensch. Aber die Weimarer hatten keine Gelegenheit, diese Erfahrung zu machen, denn Weishaupt kam überhaupt nicht nach Weimar.[92] Auch seine wissenschaftlichen Qualifikationen werden nicht im Wege gestanden haben; Weishaupt wird nicht nur heute als beudeutender Denker eingeschätzt, sondern auch schon während der Verhandlungen hatte man die Urteile von zwei Göttinger Fachleuten (beide allerdings Illuminaten) geholt, die ihn für »einen vorzüglichen hellen Kopf und gründlichen Philosophen« hielten.[93] Alle Indizien weisen darauf hin, daß nicht diese die Hauptprobleme bei der Berufung waren, sondern Goethes und Carl Augusts schon früh gefaßtes »Mißtrauen« gegen den Illuminatenorden selbst, die Angst vor staatsgefährlichen Umtrieben. Entscheidend im Zusammenhang der gegenwärtigen Fragestellung ist die Beobachtung, daß die Weimarer Regierenden dem Diktat der Macht nicht entgehen

[91] Stolberg-Roßla an Bode, 17.4.1785, vgl. Dokument Nr. 50, Bl. 1v.

[92] Weishaupt schreibt im Brief vom 9.4.1785, er komme am 11. nach Gotha und nur dann *nicht* nach Weimar, wenn er keine Versorgung bekomme, denn in diesem Fall müsse er sich nach einer Stelle umsehen (an Bode, »Coburg den 9: April 1785«, sig. »Sp[artacus]«, eigh., Sk 7, Dok. 251, Bl. 2v), und schon am nächsten Tag hat er von der Katastrophe gehört und will nun direkt nach Gotha fahren (Dokument Nr. 48, Bl. 1r); später bezeugt er ausdrücklich, er sei nicht nach Weimar gekommen (Weishaupt an Bode, »Corinth [=Regensburg] den 6. Junius 1785«, sig. »Spartacus«, eigh., Sk 7, Dok. 259). — Interessanterweise sind es die Gothaer und besonders Koppe, die unangenehme persönliche Erfahrungen mit Weishaupt machten (vgl. bes. Koppes Briefe, Sk 5, Dok. 92-102, sowie Weishaupt an Koppe, »Gotha den 17. April. 1785«, sig. »A Weishaupt«, eigh., Sk 7, Dok. 255), und auch Bode bekam einen schlechten Eindruck, anscheinend während eines Besuchs in Gotha, um Weishaupt zu empfangen (Koppe an Bode, »Syrakus [=Gotha] den 15 April 85«, sig. »Acac[cius]«, eigh., Sk 5, Dok. 92, Bl. 1r). Aber auch in diesen Fällen entstanden die negativen Erfahrungen erst nachdem die Entscheidung aus Weimar schon gefallen war (Dokument Nr. 48), so daß eine Einwirkung auf den Entschluß ausgeschlossen ist.

[93] So Beck, wohl nach einem unveröffentlichten Brief Herzog Ernsts (der in Anm. 6 erwähnte?): Ernst der Zweite, S. 99.

konnten, daß sie nicht, wie sie meinten, im Orden einen von der soziopolitischen Wirklichkeit getrennten Freiraum für aufgeklärte Aktivität finden konnten. In dieser Angelegenheit sollten sich außerdem die schon erörterten Ängste Weishaupts bewahrheiten, daß die Fürsten ihre Kabinettspolitik vor die Ordensinteressen stellen würden; denn wenn Herzog Ernst in Zusammenhang mit der »Kälte« Carl Augusts gegen den Orden auch »Politische Gedancken« als Faktor erwähnt, meint er wohl nicht nur den politisch begründeten Verdacht gegen den Orden, sondern auch Carl Augusts Bemühungen um einen Deutschen Fürstenbund. Der Weimarer Herzog suchte Preußen für diesen Bund zu gewinnen; daher die Vermutung Ernsts, daß Carl August z.T. deswegen gedroht habe, den Orden zu verlassen, »um es mit seinem H[err]n Schwager [=Kronprinz Friedrich Wilhelm] nicht zu verderben«.[94] Hier wurde der Orden instrumental benutzt, um diplomatische Politik zu betreiben; Bode dürfe, so schrieb Herzog Carl August an Herzog Ernst, »von unserer Näheren Verbindung mit dem P[reußischen] H[ofe] nicht unterrichtet seyn«,[95] so daß ein leitender Ordensbruder über die hintergründigen Motivationen einer Ordensmaßnahme im Dunkeln blieb, die sehr wichtig und äußerst gefährlich war. Die Machtverhältnisse — egal ob von innenpolitischen Interessen, außenpolitischem Druck auf die Kleinfürsten oder Verschwörungsverdächten bestimmt — behaupteten ihre Herrschaft über die Herrschenden sowie über den Orden.

[94] Herzog Ernst II. von Gotha an Koppe, 26.3.1785, vgl. Dokument Nr. 41, Bl. 2r.

[95] Vgl. Dokument Nr. 23, Bl. 2r.

3.7
Zusammenfassung

Die Dokumente in der ›Schwedenkiste‹ geben allzuwenig Auskunft über den Zeitraum nach etwa 1785/86. Wir wissen jedoch aus anderen Quellen, daß Bode seine Ordensaktivitäten in Weimar weiter fortsetzte. Er hatte schon früh das Scheitern des Weishauptschen Systems vorausgesehen und als Anlaß zu einer Reform aufgefasst: Im Oktober 1783 schreibt er an Herzog Ernst, er glaube, »daß [der Orden], wenn besonders hin und wieder Etwas modificirt würde von gar großen und nützlichen Einfluß für die Menschheit seyn werde. — Ich Glaube dies so innigst, daß ich wünschte, wofern dieser O[rden] auch *im Reiche* durch diesen Zwist [zwischen Knigge und Weishaupt] einen Stoß leiden sollte, er dennoch als dann in unsern Gegenden, nach einem zur höchsten Aprobation vorzulegenden Plan in der geheimsten Stille fortgepflanzt werden möchte.«[1] Die oben analysierte Kontroverse zwischen den beiden Ordensoberen Knigge und Weishaupt stärkte auch kurz nach dieser Äußerung den Wunsch, eine neue Ordensstruktur auszuarbeiten, in der Weishaupts despotische Alleinherrschaft durch ein von den ›Regenten‹ gewähltes Gremium ersetzt werden sollte.[2] Und während der einsetzenden Verfolgung und Denunziation erwägt auch Herzog Ernst im Frühjahr 1785 die Möglichkeit, diese Gelegenheit dazu zu benutzen, »jen[e] vorgeschlagen[e] Reforme« wirklich einzuführen und nicht nur die »Hefte« — also die Schriften über die verschiedenen Grade —, »sondern auch die Gesellschaft selber, von untauglichen Subjectis [zu] säubern«[3] und den Orden dann auch möglicherweise unter einem neuen Namen fortzusetzen. Nach der von Herzog Ernst angeregten offiziellen Einstellung der Ordensarbeiten durch den Nationaloberen Graf von Stolberg-Roßla im April 1785 dauerten die Illuminatenaktivitäten in Weimar tatsächlich weiter fort, obwohl nur wenige Zeugnisse darüber vorliegen.[4] Bode arbeitete zusammen mit Karl Leonhard Reinhold und

[1] Vgl. Dokument Nr. 10, Bl. 2r, mit Kommentar.

[2] Vgl. das Protokoll der Sitzung vom 12.2.1784, Dokument Nr. 18, Bl. 7r.

[3] Herzog Ernst II. von Gotha an Bode, 3.4.1785, vgl. Dokument Nr. 42, Bl. 2v.

[4] Weiteren Aufschluß über diesen Zeitraum verspricht die von Hermann Schüttler angekündigte Bode-Biographie, vermutlich mit zahlreichen Dokumenten.

anderen besonders im Jahr 1787 sehr aktiv an der Reform des Ordens.[5] Nachdem er von der Publikation einiger der wichtigsten Ordensschriften im Jahre 1787 (*Einige Originalschriften des Illuminatenordens* ...) gehört hatte, schrieb er angesichts des hereinbrechenden Skandals, daß wegen dieser Aufdeckungen eine »gänzliche Umschmelzung« des Ordens (endlich) stattfinden müßte.[6] Karl Leonhard Reinhold, der nach seiner Berufung nach Jena zur führenden Figur der Jenaer Illuminaten wird,[7] gibt 1787 etwas mehr Details über die Neuorganisation des in Obersachsen fortwirkenden Ordens: »Die Distrikte und Kirchen die unter *Æmil[ius]* [=Bode] standen sahen das [=die Aufhebung des Ordens in Bayern] für eine gute Gelegenheit an den O[rden] zu reformiren, und ihn unter keinem andern als de[m] den Brüdern in höhern Grade bekannten Obern [=wohl Ernst II. von Gotha] dessen Redlichkeit und höchstvortreflichen Charakter wir alle kennen und verehren fortzusetzen«; Reinhold erwartet — mit derselben Formulierung wie Bode — »eine gänzliche Umschmelzung« des Ordens; er versichert, daß »wenn sich auch in der *Bayrschen* Quelle Unreinigkeiten befanden, dieselben durch den *Kanal* aus welchem *wir* ich spreche von *Ionien* [=Obersachsen] und *Æolien* [=Niedersachsen] geschöpft haben, durchgängig geläutert worden sind«.[8] Im März 1788 sind Pläne schon so weit gediehen, daß Reinhold schreibt: »[...] es sollen uns in nicht langer Zeit neue und bessere Hefte vorgelegt werden da die bisherigen *antiquirt* sind«; obwohl Bode früher gemeint hatte, Weishaupt wäre bei der Reform des Ordens unentbehrlich,[9] wurde der Ordensgründer nach Rein-

[5] Vgl. Le Forestier: Les illuminés, S. 544-47; einige dieser Informationen dürften jedoch falsch sein, da Le Forestier die ›Schwedenkiste‹ nicht sehr sorgfältig benutzte; er nimmt z.B. an, daß Bode erst etwa 1787 die ›Höheren Mysterien‹ einführte, während Briefzeugnisse sie spätestens 1784 zum ersten Mal erwähnen.

[6] Rossberg: Freimaurerei und Politik, S. 82.

[7] Schüttler: Karl Leonhard Reinhold.

[8] Reinhold an G.A. von Halem, 20.8.1787, Korrespondenz 1: 251 f. Ob Ernst II. wirklich noch der »Obere« war, von dem hier die Rede ist, wie die Herausgeber der Reinhold-Korrespondenz vermuten, muß vorerst offen bleiben; nach dem Zeugnis von Ernsts Bibliothekar Reichard hatte dieser »seit der Veröffentlichung der Originalschriften des Ordens angefangen, [...] kühler über die Sache zu denken« (Selbstbiographie, S. 165). Reichard behauptet auch, Bode sei erst nach dem Weggang Koppes aus Gotha im Jahre 1788 »der einflußreichste Mann« geworden (ebda. S. 167). Reichards Autobiographie muß mit Vorsicht benutzt werden; er ist anscheinend die Quelle für die absurde Behauptung, Göchhausen habe in seiner *Enthüllung des Systems der Weltbürger-Republik* Gespräche mit Bode registriert (ebda., S. 168; vgl. Kap. 5.1 und Wilson: Shades of the Illuminati Conspiracy, S. 17 f.).

[9] Bode an Herzog Ernst II. von Gotha, 4.4.1785, vgl. Dokument Nr. 43, Bl. 2r-2v.

holds Zeugnis jetzt, nach der Publikation der ihn schwer belastenden Ordensschriften, von der weiteren Arbeit ausgeschlossen, obwohl er im nahen Gotha wohnte: »Er und die Seinigen bleiben weg; [i]hnen bleibt sogar die Existenz des O[rdens] ein Geheimniß«.[10] Die Bestrebungen der Reformer gingen also dahin, den Orden von allem Fragwürdigen zu reinigen, was Weishaupt eingeführt hatte, sich auch vom Makel seiner persönlichen Eigenschaften zu befreien, keineswegs jedoch dahin, den Orden überhaupt aufzugeben. Nach dem Zeugnis eines in Thüringen reisenden bayrischen Illuminaten sagte Bode noch im Jahre 1789: »›*eishaupts Illuminaten-Orden*‹, — dieß wiederholte er uns öfter mit all seiner Lebhaftigkeit, — ›ist ein für allemahl untergegangen‹«; die Betonung müßte hier auf »Weishaupts« liegen, denn Bodes hierauf folgende Kritik am »Jesuitismus im Zweck, und im Regimente des Ordens, zu dem sich Weishaupt selbst bekennt«, macht deutlich, daß ein (Illuminaten)-orden unter neuer Führung seinen Vorstellungen entspricht: »Ich halte mich für überzeugt [...] daß geheime Gesellschaften Gutes, und Nützliches wirken können [...]«.[11] Die Reform des Illuminatenordens war also 1787/88 im Herzogtum Weimar in vollem Gang. Allgemein gilt die Feststellung als richtig, daß man nach 1790 nicht mehr von einem aktiven Illuminatenorden sprechen kann.[12] Allerdings scheinen die Tagebücher Jens Baggesens vom Fortbestehen eines wie immer gearteten Ordens in Gotha und Jena bis 1793 zu zeugen (vgl. Kap. 5.1); bis spätestens 1795 scheinen alle Aktivitäten geendet zu haben.[13] Die

[10] Reinhold an G.A. von Halem, 1.3.1788, Korrespondenz 1: 341; die Entfernung Weishaupts bestätigt Le Forestier: Les illuminés, S. 545; in anderen Quellen wird jedoch davon gesprochen, daß Weishaupt selbst sich geweigert habe, am Projekt teilzunehmen (z.B. Engel: Geschichte des Illuminaten-Ordens, S. 380).

[11] Schmidt: Ein bayrisches Beamtenleben, S. 650. Claus Werner schreibt: »[...] la décomposition de l'ordre des Illuminés n'entraîna pas la faillite de leurs idées; elle les libéra au contraire du poids lourd de la ›machine‹ Weishauptienne« (Le Voyage de Bode, S. 435). Vgl. auch Lauth: Reinhold et l'Aufklaerung, S. 622. — Es besteht natürlich die Möglichkeit, daß Bode hier versucht, den bayrischen Besucher über die Fortexistenz des Ordens irrezuführen, da man jetzt noch mehr auf Geheimhaltung geachtet haben soll als früher.

[12] Le Forestier: Les illuminés, S. 548. — Der Gothaer Hofbibliothekar Reichard war nach eigenem Zeugnis noch 1790 »in Verbindung mit« dem Orden (Selbstbiographie, S. 265). Bode führte den Namen »Deutscher Freimaurerbund« für den Orden ein; vgl. etwa [Schröder:] Materialien 4: 91 f., wo zehn Logen genannt werden.

[13] Reinhold, der nun in Kiel lebte, schrieb am 24.5.1796 an Münter: »In Obersachsen liegt alles danieder. Meine Committenten selbst sind völlig zurückgetreten, und überlassen die M[aure]r[e]y ihrem Schicksal. Ich habe über Ein Jahr nichts weiter von ihnen gehört« ([Münter:] Briefwechsel 2: 113).

spärlichen Zeugnisse sind nicht sehr aufschlußreich, aber sie belegen, daß die Weimarer Regierung vielleicht nicht Unrecht hatte, als sie in den 1790er Jahren im Herzogtum weitere Aktivität der Illuminaten vermutete, wie wir im nächsten Kapitel sehen werden.

Außer Bode selbst scheinen die Weimarer nicht mehr an diesen Ereignissen teilgenommen zu haben. Von einigem Interesse ist allerdings ein — nicht in der ›Schwedenkiste‹ enthaltener — bisher unveröffentlichter Brief des Illuminaten Friedrich Münter an den damals noch subalternen Weimarer Hofrat Christian Gottlob Voigt; dieser Brief belegt die faszinierende Tatsache, daß der Weimarer Illuminat Voigt — neben dem Jenaer Illuminaten Reinhold — an Münters Bemühungen interessiert war, eine Illuminatenniederlassung in Rom zu gründen.[14] Voigt beschwerte sich auch über die Verfolgung der Illuminaten in Wien,[15] so daß seine illuminatische Tätigkeit in dieser Zeit gesichert scheint — es sei denn, dieses Engagement folgte dem Muster der anderen Weimarer Ordensmitglieder in der Regierung: Vielleicht hatte er für den in Italien reisenden Goethe die Überwachung der lokalen Gruppe übernommen. Mit Bezug auf die in der vorliegenden Untersuchung interessierenden Weimarer Regierenden Goethe und Carl August ist jedoch nach des letzteren kurzer Anfrage über den entlassenen Fuldaer Regierungspräsidenten Bieber im Dezember 1785[16] nichts Illuminatisches

[14] Friedrich Münter an Christian Gottlieb Voigt, Tonna, 1.6.1787, vgl. Dokument Nr. 55, Bl. 8r. — Der Zusammenhang mit dem römischen Projekt ergibt sich aus anderen Briefen Münters, abgedruckt bei Rosenstrauch-Königsberg: Freimaurer, Illuminat, Weltbürger, S. 98, 99 f.; laut Tagebuch sprach Münter in Weimar mit Wieland und Reinhold über Rom (ebda. S. 96 ff.).

[15] »Wissen Sie schon, daß Born in Wien sich ganz von der □ zurückgezogen? Der Kaiser nöthigte sie auf einmal über 100 [Mitglieder] einzunehmen, die zu *diesem* System nicht zum zehnten Theil paßten. Ueberdieß wurde Eines der besten Glieder [=Sonnenfels] zum Verräther daran, was eigentlich die Basis der □ war. Born hielt es also Zeit abzugehen. Die Aufklärung der Wiener verliert viel dadurch. Der Kaiser sollte doch die *stillen* Operationen wirken lassen. Man sieht, daß ihm die richtigen Begriffe in dieser Affaire entweder abgehen, oder daß er zu sehr Despot ist, um sich nicht für eine Gesellschaft *erleuchteter* Leute zu fürchten.« Voigt an G. Hufeland, 20.10.1786, in Diezmann: Aus Weimars Glanzzeit, S. 46 f. In diesem Brief geht es um die Auseinandersetzungen in der von Illuminaten unterwanderten Freimaurerloge ›Zur wahren Eintracht‹; Born hatte wahrscheinlich die hier berichteten Informationen an Reinhold in Jena vermittelt (dazu Reinhold: Korrespondenz 1: 117 Anm.). Born schrieb am 2.8.1786 an Friedrich Münter: »Sonnenfels ist zum Verräther des ʘ geworden« (Erstdruck in: Rosenstrauch-Königsberg: Freimaurer, Illuminat, Weltbürger, S. 150; zu diesem Vorwurf vgl. ebda. S. 77).

[16] Vgl. Dokument Nr. 53 und oben S. 84.

mehr überliefert. Dies überrascht in vieler Hinsicht nicht. Erstens konnte der ab September 1786 abwesende Goethe natürlich nicht an der ›Arbeit‹ in Weimar teilnehmen, so daß er auch die kontroverseste Zeit des Illuminatenskandals im Jahre 1787 verpaßte. Zweitens jedoch scheint Bode absichtlich die Ordensaktivitäten auf Jena und Gotha beschränkt zu haben — ein konsequentes Ergebnis seiner Schwierigkeiten mit den Illuminaten in der Weimarer Regierung. Ob Bode ab 1785 die Weimarer Illuminaten Goethe und besonders Carl August regelrecht ausschließen wollte, geht aus den bisher bekannt gewordenen Dokumenten nicht hervor, kann jedoch auf Grund der schon analysierten und noch zu erörternden Dokumente als wahrscheinlich gelten.

Die Tatsache, daß Bode zusammen mit Reinhold und anderen den Orden zu reformieren suchte, müßte zu einer Revision unseres Urteils über die Illuminaten führen. In der Bewertung des Ordens fielen schon bei den Zeitgenossen, fallen aber auch noch heute die despotischen bzw. jesuitischen Praktiken schwer ins Gewicht. Sie sind als Übernahme fragwürdiger Mißbräuche aus anderen Institutionen (Jesuitenorden, absolutistischer Staat) Zeichen für die mangelnde Autonomie der aufklärerischen Intelligenzorganisierung. Aber die Reformversuche sowie der Ausschluß Weishaupts geben zu bedenken, daß der Orden und damit in einem weiteren Sinne die aufklärerische Institutionsbildung eine beträchtliche Fähigkeit zu Selbstkritik und -regeneration zeigten. Wir haben gesehen, daß schon 1780 — also noch in der eigentlichen Aufbauphase des Ordens — ein Streit über Weishaupts despotische Leitung des Ordens eine Krise auslöste, und daß Knigge schon bald nach seinem Beitritt in diesem Jahr daran ging, den Orden z.T. im Sinne einer lockereren Struktur zu reformieren. Schon zwei Jahre nach der Verbreitung des Ordens in den norddeutschen Raum und knapp anderthalb Jahre nach Bodes Beitritt erwog er eine durchgehende Reform, die er dann etwas später in Gang bringen konnte. Diese Reform wurde nicht durch die Unterdrückung des Ordens und den darauf folgenden Skandal verursacht, sondern sie wurde schon früher konzipiert; die Entlassung Weishaupts gab nur einen weiteren Anlaß, die Reform einzuleiten.[17] So können wir feststellen, daß diese wichtige Institution der Aufklärung die Fähigkeit aufzeigte, sich selbst kritisch in Frage zu stellen und zu reformieren. Schon die Beteiligten faßten diese Reformtätigkeit als ein Resultat des liberaleren Geistes im protestantischen

[17] Vgl. Dokument Nr. 42, Bl. 2v.

Nord- und Mitteldeutschland auf.[18] Der Orden darf nicht mit Weishaupts oder auch nur mit Knigges Ordensplänen identifiziert werden, sondern diese müssen zusammen mit Bodes Reform als *Prozeß* verstanden werden, der in Richtung einer ständig zunehmenden Öffnung, ›Reinigung‹ (wie die Illuminaten es selbst nannten) und gar Demokratisierung verlief. Dieser Verlauf der Illuminatengeschichte spiegelt den Prozeßcharakter der Aufklärung selbst, die nach Kants berühmter Definition nicht in der Starrheit eines »*aufgeklärten* Zeitalters« besteht, sondern in der Dynamik eines »Zeitalters der *Aufklärung*«.[19]

Dieser Aspekt kann freilich erheblich überbewertet werden; wir haben gesehen, daß die wenigstens im Frühjahr 1784 anvisierte ›Demokratisierung‹ sehr beschränkt war und daß die intendierte Wirkung auf die breitere Gesellschaft unterblieb. Außerdem kann dieser Prozeßcharakter der illuminatischen Selbstregeneration erst dann vollständig aufgearbeitet werden, wenn Bodes Reformbemühungen näher erforscht werden. Vom gegenwärtigen Stand der Forschung her gesehen scheint es, daß diese Reform schließlich von der Geschichte eingeholt wurde: Nicht nur die Verfolgung des Ordens ab 1784, sondern vor allem die Französische Revolution hat wohl den entscheidenden Impuls für die Einstellung dieser Bemühungen gegeben. Es ist zwar möglich, daß der Orden sich zu einer echten oppositionellen Institution entwickelt hätte, wäre die Reaktion infolge der revolutionären Ereignisse und der damit einsetzenden Verschwörungstheorie nicht übermächtig geworden. Aber einiges spricht gegen diese Vermutung. Bode scheint, wie fast alle anderen Illuminaten, überhaupt nicht oppositionell gesinnt gewesen zu sein;[20] nach allem, was wir gesehen haben, war er ein treuer Anhänger des aufgeklärten Absolutismus.[21] Ein Ereignis aus der letzten Zeit des (reformierten) Ordens, also der Zeit der anfangenden Revolution, bestätigt diese Auffassung.

Rudolph Zacharias Becker war einer der bedeutendsten Vertreter der Volksaufklärung im 18. Jahrhundert und zugleich einer der eifrig-

[18] Vgl. Fehns Hinweis auf die Bedeutung der protestantischen Reformen des Ordens, nicht nur durch Bode, sondern auch durch Meiners in Göttingen (Der Illuminatenorden und die Aufklärung, S. 26).

[19] *Beantwortung der Frage: Was ist Aufklärung?* (1784), in Kant: Werke 9: 53-61, hier S. 59.

[20] Schindler weist darauf hin, daß im Illuminatenorden »die federführenden Publizisten der radikalen Spätaufklärung bezeichnenderweise ganz fehlten« (Schindler: Der Geheimbund der Illuminaten, S. 287 f.).

[21] Auch Weishaupt und Knigge lehnten gewaltsamen Umsturz ab (vgl. Kap. 1).

sten Illuminaten in Gotha, und damit auch ein möglicher Vermittler zur politischen Oppositionsbildung unter den Illuminaten. Zur Feier des Geburtstags von Herzog Ernst hielt er 1790 in der von Illuminaten dirigierten Gothaer Freimaurerloge eine Rede, in der er behauptete, ein Maurer dürfe angesichts der Ereignisse in Frankreich nicht gleichgültig bleiben, sondern müsse die Partei der Freiheit ergreifen, und er forderte die in der Armee als Offiziere dienenden Brüder dazu auf, »eine weise Neutralität zu beobachten, wenn ihre Hilfe bei Aufläufen des Volkes erfordert würde«.[22] Bodes eigene Haltung zu dem dadurch ausgelösten Skandal unter den Logenbrüdern ist nicht deutlich, aber er wurde auf jeden Fall (hauptsächlich durch Druck von Reichard) gezwungen, Herzog Ernst einzuschalten, der den Konflikt dann beschwichtigte.[23] So war auch in Bodes reformiertem Orden, in dem eine Figur wie Becker allerdings in Erscheinung treten konnte, letzten Endes kein Platz für echte Oppositionsbildung. Und der Grund geht aus den oben hervorgehobenen Widersprüchen des Ordens hervor: Es waren zu viele Mitglieder im Orden, die entweder selbst an der politischen Macht teilnahmen oder die Interessen der Herrschenden teilten. Im Grunde kann man sagen: Die Schicht der Intelligenz, die sich nicht an den absolutistischen Staat gebunden hatte, war zu klein, um überhaupt an Opposition denken zu lassen. Eine solche Opposition wäre wenigstens denkbar gewesen, hätte man nicht sovielen Fürsten und hohen Beamten Schlüsselpositionen des Ordens anvertraut.

Dies war dann auch der schwache Punkt in der norddeutsch-protestantischen Illuminatenvariante, die Knigge und Bode einführten; in der Hervorhebung dieses Strukturproblems liegt das wichtigste Ergebnis des vorliegenden Abschnitts für unser Verständnis des Illuminatenordens. Die Illuminatenniederlassung in *Gotha* war für den Orden von größtem Gewicht; man wird von einem bedeutenden Zentrum des Ordens noch vor den Verfolgungen sprechen müssen, und manche Annahme der Illuminatenforschung — z.B. daß Herzog Ernst zu den »weniger aktive[n] Mitglieder[n]« zählte[24] — muß grundlegend revidiert werden (Ernst

[22] Reichard: Selbstbiographie, S. 264; vgl. Le Forestier: Les illuminés, S. 547 f.

[23] Reichard: Selbstbiographie, S. 264 f.

[24] Dülmen: Geheimbund der Illuminaten, S. 73. — Der frühe Biograph des Herzogs, August Beck, schreibt: »Seine Verbindung mit dem [...] Illuminatenorden war nicht von langer Dauer, weil er sich hier gänzlich in seinen Erwartungen getäuscht fand und die politischen Absichten des Ordens gar bald durchschaute« (Beck: Ernst der Zweite, S. 25). Im engeren Sinne mag diese Feststellung zutreffen, aber sie wird der Intensität des Engagements während der kurzen Illuminatentätigkeit des Herzogs nicht gerecht, obwohl Beck Zugang zu einigen der Dokumente über die Berufung Weishaupts hatte (ebda. S. 99 f.; vgl. oben Kap. 3.6, Anm. 6).

hatte sogar das wichtige Amt des Leiters der dritten Inspektion des Ordens (Ober- und Niedersachsen) inne, was bisher nicht bekannt war[25], und Weishaupt soll Ernst und Bode zusammen mit Mieg und Stolberg-Roßla als »sein *National Conseil*« angesehen haben[26]). Wie steht es mit der Bedeutung der Illuminatenniederlassung in *Weimar*? Allerdings bestätigt sich wenigstens in einem Sinne die allgemeine Annahme, daß die Gruppe in Weimar — abgesehen natürlich von Bodes eigenen Bemühungen — keine sehr große Rolle spielte. In vielfacher Hinsicht ist diese Aussage jedoch irreführend. Man kann z.B. nicht ohne Einschränkung behaupten, wie es die ältere Forschung auf Grund begrenzter Einsicht in die Dokumente der ›Schwedenkiste‹ tat, daß in Weimar »eine bemerkenswerte Tätigkeit des Ordens nicht zustande[kam]«,[27] oder daß Goethe keinen sehr aktiven Anteil an den Arbeiten der Illuminaten nahm — eine Feststellung, die z.T. auf seiner Abwesenheit bei den Versammlungen fußt.[28] Die eigentliche Aktivität der Weimarer

[25] Ernst scheint ein wichtiger Faktor im Streit zwischen Knigge und Weishaupt gewesen zu sein. Weishaupt war ursprünglich gegen die Aufnahme von Herzog Ernst durch Knigge. Knigge verheimlichte anfangs die Werbung und ernannte Falcke in Hannover zum Inspektor der 3. Inspektion (Knigge an Zwack, 31.3.1783, Engel: Geschichte des Illuminaten-Ordens, S. 138-40; D 322 f.). Weishaupt war gegen Falcke eingenommen (Weishaupt an Zwack, 7.2.1783, NOS 1: 97, D 318) und änderte nach Einwänden von Herzog Ernst (vgl. Dokument Nr. 6, Bl. 1r) bald seine Meinung, Prinz Carl von Hessen würde sich für ein ähnliches Amt eignen; im Brief vom 24.11.1783 bot er dem Herzog die Inspektionsstelle an (»Ephesus [=Ingolstadt] 24 9ber 1783«, sig. »Spartacus«, eigh., Sk 2, Dok. 100), was Ernst bis zum 9.1.1784 angenommen hatte (Bode an Herzog Ernst, »Heropolis, 9 Dee 1153 [=Weimar, 9.1.1784]«, eigh. Konzept, Sk 2, Dok. 153). Damit hatte Weishaupt die Ernennung Falckes durch Knigge rückgängig gemacht und Herzog Ernst für sich eingenommen; diese Taktik mag in der erörterten Maßregelung Knigges nach seinem Plädoyer vor den Weimarer Regenten eine Rolle gespielt haben (vgl. oben, S. 91). Ernst war nicht nur Inspektor in Abessinien (Schüttler nennt ihn nur »Inspektor der Provinz«, also nur in Obersachsen: Reinhold, S. 54 Anm.) sondern auch »CoAdjutor Reverendissimi Nationalis« (vgl. Kap 3.4., Anm. 20) und damit anscheinend designierter Nachfolger des Nationaloberen Stolberg-Roßla, der ihn im Februar 1785 »National-Consultor« nennt (vgl. Dokument Nr. 31, Bl. 1r). — In der Forschung wurde bisher auf Grund der Aussage Knigges nur Falcke als Leiter der 3. Inspektion genannt (Dülmen: Geheimbund der Illuminaten, S. 63; Fehn: Zur Wiederentdeckung des Illuminatenordens, S. 244); Falcke scheint dieses Amt jedoch — wenn überhaupt — höchstens ein Jahr lang innegehabt zu haben.

[26] Herzog Ernst an Bode, »Syracusa, den 18. Esphendarmad 1153« [=Gotha, 18.3.1784], eigh., Sk 1, Dok. 24, Bl. 1v.

[27] Ott: Goethe und der Illuminatenorden, S. 90.

[28] Le Forestier: Les illuminés, S. 396 f., Anm.; er bezieht sich auf die Tatsache, daß Goethe nur in einer Versammlung als anwesend bezeichnet wird (vom 22.7.1783, vgl. Sk 15, Dok. 56). Eine Versammlung unter den Mitgliedern ab dem 7. Grad ist jedoch für den 10.3.1785 bezeugt (im Protokoll vom 17.3.1785, vgl. Doku-

Illuminaten fand nicht in den Versammlungen statt, sondern hinter der Szene, und ist nur aus den Briefwechseln zu erschließen. Und die Niederlassung in Weimar spielte offensichtlich nur deswegen eine weniger bedeutende Rolle als die Gothaer, weil der Herzog und Goethe die Kontrolle über sie behielten und die ihnen übertragenen Aufgaben schleppend oder überhaupt nicht erfüllten. Diese Haltung war eine konsequente Folge ihrer politisch-gesellschaftlichen Stellung, ihrer Bindung an die Interessen des Staates. Sie beobachteten die Ordensaktivitäten mit Mißtrauen und Argwohn. Im Knigge-Weishaupt-Streit wurden sie zunächst gar nicht herangezogen, dann aber nahmen sie an einem auf den ersten Blick weitreichenden Beschluß teil, der jedoch nie eingeführt wurde. In der Weishaupt-Affäre behielt ihr staatliches Interesse schließlich die Oberhand. Mit Bezug auf die ›große Politik‹ wird der Historiker nun feststellen können, daß der Illuminatenorden eine bedeutende Rolle in der Politik des entstehenden Fürstenbunds spielte;[29] an demselben Phänomen wird er aber auch erkennen müssen, daß der Orden von den Interessen des Staates beherrscht und kompromittiert wurde. Dieses Staatsinteresse setzte sich schließlich gegen den Orden offen durch und wurde nunmehr bestimmend im Verhalten der Weimarer ›Regenten‹ Carl August und Goethe zu Geheimgesellschaften.

---

ment Nr. 37, aber auch in Bodes Brief vom 16.3.1785, vgl. Dokument Nr. 36); Goethe könnte also an dieser Versammlung sowie an anderen, für die keine Protokolle überliefert sind, teilgenommen haben.

[29] Vgl. Kap. 3.6; Gudrun Burggraf schrieb 1966: »Die Rolle der Illuminaten, soweit sie 1784/85 während der Monate der Entstehung des Fürstenbundes abzulesen ist, muß beträchtlich einflußreicher gewesen sein, als sich in der allgemeinen Geschichtsschreibung erkennen läßt« (Chr. G. Salzmann, S. 123); weil diese Meinung im Grunde Spekulation bleiben mußte, wurde sie von Historikern nicht rezipiert bzw. abgelehnt (Freyh: K. Th. von Dalberg, S. 335 Anm.).

4
Goethes und Carl Augusts Unterdrückung der Geheimbünde in Jena und die Illuminatenthematik in Goethes Werken

Im Juni 1788 kehrte Goethe aus Italien zurück. Was er jetzt — oder auf der Reise — über den Illuminatenskandal erfuhr, kann nicht eindeutig belegt werden, aber wir können annehmen, daß er so viel wußte wie jeder andere, denn — wie Schiller im Jahre 1787, nach der Veröffentlichung der berüchtigten *Originalschriften*, von Weimarer Kreisen bezeugt — »Weishaupt« und damit der Illuminatenorden »ist jetzt sehr das Gespräch der Welt«,[1] und bis Mitte 1788 hatte sich der Sturm keineswegs gelegt. Außer den für Goethe bestimmt neuen moralischen Anschuldigungen gegen Weishaupt und andere Illuminaten — etwa daß sie angeblich Giftrezepte sammelten, Selbstmord predigten und Abtreibung befürworteten —, mußte besonders die Kompromittierung Weimars anstößig sein. Weimar wird in den 1787 publizierten Dokumenten wenigstens dreimal erwähnt. Im ersten Fall handelt es sich um die »National-Directions-Tabelle von Teutschland«, in der unter »Dritte Inspection« der Eintrag steht: »Schottisches Directorium in Weimar oder Gotha über die Herzogthümer Sachsen und Schwarzburg«.[2] Damit wurde die Existenz der Illuminatengruppe in Weimar bestätigt und ihre Führungsrolle angedeutet. An einer zweiten Stelle, in einem Bericht vom Juli 1782, erzählt Knigge von der Werbung Bodes, der »jetzt in Weimar [wohnt]«.[3] Und nur wenige Seiten weiter, in seinem

[1] Schiller: Briefe 1: 409 (an Körner, 10.9.1787); vgl. zu Schiller und den Illuminaten Kap. 5.1.

[2] NOS 1, nach S. 159; die Tabelle ist »von der Handschrift des Philo [=Knigge]«. Bei den »Herzogtümern Sachsen und Schwarzburg« handelt es sich genauer um die »Präfectur Liguria« (»O[rden]s Geographie«, Sk 17, Dok. 29).

[3] »Philos Berichte vom Monat Thirmeh 1152. J. [=Juli 1782] [. . .] III. Inspection. / Abyssinia. / 1.) Jonia [=Obersachsen]. Hier habe ich den beliebten Schriftsteller B- - (Uebersetzer der empfindsamen Reisen des Trystram Schandi [. . .]) und verschiedener anderer Bücher, angeworben. Er wohnt jetzt in Weimar [. . .] Seine Tabellen habe ich noch nicht, wohl aber den Revers. So bald er zu Hause ist [d.h. nach der Reise zum Wilhelmsbader Freimaurerkonvent], werde ich mit ihm anfangen« (NOS 1: 206). Aus dieser Beschreibung konnte der berühmte Übersetzer Bode mühelos identifiziert werden; es folgt dann eine ausführliche Würdigung Bodes mit einem Dialog zwischen diesem und Knigge (NOS 1: 213-20, D 295-98).

»Monathsbericht« vom Januar 1783 für die Provinz »Ionien« [=Obersachsen], schreibt Knigge, er habe gewisse Versuche der Illuminatenfeinde vereitelt, den Orden in den Augen eines nicht näher identifizierten Mitglieds »Nahor« zu diffamieren; Knigge berichtet von Gegenmaßnahmen, die er unternimmt, um Nahors Vertrauen wiederzugewinnen: »Unterdessen arbeite ich durch unsere Freunde in Weimar an seiner Beförderung im Dienste.«[4] So überrascht es nicht, daß die Feinde der Illuminaten überzeugt waren, daß — wie ein Illuminatenforscher es ausdrückt — »die ganze Weimarer Schule« ein »Nest des Illuminatismus« sei[5] — haben wir doch gesehen, daß die Gegner schon Anfang 1785 zu wissen behaupteten, Weimar sei eines der drei Hauptzentren des Ordens.[6]

Goethe wurde noch durch eine andere Stelle in den publizierten Ordensschriften wenigstens in Velegenheit gebracht. Von einem der führenden Illuminaten, Franz Xaver von Zwack — in seinem Haus wurden die von der bayrischen Regierung veröffentlichten Dokumente während einer Durchsuchung gefunden — stammte ein Dokument mit der Überschrift »Gedanken über den Selbstmord«.[7] Es besteht fast nur aus Auszügen aus Goethes *Werther*, obwohl der Roman in den *Originalschriften* nicht namentlich erwähnt wird, offensichtlich weil die Herausgeber den Goetheschen Ursprung der Zitate nicht erkannten. In einer Anmerkung fragt ein Herausgeber: »Konnte nicht etwa auch seine [=Zwacks] Schwägerinn, die sich vom Thurme herabstürzte, durch dergleichen Grundsätze dazu verleitet worden seyn?«[8] Die meisten Leser bedurften wohl nicht des in einer Verteidigungsschrift veröffentlichten Hinweises von Zwack,[9] um die Herkunft dieser Zitate aus dem *Werther* zu erkennen. Die vernünftigeren unter ihnen belasteten Goethe gewiß nicht mit dieser Zweckentfremdung von Stellen aus seinem berühmten Roman, aber es mußte schon ärgerlich für den Geheimrat sein, seinen Namen auf diese Weise in Verbindung mit den Illuminaten gesetzt zu sehen, wo die fanatischeren Verschwörungsschnüffler gierig nach jeder Munition griffen. Diese hätten nun Goethe mit einer der bittersten Klagen gegen die Illuminaten — daß sie Selbstmord und somit auch un-

[4] NOS 1: 220 (auch in D 299, wo für »Ionien« irrtümlich »Niedersachsen« steht; vgl. D 50).
[5] Engel: Geschichte des Illuminaten-Ordens, S. 425.
[6] Vgl. oben S. 120.
[7] OS 111-14.
[8] OS 114 Anm.
[9] [Zwack:] Anhang zu den Originalschriften, S. 28 f.

christliche Prinzipienlosigkeit befürworteten — in Verbindung bringen können.

Es ist deshalb gar nicht verwunderlich, daß Goethe, der offensichtlich seit einiger Zeit vor seiner italienischen Reise überhaupt keine Tätigkeit im Orden ausgeübt hatte — die letzten Zeugnisse stammen aus der Zeit der Weishaupt-Affäre im April 1785, als der Orden offiziell seine Arbeit niederlegte — nunmehr zu einem offenen Gegner der Geheimorden wurde. Im April 1789 unterband er mit dem Herzog den Versuch Jenaer Maurer, eine neue Loge zu gründen.[10] Der Kontext dieser längst veröffentlichten, aber vernachlässigten Dokumente ist entscheidend. Der Frühling des Jahres 1789 war eine unruhige Zeit nicht nur in Frankreich, sondern auch in Deutschland. In demselben Monat, in dem die Gründung der Jenaer Loge verhindert wurde, wurde der berüchtigte radikal-aufklärerische Theologe C. F. Bahrdt in Preußen verhaftet. Bahrdt hatte 1786/87 begonnen, die ›Deutsche Union‹ zu gründen, eine Geheimgesellschaft, die viele Zeitgenossen — und moderne Forscher — für eine Nachfolgeorganisation der verbotenen Illuminaten hielten und halten[11] — übrigens eine radikalere Verbindung als die Illu-

[10] Die von Freimaurern verfaßte Forschung geht meist mit Stillschweigen über Goethes Unterdrückung der Jenaer Logen hinweg (bes. Deile: Goethe als Freimaurer, und Wernekke: Goethe und die königliche Kunst). Hans Wahl, in einem Aufsatz, der offensichtlich der Legitimierung der 1935 einsetzenden nationalsozialistischen Unterdrückung der Maurerei frönte (er zitiert mit Anerkennung Alfred Rosenberg), legt die Weimarer Episode als das Resultat von Goethes und Carl Augusts »Erkenntnis von der Staats-Gefährlichkeit des Logenwesens und von der Notwendigkeit der Überwachung der Logen durch den Staat« aus, eine Aussage, der abgesehen von der Bewertung zuzustimmen ist; aber er sieht den Zusammenhang mit den Verschwörungstheorien und Goethes und Carl Augusts illuminatischer Vergangenheit nicht (Wahl: Goethe und das Logenwesen). Nur Roland Guy (Goethe franc-maçon) legt nahe, daß Goethes spätere zweideutige Haltung gegenüber der Freimaurerei vielleicht in politisch begründetem Mißtrauen wurzelt, und dieser Aspekt unterscheidet Guy von der unkritischen Haltung fast sämtlicher anderer Freimaurer, die das Thema behandeln. Obwohl er jedoch den Skandal um die Illuminaten in seine Analyse von Goethes späterer Unterdrückung der Freimaurerei einbezieht, berücksichtigt Guy die möglichen Folgen nicht, welche hätten entstehen können, wenn Goethes Illuminaten-Beziehungen öffentlich bekannt geworden wären. — Es ist zu bedauern, daß die betreffenden Schriftstücke nicht in die Auswahl der amtlichen Schriften im jüngst erschienenen 3. Bd. der ›Münchner Ausgabe‹ von Goethes sämtlichen Werken (Bd. 3.2, 1786-1790) aufgenommen wurden.

[11] Agatha Kobuch schreibt: »Die Deutsche Union kann als progressive Weiterentwicklung des Illuminatismus bezeichnet werden« (Die Deutsche Union, S. 290); ähnlich Fehn: Zur Wiederentdeckung des Illuminatenordens, S. 235; Mühlpfordt: Europarepublik im Duodezformat, S. 333 f.; gegen diese Ansicht: J. Hoffmann: Illuminatenorden in Norddeutschland, S. 370-71; Dülmen: Geheimbund der Illuminaten, S. 97. Bode schrieb ein Pamphlet gegen die Bahrdtsche Organisation u.d.T.

minaten, die u.a. Fürsten und Staatsminister ausschloß.[12] Schon dieser ganze neuerliche Geheimbundskandal mußte einen Geheimrat nervös machen. Aber auch die zu gründende Jenaer ›Freimaurer‹-Loge sorgte für Aufregung. Im Sommer 1789 erfuhr ein durch Jena reisender Exilluminat, daß eine dortige Studentenverbindung es für ihr Ziel ausgab, »*den Illuminaten-Orden wieder herzustellen*.«[13] Wie viel von diesen Behauptungen der Wirklichkeit entsprach, kann auf Grund der bekannten Quellen nicht mehr (bzw. noch nicht) festgestellt werden; wahrscheinlich war die neue Loge eine legale Tarnorganisation für Bodes neue Illuminatenverbindung (unter welchem Namen auch immer diese nun auftrat), denn Bodes illuminatische Reformbestrebungen wurden ja vornehmlich in Jena verwirklicht, und er war an den Plänen für die neue Freimaurerloge beteiligt. Die Illuminaten operierten schon immer mit Vorliebe hinter der Legalität der Freimaurer — eine Tatsache, von welcher der Weimarer Herzog aus erster Hand wußte, denn in der von ihm am 17. März 1785 besuchten Illuminatenversammlung war ein Vorschlag von Bode erörtert worden, in Jena »eine F[rei]M[aurer] □ [=Loge] zu constituiren und eine Minerval-Kirche einzurichten«.[14] Wichtig ist in diesem Kontext nicht die Voraussetzung tatsächlicher Beziehungen des reformierten Illuminatenordens oder der Deutschen Union zu dieser beabsichtigten Logengründung, sondern der Verdacht der Regierenden, daß hinter diesem Antrag Bodes Illuminaten bzw. die Deutsche Union spukten.

In seinem Brief vom 6. April 1789 berichtet Goethe seinem Herzog, er habe an die Herausgeber der *Allgemeinen Literatur-Zeitung* in Jena

---

Mehr Noten als Text oder die deutsche Union der Zwey- und Zwanziger eines neuen geheimen Ordens zum Besten der Menschheit ([Leipzig] 1789), aber er unternahm diesen Angriff wohl nur deswegen, weil er in der Deutschen Union Konkurrenz für die Illuminaten sah (Fehn: Zur Wiederentdeckung des Illuminatenordens, S. 235; Kobuch: Die Deutsche Union; dagegen ist J. Hoffmann [Illuminatenorden in Norddeutschland, S. 371 Anm.] der Ansicht, daß Bode die Deutsche Union nicht als Konkurrenz ansah, sondern eine Zusammenführung mit den finanziell strapazierten Illuminaten anstrebte; Bode kann jedoch kaum eine Vereinigung mit einem Geheimbund gewünscht haben, dessen Geheimnis preisgegeben und dessen Ansehen im öffentlichen Bewußtsein zerstört worden war).

[12] Mühlpfort: Europarepublik im Duodezformat, S. 321.

[13] Schmidt: Ein bayerisches Beamtenleben, S. 654 (Hervorhebung im Original). Clemens Neumayr und ein Begleiter, ehemalige Illuminaten aus Bayern, waren u.a. deswegen nach Norddeutschland gereist, um zu erfahren, ob der Orden dort überlebt hätte. — Neumayr zweifelt an der Richtigkeit der Behauptung, dieser Studentenbund wolle den Illuminatenorden wieder herstellen.

[14] Vgl. Dokument Nr. 37, Bl. 1v-2r.

(der wichtigste Herausgeber, Gottlieb Hufeland, war Illuminat[15]) einen ›Vorschlag‹ gemacht. Drei Tage später wurde dieser ›Vorschlag‹ ausgeführt, als die *ALZ* eine — vermutlich von Goethe verfaßte — Bekanntmachung veröffentlichte, welche die Werbeaktivitäten der Deutschen Union verurteilte und jeden Geheimbund zu entlarven drohte, welche »die allgemein anerkannten Grundsätze des Wohls der menschlichen Gesellschaft« gefährde.[16] Carl August übte durch Bertuch, der in den Streitigkeiten um die Strikte Obervanz gegen Bode opponiert hatte,[17] Druck auf Bode aus,[18] und im oben angeführten Brief an den Herzog vom 6.4.1789 berichtet Goethe, daß er einigen der Beteiligten die Idee einer Logengründung ausreden konnte, nicht aber Bode: »Bode hält zu fest an dieser Puppe, als daß man sie ihm soleicht abdisputiren sollte.«[19] Goethe erwähnt auch Carl Augusts Vorschlag — ausdrücklich von Goethe gebilligt —, »ein Collegium über das Unwesen der Geh[eimen] Gesellschafften lesen zu laßen«[20] — den Studenten sollten also sogar durch Vorlesungen geheimbündlerische Regungen unschmackhaft gemacht werden, ausgerechnet durch einen ehemaligen Illuminaten, Professor Hufeland.[21] Doch dieser Plan unterblieb, weil man selbst durch die Ankündigung solcher Vorlesungen den Herzog in der öffent-

[15] Zu Hufelands Mitgliedschaft vgl. Kap. 5.3.

[16] *ALZ* Intelligenzblatt 52, 18 Apr. 1789, zit. nach AS 3: 19.

[17] Wernekke: Goethe und die königliche Kunst, S. 6. Bertuch wurde dann auch während der von der Regierung eingeleiteten Neugründung der Weimarer Loge ›Anna Amalia‹ im Jahre 1808 (s.u.) herangezogen und zum Meister vom Stuhl ernannt (Goethe gab ihm seine Stimme: AS 2/2: 788; vgl. Goethes Tagebuch, WA III/3: 319, 332-34); ihm trauten also die Regierenden in Geheimbundangelegenheiten.

[18] Carl August an Bertuch, 9.4.1789: »Bode ist sicher so ehr[lich] daß er gute Sachen heraus giebt, sag ihm ich habe dieses zutrauen auf ihm: vieleicht würckts« (AS 3: 19). Der Ausdruck »heraus giebt« est etwas rätselhaft; er könnte lediglich auf Bodes Aktivitäten im allgemeinen hinweisen, oder er könnte auf Schriften hinweisen, so daß Carl August vielleicht von den Schriften wußte, die Bode privat druckte. Diese Schriften waren mir nicht zugänglich; ein Beispiel davon ist: [Bode,] *Circular-Brief der Loge zum Kompass in Gotha an die s.e. Freimaurer ⧉ [=Logen]. Enthaltend Vorschläge zu festerer Knüpfung eines auf durchgängige Gleichheit und Freyheit gegründeten Bundes zwischen allen deutschen Logen der symbolischen Grade.* Germanien [=Weimar] 5790 [=1790], 92 S., mit Nachtrag (verzeichnet im National Union Catalogue).

[19] AS 2/1: 146.

[20] Ebda.

[21] Hufeland hatte Bedenken gegen den Auftrag: BG 3: 283. Zu Hufelands Mitgliedschaft vgl. Kap. 5.3.

lichen Meinung »zu compromittiren« befürchtete.[22]

Goethes und Carl Augusts Motivationen für diese Schritte sprechen aus anderen Dokumenten sehr deutlich; sie wollten sich *öffentlich* von Geheimgesellschaften distanzieren. Mit Bezug auf die Ankündigung, die sie in die *Allgemeine Literatur-Zeitung* einrücken ließen, sagt Goethe, daß dadurch »allen geh[eimen] Verbindungen ein harter Stoß versetzt wird.« Und dann läßt er seine Absicht durchblicken: »Und so ist es gut daß man *öffentlich* Feindschaft setze zwischen sich und den Narren u[nd] Schelmen«.[23] Ähnlich berichtet Bertuch über Goethes Meinung, wie sie aus einem Gespräch hervorgeht: »Wenn nun [. . .] durch unsere *öffentliche* Erklärung in der A[llgemeinen] L[iteratur-] Z[eitung] zugleich das Hencker Schwerd über alle Geheimniß Krämer *öffentlich* aufgehängt werde, so sähe alle Welt daß dieß ein autorisirter Phalanx sey, der gegen alle diese Teufeleyen anrücke. [. . .]«[24] (meine Hervorhebungen). Warum mußten sich die Weimarer Herrscher *öffentlich* von Geheimgesellschaften distanzieren? Warum würde die bloße Ankündigung von Vorlesungen in Jena über Geheimgesellschaften den Herzog kompromittieren? Warum hielten Goethe und Carl August diese Sache für einen »Feldzug«, und warum behaupteten sie, »wir müßten [. . .] nun gegen alle solche Mysteres d'Iniquité eben so entschloßen, tapfer und rastlos immerwährenden Krieg fortführen, als die Maltheser gegen die Ungläubigen«?[25] Die Unterdrückung ging natürlich z.T. darauf zurück, daß die beiden Männer in den Geheimgesellschaften eine politische Gefahr sahen, besonders in der Deutschen Union, deren Gründer ein viel radikaleres Projekt als die Illuminaten konzipierte. Daneben ist aber sicher auch von Bedeutung, daß Goethe und Carl August die Aufdeckung ihrer eigenen Vergangenheit als Illuminaten befürchteten, und die Betonung der öffentlichen Distanzierung wirkt hier wie eine Garantie gegen künftige Beschuldigungen. Gerade zu diesem Zeitpunkt wurde Carl August in einer wichtigen Zeitschrift in einem losen Zusammenhang mit Geheimbünden erwähnt, und Goethe machte sich schnell daran, dieses Gerücht öffentlich zu widerlegen.[26] Herzog Carl Augusts

[22] Bertuch an G. Hufeland, 19.4.1789, BG 3: 285.

[23] Ebda.

[24] Bertuch an Hufeland, 12.4.1789 (d.h. nur drei Tage nach Carl Augusts Brief an Bertuch [Anm. 18 oben] und offensichtlich vom Herzog beeinflußt), nach einem langen Gespräch mit Goethe am Vortag; BG 3: 283 f.

[25] So Goethe im Gespräch mit Bertuch, BG 3: 283.

[26] Bertuch (vgl. vorige Anmerkungen): »Im März der Berl[inischen] Mon[ats] Schrift, steht eine schändliche Stelle (im Artickel über Geheime Gesellschaften) von unserm Herzoge, wo Prof. Böckmann in Carlsruhe ihn in einem Briefe an den Schwed. Kammerhrn v. Silfwershielm, als Protecteur des Magnetismus aufstellt, der in Carlsruhe nicht allein bey magnetistischen Operation[en] als Zeuge zugegen

Name erschien wenige Jahre später auf einer von der bayrischen Geheimpolizei erstellten Liste von prominenten Illuminaten,[27] und wenn solche Verdächtigungen öffentlich wiederholt werden sollten, so würde dies dem Ansehen der Weimarer Regierung großen Schaden zufügen. Bode hatte ja — nach einem Gespräch mit Herzog Carl August — während der Weishaupt-Affäre 1785 gemeint, wenn die Öffentlichkeit zu beargwöhnen anfinge, »daß die Illum[inaten] Fürsten zu Protektoren haben«, so könnte es »allen Fürsten des sächsischen Hauses« — also den vier Herzogtümern, die an Jenaer Berufungen teilnahmen, vor allem Weimar und Gotha — »unangenehm« werden.[28] Die Weimarer hatten nicht nur einen Rückschlag in den Augen der Öffentlichkeit zu befürchten, sondern auch die mögliche Vergeltung ihrer starken Nachbarn, Preußen und Kursachsen, wo Regierende — u.a. der reaktionäre Schwager Carl Augusts, der nun als König Friedrich Wilhelm II. von Preußen regierte[29] — nachweislich durch illuminatenfeindliche Verschwörungstheorien infiziert waren. Und Weimar war nicht unab-

---

gewesen, sondern auch selbst *konsultirt* worden sey. Die Berliner haben dieser impertinenten Behauptung zwar gleich auf die feinste Art wiedersprochen; Göthe meinte aber daß wir doch auch dagegen was sagen sollten. [. . .]« (BG 3: 284). Obwohl der Zusammenhang zwischen dieser Zeitschriftenstelle und den Illuminaten etwas esoterisch ist (er liegt vor allem darin, daß ein Zweck von Bodes berüchtigter Reise nach Paris darin bestanden hatte, das modische Phänomen des tierischen Magnetismus, das die Pariser Maurer faszinierte, zu untersuchen), so war es bedenklich genug, wenn unter der Rubrik ›Geheime Gesellschaften‹ öffentlich über den Herzog geschrieben wurde.

[27] Le Forestier: Les illuminés, S. 654; vgl. Martini: Wieland, Napoleon und die Illuminaten, S. 80. Das Erscheinen von Wieland und anderen Nicht-Illuminaten auf dieser Liste zeigt, daß sie nicht auf Grund genauer Kenntnisse verfaßt wurde, sondern von Denunziationen; Le Forestier legt nahe, daß der Wiener Verschwörungstheoretiker Hoffmann die Quelle gewesen sei, und Weishaupt vermutet dasselbe ([Schleswig-Holstein-Sonderburg-Augustenburg, Friedrich Christian von:] Aus dem Briefwechsel, S. 118). (Lauth [Reinhold et l'Aufklaerung, S. 621] nimmt diese Liste leider für bare Münze und behauptet, der Duc d'Orleans, der dort zusammen mit anderen französischen Maurern angeführt wird, sei Illuminat gewesen!) Wichtig ist nicht die Richtigkeit des Verdachts, sondern der Verdacht selbst.

[28] Bode an Koppe, 15.4.1785, vgl. Dokument Nr. 49, Bl. 3r.

[29] Vgl. das Schreiben des Königs an den sächsischen Kurfürsten vom 3.10.1789, in D 410 f. Der König war nicht der einzige preußische Staatsmann, der an die Verschwörungstheorie glaubte; sein Botschafter in Paris, Graf von der Goltz, schrieb im Jan. 1790 an den König über die angebliche maurerische Verschwörung des sogenannten »Club de Propagande« (vgl. dazu weiter unten, Anm. 97 sowie Kap. 5.1); vgl. Rossberg: Freimaurerei und Politik, S. 145 f.

hängig von diesen Mächten, wie die späteren Vorgänge um Fichte zeigen werden; der gegen die Universität Jena gerichtete Boykott, der von auswärtigen Mächten wegen des als Illuminaten angeschwärzten Fichte angedroht und z.T. verwirklicht wurde, hätte auch 1789 eingeleitet werden können.

Dieser Angst der Weimarer Regierenden vor einer Aufdeckung der eigenen illuminatischen Vergangenheit ist auch die Vorsicht zuzuschreiben, mit der im Dezember 1793 nach dem Tode Bodes seine Illuminatenpapiere behandelt wurden. Diese zahlreichen Papiere waren ein wesentlicher Teil des Bestands der überlieferten ›Schwedenkiste‹.[30] Herzog Ernst von Gotha erwarb sie für 1500 Taler; sein Bibliothekar Reichard spekulierte, daß er dies tat, um zu verhindern, daß »seine eigenen Briefe, Correspondenzen und Aufsätze nicht etwa in fremde Hände gerathen, vielleicht sogar in Druck gegeben werden möchten.«[31] Diese Vorsicht spricht aus den Briefen von Bodes Nachlaßverwalter, dem nunmehrigen führenden Weimarer Geheimrat Christian Gottlob Voigt. Der ganze Vorgang ist durch Ängstlichkeit gekennzeichnet: Bode starb um 10 Uhr abends, und schon am selben Abend wurden die Papiere in einem Schrank versiegelt.[32] Und Voigt umschreibt in seinem Bericht an Herzog Ernst die Notwendigkeit der Geheimhaltung in dieser radikalsten Zeit der Jakobinerherrschaft und der wuchernden Komplottdenunziationen: »Selbst der Geist der gegenwärtigen Zeiten macht es höchst wünschenswerth, daß solche [=Bodes Papiere] zu E[urer] Herzogl[ichen] Durchl[aucht] höchsten Händen gelangen. Kämen sie in Privathände, so wäre eine öffentliche Bekanntmachung oder Divulgation zu besorgen, weil die dabey interessirten Personen, um das Pretium [=das Wertvolle, den Ertrag] davon zu erlangen, dazu sich zu

30 Reichard berichtet, Bodes Papiere füllten eine kleine Kiste aus, seine Druckschriften eine größere; nach der Zusammenführung mit der Sammlung des Herzogs waren es dann zusammen vier Kisten (Selbstbiographie, S. 168-69, 339); ähnlich der frühe Biograph des Herzogs, August Beck, der sogar die Maße der Kisten angibt (Ernst der Zweite, S. 415 Anm.). Prinz August von Gotha bezeugte, die Archive »sont excessivement volumineuses, [elles] remplissent plusieurs grandes caisses« ([Schleswig-Holstein-Sonderburg-Augustenburg, Friedrich Christian von:] Aus dem Briefwechsel, S. 179).

31 Reichard: Selbstbiographie, S. 168; Reichard deutet S. 338 an, daß der Herzog auch die Veröffentlichung von *Bodes* Briefwechsel verhindern wollte. Ähnlich: Beck: Ernst der Zweite, S. 208 (dort wird der Preis mit 1560 Talern angegeben).

32 Christian Gottlob Voigt an Herzog Ernst II. von Gotha, Weimar, 15.12.1793, von Schreiberhand, Sk 2, Dok. 267, Bl. 1r, 2r. Der Herzog bestätigte den Empfang dieses Briefes am 17.12.1793 (Beck: Ernst der Zweite, S. 431 f.).

entschließen schwerlich abgehalten werden können. Niemand kann besser beurtheilen, als Ew. Herzogl[iche] Durchl[aucht] selbst, was eine vielleicht nicht genug behutsame Publicität gegen sich haben möchte.«[33] Tatsächlich war man begierig auf diese Schriften; nicht nur Schillers (und Weishaupts) Gönner, Prinz Friedrich Christian von Augustenburg, hat in den allerersten Tagen nach Bodes Tod Interesse daran gezeigt, sie zu erwerben, sondern auch die »Herren von BücherVerlag« richteten ihre »Speculation« darauf.[34] Bodes berüchtigte Reise nach Paris und sein sonstiger Ruf als Illuminatenchef sorgten schon für das Interesse besonders der Reaktionäre. Es verwundert nicht, daß die Papiere jahrelang wie ein Staatsgeheimnis gehütet wurden.[35]

Es ist sicherlich kein Zufall, daß Bodes Nachlaßverwalter Voigt ein hoher Regierungsvertreter war. Die Weimarer Regierung mußte sehr daran interessiert sein, eine sichere Bleibe für Bodes inkriminierende Dokumente zu finden; es waren alles Schriftstücke, welche die illuminatische Tätigkeit in Weimar und Gotha im Detail dokumentierten, wie wir im letzten Kapitel gesehen haben. Man muß sich die Umstände der Übergabe dieser Papiere an Herzog Ernst (im Januar 1794) vorstellen: Die fünf Beteiligten waren (mit einer möglichen Ausnahme) Ex-Illuminaten,[36] und die wichtigsten unter ihnen hatten sich nun gegen den Orden — gegen alle Geheimgesellschaften — gewandt. Das gilt in Gotha nicht nur für den herzoglichen Bibliothekar Reichard, der nach seinen illuminatischen Anfängen[37] in der Folge mit seinem antirevo-

[33] Ebda., Bl. 2v-3r; vgl. Endler: Papiere von J.J.C. Bode, S. 12 (mit einigen abweichenden Lesarten).

[34] Christian Gottlob Voigt an Herzog Ernst II. von Gotha, Weimar, 13.1.1793, von Schreiberhand, Sk 2, Dok. 270, Bl. 2r.

[35] In einem Brief an Herzog Friedrich Christian schrieb Prinz August von Gotha 1801, die Archive »n'ont jamais été seulement entr'ouvertes par leur possesseur«; sie wären »bien gardées« ([Schleswig-Holstein-Sonderburg-Augustenburg, Friedrich Christian von:] Aus dem Briefwechsel, S. 179). Nach Reichard (sowie Beck: Ernst der Zweite, S. 208) waren sie noch versiegelt, als Ernst 1804 starb; sie wurden dann (wie in Kap. 3.1 ausgeführt wurde) nach Stockholm gesandt »als ein heiliges, niemals zu eröffnendes Depositum« (Selbstbiographie, S. 338).

[36] Außer den zu besprechenden Teilnehmern Reichard, Herzog Ernst und Voigt waren es der Weimarer Steuerrat Johann August Ludecus (vgl. Anhang 1) und (der einzige, dessen Mitgliedschaft ungesichert ist) der bekannte Altertumsforscher und (mit Wieland) Mitherausgeber des *Teutschen Merkur*, Carl August Böttiger; zu ihm vgl. unten im Abschnitt 5.1 über Wieland.

[37] In der ›Schwedenkiste‹ sind fünf Briefe und 30 Quibus-Licet-Berichte von Reichard enthalten (Sk 6, Dok. 193-97, Sk 11, Dok. 748-77), obwohl Reichard vorgab, kein begeisterter Illuminat und nur Minerval gewesen zu sein (Reichard: Selbstbiographie, S. 165 f.). In der Forschungsbibliothek Gotha liegt in Handschrift ein »Aufruf an alle Deutsche, zu einem anti-aristokratischen Gleichheits-Bund«

lutionären *Revolutionsalmanach* zu einem der berüchtigsten Reaktionäre seiner Zeit wurde, sondern nun auch für Herzog Ernst, der, durch die Verschwörungstheorien bekehrt, sich gegen Freimaurerei und Illuminatismus wandte, am 11. Dezember 1793 die Gothaer Loge »Zum Compaß« suspendierte und sogar eine »Trauerloge« für Bode aus Angst vor der Reaktion untersagte.[38] Nachdem die Verschwörungstheorie aufkam, befanden sich die Gothaer und Weimarer auch deshalb in einer heiklen Situation, weil der Herzog von Gotha den Ordensstifter Weishaupt beherbergte (obwohl der Ordensgründer in der schlimmsten Zeit erwartete, daß er ausgewiesen werden würde[39]). Der Herzog von Weimar mußte seinerseits bis zu Bodes Tod dulden, daß diese zentrale Figur in der Legende der illuminatischen Ursprünge der Französischen Revolution in seiner Residenz wohnte und wahrscheinlich bis zuletzt für ein erneuertes Illuminatentum tätig war.

Voigt selbst hatte nicht nur als Regierungsvertreter, sondern auch persönlich einiges zu verstecken; er war, wie er es im Brief an Herzog Ernst umschreibend formulierte, »vordem auch in diesen Geheimnissen eingeweiht«.[40] Er hatte sich besonders in den Jahren 1786/87 für illu-

---

(Chart. A 1918b, Bl. 638-40), der Reichard zugeschrieben wird, obwohl dieser die Verfasserschaft leugnete (Selbstbiographie, S. 268-69; 270; *Revolutions-Almanach* 1794, S. 156-60); die Verfasserschaft müßte geklärt werden, denn eine Untersuchung dieses Dokuments könnte Aufschluß über die politischen Ideen ehemaliger Illuminaten gewähren.

[38] In einem Brief an den Gothaer Illuminaten R.Z. Becker wenige Tage nach Bodes Tod schreibt der Herzog: »Allerdings verdient der würdige Br[uder] Bode das Andenken aller wahren und aufrichtigen Menschenfreunde, und insbesondere aller guten Brüder Freimaurer, gleichwohl wünschte ich, daß eine Trauerloge unterbleiben möchte, da von allen Orten die Arbeit unserer würdigen Logenbrüder für verdächtig gehalten, ja von Obrigkeiten untersagt wird. Der jetzige kritische Zeitpunkt scheint mir eben nicht der günstigste zu einer solchen Feier [...]« (17.12.1793, Beck: Ernst der Zweite, S. 431). In Hamburg wurde eine Trauerloge gehalten (Schröder: Materialen 4: 112). Zur Suspendierung der Loge (die Ernst im Jahre 1801 vollständig schloß): Endler: Papiere von Bode, S. 12.

[39] Vgl. Weishaupts Brief vom 7.8.1793, nach der Veröffentlichung der den Orden belastenden *Neuesten Arbeiten des Spartacus und Philo*: »Der Herzog, der wenn er seine Gesinnungen auch nicht so sehr verändert hätte, als er wirklich gethan hat, ungeachtet er von allem weiß, in allem mitgewirkt hat, und folglich mich am besten verhehlen könnte und sollte, wird nicht imstande sein mich zu schützen« ([Schleswig-Holstein-Sonderburg-Augustenburg, Friedrich Christian von:] Aus dem Briefwechsel, S. 117). So muß das gängige Bild des in »beschaulich[er] Ruhe« in Gotha lebenden Weishaupt (Engel: Geschichte des Illuminaten-Ordens, S. 380) in etwas revidiert werden.

[40] Voigt an Herzog Ernst, 15.12.1793 (vgl. Anm. 32), Bl. 2r.

minatische Ziele interessiert[41] — ob aus echtem Engagement oder aus Zwecken der Überwachung, ist nicht mehr festzustellen. Deutlich ist jedenfalls: Nachdem er zum wichtigsten Mitglied des Geheimen Consiliums, also des höchsten Regierungsgremiums des Herzogtums geworden war,[42] teilte Voigt uneingeschränkt die Interessen des Staates, die er in der Abwehr gegen Geheimbünde gewahrt sah.

In dieser radikalsten Phase der Französischen Revolution erreichte dann auch die Annäherung der Weimarer Regierenden an die Verschwörungstheorie ihren Höhepunkt. Im Sommer 1792 gab es Unruhen an der Jenaer Universität, die durch Studentenverbindungen verursacht wurden.[43] Die Studentenorden waren im Grunde apolitisch, aber — wie oben dargelegt — sie wurden in den Augen vieler mit den Illuminaten und anderen Geheimbünden in Verbindung gebracht: Im Jahre 1789 war es ja eine Studentenverbindung, die sich rühmte, den Illuminatenorden wiederherstellen zu wollen.[44] Und so sah Carl August Geheimgesellschaften als treibende Kraft in den Studentenunruhen. Er schrieb an Voigt: »[...] die Orden müssen auf alle mögliche Weise ausgerottet werden. Ihre Bemerkung ist sehr richtig, daß die Studenten aus denselben Anlagen schöpfen zu demokratischer Schwärmerei und auch nach geendigten Universitätsjahren im Vaterlande nur auf Gelegenheit warten, damit hervorzutreten. Ich kann Ihnen hiebei versichern, daß es keinesweges eine Schimäre war, wenn die Überpflanzung neufranzösischer Grundsätze auf deutschen Boden gefürchtet wurde«.[45] Die in dieser Äußerung hergestellte Verbindung zwischen den durch Studentenorden verursachten Jenaer Unruhen und einem möglichen Überschwappen der Französischen Revolutionsflut auf Deutschland ist eine deutliche Anspielung auf die Verschwörungstheorie.[46] Voigt antwortete mit Wor-

41 Vgl. oben S. 133; keines der dort besprochenen Dokumente befindet sich in der ›Schwedenkiste‹, in der jedoch Ott Bestätigung von Voigts Mitgliedschaft fand, wahrscheinlich im verlorengegangenen Bd. 10 (Ott: Goethe und der Illuminatenorden, S. 86). Es ist durchaus möglich, daß Voigt bei der Durchsicht von Bodes Papieren andere ihn betreffende Schriftstücke aus dem Nachlaß entfernte.

42 In den späten 1790er Jahren trug er »als der eigentliche Minister des klassischen Weimar die Bürde der Regierungsgeschäfte neben und unter seinem Fürsten fast allein« (Tümmler, in Goethe: Briefwechsel mit Voigt, 1: 30). Voigt war am 12.11.1791 zum Mitglied des Geheimen Consiliums ernannt worden (ebda. S. 29).

43 Vgl. hierzu die auf archivalischen Recherchen basierende, ausgezeichnete Arbeit von Koch: Der Auszug der Jenaischen Studenten.

44 Vgl. oben S. 142.

45 Herzog Carl August an Voigt, Koblenz, 15.7.1792, CAPB 2: 34 f.

46 Der Herzog zieht diese Verbindung zwischen den Jenaer Studentenunruhen und der Revolution des öfteren in seinen Briefen; vgl. etwa 27.7.1792, StA Weimar J 288, Bl. 37-38 (nur der Schluß wird wiedergegeben in CAPB 2: 36).

ten, die aus dem Werk eines Verschwörungstheoretikers genommen werden könnten: »In Frankreich ist doch bloß durch Maurerey und Clubs das Freyheitswesen verbreitet worden. Die Orden bereiten die jungen Leute darauf zu und haben weiter nichts, was sie versprechen und andre damit anwerben können, als das wonach alle Welt strebt: Einfluß und Gewalt, es sey heimlich oder öffentlich [. . .]«;[47] oder noch drastischer: »Die Orden sind doch nur der einzige itzige Verderb; sie stellen democratische Clubs vor, aus denen das in Frankreich brausende, die Anarchie befördernde Wesen sich mit den jungen Leuten in ganz Deutschland verbreiten wird, wenn nicht in Zeiten Einhalt geschieht«.[48] An einer anderen Stelle tauft Voigt die Studenten glatt »unsre Jacobiner zu Jena«.[49] Er führt den Auftrag des Herzogs zur Überwachung von Lehrkörper und Studenten denn auch fleißig aus: »Übrigens kann ich unterthänigst versichern, daß zu Jena unter Professoren und Studenten nichts, was zu wissen in der Sache gut ist, vorgehen wird, ohne daß ichs erfahre«.[50] In Weimar wurde deutlich, was geschehen konnte, wenn Anhänger der Verschwörungstheorie an der Macht waren: Überwachung, Einschüchterung, Knebelung der Gedankenfreiheit.

Aber es war Goethe, der die auffallendste Annäherung an die Verschwörungsmentalität zeigte. Schon 1792 hatte er im Zusammenhang mit den Studentenverbindungen in Jena gemeint: »Jede Geheime Gesellschaft wird in unsern Tagen gefehrlicher weil der Allgemeingeist des Augenblicks mit Tausend Zungen aus spricht, daß man kein Gesez zu halten brauche in das man nicht ganz freiwillig consentirt habe. Kein Staat soll keine geheime Verbindung dulten, alle öffendliche beginstigen«.[51] Noch im Jahre 1808 versuchte er wieder einmal, die Gründung

[47] Voigt an Herzog Carl August, 23.7.1792, Koch: Der Auszug der Jenaischen Studenten, S. 448.

[48] Voigt an Herzog Carl August, 6.8.1792, Koch: Der Auszug der Jenaischen Studenten, S. 451.

[49] Voigt an Herzog Carl August, 14.7.1792 (der Bastille-Tag!), Koch: Der Auszug der Jenaischen Studenten, S. 447.

[50] Voigt an Herzog Carl August, 23.7.1792, Koch: Der Auszug der Jenaischen Studenten, S. 449.

[51] AS 2/1: 205 (die Rechtschreibung ist auf einen Schreiber zurückzuführen), Jan. 1792; jetzt auch MA 4.2: 817. — Tümmler wertet diese Schrift Goethes als Beitrag zur modernen Idee der akademischen Selbstverwaltung (Carl August von Weimar, S. 97 f.); dabei übersieht er, daß diese sogenannte Selbstverwaltung — ein studentisches Ehrengericht — lediglich die obrigkeitliche Herrschaft legitimieren sollte, denn nur »vernünftige« Studenten, also politisch Zuverlässige, sollten an dieser ›Selbstverwaltung‹ teilnehmen. — Klaus H. Kiefer folgt der Wertung Tümmlers, erkennt jedoch implizit das Verschwörungsdenken bei Goethe, welcher in dieser Schrift »den Blick auf die Pariser ›Unruhen‹ [lenkt], die er als Folge okkulti-

einer Loge in Jena zu unterbinden. Zu diesem Zeitpunkt hatte Weimar allerdings einen neuen Herrn, Napoleon; aber obwohl die Reaktionäre in ihm die Vollendung der illuminatischen Revolutionsverschwörung sahen, brandmarkte die französische Regierung — zumal Napoleon selbst — ihre Feinde als Illuminaten, ein Name, der jetzt zum Synonym für Staatsfeind geworden war.[52] Die Verschwörungslegende war bis zu diesem Zeitpunkt auch Gemeingut geworden; die berüchtigten französischen und englischen Standardwerke erschienen schon ab 1797 und wurden sofort ins Deutsche und viele andere Sprachen übersetzt.[53] Allerdings fand Weimar nun auch Gelegenheit, die Verschwörungslegende gegenüber den neuen französischen Herren zum eigenen Vorteil zu nutzen: Im Oktober 1807 versuchte ein Weimarer Beamter, den für finanzielle ›Kontributionen‹ zuständigen französischen Kollegen dazu zu überreden, Weimar zu schonen, denn — so argumentierte er genial — der führende Vertreter der Verschwörungslegende, Abbé Barruel, hatte den deutschen »Gelehrten« vorgeworfen, »die Avantgarde der französischen Armeen« gewesen zu sein,[54] so daß die Weimarer Schöngeister geradezu als Verbündete der Besatzungsmacht anzusehen seien. Aber die Weimarer Regierung stand ganz auf der Seite der Geheimbundgegner, wenn es nicht — wie hier — um finanzielle Vorteile ging.

So rät Goethe in seiner am letzten Tag des Jahres 1807 eingereichten Denkschrift *Die Freimaurerei in Jena betreffend*, das neuerliche Ansuchen Jenaer Maurer, eine Loge zu gründen, abzulehnen.[55] Er wiederholt zunächst das Klischee unzähliger Konservativen: »Die Freimaurerei macht durchaus statum in statu«,[56] ein Satz, der deutlich macht, daß

---

stischer Umtriebe (Halsband-Affäre) betrachtete« (MA 4.2: 1217 f.).

[52] Vgl. Rogalla von Bieberstein: Die These von der Verschwörung, S. 129-30; Napoleon rief an den Studenten Friedrich Staps aus, der ihn in Schönbrunn umzubringen versuchte: »Sie sind von Sinnen, junger Mann, Sie sind ein Illuminat!« (ebda. S. 132; Engel: Geschichte des Illuminaten-Ordens, S. 461-63).

[53] Vgl. Barruel und Robison in der Bibliographie von Rogalla von Bieberstein: Die These von der Verschwörung.

[54] J.D. Falk an Voigt, 29.10.1807, [Sachsen-Weimar-Eisenach, Herzog Carl August von:] Politischer Briefwechsel, 2: 592-93.

[55] AS 2/2: 776-79 und MA 9: 1037-40; Zum Kontext vgl. Wernekke: Goethe und die königliche Kunst, S. 30-31 und (viel zuverlässiger) Guy: Goethe franc-maçon, S. 275-96.

[56] AS 2/2: 776. — Göchhausen hatte 1786 geschrieben, wenn die Freimaurer (aus anderen Stellen des Buches geht klar hervor, daß er die Illuminaten meint) die »profane[n] Verhältnisse« aufheben wollten, »so formirt ihr offenbar den gefährlichsten, oder, wenn ihr das nicht zugeben wollt, — den närrischsten statum in statu« ([Göchhausen:] Enthüllungen des Systems der Weltbürger-Republik, S. 175). Vgl. auch unten Kap. 5.1, wo zwei Stellen zitiert werden, in denen Wieland denselben

er nicht in erster Linie an unpolitische Geheimbünde wie die Freimaurer, sondern an Illuminaten und ihresgleichen dachte, auch wenn letztere schon längst nicht mehr aktiv waren. Eine zentrale illuminatische Strategie — Goethe kannte sie aus eigener Erfahrung — bestand ja darin, Ordensmitglieder aus höchsten Regierungskreisen anzuwerben, und Goethe macht dementsprechend die Gefahr geltend, die dadurch entstehen könnte, wenn »[...] alle herrschaftliche Beamte und was sonst öffentliche Personen sind in dieser Gesellschaft [=der beabsichtigten Jenaer Loge] begriffen sein [würden]. [...] Welches politische Gewicht sie in einem so kleinen Staate erhalten könnten, wenn sie tätige und unternehmende Menschen an der Spitze hätten, läßt sich sehr bald einsehen«.[57] Unverblümt meint Goethe, die Regierung solle schon existierende Logen »beherrschen« und die Gründung neuer verhindern[58] — seit 1792 hatte er also seine Meinung, man solle »keine geheime Verbindung dulten«, um kein Jota geändert. Das wundert auch nicht, da Goethe in dieser Zeit noch konservativer geworden war, aber diese Ängste wirken in der postilluminatischen Zeit etwas lächerlich und sind zugleich bedrohlich für die Intelligenz.

Der Herzog folgte dem Rat Goethes und verbot am 22. März 1808 unter Drohung von »öffentlichen Polizeimaßregeln« die Gründung der Loge.[59] Weil aber die Jenaer ›Brüder‹ sich nicht zufrieden gaben und die Regierung der drohenden Möglichkeit einer Gründung *ohne* staatliche Genehmigung zuvorzukommen bemüht war, so gibt Goethe dem Vorgang eine überraschende Pointe: »[...] mehr als alles Untersagen ist wohl nothwendig, daß man selbst etwas thue und veranstalte, weil der Zudrang zu diesen Quasi-Mysterien im Momente wirklich sehr groß ist,« und er weist auf die Maßnahme hin, über die er und der Herzog übereingekommen waren: »Das Räthlichste wäre, die hiesige Loge Anna Amalia zu den drey Rosen wieder zu beleben [...]«.[60] So ist

---

Begriff verwendet.

[57] AS 2/2: 777. — Offensichtlich hat Goethe in der schriftlichen Eingabe nicht alle seine politischen Bedenken gegen Geheimbünde geäußert, denn die Denkschrift fängt mit den Worten an: »Was die Angelegenheit einer für Jena beabsichtigten Freimaurerloge betrifft, so möchte sich deshalb wohl ein mündlicher Vortrag nötig machen, weil hier gar zu viel Bedenkliches zusammenkommt« (AS 2/2: 776). Gleich zweimal äußert er Antipathie gegen einen möglichen Einfluß Gothaer Maurer auf die beabsichtigte Loge (AS 2/2: 777, 779).

[58] AS 2/2: 776 f.

[59] Wernekke: Goethe und die königliche Kunst, S. 35.

[60] AS 2/2: 780 f.

deutlich, daß die nunmehr erfolgende Neugründung der Weimarer Loge, die seit Aufkommen der Illuminaten in Weimar geruht hatte, kein Akt freimaurerischer Begeisterung war, sondern ein politisch motivierter Versuch, die Freimaurer unter staatliche »Aufsicht«[61] (so Goethes Ausdruck) zu bringen, und dadurch sozusagen die Uhr zu den Zeiten zurückzudrehen, wo Weimar noch keine lästigen politischen Geheimbünde erlebt hatte. Übrigens mag Goethe schon 1791 eine ähnliche Taktik versucht haben, als er die ›Freitagsgesellschaft‹ gründete, in der wissenschaftliche Bestrebungen, die ja auch im Illuminatenorden gepflegt wurden, ein gemeinschaftliches Tätigkeitsfeld fanden; es fällt schon auf, daß vier der acht Gründungsmitglieder Illuminaten gewesen waren, einschließlich Bode.[62] Auch die Ähnlichkeit in der Form der Versammlungen in beiden Organisationen ist auffallend.[63] In der wiederbelebten Weimarer Freimaurerloge, vielleicht auch in der Freitagsgesellschaft sehen wir also einen frühen, modern anmutenden Versuch, in staatlich gegründeten und beherrschten Institutionen keimende oppositionelle Bestrebungen einzufangen und zu schwächen.

Es wird also überdeutlich, daß Goethe und sein Herzog in der Zeit der Französischen Revolution und danach teils aus Angst vor der Verschwörungstheorie, teils aus Zustimmung zu ihr Geheimbünde unterdrückten. Diese Haltung muß in ihrer Wechselwirkung mit den oben untersuchten Aktivitäten der Illuminaten vor dem Ausbruch der Revolution gesehen werden. Die spätere Unterdrückung war kein erst aus dem Skandal um den Orden entstandenes Verhalten, sondern ein Ausdruck des Mißtrauens, das von Anfang an für die Haltung Goethes und Carl Augusts zum Orden bestimmend war. Im historischen Kontext muß Carl Augusts und Goethes Verhalten als ein Teil schwerwiegender politischer Auseinandersetzungen gesehen werden, die für den einsetzenden Konflikt zwischen einer in Polizeikategorien denkenden Staats-

[61] AS 2/2: 777.

[62] Die ehemaligen Illuminaten waren Bode, Goethe, Herder und Voigt; andere Exilluminaten, die später hinzukamen, waren Fritsch, Chr. W. Hufeland und J. F. Kästner (auch Böttiger war vertreten; zu der Möglichkeit seiner Mitgliedschaft im Orden vgl. Kap. 5.1). Vgl. MA 4.2: 809-15, 1214-17. Einer der Vorträge Goethes vor der Freitagsgesellschaft befaßte sich mit seinen Forschungen über die Herkunft des geheimbündlerischen Betrügers Cagliostro (MA 4.2: 451-68; BG 3: 417-20; vgl. unten, Anm. 92).

[63] Man vergleiche die Beschreibung einiger Illuminaten-Versammlungen bei Le Forestier: Les illuminés, S. 258 Anm., mit den Angaben über die Freitagsgesellschaft in MA 4.2: 809-15. Zu dieser Funktion der Freitagsgesellschaft vgl. Kap. 5.2 (Herder).

macht und einer oppositionellen Intelligenz konstitutiv war. Wir haben nämlich gesehen, daß der Streit um den Illuminatenorden ein bedeutender Markstein in der Entstehung der politischen Moderne war, welchem fast paradigmatische Bedeutung zukommt. Der Streit um Weishaupts Berufung steht am Anfang dieser Auseinandersetzungen, so daß Carl August und Goethe sich ganz am Anfang der sich herauskristallisierenden Fronten fest auf der Seite der Staatsmacht befanden. Ferner bedeutet die Unterdrückung der Geheimorden im entscheidenden Jahr 1789 einen Versuch, die Bildung einer echten Opposition in Deutschland zu unterbinden — egal, ob diese Bildung überhaupt beabsichtigt war; die *mögliche* Entwicklung des Illuminatenordens zu einer politischen Opposition, wie sie im letzten Abschnitt angedeutet wurde, wurde nicht nur von den Illuminaten selbst, sondern auch von den Exilluminaten in der Weimarer Regierung im Keim erstickt. In zwei entscheidenden historischen Augenblicken bekannten Carl August und Goethe Farbe: sie bemühten sich um die Ausschaltung einer in ihren Augen potentiell staatsgefährdenden Oppositionsbildung.[64] Im ›aufgeklärten‹ Absolutismus behielt der Absolutismus ein weiteres Mal die Oberhand über die Aufklärung — denn als Verbreitung der Aufklärung wurde das Engagement für den Illuminatenorden unter seinen Mitgliedern verstanden. Auch der so aufgeklärte Herzog Ernst, der sich in der Weishaupt-Angelegenheit so tapfer gegen den Druck der absolutistischen Macht von außen zeigte, hatte sich ja auch als Instrument dieser Macht bekannt — auch er gab nach dem Ausbruch der Französischen Revolution den Verschwörungsängsten nach.[65]

Es erhebt sich natürlich die Frage, ob diese ideologischen Momente eine Rolle in Goethes literarischen Werken gespielt haben mögen. Im

[64] Bezeichnend für viele Zitate stehe das folgende aus einem späten Gespräch: »Hätte ich das Unglück, in der Opposition sein zu müssen, ich würde lieber Aufruhr und Revolution machen, als mich im finstern Kreise ewigen Tadelns des Bestehenden herumtreiben« — Gespräch mit Kanzler von Müller, 3.2.1823, zit. nach Friedenthal: Goethe, S. 625; das Wort vom »finstern Kreis« spielt vielleicht auf die Geheimgesellschaften an, und Friedenthal ist einer der wenigen Biographen, der — wenn auch nur andeutungsweise und mit konservativer Akzentuierung — in diesem Zusammenhang die Geheimbundthematik mit Studentenverbindungen in Bezug setzt: »Geheimbünde, Konspirationen — das wünscht er [=Goethe] nicht. Er hat zwar in seinem ›Wilhelm Meister‹, in seinen ›Geheimnissen‹ an Geheimgesellschaften gedacht, aber als Vereinigungen Weiser, Gereifter, überlegener Geister. Die Regierungsgeschäfte bleiben denen vorbehalten, die dafür berufen sind und es verstehen« (ebda.).

[65] Vgl. oben S. 101.

Rahmen der gegenwärtigen Arbeit ist dies eine zweitrangige Frage, da es hier um die soziopolitischen Ursprünge einer Ideologie geht und nicht in erster Linie um ihren literarischen Ausdruck — es geht also in erster Linie um den Geheimrat Goethe, nicht um den Schriftsteller Goethe —, aber einige Niederschläge der Verschwörungstheorie im literarischen Oeuvre können wenigstens angedeutet werden. Die Spärlichkeit der literarischen Verarbeitung dieser Thematik reflektiert sicherlich Goethes schlechtes Gefühl mit Bezug auf seine eigene illuminatische Vergangenheit sowie, damit verbunden, mit Bezug auf sein Umschwenken auf einen reaktionären Kurs.

Zunächst jedoch zurück zu den Zeiten von Goethes Illuminatentätigkeit. In diesen Jahren entstand ein merkwürdiges Fragment, das die Geheimbundthematik behandelt: das Versepos *Die Geheimnisse*.[66] Es kann hier keine eingehende Interpretation geleistet werden, zumal einer Deutung durch das Fragmentarische des Werkes enge Grenzen gesetzt sind und Goethes eigene explizite Interpretation Jahre nach der Entstehung wohl nicht mehr viel von der ursprünglichen Intention festhält.[67] Merkwürdig sind im vorliegenden Kontext der Verlauf der Entstehung sowie die Thematik des Werkes. Die beiden Phasen der Entstehung, Juli/August 1784 und März/April 1785, stehen in auffälligem Verhältnis zu den bisher analysierten Krisen des Ordens. Am 22. Juni 1784 war das erste Dekret des bayrischen Kurfürsten erlassen worden, das alle nicht staatlich genehmigten Geheimgesellschaften verbot und hauptsächlich gegen die (darin nicht namentlich erwähnten) Illuminaten gerichtet war; in den Monaten darauf setzten vehemente öffentliche Attacken gegen die Illuminaten ein, u.a. das schon erörterte Pamphlet von Babo, *Ueber Freymaurer. Erste Warnung*.[68] Am 23. Juli erfuhr Goethe, daß er mit dem Herzog Carl August nach Braunschweig reisen mußte.[69] Diese Reise hing mit dem Projekt eines Fürstenbunds zusammen, das Carl August in jenen Monaten eifrig betrieb. Aber auf dieser Reise wurde auch — damit zusammenhängend — die Werbung des preußischen Kronprinzen für die Illuminaten besprochen. Der Brief Carl Augusts an Herzog Ernst von Gotha, in dem er gegen die dem Kronprinzen aufzuerlegenden Beschränkungen protestiert, ist vom 20. August aus Braunschweig datiert und setzt die Entstehung des Bei-

66 MA 2.2: 339-48; zur Interpretation vgl. Guy: Goethe Franc-maçon, S. 189-210 und die dort angeführte Literatur.

67 Vgl. MA 2.2: 838 f.

68 Vgl. oben, S. 123.

69 WA IV/6: 327; BG 2: 476.

trittsvertrags für den Kronprinzen voraus,[70] so daß diese Sache wenigstens schon seit Wochen betrieben wurde (in diesem Brief spricht der Herzog auch von der »Critischen lage« des Illuminatenordens). Wir haben ferner gesehen, daß der Kronprinz ein eifriger Rosenkreuzer war, also Mitglied des reaktionären Pendants zum Illuminatenorden und somit deren Gegner, obwohl die Weimarer zu diesem Zeitpunkt von dieser Tatsache vielleicht gar nichts wußten; sie wußten jedoch, daß die Rosenkreuzer ihre Gegner waren oder sein sollten. Daher überrascht es, daß die Rosenkreuzerthematik im Zentrum von Goethes Fragment steht. Goethe bezieht sich nicht direkt auf den modernen Geheimbund der Gold- und Rosenkreuzer, aber mit der Behandlung der Legende des Christianus Rosencreutz, die aus den Werken des Johann Valentin Andreae (1586-1654) hervorgeht, griff der Dichter zu einem Stoff, der zum Legitimationsbeiwerk der ›neuen‹ Rosenkreuzer gehörte. So stellt sich ganz einfach die Frage, warum ein Illuminat sich als Dichter mit einem Thema beschäftigte, das in der Öffentlichkeit als Unterstützung der Illuminatenfeinde ausgelegt worden wäre. Und warum geschah dies in den Krisenzeiten des Illuminatenordens?

Am Tag nachdem er erfuhr, daß er die Reise nach Braunschweig machen mußte, erwähnt Goethe zum ersten Mal das Epos.[71] Am 7. August fuhr er mit dem Herzog nach Gotha,[72] wo nicht nur der Fürstenbund, sondern höchstwahrscheinlich auch das Kronprinzenprojekt besprochen wurde; am nächsten Tag fuhr man in Richtung Braunschweig ab, und an diesem Tag schrieb Goethe weiter an den *Geheimnissen*.[73] Weitere Briefe zeugen vom ›Sinnen‹ über und von der Arbeit am Gedicht während dieser Reise, so vor allem in Braunschweig selbst[74]

[70] Vgl. Dokumente Nr. 23 und 24 sowie oben S. 113 ff.

[71] »Wenn ich das Gedicht anfange so geschieht es nur um deinetwillen; so sehr ich dir bekannt bin und an meinem ganzen Wesen dir nichts neues ist; so hoffe ich doch es sollen Stellen dir unerwartet seyn« (24.7.1784 an Charlotte von Stein, HAB 1: 447).

[72] Nach Fourierbuch, BG 2: 478, GL 2: 446.

[73] 8.8.1784 an Herder und dessen Frau und an Charlotte von Stein (WA IV/6: 333, 334; MA 2.2: 842).

[74] 14.8.1784: Goethe habe an dem Gedicht »gesonnen« (WA IV/6: 337); weitere Arbeit: 24.8.1784 und 30.8.1784 (WA IV/6: 344, 350), alle an Charlotte von Stein. Am 27.8.1784 trugen sich Goethe und Carl August ins Gästebuch der Freimaurerloge ›Zur gekrönten Säule‹ in Braunschweig ein (BG 2: 482). Herzog Ferdinand von Braunschweig war zu diesem Zeitpunkt schon Illuminat, aber er ging noch seinen theosophischen Interessen nach und wurde von Bode und anderen leitenden Illuminaten mißtrauisch betrachtet. Mit seinen engen Beziehungen zum preußischen Hof war er möglicherweise eine wichtige Figur im Projekt der Werbung des Kronprinzen Friedrich Wilhelm; Carl Augusts Protestbrief gegen die zu engen Beschränkungen des Kronprinzen wurde ja aus Braunschweig geschrieben (vgl. Doku-

während des Besuchs vom 16. August bis zum 1. September. Während Goethe dann über den Harz nach Weimar zurückfuhr, reiste der Herzog nach Dessau, wo er am Treffen teilnahm, in dem der Kronprinz für die Illuminaten gewonnen werden sollte, wo aber Carl August und der rosenkreuzerische Prinz sich gegenseitig im »wiedrigen Vorurtheile« gegen die Illuminaten bestärkten.[75] Die andere Phase der Entstehung fällt mitten in die bewegte Zeit des Frühjahrs 1785: Dreiundhalb Wochen nach dem ersten bayrischen Edikt, das zum ersten Mal die Illuminaten namentlich verbot, finden wir Goethe wieder mit dem Epos beschäftigt, jetzt etwas intensiver; die ersten Erwähnungen fallen am 27. und 28. März,[76] beginnend also am Tag nach dem Zeugnis von Herzog Ernst, daß der neue weimarische Vorschlag zur Versorgung Weishaupts »Mißtrauen in Sp[artacus]« verrate.[77] Auch am 2. und 3. April hat Goethe weitergedichtet;[78] am Abend des 3. versicherte er Bode, daß Carl August und er selbst beide für die Berufung wären,[79] aber am selben Tag schrieb Herzog Ernst jenen Brief, in dem es heißt, »Aeschylus [=Herzog Carl August] so wie Abaris [=Goethe], scheinen mir beyde, nicht die günstigsten Gesinnungen für ihn [=Weishaupt] zu heegen, haben mir beyde viele Schwierigkeiten wegen seiner Anstellung zu Butus [=Jena] gemacht«.[80] Nach diesem Tag sind keine Zeugnisse über Arbeit an den *Geheimnissen* mehr überliefert.

Der Bezug des Gedichts zu diesen Ereignissen läßt sich nicht mehr einwandfrei herstellen. Es kann natürlich sein, daß Goethe hier nur seinen Interessen an einem esoterischen Thema nachging und erst nachträglich die Möglichkeit erwog, daß mit diesem Werk die modernen Rosenkreuzer sich gestützt fühlen könnten, und daß er daher das Frag-

ment Nr. 23).

[75] Vgl. Dokument Nr. 26 sowie oben, S. 115.

[76] An Charlotte von Stein, 27.3.1785; an dieselbe sowie an Knebel, 28.3.1785, WA IV/7: 33 f.; vgl. um dieselbe Zeit zwei undatierte Briefe an Charlotte von Stein, [wohl März oder April], WA IV/7: 34 f. (der erste dieser Briefe, in dem Goethe von der Rückkehr des Herzogs spricht, ist wohl vor dem 6. oder 7. April zu datieren, als der Herzog von der Reise nach Leipzig zurückkommen sollte).

[77] Vgl. Dokument Nr. 41, Bl. 1v.

[78] An Knebel, 2.4.1785; an Charlotte von Stein (zweimal), 3.4.1785 (WA IV/7: 37 f.).

[79] Bode an Herzog Ernst II. von Gotha, 4.(?)4.1785, vgl. Dokument Nr. 43, Bl. 2v.

[80] Dort heißt es auch: »alle meine projecte zu seiner [=Weishaupts] Versorgung werden mir dort [=in Weimar] vereitelt«; an Bode, 3.4.85, vgl. Dokument Nr. 42, Bl. 1v, 1r, sowie oben S. 112.

ment liegen ließ. Die merkwürdige Entstehung zeigt einwandfrei, daß Goethe, der wohl von Anfang an ein Mißtrauen gegen den Orden gespürt hatte,[81] gerade in den Zeiten der Verfolgung der Illuminaten an einem Epos arbeitete, das, aus der Feder eines so angesehenen Dichters und Staatsmanns, für ihre Gegner ein Glanzstück der Legitimation gewesen wäre, wenn es ausgeführt worden wäre. Ob das seine Intention war, läßt sich nicht mehr feststellen.

In den Jahren der Französischen Revolution (und vielleicht noch früher[82]) streiften einige von Goethes Werken sehr versteckt die Themen Illuminatentum und Verschwörungslegende. Die Verschwörungstheoretiker waren im Allgemeinen eine so widerliche Bande, daß sie Goethe anekelten; er schrieb sogar zwei der *Xenien* gegen sie, aber bezeichnenderweise blieben sie unveröffentlicht.[83] Es ist sicher dieses zwiespältige Verhältnis zu den Verschwörungstheorien — Goethe verachtete ihre fanatischen Vertreter, aber er sympathisierte auf Grund seiner illuminatischen Erfahrungen mit den Verschwörungstheorien —, was nur zweideutige literarische Verarbeitungen dieser Thematik zuließ. Unter den an die Öffentlichkeit gelangten Werken ragt das Drama *Der Groß-Cophta* (1791) hervor, das Cagliostros Wirken und die Halsbandaffäre thematisiert. Walter Müller-Seidel argumentiert dagegen, dieses Werk ein »Revolutionsdrama« zu nennen, und verwendet stattdessen die Bezeichnung »Freimaurerdrama«,[84] aber angesichts der Vorherr-

[81] Vgl. den mehrfach erwähnten Brief Herzog Ernsts vom 26.3.1785, vgl. Dokument Nr. 41, Bl. 1v.

[82] Merkwürdig genug ist es, daß im *Egmont* der Beamte Machiavell, der sonst die Sache der Niederländer verteidigt, eine »ungeheure Verschwörung« für die flämischen Unruhen verantwortlich macht (1. Aufzug, Palast der Regentin; MA 3.1: 254); hier folgt Goethe zwar seinem Gewährsmann Strada, aber dessen Darstellung ist aus dem Munde des Machiavell eher fehl am Platz, so daß Goethes Verwendung davon desto auffallender ist. Ob damit jedoch Goethes Erfahrungen im Illuminatenorden geknüpft werden können, ist unsicher, da die Entstehung dieser Stelle vielleicht sogar in die Zeit vor seiner Mitgliedschaft fällt.

[83] Goethe griff die bekannteste Zeitschrift der Verschwörungstheoretiker, *Eudämonia*, sowie den Hauptvertreter der Theorie, Hoffmann (zu beiden vgl. weiter unten), in zwei *Xenien* an (Nachlaß-*Xenien* 35, 104, vgl. MA 4.1: 687, 726), gliederte sie jedoch »aus unnötigen metrischen Bedenken« aus (so Manfred Beetz in MA 8.2: 256, vgl. ebda. den Brief an Schiller vom 30.7.1796, S. 226).

[84] Müller-Seidel: Cagliostro und die Vorgeschichte der deutschen Klassik, S. 54. — Wolfgang Martens schreibt mit Recht über dieses Stück: »Von Idee und Ethos geheimer Gesellschaften des 18. Jahrhunderts tritt nichts Positives zutage« (Geheimnis und Logenwesen, S. 329; aus unzulänglicher Quellenkenntnis schreibt Martens übrigens nur, »daß [Goethe] möglicherweise auch Illuminat gewesen ist« [S. 329]). Reiner Wild bestätigt durch die Entstehungsgeschichte den Zusammenhang mit der Verschwörungstheorie, ohne diese konkret zu nennen: »In Italien war das Erschrecken über die Halsbandaffäre offenbar gemildert und damit der Ver-

schaft der Verschwörungslegende in der Zeit der Französischen Revolution beinhaltet wohl fast jedes Freimaurerdrama aus dieser Zeit politische Implikationen. In seinem Verhör durch die Inquisition im Jahre 1790 hatte Cagliostro (fälschlich) vorgegeben, ein Chef der Illuminaten zu sein — und Bode hatte ein eigenes Buch der Widerlegung dieser Behauptung gewidmet[85] —, so daß in den 1790er Jahren die Illuminatenthematik mit einer Behandlung des Phänomens Cagliostro mitgegeben war. Außerdem erinnern die jesuitischen Taktiken des fiktiven Grafen[86] — gegenseitige Bespitzelung, Lügen, Fälschung usw. — an die Methoden, die als Kennzeichen illuminatischer Disziplin öffentlich bekannt geworden waren. Und Goethe stellt hier einen gefährlichen ›status in statu‹ dar, der mit der staatlichen Autorität in Konflikt gerät. Aussagen wie die folgende weckten sicherlich Gedanken an die Illuminaten bei der Leserschaft: »Vor ihm [= dem Grafen] sind alle Stände gleich. [. . .] Meine Schüler, pflegt er zu sagen, sind Könige, wert die Welt zu regieren [. . .]«.[87] Der Graf findet es sogar unmöglich, sich staatlicher Herrschaft zu unterwerfen[88] — dieser Konflikt zwischen dem Gehorsamseid gegenüber dem Geheimorden und der Pflicht der Unterwerfung unter staatliche Autorität bildete ein wichtiges Motiv der Kritik an den Illuminaten, bei Wieland, Goethe selbst[89] und vielen anderen.

---

such einer gelassen-heiteren Bearbeitung möglich geworden. 1790/91, als das Erschrecken seine Bestätigung in der Revolution gefunden hatte, verbot sich eine solche Bearbeitung [. . .]« (MA 4.1: 947).

85 *Ist Cagliostro der Chef der Illuminaten? Oder, das Buch: Sur la secte des illuminés. In Deutsch. Mit erklärenden Worten des deutschen Translators* (Gotha 1790); vgl. dazu Rogalla von Bieberstein: Die These von der Verschwörung, S. 91; Engel: Geschichte des Illuminaten-Ordens, S. 420-25.

86 Dazu Müller-Seidel: Cagliostro und die Vorgeschichte der deutschen Klassik, S. 55.

87 MA 4.1: 12 (I/1). Diese Stelle ist vielleicht eine Anspielung auf den Untertitel des von Weishaupt im Vorjahr veröffentlichten Buches über Geheimgesellschaften *Pythagoras oder Betrachtungen über geheime Welt- und Regierungskunst* (Frankfurt und Leipzig 1790); jedenfalls war der Begriff der Weltregierung in Illuminatenschriften und zumal in den Pamphleten der Verschwörungstheoretiker geläufig (vgl. oben S. 23).

88 »Oberster. Gehorchen Sie!
Graf. Es ist mir unmöglich!« (V/8; MA 4.1: 91).

89 »Jede Geheime Gesellschaft wird in unsern Tagen gefehrlicher weil der Allgemeingeist des Augenblicks mit Tausend Zungen aus spricht, daß man kein Gesez zu halten brauche in das man nicht ganz freiwillig consentirt habe« (AS 2/1: 205), vgl. oben, S. 150.

Interessant ist noch, daß Goethe den »widerwärtig[en] Effekt« des Stückes bei der ersten Aufführung in Weimar z.T. auf die Geheimbündler im Publikum zurückführte: »[...] weil geheime Verbindungen sich ungünstig behandelt glaubten, so fühlte sich ein großer respektabler Teil des Publikums entfremdet [...].«[90] Wahrscheinlich denkt Goethe hier konkret an Beschwerden von Weimarer Exilluminaten wie Bode.[91] Er selbst beschritt den entgegengesetzten Weg; er dokumentierte durch dieses Werk vor der Öffentlichkeit seine Abkehr von den Geheimgesellschaften. Die Besorgnisse der (Ex-)Geheimbündler waren berechtigt, denn mit diesem Schauspiel leistete Goethe dem Komplottdenken und damit der Reaktion einen Dienst.[92]

Nach der ›heißen‹ Phase der Revolution lieferte Goethe eine neue fiktive Geheimbunddarstellung, die positiver war als in *Der Groß-Cophta*: Die Turmgesellschaft in *Wilhelm Meisters Lehrjahren* (1795).[93]

[90] MA 14: 511 (*Campagne in Frankreich*, 1822). — Ein noch unzugänglicher Brief von F.L. Schröder an Bode in den Freimaurerarchiven in Merseburg soll das Interesse unter Geheimbündlern am Entstehen des *Groß-Cophta* bezeugen (freundlicher Hinweis von Archivrätin Renate Endler, Merseburg).

[91] Merkwürdig ist auf jeden Fall: Die Uraufführung fand am 17.12.1791 statt; Bode schrieb am 10.3.1793 an Münter: »Aemil[ius] [=Bode selbst] ist, das kann ich Sie versichern, als ein ehrlicher Mann immer nach seinen Kräften thätig gewesen. Seit ungefehr 15 Monathen aber [also seit etwa Dezember 1791!], treibt er sein Werk etwas langsamer. Mündlich könnte ich Ihnen die triftigsten Ursachen davon angeben; aber schriftlich? Liebster! Nachdem das Wort Aufklärung, bey den Deutschen, fast zur Anzeige eines Verbrechens gemacht wird, wer darf da glauben, daß man seine einfachsten Worte nicht auf eine Art erklären könne, und wolle, die ihn nicht nur in Verdruß setze, sondern auch seine ganze Activität tödte!« ([Münter:] Briefwechsel 1: 51 f.). Bode datiert damit eine Einschüchterung der freien Meinungsäußerung, zumal seiner eigenen, fast genau auf die Zeit der Uraufführung des *Groß-Cophta*, deren Mißerfolg Goethe ausdrücklich mit mißvergnügten Geheimbündlern in Bezug setzte.

[92] In Palermo hatte Goethe im April 1787 — also während des Illuminatenskandals nach der Veröffentlichung der *Originalschriften* — die Familie des Giuseppe Balsamo (Cagliostro) besucht, um dessen Herkunft zu erforschen; das Ergebnis war die 1792 publizierte Schrift *Des Joseph Balsamo, genannt Cagliostro, Stammbaum. Mit einigen Nachrichten von seiner in Palermo noch lebenden Familie* (MA 4.2: 451-68). Die romanhafte Spekulation liegt nahe, daß Goethe hiermit einen illuminatischen Auftrag ausführte; wahrscheinlicher ist jedoch, daß er die eigene Neugierde über Cagliostro und dessen Einfluß auf Geheimbündler befriedigen wollte. Auch mit den gleichzeitigen Bemühungen, eine Illuminatengruppe in Rom einzurichten (vgl. S. 133) hatte Goethes dortiger Aufenthalt sicher nichts zu tun.

[93] Nach Rosemarie Haas (Die Turmgesellschaft, S. 26) ist die Konzeption der Turmgesellschaft »keinesfalls vor 1786« und »wahrscheinlich später geplant, ausgeführt erst zu Beginn der 1790er Jahre, zu einer Zeit, als Goethe immer wieder als entschiedener Gegner des Logenwesens auftrat«.

Aber auch in diesem Fall haben moderne Interpreten durchaus negative Züge entdeckt; die Darstellung einer Geheimgesellschaft, die ein Individuum manipuliert, verwies implizit auf die Verschwörungsideen. Wenn in die Darstellung der Turmgesellschaft tatsächlich Requisiten illuminatischer Rituale und Ideen eingegangen sind, wie Rosemarie Haas argumentiert,[94] so möchte man dem Urteil von Hans-Jürgen Schings beipflichten: »Mit der Einführung der Turm-Gesellschaft partizipieren die *Lehrjahre* auf eher ironische Weise an diesem Motivkomplex [d.h. den Initiationsszenen der Geheimbundromane der Zeit]«.[95] Und auch wenn Goethe seiner Turmgesellschaft positiv gegenüberstand, so lief seine Darstellung doch auf eine grundlegende Differenz zu Weishaupts Ideen hinaus; der Zweck der Turmgesellschaft, schreibt Haas, ist »nicht, wie in Weishaupts Entwurf, das System einer ›geheimen Welt- und Regierungskunst‹, sondern die Ausbildung eines Individuums«.[96] Aber auch in seinem übrigen Denken zeigt Goethe verstärkt die Tendenz, die Bedeutung des Subjekts hervorzuheben. Alle seine ›Revolutionsdramen‹ — mit der möglichen Ausnahme des späten Stücks *Die natürliche Tochter* —, ja die meisten seiner expliziten Bemerkungen über die Französische Revolution legen sie nicht als Massenbewegung aus, sondern als Resultat einer Verschwörung unter irregeführten Pseudo-Intellektuellen oder machtgierigen Größenwahnsinnigen, die gegen die legitime Staatsautorität konspirieren und das an sich zufriedene Volk zur Revolte verführen — dies trotz Goethes oft hervorgehobener Erkenntnis, daß das Ancien Régime so viel Schuld an der Revolution trug wie die Revolutionäre. Goethe reduziert die Revolution auf psychopathische oder tölpelhafte Machtgier Einzelner, und in dieser Weise sperrt er die historische Klassendynamik aus und interpretiert die Revolution durch die verzerrte Perspektive der Verschwörungslegende.[97] Er verfuhr zwar differenzierter als die plumpen Komplottbeses-

[94] Haas: Die Turmgesellschaft, S. 77-82. Haas bezieht sich beim Ritual auf den Minervalgrad, da sie hier eine Parallele zu einer Szene des Romans sieht (S. 77); fraglich ist jedoch, ob Goethe, der schon vor seiner Aufnahme als Illuminat den maurerischen Meistergrad innehatte, in den Minervalgrad eingeführt worden wäre (vgl. oben S. 73). Als ›Zensor‹ der Weimarer Minervalkirche hätte Goethe allerdings Kenntnis von deren Ritualen, aber diese Kirche scheint nie verwirklicht worden zu sein.

[95] MA 5: 820.

[96] Haas: Die Turmgesellschaft, S. 82.

[97] In *Der Bürgergeneral* (1793) spielt Goethe auf eine Variante der Verschwörungstheorie an, die Vorstellung, daß ein französischer »Club de Propagande« durch Freimaurerlogen angeblich europaweiten Aufruhr anstiftete (vgl. unten im Abschnitt über Wieland): Schnaps erzählt Märten, er sei von einem in Deutschland reisenden Jakobiner in eine »Gesellschaft [. . .] [m]it vielen Zeremonien« aufge-

senen. Aber Goethes praktisches Handeln zeigt, daß er diesen Ideen, die er nicht unbefragt in seine Werke aufnahm, in seiner amtlichen Tätigkeit verfallen war und die politischen Konsequenzen daraus zog. Bevor wir jedoch eine abschließende Bewertung von Goethes (und Carl Augusts) Verhalten gegenüber Geheimbünden und Verschwörungstheorien versuchen wollen, wenden wir uns den Verschwörungsängsten eines anderen wichtigen Vertreters der ›Weimarer Klassik‹ zu, sowie einer Darstellung anderer Opfer der Weimarischen Regierungspolitik, vor allem an der Universität Jena.

---

nommen worden und sei seinerseits damit beschäftigt, andere Revolutionäre anzuwerben, so daß Märten ausruft: »So ist das doch wahr« (MA 4.1: 104 f.; 6. Auftr.). Es stellt sich jedoch heraus, daß Schnaps diese Geschichte erfunden hat — eine Zurücknahme, die für Goethes zwiespältiges Verhältnis zu den Verschwörungstheoretikern und ihren Ideen kennzeichnend ist.

5
Opfer und Vertreter der Verschwörungslegende in Weimar und Jena im Zeitalter der Französischen Revolution

5.1
Wielands Aufnahme der Verschwörungslegende in den »Teutschen Merkur« (Mit einem Exkurs zu Schiller)

Die Verschwörungsthese richtete sich nicht nur gegen ehemalige Illuminaten, sondern suchte sich auch andere Opfer. Belege waren für diese Anschwärzer von sekundärer Bedeutung; überall witterten sie ›Illuminaten und Jakobiner‹. So wurde »die aufgeklärte Intelligenz wegen des Skandals um den Illuminatenorden in die Defensive gedrängt«, wie Johannes Rogalla von Bieberstein konstatiert.[1] In dieser Kategorie der Nicht-Illuminaten, die von den Verschwörungstheoretikern angegriffen wurden, fällt zunächst Schiller auf. Der Schillerforschung ist längst bekannt, auch wenn es nie Gegenstand einer gründlichen Untersuchung war, daß Schiller noch vor der Revolution seine fiktive Dramenfigur Marquis Posa im *Don Carlos* mit den Ideen der Illuminaten in Verbindung brachte. Bei dieser Gelegenheit wies Schiller öffentlich darauf hin, daß er kein Illuminat sei.[2] Er war schon früh in Kontakt mit dem

[1] Rogalla von Bieberstein: Die These von der Verschwörung, S. 85.

[2] Am Anfang des 10. der *Briefe über Don Carlos*; im Erstdruck meinte Schiller (oder sein Herausgeber, Wieland!), das Wort »Illuminat« nicht ausschreiben zu dürfen: »Ich bin weder I[lluminat] noch M[aurer], aber wenn beyde Verbrüderungen einen moralischen Zweck mit einander gemein haben, und wenn dieser Zweck für die menschliche Gesellschaft der wichtigste ist, so muß er mit denjenigen, den Marquis Posa sich vorsetzte, sehr nahe verwandt seyn« (TM 1788.4 [Dez.]: 250). Die Arbeit von Marion Beaujean (Zweimal Prinzenerziehung) wird dem Thema nicht gerecht; Beaujean stützt sich nur auf van Dülmens Angaben über die Illuminaten und mißversteht z.B. die Ausdrücke »Anarchie der Aufklärung« und »Despotismus der Aufklärung« in Körners Brief an Schiller vom 18.9.1787 (S. 226); der zweite Ausdruck weist eindeutig auf die illuminatischen Kontrollmechanismen.

Orden gewesen. Sein verehrter Lehrer an der Karlsschule, Jakob Friedrich von Abel, war — trotz van Dülmens Angaben — Illuminat,[3] obwohl Schiller selbst 1787 die Werbungsversuche Bodes abwehrte.[4] Nach dem Anfang der Revolution schliefen Schillers politische Interessen bekanntlich ein.[5] Faszinierend bleibt jedoch die Perspektive auf Schillers Gönner, den Erbprinzen und späteren Herzog Friedrich Christian von Schleswig-Holstein-Sonderburg-Augustenburg; er war jahrelang von den Illuminaten geradezu besessen, später wahrscheinlich sogar selbst Mitglied; er unterstützte den Ordensgründer Weishaupt viel großzügiger als den Dichter Schiller und versuchte, Weishaupts Papiere — wie auch früher den Nachlaß Bodes, also die spätere ›Schwedenkiste‹ — zu erwerben.[6] Er schrieb sogar 1791 an Weishaupt, daß er diesen in Schleswig-Holstein gerne anstellen würde, daß jedoch die Verschwörungstheorie dies verhindere: Ein bedeutender Fürst behaupte, »daß der O[rden] an politischen Revolutionen arbeite, daß die gegenwärtige Verwirrung in Frankreich sein Werk sey. Dieser Verdacht macht jede Bemühung [S]ie hier anzustellen vergeblich.«[7] Im Jahre 1793 sandte er

[3] Dülmen: Geheimbund der Illuminaten, S. 63, berichtigt durch Fehn: Zur Wiederentdeckung des Illuminatenordens, S. 237 f., mit Bezug auf Rossberg: Freimaurerei und Politik, S. 69.

[4] Schiller: Briefe 1: 399 (an Körner, 29.8.1787) (vgl. oben Anm. 2). Im Brief vom 10.9. ging es um den Illuminatenskandal: »Weishaupt ist jetzt sehr das Gespräch der Welt« (ebda., S. 409). Vgl. Jacoby: Der Stifter des Illuminatenordens.

[5] Die *Ästhetischen Briefe* einen politischen Text zu nennen, weil sie auf politische Reform als Endziel hinweisen, sieht von der Tatsache ab, daß diese Reform wie im Illuminatenprogramm auf eine praktisch nie zu erreichende Zukunft aufgeschoben wird. Vgl. bes. Holmes: Property and Politics. Schillers Abneigung gegen politische Schriftstellerei kann aus einem Brief an Cotta vom 19.5.1794 belegt werden, in dem er den Wunsch ausdrückt, eine belletristische Zeitschrift statt der bis dahin geplanten politischen zu gründen: »Was mich selbst betrifft, so gestehe ich aufrichtig, daß ich die politische Schriftstellerey nicht aus Neigung sondern aus Speculation erwählen würde [. . .]« (Nationalausg. 27: 2).

[6] Vgl. Schulz: Schillers Gönner und die Orden; [Schleswig-Holstein-Sonderburg-Augustenburg, Friedrich Christian von:] Aus dem Briefwechsel, wo der Briefwechsel zwischen Weishaupt und dem Prinzen enthalten ist. Zum versuchten Erwerb der Papiere Bodes vgl. ebda. S. 179 sowie oben, S. 147. In der Forschung galt der Prinz meist nicht als Mitglied des Ordens, aber Schüttler weist darauf hin, daß sein Name in einer Ordensmatrikel steht: Karl Leonhard Reinhold, S. 56 Anm.; ein weiterer Beleg wird unten in Anm. 14 gebracht. Jedenfalls wußte er vom Ordensprogramm.

[7] An Weishaupt, 29.3.1791, [Schleswig-Holstein-Sonderburg-Augustenburg, Friedrich Christian von:] Aus dem Briefwechsel, S. 91; vgl. S. 120. In demselben Brief schrieb Friedrich Christian: »Zu dieser Absicht müßte der Ill[uminaten] O[rden] bey uns wieder aufleben, und Sie zum zweyten mahle Stifter desselben werden« (S. 92).

den dänischen Schriftsteller Jens Baggesen auf eine Reise durch Europa, u.a. um zu erfahren, ob die Illuminaten — für welche er wegen Überwachung der Post den bezeichnenden Codenamen ›Phönix‹ verwendete — noch aktiv wären, ob sie an der Französischen Revolution beteiligt gewesen wären und ob ein erneuerter Orden die politischen Probleme Europas lösen könnte. Und als Baggesen Jena besuchte, gab ihm der Prinz den Auftrag, mit seinem Freund Schiller zu sprechen: »Was sagt Enceladus [=Schiller] zu den Kränzgen [=Geheimbünden]? Er wäre der Mann, der vagen Materie die Form zu geben, wenigstens dazu die Zeichnung zu machen, die eine Meisterhand erfordert, weil Vorsicht mehr als jemals nöthig ist.«[8] Schiller sollte also nach den Vorstellungen seines Gönners im Wiedererstehen des Illuminatenordens eine Schlüsselrolle spielen.

Bisher war nicht bekannt, ob Baggesen tatsächlich mit Schiller über die ›Kränzgen‹, die Geheimorden, gesprochen hat. Im Jahre 1905 publizierte zwar Louis Bobé Auszüge aus Baggesens Reisetagebuch, die den Besuch bei Schiller festhielten, und unter dem 16. Juli (acht Tage nach dem Datum des Auftragbriefes von Friedrich Christian) lesen wir vom zweiten Besuch bei Schiller: »bei Schillers Abends. Herrlicher Abend, Hochheimer, Champagner.«[9] Ein Einblick in das Tagebuch, das heute in der Königlichen Bibliothek in Kopenhagen aufbewahrt ist, zeigt jedoch, daß Bobé einen kleinen, ihm vielleicht unverständlichen Vermerk ausließ: Über dem zitierten Eintrag steht deutlich zu lesen: »Ill.«[10]

[8] [Schleswig-Holstein-Sonderburg-Augustenburg, Friedrich Christian von:] Timoleon und Immanuel, S. 179 (8.7.1793); vgl. [Schleswig-Holstein-Sonderburg-Augustenburg, Friedrich Christian von:] Aus dem Briefwechsel, S. 153-55. Der Hinweis auf »Vorsicht« bezieht sich wohl auf den in Mißkredit geratenen Weishaupt, den der Prinz also nicht mehr (vgl. die vorige Anm.) für geeignet hielt, den Orden zu reformieren.

[9] Bobé: Schiller und Dänemark, S. 158.

[10] Der vollständige Eintrag lautet genau: »16. Dienstag — bey Schillers Abends — Herrlicher Abend Hochheimer, Champagne.«; über dem Gedankenstrich nach »Dienstag« steht »Ill.«, gleich danach (über »bey«) steht »Lottchen« (Charlotte Sophie, Baggesens Frau). Baggesens dagbøger, Nr. 21-22 (1.5.-9.8.1793), Kongelige Bibliotek Hs. Ny kgl. S., 504, 8. Der Vermerk »Ill.« könnte sich allerdings darauf beziehen, daß Baggesen sich im Laufe des Tages mit Illuminatenpapieren beschäftigte, was tatsächlich für andere Tage vermerkt ist; aber wenn dies der Fall wäre, dann hätte Baggesen wohl, wie im vorigen Eintrag, »Ill. Papiere« geschrieben (15.7.1793). — Bobés Zitate vermitteln übrigens den Eindruck, daß dies der erste Besuch Baggesens bei Schiller war; unter dem 19.6. steht jedoch: »Jena 4 Stunden [von] 4 [bis] 8½ bey Schiller, wo Mag. Groß.« In den Tagebüchern wird Reinhold häufig mit seinem Illuminatennamen ›Decius‹ bezeichnet (Auszüge bei Starnes: Wieland 3: 468-80).

Baggesens intensive Beschäftigung mit Illuminatismus in diesen Tagen geht klar aus dem Tagebuch und anderen Dokumenten hervor; kurz vor dem Besuch bei Schiller war er in Gotha, und am Tag nach dem Besuch bei Schiller bat Bode Gothaer Illuminaten in einem Brief, Baggesen zu empfangen.[11] Er wurde dann am 22. Juli in Gotha in den Bund aufgenommen; er mußte jedoch wenig unterrichtet werden, da er über den Illuminatenorden schon sehr gut Bescheid wußte.[12] Am nächsten Tag sucht er Bode in Weimar auf; dieser — der Laurence-Sterne-Übersetzer hat nun den Ordensnamen »Tristram« erhalten — freut sich über Baggesens Aufnahme und gibt ihm dann »Erlaubniß [...] Timoleon [=Prinz Friedrich Christian[13]] die No. [=Grade] 3, 4, 5 u[nd] 6 zu geben«.[14] Bode macht sich dann daran, so berichtet Baggesen weiter, »Bruder Decius [=Reinhold] zu schreiben, daß Er mir alles mittheile«.[15] Es folgten dann weitere Besuche bei Schiller, und später trafen sich die beiden in Nürnberg und reisten gemeinsam bis Feuchtwangen. Zeit für Gespräche über Illuminatentum gab es also reichlich.

Wenn man bedenkt, daß es kein gleichgültiger Prinz war, der Baggesen den Auftrag gab, mit Schiller über einen erneuerten Illuminatenorden zu sprechen, sondern Schillers Mäzen, und daß Schiller gerade zu diesem Zeitpunkt die Briefe an diesen konzipierte, die zu den *Briefen*

[11] Schulz: Schillers Gönner und die Orden, S. 89 f.

[12] Tagebuch, 22.-23.7.1793. Die Teilnehmer waren die bekannten Gothaer Illuminaten Becker und Wehmeyer; ein »André« wird genannt, wohl Christian Carl André, der ab 1790 am Erziehungsinstitut in Gotha tätig war, sowie »Schlichtegroll«, also Adolph Heinrich Friedrich von Schl., Direktor des herzoglichen Münzkabinetts in Gotha und Biograph (vgl. Anhang 1).

[13] Anscheinend wählte der Prinz nur zufällig denselben Briefnamen (Timoleon) wie Herzog Ernsts früherer Illuminatenname.

[14] Diese waren keine Freimaurergrade, da der Prinz erst im Okt. 1794 durch F.L. Schröder in die drei Freimaurergrade aufgenommen wurde ([Schröder:] Materialien 4: 119), so daß er höchstwahrscheinlich Illuminat war. — Laut Tagebuch war Baggesen am 20.7. zu Bode gegangen und hatte dort »Vollmacht von ihm für [Christian Günther Graf von] Bernstorff, wie für Timoleon« erhalten. Zwei Tage später führt er ein Gespräch mit Bernstorff u.a. über »gereinigten Illuminatentum«, aber der Graf erweist sich als unempfänglich: »Kein sonderlicher Glaube daran — Trägheit — keine Religion.«

[15] Tagebuch, 24.7.1793. — Diese Aufnahme war offensichtlich schon lange vor dem Besuch bei Schiller geplant; Friedrich Christian erwähnte in einem Brief an Baggesen vom 22.7. einen Brief Baggesens, in welchem dieser erklärt habe, sein nächster Brief werde »unter den Flügeln des Phönix« [=erneuerter Illuminatenorden] geschrieben werden: [Schleswig-Holstein-Sonderburg-Augustenburg, Friedrich Christian von:] Timoleon und Immanuel, S. 179.

über die ästhetische Erziehung des Menschen umgearbeitet werden sollten, so wäre es eine lohnende Aufgabe, dieses Schlüsseldokument der Weimarer Klassik als verstecktes Programm nicht nur gegen politische Tätigkeit,[16] sondern gegen die seinen Gönner faszinierenden Geheimorden als Möglichkeit zur Regeneration der Menschheit zu lesen, zumal die geschichtsphilosophische Konzeption der *Ästhetischen Briefe* erstaunliche Parallelen zu Weishaupts *Anrede* aufweist. Da es jedoch keine Anzeichen dafür gibt, daß Schillers Haltung mit der Verschwörungstheorie zusammenhängt — trotz der vehementen Angriffe ihrer Vertreter gegen den durch die Revolution zum Ehrenbürger ernannten Dichter[17] — so lassen wir diese Überlegungen als Hinweis auf die noch fortdauernde Bedeutung des Ordens im Herzogtum Weimar der Revolutionsjahre auf sich beruhen und wenden uns einem relevanteren Fall zu, zumal wir eine kompetente ausführliche Bearbeitung des Themas Schiller und die Illuminaten in Kürze erwarten können.[18]

Mit seiner Zeitschrift *Der Teutsche Merkur* war Christoph Martin Wieland, der erste ›Weimarer Klassiker‹, der heute nicht nur wegen seiner fiktiven Schriften geschätzt wird, sondern auch wegen dieser publizistischen Tätigkeit, in der Öffentlichkeit vielleicht noch einflußreicher als Schiller. Obwohl Wieland nie Illuminat war,[19] wurde er dessen beschuldigt. Seine Lage war dadurch erschwert, daß viele seiner engsten Freunde — unter anderen Baggesen und Wielands Schwiegersohn Reinhold — dem Illuminatenorden angehörten. Aber um den Angriffen zu wehren tat Wieland Schritte ins Lager der Angreifer.

Wielands Problem war ein doppeltes. Erstens war in den 1787 publizierten Illuminatenschriften eine Liste von Büchern enthalten, die den

[16] Wenn man die Briefe Friedrich Christians (z.B. in Timoleon und Immanuel, S. 193, 227-33) liest, so bekommt man den Eindruck eines Mannes, der der Revolution viel aufgeschlossener war, als die neuere Forschung nahelegt (Müller: Schiller und das Mäzenat, S. 153), und auf jeden Fall progressiver als Schiller selbst in dieser Zeit!

[17] Z.B. Wiener Zeitschrift 1792.4 (Okt.), S. 122; Hoffmann: Höchst wichtige Erinnerungen, S. 335 [=345, falsche Paginierung].

[18] Durch Hans-Jürgen Schings; vorläufiger Titel: Schillers Marquis Posa und die Illuminaten.

[19] Fritz Martini meint, daß Wieland vielleicht Illuminat gewesen war (Wieland, Napoleon und die Illuminaten, S. 92 f.), aber in diesem Fall würde diese Information zweifellos in den Dokumenten der ›Schwedenkiste‹ auftauchen. Wieland wurde erst viel später Freimaurer, nach der Wiedereröffnung der Weimarer Loge Anna Amalia.

Novizen des Ordens als Lektüre empfohlen wurden; drei Schriften Wielands nahmen eine exponierte Stellung unter den dort angeführten zwanzig Büchern ein,[20] ja sie wurden sogar in Minervalversammlungen vorgelesen — Herzog Ernst las sogar in einer Gothaer Versammlung aus *Agathon* vor.[21] Im nächsten Jahr wurden zwei dieser Schriften in einer ähnlichen Lektüreliste für Mitglieder der Deutsche Union publiziert,[22] die, wie wir sahen, in der Öffentlichkeit als Nachfolgeorganisation der Illuminaten betrachtet wurde. Zweitens enthielt Wielands Roman *Die Abderiten* (1774-80) Hinweise auf einen metaphorischen »Orden der Kosmopoliten«, und einige Leser nahmen diesen Hinweis wörtlich und identifizierten die fiktiven ›Kosmopoliten‹ mit Illuminaten. Die Illuminaten hatten in ihren 1787 publizierten Schriften von kosmopolitischem Gedankengut tatsächlich ergiebigen Gebrauch gemacht,[23] und diese Ideen hatten für konservative Invektiven gegen die Illuminaten die Angriffsfläche hergegeben, z.B. im schon erwähnten Werk von Göchhausen, wo es heißt: »Weltbürgergefühl. Was heißt das? [. . .] Du bist Staatsbürger, oder Du bist Rebell. Kein Drittes giebt es nicht«.[24] Mit der nachdrücklichen Parteinahme für kosmopolitische Prinzipien hatte Wieland unwissentlich dazu beigetragen, daß Reaktionäre in seinen Schriften die Befürwortung illuminatischer Prinzipien sahen.

Die Reaktion auf Göchhausens Buch ist das ersten Anzeichen von Wielands Annäherung an die Verschwörungstheorie. Mit dieser Schrift kündigte Göchhausen als einer der ersten und wichtigsten die Ver-

[20] OS 33; D 150. Enthalten waren die Romane *Geschichte des Agathon* (1766-67, 2. Aufl. 1773) und *Der goldne Spiegel* (1772) sowie die halbfiktive Auseinandersetzung mit Rousseau, *Beyträge zur Geheimen Geschichte des menschlichen Verstandes und Herzens* (1770). Vgl. Le Forestier: Les illuminés, S. 500. — Graßls Versuch, Illuminatisches in *Agathon* zu finden, wirkt etwas abenteuerlich (Aufbruch zur Romantik, S. 192-95). Ferner bespricht Graßl Werke angeblich von Wieland, die gar nicht von ihm stammen (S. 257 f.).

[21] Am 20.6.1785; Le Forestier: Les illuminés, S. 257, 258 Anm.

[22] *X.Y.Z. oder neue Aufschlüsse über die deutsche Union* (Berlin 1788); vgl. Le Forestier: Les illuminés, S. 628 Anm.

[23] Z.B. in Weishaupts zentraler Schrift *Anrede an die neu aufzunehmenden Illuminatos dirigentes*: »Die Vereinigung der Menschen in Staaten ist die Wiege und das Grab des Despotismus [. . .]«; »Mit dem Ursprung der Nationen und Völker hörte die Welt auf, eine große Familie, ein einziges Reich zu seyn: das große Band der Natur wurde zerrissen« (NA 23 f., NOS 2: 61-63; D 172-73).

[24] [Göchhausen:] Weltbürger-Republik, S. 177.

schwörungslegende an,[25] und im Jahre 1786 bat Wieland seinen Schwiegersohn Reinhold, Göchhausens Buch in einer Besprechung für den *Teutschen Merkur* zu loben; Reinhold, der einer der wichtigsten Ordensbrüder in Jena werden sollte, schrieb stattdessen eine kritische Rezension.[26] Wielands positive Würdigung des Buches ist wahrscheinlich einer der darin enthaltenen dominanten Ideen zuzuschreiben, nämlich der Behauptung, die Illuminaten seien von den Jesuiten kontrolliert. Die Vorstellung, daß die Illuminaten von ihren Erzfeinden beherrscht und manipuliert würden, rief auch bei Kundigen nicht nur Hohn, sondern manchmal auch Verwirrung hervor. Der Gothaer Illuminat Koppe, von Herzog Ernst beauftragt, Göchhausens Buch zu begutachten, schrieb: »Ich habe es zweymal sehr aufmerksam gelesen, bin aber am Ende mehr irre worden, als ich es anfangs nicht war«.[27] Vielen Zeitgenossen waren die Verhältnisse alles andere als durchsichtig; auch Bode hatte am Anfang die Befürchtung geäußert, die Jesuiten stünden vielleicht hinter dem Illuminatenorden,[28] und kein geringerer als der Berliner Aufklärer Biester hatte diese Idee in der *Berlinischen Monatsschrift* propagiert; Wieland selbst gab seine Übereinstimmung mit Biester kund.[29] Man muß in diesem Zusammenhang bedenken, daß Wieland schon jahrelang ein ausgesprochener Gegner der Jesuiten und ihrer Umtriebe an europäischen Höfen war, und in diesen Kontext muß seine

[25] Vgl. Epstein: The Genesis of German Conservatism, S. 96-100 (er behandelt Göchhausen unter der Überschrift: »The Birth of the Conspiracy Theory«); vgl. 538-39 (zu Göchhausens Mitarabeit an der Zeitschrift *Eudaemonia*); Braubach: Die ›Eudämonia‹, S. 331; Krüger: Die Eudämonisten, S. 479-81; Wenck: Deutschland vor hundert Jahren, S. 136 f., 264 f. Im Jahre 1795 zählt Knigge Göchhausen zu den führenden Verschwörungstheoretikern (Knigge: Rückblicke, S. 112).

[26] *TM* 1786.2 (Mai): 176-90; Reinhold berichtet in einem Brief an Nicolai vom 26.1.1787, Wieland habe ihm das Buch »zur *Anpreisung* im Merkur« gegeben (Korrespondenz 1: 184). Auf Grund von Angaben in diesem Brief ist es möglich, daß Wieland das Buch selbst nicht gelesen hatte, sondern sich nur Bertuchs Beurteilung anschloß. Später las Wieland einen Teil des Buches, als er es zur Makulatur erhielt, ohne zu wissen (oder sich daran zu erinnern), welches Buch es war (vgl. unten Anm. 63). Aber er muß vom Inhalt des Buches gewußt haben, da es in der Intelligenz Aufsehen erregte; und er wird kaum eine »Anpreisung« verlangt haben, ohne darüber Bescheid gewußt zu haben.

[27] Koppe an Herzog Ernst II. von Gotha, »am 25ten Jun. 1786«, sig. »Koppe«, eigh., Sk 2, Dok. 263, Bl. 1r.

[28] Vgl. Knigges Monatsbericht über Ionien, Jan. 1783, NOS 1: 215, D 296.

[29] Im *Vorbericht* und in den Anmerkungen zu *Briefe eines Maurers an seinen Freund bey Gelegenheit der Berliner Monats-Schrift vom Jahre 1785*, *TM* 1786.1 (März): 244-85; vgl. AA 23: 105-12.

konsequente und oft geäußerte Abneigung gegen alle Geheimgesellschaften eingebettet werden. Auch wenn diese Variante der Verschwörungslegende für Wielands Unterstützung der Ideen Göchhausens nicht ausschlaggebend war, so haßte er jede Einmischung konspirativer Bünde in Staatsangelegenheiten. Er scheint trotzdem die illuminatischen Aktivitäten, von denen er umgeben war, stillschweigend geduldet zu haben. Sein Schwiegersohn Reinhold nahm nicht nur aktiven Anteil an der Reform des Ordens nach den Verfolgungen in Bayern, sondern besprach sogar auch mit Bode ein Dokument, das dieser auf seine später so berüchtigt gewordene Reise nach Paris mitnahm,[30] und setzte seine illuminatische Tätigkeit bis in die Mitte der 1790er Jahre fort.[31] Man kann sich vorstellen, daß Wieland diese Umtriebe nicht gerne sah, wenn er davon wußte; auf jeden Fall wußte er, daß Reinhold seinem Auftrag nicht gefolgt war, das verschwörungstheoretisch ausgerichtete Buch von Göchhausen lobend zu rezensieren, sondern dieses verspottet hatte. Es ist vielleicht nicht abwegig zu spekulieren, daß die kühlen Beziehungen zwischen Wieland und Reinhold möglicherweise durch solche Meinungsverschiedenheiten über Geheimbünde mit verursacht wurden; vielleicht kam dem Schwiegersohn der Umzug von Weimar nach Jena im Jahre 1787 — auf der Höhe des Skandals um den Orden! — nicht ungelegen.[32] Schließlich berichtete Schiller nach einem Gespräch mit Reinhold: »Wieland, ob ihm gleich Rheinhold unter allen Menschen der liebste ist, hat diesen durch üble Launen und abwechselndes Anziehen und Zurückstoßen eigentlich aus Weimar getrieben. Heute hab er ihn für einen großen Geist und morgen für einen Esel erklärt«.[33] Wielands Haß gegen die Jesuiten führte dazu, daß er *alle* Geheimgesellschaften verwarf; Reinholds Haß gegen die Jesuiten führte dazu, daß er sich den Illuminaten anschloß. Was die beiden Aufklärer zunächst zu vereinen schien, hat sie am Ende möglicherweise vonein-

[30] Reinhold: Korrespondenz 1: 249.

[31] Lauth: Reinhold et l'Aufklaerung, S. 623-25; Schüttler: Karl Leonhard Reinhold.

[32] Daß die Unterstützung Reinholds durch Herzog Carl August wenigstens noch vor dessen Berufung nach Jena unter den Illuminaten als Resultat ihrer Versorgungspolitik gesehen wurde, zeigt die Äußerung Herzog Ernsts von Gotha über ein Schreiben des führenden bayrischen Illuminaten Costanzo: »Numo [=Sonnenfels?] irrt sich vermuthlich in dem Nahmen, und sollte Aeschylo [=Carl August] für den Schuz dancken, der bisher Decio [=Reinhold] zu Heropolis [=Weimar] wiederfahren ist.« Herzog Ernst II. an Bode, 21.4.1785, vgl. oben Kap. 3.6, Anm. 58.

[33] Schiller: Briefe 1: 399 (an Körner, 29.8.1787 — derselbe Brief, in dem Schiller berichtete: »Weishaupt ist jetzt sehr das Gespräch der Welt« [S. 409]).

ander entfremdet.

Die Erscheinung von Wielands Werken im Lektürekanon der Illuminaten und seine Affinität zu deren kosmopolitische Prinzipien zwangen den Dichter zu einer Entgegnung. Im August und Oktober des Jahres 1788 veröffentlichte Wieland im *Merkur* einen Aufsatz mit der Überschrift *Das Geheimnis des Kosmopolitenordens*.[34] In dieser Schrift versucht er nachdrücklich, sich von den Illuminaten zu distanzieren; das Wort »Geheimnis« in der Überschrift wird ironisch verwendet um zu suggerieren, daß *wahre* »Kosmopoliten« keine Geheimnisse nötig hätten, denn, so erklärt Wieland mit unerschrockenem Optimismus: »Die Zeit ist endlich gekommen, wo nichts Gutes das Licht zu scheuen Ursache hat: wenigstens ist sie für unser Teutschland gekommen«.[35] Die »Kosmopoliten«, schreibt er, »dürfen der Welt zeigen wer sie sind, und was sie im Schilde führen«.[36] Kurz: »die wahren Kosmopoliten können und werden es nicht länger zugeben, daß geheime Gesellschaften [. . .] die Meinung von sich erwecken, als ob die Kosmopoliten mit ihnen einerlei Zweck und Mittel hätten, und jemals, es sei durch den Beitritt einzelner Personen aus ihrem Mittel oder durch eine allgemeine Vereinigung, gemeine Sache mit ihnen zu machen fähig wären«.[37] So weist Wieland die in der Öffentlichkeit aufgetauchten Identifikationen von ›Kosmopoliten‹ mit Illuminaten entschieden zurück. Er geht hier so weit, daß er die Regierungen dazu auffordert, Geheimgesellschaften zu verbieten (ein Standpunkt, den er auch in anderen Schriften vertrat[38]): »Es ist augenscheinlich, sagen [die Kosmopoliten], daß eine eigenmächtige und von der höchsten Gewalt nicht mit völliger Kenntnis der Sache autorisierte eidliche Verbindung eine Art von Zusammenverschwörung ist, und einen Staat im Staat hervorbringt, der dem letztern auf vielerlei Art gefährlich und nachteilig werden kann«.[39] Aus anderen

[34] MS 3: 550-75. In seinem Kommentar (bes. S. 913) übernimmt Martini von Wilhelm Kurrelmeyer die Hinweise auf die Illuminaten (AA 15: 68A-69A). Vgl. auch Martinis informativen Aufsatz »Wieland, Napoleon und die Illuminaten«, bes. S. 87-90. In einem Punkt kann ich Martini allerdings nicht folgen: Er vermutet, Wielands Aufsatz sei vielleicht als Apologie der Illuminaten gegen die Angriffe von Göchhausen und anderen Verschwörungstheoretikern zu verstehen (S. 88 Anm.); Wielands Anliegen geht deutlich dahin, die ›wahren‹ Kosmopoliten *gegen* die Identifizierung mit den Illuminaten zu verteidigen.

[35] MS 3: 552.

[36] MS 3: 553.

[37] MS 3: 552.

[38] Z.B. im *TM* vom April 1789: AA 23: 274.

[39] MS 3: 555.

Bemerkungen geht hervor, daß Wieland hier die Illuminaten meint.[40] Wielands Unterstellung, daß jede Geheimgesellschaft und zumal der Illuminatenorden »eine Art von Zusammenverschwörung« bilde, führt ihn in die Nähe der Schriftsteller, die noch vor der Französischen Revolution für die Verschwörungstheorie die Weichen stellten. Wielands Motivationen gingen vielleicht wie bei jenen dahin, eine Verbindung zu verurteilen, die ihm gefährlich erschien; im Gegensatz zu den geläufigen Verschwörungsriechern wollte sich Wieland jedoch auch von den Illuminaten distanzieren, weil er selbst mit ihnen identifiziert worden war und um seinen guten Ruf bangte. Obwohl Wieland aufrichtig entrüstet war über die Illuminaten, verwirrt er die Debatte dadurch, daß er behauptet, die Kosmopoliten, die er durchweg mit den Illuminaten kontrastiert, würden nie an einer gewalttätigen Revolution teilnehmen,[41] so daß er die Implikation suggerierte, die Illuminaten beherbergten ein revolutionäres Programm — trotz der in den *Originalschriften* der Illuminaten geäußerten Zurückweisung der politischen Gewalt. So finden wir Wieland in den Reihen jener Konservativen, die der verschwörungstheoretischen Identifizierung von ›Illuminaten‹ und ›Jakobinern‹ den Weg ebneten. Freilich weist diese Schrift auch Widersprüche auf; Wieland berichtet z.B., ein Kosmopolit würde nicht zögern, »die künftigen Repräsentanten der französischen Nation« zu unterstützen, wenn diese auf »den guten Gedanken« geraten sollten, »der willkürlichen Gewalt des Königs und seiner Minister zweckmäßige und der Natur ihres Staates angemessene Schranken zu setzen«;[42] aber Wieland hatte im Jahre 1788 kein Ahnung, daß die Einberufung der Generalstände der erste Schritt zu einer gewalttätigen Erhebung im nächsten Jahr sein würde, und so können solche Äußerungen nur dann als prorevolutionäre Aussagen bewertet werden, wenn sie nicht im Kontext gelesen werden. Trotzdem: Diese und eine andere Stelle, an der Wieland mit Nachdruck für eine freie und kritische Presse eintritt, kontrastieren auf eine sehr unangenehme Weise mit der Polemik gegen die angeblich

[40] Der Hinweis auf »Die Versicherung, die eine solche zusammenverschworne geheime Gesellschaft von sich gibt, daß weder ihre Verfassung noch ihre Arbeiten dem Staate, der Religion noch den Sitten nachteilig sei [. . .]« (MS 3: 555) bezieht sich fast wörtlich auf den von den Illuminaten abzugebenden Revers, in dem es heißt, daß »mein Aufnehmer mich versicherte, daß in dieser Gesellschaft nichts wider den Staat, die Religion und die Sitten unternommen werde«; ein solcher Revers war 1787 in den *Originalschriften* veröffentlicht worden (OS 60 f.; D 158 f.). Vgl. auch den oben zitierten Revers Goethes (Kap. 3.2).

[41] MS 3: 563.

[42] MS 3: 566.

staatsgefährdenden Illuminaten.[43] So begegnen uns die Anfänge einer Spaltung in Wieland, in der man mit Foucault die Teilungsverfahren sehen kann, welche dem Subjekt durch die Machtverhältnisse diktiert werden. Im Prinzip ein liberaler Geist, glaubte sich Wieland durch die öffentliche Identifikation mit den Illuminaten gezwungen, eine Stellung einzunehmen, die ihn immer näher an das Lager der Reaktionäre rückte, mit denen er sich nie willentlich hätte alliieren können.

Seit 1787 entstand darüber hinaus auch ein fiktives Werk, in dem Wieland die Geheimbundthematik aufgriff: *Die geheime Geschichte des Peregrinus Proteus* (1789-91 veröffentlicht). Der dort geschilderte Geheimbund des Kerinthus ist eine allzudeutliche fiktive Schilderung der Illuminaten;[44] Wieland operiert sogar mit Strukturelementen der Illuminaten wie der »Pflanzschule«. Michael Voges, der den Roman auf das Geheimbundmaterial hin untersucht hat, weist sogar nach, daß Wieland Göchhausens Begriff einer politischen »Universalmonarchie« übernimmt,[45] so daß hier eine weitere Bestätigung für Wielands Übereinstimmung mit diesem Verschwörungstheoretiker festgestellt werden kann. Wieland bewegt sich so in bedenklicher Nähe zu einer »verschwörungstheoretisch beeinflußte[n] Erklärung der Ausbreitung des Christentums im Römischen Reich«.[46] Auf der einen Seite wird der politische Verdacht einer im Geheimen schleichenden antistaatlichen Verschwörung betont, auf der anderen Seite wird jedoch »das Projekt eines politisch-moralischen Geheimordens« durch das Urteil einer anderen Romanfigur »deutlich aufgewertet«.[47] So kommt Voges zu dem Schluß, daß die Beurteilung des Geheimbundphänomens in diesem Roman offen bleibt[48] — Wieland scheint sich, wie so oft in seinem Leben, noch nicht zu einer bestimmten Position durchgerungen zu haben, so daß er in seiner berühmten erzählerischen Polyperspektivität dem Leser die Entscheidung überläßt. Trotzdem lief er wieder Gefahr, der Reaktion Schützenhilfe zu leisten.

43 Auch Martini weist auf die Widersprüche in diesem Aufsatz hin (Wieland, Napoleon, und die Illuminaten, S. 89); vgl. auch Koselleck: Kritik und Krise, S. 80 f.

44 Dazu Voges: Aufklärung und Geheimnis, S. 425 f.; Martini: Wieland, Napoleon und die Illuminaten.

45 Voges: Aufklärung und Geheimnis, S. 426; er zitiert aus [Göchhausen:] Enthüllung des Systems der Weltbürger-Republik, S. 265.

46 Voges: Aufklärung und Geheimnis, S. 425.

47 Voges: Aufklärung und Geheimnis, S. 427.

48 Voges: Aufklärung und Geheimnis, S. 428.

Einen Einblick in Wielands private Meinungen über die Illuminaten gewährt ein — in der Wielandforschung bisher übersehenes[49] — Gespräch mit einem jungen bayrischen Exilluminaten, Clemens Neumayr, kurz vor dem Sturm auf die Bastille im Jahre 1789.[50] Obwohl Wieland hier die Ansicht vertritt, »daß der Eindruck, und Fortgang, den dieser Orden [=der Illuminatenorden] in Bayern gemacht hat, für die Energie der Bayern beweise«, und die Verfolgung einzelner Mitglieder »mißbilligte«, so berichtet Neumayr ausdrücklich: »aber den Untergang des Ordens selbst hielt er für Gewinnst. — Von geheimen Gesellschaften überhaupt schien er eine schlimme Meinung zu haben«.[51] Wielands Einschätzung der Illuminaten in diesem Gespräch ist deutlich ausgewogener als in seinen öffentlichen Aussagen, wo er nichts Gutes von den Illuminaten zu sagen hatte. Dieser Kontrast weist darauf hin, daß seine scharfe *öffentliche* Verurteilung des Illuminatenordens und besonders seine Forderung nach Verboten ihm durch die Verstrickung in den Ordensskandal aufgezwungen wurden. Diese These wird durch die Verhärtung unterstützt, die seine Haltung gegenüber den Illuminaten in den folgenden Jahren kennzeichnet, als die revolutionären Ereignisse und die Reaktion darauf fortschrittlich Denkende in eine Ecke drängten.

Das erste Anzeichen dieser verhärteten Haltung taucht im Jahre 1791 auf, in Wielands Nachschrift zu einer von einem anderen Verfasser stammenden langen Biographie des sogenannten Grafen Cagliostro im *Teutschen Merkur*.[52] Der Bericht selbst besteht hauptsächlich aus Infor-

[49] Es scheint eines der wenigen relevanten Dokumente zu sein, die nicht in die Pionierarbeit von Starnes: Christoph Martin Wieland aufgenommen wurde.

[50] Schmidt: Ein bayerisches Beamtenleben, S. 651. Neumayr und sein Begleiter hatten in Gotha Weishaupt und in Weimar Bode besucht (dazu oben, Kap. 4). Zur Datierung des Gesprächs: Die Reise erfolgte 1789, vor Herders Rückkehr nach Weimar am 9.7.1789; Goethe »streifte auf dem Lande herum, und hielt sich gröstentheils in Belvedere auf« (S. 651), was vielleicht auf den frühen Juni deutet; es kann aber nicht lange vor dem Juli gewesen sein, denn Neumayr hörte bald nach seiner Ankunft in Weimar Schillers Jenaer Vorlesung über die Sintflut (S. 653); diese bildete einen Teil von Schillers Vorlesungen »Etwas über die erste Menschengesellschaft« im Sommersemester 1789, die im späten Juni anfingen. So scheint der späte Juni eine plausible Datierung für das Gespräch mit Wieland.

[51] Schmidt: Ein bayerisches Beamtenleben, S. 651.

[52] *Leben und Thaten Josephs Balsamo, des so genannten Grafen Cagliostro, gezogen aus dem wider ihn zu Rom im Jahr 1790 angestellten Prozeß; worin zugleich auch Nachrichten von der Freymäurerey gegeben werden. Aus dem Italiänischen übersetzt von C[hristian] J[oseph] J[agemann], NTM* 1791.2: 181-219 (Juni), 225-317 (Juli), 337-77 (Aug.); *Zusatz des Herausgebers des T.M.*, 377-85 (Aug.); AA 23: 374-79 (Wieland wird im folgenden nach AA zitiert, der Lebensbericht selbst nach *NTM*). Der deutsche Übersetzer war der Bibliothekar der Herzoginmutter Anna Amalia.

mationen aus dem Verhör Cagliostros durch die Römische Inquisition im Jahre 1790, als dieser Hochstapler über seine angeblichen Beziehungen zu führenden Illuminaten berichtete. Die Illuminaten, so erzählte Cagliostro seinen Verhörern, planten angeblich noch vor dem Ausbruch der Französischen Revolution, »alle despotische Fürsten auszurotten,« und hätten sich entschlossen, »daß der Streich [...] zu allererst auf Frankreich, und wenn dieses gefallen wäre, [...] auf Rom gerichtet war.«[53] Die Verschwörungstheoretiker griffen dieses ›Bekenntnis‹ rasch auf und machten Cagliostro — wie schon angedeutet — zum geheimen Chef der Illuminaten und Mitanstifter der Französischen Revolution.[54] Obwohl Wieland Zweifel an der Zuverlässigkeit des Berichts selbst anmeldet, so zeigt das Verhör seiner Meinung nach,

> »daß die Europäischen Staaten *geheime Gesellschaften* in ihrem Schooße nähren, welche [...] einen *Staat im Staat,* und was noch schlimmer ist, einen *unsichtbaren* Staat in dem *sichtbaren* formieren, und, was sie auch immer ihren Mitteln und Zwecken für scheinbare Anstriche geben mögen, aller Wahrscheinlichkeit nach schwerlich ganz *reine* Zwecke haben [...]«.[55]

Diese dunkle Warnung wiederholt im Grunde nur das, was Wieland 1788 im Kosmopoliten-Aufsatz geschrieben hatte, und weist wie dieser implizit auf die Illuminaten hin.[56] Aber nunmehr, nach dem Anfang der Revolution und der Erscheinung der voll ausgebildeten Verschwörungstheorie, trug eine solche Warnung viel schwerwiegendere politische Implikationen. Wieland kritisiert hier zwar wie im Kosmopoliten-Aufsatz die übertriebene Verfolgung einzelner Illuminaten, und er weist die Fürsten darauf hin, daß grundlegende Reformen und die Einführung vollständiger Denk- und Redefreiheit den potentiell gefährlichen Geheimgesellschaften ihr raison d'être entziehen würde[57] — so hartnäckig waren die Illusionen der Anhänger des aufgeklärten Absolutismus. Aber wenn Wieland leugnet, daß Cagliostros Sekte der »Pirami-

---

Wieland äußerte sich 1786 über Cagliostro: AA 23: 120-23.

53 *NTM* 1791.2 (Juli): 290.

54 Rogalla von Bieberstein: Die These von der Verschwörung, S. 89-95 (die Cagliostro-These war 1790 schon voll ausgeformt).

55 AA 23: 377.

56 Die Illuminaten werden im Cagliostro-Bericht nicht nur an der oben zitierten Stelle (S. 289-91), sondern auch auf S. 283 namentlich erwähnt.

57 AA 23: 378-79.

dalischen Maurerey« die Französische Revolution hätte mit verursachen können,[58] so läßt er demonstrativ die naheliegende, brennende Frage unbeantwortet, ob die *Illuminaten* ein solches Komplott hätten stiften können — eine Frage, die in dem von ihm publizierten Cagliostro-Bericht aufgeworfen worden war. Und seine Behauptung, daß solche gefährlichen Geheimgesellschaften noch existierten, gewährte den Feinden der freien Meinungsäußerung willkommene Schützenhilfe. Wieland behauptete die staatsgefährdende Tätigkeit der Illuminaten zu einem Zeitpunkt, als er, wie er selber später bezeugte, von seinem Freund Bode gewußt haben soll, daß der Orden endgültig aufgelöst worden war (dazu weiter unten). Bode hatte außerdem im Vorjahr ein Buch veröffentlicht, in dem er die Legende von Cagliostro als »Chef der Illuminaten« zu widerlegen gesucht hatte; er zeigte, daß sie nicht in Italien entstanden war, sondern unter konterrevolutionären deutschen Journalisten.[59] Sogar einige der fanatischsten und irrationalsten Verschwörungsschnüffler hielten es für angebracht, von einem Gebrauch der abenteuerlichen Behauptungen des berüchtigten Betrügers Cagliostro abzusehen,[60] so daß Wieland sich hier in sehr schlechter Gesellschaft befindet, wenn er den Scharlatan als Gewährsmann anführt (auch Goethe befand sich in dieser schlechten Gesellschaft[61]). Auf der einen Seite plädierte Wieland für Reform und Pressefreiheit im liberalen bzw. reformkonservativen Stil seiner Tage; auf der anderen Seite versorgte der respektierte Publizist die Kolporteure der Verschwörungstheorie und andere Reaktionäre mit Scheinargumenten für Unterdrückung und Verfolgung, die ja auch erfolgten und nicht nur Radikale zu ihren Opfern zählten.

Das vorläufige Resultat dieser ›Teilungspraktiken‹ in Wieland war, daß zu Beginn des Jahres 1792 Revolutionsfreunde wie -feinde noch glaubten, ihn als Parteigänger der Revolution ansehen zu können, aber

[58] AA 23: 378.

[59] *Ist Cagliostro der Chef der Illuminaten? Oder, das Buch: Sur la secte des illuminés. In Deutsch. Mit erklärenden Worten des deutschen Translators* (Gotha 1790); vgl. Rogalla von Bieberstein: These von der Verschwörung, S. 91, und oben S. 85.

[60] Rogalla von Bieberstein: Die These von der Verschwörung, S. 93-94.

[61] Zum Bericht der Inquisition über Cagliostro schrieb Goethe: »Wer hätte geglaubt, daß Rom einmal zur Aufklärung der Welt, zur völligen Entlarvung eines Betrügers so viel beitragen sollte, als es durch die Herausgabe jenes Auszugs aus den Prozeßakten geschehen ist!« — *Des Joseph Balsamo, genannt Cagliostro, Stammbaum* [. . .] (1792), MA 4.2: 457; vgl. oben, Kap. 4, Anm. 92.

innerhalb weniger Monate konnten ihn die Verschwörungstheoretiker mit einigem Recht zu den Ihren rechnen. Im Januar 1792 griff der Pariser *Moniteur Universel* den Hauptvertreter der Verschwörungslegende, Leopold Alois Hoffmann, in demselben Artikel an, in dem Wieland mit Lob überschüttet wurde.[62] Aus dem Lager der Verschwörungstheoretiker erwähnt Hoffmann selbst den Weimarer Publizisten mehrmals in der berüchtigten *Wiener Zeitschrift*; im allerersten Heft vom Januar 1792 meint Hoffmann, nach jahrelangem Versteckspiel habe sich Wieland endgültig zu den Revolutionsfreunden bekannt — und zwar in einer Notiz im *Teutschen Merkur*, die gegen Göchhausen gerichtet war.[63] Hoffmann attackiert auch einen anderen im selben Heft des *Merkur* veröffentlichten Artikel.[64] So stimmten zu Beginn des Jahres 1792 der *Moniteur Universel* in Paris sowie sein diametrales Gegenstück, die *Wiener Zeitschrift*, in der Meinung überein, daß Wieland eine liberale Haltung zur Revolution begünstige; jede Partei sah in Artikeln wie dem Cagliostro-Bericht und Wielands Zuschrift nur das, was sie sehen wollte.

[62] Vgl. Kurrelmeyer: Wieland und die *Wiener Zeitschrift*, mit Bezug auf den *Moniteur* vom 12. und 16.2.1792. Kurrelmeyer gibt nur eine Chronik der Ereignisse in dieser Auseinandersetzung, ohne Analyse, und er berücksichtigt einige der Hinweise auf Wieland in der *Wiener Zeitschrift* nicht, die für dieses Thema von Interesse sind.

[63] *Wiener Zeitschrift* 1792.1 (Jan.): 68 Anm. (Kurrelmeyer übersieht diese Auseinandersetzung zwischen Wieland und Hoffmann). Zum Kontext dieser Notiz s. AA 23: 382-384; Wieland hatte im Jahre 1791 ausführliche Dokumente aus einem Streit zwischen Göchhausen und einem anonymen Kritiker veröffentlicht; die Vorwürfe gegen die Illuminaten werden erwähnt in *NTM* 1791.2 (Juli): 324, 1791.3 (Sept.): 58. — Wieland schreibt, wenn er gewußt hätte, daß das Buch, das er kritisierte, von Göchhausen stammte (es war angeblich als Makulatur in seine Hände geraten!), so hätte er nichts geschreiben oder etwas, was »unsern Verhältnissen« angemessener wäre (S. 383); damit deutet Wieland wohl an, daß Göchhausen ein aktiver herzoglich-weimarischer Beamter war, Kammerrat in Eisenach (Goethe kündigte ihm in einem Brief vom 8.1.1784 die Verleihung dieses Titels an, WA IV/6: 234 f.; zu einer amtlichen Aufgabe, die Göchhausen 1789 mit Goethe in der Anwesenheit Carl Augusts unternahm, vgl. BG 3: 300-03, 310), aber vielleicht deutet er damit auch eine persönliche Bekanntschaft mit Göchhausen an; nach Meusel hat Göchhausen Gedichte im *TM* veröffentlicht. Göchhausen war nicht der Bruder, wahrscheinlich aber ein Vetter der Luise von G., der bekannten Hofdame der Herzoginmutter Anna Amalia.

[64] *Wiener Zeitschrift* 1792.1 (Jan.): 97-100; im darauffolgenden Artikel identifiziert Hoffmann die Illuminaten als die Urheber von Revolutionen: *Wiener Zeitschrift* 1792.1 (Jan.): 100 f.

Im September desselben Jahres 1792 hatte sich die Lage grundlegend geändert. Jetzt ereifert sich Hoffmann zum Lob Wielands; er zitiert nicht weniger als zehn zusammenhängende Seiten eines Wieland-Aufsatzes aus dem Juli und faßt frohlockend zusammen: »die Beistimmung eines *Wieland* in meine längst geäußerten und nur von Kurzsichtigen oder von den Revolutionspartheigängern angefochtenen Grundsätze kann nicht anders als eine sehr ehrenvolle Genugthuung für mich sein«.[65] Wie war Wieland zu diesem Lob gekommen? Ein Kieler Professor, Martin Ehlers, hatte für den *Merkur* einen revolutionsfreundlichen Artikel verfaßt, in dem er Hoffmann kritisierte. Wieland entgegnete mit einer Verteidigung der Ansichten Hoffmanns, und es ist Wielands Entgegnung, die Hoffmann stolz zitiert. Vielleicht war es die Radikalisierung der Revolution selbst, die zum Teil für Wielands Abkehr von einer liberalen Haltung verantwortlich war; aber im Juli war diese Radikalisierung bei weitem nicht so weit gediehen, wie in den folgenden Monaten. Zwingendere Gründe ließen Wieland eine Haltung annehmen, die ihn für die Verschwörungstheoretiker brauchbar machte. Wieland wußte, woher der Wind wehte: Hoffmann war zu einer mächtigen Figur geworden. Er stand seinem Gönner, dem Kaiser Leopold II., bis zu dessen Tode im März 1792 nahe,[66] und anfangs genoß er die Gunst von Leopolds Nachfolger, Franz II.[67] Hoffmann rieb seinen Feinden ein anderes Zeugnis dieser Macht unter die Nase: Der reaktionäre preußische König Friedrich Wilhelm II. — dem wir als rosenkreuzerischen Kronprinzen in seinen Beziehungen zu seinem Schwager, dem Weimarer Herzog, schon begegnet sind (Kap. 3.6) — lobte in zwei von Hoffmann veröffentlichten Briefen dessen Bemühungen um die gute Sache und verpflichtete sich dazu, sie zu unterstützen; der König munterte Hoffmann dazu auf, »die *heimlichen* Ränke eines *verborgenen* Haufens übelgesinnter und schlechtdenkender Menschen« weiterhin aufzudecken, die früher oder später »das Rachschwert der göttlichen

[65] *Wiener Zeitschrift* 1792.3 (Sept.): 301; vgl. Kurrelmeyer: Wieland und die ›Wiener Zeitschrift‹, S. 99; Sommer: Die ›Wiener Zeitschrift‹, S. 84-87.

[66] Vgl. Epstein: The Genesis of German Conservatism, S. 523-24.

[67] Ein Brief Alxingers an Reinhold vom 6.5.1792 zeugt von dieser Gunst: »[...] Huber [...] [wurde] im Nahmen des Kaisers von der Audienz mit dem Bedeuten weggewiesen: *der Kaiser spreche keinen gemietheten Pasquillanten*, und das nur desshalb, weil er gegen Hoffmann geschrieben hatte [...]«, in Keil: Wiener Freunde, S. 54.

und menschlichen Gerechtigkeit« zu spüren bekommen würden.[68] Es wurde immer deutlicher, daß die Macht entschieden auf der Seite der Konterrevolution und der Verschwörungstheorie war. Hoffmann wurde nie müde, seine Leser an diese Tatsache zu erinnern; unmittelbar vor seiner Kritik an Ehlers und seinem Lob Wielands stehen die Manifeste des preußischen Königs und des Braunschweiger Herzogs aus dem Sommer 1792, als die Feindseligkeiten einsetzten, und Hoffmann zitiert sie wiederholt in demselben Artikel, in dem er Wieland lobt.[69]

Auch in Weimar war die Macht auf der Seite der Unterdrückung, wie wir im Abschnitt 5.3 im Detail sehen werden. Die Jenaer Studentenunruhen gaben den Verschwörungs- und Geheimbundängsten neue Nahrung, und fast zur selben Zeit, als Hoffmann seinen Jubel über Wielands Äußerungen publizierte, kam von der Front gegen die französischen Revolutionsarmeen die Kritik des Weimarer Herzogs Carl August an Wielands vermeintlicher Einmischung in politische Dinge. In einem bisher unveröffentlichten Brief — der im Zusammenhang mit der Einschüchterung des Jenaer Professors Hufeland ausführlicher behandelt werden wird[70] — verlangt der Herzog, daß die »Gelehrten sich nicht, wie Wieland sich ofte äußerte, künftig für Lehrer des Volcks u[nd] der Regenten ansehn werden [. . .]«.[71] Der Empfänger des Briefes, der Weimarer Minister Christian Gottlob Voigt, leitete die Warnungen aus dem herzoglichen Brief weiter an Professor Hufeland, und es ist durchaus möglich, daß er (oder Hufeland) auch Wieland ein vertrauliches Wort über die Vorwürfe des Herzogs sagte.[72] Jedenfalls benahm sich Wie-

[68] *Wiener Zeitschrift* 1792.1 (März): 273-75 (meine Hervorhebung). Zur Unterstützung Friedrich Wilhelms für Hoffmann vgl. Epstein: Genesis of German Conservatism, S. 524.

[69] *Wiener Zeitschrift* 1792.3 (Sept.): 257-74; der Artikel, in dem Ehlers angegriffen und Wieland gelobt wird, heißt: *Nacherinnerungen über die Manifeste der Höfe gegen Frankreich; nebst einer abgenöthigten Apologie gegen Herrn Professor Ehlers in Kiel*, und Hoffmann beginnt mit der Feststellung, daß die Fürsten endlich die Wahrheit dessen, was er schon längst ausspricht, eingesehen hätten.

[70] Vgl. unten, Kap. 5.3.

[71] Herzog Carl August von Weimar an Christian Gottlob Voigt, 4.9.1792 (vgl. unten, Kap. 5.3), Bl. 47v.

[72] Voigt zitiert ausführlich aus diesem Brief in einem Brief an Hufeland; in der Ausgabe aus dem 19. Jahrhundert, in der Voigts Brief an Hufeland veröffentlicht wurde (Diezmann: Aus Weimars Glanzzeit, S. 59), wird der Name »Wieland« durch »NN« ersetzt; es ist nicht deutlich, ob Voigt oder der Herausgeber Diezmann diese Streichung vornahm.

land jetzt vollkommen so, als wenn ihm die Mahnung des Herzogs mitgeteilt worden wäre.

Auch Wielands Leser begannen, sein Einlenken zur Verschwörungstheorie hin zu bemerken; ein sehr kritischer Leserbrief vom Ende des Jahres 1792 weist Wieland darauf hin, daß die »aristokratische[n] Grundsätze« in seinen Beiträgen zum *Teutschen Merkur* »Ihnen sogar das erwarben, daß der große *Aloysius Hofmann in Wien*, Sie in ein Schutz- und Trutzbündniß aufnahm.«[73] In seiner Entgegnung verdrängt Wieland die Erkenntnis über das politische Bündnis, in das er sich eingefunden hat, sowie über den Verrat an seiner politischen Liberalität. Seine fehlende Freimütigkeit wird daran deutlich, daß er leugnet, je von Hoffmann gehört zu haben — eine Aussage, die durch die Hinweise auf Hoffmann in Ehlers Aufsatz[74] sowie durch Wielands scheinbares früheres Interesse an Alxingers Angriffen gegen Hoffmann[75] widerlegt wird. Wielands Leugnung, je von Hoffmann etwas gewußt zu haben, entspricht seiner Leugnung — seiner Verdrängung — des Bewußtseins von seiner Allianz mit ihm.[76]

[73] AA 15: 771; in seinem Kommentar (AA 15: 166A) sowie in seinem Aufsatz (Wieland und die ›Wiener Zeitschrift‹, S. 99), spekuliert Kurrelmeyer, daß Wieland selbst diesen Leserbrief verfaßte; er ist mit »C.M.« unterschrieben, was Kurrelmeyer als »Christoph Martin [Wieland]« auflöst. Diese Spekulation ist wenig überzeugend; Wieland hätte seine Beziehung zu Hoffmann klarstellen können, ohne zu einem fiktiven Leserbrief greifen zu müssen, und die Invektive in diesem Brief gegen Wielands *»aristokratisch[e] Grundsätze«* hat zu sehr den Klang der überzeugten Kritik, als daß Wieland selbst sie hätte schreiben können. Auf jeden Fall gesteht Wieland mit Verdruß ein, daß er in der letzten Zeit mit anderen solchen Briefen heimgesucht worden sei (AA 15: 778).

[74] Vgl. Kurrelmeyer: Wieland und die ›Wiener Zeitschrift‹, S. 100; Kurrelmeyer meint jedoch, daß folgende Aussage von Wieland bedeutet, daß der Dichter nichts mit Hoffmann zu tun haben will: »Dies ist das neueste was ich höre, da weder Hr. Aloysius Hofmann, noch das, was er schreibt oder thut, innerhalb meines Gesichtskreises liegt«; hier sagt Wieland doch deutlich, daß er nichts von Hoffmann *weiß*.

[75] Alxinger schrieb am 6.5.1792 an Reinhold: »Ich dachte nicht, dass euch mein Anti-Hoffmann interessieren würde, sonst hätte ich Wielanden ein Exemplar geschickt« (Keil: Wiener Freunde, S. 53; »euch« ist hier die Pluralform, da Alxinger seinen Freund Reinhold mit »Du« anredet); vgl. S. 72. Alxinger, ein ehemaliger Illuminat, veröffentlichte *Anti-Hoffmann* in 2 Bdn., Wien 1792-93 (vgl. Epstein: Genesis of German Conservatism, S. 531).

[76] Wielands Schwiegersohn Reinhold nimmt Anteil an dieser Verleugnung, als er im *Teutschen Merkur* fälschlich behauptet, »daß [Wielands] Nahme eben so wenig in einem Pariser-Klubb als in der Wiener-Zeitschrift unter den Kämpfern für die respektiven *guten Sachen* wieder genannt wird« (1793.1 [Apr.]: 387-88); Hoffmanns ausführliches Wieland-Zitat Monate früher widerlegt diese Aussage.

Diese Allianz erreichte ihren Höhepunkt im Oktoberheft des *Teutschen Merkur* des Jahres 1793; dieses wird eröffnet mit einem Aufsatz unter der Überschrift: *Neuer merkwürdiger Beweis des Daseyns und der gefährlichen Thätigkeit einer französisch-teutschen Aufrührer-Propaganda.* Der anonyme Verfasser kolportiert eines der Lieblingsthemen der Verschwörungslegende, nämlich die von einem französischen Emigré in Deutschland erfundene Unterstellung, daß ein französischer »Club de Propagande,« der über ungeheure Geldsummen verfüge, durch Freimaurerlogen arbeite, um eine Revolution in Deutschland anzuzetteln.[77] Schon die Tatsache, daß dieser Reaktionär seinen Artikel dem *Teutschen Merkur* zuleitet, ist von einiger Bedeutung, denn er behauptet in einem Begleitbrief, daß Wieland seine politischen Ansichten teilt, und er begründet diese Behauptung mit dessen Schriften.[78] Auf der positiven Seite muß hervorgehoben werden, daß Wielands allgemeine politische Einstellung, die in seinen Anmerkungen zu diesem Artikel zutage tritt, etwas weniger konservativ ist als die des Verfassers; und in seinen einleitenden Bemerkungen nimmt Wieland zu der Frage einer solchen ›Propagande‹-Verschwörung nicht Stellung. Aber in einer späteren Anmerkung spricht er von dieser »geheimen Gesellschaft« als von einer gegebenen Tatsache.[79] Die Kluft zwischen Wielands milder liberaler Kritik an diesem Aufsatz und seinem Insistieren auf der Existenz einer solchen Verschwörung ist ein Indiz für die Teilung, die in ihm durch die früheren öffentlichen Beschuldigungen der Illuminatenfreundlichkeit verursacht wurde.

Die Publikation des Artikels war ein Triumph für die Reaktionäre. Jetzt wurde den Zeitgenossen deutlicher als je, daß Wieland mit der Verschwörungstheorie liebäugelte. Der ›Propagande‹-Artikel im *Merkur* zeitigte eine brennende Replik im fortschrittlichen *Schleswigschen Journal*, die mit der Feststellung anfängt, »daß Herr Hofr[at] *Wieland* schon seit dem vorigen Jahre, wider seine sonstigen Grundsätze, im deutschen Merkur das Panier einer unfreyen Denkart aufgesteckt hat,« und daß er nunmehr ein »affentheuerliches naupengeheuerliches Mährlein« propagiere über — und nun zitiert der Verfasser Wieland selbst —

[77] *NTM* 1793.3 (Okt.): 113-51; über diese Legende vgl. Rogalla von Bieberstein: Die These von der Verschwörung, S. 96 f.

[78] Ebda., S. 113 Anm.

[79] Ebda., S. 128. Wieland hatte in früheren Aussagen über den angeblichen »Club de Propagande« dessen Gefährlichkeit heruntergespielt: AA 15: 499, 655 (Jan. 1791 und Aug. 1792); vgl. AA 15: 116A.

eine angebliche »geheime Gesellschaft, [...] die den gewaltsamen Umsturz aller bürgerlichen Ordnung und aller dermalen in Europa bestehenden Regierungsformen zum Zwecke hat«; der Verfasser weist darauf hin, daß selbst Erzkonservative wie Friedrich von Gentz nicht an diese Legende glauben.[80] Der Verfasser entlarvt die deutlichen Merkmale einer Fälschung im ›Propagande‹-Artikel und geißelt Wieland dafür, ihn veröffentlicht zu haben: »Welcher schreckliche Unsinn! Wie unwerth, in einer Zeitschrift aufgenommen zu werden, durch die ehedem, so trefliche Ideen durch ganz Deutschland verbreitet wurden!«; über die Anmerkung, in der Wieland die Existenz eines »Club de Propagande« voraussetzte, fragt der Verfasser: »wie konnte W[ieland] [...] eine solche Anmerkung zu diesem alten Weibermährchen machen?«[81] Zum Glück markiert diese Episode den Tiefpunkt und das Ende von Wielands Annäherung an die Verschwörungstheorie.

Als Bode, der Hauptverdächtige auf der Anklagebank der Verschwörungslegende, im Dezember 1793 starb, schrieb Wielands Mitherausgeber des *Teutschen Merkur*, Carl August Böttiger, einen Nekrolog, in dem er Bode gegen die Vorwürfe eines »nichtswürdige[n] Wiener Scribler[s],« d.h. Hoffmann, verteidigt; Böttiger behauptet, daß Bode als Illuminat für die »edelst[en] Angelegenheiten der Menschheit« gearbeitet, die Verbindung aber kritisiert habe, als Weishaupts und Knigges menschliche Schwächen in den Vordergrund traten; die Unterstellung, daß Bode »in Paris selbst an den Vorarbeiten der Revolution Theil genommen« habe, weist Böttiger entschieden als »Verleumdung« zurück.[82] So hatte Wielands engster Mitarbeiter — Böttiger war

[80] »Einige Bemerkungen und Fragen eines Mannes, der an keine Propagande als an die in Rom glaubt, über einen sogenannten *neuen merkwürdigen Beweis des Daseyns und der gefährlichen Thätigkeit einer französisch[-]deutschen Aufrührer-Propagande.* (im 10ten Stück des deutschen Merkurs von 1793. S. 113 u. f.)«, *Schleswigsches Journal* 1793.3 (Dez.): 479-89; das Wieland-Zitat stammt aus *NTM* 1793.3 (Okt.): 115 Anm. Vgl. Kurrelmeyer: Wieland und die ›Wiener Zeitschrift‹, S. 100-02. Der Herausgeber des *Schleswigschen Journals* war August von Hennings; vgl. weiter Hocks/Schmidt: Literarische und politische Zeitschriften, S. 58-60; Sommer: Die ›Wiener Zeitschrift‹, S. 60-64.

[81] Ebda., S. 485-86. Wieland ließ einige sarkastische Bemerkungen zu diesem Kritiker fallen: AA 15: 816; vgl. Kurrelmeyer: Wieland und die ›Wiener Zeitschrift‹, S. 101.

[82] Zit. nach Hoffmann: Fragmente zur Biographie Bodes, S. 48-50, 60, aus dem Nekrolog im *Archiv für die neueste Kirchengesch.*, 1794, 1. Stück. Böttiger hat auch einen zweiten Nekrolog verfaßt: *Denkschrift auf Bode in Weimar* (Weimar 1796) (anscheinend identisch mit demjenigen in *Michael Montaigne's Gedanken und Meinungen über allerley Gegenstände. Ins Deutsche übersetzt* von Johann Joachim Chri-

möglicherweise selbst Illuminat gewesen[83] — die Verschwörungstheoretiker angegriffen und sich mit ihren Feinden assoziiert. Hoffmann stürzte sich kampflustig in den Streit gegen Böttiger; ein gutes Drittel seiner berüchtigten ›Biographie‹ von Bode — eines der zentralen Dokumente der Verschwörungstheorie — ist gegen Böttigers kleine Notiz gerichtet.[84] Hoffmann bemerkt triumphierend, daß Böttiger im Bode-Nekrolog sich selbst als Illuminat entlarvt habe, da er Bode als den nach Paris Reisenden namhaft macht, den Hoffmann nur mit dem Illuminatennamen ›A——s‹ (Aemilius) identifiziert hatte; Hoffmann meint weiter, daß die Identität von Bodes Reisebegleiter ›B‹ vielleicht sogar in Böttiger selbst zu suchen sei.[85]

Angesichts dieser Wendung schloß sich nunmehr — 1795 — auch Wieland dem Streit gegen Hoffmann und dessen Alliierte an. Er publizierte einen Brief aus Hamburg, in dem Bodes guter Ruf verteidigt wird, und gab dem Brief selbst eine Nachschrift bei, in der er kräftig gegen die »verächtlichen Verläumdungen« seines langjährigen Freundes auftritt; er leugnet kategorisch, daß Bode jemals eine gewalttätige

---

stoph Bode, Berlin 1793-99, Bd. 6 [1795]). Merkwürdigerweise hat auch Wieland anscheinend einen Nekrolog für Bode veröffentlicht (Starnes: Wieland 2: 329), der jedoch nie veröffentlicht wurde.

[83] Im oben zitierten Brief Christian Gottlob Voigts an Herzog Ernst von Gotha über Bodes Nachlaß werden neben Voigt selbst auch Böttiger und Ludecus als »Ordensbrüder« identifiziert, die mit der Übergabe der Papiere beauftragt waren (15.12.1793, Sk 2, Dok. 267, Bl. 2r; vgl. oben, S. 146). Diese Bezeichnung könnte sich auf die Freimaurerei beziehen, aber Voigt und Ludecus waren beide auch Illuminaten gewesen. Vgl. auch den interessanten Brief Böttigers an Campe, 7.10.1793, in dem Böttiger Sorge wegen Unterdrückung durch den dermaligen Reichstag ausdrückt: »Man fürchtet immer mehr selbst von Seiten des Reichstags eine Explosion gegen Aufklärung und Gewissensfreiheit. [...] Ist doch in jeder nur mittelmäßigen Stadt ein kleines Häuflein von Auserwählten, die sich, sollte ein solcher Schlag erfolgen, in Monatsfrist zu einem furchtbaren Phalanx zusammenschließen können. Ich verspotte und hasse alle Ordensverbindungen, die mir die schönsten Tage meines Jugendlebens mordeten. Aber hier wäre es doch gut, sich bei Zeiten auf einen solchen Fall Zeichen und Wort zu geben« (Rossberg: Freimaurerei und Politik, S. 212 f.). Andererseits gibt es keine Belege in der ›Schwedenkiste‹ für Böttigers Mitgliedschaft. Zu seinen Freimaurerverbindungen vgl. Sondermann: Karl August Böttiger, S. 34 f., 36 f.

[84] Hoffmann: Fragmente zur Biographie Bodes, S. 38-90, 105, 135.

[85] Ebda., S. 53 f.; 84 f. Der Reisebegleiter war der hessische Offizier Christian Wilhelm von dem Bussche, der als Illuminat »Bayard« häufig in den Dokumenten der ›Schwedenkiste‹ vorkommt.

Revolution befürwortet hätte.[86] Auch hier nimmt Wieland jedoch die Gelegenheit wahr, darauf hinzuweisen, daß er selbst nie Mitglied solcher »geheimen Ordensverbindungen« gewesen sei.[87] Er scheint immer noch eine Scheu vor den Verschwörungstheoretikern zu haben, aber wenn es um seinen verstorbenen Freund Bode und seinen lebenden Kollegen Böttiger geht, so bringt er den Mut auf, in die Offensive zu gehen. Ab jetzt taucht wiederholt Kritik an der Verschwörungslegende in den Seiten des *Teutschen Merkur* auf, vor allem allerdings aus der Feder Böttigers; nicht nur wird Hoffmanns Bode-Biographie ein »schändliches Pasquill« genannt,[88] sondern auch die monumentale Systematisierung der Verschwörungstheorie durch den abbé Augustin de Barruel (1797)[89] wird der Kritik eines aus London schreibenden *Merkur*-Beiträgers unterzogen; ironischerweise versieht er diese ›Biographie‹ mit dem Etikett »Weibermährchen«,[90] dieselbe Bezeichnung, die Wielands Kritiker 1793 für dessen »Propagande«-Propaganda verwendet hatte. Böttiger verfaßt eine billigende Anmerkung zu diesem Artikel, in der er schreibt, es sei bekannt, »daß mit dem Jahre 1790 *alle* Illuminatenverbindungen aufgehört haben«.[91]

Das groteske Schlußkapitel in Wielands Beziehungen zu Illuminaten und der Verschwörungslegende kann kurz zusammengefaßt werden, da Fritz Martini das meiste davon im Detail erzählt hat.[92] Der alte Ver-

[86] *Auszug aus einem Briefe*, NTM 1795.1 (Feb.): 213-17; *Zusatz des Herausgebers*, unterschrieben »Wieland«, S. 217-18.

[87] Ebda., S. 217.

[88] *NTM* 1795.1 (Feb.): 174 Anm.

[89] *Mémoires pour servir à l'histoire du Jacobinisme*, 4 Bde. (London 1797-1798); eine Bibliographie der Ausgaben in französischer, englischer, deutscher und sieben anderen Sprachen gibt Rogalla von Bieberstein: Die These von der Verschwörung, S. 234; vgl. Epstein: Genesis of German Conservatism, S. 504-05. Barruel wurde bis auf den heutigen Tag zur ›Bibel‹ der Verschwörungstheoretiker in der ganzen Welt; er hatte viele seiner Informationen aus deutschen Quellen.

[90] *Auswärtige Korrespondenz*, *NTM* 1797.3 (Nov.): 265-69, hier 266; auf S. 268 kritisiert der Verf. die andere große Kompilation der Verschwörungstheorie aus demselben Jahr, John Robisons *Proofs of a Conspiracy against all the Religions and Governments of Europe, Carried on in Secret Meetings of Free Masons, Illuminati and Reading Societies* (Edinburgh 1797), eine Schrift, die auch Böttiger im nächsten Heft angreift (*NTM* 1797.3 [Dez.]: [334]); zu Robison vgl. Rogalla von Bieberstein: Die These von der Verschwörung, S. 234; Epstein: Genesis of German Conservatism, S. 505-06.

[91] Ebda., S. 267 Anm.

[92] Martini: Wieland, Napoleon und die Illuminaten. Martini behandelt jedoch nicht alle Beiträge aus dem *Teutschen Merkur*, die zum Thema gehören.

dacht, daß Wieland ein Illuminat sei, suchte ihn noch Jahre später heim. Im Jahre 1798 hatte Wieland im *Merkur* vorgeschlagen, daß die Franzosen Bonaparte zum Diktator erheben sollten, um ihr Land vor drohender Anarchie zu retten. Nachdem dieser Vorschlag im nächsten Jahr überraschenderweise Wirklichkeit geworden war, griff eine dem britischen Hof nahestende Zeitschrift mit Berufung auf einen (wahrscheinlich deutschen[93]) »foreign Minister« den »German author Wieland« als Verschwörer an; Wieland, so lautete die geistreiche Argumentation, habe mit diesem Vorschlag seinen illuminatischen Mitverschwörern signalisieren wollen, daß Napoleon ein für sie akzeptabler Herrscher wäre. Wieland glaubte sich verteidigen zu müssen. In seiner Apologie streitet er mit seiner alten Waffe, der Ironie, gegen die Verschwörungstheorie; er spottet über die britische Vorstellung von den Illuminaten als einer »*horriblen* und *verfluchenswürdigen Sekte*, die (nach der Versicherung der Herren *Barruel* und *Robison*) Gott und den Menschen den Krieg angekündiget hat, und auf nichts geringres als die Vernichtung aller bürgerlichen, religiösen und moralischen Ordnung losarbeitet.«[94] Und Wieland beteuert in einer Anmerkung: »[...] ich [halte] das Daseyn einer solchen Sekte oder geheimen Gesellschaft für äußerst unwahrscheinlich«.[95] Obwohl Böttiger jahrelang und bei jeder Gelegenheit Barruel und Robison kritisiert hatte,[96] raffte sich Wieland erst jetzt dazu auf, die Verschwörungstheorie definitiv zu verwerfen. Er beging diesen Schritt erst dann, als die Denunziationen ihn persönlich trafen, und nachdem die Revolution selbst in eine weniger bedrohliche Phase (nach 1795) eingetreten war. In diesen Jahren verloren die Verschwörungstheoretiker zusehends an Macht und Einfluß, z.T. weil die französischen

[93] Böttiger schreibt in einem Brief: »man nennt den Herrn von Lenthe aus Hannover,« d.h., Ernst Ludwig Julius von Lenthe, einen hannoverschen Diplomaten (Starnes 3: 8, 577).

[94] *Meine Erklärung über einen im St. James Chronicle, January 25, 1800 abgedruckten Artikel, der zur Ueberschrift hat: Prediction concerning Buonaparte, mit dem Beysatz: the following Dialogue is now circulating in the higher Circles; the observations are of the pen of a foreign Minister*, in: *NTM* 1800.1 (Apr.): 243-76, bes. S. 250; vgl. Martini: Wieland, Napoleon und die Illuminaten, S. 79.

[95] Ebda., S. 273.

[96] *NTM* 1798.3 (Dez.): 387, 1799.2 (Mai): 93-94, 1800.1 (Apr.): 280-93 (vgl. dazu Martini: Wieland, Napoleon und die Illuminaten, S. 81-82, 95), 1800.2 (Mai): 70-71, 89-91, 1800.2 (Juli): 238 Anm., 240-41. Böttiger schrieb eine gemäßigte Apologie von Robisons Charakter, obwohl er in einer Anmerkung die Meinung äußerte, daß dessen Ideen falsch waren: *NTM* 1800.2 (Juli): 249-54.

Armeen in Deutschland vorrückten. Dieser Rückgang ist am Schicksal des Nachfolgeorgans zu Hoffmanns Journal, der *Eudämonia*, ablesbar, die in den wenigen Jahren ihrer Existenz (1795-98) ihren Verlagsort von Leipzig nach Frankfurt und schließlich nach Nürnberg verlegen mußte. In den Jahren der französischen Herrschaft in Deutschland war es viel weniger gefährlich, die Verschwörungstheorie anzugreifen, und Wielands Kritik an der Verschwörungstheorie in den Jahren ihres Untergangs kontrastiert schroff mit seiner Annäherung an sie in den Jahren ihrer Hegemonie.

Die Teilung des Subjekts Wieland wird also überdeutlich. Der junge Wieland beschrieb sich einmal als »Chamäleon«, der die Farbe seiner Umwelt annehme;[97] Wieland-Forscher gehen seit jeher etwas verlegen mit solchen Äußerungen des Dichters um, die sie meist mit Bezug auf seine fiktiven Schriften interpretieren; es wurde überzeugend darauf hingewiesen, daß Wielands meisterhafte Virtuosität in der Handhabe verschiedenster Themen und Stilrichtungen und sein Perspektivismus nicht als Charakterschwäche interpretiert werden sollten. Sein Lavieren in politischen Dingen läßt sich schwerer einschätzen. Auch hier hat sich die Forschung Mühe gegeben, Wielands sich ändernde politische Meinungen beispielsweise über die Französische Revolution als Resultate seines Perspektivismus, seines Hangs zur Empathie mit weit auseinander liegenden Gesichtspunkten zu interpretieren; diesem Hang kam seine Wahl der Dialogform entgegen.[98] Aber konnte dieser Perspektivismus nicht auch ein Ausweichen davor bedeuten, sich überhaupt festzulegen? Verhielt es sich anders als beim zensurgeplagten Herder, dem solcher Perspektivismus die Möglichkeit gab, »für keine geäußerte Meinung responsabel« zu sein?[99] Diese Überlegungen sind nicht ahistorisch; Wielands eigene Zeitgenossen haben die politischen Konsequenzen seines Schwankens klar gesehen. »Ihre Schriften werden weit

[97] »Je ressemble pour mon malheur au Cameleon; je parois vert aupres des Objets verts, et jaune aupres des jaunes; mais je ne suis ni jaune ni vert; Je suis transparent, ou blanc comme veut Mr. de la Motte«; Wieland: Briefwechsel 1: 415. Zum Kontext dieser Stelle vgl. McCarthy: Wielands Metamorphose, S. 152*-53*.

[98] Zu Wieland und der Französischen Revolution vgl. besonders Weyergraf: Der skeptische Bürger; Fink: Wieland und die Französische Revolution; Kurth-Voigt: Wieland and the French Revolution; sowie das Nachwort von Fritz Martini in: Wieland: Meine Antworten, S. 132-44.

[99] Herder an Christian Gottlob Heyne, 7.8.1793, HB 9: 33, vgl. 7: 57.

und breit, und auch besonders von den Mächtigen Deutschlands gelesen«, schrieb ein Leser an den Herausgeber des *Teutschen Merkur*; »Ihre richtige Filosofie und Ihre [...] Schreibart müssen also eine starke Wirkung bey den natürlichen Widersachern guter Staatskonstituzionen hervorbringen, und man wird nicht so leicht zu despotischen Maßregeln zu schreiten wagen, wenn Sie unveränderlich den Rechten der Menschheit das Wort reden.«[100] Obwohl Wieland den Einfluß seiner Schriften herunterspielte,[101] weisen andere Zeugnisse auf die Richtigkeit der Aussage dieses Leserbriefes. Mehr als ein Projekt wurde lanciert, um führende deutsche Schriftsteller, zumal Wieland selbst, für konterrevolutionäre Propagandazwecke zu werben,[102] Projekte, für welche Wieland nie in Erwägung gezogen worden wäre, hätten die Konservativen nicht gemeint, daß er auf die öffentliche Meinung in Deutschland einen beträchtlichen affirmativen Einfluß hatte. Es kann hier nicht darum gehen, das »Chamäleon« Wieland wegen seiner möglicherweise legitimierenden Tätigkeit für reaktionäre Politik in Deutschland anzugreifen, sondern um den Versuch, über die gewöhnliche Analyse der Meinungen von Schriftstellern hinauszugehen, die auf dem Prinzip gründet, daß diese autonome Subjekte seien, die auf dem Standpunkt reiner Vernunft, unabhängig von den politischen Verhältnissen ihre Meinungen bildeten. Wir haben in Wielands Reaktion auf die Verschwörungstheorie gesehen, daß seine Meinungen den Schwankungen der Unterdrückung in Deutschland folgten. Auch seine eigenen Zeitgenossen spekulierten über die Einflüsse, die Wieland dazu führten, seine Meinungen den wechselnden Umständen anzupassen; einer von diesen schrieb 1791 nach einem Gespräch mit Wieland über die Flucht des französischen Königs nach Varennes:

> »Wieland ist in dieser Sache wie in jeder andern sich selbst nicht gleich und hängt von äußern Eindrücken ab. Erst war er gantz für die Nationalversammlung, nachher machte die es ihm zu bunt, oder er ließ sich von den Hofleuten, dem Herzog und der regierenden Herzogin, deren Bruder, der Landgraf von Darmstadt[,] durch die Revolution leidet, umstimmen. Nun aber, da der Hof auf dem Landtag in Eisenach ist und die Herzogin Mutter, mit welcher er

[100] AA 15: 411; der Verfasser war Prof. Martin Ehlers in Kiel.

[101] Ebda.; Wieland versteckt sich hier hinter einem typischen Bescheidenheitstopos.

[102] Vgl. unten, Kap. 6.

jetzt viel lebt, eifrig für die Nationalversammlung ist, hat er auch den Ton für sie gestimmt.«[103]

Die Ironie dieser Stelle besteht darin, daß der Verfasser so sicher ist, daß er an Wielands Stelle ganz anders handeln oder denken würde; die Erfahrungen anderer Intellektueller in Weimar lassen diese Annahme zweifelhaft erscheinen. Nur selten brach sich die Erkenntnis der Unterwerfung unter politischen Druck Bahn im Bewußtsein der Weimarer Intelligenz; bei Wieland selbst hielten sich solche Bewußtseinsdurchbrüche in den Grenzen des Abstrakten, wie in einem Brief an Sophie von La Roche: »unsere Umstände bestimmen nur allzu oft unsere Denkensart«.[104] Andere verfügten über ein genaueres Bild der Verstrickung der Intelligenz in Machtinteressen. Es ist für Wielands politische Widersprüche kennzeichnend, daß in einem dieser Fälle der Weimarer Hofmann Karl Ludwig von Knebel seinen Gesprächspartner Böttiger bittet, Wieland zu überzeugen, daß seine Leser den Schein individueller Autonomie durchschauen: »Nur (unter uns gesagt) wollte ich, daß Sie ihn [=Wieland] aus seinem politischen Dialog [...] bald ganz gemächlich herausbrächten. Wir anderen, die wir auch das Brod der kl[einen] Fürsten Deutschlands essen — sollten von politischen Dingen lieber schweigen.«[105]

[103] Friedrich Münter (ein ehemaliger Illuminat) in einem Tagebucheintrag vom 5.7.1791, Starnes: Wieland 2: 237. — Der hier angedeutete Einfluß des Bruders der Herzogin Luise, des Landgrafen Ludwig X. von Hessen-Darmstadt, sollte nicht unterschätzt werden; später wurde er einer der beiden fürstlichen Förderer der verschwörungstheoretischen Hauptzeitschrift *Eudaemonia* (vgl. Epstein: Genesis of German Conservatism, S. 539 f., wo Ludwig jedoch versehentlich als Landgrafen von Hessen-*Kassel* bezeichnet wird).

[104] Zit. nach Haferkorn: Entstehung der bürgerlich-literarischen Intelligenz, S. 137.

[105] 4.4.1794, Starnes: Wieland 2: 343 f. — Knebel, der auch vom Brot des Herzogs lebte, war entschieden radikaler gesinnt als Wieland; vgl. den folgenden Abschnitt über Herder.

5.2
Herders Illuminatentätigkeit und seine politische ›Wende‹

J. G. Herder, der 1776 als Oberhofprediger, Generalsuperintendent und Oberkonsistorialrat nach Weimar geholt worden war, war wie Wieland ein Gegner von Freimaurerei und Geheimgesellschaften, aber er unterschied sich dadurch von diesem, daß er selbst zu ihnen gehörte. Über seine frühe freimaurerische Tätigkeit soll hier nicht weiter referiert werden;[1] alle Zeugnisse deuten auf eine tiefe Enttäuschung, die Herder in einem späten Brief zusammenfaßt: »Mit meiner ganzen F[rei]M[aurerei], verehrter Freund, (ich muß es bekennen) ists nicht weit her. Wenig über 20 Jahre war ich, als ich in Riga die 2. ersten Grade bekam, in der *strikten* Observanz u[nd] (ich kanns wohl sagen,) mit *gar keinem* Stral des Lichtes.«[2] Trotz dieser Enttäuschung in der Freimaurerei scheint er auch im Illuminatenorden Licht gesucht zu haben. Daß auch Herder Illuminat war — eine Tatsache, die bis in die neueste Forschung nicht anerkannt wurde[3] — läßt sich durch die Doku-

[1] Vgl. Haym: Herder 1: 105 ff. sowie Voges: Aufklärung und Geheimnis, S. 188-90.

[2] Herder an Friedrich Ludwig Schröder, 10.5.1803, HB 8: 355; vgl. Voges: Aufklärung und Geheimnis, S. 212.

[3] Voges: Aufklärung und Geheimnis, S. 190, referiert die Angaben von Ott und Le Forestier (s.u.) sowie van Dülmens Zweifel (»aus nicht ersichtlichen Gründen«) an der Mitgliedschaft, und kommt zu dem Schluß, daß die Sache »bis heute [. . .] nicht endgültig geklärt« sei, besonders da man in den erhaltenen Zeugnissen Herders keine Bestätigung für die Illuminatentätigkeit findet, und einer Mitgliedschaft die »wiederholte[n] Beteuerungen der Unabhängigkeit von allen geheimen Verbindungen [. . .] zu einer solchen Bindung im Widerspruch« stehen. Die fehlende Erwähnung in Herders Schriften ist jedoch wie bei Goethe als Folge seines Eids oder auch als Verdeckung einer unangenehmen Episode zu verstehen. — Abgesehen von den Angaben Otts und Le Forestiers legte der unten (S. 192) zitierte, 1937 veröffentlichte Brief Münters an Herder die Mitgliedschaft nahe. Herder scheint auch im erwähnten Brief aus dem Jahr 1803 verhüllend auf seine illuminatische Mitgliedschaft hingewiesen zu haben, als er mit Bezug auf die Freimaurerei schrieb: »Da ich vermöge meiner wenigen empfangenen Grade (außer daß ich in einer *andern* Verbindung sie *alle* empfangen habe) nicht zum geheimen Außschuß gehöre, für welche diese Bogen gedruckt sind [. . .]« — als ›Priester‹ hatte Herder tatsächlich den höchsten Illuminatenrang inne, denn der ›Priester‹ wurde für so wichtig wie der ›Regent‹ angesehen (an Friedrich Ludwig Schröder, 10.5.1803, HB 8: 855 f., Herders Hervorhebungen).

mente der ›Schwedenkiste‹ beweisen. Allerdings ist auch bei ihm von »Engagement« für den Orden[4] nicht die leiseste Spur überliefert. Vielmehr steigerte sich bei den Illuminaten anscheinend Herders Enttäuschung über Geheimgesellschaften.

Die ältere Forschung berichtet vom Beitrittsrevers Herders vom 1. Juli 1783, also knapp fünf Monate nach der Aufnahme von Goethe, Carl August, Schardt und Marschall; im Gegensatz zu diesen wird Herder nicht als ›Regent‹ bezeichnet, sondern als Mitglied des Priestergrads.[5] Daß er kein ›Regent‹ gewesen war — wenigstens nicht so früh wie die anderen Genannten[6] —, hat wohl nichts weiter zu bedeuten, denn auch der ›Priester‹ verfügte über politische Geheimnisse des Ordens,[7] und Weishaupt hielt diesen Grad für wichtiger als den ›Regenten‹.[8] Aber die Verzögerung der Aufnahme läßt vermuten, daß Herders oft geäußerte Bedenken gegenüber Geheimgesellschaften schon hier Vorbehalte bei den Ordensoberen Bode und Herzog Ernst von Gotha geweckt hatten. In den Dokumenten der ›Schwedenkiste‹ ist entsprechend wenig über seine Illuminatentätigkeit zu erfahren, wohl aber einige Andeutungen auf seine Vorbehalte. Schon das erste Zeugnis — mehr als sieben Monate nach seiner Aufnahme — ist zweideutig. Herder unterschrieb zwar das schon erörterte Gelöbnis der Verschwiegenheit über die Knigge-Verhandlungen vom 13. Februar 1784, aber als einziger der acht Unterzeichnenden (abgesehen vom Inspektor, Herzog Ernst) verwendet er seinen Ordensnamen (›Damasus pontifex‹) nicht, sondern — die letzte Unterschrift — nur seinen ›profanen‹

[4] So Schüttler: Karl Leonhard Reinhold, S. 68 Anm.

[5] Le Forestier: Les illuminés, S. 396 u. Anm.; Ott: Goethe und der Illuminatenorden, S. 86.

[6] Seine Unterschrift auf dem Schweigeeid vom 13.2.1784 (dazu weiter unten) läßt vermuten, daß er zu diesem Zeitpunkt schon ›Regent‹ geworden war, da alle anderen Unterzeichnenden zu diesem Grad gehörten und da diese Angelegenheit unter den ›Regenten‹ abgehandelt werden sollte. Trotzdem hatte der ›Priester‹ einen so wichtigen Rang wie der ›Regent‹, und Herder wurde vielleicht deshalb in diese Sache einbezogen.

[7] So ist der Behauptung von Voges vielleicht zuzustimmen: »Ob Herder Mitglied der Illuminaten war oder nicht, ist im Grunde nicht von allzu großer Bedeutung, da nicht davon auszugehen ist, daß dem Eintritt die Mitteilung der eigentlichen Ordensziele vorausging« (Voges: Aufklärung und Geheimnis, S. 190 Anm.); daß Herder jedoch sehr bald über diese Ziele Bescheid gewußt haben muß, steht fest, und auch die Möglichkeit, daß er auch vor dem Beitritt von Bode darüber informiert worden wäre, ist nicht auszuschließen (vgl. oben zu Goethe, Abschnitt 3.2).

[8] Weishaupt an Zwack, 7.2.1783, NOS 1: 95, D 317.

Namen.[9] Vielleicht liest man zu viel Trotz oder Widerstand in diesen Umstand hinein, aber auch sonst hielt sich Herder vom Orden zurück und dieser von ihm. Knapp einen Monat nach diesem Zeugnis bittet Herzog Ernst seinen Mitoberen Bode um Rat, weil er an den Ordensnationalen Graf Stolberg-Roßla wegen der Ernennung eines »Inspector[s] für die zweyte Inspection« schreiben muß — ein ziemlich wichtiges Amt.[10] Der Bruder von Herzog Ernst, Prinz August, schlägt zur Erwägung die Namen »Koppe, Feder, Spittler, Herdern« vor.[11] Ernst nimmt dazu Stellung: »Von allen diesen, wünschte ich den lezten, am Allerwenigsten vorzuschlagen. / Warum? weiß ich selbst nicht zu bestimmen — aber ein Geheimes Gefühl meines Herzens sagt mir, die Gute Sache, werde *nicht Wohl* dabey fahren.«[12] Bode stimmt mit der Ansicht des Herzogs überein, daß keiner der vier Genannten für die Stelle geeignet ist.[13] Es fällt schon auf, daß Ernst gegen den einzigen Weimarer unter den vier Kandidaten Einwand erhebt, so daß man allgemein ein Mißtrauen bei Ernst gegen die Weimarer Illuminaten vermuten könnte. Wahrscheinlicher ist jedoch, daß Ernst von Herders persönlichen Widerständen gegen Geheimorden wußte. Auch Bode scheint über diese Einsicht verfügt zu haben; in der (wohl von Herzog Ernst) aufgeworfenen Frage, »ob Fr[ey]M[au]r[erey] bey zu behalten sey?« bemerkt Bode lakonisch: »Herdern möchte ich, über diesen Punckt, *nicht*

[9] Vgl. Dokument Nr. 18, Bl. 7v.

[10] Herzog Ernst II. von Gotha an Bode, 18.3.1784 (vgl. Kap. 3.7, Anm. 26),, Bl. 1r. — Die 2. Inspektion des Ordens (›Aethiopien‹) umfaßte die rheinischen und westfälischen Gebiete. Möglicherweise verwechselt Ernst hier ›Inspektion‹ mit ›Provinz‹; die 2. Provinz der Inspektion Abessinien wäre ›Aeolien‹, also Niedersachsen, wo einige der vorgeschlagenen Kandidaten wohnten (vgl. die nächste Anm.). Dagegen spricht jedoch, daß Ernst im selben Brief Koppe (in Göttingen) als Provinzial von ›Macedonia‹ vorschlägt, was auch auf rheinische Gebiete hindeutet (ebda., Bl. 2r [21.3.1784]).

[11] Ebda. Koppe, Feder und Spittler waren alle Professoren in Göttingen und somit in der Provinz ›Aeolien‹ ansässig. — Ernst hatte Bedenken gegen die Beförderung von Prinz August in dieses Amt, und Prinz August sah diese Gründe ein.

[12] Ebda.; »*nicht Wohl*« ist zweimal unterstrichen; der Schrägstrich bezeichnet einen neuen Absatz.

[13] Bode an Herzog Ernst II. von Gotha, »Heropolis den 3ten Esphander 1154« [=Weimar, 23.3.1784], sig. »Aemilius«, eigh., Sk 2, Dok. 196, Bl. 1v. — Zur Datierung: Der Brief ist eindeutig eine Antwort auf Ernsts Brief vom 18. (und 21.) März 1784; da das Jahr 1154 angegeben ist, so muß Bode den Monatsnamen »Esphander« irrig für den gerade angefangenen »Pharavardin« gesetzt haben, den ersten Monat im neuen Jahr. Zu Bodes fehlerhafter Datierung vgl. Dokumente Nr. 34, 43 und 46.

gern fragen«.[14] Und wenig später berichtet Bode, daß Herder, der nun als der »Decan« der Weimarer Niederlassung bezeichnet wird, sich wegen Zeitmangels geweigert habe, eine von einem anderen ›Bruder‹ vorgelegte wissenschaftliche Frage zu beantworten. In diesem Fall können wir allerdings wohl nicht von Widerstand sprechen, denn Bode erwartet, daß auch andere Ordensmitglieder mit einer solchen »weitläuftige[n] Abhandlung« überfordert wären[15] — und Herder war als Weimarer Generalsuperintendent tatsächlich mit Geschäften überhäuft. Herders Rolle als ›Dekan‹ im Illuminatenorden ist sicher nicht sehr ernst zu nehmen. Der Dekan war theoretisch der Vorsteher der zehn Priester in einer Provinz;[16] ob es in der Provinz ›Ionien‹ so viele Priester überhaupt gab, ist wohl zweifelhaft, und von der Tätigkeit einer Priesterversammlung in Weimar ist keine Spur vorhanden. Da die ›Priester‹ auch an keinen Versammlungen niedrigerer Grade teilnehmen mußten,[17] so ist anzunehmen, daß Herders Aktivität im Orden der Spärlichkeit der überlieferten Dokumente sowie seinen ausgedehnten amtlichen Verpflichtungen entspricht.

Herders weitere Beziehungen zum Illuminatenorden — soweit sie aus den erhaltenen Dokumenten erschließbar sind — lassen sich knapp zusammenfassen. Seine Kontakte mit verschiedenen Illuminaten in Weimar und Gotha werden aus einem Brief Friedrich Münters an Herder ersichtlich;[18] er nahm an der Sitzung der Brüder ab dem 7. Grad

[14] Bode an Herzog Ernst II. von Gotha, »Heropolis den 34ten Pharvardîn 1154. Jzded« [=Weimar, 23.4.1784], sig. »Aemilius«, eigh., Sk 2, Dok. 201, Bl. 1r-1v.

[15] »Von eben diesem Bruder Cassiodor [=Ewald], sehe ich mich gemüssigt, noch ein anderes Q[uibus] L[icet] [d.h. vertraulichen Bericht an den Oberen] vom Monat Aban [=November], unterthänigst vorzulegen. Ich hatte es unserm Decane, Damasus pontifex [=Herder] zur Beantwortung zugestellt. Der giebt mir es aber, nach dem er [es] lange bey sich behalten zurück, mit der Aeusserung: diese Beantwortung verlange eine weitläuftige Abhandlung, zu welcher er deren aber nicht Zeit habe. Ich sehe also kein anderes Mittel, auf diese vielfassende Frage eine Antwort zu erhalten, als von einem guten Logiker, und Meiners oder Feder oder Spittler in Göttingen, sind die einzigen Männer dieser Gattung, die ich in E[ure]r Durchl[aucht] Inspection [=Abessinien, Ober- und Niedersachsen] kenne. Koppe lehnt, als Theolog, entweder die Frage ganz ab, oder veranlaßt durch seine Beantwortung noch mehr Fragen der Art.« Bode an Herzog Ernst II. von Gotha, »Heropolis den 3ten Ardebehesched 1154 Jzded.« [=Weimar, 3.5.1784], sig. »Aemilius«, eigh., Sk 2, Dok. 204, Bl. 1v.

[16] Le Forestier: Les illuminés, S. 287.

[17] Le Forestier: Les illuminés, S. 288.

[18] Münter an Herder, Roma 28.2.1785, [Münter:] Briefwechsel 1: 394-98. Zu Münters Plan einer Illuminatenniederlassung in Rom vgl. oben S. 133. In diesem Brief heißt es u.a.: »Sie werden von Koppe und Bode gewust haben daß ich in Italien sey [. . .]«; der Brief setzt voraus, daß Herder den Wiener Ordensoberen Ignaz Edler von Born, den Illuminaten Otto Heinrich Freiherr von Gemmingen-

vom 17.3.1785 teil, woraus deutlich wird, daß er von der Weishaupt-Affäre wußte. In dieser Sitzung wird nahegelegt, Herder könne — wohl wegen seines öffentlichen Amtes und der Denunziationen des Ordens — in der Minervalkirche »nicht füglich erscheinen« und dort also kein Führungsamt annehmen.[19] Mit Bezug auf Weishaupt findet sich nach dem Scheitern der Berufung die Meinung Herzog Ernsts, daß der Ordensgründer sich wahrscheinlich nicht mit Goethe und Herder vertragen hätte.[20] Sonst sind nur Zeugnisse über Versorgungs- und Empfehlungsangelegenheiten vorhanden: Herder wird für irgendein Ansuchen des Gothaer Illuminaten Rudorf bemüht,[21] und er selbst schreibt einen nicht sehr aufschlußreichen Empfehlungsbrief aus der für die Weimarer Illuminatenniederlassung sehr späten Zeit des Frühjahrs 1787 — sein einziger Brief in der ›Schwedenkiste‹.[22] Bei Herder ist also keine sehr begeisterte Aktivität für den Orden zu konstatieren. Die schon mehrfach erwähnte Feststellung Herzog Ernsts, daß die Weimarer Brüder »sehr *Lau*«[23] in ihrem Engagement für den Orden gewesen seien, trifft gewiß auch für Herder zu.

Was zu Herders Abneigung gegen Geheimgesellschaften konkret beigetragen hat, ist nicht eindeutig zu beantworten, aber es hängt mit den Illuminaten zusammen. Im Dezember 1785 schreibt Herder, er habe im »vorigen Sommer« den Gothaer Amtskollegen und führenden Illuminaten Johann Benjamin Koppe kennengelernt: »die Wahrheit zu sagen aber, er hat mir durchaus nicht gefallen. [. . .] Seitdem ich ihn kennen gelernt habe, habe ich allen geheimen Gesellschaften und ihren Anführern den Tod geschworen. [. . .] Über die geheimen Gesellschaften habe ich nur drei Minuten mit ihm allein gesprochen, und wir gingen so auseinander, daß wir nie mehr davon und auch kein vertrautes Wort weiter miteinander gesprochen haben und auch in unserem Leben

---

Hoffenheim und den Gothaer Illuminaten Ernst Ludwig Friedrich Freiherr von Schlotheim kennt. Das Illuminatentum wird in diesem Brief jedoch nicht erwähnt und Illuminatennamen nicht verwendet; auch Herders Briefe an Münter vom 28.2. und 30.6.1788 enthalten keine Anspielungen auf den Orden (HB 5: 271 f., 297 f.). Zu Herders Beziehungen zu Münter vgl. ferner die weiteren Briefe an Herder in Münters Briefwechsel sowie [Münter:] Tagebücher 4 (Register).

[19] Vgl. Dokument Nr. 37, Bl. 2v; dazu oben, S. 81.

[20] Herzog Ernst II. an Bode, 28.4.1785, vgl. Dokument Nr. 51, Bl. 3v.

[21] Herzog Ernst II. von Gotha an Bode, 3.4.1785, vgl. Dokument Nr. 42, Bl. 4r.

[22] Vgl. Dokument Nr. 54.

[23] Herzog Ernst II. von Gotha an Bode, 9.11.1785, vgl. Dokument Nr. 52, Bl. 2r; ders. an dens., 22.7.1784; zu beiden Zitaten vgl. oben S. 124.

schwerlich sprechen werden.«[24] Aus diesem Brief scheint hervorzugehen, daß Herder an Koppes Ansichten die schwärmerische Beschäftigung mit Wunderkräften und die Verbindung dieser mit dem Christentum nicht gefielen. Tatsächlich mögen es die Ausfälle in den Ordensschriften gegen »das Pfaffen- und Schurken-Regiment« gewesen sein,[25] die Herders Abneigung gegen die Illuminaten mit begründet haben. Wenige Wochen später wiederholt er gegenüber einem anderen Korrespondenten dieselben Wendungen über Koppe,[26] aber seine Abneigung wird jetzt allgemeiner ausgedrückt und bekommt weitere Implikationen: »Ich haße alle geheime Gesellschaften auf den Tod u[nd] wünsche sie, nach den Erfahrungen die ich aus u[nd] in ihrem Innersten gemacht habe, zum T... denn der schleichendste Herrsch- Betrug- u[nd] Kabalengeist ists, der hinter ihrer Decke kriechet.«[27] Es kann sein, daß Herder hier an die Windungen der Knigge- und Weishaupt-Affären in Weimar denkt, vielleicht sogar an die Ablehnung der Berufung Weishaupts durch Goethe und Carl August; mit »Herrschgeist« kann auch Weishaupts despotisches Verhalten angedeutet sein. Aber diese Ausdrücke können auch mit Hinblick auf die politischen Ziele der Illuminaten gemeint gewesen sein. In einem anderen Brief bringt Herder sogar den Jesuitismus mit dem Vorwurf der »geheimen Wissenschaften« in Verbindung, den auch die Illuminaten sich in dieser Zeit mußten gefallen lassen; »es ist ein verruchter Geist, der Geist des Zeitalters, eine Pest, die im Finstern schleicht und am Mittage verdirbt«.[28] Diese Beschwerde — sie erinnert an Goethes frühe Warnung vor »einer großen Masse

[24] Herder an Johann Georg Müller, 19.12.1785, HB 5: 160. Koppe war 1784 nach Gotha gezogen.

[25] NA 62. Dies ist die von Knigge überarbeitete Fassung der bekannten *Anrede*; der Satz »Nun entstund die Theocratie: das Priester-Regiment, der geistliche Despotismus« (NOS 2: 110) wurde ersetzt durch: »Da entstund das herrliche Ding die Theologie, das Pfaffen- und Schurken-Regiment, das Pabstthum, der geistliche Despotismus« (NA 62). Nur in der letzten Form wurde die *Anrede* unter den Illuminaten selbst bekannt, bevor die Urfassung 1787 gedruckt wurde. Da die *Anrede* für den Priestergrad bestimmt war, muß Herder sie gekannt haben.

[26] Voges zitiert diese Stelle und läßt die Frage offen, ob sie als »Ausdruck persönlich erfahrener Enttäuschung bei den Illuminaten« zu lesen sei; daß Koppe Illuminat war, stand jedoch längst fest (Koppe wird auch bei van Dülmen als Illuminat angeführt, vgl. jedoch oben, Kap. 3.6, Anm. 5).

[27] Herder an Christian Gottlob Heyne, 9.1.1786, HB 9: 376; vgl. 5: 166 f.

[28] Herder an Johann Georg Müller, 1.1786, HB 9: 377; vgl. 5: 170. — Herder führte im Mai 1787, also nach der Publikation der Ordensschriften, ein Gespräch mit Friedrich Münter über »den Nuzen u[nd] den Schaden der Geheimen Gesellschaften« ([Münter:] Tagebücher 2: 402, 21.5.1787).

Lügen, die im Finstern schleicht«[29] — wiederholt den alten toposhaften Vorwurf gegen die Geheimgesellschaften, daß sie nämlich abseits gesellschaftlich-politischer Kontrolle staatsgefährdende Aktivitäten ausüben.

Herder hat sein Unbehagen gegenüber Geheimgesellschaften sogar in einer fiktiven Schrift ausgedrückt, die er jedoch nie veröffentlichte. Wenn wir seinem eigenen Zeugnis folgen können, so datiert die Konzeption dieses Dialogs, *Glaukon und Nicias*, aus der Zeit seines Eintritts in den Illuminatenorden.[30] Denn am 13. Juni 1786 schreibt er an Christian Gottlob Heyne: »[. . .] seit 3. Jahren gehe ich mit einigen Gesprächen oder einer Abhandlung über *geheimer Gesellschaften geheime Wißenschaften u[nd] Symbole* schwanger; das Ferment ist aber noch nicht reif u[nd] da ich lauter Belege u[nd] Facta anbringen will, so fürchte ich zu viele kleinfügige Mühe u[nd] zu viel mächtige Feinde.«[31] Der Dialog behandelt jedoch nicht nur, wie diese Aussage vermuten läßt, geheime Wissenschaften und Symbole, sondern die Problematik der Geheimgesellschaften überhaupt; und viele Züge lassen erkennen, daß wohl eher die Illuminaten als — wie bisher angenommen[32] — die Freimaurer gemeint sind. Der junge Adimant wird in »die geheime Gesellschaft der ***« aufgenommen,[33] während Glaukon und Nicias sich darüber unterhalten. Die »geheimen Wissenschaften«, von denen hier die Rede ist, sind nicht die gewöhnlichen; sie schließen außer »*Religion* und *Moral*, [. . .] *Physik* und *Geschichte*« auch noch »*Philosophie* und *Politik*« ein.[34] Auch der Illuminatenorden beschäftigte sich mit solchen Wissenschaften; ja, Herder war als ›Priester‹ ein »Vorsteher der gesammelten wissenschaftlichen Schätze in Klassen nach ihren Fächern ver-

[29] Vgl. oben, S. 58, sowie die ähnliche Verwendung der Lichtmetaphorik, oben S. 64. — Auch Herzog Carl August schrieb mit Bezug auf Geheimbünde: »[. . .] mann muß allen denen die in Finstern schleichen ofne Fehde biethen« (9.4.1789, in Zusammenhang mit der beabsichtigten Logengründung; AS 3: 19).

[30] Voges: Aufklärung und Geheimnis, S. 192 Anm.

[31] HB 9: 379; vgl. 5: 178 f. (dort die Lesart Düntzers: »geheime [statt: geheimer] Gesellschaften«).

[32] Voges: Aufklärung und Geheimnis, S. 192. Die Vermutung, daß hier die Illuminaten gemeint sind, basiert natürlich z.T. auf unserer Kenntnis von Herders Eintritt in den Illuminatenorden zur Zeit der Entstehung.

[33] SWS 15: 165. Schon diese Wendung läßt eher an die Illuminaten denken, denn die Freimaurer wurden meines Wissens nicht als »die geheime Gesellschaft der Freimaurer« bezeichnet. Zwar wird an einer Stelle vom »Bruder Redner« gesprochen, aber dies wird von Nicias vorgebracht, der nichts von der besprochenen Geheimgesellschaft weiß.

[34] SWS 15: 166.

theilt«.[35] Seine Enttäuschung in der Rolle als wissenschaftlicher Leiter der Ordensniederlassung in Weimar — wenn er dieses Amt je wirklich wahrnahm — mag seinen Ärger über die Illuminaten mit verursacht haben. Aber Herder setzt zu einer viel grundsätzlicheren Kritik an; sie betrifft das Gelöbnis, »seinen Obern blind zu gehorchen«. Nicias meint dazu: »Ein Mann, der sich dazu [d.h. zum blinden Gehorsam] anheischig macht, ist kein Mann, kein Mensch, kein vernünftiges Wesen mehr; er ist eine Maschiene.«[36] Dieser Vorwurf trifft den Kern der ›Dialektik der Aufklärung‹ im Illuminatenorden. Der einzelne, der zur Vernunft erzogen werden soll, muß vorübergehend seine Eigenschaft als selbstdenkendes Wesen opfern, er büßt seine menschliche Autonomie ein und ist tatsächlich Bestandteil einer ›Maschine‹ — ein Wort, das Weishaupt wiederholt für den Orden verwendete. Der schon häufig angeführte frühe Kritiker des Ordens Joseph Marius von Babo schrieb 1784: »Seinen Obern blinden Gehorsam zu geloben, und auf alle seine Privateinsichten und Privatfähigkeiten Verzicht zu thun; das ist mehr, als aller Monarchismus jemals von seinen Anhängern [. . .] fordert«; und er zieht die politische Konsequenz: »Entsetzlich!!! — Wehe dem Fürsten, wehe dem Vaterlande! — Euch ist nichts mehr übrig. Der Orden hat den ganzen Menschen zu seinem Gebrauch.«[37] Auch Herder warnt den Staat vor einem solchen, die menschliche Autonomie einfordernden Verfahren, das sich hinter dem Begriff »geheime Moral« verbirgt: »Kein Fürst, dünkt mich, müßte eine Gesellschaft dulden, in welcher dieser Name nur gehört würde; denn der Name selbst schmähet die Vernunft und die unmittelbarsten, völlig unveräußerlichen Rechte der Menschheit; ja er untergräbt die Sicherheit seines Staates. Ueber Philosophie und Religion denke jeder, wie er will; nur eine geheime Moral auf den Glauben der Obern werde im Staat nie gelehret.«[38]

Mit dieser Kritik am Gehorsamsgebot des Illuminatenordens rückt Herder in die Nähe der entstehenden Verschwörungstheorien. Von publizistischen Attacken gegen die Illuminaten sah er jedoch ab (diese Schrift veröffentlichte er nicht) und entwarf stattdessen einen raffinierten Plan, ihnen den Wind aus den Segeln zu nehmen. In seiner Denkschrift für den Markgrafen Carl Friedrich von Baden aus dem Herbst des Jahres 1787, *Idee zum ersten patriotischen Institut für den Allgemeingeist Deutschlands*, schlägt Herder eine Neuorganisation der Wissen-

[35] So die Definition des ›Priesters‹ in NOS 2: 13; D 254.
[36] SWS 15: 168.
[37] [Babo:] Ueber Freymaurer, S. 40 f.
[38] SWS 15: 169.

schaften und Künste unter der mäzenatischen Aufsicht eines aufgeklärten Fürsten vor. Und er schöpft einen Teil seiner Motivationen aus der Abneigung gegen Geheimgesellschaften (der Skandal um den Illuminatenorden war gerade auf ihrem Höhepunkt): »Die große Anzahl geheimer Gesellschaften, die meistens nur deßwegen geheim sind, weil sie sich ans Licht hervorzutreten nicht wagen, zeigen auch in ihren Misbräuchen und Verderbnißen, daß eine Gährung dasei, deren Wirkungen man nur dadurch zuvorkommt, daß man die Gemüther der Menschen öffentlich auf allgemeine, beßere Endzwecke leitet.«[39] Die Seitenhiebe an dieser Stelle gegen die Geheimbündler, die das Licht scheuen, lassen die Deutung zu, daß Herders projektiertes Institut z.T. im Bestreben konzipiert war, dem Bedürfnis der Intelligenz nach Organisation und Förderung ihrer (nicht-politischen, vor allem wissenschaftlichen) Ziele durch eine staatlich genehmigte Akademie zu genügen, in der potentiell oppositionelle Ziele vereinnahmt würden.[40] Herder wollte den Sozietätshang der Gelehrten in die Öffentlichkeit lenken und dadurch unschädlich machen: Vielleicht ein Vorbild für Goethes schon erwähnte Initiative der Freitagsgesellschaft.[41]

Daß Herder mit *Glaukon und Nicias* eine Anklageschrift gegen die Verbindung schreiben sollte, in der er selber ein hohes Mitglied war, überrascht nicht; die »mächtigen Feinde«, die ihn angeblich davon abhielten, die Schrift zu veröffentlichen, sind im Jahre 1786 jedoch nicht so einflußreich, wie er meint. Gegenüber Bode selbst trug Herder anscheinend seine illuminatische Maske, wenn wir aus dem erwähnten Brief in der ›Schwedenkiste‹ urteilen können; dort rühmt er nämlich den zu empfehlenden Bruder als »eine Blüthe seines Standes, geistlich u[nd] weltlich betrachtet; geistlich nämlich in *unserm* Verstande [. . .]«.[42]

[39] SWS 16: 602 (die ganze Schrift S. 600-16).

[40] Herder weist darauf hin, daß nach seinen Vorstellungen »die Landesherren oder ihre Räthe« über die Tätigkeit der Akademie unterrichtet und sogar ihren Sitzungen »zuweilen beiwohnen« würden; »Es verstehet sich von selbst, daß alle Anzüglichkeiten gegen Landesherren und ihre Diener, gegen Religionen und Gelehrte, sowohl aus den Schriften als Unterredungen dieser Versammlung wegbleiben müßen«; der folgende Satz erinnert dann an Schillers klassisches Projekt, das die Politik zugunsten reiner Wahrheitssuche ausschloß, um so das Bestehende zu stützen: »Der Zweck dieser Akademie ist reine unpartheiische Wahrheit [. . .]« (SWS 16: 610 f.).

[41] Vgl. oben, S. 153. Goethe nahm sich 1793 sogar der (gescheiterten) Akademiepläne Herders an; vgl. Tümmler: Zu Herders Plan einer Deutschen Akademie, S. 210 (Tümmler berücksichtigt Herders Hinweis in dieser Schrift auf die Geheimgesellschaften nicht).

[42] Vgl. Dokument Nr. 54, Bl. 1r.

Dieser geheimnisvolle Hinweis auf die gemeinsamen Ordensziele verrät ein beträchtliches Maß an Heuchelei, wenn wir Herders Briefäußerungen gegen Geheimgesellschaften sowie den Dialog *Glaukon und Nicias* in Betracht ziehen. So finden wir Herder, der zwar im engeren Sinne kein Regierender war, jedoch als Generalsuperintendent das führende geistliche Amt im Herzogtum Weimar innehatte, in einer ähnlichen Situation wie Goethe und Carl August: mißtrauisch gegen die politischen Implikationen des Ordens, dem sie angehörten, und nicht willens, eine bedeutende Rolle darin zu spielen. Herder war natürlich nicht, wie Goethe und Carl August, in der Lage, seine Meinungen gegenüber dem Orden machtpolitisch geltend zu machen. Er sah sich genötigt, den guten Ordensbruder zu spielen, und in unveröffentlichten Schriften ließ er seinen Unmut aus und näherte sich den Verschwörungstheorien an. Es ist deswegen auch kein Wunder, daß Goethe ihm den Plan zu seinem rosenkreuzerisch gefärbten, aber gleichfalls unveröffentlichten Epos *Die Geheimnisse* anvertraute:[43] Wußte Goethe wohl, daß auch Herder sich gegen den Orden gewendet hatte, ja daß er eine Schrift gegen sie verfaßte? Ist es ein Zufall, daß die erste Aussöhnung zwischen den beiden Männern nach langer Entfremdung gerade in die ersten Monate nach Herders Beitritt zum Orden fällt,[44] die Zeit, in der nach dem späteren Zeugnis *Glaukon und Micias* entstand?

In den nächsten Jahren verhinderte Herders Annäherung an die Verschwörungstheorie nicht, daß er ihr Opfer wurde. Herder war bekanntlich ein — allerdings abstrakter, im Grunde unpolitischer — Parteigänger der Französischen Revolution. Die Zeugnisse für diese Haltung sind mannigfach und brauchen hier nicht erneut zitiert zu werden.[45] Auch in der krisenhaften Zuspitzung der Ereignisse nach den Septembermorden und während des ersten Koalitionsfeldzuges — mit seinem Landesherrn und Goethe im Marsch gegen die Franzosen — behält Herder noch seinen Glauben an die Revolution und verurteilt

[43] Goethe an Herder, 8.8.1784, WA IV/6: 333; vgl. oben, S. 155.

[44] Goethe an F.H. Jacobi, 12.11.1783: »Von meinem Leben ist es wieder ein schönes Glück daß die leidigen Wolcken die Herdern solange von mir getrennt haben, endlich, und wie ich überzeugt bin auf immer sich verziehen mußten« (WA IV/6: 211). In ihrer eigenartigen Untersuchung zu Chr. G. Salzmann, die durchweg interessante Dokumente verwendet, die aber nicht belegt werden, äußert Gudrun Burggraf die gegenteilige Meinung, daß die Arbeit *für* den Illuminatenorden Goethe und Herder zusammenführte (Burggraf: Chr. G. Salzmann, S. 101).

[45] Aus dem Briefwechsel und anderen Quellen zusammengefaßt von Arnold: Französische Revolution in Herders Korrespondenz, S. 43 ff.

scharf die Intervention gegen sie.[46] Caroline Herder schreibt an F.H. Jacobi am 11. November 1792, noch lange nachdem die Nachricht über die Septembermorde eingetroffen war und das Kriegsglück sich gegen die Alliierten gewendet hatte: »Die Sonne der Freiheit geht auf, das ist gewiß [. . .] In Deutschland werden wir noch eine Weile im Finstern sitzen, doch erhebt sich der Morgenwind hie und da in Stimmen«,[47] und Herder glaubt, Carolines »Enthusiasmus« gegenüber dem eher konterrevolutionär gesinnten Freund entschuldigen zu müssen, aber er teilt offensichtlich ihre Begeisterung: »Aber die Dinge, die vorgehen, öffnen den Mund, und weil man ihr Ende nicht absieht, so übermannen sie die Seele.«[48]

Das beredtste Zeugnis für Herders revolutionsfreundliche Gesinnungen sind die Teile der ursprünglichen Fassung der *Briefe zu Beförderung der Humanität*, die aus der veröffentlichten Fassung gestrichen wurden. Herder fing mit der Niederschrift spätestens Mitte November an[49] — also um die Zeit des eben zitierten Briefes —, aber im Manuskript, das er im Februar 1793 an den Verleger schickte, waren sie nicht enthalten. Diese ausgemerzte Sammlung weist zahlreiche trotzige Bemerkungen zur soziopolitischen Lage in Europa auf. Mit dem Unterschied

[46] Haym: Herder 2: 476 f.; Arnold: Französische Revolution in Herders Korrespondenz, S. 46-48.

[47] HB 6: 290.

[48] HB 6: 291. Arnold schreibt zu diesem Brief: »Herders Nachschrift zu Karolines Brief, die diesen Enthusiasmus entschuldigt und abschwächt, kann uns dennoch nicht verbergen, daß er prinzipiell Karolines hochgespannte Erwartungen auf Völkerbefreiung teilt« (Arnold: Französische Revolution in Herders Korrespondenz, S. 50).

[49] Suphan (SWS 18: 535) datiert den Anfang der Niederschrift in diese Zeit, denn zwischen Mai und November konnte Herder wegen körperlicher Leiden kaum schreiben. Hans-Wolf Jäger datiert die Urfassung dieser ursprünglichen Teile der *Humanitätsbriefe* ohne Begründung auf das Frühjahr 1792 (Herder und die Französische Revolution, S. 304), wahrscheinlich deswegen, weil Herder sie am 28. Mai zum ersten Mal erwähnt — aber dort heißt es, er gehe »in Gedanken« mit dem Werk um (HB 6: 272). Wenn er in der Zeit seines verschlechterten Gesundheitszustandes zwischen dem Mai und November sehr viel hätte daran schreiben können, so hätte er dies sicher dem Verleger Hartknoch mitgeteilt, als er am 9. November dringend um einen Vorschuß bat; hier nennt er das Werk jedoch nur »unser zu unternehmendes grosses opus« (HB 6: 288). Suphan: »Geschrieben war zu dieser Zeit an dem zu unternehmenden opus noch nichts, sonst stünde es sicherlich in diesem Briefe zu lesen; und wenn Herder selbst es versäumt haben sollte, sein Gesuch mit der wichtigsten Nachricht zu unterstützen, so wäre sie gewiß durch ein Postscriptum Carolines, die derartiges nie vergißt, nachgeholt worden« (SWS 18: 533 f.).

der Stände wird bündig aufgeräumt: »Nur Ein Stand existirt im Staate, *Volk* (nicht Pöbel;) zu ihm gehört der König sowohl als der Bauer; jeder auf seiner Stelle, in dem ihm bestimmten Kreise.«[50] Auch der Erbadel verfällt dem Verdikt Herders: »[...] wann, auch nach dem seltensten Verdienst, das grosse Individuum fortan sich einbildete, daß es auf ewige Zeiten hinab in seiner ganzen Abkunft, sammt Dienern, Roßen und Hunden, dies ehemalige Verdienst repräsentire, darstelle[51] und in sich vereine; so wäre dies eine seltsame Einbildung.«[52] Auch die »Thorheit der Kriege« wird verurteilt,[53] insbesondere jedoch die Kriege gegen die Französische Republik: Ein »böser Genius« wäre es, der die Deutschen in einen Krieg gegen die Revolution »freventlich hineinstürzte«; »Meines Wissens«, setzt er ironisch hinzu,

> »ist kein Deutscher ein gebohrner Franzose, der Verpflichtung und Beruf habe, für die alte Ehre des Königs der Franzosen auch nur einen Athem zu verlieren. Kein Deutscher ist Franzose, um, wenn diese ihren alten Königsstuhl, den ältsten in Europa nach mehr als einem Jahrtausend säubern wollen, (welches längst die Reinlichkeit erfordert hätte) den Geruch davon mitzutragen, oder ihn in persona und corpore zu säubern hätte. Einem Deutschen Fürsten wird dies nie einfallen wollen; und die französischen Princes, Ducs, Marquis et Nobles würden sich mit dem spöttischsten Hohn freuen, wenn ein Deutscher Prinz, Herzog, Fürst und Markgraf sich für Ihresgleichen erkennete, und sie der Sache ihres Vaterlandes halben in Schutz nähme«.[54]

Diese Verurteilung der Intervention auch angesichts der drohenden Hinrichtung des Königs (»Säuberung« des Throns) schrieb Herder gerade dann, als sein Herzog als General der preußischen Armee am vergeblichen Versuch teilgenommen hatte, Paris für die Sünden der Revolutionäre zu bestrafen und den König wieder auf den Thron zu setzen.[55] Aus der im Februar abgeschickten Endfassung hatte Herder solche

[50] SWS 18: 308.
[51] Gestrichen: »den Staat vorstelle«.
[52] SWS 18: 310.
[53] SWS 18: 312.
[54] SWS 18: 316 f.
[55] »[...] entschieden [...] erklärt sich unser Briefsteller gegen jede Einmischung. Auch hierüber denkt er [...] gegensätzlich gegen die Politik der verbündeten Höfe — gegensätzlich gegen die Politik seines Landesherrn« (Haym: Herder 2: 481).

direkten Spitzen gegen die Reaktion in Deutschland gestrichen; ja, jede nähere Anspielung auf zeitgenössische Politik fiel der Umarbeitung zum Opfer.[56]

Caroline Herder hat im nächsten Frühjahr (1793) die Hinrichtung des französischen Königs verurteilt, so daß man in der Forschung bisher angenommen hat, Herders ›Wende‹ gegen die Revolution datiere von diesem Ereignis.[57] Auf die Umarbeitung der Humanitätsbriefe zu einem Werk, das Kritik und Zeitereignisse peinlichst vermeidet, hat die Hinrichtung auf jeden Fall keinen Einfluß gehabt, schon aus zeitlichen Gründen: Der König wurde am 21. Januar 1793 hingerichtet, und die Nachricht aus dem fernen Paris ließ auf sich warten (Herders Freund Knebel erhielt sie erst am 1. Februar[58]). Briefe Herders, die erst 1982

[56] Eine Ausnahme wird von Jäger angeführt (Herder und die Französische Revolution, S. 305 f.). Progressive Tendenzen sind in der Druckfassung natürlich enthalten, aber bei weitem nicht in dem Maße, wie Wilhelm-Ludwig Federlin (Bildung in Herders Humanitätsbriefen) es annimmt. Federlin operiert mit einem verschwommenen Politikbegriff und interpretiert die reformabsolutistische Haltung Herders als politischen Gewinn gegenüber den revolutionsfreundlichen Äußerungen der Urfassung. Wer die ursprüngliche Sammlung mit den gedruckten *Briefen* vergleicht, erkennt sofort den Verlust an tagespolitischer Aktualität und revolutionärer Begeisterung (und Federlin weist auf die lange Reihe von Forschern hin, welche diese Erkenntnis aussprechen: S. 127 f.). Beachtenswert wären für Federlin die Ausführungen von Heinz Stolpe über die notwendige Differenzierung der fiktiven Korrespondenten der *Briefe* (Kommentar zu Herder: Briefe zu Beförderung der Humanität, etwa 1: 468, 480). Ausschlaggebend für die gegenwärtige Fragestellung bleibt die Tatsache, daß die direkte und scharfe politische Kritik am Bestehenden in der Urfassung in der Überarbeitung getilgt wurde.

[57] Caroline und J.G. Herder an F.H. Jacobi, 5.4.1793, HB 7: 32. Suphan schreibt diese Briefstelle sogar J.G. Herder zu! (SWS 18: 536). Caroline vertrat auch sonst die Auffassung, ihr Mann sei durch die gewalttätigen Ereignisse ›bekehrt‹ worden: »durch so viele Greuel sank dann freilich sein Glaube« (zit. nach Arnold: Französische Revolution in Herders Korrespondenz, S. 48). — Die Reihe der Interpreten, die die Hinrichtung des Königs für Herders Umarbeitung der *Humanitätsbriefe* verantwortlich machen, reicht von Haym (Herder 2: 484) bis zu Verra (Herders Revolutionsbegriff, S. 118) und Jäger (Herder und die Französische Revolution, S. 305); Jäger erwähnt allerdings auch den innenpolitischen Druck als Faktor. Arnold arbeitet vorsichtiger Herders allmählichen Gesinnungswandel gegenüber der Revolution heraus, ohne die Hinrichtung des Königs für die Umarbeitung der *Humanitätsbriefe* verantwortlich zu machen.

[58] Aus Knebels Tagebuch, BG 4: 551; der Minister Voigt spricht gleichfalls am 1.2. zum ersten Mal von der Neuigkeit (Diezmann: Aus Weimars Glanzzeit, S. 67), und der Geheimrat Schnauß scheint sie erst am 3. Februar erhalten zu haben (Schnauß an Herzog Carl August, Weimar, 3.2.1793, CAPB 2: 51).

vollständig gedruckt wurden, zeigen, wie früh die betreffenden Teile des Werkes fertig vorlagen[59]: das vollendete Manuskript des größten Teils der ersten Sammlung wurde am 5. Februar abgeschickt;[60] schon am 18. Februar waren die ersten beiden Sammlungen, in denen die Änderungen gegenüber der Erstfassung erfolgt waren, zum Druck fertig.[61] Es versteht sich wohl von selbst, daß der gesundheitlich angegriffene Herder seit dem Eintreffen der Nachricht kaum Zeit dazu hatte, die ursprünglichen 24 Briefe in die 26 Briefe der Druckfassung (336 Druckseiten!) umzuarbeiten. Schon die oben zitierte Herdersche Aufmunterung der Franzosen zur ›Säuberung‹ des Königsstuhls — verfaßt während der Prozeßvorbereitungen gegen den König! — läßt darauf schließen, daß die Durchführung dieses Wunsches nicht der Grund für Herders Umschwung gewesen sein kann.[62]

[59] Bis zum Druck dieser Briefe in HB 7 verfügte man nur über den Hinweis Suphans auf den Brief an Hartknoch vom 24.1.1793 (jetzt HB 7: 25), in dem es heißt, »in 14 Tagen ohngefähr geht die erste Hälfte an H[errn] Vieweg ab«; Suphan nimmt dann allerdings fehlerhaft an, »Mitte Februar 93« habe Herder die »erste Hälfte des Msk. von Sammlung I [statt vom ersten *Bändchen*, das Sammlungen I und II enthielt] an Vieweg« abgeschickt (SWS 18: 560 Anm.); Herder hatte bis dahin die *beiden* ersten Sammlungen vollständig abgeschickt (s. die nächsten Anmerkungen). Auch diese Bemerkung Suphans berechtigt nicht zu der abenteuerlichen Zeitangabe von Heinz Stolpe, welcher schreibt, bestimmte Stellen in der gedruckten zweiten Sammlung zeigen die Krise Herders »in den *Monaten* nach der Hinrichtung Ludwigs XVI.« (Kommentar zu Herder: Briefe zu Beförderung der Humanität 1: 479, meine Hervorhebung); die zweite Sammlung war schon zur Ostermesse gedruckt.

[60] Herder an Johann Friedrich Vieweg, 5.2.1793, HB 7: 27.

[61] Herder an J.F. Vieweg, 4.3.1793, HB 7: 29.

[62] Haym schreibt: »Zu erschütternd redete die Kunde von der [. . .] Hinrichtung Louis Capets, als daß der Verkünder der Humanität es vor seinem Gefühle, der erste Geistliche in den Herzoglich Weimarischen Landen es vor seiner Pflicht und seinem Amt hätte verantworten können, öffentlich so von der Reinigung des französischen Königsstuhls zu reden, wie er noch vor wenig Wochen gethan hatte« (Herder 2: 483 f.). Abgesehen davon, daß Herder nach dem Erhalt dieser »Kunde« keine Zeit hatte, das Werk so grundlegend umzuarbeiten, läßt diese Behauptung außer acht, daß Herder diese Aufforderung zur Säuberung des Throns während der öffentlich diskutierten Vorbereitungen zum Prozeß gegen den König geschrieben hatte, als dieser mit der Todesstrafe rechnen konnte (zur Datierung vgl. Anm. 49); Knebel weist auf diesen Tatbestand hin, wenn er über eine (nicht überlieferte) Stelle in der ursprünglichen Fassung schreibt: »Man muß nicht wohl nach Rache rufen, wenn die Rache wirklich schon vor der Türe ist« (30.12.1792; Richter: Herder im Spiegel seiner Zeitgenossen, S. 278). — In einem Brief aus der Zeit der Entstehung der ersten Fassung der *Humanitätsbriefe* schreibt die Herzogin Louise an Charlotte von Stein: »Ich finde es sehr recht von Ihrem Pfarrer, daß er für die königliche Familie von Frankreich betet. Herder würde es nicht tun« (10.11.1792,

Die ›Wende‹ Herders hat Gründe, die viel näher und Wochen früher als die Hinrichtung des Königs in Paris waren. Am 29. Oktober 1792 schrieb der Weimarer Landkammerrat Franz Kirms — später unterstützte er Goethe in der Leitung des Weimarer Hoftheaters — einen Brief an den Herzog, der sich unter den Truppen im Rückzug nach der Niederlage in Frankreich befand (vgl. Dokument Nr. 57). Kirms berichtet über die Stimmung im Herzogtum, die er als äußerst obrigkeitsfreundlich darstellt. Aber er kann störende Elemente nicht unterschlagen: außer »einige[en] gering[en] Beschwerden« erwähnt er dunkel zwei Unruhestifter: man »möchte gerne 2 Personen laternisiren, und ist höchst aufgebracht über einige, welche dafür bekannt sind, daß sie zu sehr auf französischer Seite hangen«; später wiederholt er, daß man gegen diese zwei Personen »aufgebracht« sei.[63] Carl August schickt diesen Spitzelbericht nach Weimar an das führende Mitglied des Geheimen Consiliums Christian Gottlob Voigt. In seinem Begleitschreiben kommt der Herzog sofort auf den Teil des Briefes, der ihn am meisten stört, und gibt Voigt den Auftrag, die Identität der zwei Personen festzustellen, die »dem Volcke Fatal wären«, aber Carl August hat schon einen festen Verdacht: »vermuthl[ich] ist Herder einer der zweyen«. Er wünscht ferner, daß Voigt »nachspührt[e] wie die gesinnungen des Volckes über diese leute sind«.[64] Schon am 24. November kann Carl August seine Zufriedenheit über die Bemühungen seines Geheimrats ausdrücken. Von besonderer Bedeutung ist der Hinweis, daß ein anderes Mitglied des Consiliums, Johann Christoph Schmidt, »sich über daß unnütze raisonniren unthätiger Menschen explicirt hat«; diese Äußerungen von Schmidt sind deutlich nicht regierungsintern gegenüber Voigt geschehen, sondern in der Öffentlichkeit bzw. gegenüber dem oder den Verdächtigen, denn der Herzog setzt hinzu: »gut wird es seyn wenn dieses bey ähnl[ichen] Gelegenheiten geschieht.«[65] So hat es den Anschein, daß Herder schon zu diesem Zeitpunkt von der Unzufriedenheit des Landesherrn mit seinen politischen Äußerungen

---

zit. nach Jäger: Herder und die Französische Revolution, S. 299).

[63] Vgl. Dokument Nr. 57, Bl. 57r, 58r.

[64] Herzog Carl August von Weimar an Voigt, 8.11.1792, vgl. Dokument Nr. 58, Bl. 56r.

[65] Herzog Carl August von Weimar an Voigt, 24.11.1792, vgl. Dokument Nr. 59, Bl. 63r.

erfuhr[66] (wir werden sehen, daß sie ihm ein paar Wochen später ohne Zweifel klar gemacht wurde). Aus weiteren Stellen in Carl Augusts Brief geht der Zusammenhang zwischen dem herzoglichen Ärger und den Verschwörungsängsten deutlich hervor; er wettert gegen den Mainzer Jakobiner Georg Forster, einen angesehenen Gelehrten, der sich »auch,[67] in die Rotte der Phantasten, wie so viele seines Gelichters einschreiben lassen«; »Allen Gelehrten«, so klagt der Herzog in den topos-haften Formulierungen der Verschwörungstheorie, »klebt so gewaltig die Sucht einfluß in Staats Sachen zu haben, an, da discreditiren sie nun ihr ganzes Geschlecht [...] Dieses ist leider der Gang der jetzigen Dinge, wodurch [...] wie in den Ritterzeiten, wieder der Haß gegen die Gelehrten aufsteigen wird (welcher sich schon öffentl[ich] zeigt) [...] Alles Unglück schiebt mann jetzt denen sogenannten *Professers* in die Schue, u[nd] im Grunde, in einem etwas groben Verstande genommen, ist es nicht zu leugnen daß diese leute unendlichen Schaden gestiftet haben«, und dann nennt er andere Gelehrte außer Forster, die in Mainz leitende Rollen spielten.[68] Das Mißtrauen gegen Intellektuelle, das der Herzog in diesen Monaten auch mit Bezug auf Professoren wie Hufeland in Jena äußerte (vgl. Kap. 5.3), war eine Konsequenz des Verschwörungsdenkens. Kirms hatte die Lage in Weimar genau in diesem Sinne dargestellt: Das Volk sei zufrieden, liebe seinen Herrn und wünsche nichts sehnlicher als seine Rückkehr vom Krieg gegen die Franzo-

[66] Herder war natürlich kein »unthätiger Mensch«, sondern ein allzubeschäftigter Vizepräsident des Oberkonsistoriums; Carl August meint hier jedoch einen Intellektuellen, der keinen Anteil an der praktischen Regierung des Landes hat — im Sinne seines Briefes vom 10.8.1792, in dem er den Wunsch ausdrückt, »daß Gelehrte die ihr lebetage mit Administrationen von Ländern[,] nicht einmahl von einem Bauern Guthe, zu thun gehabt haben, also nichts davon verstehn, weil die Administration gewiß eine Kunst ist die durch erfahrung gelernt werden muß, daß diese, will ich sagen, nicht auf leere Abstractionen [hin] Grundsätze in die Welt schreiben werden, die wahr scheinen, weil sie so wenig wie Gespenster Geschichten juristisch widerlegt werden können« (vgl. dazu Kap. 5.3).

[67] Das Wort »auch« macht deutlich den Zusammenhang in den Gedanken des Herzogs zwischen den Unruhestiftern im Herzogtum und den gelehrten Radikalen in Mainz. Der Teil des Briefes, in dem Forster und die Jakobiner behandelt werden, wurde im Politischen Briefwechsel Carl Augusts (CAPB 2: 43 f.) veröffentlicht, aber der Zusammenhang ging durch Weglassung der anderen Teile des Briefes verloren. Durch die Konzentration auf außenpolitische Teile des Briefwechsels von Carl August unterschlägt die Ausgabe des ›Politischen Briefwechsels‹ viel von den politischen Motivationen des Herzogs.

[68] Vgl. Dokument Nr. 59, Bl. 63r-63v.

sen; die ganze Unruhe stamme nur von den besagten »2 Personen« (also der Intelligenz) her, die das Volk mit ihren revolutionsfreundlichen Äußerungen vergiften. Dies entspricht völlig dem Bild, das der Illuminatengegner Babo in seiner (von Carl August höchstwahrscheinlich gelesenen[69]) Schrift aus dem Jahre 1784 entwarf, da er die Illuminaten als Männer bezeichnete, die »über Gesetze und Pflicht [...] dem gutmüthigen Bürger seinen beßten Trost weg[raisonniren]«.[70] So konnte man der drohenden sozialen Unruhe — und das gab es sicherlich in Weimar, denn Kirms hatte nolens volens auch Unzufriedenheit unter der Bevölkerung zu erkennen gegeben[71] — auf den Grund kommen, wenn man diese Intellektuellen wie einen Fremdkörper aus der Gesellschaft ausmerzte oder sie einfach einschüchterte.

Der Herzog verlor die Überzeugung nicht, daß Herder einer der »2 Personen« war, und glaubte inzwischen auch die andere namhaft gemacht zu haben, denn am 8. Dezember 1792 schreibt er aus Frankfurt an Voigt: »Sorgen Sie doch dafür daß Knebel auch noch Seine Zunge zähme, es kommen mir aller hand nachrichten zu wie sehr, selbst der gemeine Mann, sich über seine äußerungen scandalisire, so ist es auch mit Herder, Sie können beyden zu verstehn geben, daß es von mir käme was Sie davon wüßten.«[72] (Daß der Herzog auch andere Spitzelquellen als Kirms hatte, geht aus diesem Brief hervor.) Nunmehr hatte Voigt einen unmißverständlichen Auftrag, und das Resultat davon hielt er in einem Brief an den Herzog vom 17. Dezember fest:

> »Ich besuchte gestern Herdern, mit dem ich einige Offizialsachen zu besprechen hatte; es kam auch auf Politik zu reden; Herder kam mir

[69] Vgl. oben, S. 123.

[70] [Babo:] Ueber Freymaurer, S. 21; vgl. oben, S. 123.

[71] So die Bemerkung: »den Adel kann man auch nicht leiden!«, oder der Bericht über die Meinung im Volk: »wenn er [=Carl August] nur erst wieder da ist, dann soll er über unser Cörper wegfahren, wenn er wieder gegen die Franzosen dienen wollte!« (Bl. 58r). Auch wenn diese letzte Meinung ein Hinweis auf die Unsicherheit der Thronfolge ist, die aus dem vorzeitigen Tod des Herzogs erfolgen würde, so ist sie als Unruheelement nicht von der Hand zu weisen und vielleicht auch aus Sympathie für die französische Sache bzw. als Unmut über die Verschwendung staatlicher Mittel und des Lebens der Untertanen im konterrevolutionären Krieg zu erklären.

[72] Herzog Carl August von Weimar an Voigt, Frankfurt, 8.12.1792, StA Weimar, J 288, Bl. 66v. Carl August hatte wohl Recht mit seiner Vermutung, denn Knebel — ein enger Freund von Herder — war als revolutionsfreundlich bekannt.

damit zuvor, daß es gut sei, bei aller Gelegenheit die Menschen zu überzeugen, daß das französische Wesen auf Deutschland, besonders aber auf die glücklichern kleinern Staaten gar nicht passe und man wider sich selbst wüte, wenn man so etwas gelten machen wolle. Besonders detestierte er die Aufführung der Mainzer Jakobiner und erzählte mir, wie standhaft und klug sich Müller herausgezogen habe. Ich ließ bemerken, wie sehr Eure Durchlaucht diese Klugheit von Ihren Dienern wünschten und wie unangenehm Ihnen Unbehutsamkeit von der entgegengesetzten Art fallen müßte. Wir handelten noch vieles dieser Art ab und waren völlig einverstanden.«[73]

Der Herzog bezeugt seine Zufriedenheit mit diesem Gespräch: »Mit den Gesinnungen, welche Herder gegen Sie geäusert hat, bin ich volkommen Zufrieden; ich wünschte, daß jedermann eben so richtig wie er die Lage der Dinge beurtheilte«.[74]

Herders politische Wende ist frappierend. Man könnte auf Grund des Voigtschen Berichts zunächst meinen, sie sei durch Nachrichten über die Mainzer Jakobiner veranlaßt worden, aber diese Nachrichten müssen spätestens Anfang November in Weimar bekannt geworden sein (die Franzosen besetzten Mainz am 21. Oktober), und Herder hatte noch Mitte November in den oben (S. 199) zitierten brieflichen Äußerungen seine Teilnahme an der Revolution bezeugt und wahrscheinlich schon mit der Niederschrift der später unterschlagenen Fassung der *Humanitätsbriefe* angefangen.[75] Und in diesen hatte er nicht nur, wie wir

[73] Voigt an Herzog Carl August, 17.12.1792, CAPB 2: 45.

[74] Herzog Carl August von Weimar an Voigt, Frankfurt, 29.12.1792, von Schreiberhand, StA Weimar, J 288, Bl. 74-75, hier 74r. – In der eigenhändigen Fortsetzung dieses Briefes vom 3.1.1793 schreibt der Herzog: »Es ist mir lieb daß Herder keine Freude an der Jenaischen Stelle hat, seyn Charackter passet nicht bey jetziger Lage der Dinge dahin, ich verlöhre ihn ungern in Weimar, u[nd] am ende wäre wenig Nutzen für die Univer[sitä]t Schaden für ihn, u[nd] unannehmlichkeiten für mich daraus entstanden: ich hätte nie in diesen Plan gewilliget« (Bl. 75r). Ein theologischer Lehrstuhl war durch den Tod des Professor Döderleins frei geworden, und Herder hatte Interesse daran bekundet (Caroline Herder an Goethe, 10.12.1792, HB 6: 313 f.).

[75] Somit scheiden auch die anderen Ereignisse aus, die Jäger für die Unterdrückung der Urfassung verantwortlich macht: Der Feldzug in Frankreich, Kriegserklärung, Manifest des Herzogs von Braunschweig, Rückzug nach der Schlacht von Valmy (Herder und die Französische Revolution, S. 304; zu Jägers Datierung der ursprünglichen Fassung der *Humanitätsbriefe* vgl. Anm. 49).

sahen, mit der Standesgesellschaft abgerechnet, sondern auch mit dem ›aufgeklärten‹ Absolutismus, also wenigstens theoretisch der Regierungsform im Herzogtum Weimar: Die »gemäßigte Monarchie« ist für ihn »ein zweifelhafter Name!« — ursprünglich schrieb Herder sogar »ein gefährlicher Name!« —, und er setzt hinzu: »[. . .] nur Despotismus oder gemeines Wesen [=Republik[76]] sind die beiden Endpunkte, die Pole, um welche sich die Kugel drehet; gemäßigte Monarchie, ist blos das unregelmäßige Wanken von Einem zum Andern Pole.«[77] Auch wenn diese Überlegungen nominell auf Frankreich bezogen sind, verlassen sie diesen Rahmen sehr schnell und erheben einen allgemeingültigen Anspruch, so daß sie zusammen mit den anderen Spitzen gegen Standesgesellschaft und Monarchie in Widerspruch zu der im Gespräch mit Voigt geäußerten Abneigung gegen die Übertragung des »französischen Wesens« auf Deutschland stehen. Und daß man nach Herders Meinung »bei aller Gelegenheit die Menschen« von der Inkongruenz der französischen Ideale für Deutschland »zu überzeugen« hätte, wie es im Gespräch mit Voigt heißt, steht in direktem Gegensatz zur publizistischen Unterstützung der Revolution in der Schrift, die er gerade verfaßte bzw. verfaßt hatte — geschweige denn im oben erörterten Brief vom 11. November. Die Mainzer Ereignisse waren nicht fähig, Herder von einer revolutionsfreundlichen Haltung abzubringen;[78] hatte er doch im Falle der viel beunruhigenderen Septembermorde sogar gegenüber der Herzogin Louise die überlegene und richtige Einsicht geäußert, sie seien zum Teil durch das Manifest des Herzogs von Braunschweig provoziert worden,[79] der gedroht hatte, Paris zu zerstören. Günter Arnold konstatiert aus souveräner Kenntnis der Herder-Korrespondenz, daß diese Zeit um die Mitte November der Höhepunkt von Herders Revolutionsbegeisterung sei; knappe Wochen später war sie verflogen.[80]

Die ›Wende‹ in Herders Einstellung war anscheinend schon vor dem von Voigt berichteten Gespräch vollzogen, denn Voigt bemerkt,

[76] »[. . .] zur Republik, d.i. *dem jedermann gemeinsamen Wesen* [. . .]«, SWS 18: 317.

[77] SWS 18: 317.

[78] Arnold schreibt mit Recht, neben anderen Faktoren hätten die Mainzer Ereignisse Herders Glauben an die französische Sache gestärkt (Arnold: Französische Revolution in Herders Korrespondenz, S. 49).

[79] Arnold: Französische Revolution in Herders Korrespondenz, S. 48.

[80] Arnold: Französische Revolution in Herders Korrespondenz, S. 50 (mit Bezug auf den Brief vom 11.11.1792).

daß Herder ihm mit seinen konterrevolutionären Äußerungen »zuvorgekommen« sei. Herders Bemerkungen über die Mainzer Jakobiner spiegeln so genau diejenigen des Herzogs im Brief vom 24.11. (S. 204) wider, daß es naheliegt, daß Voigt schon bald nach Erhalt dieses Briefes die herzoglichen Argumente Herder gegenüber geltend gemacht hatte. Daß Herder auch von Goethes Verdruß wußte, geht aus einem in der Forschung schon bekannten Brief hervor, den Goethe noch im Oktober während des Feldzuges an Herder geschrieben hatte: »Wenn Ew. Liebden Gott für allerlei unerkannte Wohlthaten im Stillen danken, so vergessen Sie nicht, ihn zu preisen, daß er Sie und Ihre besten Freunde außer Stand gesetzt hat, Thorheiten ins Große zu begehen.«[81] Ob schon Schmidt mit Herder ins Gericht gegangen war, wie die Dokumente nahelegen, oder ob Herder nur von den Verdächtigungen gegen ihn gehört, oder ob zusätzlich der Brief von Goethe etwas bewirkt hatte, oder sogar der Druck durch Herzogin Louise, die um diese Zeit anscheinend eine politische Erklärung von Herder verlangte,[82] ist letzten Endes nicht von großer Bedeutung: In der Zeit zwischen der Novembermitte und der Dezembermitte, noch Wochen vor der Hinrichtung des Königs, hatte Herder eine politische Wende vollzogen. Der von Voigt vermittelte Eindruck eines von Herder autonom vollzogenen Gesinnungswandels ist irreführend, wenn wir den massiven Druck auf Herder bedenken, der in und vor diesem Gespräch stattfand — man kann diese breit angelegte Einschüchterung der Intelligenz (vgl. auch den nächsten Abschnitt) eine regelrechte ›Campagne in Deutschland‹ nennen, ein innenpolitisches Pendant zu der von Goethe später beschriebenen Campagne in Frankreich. Verständlich wird nun, daß Herder gegenüber Voigt genau sagte, was der Geheimrat zu hören verlangte, denn die anderen Mitglieder des Geheimen Consiliums sowie Goethe und die Herzogin hatten reichlich zu verstehen gegeben, wel-

81 Goethe an Caroline und J.G. Herder, Luxemburg, 16.10.1792, WA IV/10: 36. Vgl. Haym: Herder 2: 483. Arnold schreibt mit Recht, dieser Brief zeige, daß »die mündlichen Äußerungen im Freundeskreis [Herders] [...] jedenfalls an Deutlichkeit nichts zu wünschen übrig gelassen haben [müssen]«; Arnold: Französische Revolution in Herders Korrespondenz, S. 49.

82 Charlotte von Stein schrieb am 5.12.1792 an ihren Sohn Fritz, Herder habe sich schriftlich gegen die Herzogin über seine Sympathien für die Franzosen verteidigt und gesagt, er liebe nicht die Franzosen, sondern den Triumph der Vernunft (HB 9: 556, 770; vgl. Arnold: Französische Revolution in Herders Korrespondenz, S. 50).

ches Verhalten wünschenswert sei. Er aß vom Brot des Herzogs, so daß es völlig richtig war, wenn er meinte, man würde nur »wider sich selbst wüte[n], wenn man so etwas [=die Übertragung der Revolution auf Deutschland] gelten machen wolle«. Die ursprünglichen *Briefe zu Beförderung der Humanität* — sie trugen den im Zusammenhang der Revolutionszeit politisch brisanteren Titel *Briefe die Fortschritte der Humanität betreffend* — steckte Herder in die Tasche und konzipierte eine harmlose Fassung.[83] Für die Druckfassung dieses Werkes verfaßte er eine Fortsetzung von Lessings Freimaurergesprächen *Ernst und Falk* und stellte darin den Geheimgesellschaften eine »andre, freiere Gesellschaft« gegenüber, »die das große Geschäft [...] nicht verschlossen, sondern vor aller Welt [...] triebe«; diese Gesellschaft nennt er in deutlicher Anlehnung an Wielands Kosmopolitenorden *»Die Gesellschaft aller denkenden Menschen in allen Welttheilen«*.[84] »Manche geheime Gesellschaft«, heißt es an anderer Stelle, »die zur Beßerung der Menschheit wirken wollte, mag auch dahin gegangen seyn; diese kann vor den Augen der Welt [also nicht geheim!] allenthalben, als ein *Bund der Ed-*

[83] Herder schickte zwar noch am 29.12.1792 das Manuskript der ursprünglichen Fassung an Knebel, und dieser beurteilte es am nächsten Tag (Richter: Herder im Spiegel seiner Zeitgenossen, S. 277 f., vgl. SWS 18: 530 f.), so daß es noch den Anschein hat, daß er sie noch nach dem Gespräch mit Voigt zu veröffentlichen gedachte, aber entscheidend bleibt die Tatsache, daß er es letzten Endes nicht tat. Möglich ist sogar, daß Herder infolge der herrschaftlichen Einschüchterung sich vorgenommen hatte, die Urfassung zurückzuhalten, falls sie von seinem radikaleren Freund Beifall ernten sollte, was dann auch geschah.

[84] SWS 17: 129 f.; zu Herders mißglückter Auseinandersetzung mit Lessing in dieser Schrift vgl. Voges: »Herder gibt mit seiner Konzeption einer Gelehrtenrepublik also nicht der sozial-politischen Funktion, die einst die Maurerei erfüllte, einen neuen, der Zeit angemessenen Ausdruck; vielmehr nimmt er mit seiner Fortsetzung Lessings Gesprächen ihre ursprüngliche gesellschaftlich-praktische Schärfe« (Aufklärung und Geheimnis, S. 203). — Voges analysiert (z.T. auf Grund ungedruckter Briefe) Herders Teilnahme an Friedrich Ludwig Schröders Freimaurerreform in den Jahren 1800-1803 (S. 204-23); hier zeigt Herder jedoch nicht das Engagement, das man in einem solchem Projekt erwarten sollte, sondern es ging ihm eigentlich darum, die Maurerei von allem zu reinigen, was sie im politischen Sinne verdächtig gemacht hatte (u.a. die Hochgrade); die Intention dieser Reformen war »die Trennung von Freimaurerei und kritischer Aufklärung« (S. 222). Während der oben erörterten Auseinandersetzungen über die beabsichtigte Jenaer Loge im Jahre 1808 nannte Goethe das Schrödersche System »sehr vernünftig« (AS 2/2: 776).

len und Guten fortdauern [...]«.[85] So entsprach Herder den Wünschen seines Landesherrn, indem er das eigene alte Anliegen wieder aktivierte, die lästigen Geheimbündler, denen er und der Herzog selbst einmal angehört hatten, aus dem Arkanbereich ins Tageslicht zu zwingen. Ein paar Wochen nach der Fertigstellung der umgeformten *Humanitätsbriefe* schrieb er: »Es ist eine sonderbare Zeit: man weiß nicht, was man schreiben darf, u[nd] doch wird schwerlich ein Rechtschaffener so ganz platt u[nd] grob schreiben, was er schreiben *soll*« und, mit Bezug auf den »gute[n] Forster«, der nicht mit solcher »Vorsicht« geschrieben habe (und gegen den ja der Herzog und dann auch Herder gelästert hatten[86]): »Es sind *eigne, gefährliche* Zeiten.«[87] Aus einer Gefahr für die Intelligenz, die Herder im Fall Forster richtig einschätzte, wird im Gespräch mit Voigt eine Gefahr für den Staat, die von Forster und den anderen Mainzer Jakobinern ausgehe. Herder hatte seine Lektion gelernt. Die Greuel in Frankreich waren höchstens verstärkende Faktoren in Herders Abwendung von der Revolution; noch vor seiner Verurteilung dieser Ereignisse hatte er sich mit der Obrigkeit arrangiert, die in der Intelligenz eine konspirative revolutionäre Gefahr fürchtete. »[Ü]ber Deutschland zu / Politisiren ist verboten«, schrieb er in einem Gedicht, das er aus den *Humanitätsbriefen* tilgte;[88] diesem Prinzip verpflichtete er sich fortan.

[85] SWS 17: 15, mit Bezug auf eine von Benjamin Franklin gegründete Gesellschaft, die ›Junta‹; Herder betont ausdrücklich, Franklin sei »kein *Aufführer* gewesen« (SWS 17: 17). Diese Teile der *Humanitätsbriefe* waren ursprünglich als Vortrag vor der Freitagsgesellschaft gedacht (SWS 18: 540 ff.; vgl. Stolpe in Herder: Briefe zu Beförderung der Humanität, 1: 428 ff.), die vielleicht als Gegenbild zu den politischen Geheimbünden konzipert worden war (vgl. oben, S. 153); Herder betonte in der für die Freitagsgesellschaft konzipierte Fassung ausdrücklich: »[...] ein politischer Klub wird unsre Gesellschaft nie werden« (SWS 18: 507).

[86] Vgl. oben, S. 204 und 206.

[87] An Christian Gottlob Heyne, Weimar, Mitte März 1793, HB 9: 566; vgl. 7: 30. Haym stellt den Kontext her: »Und so ist er [=Herder] denn voll Bewunderung über die Andeutungs- und Anspielungskunst der Heyneschen Gelehrsamkeit, die in elegantem Latein die römischen leges agrariae oder die libertas et aequalitas civilis der alten Athener behandelte« (Herder 2: 478). — Arnold bezieht die Briefstelle »man weiß nicht, was man schreiben darf« auf »die Verschärfung der Zensur in Deutschland infolge der Radikalisierung der Revolution« (Französische Revolution in Herders Korrespondenz, S. 51), aber im dargestellten Kontext scheint sie eher auf die ›Selbstzensur‹ mit Rücksicht auf die Weimarer Verhältnisse hinzuweisen, die freilich nicht von den deutschen überhaupt isoliert gesehen werden können.

[88] SWS 18: 356.

Herder repräsentiert den ungewöhnlichen Fall eines Illuminaten, der starke Vorbehalte gegen den Orden hegte und sogar so weit ging, daß er sich schon früh der Verschwörungstheorie annäherte, in der Folge jedoch selbst zum Opfer dieses Denkens wurde. Er ist ein Beispiel für die Art, wie die Weimarer Regierung Druck auf die Intelligenz ausübte, um sie politisch gleichzuschalten. Er blieb aber nicht der einzige Fall; die Universität Jena, als das zweite wichtige Zentrum der Intelligenz im Herzogtum Weimar, weist eine Reihe von ähnlichen Fällen auf.

5.3
Fichte, Fr. Schlegel und andere Jenaer unter dem Druck der Reaktionäre

Nicht nur die deutsche Klassik war im Herzogtum Weimar vertreten, sondern auch die Anfänge der Frühromantik: Von Friedrich Schlegels Bekanntschaft mit dem Philosophen Fichte an der Universität Jena im Jahre 1796-97 gingen entscheidende Impulse für die Entstehung der romantischen Bewegung aus. Obwohl die literaturwissenschaftliche Forschung der letzten Jahrzehnte die Bedeutung der Französischen Revolution für alle Aspekte der deutschen Kultur in den 1790er Jahren herausgearbeitet hat, bleibt die Debatte über die politische Seite der deutschen Romantik in vollem Gang. Zu dieser Debatte will die gegenwärtige Fragestellung beitragen, da sie die Analyse der Frühromantik ideologiegeschichtlich zu ergänzen vermag. Nicht primär die *Ansichten* der Romantiker über die Französische Revolution und deren Bedeutung für ihre ideele Entwicklung sollen hier zur Sprache kommen — ein Thema, das ausgiebig erforscht worden ist —, sondern die konkrete politische Situation im frühromantischen Jena in den 1790er Jahren. So wird eine Hypothese für die Entstehung der Frühromantik vorgestellt, die zu erklären helfen soll, warum die Romantiker die Bedeutung der Revolution von einer politischen auf eine philosophisch-literarische Ebene verlagerten.

In der Literaturwissenschaft hat sich die Erkenntnis durchgesetzt, daß Friedrich Schlegel in den frühen 1790er Jahren eine radikale Phase durchging. Im folgenden soll der Beweis dafür erbracht werden, daß der »entscheidende Wendepunkt« in Friedrich Schlegels politischer Entwicklung nicht erst in der Wendung von literarischen und philosophischen Interessen zu reaktionärer Politik nach seiner Parisreise 1802 stattfand,[1] sondern schon 1796-1797 in Jena. In diesem Studienjahr zog

[1] Das Wort vom »entscheidenden Wendepunkt« nach 1802 stammt von Behler (KA 7: XVII; vgl. Behler: Der Wendepunkt Friedrich Schlegels). Behler weist allerdings auf Schlegels republikanische Phase hin (KA 7: XVII) und wird ihr eher gerecht in seinem Aufsatz: Die Auffassung der Revolution, S. 199. In einer sonst sehr verdienstvollen Monographie erwähnt Hans Eichner diese Phase nur im Vorbeigehen (Schlegel, S. 112); Klaus Peter ergänzt vieles vom politischen Kontext (Schlegel, S. 24 ff.), macht in einer neueren Skizze jedoch Aussagen, die auf Grund der vorliegenden Ergebnisse revidiert werden müßten (Einleitung zu: Die politische Romantik, S. 23). Die Verfasser des Handbuchs »Romantik« (Kollektiv für

sich Friedrich Schlegel von einer politischen zu einer literarischen Fortschrittlichkeit zurück und definierte dann neu die Bedeutung der Revolution für das romantische Projekt.

Nachdem er in einer Familie aufgewachsen war, die mit einem der führenden deutschen Konservativen, August Wilhelm Rehberg, befreundet war,[2] wurde Friedrich Schlegel, wie die meisten Vertreter der deutschen Intelligenz der Zeit, von den Idealen der Französischen Revolution angezogen. Aber Schlegels Interesse an der Revolution entstand in einer Zeit, da sich die meisten anderen Intellektuellen von der Revolution schon *abgewandt* hatten, also in der Zeit des Terrorjahrs 1793. Schlegels Eifer war wenigstens zum Teil wahrscheinlich das Verdienst von Caroline Böhmer, der künftigen Frau seines Bruders August Wilhelm. Caroline hatte bekanntlich in der kurzlebigen Mainzer Republik einige aufregende Monate im Hause des Jakobiners Georg Forster verbracht. Nachdem die Mainzer Jakobiner vor den konterrevolutionären Armeen (die einen Goethe in ihrem Troß aufweisen konnten) kapituliert hatten, entfloh die schwangere Caroline, wurde inhaftiert und gebar nach ihrer Entlassung das Kind eines französischen Offiziers, nachdem Friedrich Schlegel für sie eine Zuflucht gefunden und sich um sie gesorgt hatte.[3] Im Herbst 1793, nachdem die Hinrich-

---

Literaturgeschichte: Romantik, S. 96-100) schenken der frühen radikalen Phase Schlegels mehr Aufmerksamkeit, aber sie erklären deren Ende nicht. Unter den älteren Literaturwissenschaftlern ignoriert Enders durchweg politische Kategorien (Enders: Schlegel), während I. Rouge sie eingehender behandelt (Frédéric Schlegel, S. 169-74). Einen kurzen Überblick über die Forschung zu dieser Periode gibt Weiland: Der junge Friedrich Schlegel, S. 8-9. In seiner Studie, die Schlegels Entwicklung viel detaillierter behandelt, als im vorliegenden Zusammenhang möglich war, scheut Weiland trotzdem vor einer eingehenden Behandlung der Frage zurück, warum Schlegel sich von der Revolution abkehrte (S. 23), obwohl Weiland in seiner Zusammenfassung dem Scheitern revolutionärer Ideale in Frankreich sowie der politischen Reaktion in Deutschland die Schuld gibt (S. 53). Und obwohl Weiland das Jahr 1797 als eine entscheidende Zeit für Schlegel anerkennt (S. 22), so überbetont er die progressiven Elemente in Schlegels Denken nach diesem Jahr und übersieht die Verschwörungstheoretiker und ihre Angriffe als mögliche Impulse der Wandlung Schlegels. Trotz der Schwächen stellt Weilands immer noch unterschätzte Arbeit einen willkommenen Bruch mit der bisherigen geistesgeschichtlichen Forschung über Schlegels Haltung zur Revolution dar.

[2] Vgl. Enders: Schlegel, S. 84-86.

[3] Im allgemeinen ist Carolines Einfluß auf Friedrich Schlegels politische Entwicklung in der Forschung vernachlässigt worden. In seinem einflußreichen Werk über die Romantik wählt Rudolf Haym Zitate aus, die den Eindruck vermitteln, daß Friedrich gegen Carolines politische Ansichten eingestellt war (Die romantische Schule, S. 195), obwohl er in einer späteren Parenthese die Möglichkeit eines Einflusses zugibt (S. 200). Und obwohl Haym die Abkehr Friedrichs von selbstbesessenem Egoismus zu Selbstlosigkeit aus seiner Pflege für Caroline erklärt, übersieht

tung des Königs Ludwig XVI und der beginnende Terror die meisten deutschen Intellektuellen dahin gebracht hatten, ihre früheren politischen Ideale über Bord zu werfen,[4] schrieb Schlegel: »Seit einigen Monaten nun ist es meine liebste Erhohlung geworden, dem mächtigen räthselhaften Hange der Zeit-Begebenheiten zu folgen; und davon fängt sich eine Denkart an in mir zu bilden, die es tollkühn wäre, nicht zu verschließen«.[5] Aber in Briefen an seinen konservativen Bruder glaubte er mit Bezug auf seine Bewunderung der Revolution diskret sein zu müssen, und so mag sein Eifer noch extremer gewesen sein, als aus diesen Briefen an August Wilhelm zu ersehen ist. In einem Brief vom 24. Nov. 1793 hält Friedrich jedoch seinen Ärger gegen seinen Bruder nicht mehr zurück und verrät damit etwas von der Tiefe seiner Überzeugungen:

> »Mit Rührung verehre ich Deine edle Menschlichkeit, die die kleinste Gewaltthätigkeit verabscheut, sie mag im Namen der Ordnung oder im Namen der Freyheit verübt werden; aber ungern sehe ich daß Dein Haß gegen die Franken Dich unbillig macht, daß alle Theilnahme, die Du einem großen Volke zu schenken hast, einige bittre Spöttereyen sind. [. . .] ich wünsche die Erhaltung der französi-

---

er den politischen Aspekt dieser Selbstlosigkeit, auf den Friedrich selbst hinweist: »Diese Begeistrung für eine große öffentliche Sache macht trunken und thörigt für uns selbst und unsre kleinen Angelegenheiten, muß es machen, wenn sie ächt ist« (W 127). Rouge (Frédéric Schlegel, S. 37-44), Enders (Schlegel, S.. 264-77), Behler (Schlegel in Selbstzeugnissen, S. 28) und Eichner (Schlegel, S. 16) übersehen Carolines politischen Einfluß; Peter (Schlegel, S. 24) und Weiland (Der junge Friedrich Schlegel, S. 20) weisen wenigstens darauf hin, wie auch Behler in letzter Zeit (KA 23: XLIII, 472).

4 Zur Reaktion der deutschen Intelligenz auf die Revolution vgl. Fink: Die Revolution als Herausforderung, S. 111-23. Weiland legt nahe, daß Friedrich seinen Eifer für die Revolution verlor, weil sie ihre eigenen Ideale verraten hatte (Der junge Friedrich Schlegel, S. 23) und wegen der Entwicklung nach dem Sturz Robespierres (S. 53; ähnlich auch Peter, Einleitung zu: Die politische Romantik, S. 24), aber die Chronologie widerspricht dieser Auffassung.

5 W 128. — Erst nach Fertigstellung dieser Untersuchung hatte ich Zugang zum betreffenden Band 23 der Korrespondenz in KA: Bis zur Begründung der romantischen Schule. 15. September 1788 — 15. Juli 1797, hrsg. von Ernst Behler, 1987. Ich habe die Zitate aus den älteren Quellen nicht geändert, und eine Überprüfung ergab, daß in diesem Band keine neuen Briefe veröffentlicht wurden, die Hinweise auf die Thematik dieser Untersuchung enthalten. Ich habe jedoch Hinweise auf Behlers Kommentar in meine Anmerkungen eingearbeitet.

schen Freiheit. Doch genung; mein Herz möchte sich leicht zu feurig ergießen, und ich möchte das Aufhören vergeßen: vergeßen, daß Du ausdrücklich wünschest, hierüber nicht von mir zu hören, daß Du mich ungehört verdammst [. . .].«[6]

In seiner Entgegnung warnte August Wilhelm seinen Bruder anscheinend wegen seiner »politische Lectüre«, und Friedrich schreibt dann, daß diese Lektüre in seine nächsten schriftstellerischen Projekte paßt; aber Friedrich legt hier auch jene Vorsicht gegenüber politischer Autorität (und ihrem möglichen Einfluß auf seine Karriere) an den Tag, die in der Folge entscheidend werden sollte: »Du kannst leicht denken, daß es mir höchst wichtig seyn wird, einen politischen guten Ruf zu haben. Sey deshalb außer Sorgen; wenigstens meine nächsten historischen Arbeiten können damit gar nicht zusammentreffen«.[7]

Die Andeutung künftiger, weniger gemäßigter politischer Schriften (»*wenigstens* meine *nächsten* historischen Arbeiten«) wurde auch Wirklichkeit: Innerhalb von drei Jahren hatte Friedrich mehrere Schriften verfaßt, die seinen »politischen guten Ruf« gefährdeten. Den ersten Schritt zu politisch nonkonformen Werken beging er mit einer im Jahre 1795 erschienenen Besprechung von Condorçets *Esquisse d'un tableau historique des progrès de l'esprit humain* (ein Buch, das Caroline ihm empfohlen hatte[8]). Die Besprechung beginnt mit einem Lob des Werkes; Schlegel hebt darin den »edeln Hass der Vorurteile, der Heuchelei, der Unterdrückung, und des Aberglaubens« hervor[9] und bewundert Condorçets unverminderten Glauben an die Revolution. Jede positive Besprechung von diesem Werk eines bekannten Revolutionärs dürfte Aufsehen erregt haben. Aber einen größeren Schritt beging Schlegel mit dem Aufsatz *Versuch über den Begriff des Republikanismus* (spät im Jahr 1795 oder früh im Jahr 1796 entstanden), nominell eine Bespre-

[6] W 145.

[7] 11.12.1793, W 148. In seinem neuerlichen Kommentar zu dieser Stelle schreibt Behler lakonisch: »F[riedrich] S[chlegel] stand der französischen Revolution damals noch völlig neutral gegenüber« (KA 23, p. 445), und er weist sogar in diesem Kontext auf den oben zitierten Brief hin, in dem Schlegel deutlich schreibt: »ich wünsche die Erhaltung der französischen Freiheit«. In der vorangehenden Anmerkung hatte Behler auf den politischen Einfluß Carolines auf Friedrich hingewiesen!

[8] Caroline Schlegel: Briefe 1: 363.

[9] KA 7: 3.

chung von Kants Schrift *Zum ewigen Frieden*. Gegen Kant, der Republikanismus für verträglich mit Monarchie hielt, befürwortet Schlegel das Ideal einer direkten Demokratie, mit vollen politischen und bürgerlichen Rechten für Frauen und Besitzlose; so ging Schlegel weit über die damals bekannten demokratischsten Modelle aus, nämlich Frankreich und die USA. Schlegel *scheint* die revolutionäre Alternative zu verwerfen, wenn er schreibt, die »Ochlokratie (»der Despotismus der Mehrheit über die Minorität«), in der »eine *Masse* herrscht«, nähere sich der »Tyrannei« an und sei deshalb unakzeptabel, und er nennt als Beispiel »Sansculottismus«. Aber er schreibt auch unmißverständlich, »das europäische Feudalsystem« sei »der Humanität ungleich gefährlicher«, und er erklärt in einer Anmerkung, daß in der alten Welt Ochlokratie zwangsmäßig zur Tyrannei führte, aber in der modernen Welt würde sie zur Demokratie führen.[10] Schlegel unterscheidet sich plakativ von Schillers Grundsatz in den *Ästhetischen Briefen* (die wenige Monate vor der Entstehung von Schlegels *Versuch* erschienen), daß das Individuum umgeschaffen werden muß, bevor die Gesellschaft und der Staat reformiert werden können; Schlegel schreibt kategorisch: »die moralische Bildung des Volks [ist] nicht möglich, ehe der Staat nicht republikanisch organisiert ist«.[11] Schlegel weist auch auf Situationen hin, in denen Aufstand gegen die bestehende politische Herrschaft zulässig sei.[12] In der Spaltung zwischen politischen Diskursen, die sich am liebsten mit den Etiketten ›Aristokraten‹ und ›Demokraten‹ versahen, zählte sich Schlegel deutlich zu den letzteren, obwohl er nie eine deutsche Revolution guthieß. Aber auch der *Kontext* dieses Aufsatzes — der meist in der Forschung übersehen wird — entspricht diesem progressiven Gehalt. Schlegel hatte die Condorçet-Besprechung im *Philosophischen Journal* des Friedrich Immanuel Niethammer veröffentlicht, den Josef Körner einen »jugendlichen Hitzkopf« nennt.[13] Aber sogar Niethammer wurde vom *Republikanismus*-Aufsatz abgeschreckt. Er lehnte ihn für die Publikation in seinem *Journal* auch noch nach zwei Umarbeitungen ab[14] — so

[10] KA 7: 19-20; vgl. Weiland: Der junge Friedrich Schlegel, S. 39. Kommentatoren wie Zwi Batscha und Richard Saage übersehen Schlegels Anmerkung (Einleitung, in: Friedensutopien, S. 27).

[11] KA 7: 21 f. — Allerdings gibt Schlegel zu, daß der Staat ohne »herrschende Moralität« keine *absolute Vervollkommnung* erreichen könne.

[12] KA 7: 24 f.

[13] Körner: Romantiker und Klassiker, S. 46.

[14] E. Schmidt: Schlegels Briefe an Niethammer, S. 425-30.

daß wir uns fragen müssen, wie viel radikaler die nicht überlieferte Urfassung war! Am 15. Juni 1796 bittet Friedrich seinen Bruder, den Aufsatz von Niethammer zurückzuholen und ihn an Johann Friedrich Reichardt zu schicken, den Herausgeber der Zeitschrift *Deutschland*[15].

Schlegels publizistische Allianz mit Reichardt, die mit dem *Republikanismus*-Aufsatz einsetzte, war eine offen politische: Reichardt war ein bekannter Anhänger der Revolution. Er hatte im Jahre 1792 Frankreich besucht und seine Befürwortung der Revolution in der Sammlung *Vertraute Briefe aus Frankreich* (1792-93) freimütig geäußert. Der bekannte Komponist diente als Kapellmeister des preußischen Königs Friedrich Wilhelm II., bevor er im Jahre 1794 wegen seiner radikalen politischen Ansichten entlassen wurde. Reichardt zog sich auf sein Gut Giebichenstein bei Halle zurück, das dann zu einem wichtigen Treffpunkt der Romantiker wurde; er hatte einen entscheidenden Einfluß auf Wackenroders unruhiges soziales Gewissen.[16] In den *Vertrauten Briefen* prangert Reichardt schonungslos die deutschen Kleindespoten an, »die es sich die Liebe und den Schweiß ihrer Unterthanen haben kosten lassen, um die *Blutprinzen* [= princes du sang, adlige französische Emigrés] prächtig zu bewirthen, und mit Geld und so manchen andern Hülfsmitteln zu unterstützen«. Er behauptet zwar, daß er nie eine Revolution für *Deutschland* empfehlen würde, aber die ironischen Gründe, die er für diese Meinung gibt, sind wie gemacht, sein Publikum vom Gegenteil zu überzeugen: Die Deutschen seien nicht »aufgeklärt genug, um die großen Vortheile einer besseren Constitution hinlänglich einsehen zu können, und sich mit Geduld und Beharrlichkeit allen den Aufopferungen zu unterwerfen, welche die Einführung einer solchen Constitution der gegenwärtigen Generation nothwendig auferlegt«; er bedauert, daß »die guten Deutschen von jeher zu viel litten und verziehen«, und er verspottet die »Deutsch[e] Freiheitsscheu«.[17]

Reichardt war anscheinend ein schwieriger Mensch, aber er verdient kaum die böse Kritik, die er von Generationen deutscher Historiker

[15] W 283.

[16] Vgl. Wilson: Wackenroders ›Joseph Berglinger‹ (mit weiterer Literatur zu Reichardt); die Revolutionskrise hatte auf Reichardt einen anderen Effekt als auf Schlegel. Wackenroder entwickelte eine selbstkritische Analyse des romantischen Künstlers, und seine Erfahrung ergänzt das Bild der Frühromantiker, die zwischen dem Wunsch nach Engagement und der Verstrickung in Machtverhältnisse geteilt waren.

[17] [Reichardt:] Vertraute Briefe über Frankreich, S. 32, 46-47, 38, 346.

(die dem Beispiel Goethes folgen) geerntet hat. Er wird als tendenziöser Radikaler dargestellt, der das nichtsahnende, wenn auch eitle junge Genie Friedrich Schlegel aus politischen und literaturpolitischen Gründen ausbeutete[18] — denn Reichardt hatte im ersten Heft seiner Zeitschrift *Deutschland* sein Möglichstes getan, aus Goethe und Schiller Feinde zu machen. Er hatte das erste Heft von Schillers neuem Journal *Die Horen* schonungslos kritisiert: Unter der Decke angeblichen Schweigens über politische Themen, schrieb Reichardt, habe der anonyme Verfasser der in den *Horen* veröffentlichten *Unterhaltungen deutscher Ausgewanderten* — also Goethe — für das ancien régime Partei ergriffen:

> »Der Autor spricht für den Adel und Adelstolz, er und seine eingeführten Personen beurtheilen die französische Nation, den jezigen Krieg und seine schlimmen Folgen, die politischen Klubs, die verbreiteten Gesinnungen und Meinungen, die Verfassung welche die Franzosen einzuführen streben, ja sogar die künftige *wahrscheinlich schlechte* Behandlung ihrer eroberten deutschen Provinzen. Unter den handelnden Personen sind alle, die in ganzen Kutschen und Halbchaisen, begleitet von schwerbeladenen Brankards, fahren, und alle, die bald hernach auf dem Gute der Baronessin anständige Besuche abstatten, vortrefliche Leute und wie sichs versteht, mit dem Onkel *Geheimerrath* dem alten System zugethan.«[19]

Reichardts Kritik am Weimarer Projekt war durch und durch politisch. Aber er mußte Friedrich Schlegel keineswegs zwingen, an seiner

[18] Vgl. besonders Körner: Klassiker und Romantiker, S. 38 sowie Capen: Schlegel's Relations with Reichardt. Haym ist wahrscheinlich eine wichtige Quelle solcher Bewertungen; er schreibt: »Aus Not, da es ihm nicht gelungen war, zu den Horen in ein Verhältnis zu kommen, hatte er sich schon längst zu Reichardt geflüchtet, dessen ›Deutschland‹ die oppositionellen Gesinnungen [!] des jungen Schriftstellers gern gelten ließ, wenn auch ihre Farbe nicht ganz zu den Mottos aus Herder, Voß und Stolberg stimmte, welche die einzelnen Stücke der Zeitschrift zierten« (Die romantische Schule, S. 271). Schlegels Brief vom 15.6.1796 widerlegt Haym: er wendet sich schon zu einem Zeitpunkt an Reichardt, als er noch hofft, daß einer seiner anderen Aufsätze in den *Horen* erscheinen wird (W 283-84; vgl. 312). — Klaus Peter bildet wieder eine Ausnahme zu dieser negativen Bewertung von Reichardts Einfluß auf Schlegel (Schlegel, S. 28).

[19] Reichardt, in: Deutschland 1, 1 (1796), S. 59 f.; freilich beurteilte Reichardt hier die *Unterhaltungen* nur auf der Grundlage der Teile, die in den ersten sechs Heften der *Horen* erschienen waren.

Kampagne teilzunehmen; Schlegel hatte selbst einen (anonymen) *politischen* Angriff auf Goethe geplant: »Ich habe grosse Lust, ein paar Blätter über die harmonische Ausbildung und Göthe und Politik hineinzugeben. Es versteht sich, daß dieß geheim bleibt«.[20] Und schon im ersten Teil des Jahres 1795 hatte Schlegel einen (nicht überlieferten) politischen Aufsatz einem anderen fortschrittlichen Journal geschickt, den *Friedenspräliminarien*, in denen im Vorjahr einige Schriften Forsters veröffentlicht worden waren, darunter die radikalen *Parisischen Umrisse*.[21] Und auch *nachdem* Schlegel den *Republikanismus*-Essay geschrieben hatte, wollte er mit derselben Thematik fortfahren, diesmal für ein breiteres Publikum,[22] und sich weiteren politischen Entwürfen zuwenden, wie er seinem mißbilligenden Bruder am 27.5.1796 schreibt:

> »Ich bin der Kritik herzlich satt, und werde mit unglaublichem Enthusiasmus an den Revoluzionen arbeiten. Ich werde zu gleicher Zeit etwas Populäres *über den Republikanismus* schreiben. Ich werde glücklich seyn wenn ich erst in der Politik schwelgen kann. [. . .] Ich will Dirs nicht läugnen, daß mir der Republikanismus noch ein wenig mehr am Herzen liegt, als die göttliche Kritik, und die allergöttlichste Poesie.«[23]

Freilich: Das erste Werk, das Schlegel hier erwähnt, sollte »die politischen Revoluzionen der Griechen und Römer« behandeln,[24] nicht mo-

[20] 27.5.1796; W 275. Aus dem Kontext wird deutlich, daß Schlegel hier wahrscheinlich an Goethes *Unterhaltungen* denkt, aber es ist möglich, daß er den Staatsmann Goethe meint.

[21] W 214, 223; Weiland: Der junge Friedrich Schlegel, S. 20. Die Frage, warum dieser Aufsatz, den Schlegel den *Friedenspräliminarien* schickte, nicht veröffentlicht wurde, ist nie beantwortet worden — war er auch für diese Zeitschrift zu radikal? Zu dieser Zeitschrift und den anderen, die im folgenden erwähnt werden, vgl. Hocks/Schmidt: Literarische und politische Zeitschriften.

[22] Im hier folgenden Zitat spricht Schlegel *nicht* von seinen Plänen für den *Republikanismus*-Aufsatz, der schließlich Ende September 1796 in *Deutschland* veröffentlicht wurde (wie Enders: Schlegel, S. 299, und andere Forscher annehmen): Am 16.3.1796, mehr als zwei Monate vor diesem Brief, schreibt Schlegel, daß er schon vor einiger Zeit den Aufsatz an Niethammer geschickt habe (E. Schmidt: Schlegels Briefe an Niethammer, S. 425). Und der Aufsatz kann auch nicht derjenige sein, den er für die *Friedenspräliminarien* verfaßt hatte (wie Behler meint: KA 23: 501), denn jener Aufsatz war mehr als ein Jahr früher vollendet und abgeschickt worden (KA 23: 237).

[23] W 277 f.

[24] W 277.

derne Umwälzungen. Werner Weiland hat jedoch erschöpfend nachgewiesen, daß Schlegel eine Beziehung zwischen antikem und modernem politischen Leben hergestellt hatte[25] — eine Beziehung, die in einem anderen Brief von Schlegel selbst gezogen wird: »ein revolutionäres Genie [gehört] dazu, um den politischen Geist der Alten zu verstehen«.[26] Und Schlegel hatte ein paar Monate früher (19.1.1796) einen Brief geschrieben, in dem er nicht nur sein Interesse an diesem Stoff, sondern auch seine *Angst* vor den politischen Implikationen bloßlegt, eine Angst, die bald die Richtung seiner Interessen ändern sollte:

> »Bin ich erst bey dem Politischen, wie leicht und angenehm wird da Alles von der Hand gehn. [...] Bey der Griechischen Politik ist dem Himmel sey Dank keine Gefahr. Aber Du kannst auch über meine wissenschaftliche Versuche der Art [...] Deine freundschaftliche Besorgnisse beruhigen. Schon um der Strenge der wissenschaftlichen Untersuchung werde ich mich der entferntesten Anspielung auf Thatsachen enthalten, und Popularitäten hier eher vermeiden, als suchen. Die Obskurität der abstrakten Metaphysik wird mich schützen, und wenn man nur für Philosophen schreibt, so kann man unglaublich kühn seyn, ehe daß jemand von der Polizey Notiz davon nimmt, oder die Kühnheit auch nur versteht.« (W 258)

Dieser Brief sagt nicht nur sehr viel über die politische Wirkungslosigkeit von klassischer Altertumswissenschaft und Philosophie aus; zusammen mit den vorangegangenen Belegen zeigt er auch, daß Friedrich Schlegel in der ersten Hälfte des Jahres 1795 zwischen einem dringenden Bedürfnis, seinen politischen Interessen Ausdruck zu verleihen — er sagt sogar, er schreibe ein groß angelegtes »System der Politik«[27] — und der Angst vor den Konsequenzen eines solchen Engagements hin und her schwankt. Er scheint diese Ängste vorübergehend bewältigt zu haben: In seiner berüchtigten Rezension eines Teils von Schillers *Horen*, die Ende September 1796 erschien aber schon vor Mitte Juni geschrieben worden war,[28] fühlt sich Schlegel noch

[25] Weiland: Der junge Friedrich Schlegel, S. 26-33; vgl. Behler, KA 7: XX-XXIV. Eine Analyse der politischen Bedeutung von Schlegels klassischen Studien geht über die Grenzen der vorliegenden Darstellung hinaus; zum *Studium*-Aufsatz vgl. Oesterle: Der ›glückliche Anstoß‹, sowie Bräutigam: Eine schöne Republik.

[26] W 267.

[27] E. Schmidt: Schlegels Briefe an Niethammer, S. 426.

[28] Fambach: Schiller und sein Kreis, S. 276, 297.

sicher genug, um »ein Bändchen konterrevolutionärer Poesie nach französischer Art« zu kritisieren, das Mme de Stael herausgegeben hatte.[29] Diese Sprache war so radikal, daß Schiller den »demokratischen Spitz«[30] Reichardt für ihren Urheber hielt; in einem Brief an Goethe schreibt Schiller vermeintlich über Reichardt, ihm unbewußt jedoch über Schlegel: »Von dem Aufsatz der Stael spricht er mit größter Verachtung«.[31] Schlegel wußte von Reichardts politischem Ruf, aus persönlicher Bekanntschaft sowie aus den Zeitschriften *Deutschland* und *Frankreich*,[32] und trotzdem alliierte er sich weiterhin so eng mit ihm, daß seine Aufsätze für die des Herausgebers gehalten werden konnten. Jedes der sechs Hefte des *Deutschland* in der zweiten Hälfte des Jahres 1796 enthielt einen Beitrag von Friedrich Schlegel.

Der Friedrich Schlegel, der im August 1796 zum Studium nach Jena kam, hatte sich also eindeutig mit dem liberal-radikalen Diskurs assoziiert. Nach einem Jahr hatte sich sein politisches Denken merkwürdig verändert. Das wichtigste Dokument dieser Wandlung ist der Aufsatz *Georg Forster*, sein nächstes Hauptwerk nach dem *Republikanismus*-Aufsatz. Der Kontrast ist auffallend. Während Schlegel im *Republikanismus*-Essay aus seinen demokratischen Prinzipien kein Hehl gemacht hatte, scheint er absichtlich über den revolutionären Märtyrer Forster geschrieben zu haben, um die eigene politische Harmlosigkeit zur Schau zu stellen. Denn — so hat Hannelore Schlaffer schlüssig argumentiert — dieser Aufsatz verwandelt den engagierten Revolutionär Forster in einen bloßen Schriftsteller, ein historisches Objekt, und spielt hartnäckig den politischen Aspekt seines Lebens herunter; das Schreiben über den ›gesellschaftlichen Schriftsteller‹ Forster *ersetzt* sozial-politisch engagiertes Schreiben bei Schlegel selbst.[33] Bis Ende des Jahres 1797

29 KA 2: 9.

30 So hatten Schiller und Goethe in den *Xenien* Reichardt bezeichnet, wegen dessen oben besprochener Rezension der *Horen*; vgl. Fambach: Schiller und sein Kreis, S. 260 f.

31 Fambach: Schiller und sein Kreis, S. 299.

32 Schlegel hatte die ersten drei Hefte von *Deutschland* erhalten, und Reichardt schickte ihm die weiteren nach der Veröffentlichung (27.5.1796, W 275). Schlegel muß in der Zeitschrift gelesen haben, zu der er beitrug, besonders nach der persönlichen Begegnung mit Reichardt im Juni 1796.

33 Schlaffer: Friedrich Schlegel über Georg Forster. — So übersieht die herrschende Interpretation der Forster-Schrift (»allein schon durch die Würdigung des bekannten Mainzer Republikaners offenkundig auf demokratischer Seite,« Weiland: Der junge Friedrich Schlegel, S. 49) die darin enthaltene Entpolitisierung Forsters.

hatte Schlegel öffentlich mit Reichardt gebrochen und war damit beschäftigt, das führende Organ der Frühromantik, *Athenäum*, zu gründen — eine betont unpolitische Zeitschrift. Was war ihm inzwischen geschehen?

Das literarische Element darf freilich nicht übersehen werden. Schlegel hatte inzwischen die literarische Moderne ›entdeckt‹, nachdem er sich früher zu den Alten geschlagen hatte;[34] aber diese Entdeckung, die für die Entwicklung des romantischen Projekts nicht unwichtig war, hatte schon ein halbes Jahr vor dem Umzug nach Jena ihre Wirkung auf Friedrich Schlegel gehabt. Die persönliche Bekanntschaft mit Goethe und Schiller war auch von einiger Bedeutung; der Bruch mit Schiller und die fast peinliche Vergötterung Goethes gab dem literarischen Projekt einen kräftigen Impuls. Aber keiner dieser Faktoren erklärt den *politischen* Wandel — obwohl, wie wir sahen, das politische Element in Schlegels Beziehung zu Goethe und Schiller nicht unterschätzt werden sollte. Die politische Wandlung Schlegels muß primär durch politische Faktoren erklärt werden.

Der wichtigste dieser politischen Faktoren war der Krieg der Reaktionäre gegen die Intelligenz. In Jena hatte Schlegel die Gelegenheit, solche Angriffe in nächster Nähe zu erleben, vor allem gegen seinen verehrten Lehrer Fichte. Der bitterste Angriff hatte schon Jahre früher seinen Anfang genommen. Bevor Fichte im Jahre 1794 nach Jena berufen worden war, hatte er zwei prorevolutionäre Schriften verfaßt: *Zurückforderung der Denkfreiheit von den Fürsten Europens, die sie bisher unterdrückten* und *Beitrag zur Berichtigung der Urtheile des Publikums über die französische Revolution*, beide 1793 anonym veröffentlicht.[35] Obwohl die erste dieser Schriften fast unbemerkt in der Flut pro- und konterrevolutionärer Polemik unterging, erregte der *Beitrag*, wie Fichte es ausdrückte, »ziemliches Aufsehen, und leider werde ich [. . .] ziemlich allgemein für den Verfasser gehalten«;[36] »bey den Großen« hatte das Buch »viel Schmehlen's« verursacht.[37] Goethe empfahl dem Herzog den jungen Philosophen Fichte für die Berufung nach Jena, aber er sollte es bald bereuen; innerhalb weniger Monate verursachte Fichte einen Skandal. Er kündigte Vorlesungen an, die Sonntag vormittags gehalten

[34] Vgl. z.B. Körner: Klassiker und Romantiker, S. 34-36.
[35] FW 1: 163-404.
[36] FW 1: 201.
[37] Marie Johanne Fichte an J.G. Fichte, Zürich, 12.7.1794, FB 2: 172.

werden sollten; dies erregte die Galle der Geistlichkeit, die Gotteslästerung witterte und dem Herzog einen formellen Protest einreichte. Nach erheblicher Konfrontation und Unruhe ging Fichte darauf ein, die Vorlesungen Sonntag nachmittags nach dem Gottesdienst abzuhalten. Aber für die ewig wachsamen Verschwörungstheoretiker war die Sache damit keineswegs erledigt, und Fichte wurde nun zu einer ihrer beliebtesten Zielscheiben. Am Anfang des Jahres 1796, also kurz vor Schlegels Umzug nach Jena, startete das derzeitig wichtigste Organ der Verschwörungstheorie, *Eudaemonia, oder deutsches Volksglück*,[38] einen massiven und giftigen Angriff gegen Fichtes Sonntagsvorlesungen unter der Überschrift: *Verunglückter Versuch, im christlichen Deutschlande eine Art von Vernunft-Religions-Uebung anzustellen*. Im gängigen Duktus der Verschwörungstheoretiker identifiziert der Verfasser durchweg ›Illuminaten‹ mit ›Jakobinern‹ und zieht eine direkte Parallele zwischen Fichte und den blutrünstigen Sansculotten:

> »Nachdem es den Jacobinern in Frankreich, unter der wüthenden, Schrecken und Tod verbreitenden Tyranney der Marats, Robespierres und ihrer Consorten, gelungen war, den Königthron umzustürzen, und ihre Hand mit dem Blute des unschuldigsten Königs, zum Abscheu aller gesitteten Nationen, zu beflecken; die Altäre Gottes zu zerstöhren; an die Stelle der Verehrung des allmächtigen Schöpfers und Erhalters aller Dinge, die Verehrung der menschlichen Vernunft zu setzen: [...] so fand sich auch ein großer *deutscher Vernunft-Götzendiener*, der es unternahm, [...] gerade an dem Tage und in den Stunden, die der öffentlichen Verehrung Gottes gewidmet sind, eine Art von öffentlichem *Vernunft-Gottesdienst* anzurichten.«[39]

[38] Eudaemonia, oder deutsches Volksglück: Ein Journal für Freunde von Wahrheit und Recht, 6 Bde., Leipzig [dann Frankfurt, dann Nürnberg], 1795-98. Zur *Eudaemonia* vgl. bes. Braubach: Die ›Eudämonia‹; Gustav Krüger: Die Eudämonisten; Epstein: The Genesis of German Conservatism, S. 535-46 (bezeichnend ist der Titel des Abschnitts: The ›Eudämonia‹: The Journalistic Rally of Conservatism), 691-700; Hocks/Schmidt: Literarische Zeitschriften, S. 43-44; Droz: La légende du complot illuministe, S. 324-30. Zum Angriff gegen Fichte: Braubach: Die ›Eudämonia‹, S. 320-22; Léon: Fichte et son temps, S. 302-10, 534-49; Hahn, Im Schatten der Revolution, S. 48.

[39] Eudaemonia 2 (1796), S. 30 f.

Der Artikel fährt in demselben Stil fort; auch die Studentenunruhen desselben Jahres werden damit in Verbindung gebracht: Fichtes Vorlesungen, so erfährt der Leser, hätten als unmittelbare Folgen »wirkliche Revolutionsausbrüche« und »*Aufruhr* gegen den Landesherrn« durch die Studenten gehabt. Obwohl Fichte gegen die geheimen Studentenverbindungen gearbeitet hatte, so ließ der *Eudaemonia*-Artikel den Eindruck entstehen, daß er sich mit ihnen verschworen hatte, um die Unruhen anzufachen: »Das sind die Folgen und schrecklichen Früchte der Grundsätze, die durch den Professor *Fichte* und einige ihm Gleichgesinnte, auch vornehmlich durch die *geheimen Orden* unter den Studirenden ausgebreitet worden sind«. Und natürlich konnten sich die Leser des *Eudaemonia* vorstellen, »welche Folgen für die teutsche Provinzen daraus entstehen müssen, wenn diese jungen Leute mit den irreligiösen und anarchischen Grundsätzen, die ihnen durch die kühnen Vorträge mancher ihrer Lehrer und durch deren Beyspiele eingeprägt werden, in ihr Vaterland [d.h. in andere deutsche Territorien] zurück kommen«.[40] In den Vorstellungen der *Eudaemonia*-Mitarbeiter drohte eine Apokalypse am Jenaer Horizont.

Den Regierenden in Weimar konnten solche Attacken kaum gleichgültig sein; wir haben gesehen, daß Jena ihnen ein besonders gefährliches Nest zu sein schien. Nicht nur hatten sie schon 1789 den Versuch Jenaer Freimaurer (und vielleicht Illuminaten) unterbunden, eine Loge in Jena zu gründen, sondern die Studentenunruhen des Jahres 1792 legten sie im Sinne der Verschwörungstheorie aus: »In Frankreich ist doch bloß durch Maurerey und Clubbs das Freyheits Unwesen verbreitet worden; die Ordens bereiten die jungen Leute darauf zu«, schrieb der führende Weimarer Geheimrat Christian Gottlieb Voigt.[41] Es ging nicht nur um den Einfluß von Geheimorden, sondern überhaupt um den Einfluß, den Intellektuelle angeblich auf die Volksmassen ausübten. Im Jahre 1792 schrieb Herzog Carl August mit Bezug auf Georg Forster: »Allen Gelehrten klebt so gewaltig die Sucht[,] einfluß in Staats Sachen zu haben, an, da discreditiren sie nun ihr ganzes Geschlecht. [. . .] Dieses ist leider der Gang der jetzigen Dinge, wodurch [. . .] wieder der Haß gegen die Gelehrten aufsteigen wird (welcher sich schon öffentl[ich] zeigt). [. . .] Alles Unglück schiebt mann jetzt denen sogenannten *Professers* in die Schue, u[nd] im Grunde, in einem etwas

[40] Ebda., S. 34, 49, 52-53, 42.
[41] Vgl. oben, S. 141 und 149.

groben Verstande genommen, ist es nicht zu leugnen daß diese leute unendlichen Schaden gestiftet haben«[42] — so war man nicht nur geneigt, die Intelligenz für soziale Unruhen verantwortlich zu machen, sondern insbesondere die Professorenschaft wurde als ein gefährliches Element angesehen, von dem die Infektion auf die Studenten ausging. Deswegen trug der Herzog dem vertrauten Geheimrat Voigt auf, nicht nur auf die Studenten, sondern »auf die Herren Professoren und ihre OrdensBegünstigungen ein wachsames Auge zu haben«.[43] Auch auf die abstrusesten Disziplinen mußte dieses Auge gelenkt werden, war doch die Revolution in Frankreich in den Augen dieser Herrschenden aus der Philosophie hervorgegangen, wie Voigt es nach den Septembermorden ausdrückte: »die Metaphysik in Frankreich [hat] sich in Blutdurst verwandelt«, und während des ersten Koalitionskrieges warnte er den Jenaer Professor Hufeland: »[. . .] es ist wahrlich nicht Zeit (für die gens de lettres im mindesten) zu Volksbewegungen beizutragen«[44] — ein deutliches Bekenntnis zu der Ansicht, daß an der Wurzel der sozialen Unruhe Intellektuelle und zumal Professoren zu finden sind.

Der genannte Professor Gottlieb Hufeland[45] ist ein gutes Beispiel für die politische Einschüchterung der Jenaer Professorenschaft durch die Weimarer Regierung. Im Jahre 1791 betonte Goethe ostentativ die »Geistesfreiheit«, die Hufeland in Jena genieße,[46] und im folgenden Jahre hatte Hufeland die Stirn, Gebrauch von dieser ›Freiheit‹ zu machen, indem er Vorlesungen über die revolutionäre Verfassung in Frankreich ankündigte. Zunächst drückt Voigt Interesse an diesem Plan des mit ihm verschwägerten Hufeland aus — allerdings in der Annahme, daß die Vorlesungen »Warnungen« gegen das Beispiel der revolutionären Verfassung enthalten würden.[47] Nun ist nicht ganz deutlich, wie Hufelands Vorlesungen ausfielen; die Ironie will es, daß sie wahrscheinlich eher konservativ waren, wenn wir aus dem Kommentar

[42] Herzog Carl August von Weimar an Christian Gottlieb Voigt, Koblenz, 24.11.1792, vgl. Dokument Nr. 59, Bl. 63v; mit Kürzungen und einigen falschen Lesarten ist der Brief abgedruckt bei CAPB 2: 43; vgl. oben, S. 203, sowie Hahn: Goethe und Jena, S. 53.

[43] Carl August an Voigt, 15.7.1792 (vgl. oben Kap. 4, Anm. 45), Bl. 34r.

[44] Diezmann: Aus Weimars Glanzzeit, S. 60, 63.

[45] Zu Hufeland vgl. den Artikel von Eisenhart in Allgemeine Deutsche Biographie, Bd. 13 (1881), S. 296-98.

[46] Diezmann: Aus Weimars Glanzzeit, S. 53 (Voigt an Hufeland, 29.5.1791).

[47] 17.11.1791; Diezmann: Aus Weimars Glanzzeit, S. 54.

zu seiner 1791 erschienenen Übersetzung einer französischen Schrift über Staatsverfassungen urteilen können. Hier heißt es u.a., nichts sei »natürlicher, als daß man bey der Vergleichung dieser Resultate [d.h. der Überlegungen über zweckmäßige Staatsverfassungen] mit der in dem Staate, worin man lebt, wirklich bestehenden Verfassung nicht alles vollkommen in der letztern finden, daß man Verbesserung des unvollkommnern, das hie und da auch wohl ohne Vergleich schlecht ist, wünschen wird, und daß man wohl selbst wird Hand anlegen wollen«. Hufeland warnt jedoch gegen solche »natürliche« Wünsche und Bestrebungen, die eigene Verfassung zu bessern, so gut sie an sich auch sein mögen: »[. . .] daß dieser edle Eifer fürs Beßre, zumal in dieser höchst wichtigen Angelegenheit, uns nicht zu weit treibe!«; für Hufeland ist »die Ehrfurcht vor der einmal bestehenden Staatsverfassung, die Gewohnheit, gewissen Personen in gewissen Aemtern, nach einer gewissen Weise zu gehorchen, [. . .] oft die vornehmste, immer eine sehr bedeutende, Stütze der Ruhe, des Glücks und andrer guten Erfolge in einem Staate«. So endet er mit anerkennenden Zitaten aus Aristoteles und Edmund Burke gegen Revolutionen und für Reformen »von oben herab«.[48] Hufeland scheint somit kein Radikaler gewesen zu sein, so daß es heute schwer einzusehen ist, warum er in der Folge ins Kreuzfeuer der Kritik geriet. Vielleicht war es allein die Tatsache, daß er über Regierungsangelegenheiten ›räsonnierte‹, wie die Äußerungen von Herzog Carl August nahelegen; schon die in der angeführten Schrift nur als theoretische Möglichkeit erwähnte Unzufriedenheit mit der eigenen Staatsverfassung mußte im Zeitalter der Französischen Revolution einen Landesherrn beunruhigen. Es kann auch die Tatsache eine Rolle

[48] Hufeland: Mounier's Betrachtungen, S. 207-14 (Anhang: Ueber die Abänderung einer Staatsverfassung). Der Verfasser, Jean Joseph Mounier, war gemäßigter Präsident der Nationalversammlung gewesen, floh jedoch 1794 nach Weimar, wo er 1797 das Erziehungsinstitut im Schloß Belvedere gründete; im Jahr seiner Rückkehr nach Frankreich erschien eine Polemik gegen die Verschwörungstheorie, ins Deutsche übersetzt u.d.T. *Ueber den vorgeblichen Einfluß der Philosophen, Freimaurer und Illuminaten auf die Französische Revolution* (Tübingen 1801) (vgl. Rogalla von Bieberstein: Die These von der Verschwörung, S. 64). — Mir nicht zugänglich war folgendes Werk: *Des Grafen [Stanislaus Marie Adelaide de] Clermont Tonner[r]e Prüfung der französischen Constitution; aus dem Französischen übersetzt von Gottlieb Hufeland, mit einer historischen Einleitung, Anmerkungen und Zusätzen.* 2 Theile. Jena 1792.

gespielt haben, daß Hufeland ein ehemaliger Illuminat war;[49] er hatte sogar für die Jenaische *Allgemeine Literatur-Zeitung* eine Rezension der 1787 publizierten Illuminatenschriften verfaßt und dort die Meinung geäußert, daß diese Veröffentlichung »viel mehr Beweis *für* als *wider* die Ill[uminaten] enthält, und daß also die [bayrische] Regierung, weit entfernt ihnen durch die Herausgabe dieser Schriften zu schaden, vielmehr ihnen beym Publicum dadurch genützt haben muß«.[50] Das war eine Haltung, die schon im Jahre 1787 keine Sympathie beim Weimarer Herzog und seinen Räten beanspruchen konnte. Auf jeden Fall berichtet nun der Herzog aus dem Lager der gegen die Franzosen kämpfenden deutschen Truppen: »Mancherley habe ich über die Hufelandische Vorlesung die Revolution in Franckreich bet[re]fl[ich] hören müßen; da mann den Geist des Augenblicks nicht vor den Kopf stoßen darf, so suchen Sie Huflanden dahin zu bewegen daß er die Sache nach u[nd] nach einstelle, u[nd] ihr eine andere wendung u[nd] richtung gebe«.[51] Angesichts dieser »sehr zweydeutige[n] Urtheile« über die Vorlesungen, die das Ohr des Herzogs an der Front in Frankreich erreichten, verfaßt Carl August einen Mahnbrief an Voigt, den dieser wiederum in einem Brief an Hufeland wörtlich zitierte. Hier versichert der Herzog zwar, Hufeland brauche »keine Sorge« zu haben, daß der »Despotismus« in Weimar eingeführt oder die »Denckensfreyheit« in Jena eingeschränkt werden würde, aber die Bedingungen, die er dann stellt, entkräften diese Versicherung:

> »welche einschränckung aber hoffentl[ich] entstehn wird u[nd] muß, ist diese, daß Gelehrte die ihr lebetage mit Administrationen von

[49] Hufelands Mitgliedschaft wird wahrscheinlich aus dem oben (Kap. 4, Anm. 15) zitierten Brief von Voigt; sie geht aber mit Sicherheit aus den Briefen Hufelands an Bode in der ›Schwedenkiste‹ hervor: 29.1.1788 und 6.8.1788, Sk 4, Dok. 357, 360, sowie aus einem Brief von Münter an Hufeland vom 8.1.1789 ([Münter:] Briefwechsel 1: 420; hier wird Bode »Aemilius« genannt) und aus Münters Tagebuch vom 15. und 16.5.1787 (»Ich ward mit Hufl[and] bald sehr vertraut, so dass wir auch von Ill[uminaten] viel abhandelten [. . .] dass Bode in Paris zum Conv[ent] der Phila-l[ethen] gegangen sey, erfuhr ich bey ihm. [. . .] Wir redeten auch viel von O[rdens] Sachen [. . .]«, [Münter:] Tagebücher 2: 397). Daß der andere Jenaer Hufeland, der Mediziner Christoph Wilhelm, auch Illuminat war, war schon aus dessen ›Selbstbiographie‹ bekannt (S. 25); Ott (Goethe und der Illuminatenorden, S. 86) führt nur »Hufeland« an, so daß nicht klar ist, welchen er meinte.

[50] Zit. nach Reinhold: Korrespondenz 1: 249.

[51] Herzog Carl August von Weimar an Christian Gottlieb Voigt, im Lager bei Consaarbrück bei Trier, 10.8.1792, eigh., StA Weimar J 288, Bl. 40v.

Ländern[,] nicht einmahl von einem Bauern Guthe, zu thun gehabt haben, also nichts davon verstehn, weil die Administration gewiß eine Kunst ist die durch erfahrung gelernt werden muß, daß diese, will ich sagen, nicht auf leere Abstractionen [hin] Grundsätze in die Welt schreiben werden, die wahr scheinen, weil sie so wenig wie Gespenster Geschichten juristisch widerlegt werden können, u[nd] daß diese Gelehrten sich nicht, wie Wieland sich ofte äußerte, künftig für Lehrer des Volcks u[nd] der Regenten ansehn werden, u[nd] jeden Gedancken, den eine Indigestion ihnen sugerirt für einen Göttl[ichen] Berufen ansehn werden, das Volck gegen scheinbare unterdrückungen aufzurufen, u[nd] Regenten, neu erfundene pflichten einzuschärfen; Ein jeder Gelehrter wird hoffentl[ich] künftig bey seinen leisten bleiben, u[nd] sich wehren, erkennen zu geben, daß die triebfeder seiner Gespinnste entweder der hunger, od[er] die überzeugung sey, daß wenn er herrschte, die Sachen gantz anders gehen würden.«[52]

Angeblich zum ›Schutz‹ von Hufeland selbst verlangt Carl August, daß die Vorlesungen veröffentlicht werden; dieser ›Schutz‹ verbirgt eine sehr effektive Unterdrückungsmaßnahme, die unter dem Schein der ›Publizität‹ den Schriftsteller dazu bewegt, Zensur zu internalisieren — und die Regierung damit vom Vorwurf der Zensur befreit. Aber auf Hufelands Selbstzensur wollte man sich doch nicht ganz verlassen, und Voigt übernimmt dann die Verantwortung dafür, die Druckfassung zu zensieren und dem Professor zu sagen, welche Interpretation der Revolution und ihrer Institutionen akzeptabel sei.[53] Voigt warnt auch

[52] Carl August an Voigt, vor Verdun, 4.9.1792, eigh., StA Weimar J 288 Bl. 47r-47v (Vermerk von fremder Hd., wohl Voigts: »erhalten d. 14. Sept. 1792«). — Der Brief, in dem Voigt dieses Schreiben für Hufeland zitierte, wurde Mitte des 19. Jahrhunderts veröffentlicht; dieser Druck enthält einige Varianten, die wichtigste von denen der Ersatz von »Wieland« durch »N.N.« ist; ob diese Diskretion auf Voigt oder den Herausgeber Diezmann zurückgeht, ist nicht mehr festzustellen (Diezmann: Aus Weimars Glanzzeit, S. 59).

[53] Voigt an Hufeland: »Aus Ihrer ersten Vorlesung wünsche ich wohl das verwischt [d.h. für die Druckfassung], was eine allzulebhafte Billigung des franz[ösischen] Aufstandes sein möchte, oder gar als eine Aufmunterung angenommen werden könnte, diesem Beispiele nachzufolgen. Wenn der Historiker in Betrachtung zieht, wie alles so natürlich zuging und wie die Fehler des Ministeriums eben so sehr dazu halfen, als die Gewalt eines bestochenen [!] Pöbels, und wie man im Nationaltaumel damals kaum wußte, was man that, so mindert sich die große Bewunderung der Angelegenheit« (Sept. 1792, Diezmann: Aus Weimars Glanzzeit, S. 60).

unmißverständlich, daß die Jenaische *Allgemeine Litteraturzeitung*, die Hufeland herausgab, ihre »Freymüthigkeit« etwas modifizieren solle, »um die Lebenstage dieses trefflichen Instituts möglich zu verlängern«.[54] Diese Warnung wurde wahrscheinlich durch Attacken der Verschwörungstheoretiker gegen die *ALZ* veranlaßt. Ein Blick auf spätere Angriffe des führenden Vertreters der Verschwörungslegende, Hoffmann, gegen die Jenaer und ihre Zeitschrift geben einen Eindruck von der Vehemenz dieser Hetzkampagne. Ende 1794 oder Anfang 1795 nennt Hoffmann »das von Jena aus machtsprechende Rezensenten-Sinedrium« — die *ALZ* hatte Hoffmanns *Wiener Zeitschrift* negativ besprochen — eine »Illuminaten-Klique von besoldeten Schimpfrednern«, und er zweifelt offenbar, daß diese Clique »ein völlig getrenntes Corps von der Jenaischen *Universität*« ist; er schließt mit der Feststellung,

> »daß die Jenaische Litteraturzeitung, [. . .] wie eine privilegirte Pestgrube, durch die kühnsten, gefährlichsten, Religion- und Staatswidrigsten Räsonnements unausgesetzt solche Grundsätze in den weitesten Umlauf bringen, welche ausgiebiger, als alle übrigen Bücher, religiöse und politische Revolutionen vorzubereiten und herbei zu führen im Stande, und — planmäßig *darauf abgesehen* sind.«[55]

Das Schlimmste war in Hoffmanns Augen, daß diese »Illuminaten-Klique« ihre Feinde »mit landesherrlichen [sic] Genehmigung mißhandeln und verläumden« dürfe. Dieser Seitenhieb auf die Weimarer Regierung ist nicht der einzige in Hoffmanns Schrift; der betreffende Abschnitt hat sogar zur Überschrift: *Eine gelegentliche Digression auf eine hieher gehörige Verläumdung, welche in der allgemeinen Litteraturzeitung von Jena steht; nebst einigen Sarkasmen gegen die edle Rezensirerei, dem Herrn Herzog von Sachsen-Weimar zur Beherzigung vorgelegt* — damit war eine sehr ungewöhnliche direkte Kritik an einem lebenden Fürsten ausgesprochen, und wir wissen, daß wenigstens Goethe davon erfuhr.[56]

[54] Diezmann: Aus Weimars Glanzzeit, S. 59 f.

[55] Hoffmann: Höchst wichtige Erinnerungen, S. 340 f. (=350 f., falsche Paginierung). Diese Schrift ist wahrscheinlich auf 1795 vordatiert; vgl. unten Anm. 56).

[56] Am 25.10.1794 schrieb Johann Isaak Gerning an Goethe: »Was der Wiener Hofmann über den Herzog und die Allg. L. Z. ausgespieen, wissen Sie wohl?« (RA 1: 388). Ob damit die *Erinnerungen* selbst gemeint sind, so daß sie dann auf 1794 zu datieren wären, ist nicht deutlich; vielleicht ist der betreffende Abschnitt ein Nachdruck aus der *Wiener Zeitschrift* aus dem Herbst 1794.

Der Herzog konnte wenig dagegen unternehmen; es waren auch wahrscheinlich diese Invektiven — wie auch diejenigen eines anderen führenden Reaktionärs[57] — die zum österreichischen Verbot der *ALZ* auf persönlichen Befehl des Kaisers Franz II. führten — ein eklatanter Beleg für die Macht der reaktionären Partei.[58] Und die Wirkung erstreckte sich auch in norddeutsche Gegenden; wir werden sehen, daß die Regierungen nicht nur in Preußen, sondern auch im anderen mächtigen Nachbarstaat Sachsen solchen Verschwörungsideen frönten und entsprechenden Druck auf Weimar ausübten.

Was die weiteren Ereignisse im Jahre 1792 betrifft: Hufeland war jetzt gleichgeschaltet worden. Voigt gibt ihm sogar den Auftrag, Studenten, die Beziehungen zur französischen Regierung gehabt haben sollen, zu bespitzeln.[59] Wir wissen nicht, ob Hufeland diesem Wunsch entsprach, aber auf jeden Fall richtete er seine Vorlesungen nunmehr völlig den Vorstellungen des Herzogs und des Geheimrats Voigt gemäß ein. Zwar befand er sich im März 1794 wieder in Schwierigkeiten, weil ein positiver Nekrolog über Forster in der *ALZ* erschien,[60] aber es ist keineswegs klar, daß Hufeland, der nur einer der *ALZ*-Herausgeber war, persönliche Verantwortung für diese Publikation trug. Nachdem er Hufeland wegen dieses Fehltritts zur Verantwortung gezogen hatte, konnte Voigt an Goethe schreiben: »Ich denke denn doch, daß nie wieder etwas Ähnliches vorkommen soll und daß hierdurch die Absicht erreicht sein wird«.[61] Einige Monate später unterstützt Hufeland eifrig Goethes Zensur der Zeitschrift.[62] Er hatte bewiesen, daß er dem Wunsch des Herzogs entsprechen konnte, bei den »Leisten« eines Gelehrten zu bleiben statt sich in Staatsangelegenheiten einzumischen. Freilich bedeutete diese Vereinnahmung, daß er zur Einmischung frei

[57] Vgl. [Grolmann:] Rede über den Illuminaten-Orden (1794), S. 16: »Nur aus Liebe zu klingender Münze giebt sich die *Jenaische Allgemeine Litteraturzeitung* dem [Illuminaten-]Orden nicht ganz dahin, denn sie bläst doch, für die Gebühr, kalt und warm aus einem Munde, verkaufet Religion und Irreligion, Bibelspott und Illuminaten-Exegetik, Royalismus, Aristocratismus, Feuillantismus, Jacobinismus und Sansculottismus zu gleichen Preisen«.

[58] Zu Hoffmanns Angriff gegen die *ALZ* vgl. Epstein: The Genesis of German Conservatism, S. 528; zu Franz'Verbot vgl. Wangermann: From Joseph II to the Jacobin Trials, S. 112.

[59] Diezmann: Aus Weimars Glanzzeit, S. 66.

[60] Goethe: Briefwechsel mit Voigt 1: 129-31.

[61] Ebda. 1: 131.

[62] AS 2/1: 411 f.

war, solange sie auf der Seite der Regierung erfolgte. Denn Voigts Briefe zeigen, daß die Weimarer Regierung ihn nunmehr dazu verwendete, politischen Druck auf andere Professoren auszuüben, und während des Atheismusstreits sollte Hufeland ganz im Sinne der Obrigkeit gegen Fichte wirken.[63]

Christian Erhard Schmid, ein damals bekannter Kantischer Philosoph, machte eine ähnliche Wandlung durch. Als Schmid, noch Professor in Gießen, als »Theilnehmer an den französischen Unruhen«[64] verleumdet wurde, verlieh Voigt dem Wunsch Ausdruck, ihm durch eine Berufung nach Jena zu helfen (dies vielleicht nach einem Vorschlag Hufelands); Voigt drückte jedoch gleichzeitig Zweifel an der Durchführbarkeit des Projekts aus: »Das politische Verhältniß scheint dieses *hier* unmöglich zu machen. Seit dem Marsch der Preußen [d.h. gegen die Franzosen] ist die Aristocratie mächtiger als jemals«.[65] Nachdem die politische Situation etwas ruhiger wurde, berief man Schmid jedoch nach Jena. Aber die Bedingungen für sein Bleiben dort wurden ihm in aller Deutlichkeit klar gemacht, wie sie aus einem Brief Voigts an Hufeland hervorgehen: »[. . .] warnen Sie ihn und sagen Sie ihm, daß man auch hier mit demokratischen Aeußerungen, seitdem die Franzosen toll für Freiheit geworden, kein Glück macht. [. . .] Das Schiff unseres Freundes ist nun im Hafen eingelaufen; für dessen *Sicherheit* hat er nun selbst zu sorgen«.[66] Wie Hufeland blieb auch Schmid bei seinen philosophischen und theologischen »Leisten«, wenigstens dann, wenn die Preisgabe seiner demokratischen Phantasien damit verbunden war, aber er fühlte sich frei, sich im Sinne des status quo in die Politik einzumischen. Er bekehrte sich so gründlich zur guten Sache der Obrigkeit, daß er 1795 Fichtes angeblich »rechtswidrige Plane zu Befreiung und Beglückung der Völker« angriff.[67]

[63] FB 3: 286 Anm., 345 Anm., 359; Vgl. Goethe: Briefwechsel mit Voigt 2: 144.

[64] Diezmann: Aus Weimars Glanzzeit, S. 58; Knigge nennt übrigens Gießen als ein Zentrum der Verschwörungstheorie (Rückblicke, S. 112).

[65] 28.7.1792; Diezmann: Aus Weimars Glanzzeit, S. 58.

[66] 8.7.1793; Diezmann: Aus Weimars Glanzzeit, S. 68.

[67] FW 3: 213 f. Bevor Fichte in Jena ankam, entfachte sich eine persönliche Auseinandersetzung mit Schmid, aber sie war kurz nach seiner Ankunft zu Fichtes größter Zufriedenheit beigelegt worden (vgl FW 2: 3-5, 71-73; FB 2: 85, 91, 95 f., 112, 116), so daß Schmids späterer politischer Angriff auf ihn kein Ausdruck einer persönlichen Feindschaft mehr sein dürfte, sondern des politischen Opportunismus. Fichte selbst zeigt unwiderlegbar, daß Schmids hier zitierte Bemerkungen auf ihn zielten, trotz der Verleugnungen Schmids (FW 3: 267-71). — Houben erwähnt die Fälle Hufeland und Schmid, aber er betont Carl Augusts Verteidigung von Hufelands angeblicher »Denkfreiheit« im oben zitierten Brief und sieht diesen liberalen

Fichte war also nicht der erste Jenaer Professor der 1790er Jahre, der von der Weimarer Regierung eingeschüchtert wurde; er war nur der berühmteste Fall. Auch er wurde trotz seines radikalen Rufes nach Jena berufen, allerdings unter der Bedingung, daß er politische Konformität lerne.[68] Höchst unwahrscheinlich wirkt die Annahme in der Forschung, daß Goethe die revolutionsfreundlichen Schriften Fichtes Übersah, als er ihn zur Berufung nach Jena empfahl; aber auch wenn er — fast allein in der Weimarer Intelligenz[69] — von ihnen nichts wußte, gilt dies nicht für andere in der Weimarer Regierung, wie man in der Forschung annimmt. Schon während der ersten Verhandlung über eine mögliche Berufung von Fichte hatte Voigt an Hufeland geschrieben: »ist er klug genug seine demokratische Phantasie (oder Phantasterei) zu mäßigen?«,[70] so daß klar wird, daß die Regierung meinte, Fichte würde

Impuls in der Berufung Schmids am Werk — obwohl er seine eigene Argumentation mit der Feststellung unterläuft, daß Schmid nach seiner Berufung politische Themen vermied (Verbotene Literatur, S. 101 f.). Auch Tümmler (Carl August von Weimar, S. 96 f.) erwähnt den Konflikt mit Hufeland im Vorbeigehen, ohne die Einschüchterung zu erwähnen.

[68] Nur durch Wortverdrehung kann Hans Tümmler zu dem Schluß kommen: »Fichtes Berufung ist von Goethe und Voigt bewußt als ein revolutionärer Akt unternommen worden« (Reformbemühungen Goethes, S. 140). Goethes eigene Äußerung, die Berufung sei »eine Kühnheit, ja Verwegenheit« gewesen, ändert nichts an der Tatsache, daß alles Mögliche versucht wurde, Fichte noch vor seiner Ankunft kaltzustellen; Karl-Heinz Fallbacher hat eindeutig gezeigt, daß Goethe auch im Falle der Entlassung Fichtes während der Atheismus-Affäre einseitig im Sinne der Selbstverteidigung verfuhr (vgl. Anm. 157 unten).

[69] Diese Behauptung, Goethe habe die Schriften übersehen, wurde in letzter Zeit durch Klaus Kiefer vertreten, gestützt durch die Tatsache, daß Fichtes *Zurückforderung der Denkfreiheit* sich unaufgeschnitten in Goethes Bibliothek befand (MA 4/2: 1229 f.). Aber praktisch die ganze Welt der Intelligenz wußte von Fichtes Verfasserschaft des *Beitrags* und von der Radikalität der darin vertretenen Ideen, einschließlich des engen Goethe-Freundes Voigt (s.u.) und, in Jena, Fichtes Vorgänger Reinhold (Fichte an Reinhold, 13.11.1793, FB 2: 12), der noch vor seiner Lektüre der Schrift darauf hinweist, daß Fichtes Verfasserschaft »[ein] in Jena wenigstens allgemein verbreitet[es] Gerücht« sei und sagt, daß in Weimar Wieland von dieser Verfasserschaft wisse (Reinhold an Fichte, 12.1.1794, FB 2: 35). Auch Friedrich Schlegel wußte Bescheid (W 235 f.).

[70] 20.12.1793, Diezmann: Aus Weimars Glanzzeit, S. 68. Hufelands späterer Brief an Fichte (zitiert unten) zeugt davon, daß Voigt an den *Beitrag* dachte: »Man hat daher auch Ihren Demokratismus, den Sie in den *Beiträgen* ec. dargelegt hätten, gegen Sie geltend gemacht« (Hufeland an Fichte, 12.1793, FB 2: 31).

wie Hufeland und Schmid seine politischen Absichten unterdrücken. Bald danach warnt Hufeland den noch in Zürich wohnhaften Philosophen wegen dieses politischen Verdachts gegen seinen »Demokratismus«, und er weist darauf hin, daß er der Obrigkeit (d.h. Voigt) versichert habe, daß Fichte politische Themen wie ein braver Gelehrter — d.h. ohne Bezug auf die konkrete Wirklichkeit — behandeln und sich auch sonst politisch mäßigen werde: »Ich habe aber auf dies Alles dadurch geantwortet, daß Sie die demokratische Partei nur in Rücksicht des *Rechtes* und ganz in abstracto in Schutz nähmen, daß bei den Vorlesungen, die vorzüglich Ihre Beschäftigung ausmachen würden, wenig von diesen Fragen die Rede seyn würde, und daß Sie Mäßigung, Klugheit und Kälte genug hätten, unnütze und am unrechten Orte angebrachte Aeußerungen zu vermeiden«.[71] Die Versicherungen Hufelands haben den Charakter einer Verpflichtung Fichtes, da sie praktisch gesehen einen Teil der Verhandlungen über die Berufung bildeten. Diese Versicherungen entsprachen völlig dem Auftrag, den Voigt Hufeland kurz vor Fichtes Ankunft in Jena gab, nämlich Fichte politisch kaltzustellen: »benutzen Sie dies Zutrauen und berathen ihn, damit er nirgends Prise giebt, besonders helfen Sie, daß er die Politik, als eine danklose Spekulation, bei Seite läßt«.[72] Trotz dieser Maßnahme plant Voigt — ganz im Sinne seiner früheren Überwachung der Professoren und Studenten im Jahre 1792 sowie seiner Zensur von Hufelands Vorlesungen — Fichtes Vorlesungen zu besuchen.[73]

Diese massive Einschüchterung scheint zunächst wenig Wirkung auf Fichte gehabt zu haben. Kurz nach seiner Ankunft in Jena begrüßt er unbekümmert die Möglichkeit einer französischen Übersetzung seiner revolutionsfreundlichen Schrift, des *Beitrags*.[74] Bereits wenige Wochen später hatte er seine Freiheit beträchtlich eingeschränkt. Die Geistlichkeit und der Bürgermeister Jenas beschwerten sich bei der Weimarer Regierung, Fichte habe in einer Vorlesung prophezeit, daß es in 20 oder 30 Jahren keine Könige oder Regenten geben würde.[75] »In

[71] Hufeland an Fichte, 12.1793, FB 2: 31.

[72] 18.5.1794, Diezmann: Aus Weimars Glanzzeit, S. 68; vgl. Houben: Verbotene Literatur, S. 102.

[73] Diezmann: Aus Weimars Glanzzeit, S. 68-69.

[74] J.G. Fichte an Maria Johanne Fichte, 26.5.1794, FB 2: 120 f.

[75] Voigt an Hufeland, 13.6.1794 (Diezmann: Aus Weimars Glanzzeit, S. 69); in einem Brief an Goethe zwei Tage früher hatte Voigt die Prophezeihung noch mit 10 bis 20 Jahren angegeben (Goethe: Briefwechsel mit Voigt, 1: 138-39).

ganz Teutschland bin ich jezt das allgemeine Stichwort«, beklagte Fichte, »und es werden allenthalben wunderliche Gerüchte von mir herumgeboten«;[76] auch der Gothaer Hof stimmte in den Protest gegen den unbequemen Philosophen ein.[77] Goethe wurde mit der Aufgabe betraut, auf Fichtes Vorlesungen ein wachsames Auge zu halten (er sollte die gedruckten Fassungen sammeln).[78]

Am 24. Juni 1794, weniger als einen Monat nach seiner Ankunft in Jena, schrieb Fichte an Goethe in der Absicht, sich den Schutz des Herzogs gegen seine Verfolger zu sichern, und Fichte war bereit, einen Preis für diese hohe Protektion zu bezahlen. Der Brief ist ein Meisterwerk subtextuellen Kompromisses; im aggressivsten Ton geschrieben, legt er trotzdem die Grundlage zur Kooperation mit der Regierung. Zunächst weigert sich Fichte, seine Verfasserschaft des *Beitrags* einzugestehen; »*Anerkennen* werde ich auch keine anonyme Schrift. [. . .] Wer anonym schreibt, will [seine Schriften] nicht anerkennen«. Fichte hatte natürlich gute Gründe gehabt, die Schrift anonym zu veröffentlichen: Es war die Angst vor der Denunziation wegen »Hochverrat«. Ihm stand dabei das Vorbild des den amerikanischen Revolutionär Thomas Paine denunzierenden August Wilhelm Rehberg (der Schlegelsche Familienfreund!) vor Augen, wie er im Vorwort geschrieben hatte.[79] Aber da die ganze Welt jetzt wußte, daß Fichte der Verfasser dieses Buches war, so macht er in seinem Brief an Goethe das Beste aus einer schlechten Situation und treibt ein groteskes Versteckspiel: »Wenn man es verlangt, so will ich versprechen, daß *eine gewiße anonyme Schrift nicht fortgesezt* werden soll; ja ich will sogar versprechen binnen einer beliebigen Zeit *keine anonyme Schrift über politische Gegenstände zu schreiben*. [. . .]« Und obwohl er auf absolute Lehrfreiheit insistiert (»Ich *soll*, und *werde* sagen, was ich nach meiner besten Untersuchung für wahr *halte* [. . .]«), so traf es sich immerhin, daß das, was er lehren wollte, mit den Wünschen der Obrigkeit aufs schönste übereinstimmte, wie er versichert: »Es wird in meinen Vorlesungen zu seiner Zeit auch *von der Achtung gegen eingeführte Ordnung*, u.s.w. die Rede seyn; und diese Pflichten werden mit nicht geringem Nachdrucke eingeschärft werden«.[80] Goethe verstand

[76] J.G. Fichte an Marie Johanne Fichte, 30.6.1794, FB 2: 161.
[77] Diezmann: Aus Weimars Glanzzeit, S. 68.
[78] AS 2/1: 403, Brief Carl Augusts, etwa 7.6.1794. Vgl. Kiefer, in MA 4/2: 1230.
[79] FW 1: 208 f.
[80] Fichte an Goethe, 24.6.1794, FB 2: 146-49.

den Subtext dieses Briefes: Fichte erhielt in einem Treffen mit ihm anscheinend den Schutz, den er gesucht hatte,[81] und Voigt konnte nach einem abermaligen Gespräch mit Fichte versichern: »[Fichte] ist ein sehr gescheuter Mann, von dem schwerlich etwas Unbesonn[en]es oder Gesellschaftwidriges kommen kann«.[82] Spätere Ereignisse zeigen deutlich, daß Fichte diesen Schutz und Kompromiß dadurch erlangte, daß er seine politischen Anschauungen und seine Meinungsfreiheit preisgab. Einige Monate später befand er sich zwar wieder in Schwierigkeiten, als eine zweite Auflage des *Beitrags* veröffentlicht wurde (obwohl Voigt alles Mögliche unternahm, um die Drucklegung zu verhindern). Goethes Behauptung, daß die Publikation dieser zweiten Auflage dem Versprechen Fichtes in ihrem ersten Treffen widersprach,[83] ist ein weiterer Beleg dafür, daß Fichte im oben zitierten Brief vom 24. Juni tatsächlich ein solches Versprechen gemacht — das Versprechen wurde auch dem Herzog gemeldet[84] — und so seine Freiheit preisgegeben hatte.[85] Im

[81] Fichte schrieb an seine Frau: »Die Wahrheit meines Verhältnißes zu unsrer Regierung aber ist die, daß man unbeschränktes Vertrauen in meine Rechtschaffenheit, und Klugheit sezt; mir ausdrüklich aufgetragen hat, ganz meiner Ueberzeugung nach zu lehren, und mich gegen alle Beeinträchtigungen kräftigst schützen wird« (30.6.1794; FB 2: 161). Goethe ließ sich alle seine Briefe mit Bezug auf Fichtes Entlassung zurückgeben und vernichtete sie (s.u.), aber einer, der zufällig überliefert ist (die Tinte schlug auf die Rückseite eines anderen Dokuments durch), gibt trotz der Unvollständigkeit und der milden Wendungen einen Eindruck von der Art von Kompromiß, der zustande gebracht worden war: »Damit Sie aber für die Zukunft ausdrücklicher gesichert seyn mögen; so wünsche ich mit Ihnen zunächst [?] Ihr ganzes Verhältniß zum Publikum zu bereden wozu die Fürstlichen [?] Erhalter [?] Sie berufen haben mit Ihnen durchzusprechen, von Ihnen zu hören welchen Gang Sie im Leben zu gehen gesonnen sind und Ihr Vertrauen mit Wort und That erwiedern« (25.6.1794, AS 2/1: 410; die Fragezeichen in eckigen Klammern bezeichnen eine unsichere Lesart für das vorangegangene Wort). Die »Fürstlichen Erhalter« wären die vier ›Konnutritoren‹, die sächsischen Herzogtümer, welche die Verantwortung für die Universität Jena teilten (Weimar, Gotha, Coburg, Meiningen).

[82] 29.6.1794, Diezmann: Aus Weimars Glanzzeit, S. 69.

[83] Diezmann: Aus Weimars Glanzzeit, S. 70.

[84] »Betreffend Fichte, so wünscht auch Herr v. Goethe sehr, er leihe seinen Namen oder auch seine Anonymität (die so gut als Name ist) vor der Hand zu keiner neuen Auflage der *Beurtheilung*. Er glaubt, daß dieses selbst damit übereinstimme was Fichte bei seiner ersten Unterredung mit ihm verheißen habe. [...] dieses [ist] damals auch dem Herzog von seinen Freunden [=Voigt selbst?] zugesichert worden, die also gewissermaßen compromittirt werden, wenn er Antheil an der Herausgabe jener Schrift nimmt« (Voigt an Hufeland, 25.10.1794, Diezmann: Aus Weimars Glanzzeit, S. 70 f.).

[85] Houben interpretiert Fichtes Veröffentlichung der zweiten Auflage als muti-

Zusammenhang mit dieser zweiten Auflage weist Voigt wieder auf das Rumoren der Verschwörungstheorie an verschiedenen Höfen und den damit verbundenen Druck auf Weimar hin: »In den Cabinetten geht es überhaupt mehr über die Schriftsteller her als man von außen glauben kann und jeder Anlaß würde benutzt werden, unsere angebliche Jacobinerei zu verschreien«[86] — und damit weist er auf die Mächte hin, die für Fichtes Sicherheit in Jena tödlich sein sollten. Die zweite Auflage des *Beitrags* konnte nur deswegen veröffentlicht werden, weil Fichte seine Verfasserschaft der Schrift abstritt, und diese Episode markiert auch das Ende von Fichtes politischen Äußerungen in Jena. In seiner Theorie des Naturrechts verwarf Fichte nunmehr demokratische Prinzipien.[87] Rebellion wird in Fichtes System nur dann erlaubt, wenn das *ganze* Volk gegen ein ausgeklügeltes (aber völlig unrealistisches) System der Machtkontrolle aufbegehrt, und Fichte nennt dieses revolutionäre Szenarium »unmöglich« oder wenigstens »das allerunwahrscheinlichste«.[88] Sein System sieht vor, daß das Volk seinen kollektiven Willen dem Herrscher unterwirft: »Eines jeden Wille ist nur sein Privatwille, und der einzige Ausdruck des gemeinsamen Willens ist eben der Wille der Obergewalt«.[89] Und obwohl progressive Elemente im *Naturrecht* vorhanden sind, gibt Fichte keine Andeutungen darüber, wie sie einzuführen seien; er weist nur darauf hin, daß er diese ganze entscheidende Sphäre der »Politik« in einem künftigen Werk behandeln werde und daß der Übergang zur progressiven Gesellschaftsordnung »allmählich« vor sich gehen müsse und nicht »durch einen Sprung«.[90] Einer der Studenten Fichtes meinte, er habe »keine Lust in diesem Staat zu leben und andre meinen dasselbe. Ich denke mir ihn als *sehr strenge*, diesen Staat«.[91] Ein Rezensent bemerkt, daß Fichtes System das Handlungsgewicht des Staates von einer soliden Legislative in den Verantwortungsbereich der

---

gen Hinweis an die Weimarer Regierung, daß er von seinen Schriften leben konnte — ohne seine schmale Professorenbesoldung (Verbotene Literatur, S. 109 f.); aber das Leben eines freischaffenden Schriftstellers — besonders eines philosophischen — war zu dieser Zeit nahezu eine Unmöglichkeit.

[86] 20.10.1794, Diezmann: Aus Weimars Glanzzeit, S. 70.

[87] *Grundlage des Naturrechts nach Principien der Wissenschaftslehre* (1796-97), vgl. bes. FW 3: 432 ff.

[88] Ebda., S. 456.

[89] Ebda., S. 447.

[90] Ebda., S. 302.

[91] Ebda., S. 305.

exekutiven Autorität verlagert, was der Rezensent angesichts der zeitgenössischen Zustände für unzumutbar hält.[92] Ein anderer Rezensent urteilt, daß durch Fichtes Weigerung, die Gewaltentrennung zuzulassen, »dem Despotismus Thor und Thür geöffnet« werde.[93]

So wird deutlich, daß Fichte mit dem *Naturrecht* das liberale Lager verläßt. Genauso bedeutend ist jedoch Fichtes Wandlung in Hinsicht auf Stil und Publikum: Der *Beitrag* wurde in einem engagierten Stil und für ein breites, ausdrücklich ungelehrtes Publikum geschrieben, aber in Jena läßt er diese Absicht einer populären Publikumswirkung fahren.[94] Er konzentriert sich jetzt auf abstrakte Philosophie, die *Wissenschaftslehre*, die von so großer Bedeutung für die Romantiker werden sollte, und er beugt sich völlig dem Wunsch des Herzogs Carl August, daß solche »Abstractionen« nicht in »die Welt« der politischen Praxis eingeführt würden.[95] Letztendlich behielt Fichte seinen Ruf als Radikaler, vor allem wegen des späteren berüchtigten »Atheismusstreits«, der ihn 1799 seinen Lehrstuhl kostete (dazu weiter unten). Aber diese Kontroverse ergab sich nicht aus einem etwaigen Radikalismus Fichtes im Jahre 1799, sondern noch aus seinem Ruf in der Zeit *vor* seiner Ankunft in Jena 1794, und somit aus unvorhersehbaren Verzerrungen seiner theologischen Ansichten aus politischer Absicht: »*Ich bin ihnen ein Democrat, ein Jacobiner*; dies ist's«, schrieb Fichte über den Atheismusstreit; »Es ist nicht mein Atheismus, den sie gerichtlich verfolgen, es ist mein Demokratismus. Der erstere hat nur die Veranlassung hergegeben«,[96] und Xavier Léon bemerkt mit Recht, daß auch im Streit um die Sonntagsvorlesungen »la question religieuse ne fut que le prétexte à l'accusation politique, l'éternelle accusation de jacobinisme«[97] — sowie aus dem Vorwurf des Illuminatismus, der im zeitgenössischen Verschwörungsdenken mit Jakobinismus untrennbar verbunden war. In der uns beschäftigenden Zeit, als Friedrich Schlegel nach Jena kam, war sein philosophischer Mentor — geschweige denn Hufeland, Schmid und

[92] Ebda., S. 306.

[93] Ebda., S. 310.

[94] Zu Fichtes Wandlung zwischen dem *Beitrag* und dem *Naturrecht* vgl. Schottky (Einleitung zu Fichte: Beitrag, S. xlvi-lv), der jedoch die biographischen und historischen Faktoren außer Acht läßt.

[95] Diezmann: Aus Weimars Glanzzeit, S. 59; vgl. oben, S. 194.

[96] Fichte, FW 6: 72-73 (die *Gerichtliche Verantwortungsschrift gegen die Klage des Atheismus*).

[97] Léon: Fichte et son temps, S. 308.

wahrscheinlich andere — den Attacken der Verschwörungstheoretiker erlegen[98] und hatte mit der politischen Autorität seinen Frieden gemacht: Er blieb bei seinen philosophischen Leisten.

Als Friedrich Schlegel im Sommer 1796 in Jena ankam, herrschte dort eine gewisse Atmosphäre von Angst — Fichte brachte sie auf die Begriffe »Curmacherei, Sclavensinn, Abhängigkeit von dem Winke des geringfügigsten Herrscherlings,« und datierte sie ab etwa 1794.[99] Bis zu Schlegels Abreise nach einem Jahr hatte ihn diese Atmosphäre infiziert. Biographische Zeugnisse aus diesem Studienjahr sind spärlich, aber wir wissen, daß Schlegel seinen Lehrer Fichte sehr gut kennenlernte, und er muß auch mit Fichtes — und anderer — Kompromisse mit der Obrigkeit in Weimar bekannt geworden sein sowie mit den verheerenden Attacken auf Fichte und auf die übrige Intelligenz in Jena durch die Vertreter der Verschwörungstheorie. Die Angriffe in der berüchtigten *Eudaemonia*, die nur wenige Monate vor Schlegels Übersiedlung nach Jena begonnen hatten, setzten sich während seines dortigen Aufenthalts fort: Nicht nur Fichte wurde gegeißelt, sondern Jena überhaupt, sowie die *Allgemeine Litteratur-Zeitung*, die Stimme der Jenaer Intelligenz; die *ALZ* war der wichtigste Opponent der *Eudaemonia*,[100] wie sie vormals der Gegner von Hoffmanns *Wiener Zeitschrift* gewesen war.[101] (Die *ALZ* hat sogar den ungewöhnlichen Schritt begangen, Anzeigen der *Eudaemonia* abzulehnen; diese Weigerung führte die *Eudaemonia* dazu, eine Verschwörung der Aufklärung gegen die Verteidiger der Monarchie zu proklamieren.[102]) Fichtes Jahre zuvor publizierter prorevolutionärer *Beitrag* erfuhr eine giftige Attacke in den Seiten der *Eudaemonia* fast genau um die Zeit der Ankunft Schlegels in Jena[103] — und dabei war dieser *Beitrag* diejenige Schrift Fichtes, die Schlegel enthusiastisch gefeiert hatte, als er Fichte zum ersten Mal in einem Brief erwähnt hatte.[104] Fichte wurde auch von einem seiner Jenaer Collegen, Chr. G.

[98] Fichte war übrigens gezwungen, dem Angriff der *Eudaemonia* zu entgegnen: FW 3: 273-90.

[99] Fichte an Reinhold, 22.5.1799, FB 3: 360.

[100] Braubach: Die ›Eudämonia‹, S. 334.

[101] Vgl. oben, Anm. 58.

[102] *Eudaemonia* 4, 1 (1797), S. 2 ff.

[103] *Eudaemonia* 2 (1796), S. 278-81.

[104] W 235 f.; hier genoß Schlegel besonders Fichtes Kritik am konservativen Hausfreund seiner Jugend, Rehberg.

Gruner, als Illuminat und Jakobiner denunziert.[105] Wichtiger noch: Schlegels eigenes bevorzugtes Publikationsorgan, Reichardts *Deutschland*, wurde auch in der *Eudaemonia* verdammt, und *Deutschland* erwiderte mit Angriffen gegen die Verschwörungstheoretiker.[106] So lief Schlegel Gefahr, eine Zielscheibe der Reaktion zu werden, zu einer Zeit, da die Verschwörungstheorie einen neuerlichen Höhepunkt erreichte; ihre zwei großen Standardwerke, vom Exjesuiten Augustin Barruel und dem Schotten John Robison, erschienen 1797. Barruels opus insbesondere erntete weltweiten Ruhm für die Verschwörungstheorie; trotzdem ist es wichtig zu konstatieren, daß diese Ideen in Deutschland lange vor 1797 Berühmtheit erlangt hatten — in seinen fünf dicken Bänden bringt Barruel im Grunde nicht Neues, sondern kompiliert die Verleumdungen und Gemeinplätze von unzähligen Attacken gegen philosophes, Freimaurer und Illuminaten.[107] Und obwohl der Impuls, welcher der Verschwörungstheorie durch diese Publikationen des Jahres 1797 gegeben wurde, sehr groß war, so kann doch gezeigt werden, daß Schlegel schon jahrelang über diese Legende Bescheid gewußt hatte. Im Jahre 1791, noch vor seiner ›republikanischen‹

[105] FW 6: 68 Anm. — Es kann sein, daß wir in Gruner den abermaligen Fall eines Jenaer Professors haben, der durch Einschüchterung der Regierung zu einer akzeptableren Einstellung gebracht worden war, ja zu einem Denunzianten; im Jahre 1781 wurde er vor das Geheime Conseil (Goethe war anwesend) berufen und dort unbarmherzig gemaßregelt, weil er das herzogliche Accouchir-Institut in Jena in einer öffentlichen Preisschrift — aus wissenschaftlichen Gründen — kritisiert hatte (AS 1: 140-43): eine eindeutige Einschränkung der Presse- und Redefreiheit. Im Streit gegen Fichte finden wir Gruner dann auf der Seite der Regierung. Gruner hatte auch einen jahrelangen Streit mit dem illuminatischen Kollegen Loder geführt, ein Streit, den er in einem Dokument in der ›Schwedenkiste‹ durch die Freimaurerloge zu schlichten versuchte (Gruner an einen Meister vom Stuhl, »Jena den 6. Jenner 1784«, sig. »D. Gruner«, Sk 17, Dok. 173).

[106] Vgl. *Eudaemonia* 4, 3 (1797), S. 262; *Deutschland* 2, 4, S. 151-55 (»dem eben so unklugen als ungegründeten Geschrei von Aufruhrpredigern, heimlichen Jakobinern und versteckten Illuminaten in Deutschland«, S. 152); 2,6, S. 416; 3, 9, S. 316-23; 4, 11, S. 231 (alles aus dem Jahr 1796).

[107] Roberts: The Mythology of the Secret Societies, S. 193, 199 (zur Verschwörungstheorie vgl. Kap. VI: »The Secret Societies and the French Revolution«, S. 146-202; über Barruels *Mémoires pour servir à l'histoire du jacobinisme*, s. S. 192-202). Die ersten beiden Bände von Barruels Werk wurden früh genug im Jahre 1797 veröffentlicht (nicht nur in London, sondern auch in Hamburg!), daß Edmund Burkes billigender Brief an den Verfasser nach einer Lektüre des Werks vom 1. Mai 1797 datiert ist (Roberts, S. 201 Anm.).

Phase, hatte er Werke von Christoph Girtanner gelesen, der einer der hervorragensten Vertreter der Idee war, daß die bayrischen Illuminaten eine Verbindung in Paris gegründet hätten, welche nicht nur die Revolution provoziert hatte sondern auch Agenten in ganz Deutschland unterhielt; ferner sollten sie über unsagbare Reichtümer verfügen und eine deutsche Revolution vorbereiten.[108] In seiner konservativen Frühphase ist Schlegel mit Girtanner zufrieden und hält ihn sogar für »unparteiisch«![109] Und später — in seiner erzreaktionären Epoche nach 1802 — scheint Schlegel wieder von den Argumenten der Verschwörungstheoretiker überzeugt zu sein: Er hebt einmal einen der einflußreichsten unter ihnen, den *Eudaemonia*-Herausgeber Johann August Starck (mit dem Schlegel später Briefe wechselte), als einen der Schriftsteller hervor, »welche nicht mit dem Strome der öffentlichen Meinung gingen, sondern als christliche Denker im Stillen gewirkt haben«;[110] an derselben Stelle lobt er Matthias Claudius, einer der wenigen Dichter, die zur *Eudaemonia* beigetragen hatten.[111] Bei dieser Gelegenheit prangert Schlegel den Ordensgründer Weishaupt an, da dieser die Aufklärung entstellt habe[112] — und so fügt sich Schlegel in die ehrwürdige Tradition derer ein, die zwischen ›wahrer‹ (d.h. der eigenen, konservativen) und ›falscher‹ Aufklärung unterschieden — diese waren geradezu Kampfworte im Streit um die Illuminaten.[113] Später meinte Schlegel sogar, daß aus der Freimaurerei als der ›Geheimen Werkstätte des zerstörerischen Zeitgeistes nacheinander die Illuminaten, die Jakobiner und die Carbonari« hervorgegangen seien.[114] Die Annahme, daß Schlegel erst nach 1802 von dieser Thematik erfahren haben sollte, die schon in den 1790er Jahren die Gemüter so sehr bewegte, ist sehr unwahr-

[108] W 17; über Girtanner vgl. Le Forestier: Les illuminés, S. 635, 670 Anm.; Droz: La légende du complot illuministe, S. 322. — Behler erwähnt Girtanner, ohne ihn mit der Verschwörungstheorie in Verbindung zu setzen, und schreibt ihm sogar eine ausgewogene Auffassung der Revolution zu (Behler: Auffassung der Revolution, S. 200 Anm.; KA 23: 394 f.).

[109] W 17.

[110] KA 6: 391.

[111] Braubach: Die ›Eudämonia‹, S. 332. — Epstein widmet »J. A. Starck: The German Philosopher of the Conspiracy Theory« einen ganzen Abschnitt (The Genesis of German Conservatism, S. 506-17, Bibliographie zu Starck: S. 691-95).

[112] KA 6: 390 f.

[113] Braubach: Die ›Eudämonia‹, S. 317-19.

[114] Im Jahre 1828, zit. nach Rogalla von Bieberstein: Die These von der Verschwörung, S. 173.

scheinlich.

Schlegel war also nicht nur über die Verschwörungstheorie im Bilde, sondern er sah auch die Wirkungen ihrer Vertreter in seiner Jenaer Umgebung. Er wies sogar auf solche »Denunzianten« hin, nämlich in der Besprechung eines Werkes des nunmehr reaktionär gewordenen Schwagers von Goethe, Johann Georg Schlosser:

> »Es herscht die üble Sitte in Deutschland, dass jeder Schriftsteller, der etwa einmal der Mietling (welchen nicht der Dienst und der Lohn, sondern die Gesinnung macht) einer Regierung war, keine Zänkerei in den Druck geben lassen kan, ohne mit gehässigen Insinuazionen um sich zu werfen, um seine zerlumpte Blösse mit der Hoffnung einer Kabinetsordre zu decken, und dem Gegner durch ohnmächtiges und niedriges Drohen mit fremder Gewalt Furcht einzujagen.«[115]

Es ist sogar möglich, daß Schlegel hier an den Angriff auf Fichte in der *Eudaemonia* denkt, denn dieser Angriff schloß mit der Forderung, »die schamlose und ungezähmte Lehr- und Schreibefreyheit« solcher Professoren wie Fichte solle »verstopft« werden, und die Studenten sollten durch »den höchsten Schutzherrn« vor ihnen geschützt werden.[116] Schlegel war sich natürlich der Gefahr bewußt, die von solchen Denunzianten ausging, aber in der zweiten Hälfte des Jahres 1796 scheint er noch gedacht zu haben, daß er sie ungestraft an den Pranger stellen könnte. Die Anfänge seiner ›Bekehrung‹ zur affirmativen Haltung spürt man ein paar Monate später, als Resultat der Einschränkung der Rede- und Pressefreiheit, die sich in seiner nächsten Umgebung abspielte. Der relevanteste Fall dieser Einschränkung sind die Zensurmaßnahmen gegen die Zeitschrift *Deutschland*, in der Schlegel bis dahin veröffentlicht hatte. Reichardts Ankündigung des Untergangs seiner Zeitschrift steht als Meilenstein auf dem Weg von

[115] Schlegel: Prosaische Jugendschriften 2: 93 f. Die Besprechung erschien gegen Ende des Jahres 1796 in *Deutschland*.

[116] *Eudaemonia* 2 (1796), S. 54-55; Braubach konstatiert, daß der Ruf nach Zensur und Polizeimaßnahmen zu den beliebtesten Taktiken der *Eudaemonia* gehörte (Braubach: Die ›Eudämonia‹, S. 328-29). Ein Artikel in *Deutschland* ächtet einen solchen »Denunzianten«, der eine »Inquisizion« fordere (3, 9, S. 317). Andere Beispiele von Denunzianten gibt Wenck: Deutschland vor hundert Jahren, S. 173-76.

politischem Raisonnement in den ätherischen Raum der romantischen Poetik:[117]

> »Da indeß die Zensur für die historischen, statistischen, und andern ähnlichen Artikel sich schwieriger bezeigte, als zu vermuthen war, so sind Herausgeber und Verleger einig geworden, das Journal Deutschland nach seiner bisherigen Einrichtung aufzugeben.
>
> Um aber die Verbindung mit solchen Männern, denen die schönen Künste, unter welchen die Dichtkunst billig obenan steht, eine wichtige Geist- und Herzensangelegenheit ist, zu benutzen, [...] haben sich die bisherigen Bearbeiter der, die schönen Künste betreffenden Artikel, mit einigen neu hinzugekommenen Mitarbeitern vereinigt, an die Stelle des aufgegebenen Journals, Deutschland, eine Schrift zu setzen, die sich unter dem Titel:
>
> *Lyceum der schönen Künste*
>
> ganz mit diesen beschäftigen wird.«[118]

Nur mit einiger Übertreibung kann man hier von der Geburt der Romantik aus dem Geiste der Zensur sprechen: Das *Lyceum* war der Träger eines der wichtigsten frühromantischen Dokumente, Friedrich Schlegels *Kritische Fragmente*, und Schlegel war selbst an der Herausgebertätigkeit dieser Zeitschrift beteiligt. Und wichtiger noch: Schlegels erstes sichtbares Zeugnis seiner neuen ›literarischen‹, unpolitischen Epoche, der *Forster*-Essay, wurde konsequenterweise in der ersten Nummer der ästhetisch orientierten Zeitschrift *Lyceum* publiziert und kontrastierte damit stark mit dem offen politischen *Republikanismus*-Aufsatz und seinen Besprechungen der *Horen* und des Schlosser-Werkes, Beiträge, die alle in der nunmehr der preußischen Maßregelung zum Opfer gefallenen radikalen Zeitschrift *Deutschland* erschienen waren.[119] Seine Beziehungen zu Reichardt kühlten sich gleichzeitig sehr schnell ab. Im Dezember 1796 und Januar 1797 hatte er diesen wochenlang besucht,[120] und am 30. Januar verteidigt er ihn immer noch gegen

117 Vgl. Weiland: Der junge Friedrich Schlegel, S. 22.

118 [Johann Friedrich Reichardt:] Der Herausgeber an seine Leser, in: Deutschland 4, 12 (1796), S. 371-74, hier 372-73.

119 Gisbert Lepper ist einer der wenigen Forscher, der (kurz, wegen Raumbegrenzung) auf die Bedeutung dieses Wechsels von einer politischen zu einer literarischen Zeitschrift und auf Schlegels Bruch mit Reichardt hinweist: Literarische Öffentlichkeit, S. 69.

120 K 435 f.

die Vendetta von Goethe und Schiller: »Das einzig Verhaßte in den Xenien für mich ist der Angriff auf moralische Charakter und bürgerliche Verhältnisse Reichards da ich jetzt weiß, so gut man so etwas wissen kann, daß er ein ehrlicher Mann ist«.[121] Dann erschien im Mai nach langer Verzögerung das letzte Heft des *Deutschland*, mit der oben zitierten Ankündigung seines Einstellens wegen Zensurschwierigkeiten. Tatsächlich könnte man sogar vermuten, daß Schlegels eigener *Republikanismus*-Aufsatz zu diesen Schwierigkeiten beigetragen hatte; schließlich bezeugte Schlegel, der Aufsatz sei »glücklich durch die Censur geschlüpft«[122] — eine Wortwahl, die dieses Bestehen vor der Zensur eher als unerwartet erscheinen läßt. Nunmehr hat Schlegel sein Interesse an Reichardt verloren und verspottet dessen *politische* Zeitschrift, zur selben Zeit, als er an dessen neuer *literarischen* Zeitschrift teilnimmt: »Lächeln muss ich, dass Deutschl. noch (seiner würdig) mit Lärm und Zank [d.h. der oben zitierten Ankündigung] abtritt von der Bühne«.[123] Und im folgenden Herbst ist Schlegels Bekehrung so weit gediehen, daß er Reichardts Politik kritisiert: »Sein soidisant *Republikanism* politisch und litterarisch ist alter Aufklärungsberlinism, Opposizionsgeist [gestrichen: »und seine Bewunderung der Fran-«] gegen die Obskuranten, und Franzosenhang. [. . .] Ich habe ihn lange so gesehen [. . .]«.[124] Wie Raymond Immerwahr konstatiert, waren rein literarische Motivationen für Schlegels Haltung zu Reichardt — also der Wunsch, Goethe nicht zu beleidigen — schon lange durch politische ersetzt worden.[125] Schlegels öffentlicher Bruch mit Reichardt war innerhalb eines Monats vollendet,[126] und die angeblich ›literarische‹ Provokation, die der Freundschaft ein Ende setzte, hatte deutlich politische Untertöne.[127]. Gerade in dem Augenblick, als die Verschwörungstheorie in ganz Europa einen

121 K 12.

122 2.8.1796, Caroline Schlegel: Briefe 1: 396; vgl. Weiland: Der junge Friedrich Schlegel, S. 21.

123 Lier: Schlegels Briefe an Böttiger, S. 422 f.

124 31.10.1797, KA 24: 30.

125 KA 24: 339. Reichardts Beziehungen zu Goethe waren freilich schon immer ein Resultat der Politik, wie Goethe bemerkte; vgl. Hocks/Schmidt: Literarische und politische Zeitschriften, S. 89 f.

126 KA 24: 43.

127 Schlegel hatte Reichardts Freund Voß in den *Fragmenten* kritisiert — und Voß war einer der bedeutendsten politischen Dichter dieser Zeit, dessen Verse die Hefte des *Deutschland* geschmückt hatten.

entscheidenden Einfluß auf öffentliche Meinung und Kabinettspolitik ausübte, fiel Reichardts Zeitschrift dieser Reaktion zum Opfer, befreite sich Schlegel von der Allianz mit Reichardt und damit von politischem Verdacht und ging dazu über, die Zeitschrift *Athenäum* zu gründen und damit der Entstehung der romantischen Bewegung einen entscheidenden Impuls zu geben.

Als Friedrich Schlegel im Sommer 1797 von Jena nach Berlin zog, kam er vom Regen in die Traufe; und obwohl Berlin nicht zur zentralen Thematik dieser Untersuchung gehört, so mag ein Exkurs den weiteren Verlauf der politischen Entstehung der Romantik verfolgen, besonders da es sich zunächst um den königlichen Obskuranten handelt, der seinerzeit seinen Schwager, den Herzog von Weimar, vor den Illuminaten gewarnt hatte.[128] Das Preußen des Königs Friedrich Wilhelm II. (Regierungszeit 1786-1797) markiert einen der Tiefpunkte intellektueller Freiheit in Deutschland, »eine Knebelung der Gedankenfreiheit und der Presse, wie man sie sich schlimmer und unwürdiger kaum vorstellen kann«,[129] eine »schimpflich[e] Verdummungs-Periode«.[130] Merkwürdigerweise wird dieser historische Kontext fast nie auf die Geburt der deutschen Romantik bezogen. Preußen wurde zu dieser Zeit von einem König regiert, der in mystischen Exzessen wie Geisterbeschwörungen schwelgte, und seine beiden mächtigen Berater, die Rosenkreuzer und somit Illuminatenfeinde Wöllner und Bischoffswerder, leiteten ein hartes Regiment politischer und religiöser Unterdrückung ein, einen offenen Krieg gegen die Aufklärung. Wie schon deutlich wurde, waren die Rosenkreuzer die Hauptvertreter der Verschwörungstheorie; die meisten Beiträger zur *Eudaemonia* waren Rosenkreuzer. So überrascht es nicht, daß nicht nur Reichardts in Berlin veröffentlichte Zeitschrift *Deutschland* dort Zensurschwierigkeiten erlegen war, sondern auch die Jenaer *Allgemeine Litteratur-Zeitung* und andere wichtige aufklärerische Zeitschriften wie die *Berlinische Monatsschrift* und Nicolais *Allgemeine Deutsche Bibliothek* waren in den Jahren unmittelbar vor 1797 verboten worden; die *Friedenspräliminarien*, an die Schlegel ein Manuskript geschickt hatte, wurden Ende 1796 verboten, fast genau zur gleichen Zeit wie *Deutschland*. Die meisten dieser Zeitschriften waren in der *Eudae-*

[128] Vgl. oben, S. 115.
[129] Georgi: Die Entwicklung des Berliner Buchhandels, S. 205.
[130] Kapp: Preußische Censur- und Preß-Verhältnisse, S. 306.

monia sowie von anderen Verschwörungstheoretikern wie Göchhausen gebrandmarkt worden.[131] Es erübrigt sich fast zu erwähnen, daß dasselbe Schicksal die prorevolutionäre Schrift Fichtes, den *Beitrag*, ereilte. Und einer der bösartigsten Angriffe gegen Fichtes Sonntagsvorlesungen war aus Berlin gekommen.[132] Otto Tschirch malt ein anschauliches Bild der drakonischen Zensur im Preußen dieser Jahre; er bemerkt, »daß keine große politische Zeitschrift in Berlin bestand und bestehen konnte,« so daß die meisten Zeitschriften politische Themen einfach vermieden. Die Zensurarchive zeigen, »daß nur ganz harmlose Bücher von der Zensur genehmigt wurden [. . .].«[133]

Das alles steht vor der Kulisse einer Stadt, die immer noch eines der Hauptzentren der Aufklärung in Deutschland war, und einige der Vorstöße von Friedrich Wilhelm und Wöllner scheiterten am Widerstand der aufgeklärten Bürokratie. Trotzdem steht außer Frage, daß die höhere Beamtenschaft und die Führung der preußischen Regierung mit der Vorstellung durchtränkt waren, daß soziale und politische Unruhe allein auf Intellektuelle zurückzuführen sei, und folglich wurde fast jeder politische Diskurs unterdrückt. Diese Haltung wird nirgends klarer ausgedrückt als vom König selbst, der 1792 als Apologie der strengen Zensur meinte: »das Uebel [hat] allenthalben, Meine eigne Länder nicht ausgenommen, heimlich und öffentlich dergestalt um sich gegriffen, [. . .] daß am Ende die äusserste Rigoueur und Leib und Lebensstrafen nötig sein werden, um boshafte Schriftsteller, Drucker und Verleger in Zaum und gebührender Ordnung zu halten«.[134] Das Wort »heimlich« in dieser Äußerung weist eindeutig auf die Verschwörungstheorie hin, und der König hatte tatsächlich schon wenige Monate nach dem Ausbruch der Französischen Revolution den Kurfürsten von Sachsen auf »eine Freimaurersekte, die sich Illuminaten oder Minervalen nennen«, und die von ihnen ausgehende Gefahr einer Wiederholung der französischen Katastrophe in Deutschland nachdrücklich hingewiesen.[135]

[131] Braubach: Die ›Eudämonia‹, S. 331.

[132] FW 3: 276.

[133] Tschirch: Geschichte der öffentlichen Meinung in Preußen, S. 231, 182-85, 5.

[134] Kapp: Preußische Censur- und Preß-Verhältnisse 4: 153.

[135] Der Text ist abgedruckt in Engel: Geschichte des Illuminaten-Ordens, S. 246 f. sowie D 410 f. (Engel weist auf den Einfluß durch Wöllner hin); vgl. Roberts: The Mythology of the Secret Societies, S. 210.

Es kann also kaum überraschen, daß nach der in Weimar herrschenden ängstlichen Stimmung Friedrich Schlegel es in der noch unfreieren Atmosphäre Berlins für nötig fand, zu tun, was auch andere Intellektuellen taten: politisch ›harmlose‹ Bücher zu schreiben und politische Themen aus seiner Zeitschrift *Athenäum* gänzlich zu verbannen. Obwohl die persönliche geistige Entwicklung von Friedrich Schlegel und Friedrich von Hardenberg (Novalis) sie vielleicht ohnehin zum literarischen und philosophischen Romantikprojekt hinführte, so paßt doch diese geistige Entwicklung so fugenlos in die repressive Situation im Herzogtum Weimar und Königreich Preußen jener Zeit, daß die Behauptung, es sei dies alles nur zufällig oder nur aus geistesgeschichtlichen Impulsen so gekommen, unglaubwürdig ist.

Obwohl hier der weitere Verlauf des Verhältnisses zwischen Schlegel und Novalis und des romantischen Unternehmens nicht dargelegt werden kann, so seien wenigstens einige Hinweise auf die Entpolitisierung gegeben. Novalis‹ konservative Anschauungen hatten bei einem Zusammentreffen kurz vor Schlegels Ankunft in Jena dessen Hohn über »absolute Schwärmerey« erregt,[136] aber einige Monate nach Schlegels Ankunft in Berlin finden wir, daß Schlegel selbst dem »Sinn für Mystik« bei Schleiermacher offen gegenübersteht — das war der Anfang seiner eigenen Wendung zur Mystik,[137] und dem Untertan eines mystisch veranlagten Königs völlig angemessen. Aber Friedrich Wilhelm II. starb kurz darauf, im November 1797. Sein Nachfolger, Friedrich Wilhelm III., war Gegenstand übertriebener Bewunderung und Erwartung, die heute nur schwer verständlich ist. Bekannt ist, daß Novalis' Fragmente *Glauben und Liebe oder der König und die Königin* (1798) ein Ergebnis dieses Enthusiasmus waren, und daß Novalis sein eigentümliches Werk ausdrücklich für die *Jahrbücher der preußischen Monarchie unter der Regierung von Friedrich Wilhelm III.*[138] bestimmte. Wie die anderen Beiträge zu dieser Zeitschrift verherrlichten auch seine Fragmente das neue Königspaar und ihr als bürgerlich aufgefaßtes Familienleben, ein damals willkommener Kontrast zur offenen Bigamie Friedrich Wilhelms II. Aber der politische Kontext umfaßt mehr als nur diese Parallele. Novalis und die anderen Panegyriker propagierten einen moralisch wieder auflebenden Monarchismus, aber Novalis unterschied sich in einem

136 2.8.1796, Caroline Schlegel: Briefe 1: 395.
137 KA 24: 22, vgl. 330.
138 NS 4: 253.

wichtigen Aspekt von den anderen Monarchisten. Die meisten Schriftsteller in den *Jahrbüchern* und anderen Schriften sahen im neuen König Friedrich Wilhelm III. eine Widergeburt des aufgeklärten Absolutismus eines Friedrichs des Großen; es wird sogar berichtet, daß Straßenjungen dem vorbeifahrenden König zuriefen: »Lieber Fritz! Du wirst gewiß der alte Fritz werden«.[139] Insbesondere hielten die meisten Zeitgenossen den König in religiösen Belangen für weniger bigott als seinen Vorgänger und glaubten, in politischer Hinsicht würde er durch seine liberalen Reformmaßnahmen eine Revolution überflüssig machen.[140] Paradoxerweise verherrlichte Novalis den neuen König, aber er tat dies *im Diskurs des verstorbenen Königs*, des mystisch veranlagten Friedrich Wilhelm II.; Tschirch meint, es sei sogar dieser mystische Rückfall ins ›alte Regime‹ gewesen, der den neuen König gegen den Verfasser von *Glauben und Liebe* aufbrachte.[141] Die Novalis-Forschung weist mit Recht darauf hin, daß der König den philosophischen Kontext der Schrift verfehlte und Novalis daher mißverstand.[142] Weniger überzeugend ist die These von der politischen Progressivität von *Glauben und Liebe*.[143] Die Schrift findet zur schwärmerischen Mystik des reaktionärsten postrevolutionären Monarchen in Deutschland zurück, und die heutige Kritik sieht sich sogar gezwungen, Parallelen zwischen Novalis‹ Utopie und modernem Faschismus abzuwehren.[144] Novalis‹ Werk befindet sich auch auf dem beschriebenen Weg der Entpolitisierung: Sein Ideal des ›poetischen Staates‹ »hatte keine Basis in der Wirklichkeit, es folgte einer Logik, die sich über die Gesetze dieser Wirklichkeit souverän hinwegsetzte«.[145] Gerade diese Trennung der Diskurswelt dieser Schrift von der politischen Wirklichkeit — unter Verwendung von Metaphern aus dieser Wirklichkeit — macht paradoxerweise nicht nur den unpolitischen Idealismus des Novalis aus (der ihn angeblich vor dem Vorwurf

139 Tschirch: Geschichte der öffentlichen Meinung in Preußen, S. 298.

140 Ebda., S. 296-302, 314-16.

141 Ebda., S. 308.

142 Bes. Peter: Stadien der Aufklärung, S. 85-138.

143 Z.B. Richard Samuel, NS 2: 480.

144 Peter: Stadien der Aufklärung, differenziert zwischen Novalis' Ideen und Faschismus; Kuhn: Der Apokalyptiker und die Politik, S. 150, weist auf die Parallelen hin. Es kann hier die interessante neuere Debatte über Novalis' politische Ideen nicht im Detail nachgezeichnet werden; der vorläufig letzte Beitrag ist das höchst originelle Buch von Kurzke: Romantik und Konservatismus.

145 Peter: Stadien der Aufklärung, S. 116.

faschistoider Tendenzen rettet), sondern auch seinen durch und durch politischen Elitärismus. Und auch der neue König, an den das Werk gerichtet war, erfüllte weder die konservativen Forderungen des Novalis noch die etwas progressiveren seiner Zeitgenossen: Obwohl er Wöllner entließ und ein Tauwetter in Aussicht zu stehen schien, verschärfte der König dann die Zensur gerade zu dem Zeitpunkt, da Novalis seine Schrift verfaßte[146] — und darin mögen wieder die Verschwörungstheoretiker eine Rolle gespielt haben: Ein Artikel in der *Eudaemonia* kritisierte die Forderung Friedrich von Gentz' an den König, die Zensur zu lockern.[147] Die Entgegnung des Königs selbst auf Novalis‹ Schrift — wie sie durch den Verleger Unger berichtet wird — war typisch für die Ungeduld gegen die in die Politik sich einmischenden Intellektuellen, die schon bei Herzog Carl August von Weimar begegnete (s.o. S. 194): »Von einem König wird mehr verlangt als er zu leisten fähig ist« klagt nun der neue König, »Immer wird vergessen daß er ein Mensch sey. Man solle nur einen Mann, der dem König seine Pflichten vorhält vom Schreibepult zum Thron bringen und dann wird er erst die Schwierigkeiten sehen die [ihn] umgeben und die nicht möglich zu heben sind«.[148] Unger berichtet auch, daß von der Schulenburg, Staatsminister und Direktor der Geheimpolizei, nach der Identität des Verfassers der anonym veröffentlichten Schrift fragte. Der König war über Novalis' Fragmente so verärgert, daß er Schulenburg die Zensur ausweiten ließ.[149] Genauso wie im Falle des Weimarer Herzogs gegenüber Professor Hufeland begrüßte auch Friedrich Wilhelm III. den Rat von ›Gelehrten‹ auch dann nicht, wenn diese Beratung konservativen Impulsen entstammte; wie sein Vater fühlte er sich verpflichtet, solche Einbrüche der Intelligenz in die obrigkeitliche Sphäre zu unterbinden. Friedrich Schlegel war offensichtlich beunruhigt über diese politische Einmischung des Novalis, auch wenn sie noch so konservativ war; da er jetzt im Gegensatz zu Novalis in Berlin wohnte, war er mit der Wirklichkeit des ›neuen‹ Königs besser vertraut als sein Dichterkollege, wie er ihm schrieb: »[. . .] ich wollte Dir hier Männer genug zuweisen, mit denen Dich ein Gespräch mehr mit der Eigenthümlichkeit der Preuß[ischen] Monarchie bekannt machen könnte, als ganze Bücher darüber«.[150]

[146] Georgi: Die Entwicklung des Berliner Buchhandels, S. 208 f.
[147] *Eudaemonia* 6 (1798), S. 239-55; vgl. Braubach: Die ›Eudämonia‹, S. 329.
[148] KA 24: 154.
[149] Tschirch: Geschichte der öffentlichen Meinung in Preußen, S. 307.
[150] KA 24: 133.

Schlegel wußte, daß solche offen politischen Äußerungen durch Intellektuelle nicht ratsam waren; in den *Ideen* wies er Novalis deshalb auf die ihm angemessenen Sphären: »Nicht in die politische Welt verschleudere du Glauben und Liebe, aber in der göttlichen Welt der Wissenschaft und der Kunst opfre dein Innerstes in den heiligen Feuerstrom ewiger Bildung«.[151] Merkwürdig genug: Nachdem sich Schlegel zu der »absoluten Schwärmerei« bekehrt hatte, wie er sie vor dem Jenaer Aufenthalt bei Novalis verspottet hatte, mußte er seinen konservativen Freund vor jeder politischen Konsequenz jener Schwärmerei warnen.

Nach dem konservativen Zwischenspiel von *Glauben und Liebe* ging das unpolitische Projekt der Romantiker den vorgezeichneten Weg: Die ganze Frühromantik enthielt sich der Einmischung in die Politik. Trotzdem konnten die Romantiker sich selbst für ›Revolutionäre‹ halten, und zwar durch ein geniales Manöver, indem sie den Signifikant auf ein nichtpolitisches Niveau erhoben. Plötzlich tauchen in den Dokumenten der beiden führenden Theoretiker die Begriffe ›revolutionär‹ und ›republikanisch‹ überall auf, aber sie bleiben unpolitische Metaphern. Novalis nennt Schlegel den »Paulus der neuen Religion, [...] die überall anbricht—einer der Erstlinge des neuen Zeitalters — des Religiösen [...] Auf dich hat die Revolution gewirckt, was sie wircken sollte [...]«.[152] Novalis‹ groß angelegter *»neuer Plan«* für *»die Errichtung eines litterairischen, republicanischen Ordens* — der durchaus *mercantilisch* politisch ist — einer ächten Cosmopoliten Loge«[153] verrät seine Affinität mit aufgeklärten Utopien einer ›Gelehrtenrepublik,‹ die jeder außerzünftigen politischen Wirkung entsagte: Ein Nachklang des Illuminatenordens sollte dieser »Orden« gewiß nicht sein. Novalis schreibt, Schlegels *Lyceumsfragmente*, die eigentlich kaum einen politischen Gehalt aufzuweisen hatten,[154] seien »ächte, revolutionaire Affichen«.[155] In

151 KA 2: 266.

152 NS 3: 493.

153 10.12.1798, NS 4: 268 f.

154 Die politisch sich gebärdenden Bemerkungen in Nr. 103 (KA 2: 159) sind lediglich Anlaß zu einer Diskussion von ästhetischer Einheit. Horst Meixner versucht trotzdem, die Fragmente für eine progressive Interpretation zu reklamieren: »Liest man die frühen Lyceums-Fragmente [...] mit dem Blick auf die Zeitgeschichte, so entdeckt man einen Geist der Freiheit, der Unabhängigkeit von Vorurteilen, einer alles Philisterhafte weit hinter sich lassenden Freizügigkeit in der Behandlung moralischer Fragen, zugleich einen Haß gegen Engstirnigkeit, verlogene Konvention und biedermännische Heuchelei [...]« (Politische Aspekte der Frühromantik, S. 184). Obwohl das alles mit Recht gesagt werden kann, hat es fast keine Relevanz für die damals brennenden politischen Fragen, sondern zeichnet eine Transforma-

dieser nichtpolitischen Instrumentalisierung eines politischen Vokabulars folgen die Romantiker ihrem Mentor Fichte, der sich an die angeblich revolutionäre Relevanz seiner *Wissenschaftslehre* klammerte: »Mein System ist das erste System der Freiheit; wie jene Nation [= Frankreich] von den äußern Ketten den Menschen losreis't, reis't mein System ihn von den Feßeln der Dinge an sich [. . .]«.[156] Eine der aufschlußreichsten frühromantischen Verwendungen des Begriffs ›revolutionär‹ begegnet im Zusammenhang mit dem ›Atheismusstreit‹, nachdem Fichte von seiner Professur entlassen wurde. Xavier Léon — dem sich in letzter Zeit Karl-Heinz Fallbacher anschließt — argumentiert schlüssig, daß der entscheidende Anstoß zu Fichtes Entlassung durch den Druck auf Carl August vonseiten der sich fortsetzenden Attacken der Verschwörungstheoretiker gegen Fichte kam;[157] nicht nur in der *Eudaemonia*-Denunziation aus dem Jahre 1796, sondern auch im Atheismusstreit bildete Fichtes angeblicher Ersatz des christlichen Gottes durch ›Vernunft‹ nur den Anlaß für die reaktionäre Partei, Fichte als einen gefährlichen Illuminaten und Jakobiner zu verschreien. Die Romantiker erkannten sofort die Bedeutung des Streites um Meinungsfreiheit, der in der Fichte-Affäre ausgetragen wurde; August Wilhelm Schlegel schrieb an Novalis: »Der wackere Fichte streitet eigentlich für uns alle, und wenn er unterliegt, so sind die Scheiterhaufen wieder ganz nahe herbeigekommen«, und Novalis selbst sah in den Maßnahmen gegen Fichte einen schon teilweise realisierten »Unterdrückungsplan der öffentlichen Meynung«.[158] Novalis war nicht allein in dieser Meinung; in Weimar meinte auch Wieland, »Man müsse jetzt Fichte's Sache vertheidigen, weil sie

---

tion von politischer Progressivität in eine rein moralisch-literarische nach. Auf Meixners Position läßt sich mutatis mutandis die Kritik Sigrid Weigels an der Aufwertung des Schlegelschen Romans *Lucinde* anwenden (Weigel: Wider die romantische Mode).

155 NS 4: 241.

156 Fichte an (Baggesen?), Apr./Mai 1795, FB 2: 298.

157 Léon: Fichte et son temps, S. 534-49; vgl. Braubach: Die ›Eudämonia‹, S. 320-22, und Bieberstein: Die These von der Verschwörung, S. 108. — Fallbacher widerlegt überzeugend die Behauptungen von Goethe und späteren Historikern (besonders Tümmler: Goethes Anteil an der Entlassung Fichtes), daß Fichte die Obrigkeit in Weimar dazu zwang, ihn zu entlassen; er zeigt, daß die Regierung nur auf einen Anlaß gewartet hatte, ihn loszuwerden (Fallbacher: Fichtes Entlassung).

158 NS 4: 514, 277.

die Sache der allgemeinen Preß- und Denkfreiheit sei«,[159] und Fichte aktivierte eine beträchtliche Anzahl von Wissenschaftlern durch ganz Deutschland in seiner Sache.[160] Indessen waren Weimarer Gelehrte — auch Wieland, trotz seiner mutigen Worte — in dieser Kampagne nicht vertreten. Was Friedrich Schlegel betrifft, so ließ er sich auch noch in Berlin von der Weimarer Regierung einschüchtern: weil er meinte, daß »jeder Schriftsteller« in Deutschland die Verpflichtung habe, »ein gebohrner Soldat« gegen solche Unterdrückung zu sein,[161] plante er eine »Broschüre für Fichte« — aber er vollendete sie bezeichnenderweise nicht. Und auch mit Bezug auf seinen Plan für diese Polemik erklärt er unverhohlen: »Es versteht sich, daß ich mich in die Sachen der Regierung nicht menge«, aber auch dieser verwässerte Plan erfüllt ihn mit Sorge: »Aber glaubst Du nicht daß man es mir dennoch in Weimar sehr verübeln wird?« Denn Friedrich war im Begriff, wieder nach Jena zu ziehen, und er befürchtete, wenn er in dem Augenblick dort ankäme, da seine Verteidigung von Fichte veröffentlicht würde, »das sähe doch revoluzionärer aus, als ich möchte«[162] — Worte, die über dem ganzen frühromantischen Projekt stehen könnten. Die Romantiker, allen voran Friedrich Schlegel, der im Herzogtum Weimar seine politischen Lehrjahre durchgemacht hatte, entzogen sich instinktiv jeder politischen Konsequenz des Begriffs ›revolutionär‹ — wenigstens bis Schlegel seine offene Denunziation der Französischen Revolution lancierte.[163]

Ernst Behler und Richard Brinkmann haben den Begriff ›Revolution‹ in der Frühromantik ausführlich untersucht und sind mit Recht zu dem Schluß gelangt, daß die Romantiker das Umfassende der revolutionären Epoche betonten und sie auf ein philosophisches Niveau erhoben, die ›Revolution des Geistes‹.[164] Dies geschah jedoch in engster Verbindung mit den politischen Gegebenheiten der Zeit, die besonders

[159] Gespräch mit Böttiger, 3.3.1799, Starnes: Wieland 2: 707.

[160] FB 3: 174 ff. (ab 16.1.1799).

[161] KA 24: 278.

[162] Apr. 1799; KA 24: 262 f.; vgl. 278, 288; das Fragment »Für Fichte. An die Deutschen« befindet sich in KA 18: 522-25. Vgl. Weiland: Der junge Friedrich Schlegel, S. 25. — Peter (Einleitung zu: Politische Romantik, S. 24) erkennt »die zunehmende Abstraktheit des Revolutionsbegriffes«.

[163] Z.B. KA 18: 77, 227, 243 (*Philosophische Lehrjahre* 2.591, 4.403, 4.595); andere Beispiele bei Behler: Auffassung der Revolution, S. 203-05.

[164] Behler: Auffassung der Revolution; Brinkmann: Frühromantik und Französische Revolution.

auf Friedrich Schlegels Biographie ab 1796 eine entscheidende Wirkung ausübten; die Transformation ist nur verständlich im Kontext einer politischen Reaktion, die eine Einmischung der Intelligenz in die Politik erschwerte, weil ihnen die Schuld für soziale Unruhe und insbesondere für die Französische Revolution aufgeladen wurde. Die Frühromantiker blieben gute Revolutionäre, aber eben nur literarische und philosophische Revolutionäre. Behler weist mit Recht darauf hin, daß die eigentliche politische Aussage von Schlegels berühmtem Diktum, die Französische Revolution, Fichtes *Wissenschaftslehre* und Goethes *Wilhelm Meister* seien »die größten Tendenzen des Zeitalters«, darin bestehe, daß »[d]ie philosophischen und ästhetischen Revolutionen des Zeitalters [...] so von Schlegel der politischen Revolution zur Seite gestellt [werden]«.[165] So wird aber die politische Revolution in dieser Analogie natürlich nur als Ansatzpunkt verwendet, da Schlegel sich eigentlich nur für die anderen beiden ›Revolutionen‹ interessiert, für diejenigen also, die »nicht laut und materiell« sind,[166] also nicht politisch. Ferner impliziert er durch eine Bemerkung in einem Brief an August Wilhelm, daß sich die Triade Fichte/Goethe/Revolution auf eine Situation bezieht, die »historisch« und irrelevant geworden ist.[167] Wenn die Romantiker in der Revolution einen Beweis dafür sahen, daß der menschliche Geist die Welt umschaffen könne, so gaben sie sich damit zufrieden, einen nur literarischen und philosophischen Umsturz zu wünschen. Hiermit soll den anderen Gebieten, auf denen die Romantiker vielleicht progressive Errungenschaften einleiteten, die Anerkennung nicht abgesprochen werden: Es kann gut sein, daß die Romantiker z.B. mit Bezug auf die Stellung der Frau oder die Haltung gegenüber der Natur Progressives leisteten — obwohl die Debatte auf beiden Gebieten keine eindeutigen Schlüsse zuläßt.[168] Diese Errungenschaften betrafen jedoch Gebiete, die der politischen Obrigkeit gleichgültig sein konnten; das Entscheidende ist, daß die Romantiker sich in Richtung auf einen politischen Diskurs bewegt hatten, bevor die Reaktion sie einschüchterte. Und auch da, wo sie versuchten, vage Sehnsucht nach einer radikalen Transformation aller sozialen und politischen Ver-

165 Behler: Auffassung der Revolution, S. 205.

166 KA 2: 198.

167 KA 24: 109. Vgl. Weiland: Der junge Friedrich Schlegel, S. 22.

168 Zur angeblichen Emanzipation der Frau in der Frühromantik vgl. die oben erwähnte Arbeit von Weigel: Wider die romantische Mode.

hältnisse auszudrücken, taten sie es in Formen, die so mystisch und esoterisch waren, daß ihr Zugang zum eigentlich politischen Diskurs von vorneherein abgeschnitten war — abgesehen vom mystischen Diskurs des rosenkreuzerischen preußischen Königs Friedrich Wilhelm II. und seiner Berater. Es überrascht nicht, daß sie ihr Projekt an einen Angriff gegen die Aufklärung knüpften, denn der gemeinsame Feind der Verschwörungstheoretiker und ihrer Alliierten auf preußischen und anderen Thronen war, wie sie zu beteuern nie müde wurden, die Aufklärung. Deshalb Friedrich Schlegels (schon zitierter) Spott gegen Reichardts »Aufklärungsberlinism«, den Schlegel in angemessener Weise mit dessen revolutionärem Eifer assoziierte (seinem »soidisant *Republikanism*« und »Franzosenhang«) und, am bedeutendsten, mit Reichardts Kampf gegen die Verschwörungstheoretiker und ihre Verbündeten (»Oppositionsgeist gegen die Obskuranten«[169]). Es ist sicherlich kein Zufall: ›Aufklärung‹ war der gemeinsame Feind von Reaktion und Romantik.

Es dürfte hier wohl angebracht sein, wieder zu den Weimarer Behörden zurückzukehren und besonders zu Goethes Rolle in der Fichte-Affäre. Goethes Verantwortung wird immer wieder heruntergespielt, und hinter allen apologetischen Windungen — auch angesichts der Zensurtätigkeit Goethes — verbleibt das unausgesprochene Plädoyer: Goethe mußte gehorchen, er wollte im Grunde eine solche Rolle nicht spielen.[170] Obwohl wenige Zeugnisse über Goethes Haltung zu dieser Überwachung und Zensur überliefert sind, war er in mehr als einem

169 ›Obskuranten‹ war eine geläufige Bezeichnung für die Verschwörungstheoretiker (Braubach: Die ›Eudämonia‹, S. 313).

170 Zu Carl Augusts Befehl an Goethe, Fichtes Vorlesungen zu überwachen, vgl. die Herausgeberin der *Amtlichen Schriften*, Helma Dahl: »[. . .] Goethe [hatte] verstanden, [. . .] den ihm selbst sicherlich höchst unangenehmen dienstlichen Auftrag auszuführen, ohne [. . .] Fichte zu kränken« (AS 3: 155 [1972]) und, in letzter Zeit, Klaus Kiefer im Kommentar zur ›Münchner Ausgabe‹: »G[oethe] ist dieser Sonderkommission zunächst in fairer Weise und gleichsam auf der Ebene wissenschaftlicher Kommunikation nachgekommen: durch schlichtes Sammeln der ohnehin sukzessive zum Druck bestimmten Vorlesungensskripten, insbesondere Fichtes [. . .] ›Wissenschaftslehre‹ [. . .]« (1230 f.); die Dokumente zeigen jedoch deutlich, daß die zunächst überwachten Vorlesungen nicht die Goethe interessende ›Wissenschaftslehre‹ betrafen, sondern die politisch brisantere ›Bestimmung des Gelehrten‹, und vor den Verleumdungen waren keine Pläne vorhanden, die Vorlesungen zu veröffentlichen (Fichte an Goethe, 24.6.1794; J.G. Fichte an Marie Johanne Fichte, 30.6.1794, FB 2: 147 f., 161).

Fall nachweislich die treibende Kraft. Und seine Motivationen waren gelegentlich ausgesprochen egoistisch. Im Falle der Berufung Fichtes können wir nicht genau wissen, was Goethes Rolle war, da er sämtliche Briefe, die diese Angelegenheit betrafen, ausdrücklich zurückforderte und vernichtete.[171] Aber Fichte selbst sowie eine von seinem Sohn angeführte Quelle wiesen darauf hin, daß Goethe eine entscheidende Rolle spielte.[172] Goethe scheint nicht abgeneigt gewesen sein, Fichte — mit dem er im regen geistigen Kontakt gewesen war — loszuwerden, weil er keinen Gebrauch mehr von ihm machen konnte; als Goethe vorgeworfen wurde, dem Rang der Universität Jena durch die Entlassung Fichtes unwiderruflichen Schaden zugefügt zu haben, soll er geantwortet haben: »Ein Stern geht unter, der andere erhebt sich!«[173] Der aufgehende Stern war Schelling, der im Jahr vor der Entlassung Fichtes nach Jena berufen worden war. Im vorliegenden Kontext ist nicht unwichtig, daß Goethe zum Teil deswegen die Berufung betrieb, weil er »keine Spur einer Sansculotten-tournure an ihm« fand;[174] aus Schellings Naturphilosophie dagegen profitierte Goethe zu diesem Zeitpunkt in hohem Maße. Schelling selbst spürte den Vorteil seiner Lage; als er über Fichtes Entlassung schrieb, berichtete er: »Übrigens ist bei alldem unsre Lage hier noch immer bei weitem freier u. gewiß glücklicher als die Ihrige [d.h. in Sachsen]. Vor Einschränkungen der Denkfreiheit fürchtet man sich jezt wenigstens [=am wenigsten], u. will es schlechterdings nicht Wort haben. Für das, was man arbeitet, findet man Interesse; und daß Goethe Minister ist, verschafft keine geringen Vortheile«, und dann erwähnt er seine anregenden philosophischen Gespräche mit Goethe.[175] Die Ironie wollte es jedoch, daß Schelling, der 1803 die Universität verlassen hatte, für eine neuerliche Jenaer Berufung im

[171] Vgl. Dahl, AS 2/1: 29.

[172] Fichtes Sohn schreibt: »Wie wir aus sicherer mündlicher Ueberlieferung wissen, war es Goethe, der bei dem Schwanken der andern Räthe, namentlich des Geheimrath Voigt, die Maßregel durchsetzte, Fichte die Demission zu ertheilen und ihm den ›Rath des Wanderns‹ zu geben [...]« (I.H. Fichte: J.G. Fichte's Leben 1: 288).

[173] I. H. Fichte: J.G. Fichte's Leben 1: 288.

[174] Goethe an Voigt, 29.5.1798, Briefwechsel mit Voigt 2: 74.

[175] Schelling: Briefe und Dokumente 1: 176. — Vor dieser Stelle erwähnt Schelling sogar die Gerüchte aus Weimar, daß er nach Fichtes Entlassung diesen ersetzen würde. — In einem der ersten Briefe, in dem er die Berufung Schellings vorschlägt, schreibt Goethe unverhohlen: »ich würde bei meinen Arbeiten durch ihn sehr gefördert sein« (an Voigt, 20.6.1798, Briefwechsel mit Voigt 2: 79).

Jahre 1816 empfohlen wurde, und diesmal gab Goethe das ausschlaggebende Votum gegen ihn, da Schelling nunmehr als politisches Risiko angesehen wurde — Goethe beruft sich auf »das Beyspiel von *Fichten*« und scheut eine politisierte Universität zugunsten ›reiner‹ Wissenschaft: »Wollte man die Akademie Jena wahrhaft neu fundiren; so müßte es nicht auf die früher von uns schon einmal versuchte Weise geschehen, sie auf revolutionaire Wege zu stoßen, sondern sie auf die reine Höhe der Kunst und Wissenschaft [. . .] zu stellen, zu erhalten und zu sanctioniren«.[176] Jeder Philosoph mit unbequemen politischen Ansichten war in Weimar persona non grata; bis 1816 hatte die Weimarer Obrigkeit gelernt, daß nicht alle Gelehrten auf dieselbe Weise wie Schmid und Hufeland eingeschüchtert werden konnten. Insbesondere Goethe konnte Fichte und Schelling entbehren, nachdem sie in der Sphäre ›reiner‹ (d.h. nichtpolitischer) Kunst und Wissenschaft für seine geistige Entwicklung ausgedient hatten.

176 AS 2/2: 924, 27.2.1816.

6
Schluß: Subjektfiktion und Machtverhältnisse

Die Verschwörungstheorie war vielleicht für viele die einzig mögliche Art, um die Revolution zu verstehen. Moderne Klassenbewegungen waren etwas Unbekanntes für die Deutschen, denen etwa die Kämpfe der Pariser Proletarier völlig fremdartig vorkommen mußten. Viele Deutsche suchten also andere Erklärungen als Klassendynamik, um der komplexen und neuartigen Realität der Revolution beizukommen, und sie fühlten sich gezwungen, Klassenunruhe mit einer Dynamik zu erklären, in der das individuelle Subjekt, der Verschwörer, im Zentrum stand. Dieser Impuls hat schon immer Verschwörungstheorien genährt; Klaus Epstein weist darauf hin, daß die Privilegierten sich auf diese Weise mit der optimistischen Vorstellung beruhigen können, daß die Gefahr einer Revolution einfach durch effektive Polizeitätigkeit gegen einzelne Individuuen oder Gruppen verhindert werden könne statt durch Auseinandersetzung mit der sozialen Wirklichkeit.[1] Zudem muß auch erkannt werden, daß jede Revolution tatsächlich konspirative Elemente enthält; die Französische ist keine Ausnahme,[2] und diese Tatsache scheint die Verschwörungstheorien zu bestätigen. Allzudeutlich entspringt jedoch die aktive Unterstützung der Verschwörungsthese durch Privilegierte wie Goethe, Voigt, Carl August und Wieland der Angst der feudalen Gesellschaft und ihres Repräsentanten, des absolutistischen Staates, vor jeder unabhängigen Institutionsbildung, die der Kontrolle der Regierung entrückt war. Die Illuminaten als echte Oppositionelle zu postulieren, geht gewiß zu weit, aber in den Augen der Regierungen waren sie es und wurden deswegen nicht toleriert. Intellektuelle wie Goethe und Wieland wurden in die ideologischen Positionen des Staates verstrickt, dem sie dienten, in dem sie privilegiert waren und von dem sie abhängig wurden.

Es gibt also deutlich zwei Aspekte dieses Problems, von denen keine vernachlässigt werden sollte: auf der einen Seite die Schwierigkeit der Intellektuellen, ein neues und komplexes Phänomen zu verstehen, mit

[1] Epstein: Genesis of German Conservatism, S. 503.

[2] Vgl. Schmitt: Elemente einer Theorie der politischen Konspiration im 18. Jahrhundert.

dem sie politisch nicht sympathisierten, und auf der anderen Seite ihre soziopolitischen Interessen, ihre Verstrickung in Machtstrukturen, die ihren Versuch, die Revolution zu verstehen, von vorneherein erschwert. So entsteht zwangsläufig eine Aporie im Entgegenwirken dieser Kräfte: das im Grunde *aktive* Bestreben, einer komplexen Wirklichkeit eine Ordnung überzustülpen, also aus der Klassendynamik gleichsam eine faßbare *Narration* zu bilden, in deren Zentrum ein individueller Wille steht, ist ein Prozeß, der dem so Denkenden seine eigene Individualität zu bestätigen scheint, indem er den individuellen Willen bei anderen für geschichtliche Vorgänge verantwortlich macht; auf diese Weise werden Freiheit des Willens und die Integrität des Subjekts scheinbar gerettet. Aber diese Bemühung ist vergebens, gerade in der Zeit der Massenbewegungen: Die entgegengesetzte Macht der Klasseninteressen und die Angst vor Unterdrückung raubt dem Individuum seine Integrität in demselben Augenblick, in dem er sie zu behaupten sucht, denn die Verschwörungstheorie ist im Grunde ein Ergebnis der Dynamik von Klassen und Machtverhältnissen. Diese Aporie erkennt z.B. Georg Forster sehr deutlich in der vergeblichen Mühe seiner deutschen Zeitgenossen, die Bewegungskräfte der Revolution in Individuen zu suchen: »Daß man es noch immer nicht begreifen *kann* oder nicht begreifen *will*, wie unabhängig bei uns [d.h. in Frankreich] das Ganze vom einzelnen ist! Ihre [d.h. deutschen] Politiker, Ihre Philosophen suchen immer noch die Republik und die Revolution in diesem oder jenem Kopfe. Lassen Sie sich diese Grille vertreiben; sie ist bei uns [d.h. in Frankreich] de l'ancien régime, und völlig aus der Mode.«[3] Noch mehr: Der Blick auf den einzelnen ›Verschwörer‹ ist ein verzweifelter Versuch des Subjekts, seine eigene Autonomie vor dem Vorrücken des Massenzeitalters zu retten.

In der Geschichtsschreibung und in der Literaturwissenschaft wird häufig versucht, auch und besonders Weimar von dieser Machtverstrikkung zu reinigen. Dieses Bestreben hatte ihren Anfang im Herzogtum Weimar selbst, als ein raffiniertes public-relations-Manöver die Öffentlichkeit von der Liberalität, besonders der Denkfreiheit in dieser autonomen Insel der Kultur zu überzeugen strebte. Es wird die Tatsache gerne verschwiegen, daß das Herzogtum Weimar dem Diktat der Macht ebenso ausgeliefert war wie jeder andere Staat — ja wegen seines kleinen Formats noch mehr als andere. Es kann nicht zu nachdrücklich betont werden, daß sehr viele der in dieser Untersuchung vorkommen-

[3] Forster, *Parisische Umrisse*, in Werke 1: 243.

den Fälle des Machtmißbrauchs ihre ersten Impulse im ›Ausland‹ hatten. So scheint bei Carl Augusts Verdacht gegen die Illuminaten der Einfluß des preußischen Kronprinzen Friedrich Wilhelm von einiger Bedeutung gewesen zu sein, und dieser Einfluß wiederum hängt mit den Bestrebungen Carl Augusts zusammen, durch die Gründung eines Fürstenbundes den Schutz vor kaiserlichen Übergriffen zu sichern.[4] Auch bei der Verweigerung der Weishauptschen Berufung gibt Bode als Grund das mögliche Einschreiten des Kaisers, wenn es sich nämlich in der Öffentlichkeit herumsprechen sollte, »daß die Illum[inaten] Fürsten zu Protektoren haben«, und Bode vermutet, in diesem Fall mag es »alsdann allen Fürsten des sächsischen Hauses unangenehm seyn [. . .] den Schritt mit der öffentlichen Vocation gethan zu haben«.[5] Im Falle der Einschüchterung von Herder und Hufeland spielt ferner die übertriebene Reaktion gegen die Ereignisse in Frankreich in der sehr ›heißen‹ Phase des Sommers und Herbsts 1792 eine wichtige Rolle in der Haltung Carl Augusts, der ja seine schärfsten Briefe aus dem Feldlager während der Kampagne gegen die Revolutionsarmeen schrieb. Dieser Druck ging zum Teil über die großen Nachbarstaaten, besonders Sachsen; der Minister Voigt ließ Hufeland im Oktober 1792 unmißverständlich wissen: »Glauben Sie wohl, daß man von Dresden aus uns auch Ihre *Vorlesungen über die französische Constitution* vorwirft? und daß man gegen einen ähnlichen Dozenten in Leipzig ein Exempel statuiren will?«[6] Vollends im Fall Fichte spielte das Ausland eine entscheidende Rolle. Die Quellen beweisen eindeutig, daß die Weimarer Regierung dem starken Druck seiner größeren Nachbarn ausgesetzt war, besonders von Kursachsen und Preußen, aber auch vom fernen Rußland, wo der von Sachsen bloß angedrohte Immatrikulationsboyott für sächsische Landeskinder gegen die Universität Jena vom Zaren schon verwirklicht worden war.[7] Dieser Druck von außen, ob ausgesprochen oder nicht,

[4] Vgl. oben S. 129.

[5] Bode an Koppe, 15.4.1784, vgl. Dokument Nr. 49, Bl. 3r.

[6] Voigt an G. Hufeland, 16.10.1792, Diezmann: Aus Weimars Glanzzeit, S. 61.

[7] Dieser Aspekt der Entlassung Fichtes — und die unten angedeuteten Heiratspläne für den Thronfolger Carl Friedrich mit der Tochter von Zar Paul I., Maria Pawlowna — wurde zuerst von Helma Dahl herausgearbeitet: AS 3: 252. Im Juli 1799, kurz nach Fichtes Entlassung, schrieb Wieland in einem Brief: »[. . .] *hier* können wir uns unter dem Schutz Preußens und Rußlands für lange Zeit sicher glauben. Ihr habt vielleicht gehört, daß unser Erbprinz mit einer Tochter Kaiser Paul I. verlobt ist. Dieser Umstand gibt uns eine sehr starke Garantie für die Ruhe des Landes [. . .]« — ein deutlicher Hinweis auf die Bedeutung, welche die Weimarer Regierung dieser Angelegenheit zuschrieb (Starnes: Wieland 2: 734, 30.7.1799).

war schon immer vorhanden gewesen und dürfte auch bei der Verweigerung der Berufung Weishaupts eine bedeutende Rolle gespielt haben. Ebenso wichtig wie der explizite Druck von außen waren die dynastischen Beziehungen: Weimar hatte besonders starke Verbindungen zum reaktionären Preußen, so daß die Weimarer sich sozusagen freiwillig der Selbstzensur über preußische Angelegenheiten unterwarfen, sie näherten sich aber auch den politischen Ansichten des Hauses Hohenzollern an.[8]

Auch die ›Liberalität‹ selbst diente in einem sehr konkreten Sinne dem oberflächlichen Gedeihen des Landes, nicht nur in dem Sinne, daß ein ›aufgeklärter‹ Absolutismus die Gefahr einer politischen Opposition in der Intelligenz ausschaltete. Das wirtschaftliche Wohl des Landes hing in den Augen der Regierenden in nicht geringem Maße von guten Studentenzahlen ab, so daß der Ruf Weimars (und Jenas) als Freiraum der Wissenschaft und Kultur einen deutlichen materiellen Vorteil brachte. Deswegen mußte man darauf bedacht sein, Professoren mit einem liberalen Ruf an die Universität zu locken, aber diese Liberalität mußte sich in unpolitischen Bahnen bewegen oder in diese gelenkt werden: Im Falle von Schmid und Fichte folgte man diesem Verfahren. So entstand eine empfindliche Spannung zwischen dem Schein der Progressivität und der Notwendigkeit der Freiheitsbeschneidung. Nirgends wird die Spannung deutlicher ausgesprochen als in dem Brief, in dem Hufeland Fichte zu überreden sucht, nach Jena zu kommen; hier lobt er die weimarische Liberalität und warnt ihn gleichzeitig, diese Liberalität nicht zu ernst zu nehmen: »Man hat daher auch Ihren Demokratismus, den Sie in den *Beiträgen* ec. dargelegt hätten, gegen Sie geltend gemacht. Ob nun gleich unsere Regierung unter allen denen, die Freiheit im Lehren und Schreiben begünstigen, in der ersten Reihe steht; so muß man doch bei der jetzigen Gährung der Gemüther, die so leicht ausarten kann, und bei dem gespannten Verhältnisse der Regierungen unter einander alle Schritte ungern sehen, die gar zu laut compromittiren, oder Vorwürfe auswärtiger Minister zuziehen können«.[9] Während der Jenaer Studentenunruhen im Jahre 1792 wurde der Druck von außen auf fast peinliche Weise deutlich; das wichtigste Anliegen der

[8] Auch die reaktionären Ansichten der mit den Weimarern verwandten Fürsten Herzog Ferdinand von Braunschweig, ein Großonkel Carl Augusts (s. Kap. 4, Anm. 74), und Landgraf Ludwig X. von Hessen-Darmstadt, ein Förderer der Verschwörungstheorien und Bruder der Weimarer Herzogin Louise (s. oben Kap. 5.1, Anm. 103), spielten gewiß eine Rolle in der politischen Haltung des Weimarer Hofes.

[9] Dez. 1793, FB 2: 31.

Regierung war die public relations-Kampagne gegen die Studenten, denn man entgegnete deren veröffentlichter Darstellung der Ereignisse mit einer eigenen, von Goethe verfaßten Schrift, welche die Härte gegen die studentischen Aufrührer zeigen sollte und damit die Eltern, hauptsächlich aber wohl die auswärtigen Regierungen zufriedenstellen sollte, ohne dem liberalen Ruf der Universität Abbruch zu tun.[10] In dieser Schrift zieht Goethe eine Verbindung zwischen den Studentenunruhen und den revolutionären Ereignissen in Frankreich und legt sich eine kleine Verschwörungstheorie als Erklärung der Unruhen zurecht:

> »Wenn jemals der Fall war, wo diejenigen, denen die Administration des gemeinen Wesens übergeben ist, bei entstehenden Unruhen im Staate und denen dabei zu gebrauchenden Maßregeln nötig hatten, in mehr als einer Rücksicht zu Werke zu gehen: so ist es gewiß jetzo besonders der Fall in Teutschland. Denn wenn von der einen Seite ein mißverstandener Geist der Freiheit Menschen hie und da zu unruhigen Unternehmungen antreibt, welche mit Ernst und Strenge, mit Gewalt und Strafen zurückgedrängt und geahndet werden müssen; so verwandelt sich dagegen eine gerechte Ahndung in Mitleid, wenn man mehr Überredete als Verführer, und mehr Dahingerissene als Selbstwirkende findet.«[11]

In diesem Fall kam die Verschwörungstheorie wie gerufen, um beides, die Unterdrückung der Unruhe sowie die Erhaltung des liberalen Rufes der Universität zu erreichen: Man konnte die einzelnen ›Verschwörer‹ (Goethe: »Verführer«) in den Studentenorden bestrafen und damit ein Exempel statuieren, ohne dem liberalen Ansehen »der mehr als jemals blühenden Jenaischen Akademie«[12] — so schließt Goethes Bericht — zu schaden. So mußte man geschickt die Eltern und Regierungen vom Bestreben der Weimarer Behörde überzeugen, beides, »Ernst und Nachsicht in rechter Maße zu verbinden«[13] (so Goethe). Der Herzog legte großen Wert darauf, daß diese Darstellung

[10] Vgl. Koch: Der Auszug der Jenaischen Studenten.

[11] *Aktenmässige Nachricht über die seit dem 10ten Junius 1792. auf der Akademie zu Jena vorgefallenen Unruhen. Mit Beilagen, A. B. C. D.*, MA 4.2: 824 (zuerst anonym veröffentlicht und am 17.8.1792 als Beilage zur *Allgemeinen Literatur-Zeitung* und zur *Deutschen Zeitung* — beide von Exilluminaten herausgegeben! — ausgeliefert; auch Voigt war an der Entstehung beteiligt).

[12] MA 4.2: 830.

[13] MA 4.2: 824.

in die Öffentlichkeit komme,[14] aber es kam ihm mehr auf den publizistischen Effekt als auf die Wahrheit der Darstellung an, denn in der Praxis legte er das Gewicht viel nachdrücklicher auf »Ernst« als auf »Nachsicht«: man solle, so verordnete er, »bey jeden von denen burschen gemachten Lärm, jolen, u[nd] Schreyen selbige auf die haupt wache schmeißen laßen«.[15] All dies war dazu angelegt, nicht nur die eigenen Ängste vor dem »allgemein eingerißnen SchwindelGeiste«[16] der Revolutionszeit und vor den verschwörerischen studentischen Geheimorden[17] zu bekämpfen, sondern auch um die auswärtigen Regierungen zu beruhigen und damit die Studentenzahlen in einer vertretbaren Größe zu erhalten. Der Herzog meint denn auch: »Unsere Academie wird gewiß eher Vortheil als Schaden aus der ganzen Begebenheit ziehen!«[18], und tatsächlich versicherte man Goethe, daß der »lezte unruhige Vorfall« in Jena dem Ruf der Universität nicht geschadet habe, denn es befänden sich unter den Studienbewerbern eine »menge vornehmer u[nd] reicher iunger Leute«.[19] Man hatte vorerst die Öffentlichkeit beruhigt und damit eine drohende Reaktion vor allem aus Sachsen und Preußen abgewehrt, aber 1799 sollten die auswärtigen Mächte ihren Einfluß geltend machen und Fichte als Opfer fordern.

So wird deutlich, daß sich die Weimarer Regierenden nicht nur wegen ihrer eigenen Verschwörungsängste der Reaktion angenähert haben, sondern auch wegen des Drucks von außen — der auch zum großen Teil durch Verschwörungsdenken motiviert war. Diese Feststellung relativiert jedoch die Beobachtung nicht, daß die Weimarer den Macht-

[14] »Es ist äuserst wichtig daß eine detaillirte Anzeige, vom Geh[eimen] Cons[eil] bestätiget, über die Jenaische Angelegenheit in öffentl[iche] Blätter gerückt werde, denn ich habe hier Briefe gelesen welche die Sache nicht zum Vortheil der Obrigkeit außlegt [sic], u[nd] wo ihr zu viele Nachsicht vorgeworfen wird«, Herzog Carl August an Voigt, im Lager bei Rübenach, 27.7.1792, eigh., StA Weimar J 288, Bl. 38r; ähnlich ders. an dens., im Lager bei Consaarbrück bei Trier, 10.8.1792, eigh., StA Weimar J 288, Bl. 40r.

[15] Herzog Carl August an Voigt, 10.8.1792 (vgl. Anm. 14), Bl. 40r.

[16] Geheimrat Schnauß an Herzog Carl August, 6.8.1792, Koch: Der Auszug der Jenaischen Studenten, S. 450.

[17] Zur Anwendung der Verschwörungstheorie auf die Studentenorden während dieser Unruhen vgl. Kap. 4, S. 149 und 141.

[18] Herzog Carl August an Voigt, »Im Lager bei Montfort ohnweit Luxemburg«, 17.10.1792, von Schreiberhand (Weyland), StA Weimar J 288, Bl. 42r.

[19] Friedrich (Fritz) von Stein an Goethe, 2.10.1792, RA 1: 181.

verhältnissen ihrer Zeit unterworfen waren, sondern sie hilft nur, diese Dynamik zu präzisieren. Ob damit das Handeln von Goethe und Carl August ›entschuldigt‹ werden könne, ist eine eher nebensächliche Frage. Es geht in erster Linie darum, die Funktion zu umreißen, die sie im politischen Diskurs ihrer Zeit gespielt haben. Dabei ist die Frage nicht von allzugroßer Bedeutung, ob die Ängste durch Druck von außen verstärkt wurden, also ob die Unterdrückung, die der Weimarer Hof ausübte, durch den sächsischen oder russischen Einfluß mit verursacht wurde. Entscheidend bleibt die Feststellung, daß Goethe und Carl August sich zum Werkzeug des bestehenden absolutistischen Systems machten. Fichte hatte im berüchtigten *Beitrag* unmißverständlich geschrieben: »neben uneingeschränkter Denkfreiheit kann die uneingeschränkte Monarchie nicht bestehen«;[20] die Monarchie war — das hat man in der Geschichtswissenschaft der letzten Jahre zunehmend erkannt — zwar nicht ›uneingeschränkt‹, so daß der Terminus ›absolutistisch‹ etwas irreführend ist, aber die Macht des ›absolutistischen‹ Herrschers wurde nicht von den unteren Ständen im demokratischen Sinne eingeschränkt, sondern von den adligen und fürstlichen Standesgenossen im eigenen Staat und im Ausland. Deswegen kann man zwar nicht von einem einzigen uneingeschränkten Machthaber sprechen, wohl aber von einer Machtverteilung innerhalb der herrschenden Klasse im feudalen System, also zwischen regierendem und nichtregierendem Adel;[21] ob sich diese Macht über die territorialen Grenzen der an sich nicht mehr souveränen Einzelstaaten erstreckte, ist für die gegenwärtige Fragestellung von keiner grundsätzlichen Bedeutung.

Dies alles sollte nicht überraschen; Carl August und sein Minister Goethe agierten eben nicht viel anders als die meisten anderen Fürsten der 1780er und 1790er Jahre. Aber gerade diese Tatsache, diese Einbindung der Weimarer in den Machtdiskurs ihrer Zeit ist es, was in der deutschen Historiographie hartnäckig geleugnet wird. Man will eben — wie eingangs betont — in Weimar eine Ausnahme sehen, eine Enklave der liberalen Geistes- und Denkfreiheit, wo die Machtverhältnisse sich höchstens dann und wann Einbruch verschafften. Dabei sollen es immer die Einbrüche von außen sein, die gegen den Widerstand von innen anlaufen; daß man auch im Herzogtum Weimar auf eigenen Fuß Unter-

[20] Fichte: Beitrag, S. 64.

[21] Zum Kompromiß zwischen Adel und Fürstenmacht vgl. Kruedener: Die Rolle des Hofes im Absolutismus, S. 41 f. u.ö.

drückung, Einschüchterung und sogar Bespitzelung betrieb, wird noch immer von der Forschung in Abrede gestellt und aus dem öffentlichen Bewußtsein über die Weimarer Klassik verdrängt. Dabei ist natürlich von besonderem Interesse, daß Goethe und Carl August anscheinend auf angebliche Bedrohung nicht nur passiv, reaktiv erwiderten, sondern daß sie auch im Falle ihres Beitritts zum Illuminatenorden anscheinend die Initiative ergriffen, die Entwicklung von Anfang an ›von innen‹ zu überwachen. Daß sie sich dabei auch in Widerspruch zu ihrem illuminatischen Beitrittseid setzten, sei nur am Rande bemerkt.

Gerade mit Bezug auf Goethe stößt man immer wieder auf das an sich längst überholte aber immer noch aktive Bild vom überlegenen Olympier, der solchen Mächten nicht unterworfen wäre. Dabei sollte die Einsicht verstärkt zur Geltung kommen, daß Goethe einer der wirkungsvollsten Vertreter des neu aufkommenden Individualismus war, und daß die von ihm vertretenen Begriffe ›Humanität‹ und vor allem ›Bildung‹ ihre Existenz vielleicht einem verzweifelten Versuch verdanken, das Zerdrücken des Subjekts durch überpersönliche Machtdynamik abzuwehren und zu negieren. Es sollte auch nicht wundern, daß diese Konzeption einer ›reinen Menschlichkeit‹ in einer Zeit entstand, in der das Individuum vollkommen unterzugehen drohte: im Machtkessel des Zeitalters der Französischen Revolution. Goethe versuchte nicht nur explizit, den Forderungen der Tagespolitik aus dem Weg zu gehen, sondern er leugnete in diesem Projekt implizit seine eigene Teilhabe an den Kräften, die er zu fliehen suchte. Die hohen Ideale der Humanität, der Autonomie des Individuums und der Bildung standen auf einem brüchigen Fundament, einem Boden, der mit Überwachung, Zensur und Einschüchterung durchzogen war: kurz, mit der Dialektik von Macht und Moral, die diesen Begriffen viel von ihrem Gehalt nahmen.

Wir haben gesehen, daß viele der Zeitgenossen diese Einsichten hartnäckig leugneten: Herzog Carl August sicherte dem Professor Hufeland die »Denckensfreyheit« in Jena zu und beschnitt diese im nächsten Atemzug so erbarmungslos, daß nichts Wesentliches davon übrig blieb;[22] der gleichgeschaltete Hufeland versicherte seinerseits Fichte, »die Freiheit im Lehren und Schreiben« sei in Jena größer als anderswo in Deutschland, aber er ließ ihn dann wissen, daß es mit ihr nicht sehr viel auf sich habe;[23] auch Bode erklärte gegenüber Weis-

[22] Vgl. oben, S. 227.
[23] Vgl. oben S. 259.

haupt, daß man in Jena »ganz ungehindert frey denken und schreiben darf [...] fast noch mehr, als im übrigen protestantischen Deutschland«,[24] aber als Weishaupt diesen Brief bekam, hatte er schon erfahren, daß er nicht für bequem genug gehalten wurde, um an dieser Freiheit teilzunehmen. Nur politisch Unverdächtige durften in Jena auf die Dauer alles lehren und schreiben, was sie wollten.

Daß man diese Vorauswahl und Vorzensur, die eine tatsächliche, aber inhaltsleere Lehr- und Forschungsfreiheit unter den Auserwählten erst ermöglichte, nicht erkannt hat, ist verständlich, weniger jedoch der methodische Ansatz in der Literaturwissenschaft, der so verfährt, als ob der Goethesche Begriff der von allem Politischen gereinigten Individualität noch seine volle Gültigkeit besäße. Immer noch wird versucht, Autoren in Isolation von den gesellschaftlichen Kräften zu verstehen, etwa nach dem Modell: ›Goethes Bild/Begriff der Französischen Revolution‹, wobei aus einer unreflektierten Abneigung gegen angeblichen ›Positivismus‹ oder ›Biographismus‹ dichterische Werke häufig ohne Berücksichtigung der machtbedingten Lage ihrer Verfasser analysiert werden. In diesem Sinne kann nur die vergleichende Analyse von mehreren Figuren — ja von Institutionen, Gruppenbildungen, Klasseninteressen usw. — im Zusammenspiel des gesamten Diskurses zu befriedigenden Ergebnissen kommen. Dabei dürfen natürlich die tatsächlich vorhandenen individuellen Unterschiede nicht übersehen werden; trotzdem kann die Diskursanalyse das Gemeinsame hervorzukehren suchen, so daß die einzelnen Subjekte nicht mehr wie isolierte Denker erscheinen. Gerade dieses Gemeinsame im hier dargestellten politischen Sinne ist mehr als einem Zeitgenossen z.B. an Goethe und Wieland aufgefallen: einer davon, der führende badische Staatsmann, erwog die Möglichkeit, »Göthe, Wieland, Meiners, Rehberg u.s.w.« für konservative Propaganda anzuheuern[25] — ein Projekt, das niemand eingefallen wäre, hätten diese beiden einflußreichen Schriftsteller nicht wenigstens vorübergehend eine konterrevolutionäre Feder geführt oder in diesem Sinne gewirkt. Wenn dieser Projektemacher die beiden Weimarer Dichter in einer Reihe mit dem führenden konservativen Schriftsteller

[24] Vgl. Dokument Nr. 45, Bl. 2r.

[25] Hans Christoph Ernst von Gagern, *Ein deutscher Edelmann an seine Landsleute* (1794), zit. in einem Brief von Georg Ludwig von Edelsheim, dem führenden Staatsmann in Baden; der Brief geht aus den Vorbereitungen für das Treffen der Fürsten hervor, das zur Gründung der konterrevolutionären Zeitschrift *Eudämonia* führte. [Baden, Karl Friedrich Markgraf von:] Politische Korrespondenz 2: 174 f.

Rehberg nannte, so erkannte er wohl deutlicher als mancher heutige Literaturhistoriker, in welchen Diskurs Goethe — wenigstens politisch gesehen — hineinpaßte. Allerdings trennt Goethe von Wieland die Teilnahme an der eigentlichen politischen Macht, so daß Goethe sich im vorliegenden Zusammenhang eher mit seinem Herzog in das Kollektiv der Weimarer Regierung, des Geheimen Conseils einfügt; nur im Zeichen dieses Kollektivs kann man den politischen Goethe hinreichend verstehen.

In der vorliegenden Untersuchung ist nur ein Aspekt dieser kollektiven Tätigkeit analysiert worden; eine umfassende politische Würdigung von Carl August oder Goethe bleibt noch aus. Aber eine Pointe dieser Analyse besteht darin, daß Goethe und Carl August alles Mögliche getan haben, um diese Tätigkeit unserer Erkenntnis zu entziehen, sie in Schweigen zu verhüllen. Natürlich besteht das Schweigen zuallererst im Geheimnisgebot der Illuminaten selbst, das die beiden Staatsmänner nur allzugerne erfüllten, weil sie es sehr ungerne gesehen hätten, wenn der illuminatische Dreck an ihrem Stecken entdeckt worden wäre (auch Voigts Siegel auf dem Bodeschen Nachlaß diente dieser Geheimhaltung). Aber ebenso vorsichtig gingen sie mit den Zeugnissen ihrer Unterdrückungstätigkeit um; Goethe verlangte z.B. seine Briefe über die Entlassung Fichtes von ihren Empfängern zurück und vernichtete sie, so daß bis heute nicht klar ist, welche Rolle er dabei spielte, obwohl wir wissen, daß seine Darstellung der Ereignisse eindeutig falsch ist.[26] Im Falle der verhinderten Logengründungen im Jahre 1789 und 1807 wurden die betreffenden Schriftstücke aus den normalen Akten-

[26] Karl-Heinz Fallbacher hat schlüssig gezeigt, daß Fichte nicht deswegen entlassen wurde, weil er durch seine Arroganz die Weimarer Regierung dazu zwang, wie Goethe und mit ihm die gesamte Forschung es darstellten, sondern weil er ihnen einen Anlaß gab, den sie ausdrücklich gesucht hatten, um ihn loszuwerden (Fallbacher: Die Entlassung Fichtes). Daß Fallbacher dabei den entscheidenden Beweis aus der Korrespondenz zwischen Goethe und Voigt erbrachte, die von Hans Tümmler ediert wurde, der seinerseits der profilierteste Vertreter dieser älteren These war, gibt ein gutes Beispiel von der Blindheit, die durch das ideologische Interesse der Goethe-Forschung erzeugt wird. Die Verherrlichung ist in Tümmlers Carl-August-Biographie am wirksamsten vertreten (Tümmler: Carl August von Weimar, 1977), auf dem das weit verbreitete Handbuch zur Weimarer Klassik von Dieter Borchmeyer fußt; Borchmeyer muß dabei den Blick eher auf die Zeit nach 1815 lenken (als der Höhepunkt der Weimarer Klassik vorbei war) und die Verfassungspolitik Carl Augusts unkritisch hervorkehren, um die Liberalität im Herzogtum Weimar zu behaupten (Borchmeyer: Die Weimarer Klassik 1: ix f.).

sammlungen herausgehalten.[27] Die ›Leerstellen‹ vor allem in der Geschichte von Goethes Leben kommen natürlich der Verfälschung seiner amtlichen Tätigkeit überhaupt zugute; in seiner autobiographischen Selbststilisierung überging er bekanntlich das gesamte erste Weimarer Jahrzehnt, die Zeit seiner intensivsten amtlichen Beschäftigung, weil er offensichtlich schlecht damit zurechtgekommen war.[28] So verhindert Goethes oben besprochener Versuch, der verwirrenden revolutionären Wirklichkeit die faßbare narrative Fiktion eines konspirativen Subjekts überzustülpen, ironischerweise die eigene vollständige Selbstdarstellung, da er in die Narration des eigenen Lebens Schweigebrüche einführt — welche auch den historiographischen Versuch, die Geschichte seiner Beziehungen zu Geheimbünden und Verschwörungsängsten narrativ zu gestalten, zweihundert Jahre lang mit verhinderten.

[27] Helma Dahl bemerkt zu Goethes Brief an Carl August während der Episode im Jahre 1789 (vgl. oben, S. 142): »Akten der Geh[eimen] Kanzlei entstanden nicht, da die Angelegenheit vertraulich behandelt wurde« (AS 3: 18). Die meisten amtlichen Schriften Goethes sind in den gängigen herzoglichen Archiven aufbewahrt worden, aber dieser Brief Goethes wurde in einer privaten Sammlung des Herzogs überliefert; die Goethe-Dokumente in der Angelegenheit der verhinderten Logengründung im Jahre 1807 waren in Logenarchiven aufbewahrt.

[28] Vgl. Kiesel: Legitimationsprobleme eines ›Hofpoeten‹.

DOKUMENTE

Auswahl. Die folgenden bisher unveröffentlichten Dokumente, meist gekürzt, wurden auf Grund ihrer Relevanz für die Themenstellung dieser Untersuchung ausgewählt: entweder wegen ihrer Bedeutung für das Verständnis literarisch und historisch wichtiger Figuren wie Goethe, Herzog Carl August oder Herder, oder — in einigen Fällen — wegen ihrer Bedeutung für das Verständnis der Illuminaten. Der Anlage der Arbeit entsprechend werden sämtliche in den Dokumenten der ›Schwedenkiste‹ gefundene Stellen wiedergegeben, die Goethe betreffen, sowie fast alle mit Bezug auf Herzog Carl August. Obwohl diese Stellen manchmal trivial wirken, bekunden sie das Ausmaß der Ordensaktivitäten dieser beiden Illuminaten. Die Dokumente sollen es dem Leser ermöglichen, die Ergebnisse der Studie selbst zu überprüfen sowie eigene Forschungen anzustellen.

Text. Bei der Wiedergabe der folgenden und der in der Darstellung zitierten Dokumente werden folgende Prinzipien beachtet. Im allgemeinen wird der Text unverändert wiedergegeben, und Ergänzungen des Herausgebers werden durch eckige Klammern kenntlich gemacht; diese bestehen aus Auslassungen ([. . .]); Zusammenfassung ausgelassener Stellen; Auflösungen von Abkürzungen; und kurzen Identifikationen von Personen, Orten usw. (besonders Auflösungen von Ordensnamen). Stellen, die durch Verklebung der Dokumente auf Falze oder Blätter in den Bänden der ›Schwedenkiste‹ nur schwer oder überhaupt nicht lesbar und deshalb durch Konjektur vertreten sind, werden durch spitze Klammern (⟨⟩) gekennzeichnet. Verdoppelungsstriche sowie folgende Abkürzungen werden stillschweigend aufgelöst: d. = den (in Datumsangaben); die üblichen Zeichen wie für »-en« am Ende eines Wortes; »BBr« wird als »Brüder[n]« wiedergegeben. Folgende geheimbündlerische Zeichen wurden beibehalten, um einen Eindruck von der Semiotik und der Geheimtuerei unter den Illuminaten zu vermitteln: ⊙ = »[Illuminaten-]Orden«, □ = »Loge«, ⧉ = »Logen«. In einigen Fällen wurden offensichtliche Schreibfehler stillschweigend korrigiert; nur in den für Philologen wichtigeren Briefen von Goethe und Herder werden solche Eingriffe in Anmerkungen kenntlich gemacht (in der Anmerkung steht die in der Handschrift vorkommende Form nach dem Sigle »*H:*«). Abweichungen vom sprachlichen Standard, die das Lesen erschweren, werden in einigen wenigen Fällen in eckigen Klammern der Norm angepaßt; wenn »das« irrig für »daß« verwendet wurde, wird dies stillschweigend korrigiert. In den Briefen von Weishaupt, die grundsätzlich ohne Umlautzeichen geschrieben sind, werden solche stillschweigend ergänzt, wo sie eindeutig am Platze sind; in den Briefen des Grafen von Stolberg-Roßla, der grundsätzlich »zu« zusammen mit dem folgenden Infinitiv zusammenschreibt, wird ähnlich verfahren. Varianten werden in Anmerkungen durch die Abkürzungen »*korr[igiert] aus:*« sowie »*üdZ*« (über der Zeile) und durch sonstige Bemerkungen wie »*unleserliches gestrichenes Wort*« kenntlich gemacht. In diesen Variantenanmerkungen (auf die durch hochgestellte Buchstaben verwiesen wird, um sie vom Sachkommentar zu unterscheiden) steht der Verfassertext in gerader Schrift, der Herausgebertext in Kursivdruck. Im Text selbst werden Unterstreichungen des Verfassers durch

Kursivdruck gekennzeichnet; der Wechsel zwischen Schriftarten wie lateinischer und deutscher Schrift bleibt unberücksichtigt, wie auch hochgestellte Buchstaben.

Angaben. Vor jedem Dokument stehen folgende Angaben: eine laufende Nummer; der Verfasser bzw. der Briefschreiber und Empfänger (ohne Vornamen, wenn sie häufiger vorkommen); die Art des Dokuments, wenn es sich nicht um einen Brief handelt; Ort und Datum des Briefes bzw. der Hinweis »undatiert« (in welchem Fall meist eine Datierung in eckigen Klammern folgt); Angaben über die Handschrift: »eigh.« (»eigenhändig«) oder »von Schreiberhand«, wenn diese Information vorlag; der Fundort des Schriftstücks. Im Falle von Briefen von Illuminaten wird der genaue Wortlaut der Orts- und Datumsangaben eines Briefes in Anführungszeichen wiedergegeben, da es sich oft um Daten aus dem Ordenskalender und der Ordensgeographie handelt, was zur Kennzeichnung der Korrespondenten als Illuminaten und zur Überprüfung der Datierung dient; in eckigen Klammern wird dann die ›profane‹ Orts- bzw. Datumsangabe angegeben; desgleichen werden bei Illuminatenbriefen Angaben über die Unterschrift gegeben (da oft Ordensnamen verwendet wurden), nach der Kürzel »sig.«, bzw. die Angabe »unsigniert«. Der Wortlaut der Orts- und Datumsangaben sowie die Unterschriftangaben werden jedoch ausgelassen, wenn sie im Text des Briefes stehen (was bei vollständig wiedergegebenen Briefen der Fall ist). — In den meisten Fällen wird als Fundort nur die Band- und Dokumentenzahl aus der ›Schwedenkiste‹ (abgekürzt »Sk«) gegeben, so daß die Merseburger Signatur aus Anhang 2 ermittelt werden muß; andere Fundorte werden mit genauer Signaturangabe aus dem Staatsarchiv Weimar (=StA Weimar), dem Goethe- und Schiller-Archiv der Nationalen Forschungs- und Gedenkstätten der klassischen deutschen Literatur in Weimar (=GSA Weimar) oder der Forschungsbibliothek Gotha (=FB Gotha) gegeben. Im Text werden neue Seiten durch einen vertikalen Strich und Blattangaben in eckigen Klammern (z.B. |[3r]) gekennzeichnet (Blattzählung setzt in der ›Schwedenkiste‹ mit jedem Dokument neu ein). — Zur **Datierung** sei noch angeführt, daß die unter den Thüringer Illuminaten gebräuchlichen persischen Monatsnamen öfter von den sonst im Illuminatenkalender üblichen abweichen; aus diesem Grunde wurden in Anhang 3 beide Kalender dargestellt. In einigen Fällen wurde die fehlerhafte Datierung des Verfassers der Regesten in der ›Schwedenkiste‹, des Pfarrers Carl Lerp, korrigiert; Lerp hat den Jahresanfang im Illuminatenkalender nicht für den 21. März angenommen, sondern für den 1. Januar.

Kommentar. Nach jedem Brief stehen bei undatierten Dokumenten Bemerkungen zur Datierung sowie gegebenfalls ein allgemeiner Kommentar, soweit er über die Anmerkungen hinaus nötig ist; der Kommentar und die Anmerkungen werden möglichst knapp gehalten und enthalten meist nur die nötigsten Informationen zum Verständnis des Textes. Gegebenfalls wird auf eine entsprechende Stelle in der Darstellung verwiesen. In vielen Fällen war es nicht möglich, Anspielungen oder Hinweise aufzulösen. Einfache Auflösungen von Ordensnamen von Personen und Orten werden nicht in den Anmerkungen, sondern in eckigen Klammern im Text vorgenommen (z.B. »Abaris [=Goethe]«), jedoch geschieht dies in jedem Dokument nur beim jeweils ersten Vorkommen eines Namens. Genauere biographische Angaben stehen im Register, so daß in den Anmerkungen zu den Briefen meist darauf verzichtet werden konnte.

Anordnung. Die Dokumente werden chronologisch geordnet, um den Kontext zu bewahren; sämtliche Schriftstücke eines Verfassers sowie erwähnte Personen können über das Register ermittelt werden.

1. Stolberg-Roßla an Bode, »Claudiopolis den 28ten Adarpahascht 1153 Jezdedgerd« [=Neuwied, 28.5.1783], sig. »Campanella«, eigh., Sk 7, Dok. 108 [Auszug].

[...] [1v] Die Furcht, Aaron [=Prinz Carl von Hessen-Kassel] mögte den Kron-Prinzen von Preusen in den O[rden] aufnehmen, dringt mich noch, mein Theurester, inständigst zu bitten, daß Sie es doch eiligst hintertreiben. Sie können es allein, weil Sie Gewalt über sein Herz haben. Man hat ia nichts gegen seine Persohn einzuwenden — Aber der Gründe gegen die Aufnahme solcher Fürsten sind doch warlich viele — Der stärkste und in die Sinne fallendste ist, daß man in andern Ländern äuserst mistrauisch gegen eine Verbindung werden muß, welche einen Kron-Prinzen von Preusen in ihrem Schose hat — So rein unsre Absichten auch sind; so können wir den Verdacht nicht von uns abwälzen, daß der O[rden] eine Erfindung des Preusischen Hofes seye, um sich überall stark zu machen, und die Geheimnise auswärtiger Cabineten zu erfahren. Ich will nicht von Verfolgungen sprechen, ob sie gleich auch daraus erwachsen könten — allein der Fortgang des O[rdens] wird doch wenigstens durchaus gehindert. [...]

KOMMENTAR

Vgl. die Darstellung, S. 94.

2. Bode an Knigge, »W[eimar] den 12ten Juny 1783«, sig. »Aemilius«, eigh., Sk 3, Dok. 131 [Auszug].

[...] [1v] Ich muß bey dieser Gelegenheit sagen, daß mir, nach langem Ueberlegen, folgende Wahrheit einleuchtend bleibt: »alle Prinzen sind geborne Menschen. Sie müssen also *einerley* Rechte mit den übrigen haben. Sind sie durch eigensüchtige Schmeichler erniedrigt, so laß uns, die wir so viel Gutes stiften wollen, als möglich, sie wieder zu guten Menschen zu erheben trachten, daß wir | [2r] ihnen solche Wahrheiten an die Seite legen, welche ihnen sonst ganz unbekannt bleiben. Das können wir nicht, wenn wir sie ganz ausschliessen. Auch können diese Wahrheiten nicht wirken, wie sie in abschreckende Vorwürfe des Standes, ein Werk des Schicksals, eingekleidet sind.« Mir deucht, solcher Gestallt werden unsre Handlungen mit unsern dargelegten Absichten harmoniren.

[...]

Was die Stelle eines Inspecktors von Ober und Niedersachsen betrift: so wäre mir es allerdings *bequem*, wenn solche der Br[uder] Aaron [=Prinz Carl von Hessen-Kassel] bekleidete. Aber, Sie, mein Hochwürdigster H[err] und Br[uder] wissen, daß ich völlig der Meynung bin, Personen aus Aarons Stande, *müsse man mit allen Directions-Geschäften verschonen*; Sie können dem ⊙ auf viele andre Weise nützen, und Nutzen durch und von ihm haben. Besonders wenn man sie, nach dem Grade worin sie stehen, alle Rechte geniessen läßt; und ihnen kein Mißtrauen merken läßt. Welches letztre überhaupt, ein Keim der Verderblichkeit aller geheimen Verbindungen ist, wie ich aus Erfahrung weiß. |[2r] [Bode gibt Gründe gegen ein Ordensamt für den kurmainzischen Statthalter in Erfurt, Carl Theodor von Dalberg; einer davon ist, daß er katholisch sei, was für Bode persönlich kein Hindernis sei.] Aber Aeolien [=Niedersachsen] und Aeonien [=Obersachsen, einschließlich Weimar und Gotha] sind durchgängig protestantisch, und die Vorurtheile, die der ⊙ überwinden *will*, *sind noch nicht* besiegt. Man würde jesuitische Absichten fürchten.[a]

[...]

Seit meiner Zurückkunft[1] habe ich in hiesiger Gegend noch wenig thun können. Der Graf von Marschall, der sich eine Stunde von hier[2] angekauft hat, und mir also künftig eine gute Stütze seyn kann, ist, wie der Br[uder] v[on] Schardt verreiset. So bald die wieder kommen, und ich ordentlich dazu berechtigt bin, will ich streben, hier, in Jena und in Rudolstadt kleine Minerval Anstalten einzurichten.[3] In Gotha wird auch alsdann dasselbige geschehen. [...] Ueberhaupt hoffe ich von Gotha recht viel Gutes. Severus [=Herzog Ernst von Gotha] ist geneigt, für die Sache zu thun, was er kann, ohne auf Direction Anspruch zu machen.

Ueber den Brief des Hochwürdigsten Capanella [=Graf von Stolberg-Roßla][4] kann ich nur dieses sagen: Ich sollte nicht glauben, daß Aaron [=Prinz Carl von Hessen-Kassel] eilig und ohne Anfrage den KronPr[inzen] v[on] Pr[eußen] aufnehmen werde. [...]

---

[1] Wahrscheinlich aus Hamburg, wohin Bode im April reiste.

[2] In Oßmannstedt.

[3] Dieses Vorhaben wurde zu diesem Zeitpunkt nicht ausgeführt; vgl. Kap. 3.3, S. 80 sowie Anm. 39.

[4] Vgl. Dokument Nr. 1.

[a] Man [...] fürchten] *nachträglich eingefügt*

KOMMENTAR

Vgl. die Darstellung, S. 72, 78 und 96.

3. Bode an Unbekannt, »Copie eines Briefs, d. d. Weimar den 21sten Junii 1783«, sig. »Aemilius«, von Schreiberhand, Sk 3, Dok. 132 [Auszug].

[...]
[6r] Ew. p.[1] sagen:

Fürsten lieben wir nicht, weil sie so gern ihre Gewalt mißbrauchen!

O, mein Theuerster Herr und Freund! Was vor Aufmercksamkeit gehört nicht für ieden Menschen dazu, seine Kräfte nicht zu mißbrauchen! Ich bescheide mich wohl, daß Eur[e]. p. deswegen sagen: wenige Menschen taugen zu uns, weil wir die Leute nicht brauchen können, so wie sie sind; wir müssen sie erst zu unsern Absichten bilden. Nun bin ich allerdings in einem sehr hohen Grade überzeugt, daß diese Bildung durch die Wahrheiten, | [6v] die in unserm O[rden] vorgetragen werden, ungemein erleichtert ist; aber eben deswegen, deucht mich, hätten wir uns einen Vorwurf zu machen, wenn wir Persohnen bloß deswegen diese Erleichterungsmittel vorenthielten, weil die Vorsehung sie in einen Stand gesezt hat, der die gewöhnlichen Menschen abhält, ihnen die ihnen heilsamen Wahrheiten, zu sagen. Von notorischer Weiße Lasterhaften, oder unheilbar verderbten Tyrannen, rede ich nicht. Von denen kann eben so wenig die Frage seyn, als von bösen Menschen aus den bürgerlichen Claßen; sondern so, wie Sie bereits die Väter ihres Volcks ausgenommen haben, so intereßire ich mich noch gern für die Fürsten, welche noch gleichsam auf dem Scheidewege stehn, und eines guten Wegweisers bedürfen, welcher, wie mich deucht, es eben eine so verhältnißmäßige Anzahl giebt, als in den niedern Ständen. Nach meiner Lage, Alter und Verhältnißen, darf ich unpartheyisch seyn, und ich glaube, ich bin es, wenn mein | [7r] bißgen Philosophie keinem Menschen aus seiner Geburth ein Verdienst, aber auch kein Hinderniß zu irgend einem moralischen Guthe macht. Dazu kommt bey mir noch der Gedanke, daß iede gute Gesinnung, die durch den O[rden] in einem Fürsten bewürckt würde, viel ausgebreiteter aufs Wohl der Menschen wirckt als im Privatstande. Ich bin so gar der Meinung, ieder Fürst, der

---

[1] p. (perge = setze fort!, also »usw.«) ersetzt hier den vollständigen Titel des Briefempfängers, etwa »Ew. Exzellenz«.

nur weiß (wie doch wohl die meisten mehr als halb wißen) daß sein eignes Intereße vom Wohl seiner Unterthanen unzertrennlich ist, und daß dieses am besten befördert wird, wenn iedes Amt mit seinem rechten Manne besezt ist, müße uns mit Anhänglichkeit lieben, wenn er unsere geheime Verbindung, ihren Zweck und ihre Mittel auf die gehörige Art kennen lernte; und unsere wohlgemeynte Absicht müßte durch dieß gegenseitige *geheime* Vertrauen sehr befördert werden. — Doch, wie gesagt, ich laße mich überhaupt gern belehren, und um so mehr | [7v] hier, da ich natürlicher Weiße das Ganze des O[rdens] in allen seinen Theilen noch nicht zu übersehen vermag. [. . .]

KOMMENTAR

Vgl. die Darstellung, S. 95.

4. Herzog Carl August von Weimar, »Pro Voto«, undat. [vor 22.7.1783], eigh., Sk 17, Dok. 165.

[1r] ad 1)[1] finde ich kein Bedencken, welches der einrichtung einer Minerval Kirche entgegenstehn könte.

ad 2) Müßen die Br[üder] in ermanglung eines dem Orden zuständigen hauses den Antrag des Br[uders] Appollonius [=von Schardt] mit der ihm schuldigen Danckbarkeit annehmen; doch so bald als mögl[ich] auf einen, auf immer zu diesen endzweck bestimmten Platz dencken, um nicht die Gefälligkeit obgedachten Br[uders] zu mißbrauchen.

ad 3) werde ich mich von einem Monathl[ichen] beytrage nicht ausschließen, nur kan ich mich über die Summe nicht erklären, biß ich mit denen Brüdern wegen[a] eines schickl[ichen] verhältnißes in dieser Ausgabe werde gesprochen haben. Ich halte vors beste, daß dieser Monathl[iche] Beytrag so gering als mögl[ich] bestimmt,[b] u[nd][c] hinwider eine Übereinkunft getroffen, u[nd] nicht der willkühr jedes Br[uders] wie viel *er* geben wolle, überlaßen werden möge, weil sonst ein falsches Point d'honneur sehr bald einen od[er] den andern Br[uder] verleiten möchte es einem od[er] dem andern in Freygebigkeit voraus thun zu wollen;

[1] Das Dokument, auf das sich diese Punkte beziehen, ist nicht überliefert.

[a] wegen] *korr. aus:* über die

[b] bestimmt] *korr. aus:* eingerichtet sey

[c] und] *korr. aus:* werden, *und einem unleserlichen gestrichenen Wort*

welches dann in der Folge grämen, u[nd] beschwerl[ich] fallen möchte. Sezten aber die hiesigen Brüder untereinander feste, wie viel, od[er] wie wenig, einer[d] so viel w⟨ie der⟩ andere geben solte, so kö⟨nnte⟩ man diese Abgabe so mäßig einrichten daß sie niemanden beschwerl[ich] fiele, die O[rden]⟨s⟩ Ausgaben so zieml[ich] bestritte, u[nd] den vorgedachten fall, des Überbietens aus dem ⟨Weg⟩ räumte. Gleichheit in der Ausgabe macht ⟨die⟩ Br[üder] gleicher, mehr od[er] weniger geben als ⟨der⟩ andere verdirbt das brüderl[iche] verhältnis⟨,⟩ denn wer mehr od[er] weniger giebt, fühlt sich⟨, er⟩ wird von andern reicher od[er] ärmer, u[nd] also nie gantz gleich, nie gantz brüderl[ich] sondern immer drückend, od[er] gedrückt gefühlt. Di⟨eser⟩ Ursache wegen wünschte ich auch Br[uder] Flavianus [=Batsch] nicht von dieser Ausgabe dispensirt zu w⟨ißen.⟩

ad. 4) accedo[2]; nur wünschte ich daß man ⟨ein⟩ genaues verzeichniß der[e]r anzuschaffende⟨n⟩ Dinge machte; um unterscheiden zu können, was vor der hand entbehrl[ich] oder unentbeh⟨rl⟩[ich] seye. Wäre viel anzuschaffen, so möchte w⟨ohl⟩ der Vorschuß[e] von einem drey Monathl[ichen] Beytrag nicht hinreichend seyn⟨.⟩ Wenn es mehr kosten erforderte, so w⟨ünschte⟩ ich daß auch diese last gleich unter die B⟨r⟩[üder] vertheilt würde.

ad. 5) —

ad 6) Finde ich nichts gegen das Personale der drey vorgeschlagenen Subjecten[3] zu errinn⟨ern,⟩ sondern glaube daß der Orden gute Mittgl⟨ieder⟩ an Ihnen erhalten wird.

[*noch 1v, in der linken Spalte:*]

ad 7) kan ich nichts sagen, weil ich des[f] Br[uders] Welfo od[er] Weefo (es ist etwas undeutl[ich] geschrieben) weltl[ichen][g] Nahmen nicht weis, ich also ihn nicht kenne, u[nd] nicht sagen kan, ob die vorgelegten Fragen dazu dienen werde[n] seinen Hang aufzudecken, od[er] ihm eine andere richtung zu geben. Ist er ein Mann der schon ein beschwerl[iches] Weltl[iches] Amt über sich hat, so wünschte ich daß

---

[2] accedo: ich stimme zu (in amtlichen Schriften häufig anzutreffende Formel).

[3] Es handelt sich hier wohl um die drei in der Sitzung vom 22.7.1783 zur »Praeparation« vorgenommenen Kandidaten Ludecus, Musäus und Kästner (Protokoll, Sk 15, Dok. 56, Bl. 1v).

[d] einer] *korr. aus:* aber ein jeder gleich

[e] der Vorschuß] *korr. aus:* der Beytrag

[f] des] *korr. aus:* den

[g] weltl[ichen]] *korr. aus:* nicht

man ihn nicht mit fragen, u[nd] Abhandlungen noch beschwerl[icher] fiele;[h] überhaupt muß dünckt mir, das Recht des Ordens, seinen Brüdern fragen vorzulegen, so discret als nur mögl[ich] behandelt werden.

S[alvo] M[eliore][4]

C[arl] A[ugust] H[erzog] z[u] S[achsen]

In ermangelung eines Ordens Nahmen, bediene ich mich meines angebohrenen, u[nd] angestammten.

Zur Datierung

Im Protokoll der Sitzung vom 22.7.1783 wird der Herzog mit seinem Ordensnamen »Aeschylus« bezeichnet (Sk 15, Dok. 56, Bl. 1v); da er am Ende des vorliegenden Dokuments schreibt, er habe noch keinen Ordensnamen, so muß dieses »Pro Voto« noch vor dem 22.7.1783 und auf jeden Fall einige Zeit nach seiner Aufnahme in den Orden am 10.2.1783 verfaßt worden sein.

Kommentar

Vgl. die Darstellung, S. 79 und 103.

5. Weishaupt an Bode, »Eph[esus] [=Ingolstadt] den 29. Juli 1783«, sig. »Spartacus«, eigh., Sk 7, Dok. 229 [Auszug].

[1r] [. . .] In Rücksicht der Fürsten und Regierenden Herren. Ich bin mit Euer Hochwürden verstanden, daß man disen so wichtigen Stand nicht umgehen solle: Sie sind aber auch bey uns nicht ausgeschlossen. Nur in der Aufnahm[e] und Auswahl sind wir bedencklich.

a.) weil sie unter sich selbst sehr offt und leicht zerfallen,

b.) weil die übrige[n], sich mehr bestreben um die Gunst so wichtiger Personen zu Buhlen, darüber das ganze und allgemeine ausser acht sezen und von Schmeicheley und der Hofflufft angesteckt werden.

---

[4] S[alvo] M[eliore]: »Vorbehaltlich eines Besseren«, Formel, die im Geheimen Conseil meist von den Geheimräten am Ende der Akten hinzugefügt wurde, weil sie nur als Berater des Fürsten fungierten; hier spielt der Fürst des Rolle des Beraters.

[h] fiele;] *korr. aus:* falle

c. Hauptsächlich, weil ein Fürst, wenn er nicht sehr Moralisch ist, diesen ⊙ auf die fürchterlichste Art misbrauchen kann. Jedem durch die von unsern Leuten bey dem Ill[uminaten] Archiv so aufrichtig entworffenen Lebensläufften in das innerste der Herzen seiner Untergebenen schauen so gar Gedanken und die geheimste Herzens Angelegenheiten erfahren kann.

d. Weil unsre Leute niemahlen gegen den ⊙ sich so auffrichtig äussern werden, wenn sie erfahren, daß ihr Landes Herrn von der Partie oder wohl gar am Ruder sind. Dann giebt es Heuchler, Gleisner; jeder wird sich schildern, wie es seinem Fürsten gefallen kann; und der ganze Zweck wird verfehlt. Unsre Leute, suchen in diesem ⊙ einen Freyhaven, gegen die so häuffige Gewaltthätigkeiten und Ungerechtigkeiten der Grossen: Und auf dise art, werden sie ihnen noch um so mehr in die Hände gelieffert.

e. Wie leicht und häuffig ist der Fall, daß ein Fürst, Foderungen an den ⊙ macht, welche unsern Zwecken entgegen sind, und seinen engern Zwecken und Wünschen schmeicheln, zeigt mann sich dazu nicht sogleich willfährig, so läufft der ⊙ Gefahr den stärcksten verfolgungen ausgesezt zu werden. [. . .]

Sie sollen äusserst selten aufgenohmen werden, und wenn es Regirende Herren sind, so soll ihr beytritt, In ihr [sic] land das gröste Geheimnis seyn. |[1v] Noch eine Bedencklichkeit ist in rücksicht ihrer vertrauten und Lieblinge: sind solche keine würdige Moralische Männer, wie sich dieser Fall offt ergiebt, so wird mann genöthigt, entweder auch dise mitzunehmen, oder die Rache diser von uns verschmäten Höfflinge zu erfahren, welche keine Gelegenheit vorüber lassen, den Fürsten selbst gegen eine Verbindung aufzubringen, welche zu rein ist als daß sie sich mit diser Gattung Leute verunzieren wollte. [. . .]

|[2v] Monarchische Gewalt, ist nur gefährlich, bey rohen, ungebildeten unsittlichen Eigennüzigen Menschen. Aber dise sollen und dürffen unsre Obere nicht seyn. Je höher im ⊙, um so sittlicher mus der Obere seyn. Unser ganzes Gebäude ist auf disen höchsten Grad der Sittlichkeit gebaut, außerdem eine Chimäre. Die Anrede zu dem Rittergrad, welche Euer Hochwürden durch Philo [=Knigge] werden erhalten haben, zeigt dises näher und deutlicher.

|[3r] 1.) Da in Ionien [=Obersachsen] ein Theil von der Preussischen Monarchie enthalten ist so gedachte der ⊙ Mit Preussen und Dännemarck, den übrigen Theil von Ionien und Äolien [=Niedersachsen] in eine eigene Nation, unter einem eigenen Vorsteher oder Nationalen zu vereinigen.

2.) Der ⊙ wünschte an die Spize diser Nation S[ein]e Durchlaucht Aaron [=Prinz Carl von Hessen-Kassel[1]] stellen zu können. Und das aus folgenden Gründen.

[Der erste Grund: Prinz Carls freimaurerische Kenntnisse und Erfahrung.] [...]

b.) Um S[ein]e Durchlaucht zu überzeugen, daß unsre Zwecke und arbeiten keinem Staat auf Erden gefährlich sind: daß keine Politische Absichten irgend eines Stoffs dahinter stecken. Dises kann auf keine Art besser geschehen, als wenn alle Geschäffte in disen Gegenden am ersten durch ihre Hand gehen, und durch solche an ihre Subalterne gelangen.

c.) Weil S[eine] Durchlaucht dadurch am besten in Stand gesezt würden S[einer] Königlichen Hoheit von Preussen,[2] den gegen uns gehegten Verdacht zu benehmen, und unsre Unschuld gegen solche Verleumdungen aus eigner Erfahrung zu vertheidigen.

6. Sollen die übrige Durchlauchtigste Fürsten nicht geruhen eine eigene Direction im ⊙ zu übernehmen, so wünschte der ⊙, daß alle ⊙Befehle an ihre Unterthanen, durch sie erbrochen, und erst von da aus sodann zur Ausübung gebracht würden.

[...]

In meinen folgenden Brieffen werde ich mehr Gelegenheit finden, Euer Hochwürden mit dem ||[4r] Geist und Maschinen des ⊙ so viel möglich bekannt zu machen. [...] Die Anrede des Priestergrades erhalten Sie durch Campanella [=Graf von Stolberg-Roßla], weil ich kein Exemplar bey Händen habe. Und den Regenten Grad erhalten Sie in der Beylage, so wie er erst kurz abgeändert worden. Mann hat als gut befunden, solchen in eine blosse Instruction für diejenige zu verwandlen, welche einer Höhern Direction vorstehen. [...]

Kommentar

Vgl. die Darstellung, S. 98-100.

---

[1] Prinz Carl war auch deswegen eine gute Wahl für dieses Amt, weil er enge Beziehungen zu den preußischen und dänischen Herrscherhäusern hatte (er war dänischer Statthalter in Schleswig und Holstein und war mit der dänischen Prinzessin Luise verheiratet).

[2] Nicht der derzeitige König Friedrich II. (›der Große‹), sondern der Kronprinz Friedrich Wilhelm; gegen die Behauptungen von Heinrich Zschokke, Friedrich II. habe — allerdings zu einem späteren Zeitpunkt als der des vorliegenden Briefes — die Verfolgung der Illuminaten veranlaßt, vgl. die Ausführungen von Engel: Geschichte des Illuminaten-Ordens, S. 165 ff.

6. Herzog Ernst II. von Gotha an Bode, »Butus den 10. Merdedmeh 1153« [=Gotha[1], 10.8.1783], sig. »Quintus Severus«, eigh., Sk 1, Dok. 31 [Auszug] [vgl. Konzepte, Dok. 32, 33].

[1r] [. . .] Ich habe diesen Brieff [von Weishaupt][2] zu wiederholten Mahlen, mit der möglichsten Aufmercksamkeit durchlesen, und jedesmahl gefunden, daß Spartacus [=Weishaupt], sosehr ⟨er⟩ meinen Stand strenge richtet — ihn gleichwohl vollkommen richtig beurtheilt, und ein ganz vortrefflicher Mann seyn muß. Ich stimme ihm daher in demjenigen völlig bey, was er über die Ausschließung Meines Standes aus dem Ill[uminaten] System sagt. Nur bin ich in Ansehung seines Antrags wegen des Br[uder] Aaron [=Prinz Carl von Hessen], nicht ganz seiner Meynung; und wünschte, daß Ionia [=Obersachsen] nicht unter dieser Inspection stünde. Es giebt manche alte Brüder in unserer Gegend, die ihm und seinen Schwachheiten ⟨all⟩zu sehr nachahmen und[a] den wahren Sinn des neu einzuführenden Systems ganz verfehlen würden. [. . .] Auf des H[och] W[ürdigen] Spartacus Anfragen, ob a) es die Staats und andere Geschäfte der Uns beygetrettenen Fürsten gestatten würden, irgend eine Direction im O[rden] anzunehmen? Ob sie b) einiges Verlangen darnach selber äußern? und c) welche Rolle sie denn eigentlich im O[rden] zu spielen gedencken? Antworte ich, in Ansehung *meiner* daß mir allerdings meine Geschäfte es erlauben würden, thätig an dem vortrefflichen Ganzen Antheil zu nehmen — und daß dies *mein* innigster Wunsch ist. Auf die Frage c. muß ich mir meine Erklährung bis dahin vorbehalten, da man mir offenherzig und unumwunden gesagt haben wird, wozu man mich fähig glaubt — und was man denn von mir erwartet. Sie können leichtlich glauben, ⟨Be⟩ster und Würdigster Aemilius, daß es nicht aus Herrschsüchtigen Absichten geschiehet daß ich ⟨di⟩es wünsche, sondern bloß, um endlich einmahl irgend etwas Gutes stiften zu können, das mit den Gesinnungen meines redlichen Herzens übereinstimmte — da bisher, die leidige falsche politic und die Vorurtheile der Welt, mir Feßeln angelegt haben, deren Last, ich täglich mehr und mehr fühle[;] auch würde ich gewißlich nie einen Eigen-

---

[1] Der Ortsname »Butus« wurde erst später — auf Grund einer (in der vorliegenden Edition ausgelassenen) Bitte Ernsts in diesem Brief — gegen den ursprünglichen Namen für Jena, »Syracus«, getauscht; vgl. die diesbezüglichen Korrekturen in der »O[rden]s Geographie«, Sk 17, Dok. 31, 32.

[2] Vom 29.7.1783; vgl. Dokument Nr. 5 (dort gekürzt).

[a] und] *korr. aus:* würden

mächtigen Schritt thun, sondern mit dem Bey-Rathe meiner Brüder, das mir anvertraute Amt, mit Gewißenhaftigkeit und wahrer Aufrichtigkeit des Herzens, zu verwalten suchen.

KOMMENTAR

Bezieht sich auf eine Stelle aus Weishaupts Brief vom 29.7.1783 (Dokument Nr. 5, Weishaupts »Anfragen« wurden dort jedoch ausgelassen). Vgl. die Darstellung, S. 100, sowie Kap. 3.4, Anm. 25.

7. Georg Laurentius Batsch an Bode, »Hieropolis d. 12ten Merdedmeh 1153« [=Weimar, 12.8.1783], sig. »Flavianus«, Sk 3, Dok. 8.

[1r] Indem ich die mir gestern von dem H[er]rn Br[uder] Abaris [=Goethe] zugesandte Pieçen hierbey remittire: so habe zugleich nicht ermangelt, die mir aufgegebene Verfertigung einer Abschrift der Instruct[iones] pro Superiori zu bewircken, welche ich gleichfalls hier beyfüge. [...]

KOMMENTAR

Die hier erwähnten Schriftstücke hängen wahrscheinlich mit der Versammlung am 22.7.1783 zusammen (Protokoll: Sk 15, Dok. 56). Zur Person des Verfassers vgl. Anhang 2; er war offensichtlich der Sekretär der Weimarer Illuminatenniederlassung.

8. Bode an Herzog Ernst II. von Gotha, »Unterthänigstes P[ro] M[emoria]«, Konzept?, »Heropolis den 18 Merdedmeh 1153« [=Weimar, 18.8.1783], Sk 2, Dok. 160 [Auszug].

[...] [1r] Für Ew. Durchl[aucht] in diesen O[rdens] Sachen kein Geheimniß zu haben habe ich mir gleich Anfangs zur Pflicht gemacht, in der Gewißheit, daß ich dadurch keine andere Pflicht beleidigen könnte. Also:

Eschylus. S[ein]e Durchl[aucht] v[on] Weimar
Philostratus. Graf v[on] Marschall
Appollonius. v[on] Schardt, g[e]h[eimer] Reg[ierungs]Rath
Abaris. Goethe. G[e]h[eimer] Rath.
Flavianus. Batsch. LehnsSekretair. [...]

KOMMENTAR

Diese Liste, ein halbes Jahr nach dem Beitritt von Goethe und Herzog Carl August verfaßt, ist Bodes Entgegnung auf eine Anfrage Herzog Ernsts; dieser hatte am 31.7.1783 »Registraturen« an Bode zurückgeschickt mit der Bitte: »Wäre es wohl eine unschickliche Bitte, wenn ich Sie ersuchte mir die Weltl[ichen] Nahmen, der in den Reg[istraturen] benannten Br[üder] mitzutheilen? Im Falle Sie aber den geringsten Anstand hätte[n] so bescheide ich mich zum Wohl und dringe auch dieserwegen nicht weiter in Sie [. . .]« (»Butus [=Gotha], den 31. Tirmeh 1153«, sig. »Quintus Severus«, eigh., Sk 1, Dok. 29; vgl. dazu Kap. 3.6, Anm. 37). Diese Liste enthält die ›Kandidaten‹ Ludecus, Musäus und Kästner (dazu Sk 15, Dok. 56, Protokoll der Sitzung vom 22.7.1783) nicht, desgleichen auch Herder, der nach Le Forestier (Les illuminés, S. 396) am 1.7.1783 aufgenommen worden war. Die Liste dürfte damit nur die ›höheren‹ Illuminaten enthalten (obwohl auch Herder als ›Priester‹ einen hohen Rang hatte). Außer Batsch, den Le Forestier als Illuminatus Dirigens bezeichnet (Les illuminés, S. 396 Anm.), waren alle hier verzeichneten Mitglieder zu irgendeinem Zeitpunkt im Regentengrad. — Aus diesem Brief geht hervor, daß Herzog Ernst zu diesem Zeitpunkt sehr wenig über die Weimarer Illuminaten gewußt zu haben scheint. Vgl. auch Dokument Nr. 15.

9. Joachim Peter Tamm an Bode, »Göttingen den 30. Septb. 1783«, Sk 7, Dok. 140 [Auszug].

[1r] [Der Verfasser sei Montags früh, also am 29.9., in Göttingen eingetroffen.]
[. . .] ich hatte durch meine Eile noch das Glük, Ihren Minister H[errn] v[on] Göthe, hier meine Aufwartung zu machen; da er schon im Begriff war wieder abzureisen. Um nicht zu verfehlen, melde ich Ihnen daher sogleich unsre Unterredung. Die Eilfertigkeit, die ich an ihm wahrnahm, |[1v] machte, daß ich den Faden gleich da knüpfte, wo ich ihn haben wollte. Ich trug ihm den ganzen Gang der Sache und ihre jetzige Lage vor, bemerkte daß er mehr pro als contra für mein Ansuchen war, bezog mich auf das was Sie ihm noch darüber gütigst mittheilen würden und empfahl mich zu gnaden. Angenehm ist es mir, nicht die Würkungen bey mir empfunden zu haben, die ein gewißer Fremder bey sich verspürt, der von G[oethe]s Stolz das Urtheil gefället: Er habe mit dem großen Friderich gesprochen, sey aber nicht halb so entwafnet, als vor Göthe. Doch verzeihn Sie mein Geschwätz, daß vorige hielt ich für nöthig zu berichten, weil Göthe, glaub ich, nach Kaßel gegangen[1] und

[1] Goethe ist laut Steiger wohl noch am Tag dieser Unterredung, also am 29.9.1783, von Göttingen nach Kassel gereist (GL 2: 417).

mein Brief also noch zeitiger anlangt. Er hat sich hier einige Tage aufgehalten. Noch hätt ich mit Ihnen sehr viel von Dank, von alles, zu reden, aber die Post treibt mich für heute [. . .]

KOMMENTAR

In diesem sonst nicht überlieferten Gespräch mit Goethe geht es offensichtlich um ein »Ansuchen« des Verfassers, der Kandidat der Jurisprudenz und im übrigen Bodes Schwager war (Bode an Herzog Ernst von Gotha, undat. [etwa 1784], sig. »Aemilius«, Sk 2, Dok. 206, Bl. 2r). In Bodes »O[rden]s Correspondenz« (Sk 18, Dok. 303) sind zwischen 28.7. und 12.11.1783 sechs Briefe Bodes an Tamm verzeichnet; nach dem im vorliegenden Dokument aufgezeichneten Gespräch erhielt Bode am 8.10.1783 einen Brief (wahrscheinlich diesen) und am 21.10.1783 einen anderen Brief von Tamm; am 24.10. schickte er diesem ein »Decret als LegationsRath« (dieses Dekret wurde laut freundlicher Mitteilung des Goethe-Schiller-Archivs in Weimar am 13.10. ausgestellt), am 28.10. »die Silhouetten«, am 12.11. schließlich »Certificat und Reisepaß« (Bl. 9r-13r). So scheint Tamm in Ordensangelegenheiten einen Titel erhalten zu haben und auf eine Reise geschickt worden zu sein; durch Goethes Vermittlung ist wohl die Ernennung zum Legationsrat erfolgt. Vgl. die Darstellung, S. 82.

10. Bode an Herzog Ernst II. von Gotha, »den 22ten Meher 1153 Yazdergerd« [=22.10.1783], sig. »Aemilius«, eigh., Sk 2, Dok. 169 [Auszug].

[1v] [. . .] Durch nähere Nachricht eines hier durchgereiseten Br[uder]s der einige Jahre in Ingolstadt studirt habe, habe ich zuverlässig erfahren, daß Spart[acus] [=Weishaupt] ein redlicher Mann, sehr thätig und für die Menschheit sehr wohlwollend, aber auch das ist,[a] was fast alle active Menschen, aus sehr natürlichen Ursachen seyn müssen, nämlich, heftig und hitzig. Dabey ist er bis zu gewissen Jahren ein Schüler und eifriger Anhänger der Jesuiten gewesen. In diesem letzten Umstande mag wohl, ihm unwissend (da er jezt ihr sehr *wirksamer* Gegner ist) die Ursache seiner Anhänglichkeit an O[rden]s Hierarchie, und sein Hang zum Argwohn und Mißtrauen ligen. Auch verlernt ein docirender Professor mit der Zeit gar leicht, den geringsten Widerspruch ertragen.

Philo [=Knigge], deucht mich persönlich so weit erforscht zu haben, daß ich mich fast getraue, zu verbürgen, er sey gewiß kein so böser Mensch, als Spartacus [=Weishaupt] ihn jezt mahlt. Philo |[2r] hat ebenfalls die Eigenschaften eines sehr thätigen Menschen, und dabey noch den Muthwillen, der gleichsam als Funke aus dem Jugend Feuer

---

[a] ist] *H:* izt

heraus sprühet. Viel mehr zur Freyheit gewöhnt, als Spart[acus,] mag er wohl dessen hierarchischen Grundsätzen, und besonders seit seiner Bekanntschaft mit mir, entgegen gestrebt haben. u.s.w. Nach meiner Einsicht könnten also wohl beyde Männer gegeneinander einiges Recht und einiges Unrecht haben. Vielleicht finden Ew. Durchlaucht diese meine Meinung auch weniger ungegründet, wenn Höchstdieselben beygefügte 3 Aufsätze von Philo [. . .] lesen würden [. . .]

So unwichtig aber die ausgebrochene Streitigkeit unter diesen Beyden, als Privatmännern, seyn möchte: so interessant wird solche in Rücksicht auf den ⊙ d[er] Ill[uminaten] von dem ich fest glaube, daß er, wenn besonders hin und wieder Etwas modificirt würde von gar großen und nützlichen Einfluß für die Menschheit seyn werde. — Ich glaube dies so innigst, daß ich wünschte, wofern dieser O[rden] auch *im Reiche*[1] durch diesen Zwist einen Stoß leiden sollte, er dennoch als dann in unsern Gegenden, nach einem zur höchsten Aprobation vorzulegenden Plan in der geheimsten Stille fortgepflanzt werden möchte.

|[2v] Fürs Erste indessen werden Ew. Durchl[aucht] vermuthlich dafür seyn, daß man alles Mögliche versuche, die Disharmonie unter diesen beyden Männern aufzulösen; wo möglich, mit ihrer beyderseitigen Zustimmung, einen Congreß zur Berichtigung der Policeyform, und zur Wahl der Directorialen zu bewirken. Ich bin völlig überzeugt, so wohl Philo als Spartac[us] sind von solcher Ehrerbietung gegen Ew. Durchl[aucht] durchdrungen, daß, wenn Höchstdieselben geruhen würden, des Endes an jeden ein Paar Worte gelangen zu lassen, solches alle Beyde verbinden müßte, ihr eignes Ressentiment dem allgemeinen Besten aufzuopfern, und, wo nicht Freunde zu werden, doch wenigstens allen eclat zu vermeiden, und als friedsame Ordensglieder ein jeder in seinem Fache zu wirken; oder auch, falls das nicht möglich, daß Einer oder alle Beyde unter ehrbaren Fürwande und Gelübde der strengsten Verschwigenheit, das DirigentenAmt nieder legten und den ⊙[rden]s Gang nicht störten, wenn sie ihn nicht weiter befördern könnten oder wollten.

Ich werde so bald als mir möglich an beyde schreiben [. . .]

Kommentar

Vgl. die Darstellung, S. 86 und 130.

---

[1] In Süddeutschland.

11. Goethe an Bode, undat. [vor 26.10.1783], unsig., eigh., Sk 1, Dok. 278.

[1r] Ein gewisser Mosdorf[1] von Eckardtsberge hält sich seit einiger Zeit in Grünstadt in der Pfalz drey Stunden von Worms auf.

Man giebt ihm Schuld er sey ein Verächter der Religion, spiele und debauchire, gebe sich für einen Freymäurer aus, habe sich der Gunst des Erbgrafen von Leiningen-Westerburg[2] zu bemeistern gewust und gebe diesem Herrn höchstschädliche Anleitungen, stifte Mishelligkeiten zwischen demselben und seiner Gemahlinn pp.

Wohlgesinnte die hiervon entfernte Nachrichten erhalten wünschten durch unpartheiische Menschenkenner von dem wahren Charakter gedachten Mosdorfs und von seiner Aufführung auf das baldeste unterrichtet zu seyn.

ZUR DATIERUNG

Wohl kurz vor dem 26.10.1783 entstanden; an diesem Tag schreibt Bode an Knigge: »Nachstehende Bitte eines Bruders befördere ich zwar auch an Campanelle [=den Nationaloberen Graf Stolberg-Roßla], aber weil Sie in der Nähe dort wohnen, wage ichs im Vertrauen auf Ihre besondere brüderliche Freundschaft, sie auch Ihnen aufs Angelegentlichste zu empfehlen. Die Erfüllung von O[rden]s wegen, wird eine gute Würkung auf die hiesige Provinz thun«; Bode zitiert dann in Anführungszeichen den gesamten Text des vorliegenden Goetheschen Briefes, mit einigen orthographischen Berichtigungen. — Zu verzeichnen als WA IV, Nr. 1804a. — Vgl. die folgenden Dokumente Nr. 12, 14, sowie die in der Darstellung (S. 83) zitierten weiteren Dokumente.

---

1 Wahrscheinlich Friedrich Moßdorf aus Eckartsberga (zu Kursachsen gehörend, aber dicht an der Grenze zu Sachsen-Weimar), später kursächsischer Beamter und freimaurerischer Schriftsteller (vgl. Register). Allerdings befindet sich in der ›Schwedenkiste‹ ein Schriftstück, »Antwort auf verschiedene über die zu Grünstadt bestandene Freymaurerei vorgelegte Fragen«, datiert »Grünstadt am 25sten Februar 1788«, mit der Unterschrift »A Moßdorf / Gräfl. Alt-Leiningen-Westerburgischer Landrath« (Sk 6, Dok. 70); der Verfasser dieses Bericht, der nichts Illuminatisches thematisiert, ist wohl ein Verwandter Fr. Moßdorfs. Ein Brief und ein Gespräch Wielands aus dem Jahre 1811 erwähnen Fr. Moßdorf im Zusammenhang mit der Freimaurerei; vgl. Starnes: Wieland, 3: 402, 423.

2 Wahrscheinlich Carl Gustav Graf von Leiningen-Westerburg (1747-1798), folgte als regierender Graf am 19.3.1787, Großmeister des St.-Joachims-Ordens. Er war seit 1766 verheiratet; eine der Residenzen war Grünstadt.

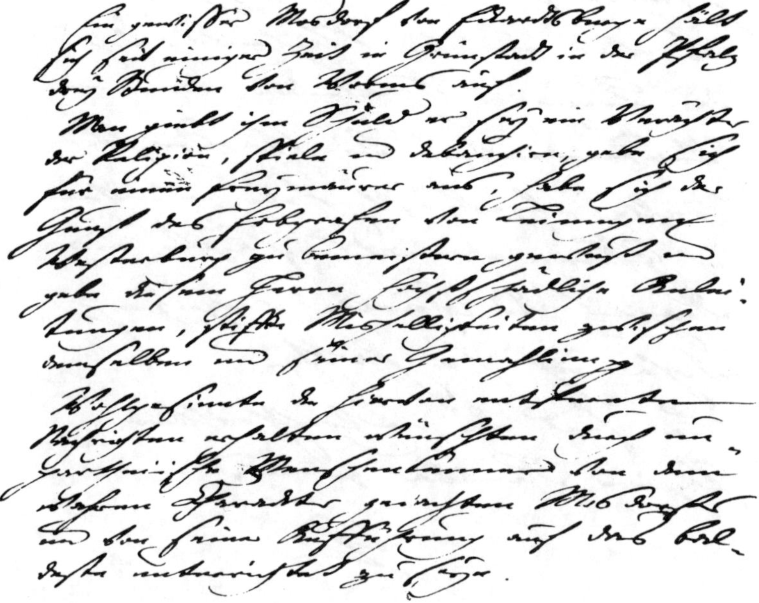

Brief Goethes an J. J. C. Bode, vor 26.10.1783 (vgl. Dokument Nr. 11, S. 282). Geheimes Staatsarchiv preußischer Kulturbesitz, Abteilung Merseburg, 5.2. G 39, Nr. 100, Dok. 278.

Brief Goethes an J. J. C. Bode, Anfang April 1783 (vgl. Dokument Nr. 20, S. 297). Geheimes Staatsarchiv preußischer Kulturbesitz, Abteilung Merseburg, 5.2. G 39, Nr. 100, Dok. 277.

KOMMENTAR

Vgl. die Darstellung, S. 83.

12. Knigge an Bode, »den 14ten Nov. [1783]«, sig. »Philo«, von Schreiberhand, Sk 5, Dok. 30 [Auszug].

[6v] [. . .] Was den B[ruder] Moßdorf betr[i]f[ft] so wird Epicktet [=Johann Friedrich Mieg] noch heute seinetwegen schreiben. |[7r] Indeßen kenne ich diesen Menschen von Persohn, und, so viel man aus dem Umgang von wenig Stunden urtheilen kann, schien er mir ein bescheidener, zum Guten thätiger, zu intriguen nicht fein genug gesponnener Jüngling zu seyn. Von Neuwied aus werden Sie die sicherste Nachricht erhalten, denn er ist eines O[rdens] Mitglied, des Br[uder] Barenfels[1] vertrauter Freund. [. . .]

KOMMENTAR

Vgl. Dokument Nr. 11 sowie die Darstellung, S. 84.

13. Musäus an Bode, »Heropolis [=Weimar] den 28 December 1783«, sig. »Priscillianus«, Sk 18, Dok. 123 [Auszug].

[1v] [. . .] [Musäus unternimmt,] drey Jünglinge [. . .] deren natürliche Anlagen, Neigungen und Fähigkeiten, nebst ihrem Gemüthscharakter, auf lobenswerthen Eigenschaften und Fehlern zu beobachten und zu prüfen, sie unbemerkt zu leiten und ihre Thätigkeit darauf zu lenken, was ihren Fähigkeiten und Umständen angemessen zu seyn scheint, ich den Vorsaz gefaßt habe, nun einen Versuch zu machen, ob diese Jünglinge in der Folge zu nähern Bestimmungen nach den Absichten des ehrwürdigen Instituts angezogen und gebildet werden könnten. [. . .]

---

[1] Wohl Karl Jakob Barensfeld, Handelsmann in Neuwied, im Orden »Methrodorus« (D 439).

14. Graf von Stolberg-Roßla an Bode, »Claudiopolis den 3ten Dee 1153 Jezdedgerd« [=Neuwied, 3.1.1784], sig. »Ludovicus Germanicus«, Sk 7, Dok. 104 [Auszug].

[3r] [...] N.S. Einer von Ihren Brüdern hat lezthin wegen Mossdorf in Grünstadt angefragt. O[rdens]Brüder in der dortigen Gegend haben sich genau nach ihm erkundigt. Die von ihm eingelaufenen Zeugnisse sind günstig. Er führt sich sehr gut auf — Der Graf ist zwar mit seiner Gemahlin sehr uneins; und letztere hatte den Verdacht verschiedene Mahle, als suche Mossdorf die Uneinigkeit zu unterhalten. Es ist aber ganz ungegründet und Mossdorff[,] des oeden Lebens müde, das er in Grünstadt führte, wird nächstens abreisen. [...]

KOMMENTAR

Vgl. Dokument Nr. 11 sowie die Darstellung, S. 84.

15. Bode an Herzog Ernst II. von Gotha, »Syracus, d. 11ten Dee 1153« [=Gotha, 11.1.1784], sig. »Aemilius«, Sk 2, Dok. 155 [Auszug].

[Bode berät Ernst über die Übernahme der Leitung der Inspektion von Abessinien, also Nieder- und Obersachsen.]
[3r] [...] Da ich nicht anders weiß, als Ew. Durchl[aucht] stehen in recht gutem Vernehmen mit S[eine]r Durchl[aucht] [Carl August] v[on] Weimar, so gebe E[urer] Durchl[aucht] ich unterthänigst anheim: ob es (zumal Baco [=Karl Theodor von Dalberg] von der Sache weiß, und ich schon erfahren, daß er zu weilen mit diesem Herrn *vertraut* spricht,) nicht gut seyn möchte, daß Ew. Durchl[aucht] diesem Fürsten, (in O[r]-d[e]n Eschilus) es durch ein Paar Zeilen selbst schrieben, bevor er mich darum fragen möchte. [...]

KOMMENTAR

Vgl. den Kommentar zu Dokument Nr. 8.

16. Bode an Herzog Ernst II. von Gotha, »Heropolis den 19 Dee 1153 Jzdgrd« [=Weimar, 19.1.1784], sig. »Aemilius«, eigh., Sk 2, Dok. 185 [Auszug].

[4r] [...]
E[eure] Durchl[aucht] werden gnädigst überzeugt seyn, daß ich mit der gegenwärtigen hierarchischen Verfassung, besonders in Absicht auf die 3te Inspection[1] höchst vollkommen vergnügt bin. Allein, es ist Pflicht, theils wegen der Dauer des ⊙s. theils wegen der Besorgniß, daß, wenn ein höchster Obere in den ⊙. auftreten kann, der nur von Einem eingesetzt zu werden bedürfe, Einmal etwas menschliches unterlaufen könne, und dadurch, daß der ⊙. in Hände gerathe, die, wäre es auch nur Eine Inspection[,] zu Politischen Absichten lenken wollten, alle Glieder desselben in eine mißliche Lage gerathen möchten — aus dieser Besorgniß, meine ich, seye es höchst rathsam, besonders für jeden der darin ein Amt, bis zum Provinzial herunter, sich zu überzeugen, daß solche Menschlichkeiten nicht Statt finden *können*. Wenn z.E. der Fürst I.Z.V.K.h.[a] bey gegenwärtiger Politische[r] Lage, Nation[al] wäre, wie könnte der nicht das Archiv aller Characktere für sich anwenden? Und dergleichen Fälle lassen sich manche denken.

KOMMENTAR

Vgl. die Darstellung, S. 97.

17. Bodes Notizen über Knigges Besuch in Weimar, 10.-13.2.1784, eigh., Sk 17, Dok. 129 [Auszug].

[1r] [...]
[zum 11.2.1784:] Abends bey Philostrato [=Graf Marschall], mit ihm und Appollonio [=Schardt] [...]

---

[1] Herzog Ernst hatte inzwischen selbst die Leitung dieser Inspektion ›Abessinien‹ übernommen (vgl. die Darstellung, S. 137). Sie enthielt nicht nur die Provinz ›Aeolien‹, also Niedersachsen mit dem wichtigen Illuminatenzentrum Göttingen, sondern auch die Provinz ›Ionien‹ (Obersachsen) mit der 3. Praefektur ›Liguria‹ mit Gotha und Weimar. Bisher war in der Illuminatenforschung nur Falcke als Inspektor in ›Abessenien‹ bekannt.

[a] I.Z.V.K.h.] *korr. aus:* L.b.v.o.k.u.a. *(beides war nicht zu eruieren; vielleicht ist Prinz Carl von Hessen gemeint)*

[zum 12.2.:] Vor- und nachmittags damit zu gebracht, seine [=Knigges] Geschichtserzählung schriftlich aufzunehmen, Er hat solches unterschrieben [...] Abends Comedie und Klubb.

den 13ten So viel habe ich heute herausgebracht: Philo [=Knigge] sucht ein neues System, neue Observanz,[1] oder so Etwas, in der Fr[ey] M[aure]r[e]y zu stiften. Die Ursache, die er von diesem Vorsatze angiebt, ist: die ⧉ zu Heidelberg, Hannover, Göttingen, und einige andre, wollen sich weder an das Wilhelmsbader,[2] noch Ill[umi]naten, noch an das eclectische System[3] anschliessen. [...]

|[1v] Abends bey v[on] Göthe. Hier hat er [=Knigge] eben so gesprochen wie bey Philostrat[us] und in der schriftlichen Deposition. Er[,] Abaris [=Goethe] und ich sind einig geworden, daß ausser uns 5 hier, nämlich Philo. Abaris, Ph[i]lostr[atus,] Apollonius und ich, noch Eschilus [=Carl August] und Damasus Pontifex [=Herder] und in Syra cus [=Gotha] Quintus Sever[us] [=Herzog Ernst II.] und noch ein Paar dortige Regenten,[4] Niemand von diesen ʘ.s Vorgängen, anders mit unsrer gemeinsamen Zustimmung, etwas erfahren, und sich vorher durch seine Unterschrift des Protocolls zum Stillschweigen verbindlich machen solle. Diese; und jene welche den Receß zu Eichstädt[5] vollzogen haben, würden eine eigene Classe von Areopagiten ausmachen, die an der allgemeinen Regierung Theil nehmen müssen. Und ich habe versprochen, die Sache dahin einzuleiten zu suchen.

Neue Arbeit! Die schwer werden wird!

Kommentar

Vgl. die Darstellung, S. 87.

---

[1] Anspielung auf die Strikte Observanz, das herrschende freimaurerische System in Deutschland, das jedoch seit dem Wilhelmsbader Freimaurerkonvent im Jahre 1782 an Bedeutung verlor.

[2] Anspielung auf den Wilhelmsbader Freimaurerkonvent 1782 und die dort durchgeführte Reform der Strikten Observanz, die nun als »Wohltätige Ritter der heiligen Stadt« auftraten.

[3] Der Eklektische Bund, eine im Jahre 1783 gegründete maurerische Reformorganisation.

[4] Bezieht sich wohl auf von der Lühe, von Helmolt, Becker, Koppe.

[5] Vgl. dazu Dokument Nr. 18, Bl. 3r.

18. [Bode,] Protokoll der Sitzung vom 12.2.1784, von Schreiberhand, Sk 15, Dok. 57.

[1r]
Actum
Weimar den 12. Febr. 1784

Um wo möglich die Zwistigkeiten, welche den O[rden] der Ill[uminaten] in seinem guten Fortgang hemmen könnten, zu heben, haben sich unten unterschriebene Brüder zusammen gethan, um dasjenige, was gestern Gesprächsweise darüber mit dem Hochw[ürdigen] Br[uder] Philo [=Knigge] vorgekommen zu Papier zu bringen. Und ist dabey keine andere Absicht, als, alles dasjenige zu versuchen, was dazu leiten kann, die im O[rden] liegenden herrlichen Dinge, nicht verlohren gehen zu lassen.

Der Hochw[ürdige] Br[uder] Philo declarirte: Er habe keinesweges die Absicht, eine privat Streitigkeit zu erheben, oder nur fortzusetzen; sondern, gewisse unrecht vorgetragenen Dinge, in ihr wahres Licht zu stellen. Er würde auch dieses nicht thun, wenn nicht der Hochw[ürdige] Br[uder] Spartacus [=Weishaupt] hervorgetreten, und gesagt hätte: »*Er sey* der Schöpfer des ganzen Werckes und der Br[uder] Philo habe die Grade verfälscht.« Daher glaube Br[uder] Philo es, in dem gegenwärtigen Falle, nicht nur erlaubt, sondern halte es für Pflicht das jenige darüber zu sagen, was wahr sey, und er dictirte also, wie folget:

Als ich mich mit dem Plan einer bessern Fr[ey]M[aure]rey beschäftigte, und mir dabey |[1v] einige gute Freunde zur Beyhülfe ausersehen hatte, kam der Marquis Costanzo[1] (Diomedes) zu mir, und versicherte mich: Was ich suchte, sey schon in einem andern O[rden] alles da. Er nahm mich zum Minerv[al] auf, und zugleich mit mir andere Leute in Franckfurth, die hernach die Unruhen verursachten. Mit mir aber ließ man sich vorzüglich ein, und setzte mich zum Führer der Übrigen. Ich kam mit Spartacus in Briefwechsel, der mir *einen neuen Himmel und eine neue Erde, ein Mensch u[nd] Welt umschaffendes System* versprach, deren höchste O[rdens] Obere in entfernten Welt Gegenden lebten. Er führte mich, zwar nicht über die Minerv[al] Grade hinnaus, gab mir aber general Ideen von der ganzen Strucktur, die mir gefielen. Ich machte ihm Einwendungen, fand den Plan zu componirt, nicht aller Orten anwendbar, gefährlich; der Corruption ausgesezt. Er versprach in der Folge alle

[1] Graf von Costanzo, Münchner Hofkammerrat, der Knigge für den Orden warb.

Zweifel zu heben; verpfändete mir *seine Ehre und Person*, und befahl mir nun, zur Probe meiner Anhänglichkeit, die Sache, so viel möglich, auszubreiten. Nun nahm ich zuerst meine oben erwehnten Freunde auf; diese warben andere an; u.s.f. Einige wurden mir sogar wider Willen aufgedrungen. |[2r] In kurzer Zeit hatte ichs mit einigen hunderten zu thun, die ich alle befriedigen sollte, weil sie alle an mich zurück gewiesen wurden. Endlich wollten einige von ihnen klar sehen; und ich sah selbst die Sache nur noch dunckel. Da drang ich dann auf Aufschlüsse. Die Antwort die ich von Spartacus erhielt, war: »*Die höhern Grade seyen noch nicht fertig*.« Doch schickte er mir sämtliche seine Aufsätze und Papiere mit der Vollmacht, nach meiner Einsicht und meinem Wohlgefallen Grade aus diesen Materialien zu *machen*, und *sogleich* einzuführen; nach Gutdüncken *Mitarbeiter* und *Mitwissende* zu wählen.

Ich machte keinen Gebrauch von dieser Erlaubniß, sondern bat erst mir, durch eine Reise nach Bayern Gelegenheit zur Bekanntschaft mit *den* Männern zu geben, mit denen ichs zu thun haben würde. Ich reisete dahin, fand daß Spartacus beynahe mit allen seinen Mitarbeitern übern Fuß gespannt, daß sie sich alle über seine herrschsucht und seinen Jesuitismum beklagten, und sie prophezeiheten mir vorher daß ich früh oder spät gewiß auch mit ihm zerfallen, und er mich übel behandeln würde, so bald er meiner nicht mehr bedürfte. |[2v] Unter diesen fand ich übrigens sehr würdige Brüder: als Z[um] E[xempel] den H[errn] HofRath Baader,[2] HofR[ath] v[on] Zwack, Graf v[on] Cobenzl u.a. mehr, obgleich nicht alle gemacht schienen, Welt u[nd] Menschen umzuschaffen. Unter andern war, unter den Richtern einer mit Namen Massenhausen in O[r]d[en] Ajax, ein Mensch von äusserst schlechtem Rufe, welcher einen von Spartacus approbirten Entwurf einer Minerval Instruction verfertiget hatte, in welchem unter andern die Zöglinge angeführt wurden, folgende Künste zu studiren:

allerley Hände nachzumachen,
Schlösser zu eröffnen
Pettschafften abzugiessen u.s.w.

Ein von Spartacus eigenhändiger Entwurf zum Reg[enten] Grade, war von der Art, daß seine Befolgung große Gefahr von den Gerichten nach sich gezogen haben würde.

Ich ersahe ferner, daß die dortigen Anlagen, doch nur für dasige Gegend und Länder anwendbar und wichtig waren, daß man sehr laut

[2] Zu den im folgenden genannten Illuminaten vgl. das Register.

Deismum predigte, u[nd] diese Lehre durch eine nicht strenge Sittenzucht verdächtig machte, daß Spartacus den Grundsaz hatte: »Man dürfe zu guten Zwecken sich böser Mittel bedienen; daß man gern die Fr[ei] M[aure]rey hineinweben wollte, ohne daran die geringsten Kenntnisse zu haben; endlich, daß man | [3r] ein ungegründetes Vorurtheil gegen die Fr[ey]M[aure]r der Stricten Observanz hegte. Ich suchte die Irrthümer durch Vorstellungen zu heben. Man folgte mir blindlings, ja man ging so weit, mir mehr als einmal die Stelle eines Generals des Ord[ens] aufzudringen. Anstatt dieses anzunehmen, suchte ich vielmehr dem Spartacus das Vertrauen der Brüder zu reconcilliren. Wir Mitwissende vollzogen in Eichstedt einen Receß[3] dessen Hauptpunkte folgende waren:

a) Spartacus blieb General
b) doch wurde seine Gewalt dahin eingeschränckt, daß

Er einen Corps von Mitwissenden von allem Bericht erstatten, und ohne dessen Beystimmung nichts thun und nichts ändern sollte.

c.) dieses Corps von Mitwissenden bestand fürs Erste (mit Ausschließung des Ajax) aus[4]

Spartacus in Ingolstadt,	
Hannibal	Bassus in Graubünden,
Cato —	v[on] Zwack in München
Marius —	Hertel Canonicus
Scipio —	v[on] Berger
Celsus —	Baader In Eichstadt
Arrian —	Graf v[on] Cobenzl
Mahomet —	von Schröckenstein In Freisingen[5]
Solon —	Weltgeistlicher[6]
Alcibiades —	v[on] Hoch[7]
Philo —	in Franckfurth

Tiberius v[on] Merz in Regenspurg

| [3v] wurde übergangen

---

[3] Vgl. NOS 2: 8-17, abgedruckt in D 252-55; das Dokument ist von Knigge, Hertel, Zwack und Baader unterschrieben, nicht jedoch von Weishaupt, und ist datiert vom 20.12.1781. Vgl. dazu auch Knigge: Philo's endliche Erklärung, S. 77-82, abgedruckt in D 346 f.

[4] Zu den Personalien dieser Illuminaten vgl. das Personenregister.

[5] Nach van Dülmens Verzeichnis war ›Mahomet‹ nicht der von Schröckenstein in Freisingen, sondern der Domherr in Eichstätt (vgl. Personenverzeichnis).

[6] Anton Michl.

[7] Richtig: von Hoheneicher

d) Dieses Corps von Mitwissenden, sollte nie vergrößert werden als mit Zustimmung aller Übrigen, damit aber diese Mitwissenden keinen Mißbrauch ihrer Autoritaet machen könnten, sollte keiner von ihnen Provinzen dirigiren.

Alle diese Punkte sind von niemandem gehalten, als von mir. Nun war ich meiner Meynung sicher gestellt, und bereit, alles für die Gesellschaft zu thun. Man nützte mich dort im Lande als einen Visitatoren der Erl[auchten] Obern, ich mußte zu local- vielleicht nur personal Zwecken gegen Jesuiten und Rosen+ [=Rosenkreuzer] schreiben. Aller Orten war mein Name compromittirt. So mißbrauchte man mich; ich mußte auf eines gewissen Wolteer u[nd] Lovelings Namen (Menschen, die ich so wenig als den ExJesuit Stuttler kannte) öffentlichen Verdacht ausstreuen, als wenn die beyden erstern den Kurfürsten hätten vergiften* wollen. [*Zusatz am Rande:* Siehe Vorrede zu dem Nachdruck des Schauspiels *der Weingarten Nabods*.]

Als ich hierauf den wahren Zusammenhang erfuhr, und den Spart[acus] darüber mein Befremden bezeigte, war abermals seine Antwort: *Es sey zu guten Zwecken geschehn*.

Wie ich mich ihm nun so ganz aufopferte, waren alle seine Briefe voll von den Ausdrücken: Er sey nun ewig mein Schuldner, in seinen letzten |[4r] Augenblicken werde er mir noch dancken; es gebe nur ein Philo in der Welt; drey solcher Männer würden die Welt zum Himmel machen; daraus folgt, daß er entweder *damals* oder *jezt* keine Menschenkenntniß besessen hat, oder besitzt.

Nun arbeitete ich die Grade aus; flochte die Fr[ey]M[aure]r[e]y hinein; mäßigte das Gefährliche; ließ das Irreligiöse heraus, theilte solche ihm einzeln mit. Er fand alles gut, attestirte bekräftigte, befahl es einzuführen; und als einige der anderen *Areopagiten* nicht ganz von diesen Graden zufrieden waren, u[nd] die Sache zu lang aufhielten, befahl er mir, ohne Rücksicht darauf zu nehmen, meine Regenten Claße in den 5. Provinzen die bisher unter mir gestanden, einzuführen. [*Zusatz am Rande:* und verbot mir, indeßen den Briefwechsel mit ihnen p. fortzusetzen. Er wollte, war sein Ausdruck, diese elenden Menschen gänzlich in der Unwissenheit lassen. Von den Grade[n], war er so entzückt, daß er sagte, die andern verdienten gar nicht, sie zu besitzen.] Ich that es, sezte Obern an, gab alles ab u[nd] freute mich meines Wercks; alle waren zufrieden, außer die Franckfurther, und jedermann hatte Zutrauen zu mir. Es kann seyn, daß ich sowohl in der Wahl der Obern als andern Mitgl[ieder] Fehler begangen habe: allein, man bedenke, die ungeheure, nicht zu übersehende, zum Theil mir aufgedrungene Last von Arbeit; den fortreis[s]enden Strom der Eifersucht meiner Untergebenen; den Mangel an festen Systemen, welche Spartacus beynahe alle 14. Tage veränderte. |[4v] Nun bringe man dagegen in Anschlag, daß alle die Männer, zu denen jezo Spartacus das größeste Zutrauen hat, fast alle meine Recepten sind, daß ich die damal so schwache Maschine, theils zur Consistenz gebracht, theils so lang im Gange erhalten habe, halte dagegen daß Spartacus sich gleichwohl auch in der Wahl seiner Menschen geirrt und alle Monath ander System adoptirt hat: So wird man *von mir* nicht fodern wollen, daß ich allein unfehlbar seyn solle, oder mir vorwerfen können, daß ich den großen festen u[nd] Welt u[nd] Menschen bessernden Plan des Spartacus zerstört habe. Wir sind alle Empfänger in dem Wercke u[nd] bey dem besten Willen fehlbar.

Aber auf die Catastrophe unseres Streits zu kommen:

Als ich die Provinzen abgegeben, u[nd] folglich kein Gewicht mehr im O[rden] hatte, fing Spartacus zuerst an, mich zu verabsäumen, u[nd] unter der hand meine ehemaligen Untergebenen zu gewinnen. Unterdessen entstanden Klagen besonders vom Aemilius [=Bode] über einige zu feste Ausdrücke in den Cahiers. Ich schlug vor dieses in einzelnen Provinzen abzuändern, allein Spart[acus] machte sogleich *eigenmächtig* Veränderungen. Diese abgeänderten Aufsätze schickte er |[5r] mir mit dem Befehle zu, sie einführen zu laßen. Ich widersezte mich; und man gebietet, u[nd] da ich das übelnehme, führt man diese umgearbeiteten Grade, ohne mein Wissen u[nd] Willen u[nd] also klar gegen den Receß, ein, u[nd] giebt die von mir ausgegebenen Grade für verfälscht aus. Die Berichte an die Areopagiten sind nie erfolgt. Man erlaubte einzelnen Brüdern z[um] E[xempel] den Minos [=F.D. von Ditfurth] in fremden Provinzen zu wircken. Man predigt laut Deismus, arbeitet an höhern Mysterien, in welche man Dinge legen will, die in protestantischen Ländern keine angenehme oder unbekannte Neuigkeit enthalten können, schlägt Männern solche Bücher als wichtig zu lesen vor, deren Werth man also, ohne Rücksicht auf den Verstand dieser Männer, oder den Innhalt dieser Bücher, welcher gegen die etablirten Religionen läuft, entscheiden will.

Minos beginnt Briefwechsel mit Barth,[8] über den O[rden], der von

---

[8] Karl Friedrich Bahrdt, berüchtigter aufklärerischer Theologe und Gründer der ›Deutschen Union‹; trotz dieser Kritik unterhielt Knigge später Beziehungen zu Bahrdts Geheimbund. — Durch diese Stelle wird die Vermutung Fehns als richtig ausgewiesen, daß es sich in einer Stelle in Knigges Bericht vom Januar 1783 (NOS 220, D 299) um Bahrdt handelt (Fehn: Zur Wiederentdeckung des Illuminatenordens, S. 245). Ein Ortsname im selben Bericht (»Avaris«, NOS 220, D 298) kann auf Grund der Dokumente in der ›Schwedenkiste‹ als Eisenach aufgelöst werden (Sk 17, Dok. 32, Bl. 2r).

diesem sichtlich in seinen Briefen über die Bibel im Volckston übertragen ist. Costanzos Unvorsichtigkeit liefert einen Theil der Hefte in Berlin in fremde hände; da nun bey diesem Or[den] mein name fast nur allein ruchtbar geworden: So muß ich befürchten, daß alle diese Gesezwidrigkeiten allein mir auf meinen Namen geschoben werden. |[5v]

Als ich nun über diese Vorgänge meine Unzufriedenheit beziege, bricht Spart[acus] völlig mit mir.

Unter deßen schien mir die lang projectirte Aufnahme einiger Chefs der Str[ikten] Observanz zu meiner und des Or[dens] Sicherheit, immer nöthiger, um nicht beständig von der Willkür Eines Mannes abzuhängen. Während dieser Zeit, war ohne mein Zuthun die Zwecklose Association so vieler ⧉ ohne Lebewohl zu Stande gekommen.

Endlich als ich klage, sagt man mir mit diesen Worten; man bedürfe mein nicht. Ich drohe: man spottet mein, u[nd] fodert mich auf.

Aus Achtung für einige einzelne Mitglieder besonders in München, entschließe ich mich kein öffentlich Aufsehen unter Brüdern zu machen; was noch mehr ist, zum ersten Schritte der Versöhnung! Die Antwort war: »Insofern ich zum Gehorsam zurückkehrte, sey alles gut.«

Bey einer solchen despotischen Behandlung wär es wohl kein Wunder gewesen, wenn mein lebhafftes Temperament mich zu einem raschen Schritt verleitet hätte. Allein, alles was ich unternahm, war daß ich einigen anderen Brüdern, welche auf mein Wort der Verbindung bey getreten waren, eine Zusammenkunft vorschlug, u[nd] ihnen in meinen Circular vom August 83., Punckte vorlegte, welche ich in Überlegung zu nehmen bat, um zu einer sichern, festen und allgemeinen gleichwirkenden legislation zu gelangen, die ähnlichen Vorfällen vorbauen könnte. |[6r] Dieses Circulare war, auf die unverantwortlichste Weise in seinem ⟨Geist⟩e gesinnet, und war also ohne Folgen und ohne Nutzen.

Nun könnte ich freylich indem ich mich gänzlich von der Verbindung zurück ziehe, und Spart[acus] sich selbst als den Mann angegeben hat, an den man sich halten kann, sehr ruhig dabey seyn, wie die Sache abliefe; Allein, was mich aufs neue in Bewegung bringet, ist, daß Spart[acus] sich angelegen seyn läßt, die Sache so einseitig vorzustellen, daß alle Schuld alle vorgefallenen Fehler ganz allein auf mich fallen sollen.

Unser gestriges Gespräch giebt mir daher die nähere Veranlassung, gegen Brüder von denen ich keine einseitige, oder partheyische Absichten bey der Cultur des O[rden]s vermuthen kann, mit der vorstehenden, der Wahrheit völlig angemessenen Geschichts Erzählung, heraus zu gehn, u[nd] überlasse es ihnen, nach ihren Einsichten, den füglichsten Gebrauch für das Beste des Or[dens] davon zu machen. Ohne alle

Rücksicht auf mein persönliches Verhältnis mit dem Br[uder] Spartacus, als welches sehr wohl bestehen, oder zum bessern gelenckt werden kann, ohne daß es eben einen wesentlichen Einfluß, auf den Or[den] haben müsse.

Nach dieser geendigten Geschichts erzählung, baten die Endes Unterschriebenen Brüder, den Hochw[ürdigen] Br[uder] Philo, ihnen doch einige Umstände von dem persönlichen u[nd] Civil-Verhältnisse des Br[uders] |[6v] Spartacus mitzutheilen, indem wir es den Regeln des Or[dens] gar nicht zuwider hielten, diejenigen, die uns kennen wollen, auch wieder zu kennen. Der Hochw[ürdige] Br[uder] Philo fand darüber kein Bedenken: Also fragte man

a) Wie alt der Br[uder] Spartacus sey? R[espondit[9]]: Näher an 30 als 40 Jahr.

b) Sein Civil Caracter? R: Professor Juris und titul. Rath[.] lieset über das Jus Canonicum.[10]

c) Hat er jemals etwas edirt? R: Nein.

d) Wo hat er studirt? R: So viel wie Br[uder] Philo wissend, sey er nie von Ingolstadt weggekommen, sondern habe seine Studien unter den Jesuiten, wie dort gewöhnlich gewesen, angefangen und fortgesezt.

e) Ob seine Einnahme hinlänglich sey, ihn standesmäßig zu unterhalten? R: Vollkommen hinlänglich von seiner Besoldung.

f) Ob er viele Amtsgeschäfte habe? R: Nicht außerordentlich viel, weil die größeste Zeit des Jahres mit Ferien hingeht.

g) Ob er verheiratet sey u[nd] Kinder habe? R: Nach erhaltener Dispensation sey er zum 2ten male mit der Schwester seiner verstorbenen Frau verheirathet und habe von der ersten Frau Eine Tochter.

h) Ob er viel geselligen Umgang halte, u[nd] mit wem? R: Beynahe mit niemand, als mit dem Hauptm[ann] Tobel im O[rden] Cromvel genannt.

i) Ob er viele junge OrdensM[it]gl[ie]d[e]r gebildet u[nd] angezogen habe? R: So viel der Hochw[ürdige] Br[uder] Philo weiß, gar keine. |[7r]

k) Ob der Br[uder] Philo Gewissenhaft dafür halte, daß man es durch geziemende Vorstellungen bey dem Br[uder] Spartacus dahin bringen könne, daß er in eine O[rden]sRegierung von *vielen, von der Regenten Classe erwählten* Personen, einwillige, wodurch zwar die gegenwärtige hierarchische Verfassung nicht aufgehoben, aber die Wahl der künftigen Hierarchie, auf feste Grundsätze festgestellet würde? R: Gutwillig

---

[9] [Er] antwortete.
[10] Kirchenrecht.

wird dies der Br[uder] Spartacus nie zugeben. Obgleich er dem Schein nach die Handhabe der Maschiene sehr gleichgültiger Weise aus den Händen geben möchte.

Der Hochw[ürdige] Br[uder] Aemilius [=Bode] bat sich Erlaubniß, den Hochw[ürdigen] Br[uder] Philo besonders auch zu fragen: Ob selbiger entschlossen gewesen, oder noch sey etwas mit den Cahiers[,] andern Papieren des O[rden]s, oder sonst auf eine Art vorzunehmen, wodurch der Ord[en] in seinem Fortgange gehindert werden müßte. R: Nein, das nimmermehr! Wohl aber seine völlige Freiheit, nach gebrochener Gegenverbindung wieder zu gebrauchen, und seine Kenntnisse und Künste auf eine dem O[rden] der Ill[uminaten] nicht zerstörende Art zum Besten seiner Mitbrüder anzuwenden.

Weimar den 12ten Febr 1784 Abends um 6 Uhr

Adolph F[rei]h[err] v[on] Knigge
J. J. C. Bode
A. D. Graf Marschall
Carl v[on] Schardt

|[7v] Endes Unterschriebene, welchen dieses Protocoll communiciret wurde, machen nach reichlicher Überlegung sich anheischig gegen kein anderes Mitglied des O[rden]s der Ill[uminaten] welches Grades es auch seyn möge, von denen darinnen enthaltenen Vorgängen Eröffnung zu thun, weil ansonsten dem ganzen System des O[rden]s der Ill[uminaten] höchster Nachtheil zugehen könne, auch nie, als nur consensu derer Unterschriebenen Gebrauch von diesem Protocoll zu machen.

Actum Weimar den 13. Febr. 1784

Legis
Ernst H[erzog] z[u] Sachsen pp

Carl von Schardt in ord[ine] Appollon⟨ius⟩
J W Goethe in ord[ine] Abaris
Knigge im O[rden] Philo
Bode. im O[rden] Aemilius
von der Lühe im O[rden] Cato von Uti⟨ka⟩
von Helmolt im O[rden] chrysostomus
Graf Marschall in O[rdine] Philostratus
Herder

|[8r] Cop[ie]
Nachtrag zu dem in Weimar aufgenommenen Protocoll

Einer von den hauptsächlichen Fehlern und Lücken in Spartacus System, woraus hernach alle Gebrechen entsprungen sind, deren Entstehung er jezt gern *mir* Schuld geben mögte, war das Würcken von *unten herauf*, anstatt von *oben herunter* zu errichten. Hiergegen machte ich von Anfang an, eine Menge Einwendungen, und sagte einen Theil der Dinge voraus die jezt geschehen sind, wurde aber nicht gehört. Ehe das Obere Gebäude fertig war, ja! ehe man sich darüber vereinigt hatte, nach was für Grundsätzen die höhern Grade verfertigt werden sollten, hatte man schon eine Menge Menschen, die *geleitet* seyn wollten, in Bewegung gesetzt, ohne *gebildete, über Zweck und Sinn vereinigte Führer* zu haben. Ich der ich von dem allem nichts wußte, warb auf Weishaupts Wort, eine Menge Minervalen an, welche wiederum andere herbey locken mußten. *Kennen* und *bilden* konnte ich nun dieses Heer von Menschen nicht. Als ich daher um Hülfe der Obern bath, erfuhr ich, daß ich mir sowohl meinen Gehülfen als mein System selbst schaffen müßte. Indem ich nun aber der Arbeit nicht allein vorstehen konnte, mußte ich nur in Eil aus dem neuen Haufen die anscheinend Besten zu Obern heraus heben, und da artete den[n] freylich bald hie und da das ganze aus. Hätte man mich gleich Anfangs vollkommen unterrichtet, so hätte ich mir ein Paar künftige Brüder zu Mitarbeitern gewählt, und mit ihnen nach einem einförmigen Plane vorsichtig |[8v] fortgearbeitet, bis zu den Pflanzschulen hinunter.

Ich habe vergessen im Protocoll zu melden, daß nach dem ersten Plan die Provinziallen gänzlich *despotisch frey-willkürliche Gewalt über die Caßen* erhalten und ihren eignen Unterhalt daraus zu ziehen befugt seyn sollten.

Ich glaube nicht, daß H[err] Weishaupt die wichtigsten dieser Thatsachen wird leugnen dürfen. Allein, darauf kommt es auch hier nicht an. Ich habe nicht Zeit auch nicht Lust mit ihm zu rechten, wüßte auch nicht eigentlich, für welches Forum wir die Sache ziehen sollten. Ich bin ein freyer Mensch, und habe mich so ziemlich in den Besitz gesetzt, ausser dem Beyfall meines herzens und der Achtung einiger weniger guter Leute, die sich die Mühe geben sollen, mich genauer kennen zu lernen, weder viel zu *fordern* noch viel zu *geben*. Der einzige Zweck dieser Erläuterungen, ist nur wo möglich Gelegenheit zu schaffen, daß man bey dem guten Wercke, *künftigen Misbräuchen* und Verirrungen vorbaue;

sey denn auch das bisher Mangelhafte, durch meine oder eines anderen Schuld, hineingekommen.

Knigge

Nentershausen den 29 Feb.
1784

KOMMENTAR

Dieses Dokument ist die Kopie eines Protokolls, das von Bode aufgenommen und von Knigge ergänzt wurde; es wurde hier in seinem ganzen Umfang wiedergegeben, weil Goethe den Zusatz unterschrieb und sich im Brief vom 14.2.1784 darauf bezog (vgl. Dokument Nr. 19) und weil es in der Entwicklung der Weimarer Illuminaten eine wichtige Rolle spielt (vgl. die Darstellung, S. 87 ff.). Knigges Seite des Disputs mit Weishaupt war in ihren Hauptlinien schon bekannt; vgl. etwa den Brief an Zwack vom 20.1.1783, NOS 1: 99-107 (D 288-92). Vgl. ferner die Darstellung, S. 35, 130 und 190. — An einigen zweifelhaften Stellen wurde der Text anhand von Bodes bzw. (ab Bl. 8) Knigges handschriftlicher Vorlage überprüft (Sk 17, Dok. 130, 130a).

19. Goethe an Bode, [Weimar,] 14.2.1784, eigh., Sk 1, Dok. 276.

[1r] Ich erhalte m[ein] l[ieber] Br[uder] Aemilius [=Bode] statt eines erwarteten Aufsatzes von Ihnen ein Protokoll[1] woraus ich sehe daß am 12ten eine förmliche Zusammenkunft der Regenten gewesen vor welcher sich Br[uder] Philo [=Knigge] erklärt und in welcher man über einige Maasregeln übereingekommen. Ich bin in der Hauptsache völlig[a] einverstanden, und bleibe bey meiner gestrigen Erklärung,[2] verspreche auch für meine Person ein unverbrüchlich Geheim|[1v]niß über die gegenwärtige Verfassung des Ordens, kann aber das Protokoll, wozu ich nicht konkurrirt, nicht mit unterzeichnen. Ich begreife nicht m[ein] l[ieber] Br[uder] Aemilius warum Sie mir nicht einen Winck gegeben daß ich mich auch hätte einfinden können.

d. 14ten Febr. 84

Abaris.

---

[1] Vgl. Dokument Nr. 18 (ohne Knigges Nachtrag, der später verfaßt wurde).
[2] Vgl. dazu Dokument 17, Bl. 1v.

[a] völlig] *H:* vollig

Ich erhalte so eben E. Ex. Remissiv
statt eines verabredeten Aufsatzes aber Ihnen ein Protokoll
woraus ich sehe daß am 12ten
eine förmliche Zusammenkunft
der Regenten gewesen der
welcher sich Se. Hoheit erklärt
und in welcher man über einige
Grundregeln übereingekommen.
Ich bin in der Hauptsache völlig
einverstanden, und bleibe bey
meiner gestrigen Erklärung,
verspreche auch für meine Person ein unverbrüchliches Geheimniß.

Brief Goethes an J. J. C. Bode vom 14.2.1784, unterschrieben mit Goethes Illuminatennamen »Abaris« (vgl. Dokument Nr. 19, S. 296). Geheimes Staatsarchiv preußischer Kulturbesitz, Abteilung Merseburg, 5.2. G 39, Nr. 100, Dok. 276.

KOMMENTAR

Dieser Brief wurde 1914 vom Illuminatenforscher René Le Forestier in einer Anmerkung zu seiner Darstellung veröffentlicht (Le Forestier: Les illuminés, S. 426 Anm.), und zwar in französischer Übersetzung. Von der Goethe-Forschung wurde er nie beachtet. — Der Brief wäre zu verzeichnen als WA IV, Nr. 1873a. — Vgl. die Darstellung, S. 88.

20. Goethe an Bode, undatiert [etwa Anfang April 1784, Weimar], eigh., Sk 1, Dok. 277.

Die Nachricht wovon der Prinz[1] schreibt ist kein Aufsatz, sondern es war nur die Nachricht: daß der König[a] in Schweden dem Prätendenten die Grosm[ei]st[e]r Stelle abgekauft habe[2] wovon ich Ihnen damals sagte u[nd] vergas die Quelle anzuzeigen woher ich sie hatte.

Hier sind die mitgetheilten Papiere[3] dankbar zurück.

G.

---

[1] Wahrscheinlich Prinz Carl von Hessen-Kassel, einer der Führer der Strikten Observanz, der enge Beziehungen zu skandinavischen Freimaurern und dynastische Beziehungen zum schwedischen Herrscherhaus hatte; aber möglicherweise Prinz August von Gotha, dessen Bruder, der Herzog, am 1.4.1784 über diese Nachricht an Bode schreibt (s. »Zur Datierung«).

[2] 1784 ließ sich der schwedische König Gustav III. von Charles Edward, dem Stuartschen Thronprätendenten, der als einer der ›Unbekannten Oberen‹ der Strikten Observanz galt, gegen Bezahlung von 1000 Talern ein Patent als Großmeister des Templerordens ausstellen; näheres bei Schüttler: Strikte Observanz, S. 161. Diese Transaktion erntete dem König den Spott vieler, auch des Herzogs Ernst von Gotha, der sie eine »Thorheit« nannte; »Ich könnte ihm eben so gut die Oberherrschaft über den Mond, für Millionen verkauffen, wenn ihm ein Gefallen damit geschähe« (1.4.1784, vgl. »Zur Datierung«). — Folgende Stelle aus einem Brief Goethes an Charlotte von Stein vom 9.7.1784 könnte mit dem berichteten Ereignis zusammenhängen: »Noch eine Aneckdote. Die Italiäner haben auf den König in Schweden der keine königliche Trinkgelder ausgetheilt haben mag, das ich ihm sehr verzeihe das Versgen gemacht:

Tutto vede il Conte Haga
Poco intende e nulla paga.«

[=Alles sieht Graf Haga (=der Reisename des Königs) sich an, versteht wenig davon und bezahlt nichts.] HAB 1: 446, 737.

[3] Nicht zu ermitteln; möglicherweise handelt es sich um Dokumente in der Knigge-Affäre.

[a] König] *H:* Konig

Zur Datierung

Der Vorgang, auf den Goethe hier anspielt (vgl. Anm. 2), wird in einem Brief des Herzogs Ernst II. von Gotha an Bode vom 1. April 1784 erwähnt (»den 12. Pharavardin 1154. Jezdedgerd«, sig. »Qu[intus] Severus«, eigh., Sk 1, Dok. 67; vgl. Schüttler: Strikte Observanz, S. 171) und am nächsten Tag in einem Brief von Bode an Ernst (»Heropolis den 13 Pharvardîn 1154. Jzdezd«, sig. »Aemilius«, Sk 2, Dok. 197), so daß auch Goethes Mitteilung über dieselbe Information um diese Zeit zu datieren ist. Der Brief wäre zu verzeichnen etwa als WA IV, Nr. 1908a.

Kommentar

Vgl. die Darstellung, S. 82.

21. Herzog Ernst II. von Gotha an Bode, »Syracusa, den 2. Ardibehescht 1154« [=Gotha, 2.5.1784], sig. »Timoleon«, eigh., Sk 1, Dok. 71 [Auszug].

[1v] [...]
Chrysostomus [=von Helmolt] ist wiederum hier, so könnte denn die Minerval Kirche wenn[a] Abaris [=Goethes] Vögellein[b] nur trocke[n] wäre, endlich einmahl eingeweyht werden. Wie gut! Wie förderlich für die Gute Sache, würde es nicht seyn! wenn alle die Läppischen Hinderniße bey Seite gesezt wären, und unsere Mitglieder durch aufsäzze und denselben vorgelegte Fragen zu kleinen Ausarbeitungen beschäftigt werden könnten. Ihr Geist würde sich dann bilden, ohne daß sie selber wüßten *wie*? Und es hängt wircklich nur von der Leitung die man ihnen gäbe ab, sie zu stimmen, wie man es nur wünscht und begehrt.

Kommentar

Was mit Goethes »Vögellein« (oder »Vögelleim«) gemeint ist, geht aus erhaltenen biographischen Dokumenten nicht eindeutig hervor; jedenfalls hängt es mit dem in Dokument Nr. 22 erwähnten »Käuzlein« zusammen, das Goethe besorgt habe und das vielleicht noch nicht trocken sei. Offenbar gehörte dieses Requisit zur »Einweihung« der Minervalkirche in Weimar; vielleicht war es die Darstellung einer Eule, die im Ritual der Minervalkirche benutzt wurde (Beschreibung bei Le Forestier: Les illuminés, S. 254). Goethe war durch Los zum »Zensor« der zu gründenden Minervalkirche gewählt worden (Protokoll der Sitzung vom 22.7.1783, Sk 15, Dok.

---

[a] wenn] *korr. aus:* endlich

[b] Vögellein] *H:* Vögelleim*; die gewählte Lesart wird durch* Käuzlein *in Dokument Nr. 22 unterstützt.*

56, Bl. 2v). Ernst meint, die Einweihung warte nur auf Goethes Leitung (somit wären die »aufsäzze« usw. nicht von den führenden Illuminaten wie Goethe zu verfassen, sondern von den Minervalen). Vgl. die Darstellung, S. 80.

22. Bode an Herzog Ernst II. von Gotha, »Heropolis den 3ten Ardebehesched 1154 Jzded.« [=Weimar 3.5.1784], sig. »Aemilius«, eigh., Sk 2, Dok. 205 [Auszug].

[1r] [. . .]

Ueber die Siegel der Personen, inclusive des Provinzials sind Zeichnungen vorhanden, und mir hat man vorlängst eine zu gesandt, worin nur das 4te Feld aus zu füllen war, | [1v] und zwar, mit dem uralten Sächsischen Wapen; und da ich nach meiner Unwissenheit in der Heraldic nicht gewiß wußte, ob das ein Pferd oder ein Löwe sey, habe ich die Zeichnung dem Br[uder] Abaris [=Goethe] gegeben, um das fehlende zu supleirn[1] u[nd] kann ich diese Zeichnung noch heute wieder bekommen, so lege ich solche unterthänigst diesem bey. Doch, glaube ich, daß über *derley Sachen* eben nicht die höchste Eile, so wie auch, bey Abweichungen von der Vorschrift, eben keine Gefahr obwalte.

[. . .] | [2v]

An Br[uder] Chrysostomus [=von Helmolt] sende ich Heute ein Päckchen mit demjenigen ab, was ich beytragen können, daß die Eröffnung der M[inerval] K[irche] bald befördert werde, und habe ihn gebeten, wie er es machen möchte, fals das von Abaris besorgte Käuzlein[a] noch nicht getrocknet seyn sollte, welches ich erst diesen Nachmittag von ihm erfahren werde.

Kommentar

Vgl. den Kommentar zu Dokument Nr. 21.

[1] supplieren, ergänzen.

[a] Käuzlein] *Diese Lesart wird auch durch Lerp (Regest der Schwedenkiste) vertreten.*

23. Herzog Carl August von Weimar an Herzog Ernst II. von Gotha, Braunschweig, 20.8.1784, eigh., Sk 1, Dok. 271.

Braunschweig den 20ten August 1784

Ew. Durchl[aucht]

kennen meine offenherzigkeit, u[nd] wißen daß ich gerne frey von der leber weg rede, Sie werden mir also hoffentl[ich] verzeihen wenn ich Ihnen, ehe ich den bewusten Auftrag über mich nehme, einige freymüthige Einwände gegen das mir zugeschickte Papier mache[1]; die Freundschaft welche Sie mir lieber Hertzog oft bezeugt haben, giebt mir das recht just bei diesem falle der uns beyden sehr wichtig ist, meine meynung ungebunden zu endecken [sic], ich kenne Sie zu gut als daß ich eine änderung Ihrer Gesinnungen gegen mich nach diesem Schritte befürchten sollte, ich hoffe vielmehr Sie werden meine Aufrichtigkeit u[nd] zutraun billigen.

Ich würde gerne das Concept des mir zugesendeten Aufsatzes mit singniren [sic] u[nd] alles billigen was darinnen stünde, wenn nur der zweyte Artickel der Conditionen entweder gar weggelassen, od[er] doch wenigstens modificirt würde. Der P[rinz] v[on] P[reußen] [=Kronprinz Friedrich Wilhelm] soll verzicht thun jemahlen kenntniß von denen Mitgliedern des Ordens zu erlangen[a] wenn er sich nicht zur thätigkeit in diesem orden verbindl[ich] macht: ist es wohl mögl[ich] zu hoffen, od[er] billig zu verlangen daß ein K[önig] der seinen Geschäften wie es sich gehört vorstehn will, thätig in einem Orden wircken solle der wirckl[ich] viel Thätigkeit verlangt, u[nd] der sonst ungebundene Menschen braucht; solte es unsere Absicht seyn in der Person des P[rinzen] v[on] P[reußen] ein thätiges Mittglied des Ordens zu erlangen, ists uns nicht vielmehr darum zu thun den künftigen K[önig] von unserer Unschuld, u[nd] rechtschaffenen Gesinnungen zu überzeugen, wäre daß ||[1v] wohl das erste Mittel zu unsrem Endzweck zu gelangen wenn wir ihm eines der wichtigsten stücke unserer Endeckungen nur[b] unter unerfüllbaren bedingungen mitzutheilen versprechen? Einem H[errn] wie den zukünftigen K[önig] kan es nicht gleichgültig seyn die personen zu wißen welche sich mit führung des Ordens beschäftigen, er kan daraus abneh-

---

[1] Vgl. dazu Dokument Nr. 24.

[a] erlangen] *korr. aus:* erhalten
[b] nur] *korr. aus:* mit

men ob der Orden auf rechten wegen geht, od[er] ob er, wenn er sich mit verdächtigen Personen behänge, nicht etwa auf unerlaubte abwege geriethe, wäre auch dieses nicht, sollte es beym Printzen kein mißtraun erwecken wenn wir ihm unsere Mittbrüder verschweigen wolten, solte er uns nicht sagen können; ihr verlangt eine unmögl[iche] thätigkeit von mir, u[nd] hinter[c] diesem Vorwande sucht ihr Eigentl[ich] den wichtigsten theil einer Verbindung mir zu verstecken: Es ist wohl die constitution des Ordens dagegen einzuwenden, man könte sagen der Orden giebt nicht wo er nicht erhält, ich lasse es aber anheim gestellt ob der Ord[en] nicht genung Vortheil erhalte wenn er nebst seinen Mittgliedern in den Augen des künftigen K[önigs] v[on] P[reußen] wohl gefällig stehe, als wenn er immer von ihm wie ein gefährl[iches] institun [sic], u[nd] seine Genossen wie Feinde des Staates angesehn würden;[d] mich dünckt daß der Orden nebst seinen Mittgliedern dadurch so viel Vortheil erhalte, daß er nicht weniger als alles was er habe dagegen zur Danckbarkeit hingeben könne. Diese meine ohnvorschreibl[iche] Meinung überlasse ich Ew. Durchl[aucht] Prüfung, u[nd] erbitte mir Ihre Gesinnungen[e] darüber aus; sollte die von mir vorgeschlagene weglassung des zweyten Artickels genehmiget werden, so bin ich bereit mich des Auf|[2r]trags zu unterziehn, u[nd] einigen mir sehr lieben u[nd] schätzbaren Mittbrüdern einen wichtigen Dienst zu leisten, solte aber diese Veränderung nicht beliebt werden, so muß ich frey bekennen, wäre ich in großer verlegenheit dem P[rinzen] v[on] P[reußen] den Vortrag, u[nd] antrag zu machen, ich würde mich seinem Mißtrauen außsetzen, u[nd] lieber wolte ich mich von der Ordens Verbindung gantz loß sagen als bey der jetzigen Critischen lage der Dinge[2] von[f] dem hofe[g] der der Rückenhalt der Deutschen Freyheit alleine[h] bleibt[3] für zweyseytig

---

[2] Anspielung auf das am 22.6.1784 erlassene bayrische Dekret gegen Geheimgesellschaften, welchem Angriffe auf die Illuminaten folgten.

[3] Anspielung auf die Unterstützung Preußens für den geplanten deutschen Fürstenbund, der die »Freiheit« der kleinen Territorien und Preußens gegen kaiserliche Übergriffe schützen sollte; Carl August war zu diesem Zeitpunkt eine zentrale Figur in den Bemühungen um dieses Bündnis und war deswegen nach Braunschweig gereist.

[c] hinter] *korr. aus:* unter
[d] würden] *korr. aus:* ansieht
[e] Gesinnungen] *korr. aus:* Mey[nung]
[f] von] *korr. aus:* bey
[g] hofe] *korr. aus:* eintzigen
[h] alleine] *korr. aus:* bleibt

angesehn werden.[i] Noch einmahl bitte ich Ew. Durchl[aucht] um Verzeyhung wenn ich oben bey der Darlegung meiner art die Sache anzusehn zu freymüthig gewesen; doch Sie Sind selbst zu sehr Freund der wahrheit, u[nd] wie ich mir schmeichle mein Freund, als daß Sie's mir übel deuten sollte [sic]. Dieser Brief ist bloß für Ew. Durchl[aucht] dem ich mein Völliges Zutraun gebe, geschrieben, zeigen Sie ihn also ja Boden nicht, der von unserer Näheren Verbindung mit dem P[reußischen] H[ofe] nicht unterrichtet seyn darf,[4] lassen Sie ihn nur etwa per extractum so viel er zu wißen braucht sehn, daß übrige halten Sie für sich.

Hier schicke ich Ihnen die Antwort des Fürsten von Dessau, haben Sie nur die Gnade ihm selbst zu schreiben u[nd] ihm zu sagen wie Sie wollen aufgenommen seyn;[5] ich schreib‹ ihm heute, u[nd] benachrichtige ihm daß er von Ew. Durchl[aucht] einen Brief zu erwarten hat. Erhalten Sie mich lieb, u[nd] leben wohl.

C[arl] A[ugust] H[erzog] z[u] S[achsen]

KOMMENTAR

Zum Kontext dieses Briefes vgl. Dokumente Nr. 24, 25 und 41; vgl. auch die Darstellung, S. 113, 122 und 129.

24. Herzog Ernst II. von Gotha an Bode, »Syracusis den 29 Mordâd 1154« [=Gotha, 29.8.1784], sig. »Timoleon«, eigh., Sk 1, Dok. 84 [Auszug].

[1r]
In danckbarer Antwort, auf Ihre gefällige Zuschrift von vorgestern,[1] habe ich das Vergnügen Ihnen Theuerster Freund mit wenigem zu melden, daß ich wircklich in der Mitte der verfloßenen Woche, Nachricht

---

[4] Bode sollte von den vertraulichen diplomatischen Bemühungen um den Fürstenbund (vgl. vorige Anm.) nichts erfahren; über das Projekt der Werbung des Kronprinzen Friedrich Wilhelm wußte er dagegen Bescheid (vgl. Dokument Nr. 24).

[5] Zum Besuch Herzog Ernsts beim Fürsten von Dessau, wo er den preußischen Kronprinzen traf, vgl. Dokumente Nr. 26 sowie 41, Bl. 1v-2v.

[1] Bode an Ernst, »Heropolis den 27 Môrdâd 1154 [=Weimar 27.8.1784]«, sig. »Aemilius«, eigh., Sk 2, Dok. 214.

[i] werden] *korr. aus:* zu

von Aeschylo [=Herzog Carl August von Weimar] aus Capua [=Braunschweig][2] erhalten habe[;] mein paquet ist richtig daselbst eingetroffen — mir aber mit protest zurücke gesandt worden. Dieser Liebe Bruder, hatte den 2. §. des P[ro] M[emoria] aus einem ganz andern Gesichts Punckte angesehen als wir, und meinte, es müße entweder ganz herausgelassen oder doch modificirt werden. Ich weiß nicht mein Theuerster Aemilius ob er Ihnen noch wircklich im Geiste gegenwärtig ist, und ob Sie Abschrift davon behalten haben, er heißt folgender Maaßen.

> 2. Würden H[och] Dieselben [=Kronprinz Friedrich Wilhelm von Preußen] keinen andern Nahmen, irgend eines Mitglieds zu wissen fordern, es sey denn, daß H[och] D[ieselben] die Sache von *der*[a] Beschaffenheit befänden, daß Sie wircksamen Antheil zu nehmen, und dieser Entschliessung zu Folge den ordentlichen in den Heften befindlichen Revers auszustellen geruheten der alsdann, die ausf[ührlichen] Listen der MitGl[ieder] und établiss[ements][3] gleichfalls in der Ordnung erfolgen würden.

Über diesen Punckt, führte gedachter Aeschylus manche wichtige und unwichtige Ausstellung [sic] Es wäre nur halbes Vertrauen ihm dadurch von uns bezeigt, indem man ihm, dem doch daran gelegen seyn müßte, um von der Redlichkeit unserer Absichten urtheilen zu können, auch diejenigen wircklich zu wißen, die an der Ausführung des Plans arbeiteten — wenn man ihm[,] sage ich[,] eine Unmögliche und unerfüllbahre Bedingung *Wircksamen Antheil zu nehmen*, abforderte. |[1v] Wircksamen Antheil von ihm zu fordern, wäre darum ohnmöglich, weil bey seinen übrigen Verhältnissen, Er keine Zeit dazu übrig behalten würde, und die details des Wircksamen Antheils doch von einer solchen Beschaffenheit wären viele Zeit hinweg zu nehmen — dies ist nun freylich an sich wahr — aber unser Gedancke war doch auch wircklich, ihn von der Thätigkeit im O[rden] zu entfernen. Und mir dünckt, ihm müße nur bloß daran gelegen seyn die Absichten und Zwecke unsrer Verbindung zu wißen, und damit könne er sich wohl begnügen. Diesem Allen sezte Aeschylus noch hinzu, Er Aeschylus würde lieber sich von der Verbindung ganz loß sagen als, bey der critischen Lage der Dinge Überhaupt, das Vertrauen des Herren aufs Spiel zu sezzen. Dies[,] muß ich freylich gestehen[,] möcht‹ ich in gewißen Rücksichten nun eben auch

---

[2] Vgl. Dokument Nr. 23.
[3] Wohl die Ordensniederlassungen.

[a] *der*] *zweimal unterstrichen*

nicht, zumahl wenn jener etwa durch unsere Feinde *und deren haben wir Mancherley* aufgehezt würde, die gemachte Bedingung aus einem gehäßigen GesichtsPunckte zu betrachten. Und so habe ich denn für Nothwendig gehalten einigermaasen nachzugeben — und den punct zu modificiren ich vergebe jedoch im geringsten nichts dem Orden, indem ich ihn nun anders faße und mit verschiedenen Worten Einerley sage.

> 2.) Würden H[och] D[ieselben] keinen andern Nahmen irgend eines Mitglieds zu wissen verlangen es wäre denn, daß sie die Sache von solcher Beschaffenheit fänden, daß Sie Sich entschließen könnten, den, in den Heften vorgeschriebenen OrdensRevers auszustellen, der alsdann die ausf[ührlichen] Listen der Mitglieder und Etabl[issements] gleichfalls in der Ordnung erfolgen würden.

Wenn diese Worte, nicht eben die gebrauchten Ausdrücke der Veränderung sind, so enthalten sie doch *ganz genau* den Sinn derselben — und ich dencke, Sie Selbst werden dagegen nichts einzuwenden haben. Das Alte Mundum hab‹ ich als zu signirendes ||[2r] Concept mit den Abänderungen, und dem Umgefertigten P[ro] M[emoria] nach Capua geschickt, und nur vergessen, die eigentlichen Ausdrücke, ins alte Brouillon von Ihrer Hand überzutragen. Jenes bekomme ich a⟨ber⟩ signirt wiederum zurück, so können Sie alsdann die kleinen Abweichungen gegen einander Vergleichen — wenn nur der Sinn den ich Ihnen hiebevor gesagt habe, übereinstimmt so werden Sie gestehen müßen, daß der Sache selbst, nichts vergeben sey. [. . .]

Kommentar

Vgl. Dokumente Nr. 23, 25 und 41 sowie die Darstellung, S. 115.

25. Kronprinz Friedrich Wilhelm von Preußen an Herzog Ernst II. von Gotha, Potsdam, 19.9.1784, eigh., Sk 1, Dok. 255.

Monsieur

Jenvoie conformement a ma promeße les papiés ci joint a Votre Alteße Serenißime, je la prie de me les renvoier aprés les avoir par couru, come je nai que ce seule Exemplaire, dailleurs il dependera d'Elle den faire transcrire ce qu'Elle jugera apropos, c'est le Sisteme tell quil etait il y a deux ans, il peut y avoir eu des choses ajoutées ou changées depuis, je nai point eu de curiosité pour men instruire, etant tres persuadé que tout le fond du Sisteme est mauvais, quoi quil y reluise par ci par la, quelque raions qui peuvent eblouir un instant; je prie Votre Alteße Serenissime de se resouvenir a cette ocasion dun passage de la Sainte Ecriture qui dit que *l'Ange de Tenebre peut se transformer en Ange de lumiere.*[1]

Je fais bien des voeux que Votre Alteße Serenissime soit ramenée a temps de cette fausse route, je la prie de croire que ces voeux sont | [1v] dictés par une suite de l'amitie et du sincere attachement que je lui porte, avec lesquels sentiments je sera toujours

Monsieur
de la Votre Alteße Serenissime
Le tres afectioné
Cousin et serviteur
Fr[édéric] Guillaume Pr[ince] d[e] Pr[usse]

Potsdam le
19 7bre 1784

ÜBERSETZUNG

Mein Herr,

Meinem Versprechen gemäß schicke ich Ew. Durchlaucht die beigefügten Papiere; ich bitte Sie, diese mir zurückzuerstatten, nachdem Sie sie durchgelesen haben, da sich nur ein Exemplar in meinem Besitz befindet; außerdem hängt es von Ihnen ab, das, was Sie für wichtig halten abschreiben zu lassen. Es handelt sich um das System, wie es vor zwei Jahren beschaffen war; es kann sein, daß inzwischen einiges hinzugetan oder abgeändert wurde — ich habe keinerlei Neugierde verspürt, mich darüber zu unterrichten, da ich völlig der Überzeugung bin, daß das ganze Fundament des Systems schlecht ist, obwohl hie und da einige Strahlen hervorschimmern, die einen Augenblick zu blenden vermögen; ich bitte Ew. Durchlaucht, bei dieser Gelegenheit einer Stelle aus der Heiligen Schrift zu gedenken, die da heißt: Der Engel der Finsternis kann sich zum Engel des Lichtes verstellen. Ich wünsche sehr, daß Ew. Durchlaucht rechtzeitig von diesem falschen Weg abgebracht werden mögen; ich bitte Sie, mir Glauben zu schenken, daß diese Wünsche von der fortdauernden Freundschaft und treuen Anhänglichkeit geleitet werden, die ich für Sie hege. Mit diesen Empfindungen bleibt Ihnen ewig verbunden,

---

[1] 2. Kor. 11,14: »[. . .] er selbst, der Satan, verstellt sich zum Engel des Lichtes.«

Mein Herr,
Ew. Durchlaucht
Potsdam, den Sehr ergebener
19. Sept. 1784 Vetter und Diener
Fr[iedrich] Wilhelm, Pr[inz] von Pr[eußen]

ZUR DATIERUNG

Die Monatsbezeichnung »7bre« (Sept.) sieht etwas wie »9bre« (Nov.) aus, und so deutet sie Lerp; aus Herzog Ernsts Brief vom 26.9.1784 (Dokument Nr. 26), in dem es heißt, der vorliegende Brief sei am 24.9. erhalten (Bl. 1r), geht die Datierung auf September jedoch eindeutig hervor.

KOMMENTAR

Zum Kontext dieses Briefes vgl. Dokumente Nr. 23, 24 und 41, sowie die Darstellung, S. 115.

26. Herzog Ernst II. von Gotha an Bode, »Syracusis, den 26. Schariver 1154« [=Gotha, 26.9.1784], sig. »Timoleon«, eigh., Sk 1, Dok. 85 [Auszug].

[Ernst sei von der Reise nach Dessau[1] zurückgekehrt.]
[1r] Ich habe mich, mein Theuerster Freund bey meiner kleinen Reise, unendlich vergnügt, und manche Merckwürdige Menschen persönlich kennen gelernt, und unter andern, denjenigen an den unser bekanntes P[ro] M[emoria] gerichtet war [=Kronprinz Friedrich Wilhelm von Preußen]. Aeschylus [=Herzog Carl August von Weimar] hatte bereits Gelegenheit gehabt ihn darüber zu sprechen, bevor ich ihn selber sprach, Er beharrete, auf seinem wiedrigen Vorurtheile gegen uns, und wollte sich zu keinerley Art von Revers oder Zusage gegen uns verbinden, indem Er sagte, Er habe bereits die Hefte in Händen, kenne sie genugsam ⟨um⟩ uns für den Händen zu warnen in die wir gerathen wären und habe, eben diese Papiere ohne die geringste Verbindlichkeit sich auflegen zu laßen erhalten, so würde er sich auch ⟨nie⟩ dazu entschließen, indem es an sich vergeblich seyn würde, sich von[a] uns die

[1] Laut Gothaer Fourierbuch (Forschungsbibliothek Gotha) dauerte die Reise vom 7. bis zum 21.9.1784.

[a] von] *korr. aus:* gegen

Hände binden zu laßen. Dies alles wiederholte er mir mündlich, in einer Unterredung die wir zusammen tête à tête hatten. Ich beschwöhrte ihn nur von der Aufrichtigkeit unserer Gesinnungen und Unschuld [überzeugt] zu seyn, und uns seine Gnade nicht zu entziehen — Gegen mich, der ich ihm vielleicht zweifelhaft schien ob er auch wircklich die rechten Papiere in Händen habe, erboth Er sich mir eine Abschrift von demjenigen Mitzutheilen was er hätte — ich war auch so frey, dies Anerbiethen wirckl[ich] anzunehmen. Und dies Versprechen, hat Er wircklich gehalten ich erhielt Vorgestern über Dessau ein sehr gnädiges Handschreiben[2] | [1v] nebst dem Original seiner Papiere, mit dem Bedingen daß ich ihm solche nach davor gemachten Gebrauche, wiederum zurück schicken möchte. Allein zu meiner größesten Verwunderung u[nd] Freude, siehe da, so waren es ganz andere Papiere als die Unsrigen, zwar ebenfalls eine O[rden]s Verbindung unter dem Nahmen, der Ritter und Brüder des Lichtes. Die mit Uns nicht die geringste Ähnlichkeit hat. [Ernst gibt eine kurze Darstellung dieser Papiere.] Dies mein Bester war der kurze Bericht von meinen dortigen Unterredungen; die bisher ganz ohne Resultat *noch*[b] sind, vielleicht in der Folge erst erlangen werden.

Mein dortiger Wirth [=Fürst Leopold Friedrich Franz von Dessau] ein ganz vortreflicher Mann, will gar nichts von Fr[ey]M[aure]rey noch von Geh[eimen] O[rden]s Verbindungen hören noch wißen — ich habe also, als ich schon wircklich alle Hefte mit bey mir hatte, keinen Gebrauch davon machen können. [...]

Kommentar

Vgl. Herzog Ernsts Bericht über dieselben Ereignisse in seinem Brief an Koppe vom 26.3.1785 (Dokument Nr. 41) sowie die Darstellung, S. 115 und 157.

27. Bode an Herzog Ernst II. von Gotha, »Heropolis den 1ten Meher 1154 Jzdegrd« [=Weimar, 1.10.1784], sig. »Aemilius«, eigh., Sk 2, Dok. 217 [Auszug].

[1r] [Bode habe Ernsts Brief vom 26.9. — Dokument Nr. 26 — erhalten.]

---

[2] Dokument Nr. 25.

[b] *noch*] *dreimal unterstrichen*

Erst Heute habe ich S[eine]r Durchl[aucht] Aeschilus [=Herzog Carl August von Weimar] den Brief[1] überreichen können [...] |[1v]

Ser[e]nis[si]mus Aeschilus sprach mit mir über die Frage: ob man dem Hohen Mittheiler der 5 Hefte[2] [=Kronprinz Friedrich Wilhelm von Preußen], *ohne Revers* das Reciprocum erweisen könnte: Ich läugne nicht, daß ich der bejahenden Meynung war; weil ich in der ersten Mittheilung ein edles Vertrauen zu finden meinte, das ein Gegenseitiges verdiene und hasche. Die Gegenanmerkung aber, die S[ein]e Durchl[aucht] machte, daß nämlich S[eine] K[önigliche] H[oheit] jene Hefte *ohne*, wir aber *mit* Revers empfangen hätten, konnte[a] ich auch nicht anders als rein gewissenhaft finden. S[erenissi]mus Aeschylus hatte die billige Deferenz, die Sache zu Ewr. Durchl[aucht] Höchsten Entscheidung heim zu stellen. Von den mir gnädigst anvertrauten Vorschlägen des Spartac[us] [=Weishaupt] habe ich natürlicher Weise nichts gesagt.

Auf einer Seite freue ich mich ungemein, daß die Jalousie in Berl[in] und W[eimar] *eigentlich* unsre Verbindung nicht trift, weil es im Nothfall immer ein Mittel giebt, das Mißverständniß, ohne grosse Indiscretion, aus dem Wege zu räumen. Vielleicht finden E[eure] Durchl[aucht] einen Weg, so wohl S[eine] K[önigliche] H[oheit] als auch die vornehmsten Ill[uminaten] Obern, die unter falscher Furcht schweben, auf Dero Hohes Fürstl[iches] Wort |[2r] zu versichern, ohne den Letztern die Art und Weise zu sagen, wie Ew. Durchl[aucht] zu dieser Ueberzeugung gelangt sind, daß die in Berlin so angeschwärzten Grade und Hefte, ganz und gar die Unsrigen nicht sind. Vielleicht auch nimmt S[eine] K[önigliche] H[oheit] die ocular Ueberzeugung[3] gegen einen conditionellen Revers der Verschwiegenheit an, der nur dann gültig sey, wenn es eine, von der von Ihm[b] mitgetheilten ganz verschiedene Sache zu seyn erhellet.

---

[1] Wahrscheinlich nicht Ernsts Brief an Bode vom 26.9. (Dokument Nr. 26), sondern ein Brief, in dem Ernst den Weimarer Herzog davon zu überzeugen sucht, daß der Orden, vor dem Kronprinz Friedrich Wilhelm warnt, nicht mit dem Illuminatenorden identisch sei.

[2] Die Ordenspapiere, die Friedrich Wilhelm mit dem Brief vom 19.9. (Dokument Nr. 25) geschickt hatte; vgl. den Brief Herzog Ernsts vom 26.9. (Dokument Nr. 26), in dem die »fünf Classen« dieses anderen Ordens beschrieben werden (Bl. 1v, eine in der vorliegenden Edition ausgelassene Stelle).

[3] Überzeugung durch Augenschein.

[a] konnte] *H:* könnte

[b] von Ihm] *nachträglich eingefügt*

Auf der andern Seite aber, wird diese meine Freude durch zwey Betrachtungen sehr gemässigt. 1) Daß doch der Verdacht im Gange ist, nicht allenthalben, wo er hingereicht haben mag vertilgt,[c] und also hin und wieder ein grosses Hinderniß des durch unsern O[rden] zu stiftenden Guten werden kann. [...]

Kommentar

Vgl. die Dokumente Nr. 23-26, 41 und die Darstellung, S. 116.

28. Herzog Ernst II. von Gotha an Koppe, »den 7ten Jenner, 1785«, sig. »Timoleon«, eigh., Sk 1, Dok. 147 [Auszug].

[1r] [...] Der Vorschlag |[1v] dem M. Aurelius [=Feder] und Dicearch [=Meiners] diesen Heft [sic] der Großen Mysterien[1] mitzutheilen, scheint mir vortreflich und bey Bacone Verulamio [=Dalberg] geht mir der gedoppelte Zweifel bey einmahl, ob er den ersten Grad derselben erlangt habe? ob er aber auch Zweytens wircklich der Mann, der solche Dinge vertragen möchte wäre? [Dalberg habe eine zu lebhafte Einbildungskraft.] [D]ie sehr Sinn reichen Hypotheses des Spartacus [=Weishaupt] werden ihn nur noch mehr verwirren — Ich für meinen Theil gestehe es ganz gerne, daß diese Gegenstände weit — sehr weit über *Meinen* Horizont erhaben sind. So viel glaube ich nur davon gefaßt zu haben, einzusehen daß sich Dinge, die da Seyn und auch Nicht seyn könnten sehr Spizfündig bewiesen — und eben auf dieselbe Art übern Hauffen stoßen laßen — ohne, daß das Ganze unserer Verbindung, dadurch gebeßert, oder wahrhaftig aufgeklährt würde — denn im Grunde können wir doch einmahl zu einer vollkommenen evidenz einer solchen abstracten Materie, hier in der Zeit [nicht?] gelangen.

Indessen bin ich überzeugt, daß der Verfaßer, Herr und Meister ist, mit seinem Wercke — seinem Eigenthume, so zu Schalten und zu walten, als ers seinen Einsichten nach, für Gut und für nüzzlich hält. Nur wünschte ich, daß bey unserer gewiß |[2r] an sich vortreflichen Verbindung, den Mitgliedern mehr Sicherheit vor den Mißbrauch des Ganzen, durch eine veste Gesezgebung verschaft werden möchte. Ich wünschte, daß wir Schwächere, denn zu diesen gehöre ich für meine

[1] Auch die »Höheren Mysterien« genannt; vgl. die Darstellung, S. 77.

[c] vertilgt] *H:* nicht vertilgt

Person mehr Anleitung fänden, und zu höherm Forschen zu bilden mehr Anweisung bekämen, thätig für das Wohl der Menschheit und unser Eigenes zu werden. Hiezu gehört dünckt mir hauptsächlich daß wir erlernten unsere Leidenschaften zu mäßigen, und die vorhandenen zum Besten des Ganzen anzuwenden. Man lehre uns, mit wenigem glücklich und zufrieden zu leben; über unser Schicksaal froh zu werden, damit wir nach keinem andern streben mögten. [...] nur sollten diese speculativen Beobachtungen zur Beßerung unserer und anderer, mehr angewandt werden nicht noch mehrere Verwirrung, als deren bereits schon wircklich in der Sittlichen Welt vorhanden ist, verursachen. Leyder sind nicht alle Menschen zu Denkern geschaffen, denn in diesem Falle, müßten wir alle isolirt von einander leben; weil die Ruhe der Gesellschaft, die der Haupt Zweck der Sociabilitaet ist, oder doch seyn sollte, durch die Verschiedenheit der Einbildungs Fähigkeit, und die grenzenlose *Freyheit*[a] seinen eigenen Meynungen von Glück und Freyheit nach zu leben, immer aufs neue gestöhrt werden würde. |[2v] Ich kann mir wenigstens keine Menschliche Gesellschaft ohne gewiße Verträge, und Gesezze dencken, die immer in einigen Fällen die Natürliche Freyheit des Menschen zum Besten der Societaet einschräncken würde — diese Nothwendigen Einschränkungen, werden dann immer bey den leidenden Theilen, für Vorurtheile gelten. Vielleicht wircklich nicht ganz ohne Grund, indeßen sehe ich doch, im Allgemeinen genommen, die Möglichkeit nicht ein wie allem abgeholffen werden könnte. Wer soll aber die Grenzen dann bestimmen, wo die Freyheit im Dencken und Handeln, sich über festgestellte Gesezze hinaus sezzen — oder sich solchen unterwerffen müßte. Der Große Hauffe ist wohl hiezu nicht geschickt, noch im Stande ohne Vorurtheil oder Vorgefaßt[e] Meynungen zu Entscheiden — so würde demnach, wenn ich nicht sehr irre, die wahre Erleuchtung und Aufklährung doch[b] nur unter wenig AusErlesenen vertheilt und ihnen anvertraut seyn müssen[c] — wenn man nicht zu[r] gleichen Zeit ein Gebäude aufführen und wiederum[d] Einreißen laßen will. Welches doch im Grunde genommen ein Thörigtes Beginnen seyn würde. [...]

---

[a] *Freyheit] üdZ, aber ohne Streichung:* Gewalt
[b] doch] *nachträglich eingefügt*
[c] müssen] *nachträglich eingefügt*
[d] wiederum] *nachträglich eingefügt*

Kommentar

Herzog Ernsts Betrachtungen wurden veranlaßt durch Lektüre der ›Höheren Mysterien‹ (vgl. dazu Kap. 3.3, Anm. 23). Diese sind bisher noch nicht veröffentlicht worden; eine Stelle aus dem Philosophengrad zitiert Schüttler: Karl Leonhard Reinhold, S. 70. Vgl. die Darstellung, S. 101.

29. Herzog Ernst II. von Gotha an Bode, »Syracusa den 5 Februarii 85«, sig. »Timoleon«, eigh., Sk 1, Dok. 100 [Auszug].

[1r] [...] Wäre denn der Zeit Punckt noch nicht da,[a] daß die, durch |[1v] die lange Abwesenheit Aeschyli[b] [=des Herzogs Carl August von Weimar][1] Entschuldigte Inactivitaet der Brüder zu Heropolis [=Weimar], endlich einmahl rege gemacht werden könnte? Schade ists, wenn ich bedencke was für schöne und edle Kräfte bey Ihnen Müßig und Unthätig liegen bleiben. Wenn auch Aeschylus selbst nicht die Hand an die Arbeit mit legen wollte — Wenn auch Abaris [=Goethe] und W. von Stauffach [=von Fritsch] wegen überhäufter anderer Geschäfte — sich dieser entschlagen wollten — so blieben Ihnen doch dünckt mir noch Männer genug übrig die, die Br[üder] in Arbeit und Wärme sezzen könnten, wenn sie es nur wollten. Ich beschwöhre Sie Theuerster Aemilius das Glimmernde Füncklein doch einmahl wiederum anzufachen und zu veranlaßen daß der dortigen Brüder existenz, nicht auf eine so unverantwortliche Weise verderbe. [...]

Kommentar

Vgl. die Darstellung, S. 70 und 80.

30. Herzog Ernst II. von Gotha an Bode, »den 18. Februar 85«, sig. »Timoleon«, eigh., Sk 1, Dok. 101 [Auszug].

[1r] [...] [Ernst erörtert die Berufung Weishaupts nach Jena:]

---

[1] Von Oktober bis Januar reiste Carl August nach Straßburg, Karlsruhe, Mannheim, Frankfurt und Darmstadt, um in der Angelegenheit des projektierten Fürstenbundes zu verhandeln (vgl. CAPB 1: 105-12).

[a] da] *nachträglich eingefügt*
[b] Aeschyli] *nachträglich eingefügt*

Gleichwohl mein Theuerster Freund habe ich bey der Ausführung der Sache, beynahe Unüberwindliche Hindernisse, die ich nicht aus dem Wege zu räumen weiß.

1. Hängt die Errichtung einer Lehrstelle des Catholischen Kirchen Rechts, so wenig als die einer jeden andern Lehrstelle zu Jena, nicht von mir — nicht von meinem guten Willen ab, sondern, wie es Ihnen selbst bereits bekannt seyn wird, müßten alle Nutritores der Universität,[1] darüber nicht allein befragt werden, sondern auch wirklich zu Einerley Meynung und Überzeugung der Nüzlichkeit der Sache gebracht werden — und alle dazu willigen. Denn bey jedem Wiederspruche stockt nicht allein das Geschäfte, sondern, es entscheidet einigermaaßen solcher in contrarium.

2. Weiß ich nicht einmahl ob ich bey meiner eigenen Überzeugung von der Nutzbahrkeit eines solchen Schritts, der immer etwas eclat machen würde, im Stande seyn könnte, einmahl alle meine Ministres ebenfalls davon zu überführen.

3. Stößt sichs hauptsächlich an dem Fond aus welchem die Besoldung des neuen Lehrers bestritten werden müßte [...]

4. Wollen Sie sich gütigst erinnern, unter welchen für mich unangenehmen Umständen eine weit weniger auffallende Sache, vorigen Herbst zu Altenburg behandelt worden ist, durch die Annahme der Reformirten Glaubens Genoßen, als Sizhafte Unterthanen von dortigen Ständen zu erlangen hofte — Ja, ich hatte mich dabey so sehr erniedrigt — um mirs als eine Gefälligkeit von den Ständen auszubitten — doch wurde mirs unter |[1v] dem falschen Vorwande abgeschlagen, *es verändere die Grundverfassung des Landes* [...]

Alle diese Ursachen, machen mich glauben, daß für unsern Freund [=Weishaupt] in Jena nichts zu thun seyn werde; gleichfalls will ich den Min[ister] von Franckenberg,[2] mündlich darüber sondiren, und solange bitte ich Sie, anstand zu nehmen dem armen Bedrängten [=Weishaupt] zu antworten. Vielleicht ließe sich etwas für Ihn zu Erfurth thun[3] — wenn der Statthalter,[4] der gegenwärtig seine Residenz zu Würzburg zu

---

[1] Die vier ernestinischen Herzogtümer, die in Jenaer Universitätsangelegenheiten mitbestimmten: Sachsen-Weimar, Sachsen-Gotha, Sachsen-Coburg und Sachsen-Meiningen.

[2] Friedrich Ludwig von Franckenberg, Gothaischer Staatsminister.

[3] Anspielung auf die Möglichkeit einer Berufung an die Universität Erfurt, die zum katholischen Bistum Mainz gehörte; es wurde auch die Möglichkeit erwogen, Weishaupt an die ebenfalls zum Bistum Mainz gehörende Universität Bonn zu berufen.

[4] Karl Theodor von Dalberg, kurmainzischer Statthalter in Erfurt, im Illuminatenorden ›Baco von Verulam‹.

halten gezwungen ist, dort wäre, so ließe sich freylich etwas darüber verabreden, aber so besondern Umständen nach sehe ich nicht ein wie ich ohne weitläufige Correspondenz die Sache einleiten soll. [. . .]

KOMMENTAR

Vgl. die Darstellung, S. 106 und 126.

31. Graf von Stolberg-Roßla an Bode, »Claudiopolis [=Neuwied] den 27ten Febr. 1785«, sig. »Ludovicus Germanicus«, Sk 7, Dok. 127 [Auszug].

[1r] Hochwürdiger National-Consultor,

Jezt ist der Zeitpunkt vorhanden, Theurester Bruder, wo wir der Welt zeigen müssen, wer wir sind, und nach welchen Grandsäzen wir handeln. Die Wuth unserer Feinde in Bayern stürmt mit vereinter Macht auf Spartacus [=Weishaupt] los, und wird ihn zu Boden drüken, wenn wir uns nicht bald möglichst zu seiner Unterstüzung vereinen. Schon ist es so weit gekommen, daß er bei offenen Thüren sein Glaubensbekenntniß ablegen, und nach geendigten Studieniahre seines Lehramts entsezt werden soll.[1] Die Veranlassung dazu wird Ihnen der Erlauchte Timoleon [=Herzog Ernst II. von Gotha] sagen. [. . .]

Helfen Sie mir, bester Mann, ich bitte und beschwöre Sie bei unsern theuren Pflichten, den edeln Spartacus aus dem Gedränge retten! Sie kennen seine Talente, wissen, wozu er zu brauchen ist, und risquiren nichts, wenn Sie Sich Ihres Einflusses auf die Grossen der Erde bedienen, um ihn [sic] eine anständige Versorgung zu verschaffen. Ich habe |[1v] bei unserm Erlauchten Timoleon darauf angetragen, ihm zu einer Professur in Goettingen behülflich zu seyn, könten Sie ihm aber durch Prinz Ferdinand [=Herzog Ferdinand von Braunschweig[2]] oder Carl [von Hessen-Kassel] Empfelungen nach Preussen verschaffen,[3] dann

---

[1] Vgl. Dokument Nr. 32, Bl. 1r sowie die Darstellung, S. 106.

[2] Es ist zwar möglich, daß Stolberg-Roßla mit »Prinz Ferdinand« den Bruder des preußischen Königs, Ferdinand (1730-1813), meinte, aber dieser war kein Illuminat, so daß es fast sicher ist, daß der Ordensbruder *Herzog* Ferdinand von Braunschweig (›Joseph‹) gemeint ist, der kein *regierender* Herzog und damit eigentlich Prinz war; Ferdinand war auch mit dem preußischen Hof eng verbunden. Bode hat den Ausdruck auch so aufgefaßt (»Joseph«, Dokument Nr. 36, Bl. 1v).

[3] Auch Prinz Carl war mit dem preußischen Königshaus verwandt und hatte sich (wie Herzog Ferdinand) als preußischer Feldherr die Gewogenheit des Königs Friedrich II. erworben. Zu diesem Vorschlag vgl. unten den Brief Bodes an Herzog Ernst vom 16.3.1785, Dokument Nr. 36.

desto besser. Es beruht alles darauf, ihn ie eher ie lieber den Klauen seiner Feinde zu entreissen, und in sofern sey sein Schiksal Ihrer brüderlichen Sorgfalt anheim gestellt, und bestens empfolen! [. . .]

KOMMENTAR

Vgl. die Darstellung, S. 108.

32. Herzog Ernst II. von Gotha an Bode, »den 10. März 1785«, sig. »Timoleon«, eigh., Sk 1, Dok. 102.

[1r] Für heute mein theuerster Aemilius, hab‹ ich bloß nur die Zeit, Ihnen, einen Vorschlag mitzutheilen, der von dem edlen Accacius [=Koppe] herrührt, und dessen Ausführung womöglich bald und wircklich erfolgen müßte um ihren wahren Zweck zu erreichen. Bereits mündlich hatte ich die Ehre, Ihnen das traurige Schicksaal Spartaci [=Weishaupts] zu melden, das sich kürzlich auf folgende zwey punckte reducirt. Wovon ich die Beweise in den Händen habe.

1. hätte Er drauf angetragen, das Dict[ionnaire] De Bayle[1] für dortige Bibliothec[2] anzuschaffen, dies ist ihm durch ein sehr heftiges Rescript des Landesherrn nicht allein verwiesen worden, sondern man legt ihm auf, öffentlich und *apertis Januis*[3] heißt es im Decret das Glaubensbekenntniß abzulegen, und hinführo über das Werk eines Pfaffen, der Voltaire Rousseau Etc. wiederlegt zu haben glaubt[4] zu lesen.

2. Vermöge des zweyten Decrets wird ihm die Professur des J[uris] Canonici genommen, und diese wiederum in die Hände eines Geistlichen Lehrers gethan, beym Schluß seines jetzigen Collegii, wird ihm auferlegt sich nach andern Diensten umzusehen, dabey verbothen dortige Lande länger zu bewohnen und ihm bis zu seinen Unterkommen 400 fl ausgesezt.

---

[1] Pierre Bayle, *Dictionnaire historique et critique* (1695-97), ein Standardwerk der Aufklärung, erfüllt mit Kritik am Bestehenden.

[2] Die Bibliothek der Universität Ingolstadt. Zu diesen Ereignissen vgl. Le Forestier: Les illuminés, S. 470 f.; Engel: Geschichte des Illuminaten-Ordens, S. 206 ff. (wo auch die beiden hier erörterten Dekrete abgedruckt sind; das zweite — die Entlassung — trägt das Datum des 11.2.1785).

[3] Bei geöffneten Türen.

[4] *Historische und kritische Nachrichten von dem Leben und den Schriften des Herrn von Voltaire und anderer Neuphilosophen unserer Zeiten.* Gesammelt und herausgegeben von Johann Christoph Zabuesnig. Augsburg 1777.

|[1v] Die Abschriften selbst, mein theuerster Freund, sollen Sie des nächsten zu sehen bekommen. Nun schrieb mir Lud[ovicus] Germ[anicus] [=Graf von Stolberg-Roßla] um ihn mir zu empfehlen,[5] und einstweillen durch den Orden selbst zu versorgen. Dies geht denn nun freylich alles so schnell nicht an dahingegen accacius den Vorschlag that Ob nicht alle die Glieder des Regenten Grads[6] aufzufordern wären, ganz im Stillen zur einstweilligen Unterstüzzung der Familie des Sp[artacus] eine Beysteuer zu thun, und daß die eingegangenen Gelder ihm, ohne daß Er wüßte oder ja erführe woher sie kämen, eingehändigt würden.

Mir gefällt dies[a] außerordentlich wohl und ich für meinen Theil werde sehr gern das Meinige dazu beytragen. Auch habe ich diesen Gedanken, unserm Eschylo [=Herzog Carl August von Weimar] überschrieben[7] und gebethen, daß wenn er dies genehmigte, Ihnen sodann seinen Beytrag zuzustellen. Mich dünkt es würde desto schöner und den Wohlthätigen Gesinnungen unserer Verbindung am angemeßensten Seyn, wenn diese Beysteuer nur von den Br[üdern] des 7ten Grads[8] eingesammlet würde. Diese sind nicht allein mehr als andere im Stande etwas von ihrem Überflusse zu entbehren, sondern es Scheint mir der Gedanke edel und Stolz zu seyn |[2r] nur aus dieser Classe Beyträge anzunehmen, und diese Wohlthätigkeit, als ein Vorrecht derselben anzusehen. Dem Manne sind wir doch bey allen seinen Fehlern, Danck, großen Danck schuldig, da wir die Vorzüge und Vortheile seines großen und wichtigen Plans ruhig genießen ohne an Seiner Verfolgung andern Theil als Antheil des Herzens zu nehmen. Seyn Sie doch so gütig mein bester Aemilius und betreiben Sie diese Einsammlung aufs beste und eilen Sie womöglich damit, Bis dat, qui cito dat,[9] sagt ein abgeschmacktes altes SprichWort das aber wahr ist. Da eine Schnelle Hülffe, oft das Verdienst hat, weit mehr als eine spätere zu wircken.

Ich empfehle mich Ihrem lieben Andencken und bin mit der Ihnen bekannten treuen Anhänglichkeit, Ewig der Ihrige,

Timoleon.

---

[5] Dieser Brief an Herzog Ernst wird in Dokument Nr. 31 erwähnt.

[6] In Weimar: Bode, Carl August, Goethe, Marschall und Schardt; in Gotha: Herzog Ernst, Prinz August, Lühe, Helmolt, Koppe und wahrscheinlich Becker.

[7] Dieser nicht erhaltene Brief wird im Brief Carl Augusts zitiert, Dokument Nr. 33.

[8] Illuminatus major; hier sind natürlich die Grade *ab* 7. Grad gemeint.

[9] »Wer gleich gibt, gibt doppelt«.

[a] dies] *H:* mir

KOMMENTAR

Vgl. die Darstellung, S. 73 und 120.

33. Herzog Carl August von Weimar an Bode, undatiert [um 10.3.1785], eigh., Sk 1, Dok. 275.

Extract aus des H[er]tz[og] v[on] G[otha] brief.

»So kan ich Ihnen Gelegenheit dazu verschaffen, Spartacus [=Weishaupt] von dem ich Ihnen sprach ist wirckl[ich] zum flüchten genöthiget, er hielt sich zu Nürnberg auf u[nd] hinter läßt ein Weib im Wochen bette mit einigen Unerzogenen Kindern. Der Mann verliehrt 400 th. Gehalt. Koppe hat den Vorschlag gethan daß sich die Brüder des Regentengrades Vereinigen möchten, eine Milde beysteuer zusammen zu legen, u[nd] den betrag derselben heiml[ich] der Frau zuzusenden, jedoch so daß beyde nicht wißen wo die Wohlthat her käme.

Mit nächster Post schreibe ich dieß an Bode, dem Sie daß Geld zustellen lassen können.«

Morgen Mittag um eilf Uhr komme ich zu Ihnen.

C[arl] A[ugust] H[erzog] z[u] S[achsen]

ZUR DATIERUNG

Im Brief an Bode vom 10.3.1785 (vgl. Dokument Nr. 32) hatte Herzog Ernst von Gotha berichtet, er habe wegen dieser »Beysteuer« für Weishaupt »diesen Gedanken, unserm Eschylo [=Carl August] überschrieben« (Bl. 1v), so daß der im vorliegenden Dokument zitierte Brief Ernsts spätestens am 10.3. schon abgeschickt worden zu sein scheint. Zwei Tage später heißt es zwar in einem weiteren Brief des Herzogs: »Ich wünschte also daß es vor der Hand bey *einer ihm* [=Weishaupt] *heimlich zuzustellenden — und von unbekannter Hand ihm zukommenden Milden Beysteuer*, sein Bewenden behielt. Ich will zusehen, auf was Art ich mich mit dem Lieben Eschylo hierüber Einverstehen kann [. . .]« (Ernst II. an Bode, »Syracusis [=Gotha] den 12 März 85«, sig. »Timoleon«, eigh., Sk 1, Dok. 103, Bl. 1v), aber dies schließt nicht aus, daß er schon am 10.3. an Carl August geschrieben hatte; der Hinweis in Ernsts von Carl August zitiertem Brief, er wolle den Vorschlag einer Beisteuer »mit nächster Post« an Bode vermitteln, deutet wohl auf Ernsts Brief an Bode vom 10.3. hin, in dem ja von dieser »Beysteuer« die Rede war (Bl. 1v). In Briefen vom 11. und 16.3. erwähnt Bode ferner ein Gespräch mit Carl August am 9.3., das dem Inhalt nach *nach* dem Erhalt des vorliegenden Briefes zu datieren wäre; z.B. verfügte Bode schon am 9.3. über die Information über Weishaupts »Frau im Wochenbette«. — Wenn Carl August schreibt, er komme »Morgen Mittag um eilf« zu Bode, so bezieht sich das vielleicht auf die Mitgliederversammlung am 10.3.,

Brief des Herzogs Carl August von Weimar an J. J. C. Bode, um 10.3.1785 (vgl. Dokument Nr. 33, S. 316). Geheimes Staatsarchiv preußischer Kulturbesitz, Abteilung Merseburg, 5.2. G 39, Nr. 100, Dok. 275.

Brief des Herzogs Carl August von Weimar an J. J. C. Bode, 4.12.1785 (vgl. Dokument Nr. 53, S. 347 f.). Geheimes Staatsarchiv preußischer Kulturbesitz, Abteilung Merseburg, 5.2. G 39, Nr. 100, Dok. 272.

aber es kann auch ein privater Besuch gewesen sein, besonders da die Versammlungen anscheinend meist am Nachmittag stattfanden (es ist jedoch nicht ausgeschlossen, daß Carl August Bode am selben Tag noch vor der Versammlung treffen wollte, um mit ihm die Taktik der Versammlung abzuklären).

34. Bode an Herzog Ernst II. von Gotha, »Heropolis den 39ten Bahman. 1154 Jzdrgd« [Weimar, 11.3.1785], sig. »Aemilius‹, eigh., Sk 2, Dok. 226 [Auszug].

[1r]

Ew. Durchlaucht geruhen gnadigst, Sich den Inhallt einer Unterredung mit S[erenissi]mo Eschylo [=Herzog Carl August von Weimar], vortragen zu lassen.[1] Ser[enissi]mus Eschylus ist dazu bereitwillig, den edlen Spartac[us] [=Weishaupt] einen Lehrstul zu Butus [=Jena] zu geben, *wenn nur durch andre Wege, zu einem hinlänglichen Gehalte für ihn Anstalten getroffen werden könnten*; indem S[erenissi]mus Selbst bereits ein ansehnliches expropriis an Pensionen dahin bezahlten.

Ich bekenne es, Gnädigster Herr, daß ich für ziemlich gewöhnliche Fälle eben keine große Hitze in reelen Beiträgen von der Bruderschaft mehr erwarte. Aber der gegenwärtige Fall scheint mir auch so ausserordentlich und dringend, daß ich zu hoffen wage, man werde auf so lange, bis der Br[uder] Spartacus eine feste und hinläng- |[1v] liche Versorgung erhält, durch freywillige Subscription von allen Reg[enten] in der ganzen Nation,[2] eine hinlängliche Unterstützung finden. —

Von Ewr. Durchl[aucht] hoffe ich gnädigste Verzeihung zu erhalten, wenn ich bey dieser Gelegenheit vielleicht mit einiger Voreiligkeit zu handeln schien. Aber, Gnädigster Herzog und Herr! mich deucht, die Sache vertrage den, durch Hin und herschreiben veranlaßten Verzug nicht gar wohl, und auch, glaube ich, ist es aus gewissen Ursachen besser, wenn der Vorschlag zu dieser Subscription von dem Hochw[ürdigen] Herrn National [=Graf von Stolberg-Roßla] geschehe. Ich theile daher demselben Heute meine unvorgreiflichen Gedanken darüber mit; mit dem Wunsche, daß Spartac[us] aufs baldigste hier[her] kommen möchte. Ewr. Durchl[aucht] bekenne ich offenherzig, daß dieser Wunsch sich auf eine oft bestätigte Bemerkung gründet, daß ein sonst

---

[1] Wohl identisch mit dem Gespräch, das im Brief Bodes an Ernst vom 16.3. (vgl. Dokument Nr. 36) auf den 9.3. datiert wird.

[2] Hier sind natürlich nicht Fürsten, sondern Inhaber des Regentengrades im Orden gemeint.

gehörig qualificirtes Subject, wenn es gegenwärtig ist, weit günstigere Entschlüsse erregen kann, als wenn [es] abwesend und noch dazu persönlich unbekannt ist.

Was den Vorschlag des lieben Accacius [=Koppe], in Ansehung der Zurückgelassenen des Spart[acus] betrift,[3] der seinem liebevollen Herzen entfloß, und gewiß meinen Beyfall hat: |[2r] so habe ich doch, als folgenden Gründen, noch Anstand genommen, damit bey den hiesigen Brüdern hervor zu gehen.

[Der erste Grund sei, daß die wohlhabenden bayrischen Ordensmitglieder mehr helfen sollten; der zweite Grund ist, daß diese »Collecte« dem Ansehen Weishaupts vielleicht eher schaden würde;]

3.) Weil, da S[erenissi]mus Eschylus mir Nichts zugestellt hat, und Abaris [=Goethe] nicht anwesend ist,[4] und die übrigen, Philostratus [=Graf Marschall] vielleicht ausgenommen, nicht begütert sind, das, was ich etwan erhalten können, wirklich zu geringfügig gewesen seyn möchte. Sollte ich mich indessen in 1) geirret haben, so werde ich es erfahren, und dann streben, so viel zusammen zu bringen, als möglich.

Ich schmeichle mich gerne mit dem Gedanken, daß es vielleicht ein sehr gutes Geschick für den O[rden] ist, daß Spart[acus] unter Protestanten versetzt wird. Er muß in der neuen Lage solche Erfahrungen, über die nothwendige Verschiedenheit in der Behandlung so verschieden denkender Menschen machen, von denen er in Ephesus [=Ingolstadt] vielleicht kaum dunkle Ideen hatte; |[2v] und das könnte und würde bey der vorliegenden Revision der Hefte, von sehr glücklichen Folgen seyn. [. . .]

Zur Datierung

Einen »39ten Bahman« gibt es nicht; Bahman (oder Benmeh) ist identisch mit Februar, und Bode verwechselt Bahman mit Pharavardin, der 40 Tage enthält (dies tat Bode ursprünglich auch im Brief vom 16.3.1785, vgl. Dokument Nr. 36). Da 1785 kein Schaltjahr war, wäre der Brief auf den 11.3. zu datieren; ein Vermerk von Herzog Ernst bestätigt den Empfang am »12. März« (Bl. 1r).

Kommentar

Vgl. die Darstellung, S. 108 und 111.

---

3 Vgl. Dokument Nr. 32, Bl. 1v.

4 Goethe war vom 6. bis zum 12.3.1785 in Jena.

35. Herzog Carl August von Weimar an Bode, undatiert [vor dem 17.3.1785?], eigh., Sk 1, Dok. 274.

Hier schicke ich Ihnen Ihre Papiere mit vielem danck zurück, da alles detail darinnen steht, welches ich Ihnen geben wolte, so behalte ich den brief den ich erhielt zurück. Wann soll die Versammlung bey Ihnen sein?

C[arl] A[ugust] H[erzog] z[u] S[achsen]

ZUR DATIERUNG

Dieses Billet könnte vor einer anderen als der »Versammlung« vom 17.3.1785 entstanden sein, in der Carl August anwesend war (vgl. Dokument Nr. 37); wenn es jedoch diese Versammlung war, so könnten die »Papiere« die Dokumente über Weishaupts Entlassung sein, die Herzog Ernst im Brief vom 10.3.1785 (Dokument Nr. 32) erwähnt (er schreibt, er wolle Bode »des nächsten« Abschriften davon schicken).

36. Bode an Herzog Ernst II. von Gotha, »Heropolis den 16 Esphender.[a] 1154« [=Weimar, 16.3.1785], sig. »Aemilius«, eigh., Sk 2, Dok. 193 [Auszug].

[1r] [. . .]

Wenn ich vorher unterthänigst gemeldet, daß gleich vorigen Donnerstag [=10.3.] unter den hiesigen Brüdern des 7ten Grades,[1] auf künftigen Donnerstag [=17.3.] eine abermalige Versammlung festgesetzt ist,[2] in welcher ich, in gehorsamster Folgeleistung den anbefohlenen Vortrag thun und möglichst befördern werde: so wage ich es, die Veranlassung und Gründe zu dem, was ich bisher hierüber geschrieben, |[1v] anzuführen, und Ewr. Herzogl[ichen] Durchl[aucht] den Aus-

---

[1] Gemeint sind die Grade ab »Illuminatus major«, also auch Illuminatus dirigens, Priester und Regenten, in Weimar also: Herzog Carl August, Goethe, Schardt, Marschall, Herder, Batsch, vielleicht Prinz Constantin; daß zu dieser Zeit Kästner und Musäus in diesen höheren Graden standen, ist zweifelhaft — zur Orientierung vgl. das Verzeichnis der Anwesenden im Protokoll für den 17.3.1785, Dokument Nr. 37. Da auch am 17.3. nicht alle diese zur Teilnahme Berechtigten anwesend waren, so kann man auch annehmen, daß dies am 10.3. der Fall war.

[2] Vgl. das Protokoll, Dokument Nr. 37.

[a] 16 Esphender] *korr. aus:* 43ten Bahman

spruch mit schuldigster Unterwerfung zu überlassen.

D[en] 26ten Februar empfing ich von Baco verulam [=Carl Theodor von Dalberg, kurmainzischer Statthalter in Erfurt] einen Brief mit Einschluss von Alfred [=Graf von Seinsheim], worin letzterer mich aufforderte, für die Brüder in Graecia [=Bayern], unter meinem weltlichen Namen zu schreiben.[3] Den 9ten Merz darauf erhielt ich einen Brief vom Hochw[ürdigen] Herrn National [=Graf von Stolberg-Roßla], worin Er mir anzeigte, was das Rescript Nro 4 enthält, und mich aufforderte, auf eine Versorgung für Spartacum, etwa durch Joseph [=Herzog Ferdinand von Braunschweig] oder Aaron [=Prinz Carl von Hessen], bedacht zu seyn.[4] [Bode entschuldigt sich ausführlich wegen seines Übertritts der Regel, nicht direkt an den Nationaloberen zu schreiben, sondern nur über den Inspektor, Ernst selbst.] |[2r] [...] In der letzten [Antwort] sagte ich offenherzig, daß ich *jezt gleich* keine Aussicht für unsern Spartac[um] wüßte, daß ehedem Baco di Verul[am] gegen mich geäussert, daß er daran arbeite, ihn als Instructor bey dem Prinzen seines vermuthl[ich] künftigen Landesherrn[5] zu employiren. Ob das jezt

---

[3] Es geht um eine Verteidigungsschrift gegen Angriffe auf den Orden, möglicherweise gegen das Pamphlet von Babo (vgl. dazu die Darstellung, S. 123). Auch der bekannte schweizerische Pädagoge Johann Heinrich Pestalozzi trug den Illuminatennamen »Alfred«, aber den Umständen nach dürfte der im Orden aktivere bayrische Illuminat Seinsheim hier gemeint sein. Seinsheim war Vizepräsident der Oberlandesregierung in München; Weishaupt schätzte ihn sehr (Weishaupt an Zwack, Anfang 1782, NOS 1: 37 bzw. D 261 f.) und hatte ihn Anfang Februar gebeten, die Sache der Illuminaten beim Kurfürsten zu verteidigen (Weishaupt an Münchner Areopagiten, 2.2.1785, NOS 1: 225-28 bzw. D 374).

[4] Stolberg-Roßla an Bode, 27.2.1785, Dokument Nr. 31; dort wird durch Herzog Ferdinand oder Prinz Carl eine Berufung nach *Preußen* in Vorschlag gebracht. — In einem Brief vom 13.3. (den Bode noch nicht bekommen haben wird, als er den vorliegenden Brief schrieb) bittet Stolberg-Roßla Bode, durch Dalberg den »Br[uder] Alfred« von der Idee einer Apologieschrift abzubringen (Stolberg-Roßla an Bode, »Claudiopolis [=Neuwied] den 13ten Esph[endar] 1154. J.«, sig. »Ludovicus Germanicus«, Sk 7, Dok. 119).

[5] Vermutlich Herzog Karl II. August von Pfalz-Zweibrücken, der designierte Nachfolger Carl Theodors als Kurfürst von Bayern. Der überraschende Umstand, daß Dalberg, der lange als kurmainzischer Statthalter in Erfurt gedient hatte und dessen weitere Laufbahn durch die Animosität des mainzischen Kurfürsten Erthal blockiert zu sein schien, in den Dienst des künftigen bayrischen Kurfürsten zu treten beabsichtigte, wird in der Literatur zu Dalberg (vgl. Beaulieu-Marconnay, Freyh, Rob) nirgends erwähnt, wird jedoch aus einem Vergleich des vorliegenden Dokuments mit einer anderen unveröffentlichten Briefstelle zur Wahrscheinlichkeit: Stolberg-Roßla schreibt am 13.3.1785 an Bode, daß die Professur in Jena nun die beste Lösung für Weishaupt sei, »weil Baco's [=Dalbergs] vermuthlicher Plan durch den Tod des P. v. Z. vereitelt ist« (»Claudiopolis [=Neuwied] den 13ten Esph. 1154. J.«, sig. »Ludovicus Germanicus«, eigh., Sk 7, Dok. 119, Bl. 1r). Der einzige Prinz von Zweibrücken starb achtjährig am 21.8.1784 (Dalberg hatte die Nachricht wohl

noch Sache sey? wisse ich nicht. Indessen wäre ich der Meynung, Spartac[us] müsse sich einem öffentlichen Zwangsglaubensbekenntnisse nicht aussetzen (ich wußte damals nicht, daß er eine Frau im Wochenbette liegen hätte) sondern, wenn er diesem Triumphe unserer Feinde auf keine andre Art ausweichen könnte, müsse er lieber bey Zeiten an einem protestantischen Orte (wozu ich Claudiopolis [=Neuwied] Syracus [=Gotha] oder Heropolis [=Weimar] vorschlüge,) so lange Sicherheit nehmen, bis man einen Posten fände, wo er für die Welt und sich selbst mit Nutzen wirksam seyn könne. Als ich darauf, den 9ten von S[erenissi]mo Eschilo [=Herzog Carl August von Weimar] erfuhr, daß Spartac[us] bereits in Nürnberg sey; daß man darauf dächte, ihm einen ausserordentlichen Lehrstul in Butus [=Jena] zu geben; S[erenissi]mus Esch[ylus] mir aber sagte: Er wisse noch nicht, wie es mit dem nöthigen Gehalte zu machen seyn möchte, indem Er Selbst schon *starke* Ausgaben der Art hätte, u.s.w.[6] Da stieß mir gewiß kein Zweifel auf, daß Ew. Durchl[aucht] gänzlich geneigt seyn würden, mit Geldausgaben zu Hülfe zu eilen. Auch sind Ewr. Durchl[aucht] menschenfreundliche Empfindung[en] mir zu anschaulich bekannt, um Ihrem Herzen das daraus zu geniessende Vergnügen |[2v] gegen diese oder jene Summe taxiren zu wollen; ob gleich ich weiß⟨,⟩ daß Höchstdieselben bereits durch den ⊙ beträchtliche Ausgaben gehabt haben. Auf der anderen Seite aber, gnädigster Herr geste[he] ich auch gerne, daß ich glaube, auch in Geldsachen sey Discretion, mir und den übrigen O[rdens]-brüdern gerade um so mehr Pflicht, jemehr Ew. Durchl[aucht] Selbst darüber hinaussehen. Was mich aber hauptsächlich für den, Ewr. Durchl[aucht] mißfälligen Vorschlag entschied, waren 2 Betracht⟨ungen:⟩ 1) daß, wenn Ew. Durchl[aucht] auch gar keine Rücksicht bey der Salarirung des Spart[acus] auf den Neben umstand nähmen, daß der

---

erst jetzt erhalten); bei einem Politiker vom Format Dalbergs läßt sich für die Abkürzung »Z.« keine andere Möglichkeit als die Zweibrückener Erben der bayrischen Kurfürstenwürde denken — so abenteuerlich der Plan auch erscheinen mag, daß der vom bayrischen Kurfürsten vertriebene Ordensgründer als Schützling des nächsten Kurfürsten seine Wiederkehr feiern sollte (gerade die Wirksamkeit dieses Plans in der Öffentlichkeit kann Dalberg daran gereizt haben). Der Herzog von Zweibrücken hat ehemaligen Illuminaten später Schutz gewährt (Engel: Geschichte des Illuminaten-Ordens, S. 369 f.). Allerdings wurde Dalbergs Absicht offensichtlich durch seine Wahl zum Koadjutor von Mainz im Jahre 1787 hinfällig (und Herzog Karl wurde ohnehin nie Kurfürst). Zur Bedeutung des Ordens für Dalberg vgl. die Darstellung, Kap. 1, Anm. 2 sowie Kap. 3.3, Anm. 24.

[6] Wohl dasselbe Gespräch, von dem Bode im Dokument Nr. 34 berichtet.

Nutzen welchen dieser neue, nach meiner Meynung so gut besetzte, Lehrstul, der Universität schafte, allein für die Stadt Butus sey, doch wahrscheinlich Ewr. Durchl[aucht] Räthe es bedenklich finden würden, etwas zu thun, das Heut, oder Morgen, für dero hohes fürstliches Haus, als Mitpfleger der Universität als eine praecedenz qualificirt werden könnte. [...]
2.) Meine ich, daß alle Brüder vom 7. Gr[ad][7] Spart[acus] für das im ⊙ erkennen, was er ist. Wenn ich darin nicht irre, so dachte ich, gäbe diese Gelegenheit einen untrüglichen Probierstein für den Grad der Schätzung der Güte, und der Anhänglichkeit dieser Brüder nicht sowohl an Spart[acus] sondern an den ⊙ selbst. — Eine Einsicht, die über die Hofnung, und Erwartung des künftigen Nutzens vom ⊙ sehr viel Licht verbreiten müßte. — Da ich aber in diesem Punkte doch gerne mehr hoffe, als besorge, so glaube ich auch, daß eine brüderliche Bereitwilligkeit, dem Hochwürdigen Spart[acus] keinesweges demütigen sondern vielmehr sehr erfreulich und ehrenvoll seyn müßte. [...] |[3r] [Bode habe im erwähnten Brief vorgeschlagen, Weishaupt solle nach Weimar und Gotha kommen.] Meine Gründe aber, für diese Einladung waren (ohne mein Verlangen, den Br[uder] Spart[acus] von Person kennen zu lernen, abläugnen zu wollen) 1) S[erenissi]mus Eschilus bezeugte gleichfalls ein Verlangen, ihn hier zu sehen, und ließ sich merken, daß er nicht *ganz* abgeneigt sey, wenigstens Etwas für Spart[acus] zu thun. Nun halte ichs aus Erfahrung für natürlich, daß man für einen Mann, den man persönlich kennt, thätiger ist, als für einen von Person unbekannten. 2) Wenn Spart[acus] in das Projekt entrirte, in Butus zu lehren, so, dachte ich, wäre Schade, ein halbes Jahr müssig vorbey gehen zu lassen, und der Oster Termin ist vor der Thüre! |[3v] [...]

Dem Effect meine[s] Briefe[s] an L[u]d[ovicus] Germ[anicus] [=Graf von Stolberg-Roßla], welchen [sic] Ew. Durchl[aucht] nicht billigen, ist leicht durch ein Schreiben an diesen, oder auch gerade an Spartac[us] vorgebeugt. [Bode erwähnt die neue Auflage von *Ueber Freymaurer. Erste Warnung* und die Beilagen (vgl. die Darstellung, S. 123); Bode werde keine Entgegnung auf diese Denunziation schreiben.] |[4r]

Ew. Durchl[aucht] werden mir gnädigst verzeihen, daß ich die Beylagen nicht mit umgehender Post remittiren können, indem ich solche erst Heute Morgen von S[erenissi]mo Eschilo zurückerhalten habe.[8]

---

[7] Also in Weimar; vgl. oben, Anm. 1.

[8] Herzog Ernst hatte diese Schriften dem Brief an Bode vom 12.3.1785 beigefügt und ihn gebeten, sie Carl August zu zeigen und spätestens am 15.3. zurückzuschicken (»Syracusis [=Gotha] den 12 März 85«, sig. »Timoleon«, eigh., Sk 1, Dok. 103, Bl. 2r).

KOMMENTAR

Nachdem Bode hier auf Beanstandungen Herzog Ernsts antwortete, drückte Ernst im Brief vom 19.3.1785 seine Zufriedenheit mit Bodes Verfahren aus und versicherte ihm den Fortbestand seiner »treuen Gesinnungen« (»Syracusis [=Gotha] den 19 Martii 85«, sig. »Timoleon«, eigh., Sk 1, Dok. 104). — Vgl. die Darstellung, S. 109, 122 und 137.

37. **Protokoll der Weimarer Versammlung vom 17.3.1785**, Sk 15, Dok. 58.

[1r]
Actum Heropolis [=Weimar]
den 17 Asphander 1154. [=17.3.1785]

Praesentes
Der Durchl[auchtige] Hochw[ürdige] Br[uder] Aeschylus [=Herzog Carl August]
Der Hochw[ürdige] Br[uder] Aemilius [=Bode],
Der Hochw[ürdige] Br[uder] Appollonius [=Schardt],
Der Hochw[ürdige] Br[uder] Damasus Pont[ifex] [=Herder]
ego, Fr[ater] Flavianus [=Batsch]

Nachdem heute vor 8. Tagen von den bey dem Hochw[ürdigen] Br[uder] Aemilio versammelt gewesenen Brüdern des [7.][1] Ill[uminaten] Gr[ades] die Verabredung getroffen wurde, auf heute Nachmittag bey Ebendemselben anderweit zusammen zu kommen, um über ein- und andere Punkte Beratschlagung zu pflegen; und dann sich ebenbemerkte resp[ektive] Durchl[auchtige] und Hochw[ürdige] Brüder daselbst eingefunden: So geschahe

1.) in Ansehung des unschuldig verfolgten Hochw[ürdigen] Br[uders] Spartacus [=Weishaupt], von dem Durchl[auchtigen] Hochw[ürdigen] Br[uder] Aeschylus die Erklärung dahin: daß ein jeder der hiesigen Illuminaten einen versiegelten Zeddul binnen   Tagen[a] an den Hochw[ürdigen] |[1v] Br[uder] Aemilius einsenden möchte, worin-

[1] »7« wurde ausgelassen und ist ergänzt nach der Stelle unten, Bl. 2v, sowie Dokument Nr. 36, Bl. 1r (vgl. dort Anm. 1).

[a] *Lücke vor* Tagen, *die offensichtlich ausgefüllt werden sollte*

nen einjeder seine Gesinnung ob und was er als einen Beytrag für den Br[uder] Spartacus zu leisten gesonnen? zu erörtern hätte.

Womit

die anwesende H[erren] Brüder sämtlich übereinstimmten, und solle Extract⟨us⟩ hujus Protocolli[2] den beyden abwesende[n] Hochw[ürdigen] Brüdern Philostratus [=Marschall] und Abaris [=Goethe] mitgetheilt werden.[3]

2.) Proponirte der Hochw[ürdige] Br[uder] Aemilius

a) da sich eine starke Anzahl Brüder FreyMaurer zu Jena, und besonders unter den daselbst studierende[n] Liefländern etliche 20. befänden, so wolle er zur Überlegung anheim geben, ob es nicht rathsam sey, daselbst eine F[rei]M[aurer] □ |[2r] zu constituiren und eine Minerval-Kirche einzurichten?

Der Hochw[ürdige] Br[uder] Appollonius erinnerte hierbey, wie ihm nicht anders wissend sey, als daß bey der vorgewesenen VisitationsCommission in Jena, in annis 1766. oder 1767.[4] alle Orden aufgehoben und verboten worden.

Wogegen

von mir Endesbemerktem eröfnet wurde, wie mir nicht anders erinnerlich sey, als daß der F[rei]M[aurer] Orden, in dem deßfalls erlassenen, ni Fallor,[5] gedruckten Mandat eximirt,[6] und nur die andern kleinern Ordens-Verbindungen benahmt worden.

Dahero denn

diese Proposition, bis nach |[2v] erfolgter Einsicht des dieserhalb von S[ereniss]mis Nutritoribus[7] erlassenen Mandats, in suspenso gelaßen wurde.[8]

b.) daß hier in Heropolis [=Weimar] eine [Minerval-]Kirche einzurichten sey.

Welches agréirt wurde. Nur ward die Anmerkung gemacht, daß Serenissimus Aeschylus, und die Hochw[ürdigen] Brüder Abaris

---

[2] Auszug des heutigen Protokolls.

[3] Dieser Auftrag wurde ausgeführt; Sk 15, Dok. 59 ist ein Auszug, der bis zu dieser Stelle des Protokolls reicht; vgl. Batsch an Bode, »den 20ten Mart. 85«, sig. »Flavianus«, Sk 3, Dok. 9: »Ich habe das Protocoll nach der gemachten Anmerkung supplirt und zugleich Copien extract. Protoc. gefertigt.«

[4] Am 13.2.1767.

[5] Wenn ich mich nicht irre.

[6] Ausgenommen.

[7] Die Herzöge der vier Erhalterstaaten, die für die Universität Jena verantwortlich waren: Sachsen-Weimar-Eisenach, Sachsen-Gotha und Altenburg, Sachsen-Meiningen und Sachsen-Coburg-Saalfeld.

[8] Zeitweilig aufgehoben wurde.

und Damasus darein nicht füglich erscheinen, und also keine Aemter annehmen könnten.

c.) Daß die resp[ektiven] Durchl[auchtigen] und Hochw[ürdigen] Brüder des VII. Gr[ades][9] künftighin monatlich einmahl zur Deliberation zusammen kommen, und dieserhalb einen gewißen Tag in jedem Monat sowohl, als die Stunde der Zusammenkunft bestimmen |[3r] möchten, und wolle er den 1n jeden Monats, wenn kein Sonn- oder Festtag einfalle, ansonsten den unmittelbar darauf folgenden Tag, und die Stunde Nachmittags um 4. Uhr in Vorschlag bringen; wünsche jedoch, aus gnugsam bekannten Ursachen, daß diese Zusammenkünfte nicht an einem und ebendem selben Orte gehalten würden.

Worauf

sogleich für die nächste Zusammenkunft der 1te April a[nni] c[urrentis][10] festgesezt wurde, und wolle der Durchl[auchtige] Hochw[ürdige] Br[uder] Aeschylus jedes mal den Ort der Versammlung bestimmen, womit sich die gegenwärtige beendigt. Nachrthl. uts.

Fr[ater] Aemelius[b] Fr[ater] Flavianus

Kommentar

Einer der frühen Benutzer der ›Schwedenkiste‹, Arthur Ott, hatte offensichtlich dieses Dokument im Sinne, als er schrieb: »In einer anderen Sitzung, in welcher praesentes waren: Karl August, Bode, Schardt, Herder, Batsch, wird eingehend beraten, wie man dem unschuldig verurteilten Spartacus (Weishaupt) helfen könne«, aber er erwähnt das Jenaer Berufungsprojekt nicht und kommt zu dem falschen Schluß, daß Weishaupt schon zu diesem Zeitpunkt »in Gotha Schutz gefunden« habe (Goethe und der Illuminatenorden, S. 88; Ott erwähnt dann anschließend den Versuch des bayrischen Kurfürsten, Weishaupts Auslieferung zu erzwingen, aus dem Jahre 1787!). — Vgl. die Darstellung, Kap. 3.3, Anm. 14 und 39 sowie S. 81, 102, 110, 137, 142 und 192.

---

[9] Vgl. Dokument Nr. 36, Anm. 1.

[10] Dieses Jahres.

[b] Fr. Aemelius] *am Rand*

38. Bode an Herzog Ernst II. von Gotha, »Asphandar 20. 1154« [=20.3.1785], sig. »Aemilius«, eigh., Sk 2, Dok. 195 [Auszug].

[...] [1v]

Aus dem angebogenen, unterm 17ten hier abgehalten[en] Protokolle,[1] werden Ew. Durchl[aucht] zu ersehen geruhen, was in dieser Conferenz proponirt und beschlossen ist. Ich muß dabey bemerken: daß

ad 1) noch nichts bey mir eingelaufen sey, und daß ich mein kleines Scherflein gerne in Begleitung der Uebrigen einsenden möchte.

ad 2.) a)[a] daß ich, so bald es die Witterung und meine Winterunbäßlichkeit erlaubt, ich mich gen Butus [=Jena] verfügen werde, um die nöthigen Vorbereitungen zu treffen, und behüfige Erkundigungen einzuziehen. |[2r]

ad 2. (b)) werde ich hoffentlich mit dem Etablissement einer M[inerval]Kirche allhier in nächster Versammlung zur Richtigkeit kommen. [...]

Kommentar

Zum Inhalt vgl. die betreffenden Punkte im Dokument Nr. 37; vgl. auch Kap. 3.3, Anm. 39.

39. Weishaupt an Bode, »Altorff den 23t Merz 1785«, sig. »Sp[artacus]«, eigh., Sk 7, Dok. 248 [Auszug].

[1r] [...]

Schon vor 5. Wochen, wie seit welcher Zeit ich Ephesus [=Ingolstadt] verlassen, habe ich Acacius [=Koppe] mein Vorhaben in [I]hre Gegend zu wandern vorgetragen. [...] Durch Acacius erhielte ich die Versicherung, daß S[eine] Durchlaucht [Ernst von Gotha] sich für mich bey den übrigen Höffen nachdrücklichst verwenden würden.[1] Aber seit langer Zeit höre ich nichts weiters. Ich vermuthe Euer Hochwürden sind schon von allen unterrichtet, ich bitte Sie daher an [I]hrem Hoff mein Gesuch bestens zu unterstüzen, und mich bald wissen zu lassen, ob ich etwas oder nichts zu hoffen habe, damit ich mich anderswohin wenden

[1] Vgl. Dokument Nr. 37.

[1] Bezieht sich auf die erhoffte Berufung nach Jena; vgl. Kap. 3.6.

[a] a)] *nachträglich eingefügt*

könne. Denn ich bin nun Vagabundus super terram,[2] gehe niemanden an. [...] Sie werden von mir wie ich Hoffe keine Unehre haben [...] Meine Frau und 2 Kinder sind noch in Bayern: Ich lasse sie nicht eher kommen bis ich sichere aussichten habe. Da Philosophie meine Stärcke ist, so empfehle ich die Erlaubnis vorzüglich Philosophische Geschichte und Moral lesen zu dürffen. [...]

40. Herzog Ernst II. von Gotha an Bode, »Syracusis [=Gotha], den 24 März 1785«, sig. »Timoleon«, eigh., Sk 1, Dok. 105 [Auszug].

|[1r] [Ich habe] das Vergnügen, [...] Ihnen meine Freude darüber zu bezeigen, daß Sie es doch dahin zu bringen gewußt, Endlich einmahl eine MinervalKirche zu Heropolis [=Weimar] zu gründen. [...] Zur Errichtung einer Loge zu Butus [=Jena], wünsche ich Ihnen ebenfalls, von Herzen Glück: die Einwendungen die man Ihnen zwar dagegen macht,[1] sind nicht ganz unerheblich, dennoch glaube ich mit Ihnen, daß die Fr[ey]M[au]r[e]r[e]y von den Verordnungen gegen alle heimliche Orden und Verbindungen, die eigentlich nur die Sogenannten Landmannschaften, zu exstirpiren zum zwecke hatten, ausgeschloßen ist: wenigstens wäre die Fr[ey]M[au]r[e]r[e]y, selbst, ein herrliches und vortrefliches Mittel, jene zu verhindern. Auch haben wir das Beyspiel von Andrus [=Göttingen] *für*[a] uns, wo aufs neue gegen alle andere Geh[eimen] Verbindungen außer ihr, gar scharffe Verordnungen ergangen sind. Und wir wißen ja, daß unser Ill[uminaten] O[rden] daselbst mit der Fr[ey] M[aure]r[e]y verbunden die Vorzüglichsten Wirckungen gehabt hat und im Blühendsten Zustande sich daselbst |[1v] befindet.[2] [...]

---

[2] Auf der Erde wandernd.

[1] Vgl. oben Dokument Nr. 37, Bl. 2r.

[2] Zur Illuminatenniederlassung in Göttingen, in der die wichtigsten Figuren die Professoren Feder, Meiners, Spittler und (vor seinem Umzug nach Gotha) Koppe waren, vgl. summarisch Dülmen: Der Geheimbund der Illuminaten, S. 63 f.; die dort als »völlig ungesichert« bezeichnete Mitgliedschaft Meiners' und Spittlers wird durch Dokumente in der ›Schwedenkiste‹ bestätigt.

[a] *für*] *zweimal unterstrichen*

KOMMENTAR

Vgl. die Darstellung, Kap. 3.3, Anm. 39.

41. Herzog Ernst II. von Gotha an Koppe, »den 26. März 1785«, eigh., Sk 1, Dok. 160.

|[1r] Hier theuerster und bester Freund erhalten [S]ie einen Brief des H[erzog]s v[on] W[eimar] an mich, den ich so eben bekam, in Betreff unsers Spartaci [=Weishaupt]. Er beruft sich zwar, auf eine Abrede mit mir dieserwegen, und es ist wahr, daß die dortige Antwort, auf meinen ersten Antrag, davon mir mündlich bey dem ersten AbendEßen sogleich nach meiner Ankunft zu Weimar[1] geschehn so lautete, allein ich muß zur Steuer der Wahrheit bekennen daß ich nicht dachte daß man sich weiter darauf beruffen würde indem ich selber, diesen Gegenantrag weder annahm noch ihn verwarff — überhaupt im Mund-Wercke bin ich nicht der ⟨Stä⟩rckste, und ich dachte es würde doch am Ende sich am Besten ⟨da⟩durch sich ausweisen was man auf einen förmlichen Ministeriums Antrag antworten — und bey reiferem Nachdencken über die Sache sagen würde — mithin ließ ich dort, dies angefangene Gespräch wiederum fallen, zumahl ich doch glauben zu dürffen hoffte, daß man die Sache nicht ganz von der Hand weisen wolle. Darf ich [S]ie wohl ersuchen, mein bester Accacius dies zu überlegen und mir dann Ihre Meynung darüber zu sagen. Von meiner Seite will ichs auch noch reifflich überdencken um im Conseil[2] eine Anregung thun zu können und aus Ihrem und der H[erren] Ministres Gutachten ein Ganzes zu machen. Bis dahin werde ich auch meine Rück Antwort nach W[eimar] verschicken. |[1v]

An sich, ist der Vorschlag nicht ganz Übel; dennoch scheint Er ein Mißtrauen in Sp[artacus] zu verrathen — und eben dies ist's was mir hauptsächlich nicht daran gefällt.

Zweytens kömmts mir vor als wenn er aber dabey auch Kostspieliger sey: indem ein Mann wie Sp[artacus] der nicht recht weiß woran er eigentlich ist nicht so wohlfeil leben kann, als Einer der sich förmlich eingerichtet hätte. In diesem Falle müßte denn entweder ich, oder der H[erzo]g [von Weimar] — oder allebeyde zugleich etwas mehreres für

[1] Vielleicht der Besuch etwa vom 28.2.-3.3.1785 (WA IV/7: 18 f.).

[2] Das Geheime Conseil, das oberste beratende Regierungsgremium des Herzogtums Gotha; der wichtigste Minister war von Franckenberg.

den Mann thun, als wir zu thun im Sinne halten; denn zu Gotha kann er überhaupt nicht so klein und nicht so wohlfeil leben, als eben in Jena. Gegen einen ganz Fremden, von dem man gar nichts wüßte — deßen Gesinnungen man nicht kennte, würde die vorgeschlagene Vorsicht recht gut und vollkommen an ihrem Rechten Orte seyn. Allein gegen Sp[artacus] gegen den Vater und Schöpfer unserer theuren Verbindung, scheint sie mir hart und Übel angebracht.

Gleich von Anfang an, hab‹ ich dort sehr großes Mißtrauen in die Verbindung selbst, bemerckt. Die Kälte hat wie Sie sehen dagegen bis eben jetzt immer im Stillen fort gedauert. Politische Gedancken, haben diese Gährung unterhalten, und eine Art Wiederwillen die der Vortrefliche Fürst von Anhalt Deßau,[3] gegen die Fr[ey]M[aure]rey und alle geheimen Verbindungen heegt — verstärckt durch Verdacht, der vom |[2r] Kr[on] Pr[inzen] von Preussen[4] herrühren mag; scheint mir diese fatale Spannung zu veranlaßen. Schon vor meiner Reise nach Deßau — doch dies bleibt völlig unter uns beyden — hatte der Pr[inz] sich gegen die Ill[uminaten] geäußert, der H[erzo]g [von Weimar] um es mit seinem H[err]n Schwager [=Kronprinz Friedrich Wilhelm] nicht zu verderben schien geneigt, sogar, diesen Orden verlaßen zu wollen. Er schlug mir vor, dem Pr[inzen] alles zu offenbahren um diesen zu beruhigen daß nichts Politisches dahinter verborgen sey.[5] Ich für meinen Theil konnte und wollte hiermit nichts zu thun haben that jedoch den Vorschlag daß wenn der Kr[on] Pr[inz] den O[rden]s Revers unterzeichnen und sich anheischig machen wollte, nichts gegen den O[rden] zu veranstalten — ihm dann die Einsicht der Papiere und hefte zu gestatten. Ich bekam Lust in der Abwesenheit meiner Frau,[6] Deßau zu sehen, hatte schon vor langer Zeit es bezeugt [sic] ob es nicht etwa möglich wäre, daß ich den Kr[on] Pr[inzen] dort, so wie dieser eben daselbst den Marggrafen von Baaden im Geheimen sehen und sprechen könnte?[7] Der H[erzo]g [von Weimar] [und] der Fürst [von Dessau], vermittelten jene entrevue den vorigen September,[8] und in der Hoff-

---

[3] Leopold Friedrich Franz, Fürst von Anhalt-Dessau, zu dem Herzog Carl August und Goethe freundschaftliche Beziehungen unterhielten.

[4] Friedrich Wilhelm von Hohenzollern, ab 1786 als Friedrich Wilhelm II. preußischer König. Zu diesem ganzen Vorgang vgl. Kap. 3.6.

[5] Vgl. Carl Augusts Brief vom 20.8.1784, Dokument Nr. 23.

[6] Die Herzogin von Gotha weilte vom 4.8. bis zum 24.9.1784 in Wiesbaden zur Kur (Gothaer Fourierbuch, Forschungsbibliothek Gotha).

[7] Dieses Treffen stand hauptsächlich in Verbindung mit den Plänen für einen Fürstenbund.

[8] Vgl. Dokument Nr. 26 und dort Anm. 1.

nung daß ich den Kr[on] Pr[inzen] gewinnen könnte, nahm ich sogar alle die Hefte mit mir. Der Pr[inz] kam den einen Abend, und gieng den andren schon wiederum zurücke, so würde es freylich ohnmöglich gewesen seyn, daß Er in dieser so kurzen Zeit alles hätte auch nur bloß ansehen können. Indeßen sprach ich noch mit ihm über diese Sache kurz vorher ehe er abreisen wollte. Er fieng damit an, daß er mich vor dieser Gesells[chaft] warnte, und versicherte, sie sey ihm völlig bekannt, Ja, er habe die Papiere |[2v] selbst *Alle* in Händen. Ich versicherte ihn, des Gegentheils von allen den Vorwürfen die er der Gesells[chaft] machte, und both ihm an Ihn von allem zu Unterrichten Sofern, er den O[rdens] Revers unterzeichnen wolle, dies verwarff er — aus der Meynung daß Er beßer als ich unterrichtet wäre, und um mich zu Überzeugen, so that Er mir das Anerbiethen mir seine Papiere mitzutheilen,[9] dies nahm ich an; und die Papiere die Sie einstens gelesen haben, sind die Abschrift von den Seinigen, und Sie werden selbst eingesehen haben, daß es völlig zweyerley Ordens Verbindungen sind. In dieser Erzehlung war ich deswegen so weitläuftig, bloß um Ihnen zu zeigen warum ich glaube daß der H[erzo]g sosehr gegen Spartacus eingenommen ist.

Sie mein Geliebtester Accacius, und ich selbst, wir sind aus guten Gründen dem guten Sp[artacus] ergeben; weil wir sicher seyn können, daß kein Politischer Hinterhalt hinter der Gesells[chaft] vorhanden sey der wir so herzlich zugethan sind, daß wir auch keinen Danck wünschen — und nichts vorhaben, als das wahre Wohl und die rechte Aufklährung der Menschheit durch ihn zu befördern.

Dies ist unser einziger und reinster Zweck dabey, und ständen die Jesuiten oder andre Dinge darhinter verborgen? so würden wir die Ersten seyn, die dieser Gesells[chafts] Verbindung Entsagen wollen und würden. Indeßen wir können *andren* ihre Vorurtheile nicht lösen — nicht abnehmen, wenn sie es selbst nicht wollen.

Was ist aber in der gegenwärtigen Lage der Dinge, für Sp[artacum] zu thun das Beste? das Vortheilhafteste? Sähen Sie die möglichkeit ein, ihn nach Göttingen zu befördern![10] so würde dies vielleicht das Kürzeste — das Beste seyn — da kommen wir mit einem Mahl aus aller Verlegenheit heraus — da bräuchte der Mann nicht zwischen W[eimar] J[ena] und G[otha] hin und her zu reisen, den Zuschuß noch abgerech-

---

[9] Vgl. Dokument Nr. 25, mit dem Friedrich Wilhelm am 19.11.1784 die Papiere überschickte (vgl. dazu Kap. 3.6).

[10] Der Briefempfänger Johann Benjamin Koppe war bis 1784 Professor in Göttingen gewesen und unterhielt Verbindungen zu den dortigen Illuminaten.

net, der ihm noch entgehen würde, wenn er keine Collegien lesen könnte: so würde sein Hierseyn ihm lästiger werden, als sein jezziger brodloser Zustand selbst.

Verzeihen Sie dies häßliche Geschmiere, Leben Sie Wohl und behalten Sie lieb, Ihren Timoleon.

KOMMENTAR

Vgl. Herzog Ernsts Bericht über Ereignisse in Dessau in seinem Brief an Bode vom 26.9.1784 (Dokument Nr. 26) sowie die Darstellung, S. 111 ff. (zu anderen Aspekten des Dokuments vgl. S. 90 und 157).

42. Herzog Ernst II. von Gotha an Bode, »Syracusis den 14. Phararvardin 1155 [=Gotha, 3.4.1785], sig. »Timoleon«, eigh., Sk 1, Dok. 111 [Auszug].

|[1r] [...] Von ganzem Herzen beklag‹ ichs Theuerster Freund, daß der würdige, wackere Mann [=Weishaupt], bey Ihren dortigen [=Weimarer] Brüdern so schlecht angeschrieben stehet. Denn alle meine projecte zu seiner Versorgung werden mir dort vereitelt — sogar versagt man mir den kleinen Beytrag um den ich für ihn bath — denn nur einen geringen forderte ich, da ich hingegen so glücklich gewesen bin von Andrus [=Göttingen] 5. St. Louisdor und von Tarsus [=Hannover] 50 rth. baar noch zu erlangen, mein Bruder ist so gefällig gewesen, für seine Person 6. Louisdor, zu geben die zwei übrigen Regenten[1] haben jeder einen gegeben. Diese Summe ist nebst meinem eigenen geringen Beytrag nach Nürrnberg an das dortige PostAmt, geschickt worden mit der Bitte den Ort zu verschweigen woher es käme, sich aber nur einen Empfang Schein dagegen geben zu laßen, und wenn er bereits wie wirs vemutheten, nach Altorft[2] abgereißt wäre, |[1v] ihm dort das Geld einhändigen zu laßen. Aeschylus [=Herzog Carl August von Weimar] so wie Abaris [=Goethe], scheinen mir beyde, nicht die günstigsten Gesinnungen für ihn zu heegen, haben mir beyde viele Schwierigkeiten wegen seiner Anstellung zu Butus [=Jena] gemacht — und nun muß noch unglücklicher Weise das schändliche und verrätherische Schreiben dazu kommen, das ich Ihnen zuzusenden die Ehre gehabt habe[3] — das mich

---

[1] Also in Gotha; wahrscheinlich von der Lühe und von Helmolt.

[2] Altdorf bei Nürnberg.

[3] Mit dem Brief an Bode, »Syracusis [=Gotha] den 31 März 85«, sig. »Timoleon«, eigh., Sk 1, Dok. 106. Es handelt sich um eine Schrift, die Bode, Ernst selbst und Graf von Stolberg-Roßla namentlich denunzierte; sie war allerdings noch nicht gedruckt worden. Ernst vermutet als Verfasser Knigge oder einen mit ihm Verbun-

so sehr compromittiret — und mich verhindert alles das für Spartacum [=Weishaupt] zu thun wozu mich mein Herz für ihn aufforderte — denn nunmehr kann ich mich nicht mehr an den Boden legen noch es durchsezzen, ohne unserer ganzen Verbindung im Angesichte des Neu und Rachgierigen publici einen harten Stoß selber zu versezzen — meine Verbindlichkeiten gegen Spartacus, die mir mein Herz und mein Gefühl für ihn auferlegen, kann mir aber kein Mensch — kein Ansehen der Person — keine consideration vermindern noch mich verhindern, im geheime etwas für ihn zu thun, das ich weit lieber öffentlich im angesichte aller, gethan hätte. Doch bitte ich Sie mein Bester, diesen Ausguß meines Herzens ganz für Sich zu behalten, denn meine Absicht ist mehr zu handeln als thätig zu scheinen — ja es ist mir, für Sp[artacus] und meine eigene Ruhe daran gelegen — und sehr *viel*[b] daran gelegen, daß es niemand erfahre.

Daß Sp[artacus] noch keine Nachricht weiter von accacius [=Koppe] und mir erhalten hat, ist daher entstanden, weil wir nicht wußten, |[2r] was wir ihm über diese Angelegenheit sagen sollten. Anfangs hatte ich mir mit dem Gedancken geschmeichelt, ich würde alles zu seiner und meiner Zufriedenheit einleiten hatte ihm auch dieserwegen Hoffnungen ertheilen laßen — doch wollten wir ihn nicht, mit frohen Träumen, täuschen da wir anfiengen unsern eigenen Irrthum gewahr zu werden, erst wollte ich noch einen Versuch bey Aeschylo thun, deßen Abreise mich aber daran verhinderte — inzwischen, erhielt ich jene so ärgerliche Abschrift — und nun sah ich mich gezwungen von dem ganzen Vorschlage, des allgemeinen Bestens wegen wiederum abzugehen. Und ich bitte Sie Selbst meinen besten und liebsten Aemilius, es wohl zu überlegen, wie es für den Mann angehen sollte, *Eine Zeit lang, so hießen die gegen Vorschläge die man mir that, hier zu Syracusa* [=Gotha] *zu Heropolis* [=Weimar], *und zu Butus* [=Jena] *zuzubringen, um ihn genauer kennen- und einsehen zu lernen, ob er sich für uns + wir uns für ihn? und im ganzen genommen er sich für Butus schicke? Er sollte zwischen diesen drey Orten, hin und herziehen, keine Collegia also lesen, und doch nicht allein für 400 Rthr. die ihm ausgesezt werden sollten, leben; sondern auch dafür noch hin und her reisen?* Solche projecte sehe ich im Grunde, für eine abschlägliche Antwort an, — und doch würde

---

deten. Ernst hatte die Schrift zum ersten Mal am Vortag in einem Brief an Koppe erwähnt (Sk 1, Dok. 162). Vgl. dazu die Darstellung, Kap. 3.6.

[b] *viel*] *dreimal unterstrichen*

ich solches zu wiederlegen gesucht haben, wenn nicht die fatale Handschrift im M[anu]s[cri]pt herum wandelte — die so leicht — ja vielleicht, geflißentlich, in unrechte Hände |[2v] gerathen könnte, um[c] vollends Unserer Verbindung den lezten Stoß zu versezzen. Dagegen hab‹ ich an L[udovicus] G[ermanicus] [=Stolberg-Roßla] den Vorschlag gethan, um einige Ruhe zu gewinnen — die Verbindung unter dem günstigen Vorwande ruhen zu laßen,[4] daß man hätte mit Befremde und Leidwesen vehrnehmen müßen, daß allerley falsche imputationes dem O[rden] gemacht werden wollten — es war also die Vermuthung bey den Obern entstanden, es müßten die Hefte verfälscht worden seyn — daher man sich denn genöthigt sähe solche von allen Prov[inzialen,] Praef[ekten] Etc. einzufordern um solche zu vergleichen — und sie dann einförmig zurück stellen laßen zu können. Das ist eine erwünschte Gelegenheit zu jener vorgeschlagenen Reforme derselben, einen Schritt thun zu können — und bey derselben kann man nicht allein die Hefte — sondern auch die Gesellschaft selber, von untauglichen Subjectis säubern. Meine Furcht war, und ist, daß die häßlichen Ausstreuungen die jene hämische Schrift, mit Wincken giebt, möchte [sic] die verschiedenen Regierungen zu Schritten vemögen, wozu in Graecia [=Bayern] bereits die Bahn so ziemlich gebrochen ist — indem man nun Zufahren und der Papiere sich bemächtigen könnte — die alsdann zu bald in öffentlichem Drucke würden erschienen seyn. Ich sezze den Fall, Freund Joseph der II. dem nichts in der Welt heilig mehr ist,[5] hätte gegen den Ch[ur] F[ürsten] [Carl Theodor von Bayern] darauf gedrungen, so würde es sicher geschehen seyn und unter seiner Anführung würden sich wohl noch mehre despoten finden die ein gleiches thäten — dann aber säßen wir beschämt da, denn so vortrefliche Dinge auch in den Heften gesagt werden, so laßen sich doch solche sehr leicht verdrehen, von denen, den es daran gelegen ist, sie verdreht zu wißen.[6]

---

[4] Der Nationalobere Graf von Stolberg-Roßla erließ schon Ende April ein Rundschreiben an alle Vorsteher von Niederlassungen des Illuminatenordens, in dem er die Einstellung der Arbeit forderte, jedoch im Einzelnen Ernsts Vorschlag nicht folgte; vgl. den Text in D 390.

[5] Der Kaiser, der Maurer geworden war und auf den man große Hoffnungen gesetzt hatte, wandte sich gegen Geheimgesellschaften, jedoch nicht in der von Herzog Ernst gefürchteten Weise; er unterstellte die Geheimgesellschaften im Dezember 1785 staatlicher Aufsicht; vgl. Dülmen: Geheimbund der Illuminaten, S. 68, 89.

[6] Ernst sagt hier mit erstaunlicher Genauigkeit nicht nur die Publikation der beschlagnahmten Ordensdokumente im Jahre 1787 voraus, sondern auch die übertriebene Reaktion darauf.

[c] um] *H:* und

Seyn Sie also so ||[3r] gütig mein theuerster Aemilius, sich von diesem Vorschlage gegen Spartacus, in Ihrer Antwort an ihn, noch nichts mercken zu laßen. Es ist auch nun noch ein bloßer Gedancke, über den Sie mir selbst, Ihre eigene Meynung zu eröffnen die Gefälligkeit haben werden. Wir könnten sogar den so anstößigen Nahmen *Ill[uminaten]* vertilgen[7] — denn anstößig ist er für Orthodoxen die Kezzerey darinnen sehen — für veraerge[r]te Philosophen die glauben es sey eine Gesellschaft die sich Übernatürliche Erleuchtung zuschreibe — für den Pöbel selbst der in seiner Unwißenheit nicht erraten kann was dieser Nahmen bedeutet. Mir selbst scheint er, viel zu viel aufwendig und vielversprechend zu seyn — da doch ein Nahme — eine Aufschrift — bloß nur Nahme — nur Aufschrift sind.

[...]

||[4r] Eben schloß ich, und vergaß doch, Ihnen den angebogenen P[ro] M[emoria] des ehrlichen Aly [=Rudorf] zu sagen. Er gab es an Cato Uticensen [=von der Lühe] mit Bitte die Angelegenheit weiter zu befördern. Dieser gab mirs, und ich weiß eigentlich keinen rechten Gebrauch davon zu machen. Vielleicht könnten Sie es beßer. Eigentlich kömmt es glaub ich darauf an, daß Aeschylus an seine ehemaligen Zusagen, und Vorsorge für den Mann erinnert würde, indem man sagt er sey befördert worden um befördert zu werden und es sey persönliche Rücksicht oder Saveur gewesen die es gemacht. Die P[ro] M[emoria] ist aber gar nicht so eingerichtet, daß ichs Aeschylo oder Abari zeigen könnte. Ich möchte mich auch um so weniger in eine solche Sache einmischen, um nicht die Freundschaft und Zutrauen dieser lieben Brüder zu verlieren — und kann es auch nicht weil weder ich den Mann, noch seine Verdienste kenne — mithin für nichts gut sagen kann. Sie könnten vielleicht ein Vorwort bey Damasio Pontifice [=Herder] einlegen, das wircksamer als das meinige seyn und ohnezweifel glücklichere Folgen erlangen würde. [...]

Kommentar

Zu den Auseinandersetzungen über Weishaupts Berufung vgl. Kap. 3.6, bes. S. 111 ff. — Die am Ende des Briefes angedeutete Bitte — wahrscheinlich um eine Versorgung — ist nicht näher zu identifizieren, da über Rudorf wenig bekannt ist (daß es sich trotz der Erwähnung Herders nicht um ein geistliches Amt gehandelt haben wird, geht daraus hervor, daß Rudorf anscheinend kein Geistlicher, sondern nur Sekretär war; der Antrag ging ja auch nicht über den Gothaer Generalsuperintendenten Koppe, sondern über den Kammerherrn von der Lühe). Vgl. auch den

---

[7] Diese Möglichkeit hatte Herzog Ernst schon am 29.7.1784 in einem Brief an Bode erwogen (»Syracusis den 29. Tyr 1154«, sig. »Timoleon«, eigh., Sk 1, Dok. 78).

Anfang des Briefes Carl Augusts vom 4.12.1785 (Dokument Nr. 53), der vielleicht einen Nachhall dieser Anfrage Bodes darstellt. — Vgl. die Darstellung, S. 40, 130, 134, 157 und 193.

43. Bode an Herzog Ernst II. von Gotha, »Heropolis den 14ten Pharvardin 1155« [=Weimar, 4(?).4.1785], sig. »Aemilius«, eigh., Sk 18, Dok. 149 [Auszug].

[Bode argumentiert gegen die Veröffentlichung eines Briefes, der Knigge in der Öffentlichkeit ruinieren könnte; er wendet sich auch gegen den Vorschlag, die Arbeit in »Ionien«, also Obersachsen, niederzulegen.]

|[2r] Die so nöthige, und bis her noch mit Schwierigkeiten kämpfende Revision und Reinigung der Hefte,[1] deuchtet mich, werde |[2v] durch Spartaci [=Weishaupts] Anwesenheit in hiesiger Gegend *sehr* erleichtert werden; und auf diese Weise eben, können die, welche dem Orden und seinen edlen Endzwecken haben schaden wollen, ihm sehr wesentliche Dienste veranlassen müssen! Den[n] Spartacus, er komme nur nach Butus [=Jena] Syracus [=Gotha] oder hier, so muß er doch die erste Zeit Musse haben, da er nun nicht gleich wird Collegia anschlagen können, um mit Rath und Hülfe auf diese nöthige und wichtige Arbeit Zeit zu wenden, ungleich mehr, als er bey den Verwirrungen in Ephesus [=Ingolstadt] konnte. Ich sehe auf diese Art eine Möglichkeit, daß das Geschäft auf diese Weise in 4 à 6 Monaten zu Stande kommen kann [...]

Gestern sprach ich den Br[uder] Abaris [=Goethe] im Concert bey Hofe. Er meinte, S[erenissi]mus Eschilus [=Carl August], welcher künftigen Donnerstag oder Freytag [=7./8.4.] zurückerwartet wird,[2] würde gar gerne sehen, daß Spartac[us] her käme, und in Butus [=Jena], als Extraordinarius läse. Er würde auch, wenn das noch nicht geschehen seyn sollte, Ewr. Durchl[aucht] eigenhändig hierüber das Weitere schreiben. Es war *mir* darum zu thun des Abaris eigene Meynung darüber zu erfahren, weil ich ihn sehr lange nicht gesprochen hatte. Er schien mir aber auch gänzlich für Spartacum zu seyn.

---

[1] Vgl. Dokument Nr. 42, Bl. 2v.

[2] Der Herzog reiste vom 26.3. bis zum 10.4.1785 nach Leipzig (Fourierbuch 1785, S. 72, 82 [StA Weimar]; vgl. WA IV/7: 33).

ZUR DATIERUNG

Das persische Datum deutet eigentlich auf den 3.4.1785. Ein Hofkonzert (bei dem Bode am Vorabend Goethe traf) ist für den 3. und 6.4. verbürgt, nicht aber für den 2.4. (BG 2: 515), so daß dieser Brief auf den 4. oder 7.4. datiert werden könnte; außerdem klingt der Brief Goethes an Charlotte von Stein vom 2.4. nicht so, als wenn er gerade im Konzert gewesen wäre, während er am 3.4. an sie schreibt: »[...] heute hat uns der Hof« (WA IV/7: 37 f.). Im Brief vom 6.4. an Weishaupt (Doku ment Nr. 45) schreibt Bode, er habe »Ehegestern« mit Goethe über die Weishauptsche Sache gesprochen, was also auf ein Gespräch am 4.4. (und eine Datierung auf den 5.4. für vorliegenden Brief) hindeuten würde; Bode verfehlte wohl das Datum um einen Tag. Außerdem spricht die falsche Datierung von Bodes Brief an Herzog Ernst vom 6.4. (Dokument Nr. 46, s.d. »zur Datierung«) für eine entsprechend um einen Tag verschobene Datierung des vorliegenden Briefes. Der persisiche Monat Phar[a]vardin ist der komplizierteste im Kalender, da er sich nicht mit einem europäischen Monat deckt, sondern den letzten Drittel von März sowie den ganzen April enthält, so daß ein Fehler im Briefdatum nicht überrascht; zu Bodes sonstigen Schwierigkeiten mit dem Ordenskalender vgl. die Bemerkungen zur Datierung von Dokument Nr. 34.

KOMMENTAR

Daß Goethe in seinen Äußerungen über seine und des Herzogs Unterstützung für Weishaupt entweder nicht aufrichtig oder (was unwahrscheinlicher ist) über die Gedanken des Herzogs schlecht informiert ist, geht daraus hervor, daß die Entscheidung zur Abweisung Weishaupts zu diesem Zeitpunkt schon gefällt war: Der Herzog kehrte erst am 10.4. wieder nach Weimar zurück, und danach konnte die Entscheidung nicht getroffen werden, denn Weishaupt hat schon am 10.4. (Dokument Nr. 48) in Coburg — und zwar über Koppe in Gotha — von der Entscheidung gehört, so daß der Herzog sie schon *vor* seiner Abreise aus Weimar (am 26.3., vgl. Anm. 2 zum vorliegenden Dokument) und somit auch vor dem Zeitpunkt des hier berichteten Gesprächs getroffen haben muß. Goethe wird selbstverständlich daran beteiligt gewesen sein; Bode selbst deutet auf die wichtige Rolle Goethes in solchen Entscheidungen hin: »[...] Es war *mir* darum zu thun des Abaris eigene Meynung darüber zu erfahren [...]«. Vgl. die Darstellung, S. 117 sowie S. 108, 131 und 157.

44. **Weishaupt an Bode**, »Coburg den 5. April 1785«, sig. »Sp[artacus]«, eigh., Sk 7, Dok. 250 [Auszug].

|[1r] Nun bin ich Endlich einmahl in Coburg. Ich Hatte die Gnade S[einer] Durchlaucht dem Herren Herzogen [von Coburg] aufzuwarten, und mein Gesuch nach Jena[1] vorzutragen. Höchstdieselbe nahmen es

[1] Das Ansuchen um eine Professur in Jena; vgl. Kap. 3.6. Die vier ernestinischen Herzogtümer Coburg, Meiningen, Weimar und Gotha mußten der Berufung zustimmen.

sehr gnädig auf, riethen mir, die übrige Durchlauchtigste Höffe, vorzüglich Weimar, für mich zu interessiren, und versicherten mir so wie auch die Herren Minister und Geheimde Räthe dero Stimme, so bald die Sache zur Proposition gebracht würde. Nun will ich auch Nach Meiningen, so dann nach Gotha, und von da nach Weimar. Doch werde ich dort schwerlich vor 14. Tagen eintreffen. Ich bitte also Euer Hochwürden, sich einstweilen gnädigst für mich zu interessiren, und die Sache vorzubereiten. [. . .] Meine Feinde triumphiren ohnehin schon, daß ich noch immer ohne Versorgung bin. Euer Hochwürden werden von selbst einsehen, daß der Verdrus und die Beschämung der Feinde der Vernunft um so größer seyn müsse, je honorabler meine Versorgung seyn wird.

KOMMENTAR

Bode machte eine Kopie von diesem Brief (Sk 7, Dok. 252) und unterstrich bedeutende Stellen. Zum Vorgang der Berufung nach Jena vgl. Kap. 3.6, bes. S. 109 und 118.

45. Bode an Weishaupt, »Herop[olis] [=Weimar] den 6ten April 1785«, sig. »Aemilius«, eigh., Sk 3, Dok. 164 [Auszug].

[1v] [. . .] Ich bitte Sie, eilen Sie, sobald Sie es vor dem tiefen Schnee können, in meine und andrer Freunde Arme. Sie werden hier in der Folge gewiß Gelegenheit finden, für die Welt ein Geschäft anzutreten, das Ihnen im Hause Ruhe und Zufriedenheit und unter den Thoren der Städte Ruhm und Ehre bringen wird. — Mündlich lassen sich aber solche Dinge unendlich besser betreiben, als schriftlich. [. . .] Ich möchte gern *vor* dem durchl[auchtigen] Timoleon [=Herzog Ernst II. von Gotha] Ew. Hochwürd[en] sprechen. Die Ursache warum? ist hier zu weitläuftig zu schreiben[1] [. . .] Nur seyn Sie ja versichert, daß Sie nicht leicht einen wärmern Freund finden können, als in der Person des d[urchlauchtigen] Timoleon. |[2r] Ich kann Sie dann von hier dahin begleiten; und Sie werden, was ich hier gesagt habe, als dann so wahr finden, daß Sie vielleicht Ihren Verfolgern, für die Veranlassung zu dieser Ueberzeugung danken. [. . .]

Man sage mir, was man wolle, wo man ganz ungehindert frey denken und schreiben darf, da nimmt der Geist einen höhern Schwung! und

[1] Vgl. dazu Bodes Briefe an Herzog Ernst, 6.4.1785, Dokument Nr. 46, Bl. 1r-1v, sowie an Koppe, 15.4.1785, Dokument Nr. 49, Bl. 3v.

in Butus [=Jena] lebt diese Freyheit, fast noch mehr, als im übrigen protestantischen Deutschland. — Und würde Ihnen der wirkungskrais in Butus zu klein, so haben wir denn doch Zeit auf einen grössern zu sinnen. [...]

Sie könnten *mir, und uns* nicht willkommner seyn, wenn Sie mit einem Lorbeerkranze aus einer Schlacht kämen!

Noch eins! Warum ich einen Post[tag] überschlagen, ohne zu antworten? S[eine] Durchl[aucht] v[on] Weimar war verreiset.[2] Ich erwartete ihn aber mit Wahrscheinlichkeit gegen den Kirchgang Seiner Fr[au] Gemahlinn, der vorigen Sonntag [=3.4.] war. Man erwartet ihn nun aber noch Morgen oder Uebermorgen, |[2v] und ich mag keinen zweyten Posttag zu verlieren wagen. Indessen kann ich Ihnen so viel sagen, daß ich mit S[eine]r Durchl[aucht] v[on] W[eimar] schon vor Seiner Abreise über die Sache, freylich nur als möglich und gleichsam Hinwurfsweise gesprochen habe;[3] und auch Ehegestern mit einem Minister [=Goethe],[4] und nach beyden Unterredungen kann ich nicht anders als sicher seyn; wir erhalten unsern ersten und Hauptwunsch. Die Art und Weise, wie? die läßt sich viel besser in Ordnung bringen, wenn Sie gegenwärtig, als wenn Sie abwesend sind. [...]

Kommentar

Vgl. die Darstellung, S. 117.

46. Bode an Herzog Ernst II. von Gotha, »Heropolis den 16 Pharvardin 1155« [=Weimar, 6.4.1785], sig. »Aemilius«, eigh., Sk 2, Dok. 228 [Auszug].

[1r]

Ew. Durchlaucht werden in meinem Ehegestrigen unterthänigsten Schreiben[1] schon gefunden haben, daß ich aus Abaris [=Goethes] Unterredung glaubte, Grund nehmen zu dürfen, für die Hofnung, daß S[erenissi]mus Eschilus [=Herzog Carl August von Weimar] gar nicht abgeneigt sey, Spartacum [=Weishaupt] in Butus [=Jena] aufzuneh-

---

[2] Nach Leipzig; vgl. Anm. 2 zu Dokument Nr. 43.

[3] Am 9.3.1785; vgl. Dokument Nr. 36, Bl. 2r.

[4] Vgl. Dokument Nr. 43 und die Bemerkungen zur Datierung, sowie Dokument Nr. 46, Bl. 1r.

[1] Vgl. Dokument Nr. 43.

men, und daß nur die Schwierigkeit darin läge, woher das Salarium zu nehmen. Da ich nun diese Schwierigkeit zum Theile schon für gehoben halte, zum Theile sie auch durch Spart[aci] Gegenwart zu heben glaube, so habe ich an Letztern geschrieben: er möge bald hierher kommen.[2] [...] Da Ew. p. Durchl[aucht] nicht geruhet haben, mir eine gemessene Instruction zu ertheilen: so habe ich nach meinen eigenen kurzen Einsichten geglaubt, es sey, bis dahin, daß [ich] mit Gewißheit erfahre, ob das Schreiben[3] gewissen *öffentliche[n]* Eindruck mache oder nicht, besser, daß Spart[acus] hierher, als zu Ewr. Durchl[aucht] nach Syrac[us] [=Gotha] komme; um desto mehr so, da |[1v] Höchstdieselben, so bald diese Behutsamkeit überflüssig wird, Spartaci Ueberkunft entweder gleich von Altorft[4] oder von hier befehlen können. Im Grunde bin ich noch immer geneigt, zu glauben, das böse Schreiben sey nicht zur Publicität bestimmt. Ich kann Selbst Ewr. Durchl[aucht] meine Mutmaßung nicht entwickeln — aber es könnte gar wohl von einem Feinde des Ex-Philo [=Knigge] geschmiedet, und ohn[e] sehr vielen Umlauf in die Hände unsrer O[rden]s Obern gebracht seyn. [...]

Der Beytrag von hier,[5] so unerklecklich er auch, in Ansehung |[2r] der kleinen Anzahl, und nicht gar zu vortheilhaften Vermögens Umstände der Brüder ausfallen mag, *muß* noch einkommen; und *wird* höchst natürlich einkommen, wenn nach der Zurückkunft S[erenissi]mo Eschylo[6] die aufgehobene Versammlung Stattfinden wird.[7]

Zur Datierung

Das persische Datum »16 Pharvardin« sollte der 5. April sein, aber in diesem Brief spricht Bode vom abgegangenen Brief an Weishaupt (Dokument Nr. 45), der mit dem »6ten April« datiert ist; daß wiederum dieses Datum richtig ist, ergibt sich aus einem Vergleich des darin enthaltenen Hinweises, der Herzog werde »Morgen oder Uebermorgen« in Weimar erwartet (Bl. 2r) mit dem Hinweis in Dokument Nr. 43, er werde »künftigen Donnerstag oder Freytag«, also am 7. oder 8.4. erwartet. Diese Datierung wird auch durch die entsprechend fehlerhafte Datierung von Dokument Nr. 43 wahrscheinlich (s.d.).

---

[2] Vgl. Dokument Nr. 45.

[3] Vgl. Anm. 3 zu Dokument Nr. 42.

[4] Altdorf bei Nürnberg, wo Weishaupt sich auf der Flucht aufgehalten hatte.

[5] Die finanzielle »Beihilfe« für Weishaupt.

[6] Der Herzog wurde am nächsten oder übernächsten Tag erwartet, kam aber erst am 10.4. an; vgl. Dokument Nr. 43 mit Anm. 2.

[7] Offensichtlich war die für den 1. April vorgesehene Versammlung der Mitglieder ab dem 7. Grad (vgl. Dokument Nr. 37, Bl. 3r) wegen der Abwesenheit des Herzogs aufgeschoben worden.

Kommentar

Vgl. die Darstellung, S. 111, sowie Kap. 3.3, Anm. 39.

47. Herzog Ernst II. von Gotha an Bode, »Gotha den 9ten April 1785«, sig. »Timoleon«, eigh., Sk 1, Dok. 110 [Auszug].

[1r] [Ernst weiß nicht, wo er Weishaupt treffen soll.] Ihr Wunsch, ihn *Vor* mir zu sehen und zu sprechen, würde ihm auch nothwendiger Weise, auffallend und befremdend seyn müßen — mich vielleicht gegen ihn Selber, in einem Schieffen und mithin falschen Lichte darstellen.

[. . .]

Allein nicht zu gedencken, daß ich gegen einen Mann wie dieser ist, keinen Rückhalt, noch Verlegenheit haben kann, |[1v] zumahl, solange als Er noch nicht gegen mich Eingenommen wäre — so glaub‹ ich auch auf der anderen Seite, daß wohl nicht leicht ein Ort des Auffenthalts für ihn möglich ist, oder seyn könnte, der ihm in seiner jezzigen Lage weniger zuträglich seyn dürfte als Weimar selbst. Denn entweder würden Ihn, Ihre dortigen Freunde allzu hoch erheben — oder gar zu demüthigen suchen, welches leztere ich leyder aus der zweydeutigen Stimmung befürchten muß, mit welcher man in Ansehung seiner, gesinnt ist. Denn ich muß es bekennen, ich weiß in Wahrheit nicht bestimmt zu sagen, was ich davon sagen oder dencken soll. Einige Briefe[1] lauten so vortheilhaft für meinen Vorschlag, als andere wiederum demselben geradezu entgegen. Ich für meinen Theil, bin viel zu sehr offenherzig und aufrichtig gesinnet, als daß ich mich in solchen zweydeutigen Wegen finden könnte — ohne zu vermuthen, daß Neben Absichten, die ich aber nicht [zu] errathen im Stande bin, da ich an den geraden Weg allzu sehr gewöhnt — und dadurch verwöhnt worden bin, — dabey ins Spiel tretten mußten. Dem sey wie ihm will, ich gedencke die Aufklährung davon, ruhig abzuwarten, und werde indeßen das Vertrauen Unsers Freundes zu gewinnen |[2r] und zu verdienen suchen. [. . .]

Kommentar

Vgl. die Darstellung, S. 118.

---

[1] Wahrscheinlich von Herzog Carl August und/oder Goethe, da sonst in diesen Dokumenten keine Weimarer Illuminaten als Entscheidungsträger genannt werden; vgl. Dokument Nr. 42, Bl. 1v.

48. Weishaupt an Bode, »Coburg den 10. April: 1785«, sig. »Sp[artacus]«, eigh., Sk 7, Dok. 253 [Auszug].

[1r] [...]

Kaum war mein Brief[1] abgegangen, so erhielte ich von Acacius etwas aufklärendes über mein Schiksal. Da ich mich nun sehr einschränken mus,[2] so geht meine Reise nicht weiter als bis Gotha, um meinem [Bruder] Timoleon [=Herzog Ernst II. von Gotha] für seine Liebe und Gnade zu dancken. Dann kehre ich sogleich wieder um, und wende mich nach Wienn. Für mich und für mich allein ist also in diser Gegend kein Dach und Fach. 7 Wochen sind mir in der äusersten Ungewisheit Zwecklos, mit vielen Unkosten vorbeigegangen, und ich mus den weeg mit Schande zurückgehen, den ich bis hieher vorgerückt bin. Ich kann sagen, von Weimar hätte[a] ich das nicht erwartet. Es ist dort der Mühe werth der Sache nachzuspühren, ob da nicht R+ [=Rosenkreuzer] oder Jesuiten Kniffe dahinter stecken. Zum Bsp mein großer Feind der Professor Leveling in Ingolstadt ein Intriguanter Jesuiten Freund steht mit Gruner Nicolai und Loder in genauer Verbindung eben so der Exjesuit Gabler mit Succow.[3] Könnte es nicht seyn, daß die Jesuiten durch dise meine Aussichten zu hintertreiben suchen, und vielleicht einen Minister[4] in Jena gegen mich provenirt. Ich gebe nur einen Winck, Euer Hochwürden können das alles besser wissen. — Also der Herzog von

---

[1] Vermutlich vom 9.4.1785, Sk 7, Dok. 251.

[2] D.h. finanziell (weil die Berufung gescheitert war).

[3] Gruner, Nicolai, Loder und Succow waren Professoren in Jena (vgl. Personenregister, auch zu Leveling); der Mediziner Justus Christian Loder wird zwar durch Ott: Goethe und der Illuminatenorden, S. 86, als Illuminat bezeichnet, aber ein Brief Gottlieb Hufelands an Bode macht unwahrscheinlich, daß er es bis wenigstens Mitte 1788 war (»J[ena] den 6 Aug. 88«, sig. »D[oktor] H[ufeland]«, eigh., Sk 4, Dok. 360, Bl. 1r-1v); Loder wurde am 23.6.1781 zusammen mit Goethe in den maurerischen Gesellengrad und am 2.3.1782 mit ihm in den Meistergrad eingeführt (Wernekke: Goethe und die königliche Kunst, S. 18 f.; BG 2: 304, 351; vgl. auch 392). Ein weiteres Dokument von Batsch vom 12.5.1784 berichtet von einem Gespräch mit Professor Lorenz Johann Daniel Succow, in dem Batsch und Bode Succows Interesse am Illuminatentum sondierten (vgl. Kap. 3.2, Anm. 41).

[4] Wahrscheinlich Goethe; die anderen »Minister« (Mitglieder des Weimar Geheimen Conseils) zu dieser Zeit waren die Geheimräte J. Fr. Freiherr von Fritsch (ein Illuminat), Chr. Fr. Schnauß und der Geheime Legationsrat J. Chr. Schmidt.

[a] hätte] *möglich ist die Lesart* hatte, *da Weishaupt grundsätzlich keine Umlautzeichen verwendet*

Weimar, der so vieles für Gelehrte thut,[5] der allein ist mein Gegner, und hindert das Etablissement eines Menschen, der es villeicht so gut verdient als jeder andre. Da müssen |[1v] Personal rücksichten und Intriguen mit unterlauffen, sonst konnte das gar nicht möglich seyn. Aber nun bitte ich auch Euer Wohlgebohrn thuen Sie keinen Schritt mehr weiter für mich, in dieser Sache, als insofern es möglich wäre, der Triebfeder auf den Grund zu kommen. [...]

Kommentar

Vgl. die Darstellung, S. 118 und 128. Bode ließ eine Kopie von diesem Brief anfertigen, die er am 15.4.1785 an Koppe schickte (vgl. Dokument Nr. 49); am Schluß der Kopie schrieb Bode selbst: »Ha! quelle Lettre!« (Sk 7, Dok. 254, Bl. 1v).

49. Bode an Koppe, »Copey eines Schreibens von Aemil[ius] an Accacius den 15ten April 1785. Nebst Beylagen«, von Schreiberhand, Sk 3, Dok. 165 [Auszug].

[1r-2v] [Bode will ganz vertraulich schreiben; nur Koppe soll den Brief sehen; Koppe möge jedoch die darin enthaltenen Gedanken Herzog Ernst vortragen und Bode nennen, wenn er wolle.]
|[2v] [...] Es war gleich Anfangs Merz ungefähr als mir L[udovicus] Germ[anicus] [=Graf von Stolberg-Roßla] Spartaci [=Weishaupts] Fall schrieb,[1] und mich aufforderte *für ihn* zu denken. — Zu meiner Antwort that ich den Vorschlag einer geheimen Subskription unter den Regenten, und eines Interims-Aufenthalts in dieser Gegend um wo möglich durch Bekanntschaft mit seinen Talenten den Ruf, oder doch Freyheit zum Lesen in Butus [=Jena] zu gewinnen. Der Gedanke war natürlich. Ich wußte nicht daß oder was Sie mit Genehmhaltung des S[erenissi]mi [=Herzog Ernst von Gotha] über diese Sache geschrieben hatten. So bald ich ihre Correspondence erfahren, habe ich mich, wie billig, alles ferneren Einmischens enthalten; darauf habe ich nicht blos für Spartacum gewünscht, sondern was ich konnte, gewirkt, welches letztere aber ich |[3r] nicht leicht jemand andern als Ihnen so wie hier im Vertrauen sagen möchte. Aus allem aber was ich gestern in einer Conferenz mit S[erenissi]mo Eschilo [=Herzog Carl August von Weimar] und auch aus

[5] Hier denkt Weishaupt wohl vor allem an Goethe, Wieland und Herder, aber vielleicht auch an Reinhold (im Orden ›Decius‹) und andere Jenaer Professoren.
[1] Vgl. Dokument Nr. 31.

ein par Briefen des Spart[acus] die gestern einliefen erfahren habe, und zu ersehen glaube halte ich es für nöthig S[erenissi]mo Timoleon [=Herzog Ernst von Gotha] zu dissuadiren die *prompte* Vocation sich zu einer Angelegenheit zu machen. Ich weiß wie höchst ungern unser geliebter Timoleon öffentlich, als Oberer unseres Systems genannt seyn mag; ja ich weiß wie sehr Recht er in diesem Widerwillen hat, denn mir ist es nicht einmal lieb auf die Art genannt zu werden wie es in dem letzten bösen Schreiben geschieht, geschweige denn ein Fürst der unendlich mehr zu menagiren hat als ich. Indessen sieht man wohl daß bey Gelegenheit einer ordentlichen Vocation nach Butus Spartaci Freunde und Feinde beschäftiget seyn würden das Ding jeder nach seiner Art zu posaunen. Steht doch schon in den Zeitungen der ziemlich *umständlich* erzählte Vorfall mit der Nachricht daß Spartacus nach Gotha gehe. Diese Nachricht, ich muß es bekennen scheint mir als Wink mit dem Schandschreiben[2] zusammen zu hängen, über deren [sic] Verfasser ich meine so ganz sonderbare Gedanken hege. Wenn nun bey Gelegenheit einer öffentlichen Vocation eines Mannes dessen Wissenschaft und vorzügliche Geschicklichkeit als Gelehrter der *profanen* Welt unbekannt *sind*, von dem aber so kurz vorher angekündigt ist, daß er geheimer Verbindungen wegen vertrieben worden, nur einige kleine nicht zu hindernde indiscretiones in die Bekanntmachungen einfliessen; so wird die O[rdens] Connexion der profanen Welt immer wahrscheinlicher. Ohnedem daß dieß unserem geliebten Timoleon gewis sehr unangenehm seyn würde, so ist auch allerdings noch zu befürchten, daß unsere listigen Gegner die R+ [=Rosenkreuzer] deren es so viele in Wien giebt bey irgend einigen Anschein, daß die Illum[inaten] Fürsten zu Protektoren haben die sich ihrer mit Nachdruck und Eclat annehmen, den Kaiser gegen das System aufbringen möchten; da es alsdann allen Fürsten des sächsischen Hauses[3] unangenehm seyn möchte den Schritt mit der öffentlichen Vocation gethan zu haben. Da nun ausser diesem der Durchl[auchtige] Eschilus noch seine |[3v] Privatgründe hat, warum er wie er mir gestern sagte zu dieser prompten Vocation seine Stimme nicht geben könne. Da er mir sagt daß sowohl er als Br[uder] Abaris [=Goethe] diese Gründe an S[erenissi]mum Timoleon geschrieben haben, so glaube ich darf ich mich auch gegen Sie darauf beziehen, indem ich nicht zweifle Sie werden solche mitgetheilt erhalten haben. Für Sie selbst aber muß ich hier noch darüber eine Anmerkung herset-

[2] Vgl. Anm. 3 zu Dokument Nr. 42.

[3] Also den vier Herzögen der ernestinischen Häuser Sachsen-Weimar, Sachsen-Gotha, Sachsen-Meiningen und Sachsen-Coburg.

zen. Wenn diese beyden O[rdens] Mitglieder sagen man müsse erst seine Talente und Gelehrsamkeit kennen lernen, und Ihnen dies Vielleicht auffällt. Ich bitte Sie aber zu bedenken daß beyde nicht weiter gelesen haben als die Hefte bis an den RR [=Regenten] Grad und daß nach Philos [=Knigges] Dictamen ad Protocollum man nicht eigentlich weiß, was davon seine, und was Philos arbeit ist,[4] daß ferner, wenn ich auch in Sachen der Gelehrsamkeit ein giltiger Richter seyn könnte, ich doch die beyden letzten Grade als Actenstücke anzuführen nicht einmal die Erlaubniß habe.[5] — Aber eine andere Frage als die: Sollte Spartacus der Akademie nützlich seyn ist unter Ihnen und mir diese: Sollte Spart[acus] nach dem er öffentlich als ein □ [=Logen] Meister angekündiget worden wohl zu Butus auch bey einem noch so ansehnlichen Gehalte recht gute Tage haben? Ich zweifle wahrhaftig. Der Durchl[auchtige] Eschilus sagte mir gestern klug-weise, daß der alte *stille* Büttner[6] von den andern Professoren seine liebe Noth habe. — Nun aber liebster O[rdens] Br[uder] muß man doch fast besorgen, daß wenn S[erenissi]mus Timoleon auf seinem Verlangen, und Eschilus auf seiner Weigerung besteht eine Erkältung in der Freundschaft dieser beyden Fürsten entstehen könnte, welche auf alle mögliche Art unter so Verwandten, und benachbarten Häusern zu verhüten O[rdens] Pflicht wäre. Ich läugne es Ihnen nicht, daß ich die Hoffnung hatte, ich würde diese Idee dem Spart[acus] glimpflich beybringen, und seine eigene Delikateße ins Spiel bringen können, daß er es selbst beym Durchl[auchtigen] Timoleon verbitten würde auf der prompten Vocation zu bestehen. Ja, ich zweifelte nicht, und ich habe auch Hoffnung, daß der Durchl[auchtige] Eschilus dazu aus seiner Caßa beytragen werde, daß Spartacus mit dem was |[4r] die RR [=Regenten] thun würden sich ein paar Jahre in Butus oder hier [=Weimar], oder in Gotha ohne Vocation und ohne Nahrungssorgen aufhalten, und in dieser Zeit durch persönliche Bekanntschaft die Gnade und Freundschaft Eschili und seiner Räthe,[7] und die Wohlgewogenheit der Professoren conciliren könnte. Da dann wenn dies

---

[4] Anspielung auf Knigges Bearbeitung der Grade.

[5] Goethe und Carl August hatten also von den ›Höheren Mysterien‹, dem Philosophen- und Dozentengrad, nichts erfahren. Vgl. die Darstellung, S. 77

[6] Der ehemalige Göttinger Professor Christian Wilhelm Büttner (geb. 1716), dessen Bibliothek 1781 durch Carl August erworben wurde, siedelte 1783 selbst nach Jena über und privatisierte dort; vgl. WA IV/52: 95 sowie AS 1: 134 f., 195-99, 285 f.

[7] Vor allem natürlich Goethe, der gelegentlich im Zusammenhang mit der Berufung genannt wird.

Gerücht über den Auftritt in Bayern[8] eingeschlafen wäre eine ordentliche Vocation um Vieles und wahrscheinlich ganz erleichtert wäre, um so mehr wenn Spartacus diese Muße mit dazu angewendet hätte die Hefte zu reinigen[9] u.s.w. Aus dieser Ursache schrieb ich ihm er möchte vorher befor er noch nach Syrakus [=Gotha] gienge hieher kommen, aber das ist nun vorbey! Und nun sehe ich kein ander Mittel, als daß ich Sie bitte, angelegentlichst bitte, dies bey Spartacus zu versuchen und zu thun, was ich so ganz in der Stille für mich zu thun gesonnen war, und an dessen Erfolg ich nicht zweifelte. –
Aber (und hier folgt eben das geheimste meiner Geheimnisse! Das ich nur der Verschwiegenheit eines Mannes anvertraue dem ich mein Herz auf einem Teller darlegen möchte, und zwar mit der Bedingung daß er mich belehren werde, wenn er nach reifer Überlegung der Sache findet daß ich ein ungegründetes Mistrauen gefasset habe,[)] aber nach den 2 Briefen die ich gestern zugleich von Spartacus empfing[10] fange ich an zu fürchten, daß es schwer seyn möchte auf seine Delikateße zu wirken, und durch ihn selbst den Durchl[auchtigen] Timoleon vor Verlegenheiten zu sichern. Ich will daher diese Briefe in treuer Abschrift beyfügen und einige Stellen mit *rother* Tinte unterstreichen und Numeriren um desto leichter die Stellen anzeigen zu können, wenn ich Ihnen treuherzig sage was ich dabey fühle. [...]

Kommentar

Vgl. die Darstellung, S. 78, 119, 125, 145 und 258.

50. Stolberg-Roßla an Bode, »Claudiopolis [=Neuwied] den 17ten Aprill 1785«, sig. »Ludovicus Germanicus«, eigh., Sk 7, Dok. 130 [Auszug].

[1r] [Stolberg-Roßla sei entsetzt wegen der Nachrichten von »Spartaci [=Weishaupts] Zurückweisung«.]
Was, ums Himmels willen soll aus dem O[rden] werden, wenn man seinen Stifter so unbrüderlich behandelt, ihm nicht einmahl zu einer Stelle verhilft, die ein Mann von solchen Kenntnissen und Talenten, zehnfach

---

[8] Die Umstände der Entlassung Weishaupts von seiner Ingolstädter Professur (vgl. dazu besonders Dokument Nr. 32) und die Erlässe gegen die Illuminaten.

[9] D.h. die Ordensgrade zu reformieren; vgl. Dokument Nr. 34, Bl. 2r-2v.

[10] Vermutlich die Briefe vom 9.4.1785, Sk 7, Dok. 251, sowie vom 10.4.1785 (Dokument Nr. 48, vgl. dazu den Kommentar).

verinteressiren[1] würde! Ich bitte Sie um alles in der Welt, lassen Sie uns die Sache durchzusezen bestreben, sonst werden wir vor ganz Deutschland zu Schanden. Alles sieht auf uns, ist voll Erwartung, wie wir Spartacum unterstüzen wollen, und wir könten diese gerechte Erwartung täuschen? [. . .] Aber wie, Theurester |[1v] Bruder, ist die Sache zu redressiren? Außer Ihnen weiß ich weder Hülfe noch Rath. Der großmüthige Timoleon [=Herzog Ernst von Gotha] hat alles gethan, was seine Verhältnisse erlaubten. Eschylus [=Herzog Carl August von Weimar] hat Spartacus förmlich abgewiesen. Da steken wir zwischen beyden Extremen. Sie allein sind der Mann, der Erfahrung, Weltklugheit, und Kenntniß der Großen vereint, um diesen Knoten zu lösen.

KOMMENTAR

Vgl. die Darstellung, S. 128.

51. Herzog Ernst II. von Gotha an Bode, »Syracusis [=Gotha], den 28. April 85«, sig. »Timoleon«, eigh., Sk 1, Dok. 116 [Auszug].

[2v] Sie haben mich unendlich dadurch verbunden mein bester Freund daß Sie, das Schreiben Lud[ovici] Germ[anici] [=Stolberg-Roßlas] an Aeschylum [=Herzog Carl August von Weimar], unserm guten National wieder zurück geschickt haben, ohne Gebrauch davon gemacht zu haben. Mich würde solches, in eine sehr große Verlegenheit gegen Aeschylum versezt haben, dem ich bereits den Entschluß Spartaci [=Weishaupts] geschrieben habe. Er würde vielleicht gar dencken ich hätte Lud[ovicus] Germ[anicus] dazu aufgefordert, um eine Sache durchzusezzen |[3v (sic)] deren erstes project, von mir selbst, mit herrühret; und die vielleicht beßer in denjenigen terminis ist, in denen sie jetzt steht, als wenn wircklich Spartacus eine Versorgung zu Butus [=Jena] gefunden hätte. Ich glaube es selbst, er hätte sich nicht ganz dahin geschicket. Wenigstens — dies sey ganz im Vertrauen gesagt — glaub ich nicht, daß Er mit Abaris [=Goethe] und Damasio [=Herder] gestimmt haben würde. Ein jeder dieser Männer, hat seinen eigenen Ideen gang — sein eigenes System — solche untereinander verbinden zu wollen, würde nie thunlich gewesen seyn — und Zank und Zwist würde am Ende aus Alle diesem, entstanden seyn. Übrigens, erkenne ich auch aus diesem Zuge Ihre gefälligen, zutrauensvollen, Gesinnungen gegen mich — mit dem gerührtesten Herzen. [. . .]

---

[1] Belohnen, vergüten (Interessen = Zinsen).

KOMMENTAR

Vgl. die Darstellung, S. 126 und 193.

52. Herzog Ernst II. von Gotha an Bode, »Syracusis [=Gotha], den 9. Nov. [17]85«, sig. »Timoleon«, eigh., Sk 1, Dok. 126 [Auszug].

[2r] So erhalten Sie denn auch gegenwärtig theuerster Aemilius jenes Ihnen zugedachte paquet, welches die mir von Diomede [=Costanzo] zugeschickten Schriften enthält, die Ihnen die Lage unserer armen Brüder in Graecia [=Bayern] lebhaft und bejammerungswürdig genug schildern wird. Nicht ohne Unwillen werden Sie das harte und wiedrige Verfahren daraus ersehen, mit welchem man gegen dieselben zu Werck gegangen ist.

Seyn Sie so gütig und theilen Sie den dortigen Brüdern diese Species facti mit, damit solche doch die illegalitaeten ersehen mögen, womit man dorten, die unserigen behandelt hat. Mitleiden, und wärmere Gesinnungen für die gute Sache, soll hoffentlich, die Durchlesung dieser Schriften in den Gemüthern bey Ihnen erregen.

Wenigstens wünschte ich solches wohl herzlich — denn für Wahr, Ihre Heropolitaner [=Weimarer] sind bisher sehr *Lau*[a] in ihrem Betragen gewesen. [. . .]

KOMMENTAR

Vgl. die Darstellung, S. 124 und 193.

53. Herzog Carl August von Weimar an Bode, 4.12.1785, eigh., Sk 1, Dok. 272.

[1r] W[eimar] den 4ten Dec. [17]85.

Heute habe ich für Rudorfen[1] ein kleines Frucht u[nd] Holz deputat bestimmt.

---

[1] Rudorf (›Ali‹) war Sekretär der Gothaer Illuminatenniederlassung. Vgl. Dokument Nr. 42, Bl. 4r).

[a] *Lau*] *dreimal unterstrichen*

Erzeigen Sie mir doch den Gefallen denen H[erren] Gebrüdern Illuminaten einige Fragen über die Dienstentlassung des Cammer Presidenten von Bieber[2] zu Fuld[a] vorzulegen; ich wüste gar sehr gerne das detail davon um den Mann näher kennen zu lernen, welcher auch zu uns gehört; u[nd] um die leute beurtheilen zu können welche[a] ihn gestürzt haben. Da ich dort zu lande zieml[ich] bekannt bin, so liegt mir viel daran die Masquen noch genauer zu inspiciren. Leben Sie wohl.

Aeschylus.

KOMMENTAR

Vgl. die Darstellung, S. 84 und 133.

54. Herder an Bode, undatiert [April 1787], eigh., Sk 1, Dok. 279.

[1r]
Lieber Bode,

Der Graf Schwerin aus Schweden,[1] wahrscheinl[ich] künftiger Oberhofprediger des Königes will Sie gern kennen lernen. Ich mache ihm mit

---

[2] Nicht zu identifizieren; gemeint ist der Vorgänger von Philipp Anton Siegmund von Bibra (1750-1803), Domkapitular und seit 1786 Regierungs- und Hofkammerpräsident in Fulda, ab 1785 Herausgeber des *Journals von und für Deutschland*. — Im folgenden Frühjahr (April 1786) besuchte der Gothaer Illuminat Salzmann den neuen Regierungspräsidenten Bibra in Fulda (Burggraf spekuliert über illuminatische Zwecke dieses Besuchs: Chr. G. Salzmann, S. 128 f.); möglicherweise wollte er im Sinne der Anfrage Carl Augusts die Umstände der Entlassung des Illuminaten Bieber erkunden. Eventuell sind Carl Augusts Fragen besonders an Dalberg gerichtet, da dieser Beziehungen nach Fulda hatte. Die Anfrage steht sicher im Zeichen des neuen Fürstenbundes. — Im übrigen promovierte der profilierte Illuminat Münter 1784 in Fulda.

[1] Fredrik Bogislav von Schwerin (1764-1834), schwedischer Baron und im Jahre 1787 Magister in Göttingen; der Illuminat Friedrich Münter traf ihn dort im Juni 1787 und schrieb in sein Tagebuch: »Gestern machte ich auch die Bekanntschaft des Grafen Schwerin, den [der führende Gothaer Illuminat J. Fr. E. von der] Lühe sehr liebt, u[nd] an den Lühe mir Briefe gegeben hat« ([Münter:] Tagebücher 2: 406, vgl. 3: 151). Schwerin dürfte damit im April (vgl. die Angaben »Zur Datierung«) in Ordensangelegenheiten mit Bode gesprochen haben, und zwar auf der Reise zur Übersiedlung nach Göttingen, denn aus dem vorliegenden Brief geht hervor, daß er noch nicht lange in Deutschland war.

[a] welche] *korr. aus:* d

Lieber [illegible],

Der Graf Schwerin aus Schweden, wahrscheinlich künftiger Oberhofprediger des Königs will Sie gern kennen lernen. Ich mache ihn mit diesem billet den Vorschritt zu Ihnen, da ich ihn gern selbst zu Ihnen gebracht hätte. Er ist eine Blüthe seines Standes, geistlich u. weltlich betrachtet; geistlich nämlich in unserem Verstande, nicht wofür man ihn sonst dem allgemeinen Gerücht nach halten könnte. Sie können von ihm die Lage in Schweden kennen lernen, über die er sich so offenherzig gegen mich ausgedrückt hat, als er von der andern Seite zum Theil verstanden ist, daß ich

hören in Deutschland, was er natürlich in Schweden
nicht also hören konnte. Ich glaube, er wird Ihr Zutrauen gewinnen u. ist in seiner Situation gerade
der Mann, dem ich eine Unterredung mit Ihnen
zu seinem u. zu tausend anderer Menschen Nutzen
vorzüglich wünsche. Ich habe ihn herzlich lieb u. ich
glaube, er verdient die Liebe; er scheint ein vortrefflicher Mensch von Geist, Herz, Willen u. Charakter.
Nehmen Sie ihn also wohl auf, falls ich ihn
nicht selbst zu Ihnen bringen könnte. Herder.

Brief Herders an J. J. C. Bode, April 1787 (vgl. Dokument Nr. 54, S. 348 f.). Geheimes Staatsarchiv preußischer Kulturbesitz, Abteilung Merseburg, 5.2. G 39, Nr. 100, Dok. 279.

diesem billet den Vorschritt zu Ihnen, da ich ihn gern selbst zu Ihnen gebracht hätte. Er ist eine Blüthe seines Standes, geistlich u[nd] weltlich betrachtet; geistlich[a] nämlich in *unserm* Verstande, nicht wofür man ihn sonst dem allgemeinen Gerücht nach halten könnte. Sie können von Ihm die Lage in Schweden kennen lernen, über die er sich so offenherzig gegen[b] mich ausgedrückt hat, als er von der andern Seite zum Theil erstaunt ist, das zu | [1v] hören in Deutschland, was er natürlich in Schweden nicht also hören konnte. Ich glaube, er wird Ihr Zutrauen gewinnen u[nd] ist in seiner Situation gerade der Mann, dem ich eine Unterredung mit Ihnen zu seinem u[nd] zu tausend andrer Menschen Nutzen vorzüglich wünsche. Ich habe ihn herzlich lieb u[nd] ich glaube, er verdient die Liebe; er scheint[c] ein[d] treflicher Mensch von Geist, Herz, Willen u[nd] Charakter. Nehmen Sie ihn also wohl auf, falls ich ihn nicht selbst zu Ihnen bringen könnte. Herder.

ZUR DATIERUNG

Am 25.4.1787 schreibt Herder an den Jenaer Professor Johann Gottfried Eichhorn: »Den Catal[og] schickt Ihnen der Graf Schwerin: Ist er nicht ein liebenswürdiger Mensch?« (HB 9: 385, vgl. 5: 223), so daß der Brief um diese Zeit zu datieren ist (freundlicher Hinweis von Günter Arnold, GSA Weimar).

KOMMENTAR

Vgl. die Darstellung, S. 193.

55. Friedrich Münter an Christian Gottlob Voigt, »Tonna den 1. Junius 1787«, sig. »Syrianus«, eigh., GSA Weimar 68/871, Bl. 8-9 [Auszug].

[8r] [. . .]

Ich habe in Syracus [=Gotha] viel gethan; all[e]s nöthige mit Chrysostomus [=von Helmolt] und Cato [=von der Lühe] verabredet, und dort eine Magistratsversamlung und eine Minerval Kirche beyge-

---

[a] geistlich] *korr. aus:* w
[b] gegen] *korr. aus:* ausdrückt
[c] scheint] *korr. aus:* ist
[d] ein] *korr. aus:* tef

wohnt.[1] Nur Schade daß Timoleon [=Herzog Ernst II. von Gotha] nicht da war, u[nd] daß ich keine O[rden]s Pap[iere] mit bekommen konnte. Jetzt weiß ich, wie weit meine Rechte gehen, und kann mich anfangs auch ohne Papiere behelfen, bis entweder Timol[eon] oder Aemilius [=Bode][2] zurück sind.[3] Bey lezterem bitte ich Sie aus insbesondre zu arbeiten, damit bey seiner Rückkunft die Sache nicht in Vergeßenheit gerathe.[4] Ich habe auch aus Syracus die drey filoschen Grade[5] mitgenommen, um die, wo möglich bey den ⧉ [=Logen] in Kopenhagen entweder einzuführen, oder doch zu nuzen, so wohl es angeht. |[8v]

Von Spartacus [=Weishaupt][6] habe ich keine directe Nachricht, weiß aber doch, daß er selbst wieder Hofnung gibt, wiederum an der Wiederherstellung des O[rdens] Theil nehmen zu wollen.[7] Aber mit welchen Veränderungen müßte das nicht geschehen? Nicht nur der Rituale sondern auch der Geographie, der OrdensNamen, und selbst auch des Nahmens des gesamten O[rdens]. [...] |[9r]

Herder ist ein paar Tage in Gotha gewesen. Ich habe ihn aber nur

---

[1] Nachdem er am 17.-19.5.1787 mit Voigt (und insgesamt vom 15.-22.5. in Jena und Weimar mit anderen Illuminaten, u.a. Reinhold, Carl August, Herder, G. Hufeland, Prinz August) zusammengekommen war, verbrachte Münter die Zeit vom 22.-31.5. in Gotha, wo er »Magist. u. Minerv. Kirche« am 30.5. meldet; vom römischen Projekt ist im Tagebuch, das von dieser Reise berichtet, jedoch nicht die Rede, da Ordenssachen dort diskret besprochen werden; das soeben Zitierte ist z.B. in Chiffren geschrieben ([Münter:] Tagebücher 2: 396-404). Münter besuchte seinen Heimatort Tonna (im Herzogtum Gotha) auf dem Wege von Gotha nach Göttingen.

[2] Bode war noch auf seiner später so berüchtigten Reise nach Paris; vgl. dazu Kap. 2.

[3] Bezieht sich auf ein Projekt, in Rom eine Freimaurerloge zu gründen, welche die Einführung der Illuminaten dort erleichtern würde. Im Brief an von Helmolt vom 6.10.1787 schreibt Münter, er habe von Herzog Ernst das »Recht« empfangen, diese Loge zu gründen (Rosenstrauch-Königsberg: Freimaurer, Illuminat, Weltbürger, S. 99 f.).

[4] Bode war eigentlich *gegen* das Projekt der römischen Niederlassung; vgl. den Brief Bodes an Münter vom 30.4.1785, Erstdruck bei Rosenstrauch-Königsberg: Freimaurer, Illuminat, Weltbürger, S. 98.

[5] Die von Knigge (Philo) verfaßten Grade.

[6] Im April hatte Münter in Regensburg fast zwei Wochen lang täglich mit Weishaupt verkehrt, der sein Vertrauen besaß; Münter schrieb bei seinem Abschied lobende Worte über Weishaupt in sein Tagebuch ([Münter:] Tagebücher 2: 390; vgl. Rosenstrauch-Königsberg: Freimaurer, Illuminat, Weltbürger, S. 112-16).

[7] Die Illuminaten in Weimar und Jena wollten Weishaupt aus der Reformarbeit ausschließen; vgl. dazu die Darstellung, Kap. 3.7.

ein einzigmal gesehen, beym Prinzen August.[8] [. . .]

Wenn Bode Nachrichten und Erläuterungen von mir haben will, so schreiben Sie mir nur directe nach Kopenhagen, u[nd] ich werde antworten so viel ich kann. Meine besten Grüße an unsern lieben Reinhold, und an Hufland[9] in Jena. [. . .]

KOMMENTAR

Münter hatte sich auf einer Reise in Jena und Weimar aufgehalten, wo er wichtige Illuminaten traf und eine Audienz beim Herzog Carl August hatte (vgl. Anm. 1 sowie die Darstellung, S. 127); in Gotha traf er außer den Genannten auch Koppe. Münters Projekt war zu dieser Zeit eine Illuminatenniederlassung in Rom; aus seinem veröffentlichtem Briefwechsel wird die Beteiligung der Gothaer an diesem Projekt bestätigt, aber Voigts Kenntnis davon und damit eine Verbindung des abenteuerlichen Projekts mit Weimar geht erst aus diesem Brief hervor. Vgl. die Darstellung, S. 133.

56. Weishaupt an Johann Christian Siebenkees, 4.2.1790, eigh., FB Gotha, Chart. A 1918c, Bl. 682-83 [Auszug].

[. . .]
[682v] Wahrlich, im Leben Sonderbare Zeiten. Alles ist in Gährung und Bewegung! Der Himmel weiß, was noch alles bis an das Ende dieses Jahrhunderts erfolgen wird! Bis dahin hoffe ich soll der menschliche geist ausgeraset haben. Ich fürchte, es möchte, auf eine so gewaltige anstrengung eine Entkräftung folgen. Ruhiger wird und mus es zuversichtlicher werden. Aber es kommt darauf an, von welcher art diese Ruhe seyn wird[a]. Ich verspreche mir nicht viel gutes: Siegen die Fürsten, so wirds der armen aufklärung nicht am besten gehen: dann diese mus nun von allem die Schuld tragen: Siegt das Volk, so steht ein

---

[8] Prinz August, der Bruder des Herzogs, war mit Herder befreundet; Münter schreibt im Tagebuch: »Herder kam d. 29.[5. nach Gotha] ich war am 30 bey ihm, u[nd] fand auch da Seren[issimum] Augustum, so dass des interessanten Geredes wenig ward« ([Münter:] Tagebücher 2: 404).

[9] Wahrscheinlich nicht Christoph Wilhelm Hufeland (der allerdings auch Illuminat war und welchen Münter auf dieser Reise kennenlernte), sondern Gottlieb H., mit dem Münter während des Aufenthalts in Jena und Weimar länger zusammenkam ([Münter:] Tagebücher 2: 397; 402).

[a] wird] *H:* sind

Zustand bevor, der nun ärger als aller Despotismus, und der aufklärung noch viel gefährlicher ist: wir lauffen gefahr, in einen anarchischen zustand zu verfallen. Ich fürchte, wenn die Fürsten die oberhand behalten, daß sie einsehen werden, daß sie sich zu ihrem Nachtheil von den Pfaffen getrennt haben, daß ihr vortheil auf [unleserliches Wort] sich mit diesen auf das neue zu verbinden. Und dann wehe der armen vernunft! Freylich hat das Licht der vernunft schon sehr weit um sich gegriffen. Freylich lässt sich die vernunft nicht mehr so viel und so an haltend unterdrücken, als vordem schon geschehen ist. Aber wie viel wird sich ändern, wie sicher wird diese stimme verstummen, wenn damit außer der verfolgung nichts weiter zu verdienen ist, wenn statt der Ehre, die ihnen sich gegenwärtig von der Beförderung der aufklärung versprechen könnte, schande, verachtung und ungleich mehr stehen! [...]

Kommentar

Vgl. die Darstellung, S. 31.

57. Franz Kirms an an Herzog Carl August von Weimar, Weimar, 29.10.1792, StA Weimar, J 288, Bl. 57-58 [Auszug].

[57r] [...]
In Erfurth und den umliegenden Gegenden ist alles democratisch gesinnt und erwartet nur die Posaune des Aufrufs zu hören: Hier ist es ganz anders — der gemeine mann, der Bürger und Bauer denckt sich kein größeres Glück, als Ew. Herzogl[iche] Durchl[aucht] wieder zu sehen; hast alles was democratisch denckt; hat nur einige geringe Beschwerden; möchte gerne 2 Personen laternisiren, und ist höchst aufgebracht über einige, welche dafür bekannt sind, daß sie zu sehr auf französischer Seite hangen.

Ich bin erstaunt, wie sehr Ihro Durchl[aucht] von Bürger und Bauer geliebt werden: folgendes mag meine Behauptung bestätigen! — Fast jeder Bauer und Bürger kennt meine |[57v] Familie vom 7jährigen Krieg her, — von der 72er Theuerung und besonders wegen meines Bruders[1] Verrichtungen bey der GeneralPolizeyDirection. Als das Gerücht von dem Einrücken der Franzosen erschall, dann wurde den Leuten Angst: man wünschte E[urer] Herzogl[ichen] Durchl[aucht] Gegenwart,

[1] Carl Kirms, Geheimer Sekretär in Weimar.

und glaubte, wenn Sie zu gegen wären, dann würde Bürger und Bauer im Stande seyn dem Eindringen zu wehren. Man wurde nun ängstlicher, man glaubte, da sich die Franzosen so weit wagten, die Preusische Armee sey ganz aufgerieben — man liest [daß] Ew. H[erzogliche] Durchl[aucht] schon beyde Hände eingebüset haben, — man glaubte Sie vielleicht gar tod. In dieser Angst, da der vornehme Theil pp. — kamen einige Bürger ganz desperat zu mir und verlangten Gewißheit, Rede und Antwort, wie es um ihren Herzog aus sähe: Sie glaubten, daß ich, als ein Eingebohrner, es doch mit Ihrem gnädigsten Herrn und auch mit der Bürgerschaft, wie zeither ehrlich halten würde und wünschten von mir ganz in der Stille reinen Wein eingeschenkt zu haben. Hätte |[58r] ich die geringste bedenkliche Miene gemacht, so hätten böse Auftritte entstehen können: denn man ist auf 2. Personen aufgebracht — und den Adel kann man auch nicht leiden! — Um sie zu frieden zu stellen, um sie zu versichern, daß Sie noch leben, daß Sie wenigstens die rechte Hand noch hätten, konnte ich mir auf keine andere Art helfen, als den eben erhaltenen gnädigsten Brief vom 12. 8br [=Oktober] denselben zu zeigen. Gott! wenn ich doch die Freude recht lebhaft schildern könnte, welche diese Leute ergriff. Sie überzeugten sich, daß Sie noch lebten — noch eine Hand hatten und — noch mehr — daß Sie diesen Winter zu uns kommen würden. Nun glauben wir es, wir kennen seine Hand — ja sie ist! wenn er nur erst wieder da ist, dann soll er über unser Cörper wegfahren, wenn er wieder gegen die Franzosen dienen wollte! Man wollte nun gleich die Bürgerschaft versammlen und sie durch diesen Brief beruhigen; sie mußten mir aber versprechen, ganz ruhig zu seyn und dieser |[58v] Anfrage bey mir öffentlich gar nicht zu denken. Ich kam so weit, daß sie ruhig zu seyn versprachen; ich mußte ihnen aber den Brief geben, und es haben denselben in der Stille nur 40 Bürger gelesen. Ich cachire diese Sache, denn es entstehet daraus jalousie und am Ende mißdeutet man es wohl gar. — Die Bauern kommen nicht vor meines Bruders Stube weg — beständig Anfragen, ob Sie noch leben? Ich kann es nicht beschreiben, wie sehr Ihre Unterthanen Sie lieben. [...] Gott! bringe Sie glücklich wieder zu uns.

Verbrennen Höchstdieselben diesen Brief damit dieser Vorfall auf keine Weise bekannt werde: denn wer hier einen Gott glaubt und seinen Herrn liebt, wird persiffliret. — Man könnte mich an[a] Euch gar beschuldigen, ich zöge die Bürger an mich. [...]

[a] an] *korr. aus:* abe

KOMMENTAR

Dieser Brief wurde von Herzog Carl August seinem Brief an Voigt vom 8.11.1792 beigefügt (vgl. Dokument Nr. 58). Vgl. die Darstellung, S. 203.

58. Herzog Carl August von Weimar an Christian Gottlob Voigt, Koblenz, 8.11.1792, eigh., StA Weimar, J 288, Bl. 55-56 [Auszug].

[55v] [. . .]
Hier schicke ich Ihnen einen Brief von Kirmß[1] deßen inhalt mir wie sehr natürlich, angenehm gewesen; cassiren[2] Sie aber das Werck u[nd] laßen sich nicht mercken daß Sie es beseßen haben, um Ihnen aber zu sagen welchen gebrauch Sie von meiner confidentz machen sollen, muß ich *etwas* von vielen außheben. Die Kirmß,[3] u[nd] zumahl der land [Kammerrat] wißen alles | [56r] was in der Stadt u[nd] hie u[nd] da auf dem Lande vorgeht, schöpfen aber selten aus reinen Quellen, sondern meistens immer bey alten Weibern, u[nd] nach dieser [sic] Geschmack reicht auch gewöhnlich ihr urtheil, deßwegen, wenn mann kennt wie viel mann von ihren Äußrungen glauben u[nd] behalten kan od[er] nicht, so sind sie sehr brauchbar, nur muß mann immer die schlüße selbst machen, denn die ihrigen taugen selten etwas. Nun steht in diesem Briefe daß 2 Personen, *besonders*, u[nd] nach mehrere dem Volcke Fatal wären, diese Nahmen zu erfahren, ist etwas leichtes, denn ich kan K[irmß] nur schreiben daß er sie nennen soll, so thut er es, ich wünschte aber daß Sie sie wüßten, u[nd] daß Sie nachspührten wie die gesinnungen des Volckes über diese leute sind; vermuthl[ich] ist Herder einer der zweyen, der durch seine gewaltige Unbedachtsamkeit, Charackter, u[nd] Conduitlosigkeit sich um die liebe der Menschen [brachte], wohl aber wegen seiner Gelehrsamkeit u[nd] seines Vortrags halben der sehr faßlich ist, ob wohl nicht immer gründlich ist, das zutrauen junger angehender Gelehrten erwarb. Könnten Sie auch in Eisenach erfahren wie dorten die Gesinnungen des Bürgers u[nd] gemeinen Mannes sind, u[nd] sie schrieben es mir zu, so wäre es mir sehr lieb; für dorten ist mir

---

[1] Vgl. Dokument Nr. 57.

[2] Wahrscheinlich im Sinne von »vernichten« (dem Wunsch von Kirms entsprechend, vgl. den Schluß des vorigen Dokuments); allerdings könnte »cachiren« (frz. cacher) gemeint sein, also verstecken, geheimhalten (siehe ebenfalls den Brief von Kirms).

[3] Caroline Kirms, Ehefrau von Franz Kirms.

banger als wie für Weimar. Schreiben Sie mir doch, aber en detail über diese gegenstände, adressiren die Briefe an Bansa[4], u[nd] seyen sicher daß dergl[eichen] Briefe gewiß in keine fremden hände kommen.

KOMMENTAR

Vgl. die Darstellung, S. 203.

59. Herzog Carl August von Weimar an Christian Gottlob Voigt, Koblenz 24.11.1792, eigh., StA Weimar, J 288, Bl. 63 [Auszug].

[63r] [...]
Es ist mir lieb daß wir auf gleiche weise die K[irmsischen] nachrichten[1] beurtheilen, indeßen bemühen Sie immer, auf die bekannte weise dieses Maulwurfsgeschlecht, u[nd] geben mir von Zeit zu Zeit nachricht von dem Erfolge, u[nd] von denen Bewegungen der hintersten Bierfäßer im Keller: es ist nöthig daß mann dergl[eichen] Sachen nicht übersehe um in der connexion zu bleiben, u[nd] da wieder, nach hergestellten Frieden anzubinden, wo mann einen Knoten beym abgange geknüpft hat. Schmidt[2] hat sehr recht daß er sich über daß unnütze raisonniren unthätiger Menschen explicirt hat, u[nd] gut wird es seyn wenn dieses bey ähnl[ichen] Gelegenheiten geschieht. thun Sie dieses ebenfalls, u[nd] es ist mir sehr lieb daß [S]ie den dicken C.[3] etwas geknebelt haben: dergl[eichen] ausschweifungen geben nur den *Kerlen* böse beyspiele, u[nd] verderben die Sittlichkeit.

Forster[4] in Mayntz, hat sich leider auch, in die Rotte der Phantasten, wie so viele seines Gelichters einschreiben lassen; es ist doch ein wahres

---

4 Johann Conrad Bansa (1721-1800) oder dessen Sohn Johann Mathias (1758-1802), Bankiers in Frankfurt am Main.

1 Vgl. Dokument Nr. 57 sowie 58.

2 Johann Christoph Schmidt, Mitglied des Geheimen Consiliums.

3 Möglich wäre die Lesart »C[arl]«, also Carl Ludwig von Knebel, was in Verbindung mit »geknebelt« ein durchlauchtiges Wortspiel auflöst. Knebel war jedoch nicht besonders beleibt, und der Herzog hat übrigens *nach* diesem Brief noch verordnen müssen, Knebel einzuschüchtern (vgl. die Darstellung, S. 205).

4 Johann Georg Forster, der bekannte Mainzer Jakobiner; Carl August spielt hier auch auf seine frühere wissenschaftliche Tätigkeit als Naturforscher und Universitätsbibliothekar in Mainz an. Ob Forster Illuminat war, ist noch umstritten; Fehn argumentiert für die Mitgliedschaft (Wiederentdeckung des Illuminatenordens, S. 238), Steiner (Forsters Weg durch Geheimbünde, S. 107-09, 196-98) und van Dülmen (Geheimbund der Illuminaten, S. 63) dagegen.

Unglück, daß den Menschen ein gewißer trieb nach handeln im Sinnlichen Verstande, so unübersteigl[ich] anklebt, daß ein Mann, der sich zum speculativen Gelehrten gebildet hat, u[nd] dieses Handwerk mit Ehre und nutzen treiben könnte, nicht zu ruhen vermag |[63v] sondern platterdings eine Speiche im Rade sein will, wo er herausbleiben könnte. Allen Gelehrten klebt so gewaltig die Sucht einfluß in Staats Sachen zu haben, an, da discreditiren sie nun ihr ganzes Geschlecht, weil sie, wenn sie sich endlich dazu gedrängt haben, die Sachen schief angreifen, u[nd] gewöhnl[ich] mit dem Verlust ihres moralischen Charackters, durch zweideutige Handlungen, ihren sehnlichen trieb erfüllen. Dieses ist leider der Gang der jetzigen Dinge, wodurch, wie in den Ritterzeiten, wieder der Haß gegen die Gelehrten aufsteigen wird (welcher sich schon öffentl[ich] zeigt) u[nd] am ende die Wißenschaften darunter leiden werden.

Alles Unglück schiebt mann jetzt denen sogenannten *Professers*[5] in die Schue, u[nd] im Grunde, in einem etwas groben Verstande genommen, ist es nicht zu leugnen daß diese leute unendlichen Schaden gestiftet haben. Forster hält reden im Club, deren ich aber noch keine gesehen habe; Custine[6] hat die Reg[ierungen] u[nd] Cammer cassirt u[nd] neue[,] aus den verworfensten Menschen besezt, creirt. Des alten Böhmers Sohn aus Göttingen, ein relegierter Student,[7] ist seine rechte Hand, Wedekind,[8] u[nd] ein Schuft aus Berlin,[9] beides Lumpen, regieren Mayntz. [. . .]

Kommentar

Die letzten zwei Absätze dieses Briefes (»Forster in Mayntz [. . .] regieren Mayntz«) wurden in CAPB 2: 43 f. veröffentlicht (dort außer Modernisierungen in Orthographie und Interpunktion ein hinzugefügtes »so« vor »ist es nicht zu leugnen«, sowie keine Hervorhebung von »Professers« [dort: »Professors«], Bl. 63v). Der bereits veröffentlichte Teil wurde hier mit abgedruckt, um den Zusammenhang im Bewußtsein des Herzogs zwischen der innenpolitischen Unruhe und den revolutionären Ereignissen in den linksrheinischen deutschen Gebieten zu demonstrieren. Vgl. die Darstellung, S. 203 und 224.

---

5 Alle im folgenden genannten Mainzer Jakobiner waren Professoren.

6 Der französische General A. Ph. comte de Custine hatte Mainz erobert.

7 Georg Wilhelm Böhmer, Sohn des Göttinger Juristen Georg Ludwig Böhmer und Schwager der Caroline Michaelis(-Böhmer-Schlegel-Schelling), gab seine Professur am Gymnasium in Worms auf, um in der Mainzer Republik mitzuwirken.

8 Georg Christian Wedekind, Medizinprofessor in Mainz, Jakobiner.

9 Laut CAPB 2: 44 nicht zu identifizieren.

Anhang 1
Die Weimarer, Jenaer und Gothaer Illuminaten

Diese Liste enthält kurze biographische Daten (für den Zeitraum etwa 1775-1795) und den Illuminatenorden betreffende Informationen, soweit sie aus gedruckten Quellen sowie aus den Dokumenten der ›Schwedenkiste‹ und anderer Bestände zu ermitteln waren. Innerhalb der Orte werden die Mitglieder in *ungefährer* Reihenfolge ihrer Bedeutung im Orden verzeichnet. Über den Zeitraum der Mitgliedschaft konnte in den meisten Fällen keine Angabe gemacht werden; nicht alle hier verzeichneten Mitglieder waren zur selben Zeit im Orden. Bode schrieb am 21.2.1784, die Provinz »Ionien« (Obersachsen, also hauptsächlich die hier vertretenen Orte) bestehe »aus etlichen und dreissig Mitgliedern«;[1] für die Zeit bis 1787 konnten im folgenden 41 Mitglieder namhaft gemacht werden. Die Angaben über Rang und Illuminatennamen erfolgen meist aus den älteren Quellen sowie aus Schüttler: Karl Leonhard Reinhold (1988); die älteren Informationen sind wahrscheinlich aus dem verschollenen 10. Bd. der ›Schwedenkiste‹ zusammengestellt worden und dürften im Laufe der Zeit Berichtigungen erfahren. Folgende Abkürzungen wurden für die Quellenangaben benutzt (Näheres s. Bibliographie):

B = Beck 1854; W = Wernekke 1905; E = Engel 1906; O = Ott 1910; LF = Le Forestier 1914; S = Schüttler 1988

WEIMAR (›Heropolis‹):

1. **Bode, Johann Joachim Christoph** (1730-1793), Verleger in Hamburg, Übersetzer; seit 1779 Geschäftsführer der verwitweten Gräfin Emilie von Bernstorff in Weimar. Einer der wichtigsten Figuren in der ›Strikten Observanz‹, Bode wurde im Mai 1782 von Knigge als Illuminat geworben und wurde schnell zu einem der bedeutendsten Mitglieder; als ›Winnifried‹ war er Provinzial der Ordensprovinz Ionien. Nach der Einstellung der Ordensaktivität in anderen Terri-

[1] Bode an Herzog Ernst, »Unterthänigstes Pro Memoria«, »Heropolis [=Weimar] den 21ten Baham. 1153«, sig. »Aemilius«, Sk 2, Dok. 191, S. 11.

torien im April 1785 führte er den Orden in reformierter Gestalt bis in die 1790er Jahre weiter. ›Aemilius‹, ›Winnifried‹, ›Tristram‹. E passim; LF 396 Anm.; S 50 Anm.

2. **Carl August von Sachsen-Weimar-Eisenach** (1757-1828), 1758 Herzog, 1775 selbständig, 1785 Bemühungen um einen deutschen Fürstenbund, 1792 als preußischer General im Feldzug gegen Frankreich, 1793 in der Belagerung von Mainz. Im Inneren Orden der Strikten Observanz. Am 10.2.1783 in den Illuminatenorden aufgenommen, Oberer der Weimarer Minervalkirche. ›Aeschylus‹, *Regent*. E 353; O 86; LF 396 Anm.; S 54 Anm.
3. **Goethe, Johann Wolfgang (von)** (1749-1832), Schriftsteller, 1776 Mitglied des Geheimen Conseils in Weimar, 1786 nach Italien, 1788 in Weimar, Entlastung von den meisten Amtsgeschäften, 1792 Teilnahme am Feldzug in Frankreich, 1793 Teilnahme an der Belagerung von Mainz. Im Inneren Orden der Strikten Observanz. Am 11.2.1783 in den Illuminatenorden aufgenommen; ›Zensor‹ der Weimarer Minervalkirche. ›Abaris‹, *Regent*. W 24 f.; E 355 f.; O 86; LF 396 Anm.
4. **Marschall auf Burgholzhausen, August Dietrich Graf von** (1750-1824), Erbmarschall in Thüringen; Kammerherr in Braunschweig, dann nach Weimar. Befreundet mit Klopstock, Lessing, Lavater und Herzog Ferdinand von Braunschweig. Mit Bode in der Freimaurerei tätig; im Inneren Orden der Strikten Observanz. 1783 aufgenommen; ›Philostratus‹. *Regent*. O 86; LF 396 Anm.; S 68 Anm.
5. **Schardt, Ernst Carl Constantin von** (1744-1833), Weimarer Geheimer Regierungsrat, Bruder der Charlotte von Stein. 1783 aufgenommen. ›Apollonius‹. *Regent*. O 86; LF 396 Anm.; S 68 Anm.
6. **Herder, Johann Gottfried** (1744-1803), 1776 Oberhofprediger, Generalsuperintendent und Oberkonsistorial- und Kirchenrat in Weimar, 1789 Vizepräsident des Oberkonsistoriums. 1.7.1783 aufgenommen. ›Damasus Pontifex‹. *Priester*, ›Decanus‹ der Weimarer Illuminaten. E 356; O 86; LF 396 Anm.; S 65 Anm.
7. **Musäus, Johann Carl August** (1735-1787), Theologe, Dichter (*Grandison der Zweite*, 1760-62; *Volksmährchen der Deutschen*, 1782-86), 1769 Professor am Gymnasium in Weimar. 1783 aufgenommen. ›Priscillan‹ bzw. ›Dante Alighieri‹. *Regent*. O 86; LF 396 Anm.; S 65 Anm.
8. **Kästner, Johann Friedrich** (1747-1812), Hauslehrer für die Söhne der Charlotte von Stein, 1780 Pageninformator, 1788 (nach dem Tod von Musäus, s.o.) Professor am Gymnasium in Weimar. ›Amaris‹. *Priester*. O 86; LF 396 Anm.

9. **Batsch, Georg Laurentius (Lorenz)**, Vater des Botanikers und Jenaer Professors August Johann Georg Carl Batsch, Advokat in Jena (so [Schröder:] Materialien zur Geschichte der Freymaurerey 4: 194), ab 1777 sachsen-weimarischer Regierungssekretär, am 21.2.1783 zum Lehnssekretär ernannt (freundliche Mitteilung des GSA Weimar). Mitglied des Inneren Ordens der Strikten Observanz. ›Flavianus‹, Sekretär der Weimarer Versammlung. *Illuminatus Dirigens.* O 88; LF 396 Anm.
10. **Voigt, Christian Gottlob (von)** (1743-1819), 1777 Weimarer Regierungsrat, 1783 Geheimer Archivarius, 1783 mit Goethe in der Bergwerkskommission, 1785 mit diesem in der Ilmenauer Steuerkommission, 1788 Mitglied des Kammerkollegiums, 1791 Mitglied des Geheimen Consiliums. Wurde anscheinend erst nach etwa 1785 Illuminat. O 86.
11. **Friedrich Ferdinand Constantin**, Prinz von Weimar (1758-1793), von seinem Bruder Carl August für die Illuminaten geworben (22.7.1783?). O 87; LF 397 Anm.; S 65 Anm.
12. **Tamm, Joachim Peter**, der Schwager Bodes, wurde am 13.10.1783 zum Legationsrat ernannt (vgl. Dokument Nr. 9 u. Kommentar). ›Zwingli‹, *Illuminatus Minores.* LF 396 Anm. (dort jedoch »Pamm«).
13. **Fritsch, Jakob Friedrich von** (1731-1814), Weimarer Geheimrat, 1762 Mitglied des Geheimen Conseils. Im Inneren Orden der Strikten Observanz. ›Werner Stauffacher‹. *Illuminatus Minores.* O 86; LF 396 Anm.
14. **Ludecus, Johann August** (1741-1801), 1775 Geheimsekretär der Herzogin Anna Amalia, 1777 auch Chatoullier, 1781 auch Beisitzer beim Landschaftskassedirektorium, 1785 Steuer- und Akziserat. O 86.

JENA (›Butus‹):

1. **Reinhold, Carl Leonhard** (1758-1823), 1785 sachsen-weimarischer Rat, 1787 a.o. Professor der Philosophie in Jena, 1792 o. Prof. supernum., 1794 o. Professor in Kiel; Wielands Schwiegersohn. Wurde schon vor 1783 in Wien geworben; »In Jena [. . .] der führende Kopf der dortigen Ordensniederlassung der Illuminaten [. . .]« (Schüttler, S. 55). ›Decius‹.
2. **Loder, Justus Christian** (1753-1832), 1778 Professor der Anatomie in Jena, 1781 Leibarzt und Leiter des Naturalienkabinetts, 1782 Weimarer Hofrat. O 86. (Es besteht die entfernte Möglichkeit, daß

der in den Quellen ohne Vornamen erwähnte Loder mit Friedrich Wilhelm L. [1757-1823] identisch ist, Student der Jurisprudenz in Jena und Göttingen, 1780 Aktuar in Ohrdruf, 1795 Kanzleirat [B 133].)

3. **Hufeland, Christoph Wilhelm** (1762-1836), Arzt, 1784 Hofmedikus in Weimar, 1793 Professor der Medizin in Jena. O 86.
4. **Hufeland, Gottlieb** (1760-1817), Jurist, 1786 Privatdozent in Jena, 1788 a.o. Professor und Mitherausgeber der *Allgemeinen Literatur-Zeitung*, 1791 o. Prof. supernum. Zu seiner Mitgliedschaft vgl. Kap. 5.3, Anm. 49.

GOTHA (›Syracus‹):

1. **Ernst II. Ludwig von Sachsen-Gotha und Altenburg** (1745-1804), 1772 Herzog, 1775-1777 Großmeister der Großen Landesloge von Deutschland (Zinnendorfsches System), scheiterte im Versuch des Ausgleichs zwischen dieser und der Strikten Observanz. Feb. 1783 in den Illuminatenorden aufgenommen, 1784 Inspektor der 2. Inspektion des Ordens, Abessinien (Ober- und Niedersachsen), Coadjutor des Nationaloberen Graf Stolberg-Rossla, 1785 dessen Nachfolger. ›Quintus Severus‹, dann ›Timoleon‹; *Regent*. LF 397 u.ö.; S 54 Anm.
2. **Helmol[d]t, Christian Georg von** (1728-1805), Übersetzer, Kammerherr, Stallmeister und Oberster der Leibgarde zu Pferde in Gotha, 1776 Meister vom Stuhl der Gothaer Freimaurerloge, im Illuminatenorden Superior der Gothaer Niederlassung. ›Chrysostomos‹. B 124; LF 397; S 68 Anm.
3. **Lühe, Joachim Friedrich Ernst von der**, Kammerherr, Major, Hofmeister des Erbprinzen in Gotha, ›Cato Uticensis‹. LF 397; S 68 Anm..
4. **Koppe, Johann Benjamin** (1750-91), 1776 Professor der Theologie und 1777 Universitätsprediger und Direktor des Predigerseminars in Göttingen; 1784 Generalsuperintendent, Oberkonsistorialrat und Oberpfarrer in Gotha; Feb. 1788 Konsistorialrat und erster Hofprediger in Hannover, veröffentlichte Übersetzungen und Predigten. ›Accacius‹, *Regent*. B 131.
5. **Becker, Rudolf Zacharias** (1752-1822), Theologe, Pädagoge, Journalist und bedeutender Volksaufklärer (*Noth- und Hülfsbüchlein*, 1788), 1782 Lehrer am Philanthropin in Dessau, 1782 nach Gotha, begründete dort eine Buchhandlung; ab 1784 Hrsg. der *Deutschen Zeitung für die Jugend*. »Wurde im Februar 1782 Mitglied der

Gothaer Loge ›Ernst zum Compaß‹ und zugleich [wahrscheinlich ist 1783 gemeint] als ›Henricus Stephanus‹ Illuminat« (Schüttler, S. 66). LF passim; S 66.

6. **August, Prinz von Gotha** (1747-1806), Bruder des Herzogs, *Regent*. LF 397; 258 Anm.
7. **Reichard, Heinrich August Ottokar** (1751-1828), Theaterintendant und ab 1775 Hofbibliothekar, 1799 Kriegskommissär in Gotha, Schriftsteller; verfaßte seit 1790 konterrevolutionäre Schriften, gab zahlreiche Zeitschriften heraus, bes. den konterrevolutionären *Revolutions-Almanach* (1793-1803). Freimaurer in Gotha; wurde spätestens im Mai 1784 Illuminat; ›Wiclef‹. B 137; LF 397, 258 Anm.
8. **Haun, Johann Ernst Christian** (1748-1801), Pädagoge, Stiftsprediger, Landschuleninspektor und Direktor des Schullehrerseminars in Gotha; spätestens im Mai 1784 Illuminat (LF 258 Anm.), ›Thomasius‹. [Vgl. Reichard: Selbstbiographie, S. 43; Identifikation unsicher.]
9. **Salzmann, Christian Gotthilf** (1741-1811), Theologe, Pädagoge, Schriftsteller (*Carl von Carlsberg*, 1783-1788; Hrsg., *Der Bote aus Thüringen*, 1788 ff.), Gründer der Erziehungsanstalt in Schnepfenthal; vgl. Burggraf: Chr. G. Salzmann.
10. **Ewald, Schack Hermann** (1745-1822), 1780 Registrator beim Hofmarschallamt in Gotha, 1784 Sekretär, 1798 Hofsekretär, Schriftsteller (befreundet mit Bürger, Hölty und Voß), redigierte (mit Reichard und Dumpf) 1774-1804 *Gothaische gelehrte Zeitung*. War spätestens im Mai 1784 Illuminat; ›Cassiodor‹. LF 258 Anm.; B 117.
11. **Wehmeyer, Heinrich Christian** (ca. 1727-1813), Oberhofgärtner in Gotha. War spätestens im Mai 1784 Illuminat (LF 258 Anm.), ›Cleobulus‹. LF 397; vgl. Burggraf: Chr. G. Salzmann, S. 101.
12. **André bzw. Andree, Christian Carl** (1763-1831), Pädagoge und Volksschriftsteller, 1785 an Salzmanns Erziehungsanstalt in Schnepfenthal, 1790 am Erziehungsinstitut in Gotha, begründete 1791 mit Becker den *Reichsanzeiger*; 1794 nach Eisenach verlegt. Veröffentlichte u.a. *Der Landmann* (1790-95), *Gemeinnützige Spaziergänge* (1790-95). B 107. [Mitgliedschaft nach dem unveröffentlichten Tagebuch von Jens Baggesen in der Königlichen Bibliothek, Kopenhagen; André war im Jahre 1793 einer der Illuminaten, der an Baggesens Beförderung bzw. Aufnahme teilnahm (vgl. Kap. 5.2).]
13. **Schlotheim, Ernst Ludwig Friedrich Freiherr von** (1764-1832), Paläontologe, 1792 Kammerassessor in Gotha, Oberhofmarschall, später Kammerherr und Präsident des Kammerkollegiums; Schwiegersohn von Helmolt. Im Inneren Orden der Strikten Observanz. ›Riche-

lieu‹. [Identifiziert nach Dokument Nr. 55 (eine ausgelassene Stelle); bis 1787 anscheinend nicht mehr Mitglied.] B 142.

14. **Schlichtegroll, Adolph Heinrich Friedrich von** (1765-1822), 1783 Student der Theologie und Philologie in Jena, 1788 Kollaborator am Gymnasium in Gotha, 1802 Bibliothekar und Aufseher des herzoglichen Münzkabinetts, Biograph. ›Pronovius‹. B 141.
15. **Schenk,** Schönschreiber, Amenuensis bei Prinz August von Gotha. Wurde spätestens im Mai 1784 Illuminat (LF 258 Anm.), ›Robert Stephanus‹. LF 397.
16. **Rudorf**, Sekretär des Herzogs Ernst II., ›Ali‹, Sekretär der Illuminatenversammlung (?). LF 397.
17. ?**Dumpf, Johann Wilhelm** (1729-1801), Pagenhofmeister in Gotha, führte eine Zeitlang die Aufsicht über die *Gothaische gelehrte Zeitung*; maurerischer Bekannter Bodes in Hamburg, Stifter und bis 1776 erster Meister vom Stuhl der Loge ›zum Rautenkranz‹ in Gotha. B 115; Münter: Briefwechsel 7: 62, 5: 386; bis 1787 anscheinend nicht mehr Mitglied.
18. **Helmolt, Friedrich Karl Eduard von** (1769-1804), Sohn des Chr. G. von H. (vgl. oben). ›Guido della Scala‹.

19-23 Im »Verzeichnis und Nahmen der Glieder des Illuminaten Vereins in Gotha. 1787« (Sk 17, ohne Dokument-Nummer) werden neben (in der Reihenfolge) von Helmolt, Rudorf, Prinz August, Haun, Reichard, Ewald, von der Lühe, Wehmeyer, Becker, Schenk, Helmolts Sohn und Schlichtegroll weitere drei Mitglieder genannt, die offensichtlich nicht von großer Bedeutung für den Orden waren und nicht näher identifiziert werden konnten: **Bohn** (›Spanheim‹) [vielleicht mit Bodes Schwager in Hamburg, dem Verleger Carl E. Bohn, verwandt], **von Ulberott** (kein Ordensname angegeben), **von Peittuch** (›Greidius‹). — Le Forestier nennt nach einem Dokument des Jahres 1785 auch einen ›**Conradin**‹ und ›**Theobule**‹; der ›Guido della Torre‹, den er erwähnt, ist vielleicht mit ›Guido della Scala‹ (Helmolts Sohn) identisch (258 Anm.).

Anhang 2
Einteilung der ›Schwedenkiste‹

Die ›Schwedenkiste‹ ist der Nachlaß von Johann Joachim Christoph Bode, der in den Besitz des Herzogs von Sachsen-Gotha Ernst II. Ludwig eingegangen war und auch einen Teil von dessen Nachlaß enthält (des weiteren vgl. Kap. 3.1). In der vorliegenden Untersuchung wurde der Bestand nach der Band- und Dokumentenzählung zitiert, die am Anfang des 20. Jahrhunderts in der Gothaer Freimaurerloge eingeführt wurde. Im folgenden werden die heutigen Bestandsnummern der einzelnen Bände angegeben; die Signatur ergibt sich nach folgendem Beispiel: »Sk 1, Dok. 3« entspricht Geheimes Staatsarchiv preußischer Kulturbesitz Merseburg (ehem. Zentrales Staatsarchiv der DDR, Dienststelle Merseburg), 5.2. G 39 [=Schwedenkiste], Nr. 100, Dok. 3. Einige für die vorliegende Untersuchung interessierende Briefwechsel wurden angegeben.

Bd.	Sig.	Titel
1	100	Fürstenbriefe 1776-1788 [286 Briefe, meist an Bode; v.a. Herzog Ernst II. an Bode und Koppe; Carl August an Bode; enthält trotz des Bandtitels auch die Briefe von Goethe und Herder an Bode!]
2	101	Briefe an Herzog Ernst II. von Sachsen-Gotha und Altenburg [279 Briefe, am wichtigsten die Briefe von Weishaupt, Bode und Koppe]
3	102	Briefe an Bode [A-C, 318 Briefe; Nr. 8-19 Georg Batsch; 29-36 Becker; 118-96 *von* Bode an Knigge, Weishaupt, Koppe u.a.]
4	103	Briefe an Bode [D-H, 365 Briefe; Nr. 174-76 Göchhausen; 215-306 von Helmolt; 336-62 G. Hufeland]
5	104	Briefe an Bode [J-L, 276 Briefe; Nr. 11-73 Knigge; 85-102 Koppe; 162-63 Loder; 200-74 von der Lühe]

6	105	Briefe an Bode [M-R, 312 Briefe; Nr. 6-21 von Marschall; 71-73 Münter; 86-106 Fr. Nicolai; 193-97 Reichard; 206-14 Reinhold; 221-82 Rudorf]
7	106	Briefe an Bode [S-Z, 314 Briefe; Nr. 6-10 von Schardt; 12 Schenk; 31-34 von Schlotheim; 104-33 Stolberg-Roßla; 140-45 Tamm; 180-202 Wehmeyer; 223-65 Weishaupt (auch *an Koppe*)]
8	107	Rituale
9	108	Instruktionen zu einzelnen Graden
[10	fehlt]	
11	109	Quibus Licet [A-S]
12	110	Quibus Licet [T-Z] und Reprochen
13	111	Abhandlungen und Geschichte, v.a. Illuminatenorden, 1757-87
14	112	Reden und Gedichte
15	113	Protokolle der Versammlungen in Syracus [=Gotha] [aber auch in Weimar]
16	114	Ideen, Pläne und Gesichte
17	115	Listen, Händel und Gerichte [v.a. die Knigge-Affäre]
18	116	Ordenskorrespondenz und Rechnungen
19	117	Rituelles und Vermischtes
20	118	Verwandte Systeme

Anhang 3
Der Ordenskalender

Um die Überprüfung der Datierung der Dokumente zu ermöglichen, werden im folgenden die Monatsnamen in der im Orden üblichen Form (nach D 395) und dann in zwei Variationen aus Weimar/Gotha aufgeführt (nach: »Ächte Aussprache und Schreibart der Persischen Monate unsers Calenders«, Sk 17, Dok. 103 bzw. 104). Der erste Tag des Jahres ist der 21. März.

Monate

	Standard	Weimar A	Weimar B
21. März-30. April	Pharavardin	Pharvardîn	Pharuard
Mai	Adarpahascht	Ardibehescht	Ardibeh
Juni	Chardad	Chordâd	Cordad
Juli	Thirmeh	Tîr	Tir
August	Merdedmeh	Mordad	Mordad
Sept.	Schaharimeh	Schahriver	Schahriv
Okt.	Meharmeh	Meher	Meher
Nov.	Abermeh	Abân	Abân
Dez.	Adarmeh	Ader	Adar
Jan.	Dimeh	Dey od. Dee	Din
Feb.	Benmeh	Bahmann	Bahman
1.-20. März	Asphandar	Esphendarmad	Esphender

Jahre

1152 = 21.3.1782 - 20.3.1783
1153 = 21.3.1783 - 20.3.1784
1154 = 21.3.1784 - 20.3.1785
1155 = 21.3.1785 - 20.3.1786
1156 = 21.3.1786 - 20.3.1787

ABKÜRZUNGEN

CAPB [Sachsen-Weimar-Eisenach, Herzog Carl August von:] Politischer Briefwechsel des Herzogs und Großherzogs Carl August von Weimar. Hrsg. von Willy Andreas und Hans Tümmler. 3 Bde. (=Quellen zur deutschen Geschichte des 19. und 20. Jahrhunderts, 37-39.) Stuttgart 1954-1958, Göttingen 1973.

D Dülmen, Richard van: Der Geheimbund der Illuminaten. Darstellung — Analyse — Dokumentation. (=Neuzeit im Aufbau, 1.) Stuttgart 1975, 2. Aufl. 1977. Dokumentationsteil.

EE [Knigge, Adolph Freiherr von.] Philo's endliche Erklärung und Antwort, auf verschiedene Anforderungen und Fragen, die an ihn ergangen, seine Verbindung mit dem Orden der Illuminaten betreffend. Hannover 1788. Nachdr. in: Adolph Freiherr Knigge: Sämtliche Werke. Hrsg. von Paul Raabe u.a. Bd. 12: Freimaurer- und Illuminatenschriften 1. Nendeln 1978.

FB [Fichte, Johann Gottlieb:] J. G. Fichte-Gesamtausgabe der bayerischen Akademie der Wissenschaften. Hrsg. von Reinhard Lauth, Hans Jacob. Stuttgart 1964-. Abt. 3: Briefe.

FW [Fichte, Johann Gottlieb:] J. G. Fichte-Gesamtausgabe der bayerischen Akademie der Wissenschaften. Hrsg. von Reinhard Lauth, Hans Jacob. Stuttgart 1964-. Abt. 1: Werke.

GL Steiger, Robert: Goethes Leben von Tag zu Tag. Eine dokumentarische Chronik. Bisher 5 Bde. Zürich und München 1982 ff.

GSA Goethe- und Schiller-Archiv, Weimar

HAB Goethe, Johann Wolfgang: Briefe. [›Hamburger Ausgabe‹.] Hrsg. von Karl Robert Mandelkow u.a. 4 Bde. 4. Aufl. München 1988.

HB Herder, Johann Gottfried: Briefe. Gesamtausgabe 1763-1803. Hrsg. von Karl-Heinz Hahn u.a. Bisher 9 Bde. Weimar 1979 ff.

K [Schlegel, Friedrich:] Briefe von und an Friedrich und Dorothea Schlegel. Hrsg. von Josef Körner. Berlin 1926.

KA [Schlegel, Friedrich:] Kritische Friedrich Schlegel-Ausgabe. Hrsg. Ernst Behler, Jean-Jacques Anstett, Hans Eichner. Paderborn 1958 ff.

MA Goethe, Johann Wolfgang: Sämtliche Werke nach Epochen seines Schaffens. Münchner Ausgabe. Hrsg. von Karl Richter u.a. Bisher 14 Bde. München 1985 ff.

MS Wieland, Christoph Martin: Werke. 5 Bde. Hrsg. von Fritz Martini und Hans Werner Seiffert. München 1964-1968.

NA Die neuesten Arbeiten des Spartacus [=Adam Weishaupt] und Philo [=Adolph Freiherr von Knigge] in dem Illuminaten-Orden jetzt zum erstenmal gedruckt, und zur Beherzigung bey gegenwärtigen Zeitläuften hrsg. [von Ludwig Adolf Christian von Grolmann.] [Frankfurt] 1794.

NOS Nachtrag von weitern Originalschriften, welche die Illuminatensekte überhaupt, sonderbar aber den Stifter derselben Adam Weishaupt [...] betreffen, und bey der auf dem Baron Bassusischen Schloß zu Sandersdorf, einem bekannten Illuminaten-Neste, vorgenommenen Visitation entdeckt, sofort auf Churfürstlich höchsten Befehl gedruckt, und zum geheimen Archiv genommen worden sind, um solche jedermann auf Verlangen zur Einsicht vorlegen zu lassen. Zwo Abtheilungen. München 1787. 1: Correspondenz. 2: Documenten.

NS Novalis: Schriften. Die Werke Friedrich von Hardenbergs. Hrsg. von Paul Kluckhohn, Richard Samuel. Bisher 5 Bde. 2. bzw. 3. Aufl. Stuttgart 1960 ff.

NTM Neuer Teutscher Merkur. Hrsg. von Christoph Martin Wieland. 1790-1810.

OS Einige Originalschriften des Illuminatenordens, welche bey dem gewesenen Regierungsrath Zwack durch vorgenommene Hausvisitation zu Landshut den 11. und 12. Oktob. 1786. vorgefunden worden. Auf höchsten Befehl Seiner Churfürstlichen Durchleucht zum Druck befördert. München 1787.

RA Briefe an Goethe. Gesamtausgabe in Regestform. Hrsg. von Karl-Heinz Hahn. Weimar 1980 ff.

Sk ›Schwedenkiste‹. Geheimes Staatsarchiv preußischer Kulturbesitz, Abteilung Merseburg (ehem. Zentrales Staatsarchiv der DDR, Dienststelle Merseburg), 5.2.G39, Nr. 100-118. Zitiert nach Band- (1-9, 11-20) und Dokumentenzahl; zur Einteilung des Bestands vgl. Anhang 2.

StA Staatsarchiv

SWS [Herder, Johann Gottfried:] Herders Sämmtliche Werke. Hrsg. von Bernhard Suphan. 33 Bde. Berlin 1877-1913.

TM Teutscher Merkur. Hrsg. von Christoph Martin Wieland. 1773-1789.

W Walzel, Oskar F. (Hrsg.): Friedrich Schlegels Briefe an seinen Bruder August Wilhelm. Berlin 1890.

WA Goethes Werke. Hrsg. im Auftrage der Großherzogin Sophie von Sachsen. 133 Bde. in IV Abteilungen. Weimar 1887-1919. (›Weimarer Ausgabe‹) Bd. IV/51, 52, 53: Nachträge und Register zur IV. Abteilung: Briefe. Hrsg. von Paul Raabe. 3 Bde. München 1990. [Der Nachtrag enthält verstreut gedruckte bzw. bisher ungedruckte Briefe, die nicht in der ursprünglichen Weimarer Ausgabe enthalten waren.]

Zeichen

⊙ Illuminatenorden

□ Freimaurerloge

⧉ Freimaurerlogen

BIBLIOGRAPHIE

In der Bibliographie sind nur diejenigen Schriften enthalten, die in den Anmerkungen der vorliegenden Arbeit angeführt wurden. Teil 1 (Gedruckte Quellen) enthält alle Schriften, die bis etwa 1815 entstanden sind, Teil 2 (Sekundärliteratur, ab S. 373) alle danach entstandenen Schriften.

1. GEDRUCKTE QUELLEN

[Babo, Joseph Marius:] Ueber Freymaurer. Erste Warnung. [...] Sammt zwey Beylagen. 1784. [=Beyer Nr. 10777; diese spätere Ausgabe wurde statt der Originalausg. Wolfstieg Nr. 42742 benutzt, weil Herzog Ernst von Gotha sich darauf bezieht (s. die Darstellung).]

[Baden, Karl Friedrich Markgraf von:] Politische Korrespondenz Karl Friedrichs von Baden 1783-1806. Hrsg. von B. Erdmannsdörffer. Heidelberg 1892.

Briefe an Goethe. Gesamtausgabe in Regestform. Hrsg. von Karl-Heinz Hahn. Weimar 1980 ff. [=RA]

Deutschland. Hrsg. von Johann Friedrich Reichardt. 4 Bde. Berlin 1796.

Diezmann, August (Hrsg.): Aus Weimars Glanzzeit. Ungedruckte Briefe von und über Goethe und Schiller, nebst einer Auswahl ungedruckter vertraulicher Schreiben von Goethe's Collegen, Geh. Rath v. Voigt. Leipzig 1855.

Einige Originalschriften des Illuminatenordens, welche bey dem gewesenen Regierungsrath Zwack durch vorgenommene Hausvisitation zu Landshut den 11. und 12. Oktob. 1786. vorgefunden worden. Auf höchsten Befehl Seiner Churfürstlichen Durchleucht zum Druck befördert. München 1787. [=OS]

Eudaemonia, oder deutsches Volksglück. Ein Journal für Freunde von Wahrheit und Recht. 6 Bde. Leipzig [dann Frankfurt, dann Nürnberg], 1795-98.

[Faber, Johann Heinrich (Hrsg.):] Der ächte Illuminat oder die wahren, unverbesserten Rituale der Illuminaten. Enthaltend 1) Die Vorbereitung, 2) Das Noviziat, 3) den Minervalgrad, 4) den kleinen und 5) grossen Illuminatengrad. Ohne Zusatz und ohne Hinweglassung. Edessa [=Frankfurt] 1788.

Fambach, Oscar (Hrsg.): Schiller und sein Kreis in der Kritik ihrer Zeit. (=Ein Jahrhundert deutscher Literaturkritik (1750-1850), 2.) Berlin [DDR] 1957.

[Fichte, Johann Gottlieb:] J. G. Fichte-Gesamtausgabe der bayerischen Akademie der Wissenschaften. Hrsg. von Reinhard Lauth, Hans Jacob. Stuttgart 1964 ff. Abt. 1: Werke [=FW]. Abt. 3: Briefe [=FB].

Fichte, Johann Gottlieb: Beitrag zur Berichtigung der Urteile des Publikums über die französische Revolution [...]. Hrsg. von Richard Schottky. (=Philosophische Bibliothek 282.) Hamburg 1973.

[Forster, Georg:] Forsters Werke in zwei Bänden. Hrsg. von Gerhard Steiner. Berlin und Weimar ^{2}1979.

[Göchhausen, Ernst August Anton von:] Enthüllung des Systems der Weltbürger-Republik. In Briefen aus der Verlassenschaft eines Freymaurers. Wahrscheinlich manchem Leser um zwantzig Jahre zu spät publizirt. Rom [=Leipzig] 1786.

[Goethe, Johann Wolfgang:] Goethes Werke. Hrsg. im Auftrage der Großherzogin Sophie von Sachsen. 133 Bde. in IV Abteilungen. Weimar 1887-1919. (›Weimarer Ausgabe‹) [= WA]. Bd. IV/51, 52, 53: Nachträge und Register zur IV. Abteilung: Briefe. Hrsg. von Paul Raabe. 3 Bde. München 1990. [Der Nachtrag enthält verstreut gedruckte bzw. bisher ungedruckte Briefe, die nicht in der Weimarer Ausgabe enthalten waren.]

Goethe, Johann Wolfgang: Sämtliche Werke nach Epochen seines Schaffens. Münchner Ausgabe. Hrsg. von Karl Richter u.a. Bisher 12 Bde. in 17 Bdn. München 1985 ff. [=MA]

[Goethe, Johann Wolfgang:] Goethes amtliche Schriften. Veröffentlichung des Staatsarchivs Weimar. 4 Bde. Hg. von Willy Flach, Helma Dahl. Weimar 1950-1987. [=AS]

Goethe, Johann Wolfgang: Briefe. [›Hamburger Ausgabe‹.] Hrsg. von Karl Robert Mandelkow u.a. 4 Bde. 4. Aufl. München 1988. [=HAB]

[Goethe, Johann Wolfgang:] Goethes Briefwechsel mit Christian Gottlob Voigt. 4 Bde. Hrsg. von Hans Tümmler. (=Schriften der Goethe-Gesellschaft, 53-56.) Weimar 1949-1962.

[Goethe, Johann Wolfgang:] Goethe. Begegnungen und Gespräche. Hrsg. von Ernst Grumach und Renate Grumach [ab Bd. 3: Hrsg. von Renate Grumach]. Bisher 5 Bde. Berlin 1965 ff. [=BG]

[Grolmann, Ludwig Adolf Christian von:] Eine Rede über den Illuminaten-Orden gehalten in einer Freymaurer-Loge im December 1793. Regensburg 1794.

[Grolmann, Ludwig Adolf Christian von (Hrsg.):] Die neuesten Arbeiten des Spartacus [=Adam Weishaupt] und Philo [=Adolph Freiherr von Knigge] in dem Illuminaten-Orden jetzt zum erstenmal gedruckt, und zur Beherzigung bey gegenwärtigen Zeitläuften hrsg. [Frankfurt] 1794. [=NA]

[Hardenberg, Friedrich von:] Novalis: Schriften. Die Werke Friedrich von Hardenbergs. Hrsg. von Paul Kluckhohn, Richard Samuel. Bisher 5 Bde. 2. bzw. 3. Aufl. Stuttgart 1960 ff. [=NS]

[Herder, Johann Gottfried:] Herders Sämmtliche Werke. Hrsg. von Bernhard Suphan. 33 Bde. Berlin 1877-1913. [=SWS]

Herder, Johann Gottfried: Briefe. Gesamtausgabe 1763-1803. Hrsg. von Karl-Heinz Hahn u.a. Bisher 9 Bde. Weimar 1977 ff. [=HB]

Herder, Johann Gottfried: Briefe zu Beförderung der Humanität. 2 Bde. (Johann Gottfried Herder: Ausgewählte Werke in Einzelausgaben. Hrsg. von Heinz Stolpe u.a.) Berlin und Weimar 1971.

Hoffmann, Leopold Alois: Höchst wichtige Erinnerungen zur rechten Zeit, über einige der allerernsthaftesten Angelegenheiten dieses Zeitalters. [...] Als erster Nachtrag der Wiener Zeitschrift [...]. Wien 1795.

[Hoffmann, Leopold Alois:], Fragmente zur Biographie des verstorbenen Geheimen Raths Bode in Weimar. Mit zuverlässigen Urkunden. Rom [=Wien], auf Kosten der Propaganda, 1795.

Hufeland, Christian [=Christoph!] Wilhelm: Eine Selbstbiographie mitgetheilt von Dr. Göschen. [...] Berlin 1863.

Hufeland, Gottlieb: Mounier's Betrachtungen über die Staatsverfassungen, vorzüglich über diejenige, welche dem französischen Staate angemessen ist. Aus dem Französischen übersetzt. Mit einer Einleitung, Anmerkungen und Zusätzen von D. Gottlieb Hufeland, ordentlichem Lehrer der Rechte zu Jena. Jena 1791.

Illuminatus dirigens, oder Schottischer Ritter. Ein Pendant zu der nicht unwichtigen Schrift: Die neuesten Arbeiten des Spartacus und Philo in den Illuminaten Orden, jetzt zum erstenmal gedruckt, und zur Beherzigung bei gegenwärtigen Zeitläuften herausgegeben. [Frankfurt] 1794.

Kant, Immanuel: Werke in zehn Bänden. Hrsg. von Wilhelm Weischedel. Darmstadt 1983.

[Knigge, Adolph Freiherr von.] Auszug eines Briefes die Illuminaten betreffend, ohne Einwilligung des Schreibers, aber gewiß in der redlichsten Absicht zum Drucke befördert, von seinem Freunde. Leipzig 1794. Nachdr. in: Adolph Freiherr Knigge. Sämtliche Werke. Hrsg. von Paul Raabe u.a. Bd. 12: Freimaurer- und Illuminatenschriften 1. Nendeln 1978.

[Knigge, Adolph Freiherr von.] Josephs von Wurmbrand, kaiserlich abyssinischen Ex-Ministers, jezzigen Notarii caesarii publici in der Reichsstadt Bopfingen, politisches Glaubensbekenntniß, mit Hinsicht auf die französische Revolution und deren Folgen. Frankfurt und Leipzig 1792. Nachdr. in: Adolph Freiherr Knigge. Sämtliche Werke. Hrsg. von Paul Raabe u.a. Bd. 15: Politische Schriften 2. Nendeln 1978.

[Knigge, Adolph Freiherr von:] Philo's endliche Erklärung und Antwort, auf verschiedene Anforderungen und Fragen, die an ihn ergangen, seine Verbindung mit dem Orden der Illuminaten betreffend. Hannover 1788. Nachdr. in: Adolph Freiherr Knigge: Sämtliche Werke. Hrsg. von Paul Raabe u.a. Bd. 12: Freimaurer- und Illuminatenschriften 1. Nendeln 1978. [=EE]

[Knigge, Adolph Freiherr von:] Rückblicke auf den, wenn Gott will, für Teutschland nun bald geendigten Krieg. Nebst einigen Erläuterungen, die Propaganda, Jacobiner und Illuminaten betreffend. Coppenhagen 1795. Nachdr. in Knigge: Sämtliche Werke. Hrsg. von Paul Raabe et al. Bd. 15. Nendeln 1978.

Lier, Leonhard: Friedrich Schlegels Briefe an C. A. Böttiger. In: Archiv für Litteraturgeschichte 15 (1887), S. 399-425.

[Münter, Friedrich:] Aus dem Briefwechsel Friedrich Münters. Europäische Beziehungen eines dänischen Gelehrten 1780-1830. Hrsg. von Øjvind Andraesen. 3 Bde. (=Friedrich Münter. Et Mindeskrift, 5-7.) Kopenhagen und Leipzig 1944.

[Münter, Friedrich:] Aus den Tagebüchern Friedrich Münters. Wander- und Lehrjahre eines dänischen Gelehrten. Hrsg. von Øjvind Andreasen. 3 Bde. (=Frederik Münter. Et Mindeskrift, 2-4.) Kopenhagen und Leipzig 1937.

Nachtrag von weitern Originalschriften, welche die Illuminatensekte überhaupt, sonderbar aber den Stifter derselben Adam Weishaupt [...] betreffen, und bey der auf dem Baron Bassusischen Schloß zu Sandersdorf, einem bekannten Illuminaten-Neste, vorgenommenen Visitation entdeckt, sofort auf Churfürstlich höchsten Befehl gedruckt, und zum geheimen Archiv genommen worden sind, um solche jedermann auf Verlangen zur Einsicht vorlegen zu lassen. Zwo Abtheilungen. München 1787. 1: Correspondenz. [=NOS 1] 2: Documenten. [=NOS 2]

Reichard, H[einrich] A[ugust] O[ttokar]: Seine Selbstbiographie. Überarb. und hrsg. von Hermann Uhde. Stuttgart 1877.

[Reichardt, Johann Friedrich:] Vertraute Briefe über Frankreich. Auf einer Reise im Jahr 1792 geschrieben. Teil 1. Berlin 1792.

Reinhold, Karl Leonhard: Korrespondenzausgabe der Österreichischen Akademie der Wissenschaften, hrsg. Reinhard Lauth et al. Bd. 1: Korrespondenz 1773-1788, hrsg. Reinhard Lauth, Eberhard Heller, Kurt Hiller. Stuttgart 1983.

[Sachsen-Weimar-Eisenach, Herzog Carl August von:] Politischer Briefwechsel des Herzogs und Großherzogs Carl August von Weimar. Hrsg. von Willy Andreas und Hans Tümmler. 3 Bde. (=Quellen zur deutschen Geschichte des 19. und 20. Jahrhunderts, 37-39.) Stuttgart 1954-1958, Göttingen 1973. [=CAPB]

Schelling, F[riedrich] W[ilhelm] J[oseph:] Briefe und Dokumente. Hrsg. von H. Fuhrmanns. Bd. 1: 1775-1809. Bonn 1962.

Schiller, Friedrich: Schillers Briefe. Hrsg. von Fritz Jonas. 7 Bde. Stuttgart 1892-1896.

[Schlegel, Caroline:] Caroline. Briefe aus der Frühromantik. Hrsg. von Georg Waitz. Bearb. von Erich Schmidt. 2 Bde. Leipzig 1913.

[Schlegel, Friedrich:] Kritische Friedrich Schlegel-Ausgabe. Hrsg. von Ernst Behler, Jean-Jacques Anstett, Hans Eichner. Paderborn 1958 ff. [=KA]

Schlegel, Friedrich: Prosaische Jugendschriften. Hrsg. von J[acob] Minor. 2 Bde. 2. Aufl. Wien 1906.

[Schlegel, Friedrich:] Briefe von und an Friedrich und Dorothea Schlegel. Hrsg. von Josef Körner. Berlin 1926. [=K]

[Schlegel, Friedrich:] Friedrich Schlegels Briefe an seinen Bruder August Wilhelm. Hrsg. von Oskar F. Walzel. Berlin 1890. [=W]

[Schleswig-Holstein-Sonderburg-Augustenburg, Friedrich Christian von:] Timoleon und Immanuel. Dokumente einer Freundschaft. Briefwechsel zwischen Friedrich Christian zu Schleswig-Holstein und Jens Baggesen. Hrsg. von Hans Schulz. Leipzig 1910.

[Schleswig-Holstein-Sonderburg-Augustenburg, Friedrich Christian von:] Aus dem Briefwechsel des Herzogs Friedrich Christian zu Schleswig-Holstein: Briefanhang zur Biographie 1910. Hrsg. von Hans Schulz. Stuttgart 1913.

Schmidt, E[rich]: Friedrich Schlegels Briefe an F.J. Niethammer. In: Archiv für Litteraturgeschichte 15 (1887), S. 425-35.

Schmidt, Hans, Hrsg.: Ein bayrisches Beamtenleben zwischen Aufklärung und Romantik: Die Autobiographie des Staatsrats Clemens von Neumayr. In: Zeitschrift für bayerische Landesgeschichte 35 (1972), S. 591-690.

[Schröder, Friedrich Ludwig:] Materialien zur Geschichte der Freymaurerey seit der Wiederherstellung der großen Loge in London, 5717 [=1717]. 4 Theile. [Rudolstadt 1806.]

Unumstößlicher Beweis, daß die Frei-Maurer Jakobiner und Schuld an allem Unheil in der Welt sind. Nebst menschenfreundlichen Vorschlägen. Cairo, gedruckt unter den Pyramiden 5797 [=1797].

[Weishaupt, Adam:] Vollständige Geschichte der Verfolgung der Illuminaten in Bayern. Erster Band nebst Beylagen und Materialien für den folgenden Band. Frankfurt und Leipzig [=Nürnberg] 1786.

Wieland, Christoph Martin: Wielands Gesammelte Schriften. Hrsg. von der Deutschen Kommission der Preußischen Akademie der Wissenschaften [›Akademie-Ausgabe‹]. 1. Abt.: Werke. Berlin 1909 ff. [=AA]

Wieland, Christoph Martin: Werke. 5 Bde. Hrsg. von Fritz Martini und Hans Werner Seiffert. München 1964-1968. [=MS]

Wieland, Christoph Martin: Meine Antworten. Aufsätze über die Französische Revolution 1789-1793. Nach den Erstdrucken im ›Teutschen Merkur‹ hrsg. von Fritz Martini. Marbach 1983.

Wieland, Christoph Martin (Hrsg.): Neuer Teutscher Merkur. 1790-1810. [=NTM]

Wieland, Christoph Martin (Hrsg.): Teutscher Merkur. 1773-1789. [=TM]

[Wieland, Christoph Martin:] Wielands Briefwechsel. Hrsg. von der Deutschen Akademie der Wissenschaften zu Berlin, Institut für deutsche Sprache und Literatur [durch Hans Werner Seiffert u.a.] Berlin 1963 ff.

[Zwack, Franz Xaver von:] Anhang zu den Originalschriften des Illuminatenordens, welche auf höchsten Churfürstlichen Befehl zum Druck befördert worden sind. Frankfurt und Leipzig 1787.

2. SEKUNDÄRLITERATUR

Aretin, Karl Otmar Freiherr von: Einleitung. Der Aufgeklärte Absolutismus als europäisches Problem. In: Der Aufgeklärte Absolutismus. Hrsg. von Karl Otmar Freiherr von Aretin. (=Neue Wissenschaftliche Bibliothek, 67.) Köln 1974. S. 11-51.

Arnold, Günter: Die Widerspiegelung der Französischen Revolution in Herders Korrespondenz. In: Impulse 3 (1981), S. 41-89.

Batscha, Zwi; Richard Saage (Hrsg.): Friedensutopien. Kant/Fichte/Schlegel/Görres. Frankfurt/M. 1979.

Beaujean, Marion: Zweimal Prinzenerziehung: *Don Carlos* und *Geisterseher*. Schillers Reaktion auf Illuminaten und Rosenkreuzer. In: Poetica 10 (1978), S. 217-35.

Beaulieu-Marconnay, Karl Olivier Freiherr von: Karl von Dalberg und seine Zeit. Zur Biographie und Charakteristik des Fürsten Primas. 2 Bde. Weimar 1879.

Beck, August: Ernst der Zweite, Herzog zu Sachsen-Gotha und Altenburg, als Pfleger und Beschützer der Wissenschaft und Kunst. Gotha 1854.

Behler, Ernst: Der Wendepunkt Friedrich Schlegels. Ein Bericht über unveröffentlichte Schriften Friedrich Schlegels in Köln und Trier. In: Romantikforschung seit 1945. Hrsg. von Klaus Peter. (=Neue Wissenschaftliche Bibliothek, 93.) Königstein 1980. S. 67-84.

Behler, Ernst: Die Auffassung der Revolution in der deutschen Frühromantik. In: Essays in European Literature in Honor of Lieselotte Dieckmann. Hrsg. von Peter Uwe Hohendahl u.a. St. Louis 1972. S. 191-215.

Behler, Ernst: Friedrich Schlegel in Selbstzeugnissen und Bilddokumenten. Reinbek 1966.

Bethe, Erich: Abaris. In: Realencyclopädie der classischen Altertumswissenschaft. Neue Bearbeitung. Hrsg. von Georg Wissowa. 1. Halbbd. München 1893. Sp. 16-17.

Beyer, Bernhard, Hrsg.: Bibliographie der freimaurerischen Literatur. 1. Ergänzungsbd. Leipzig 1926.

Bobé, Louis: Schiller und Dänemark. In: Euphorion 12 (1905), S. 151-67.

Borchmeyer, Dieter: Die Weimarer Klassik. Eine Einführung. 2 Bde. (=Athenäum Taschenbücher 2165, 2166.) Königstein/Ts. 1980.

Braubach, Max: Die ›Eudämonia‹ (1795-1798). Ein Beitrag zur deutschen Publizistik der Aufklärung und der Revolution. In: Historisches Jahrbuch der Görres-Gesellschaft 47 (1927), S. 309-39.

Bräutigam, Bernd: Eine schöne Republik. Friedrich Schlegels Republikanismus im Spiegel des Studium-Aufsatzes. In: Euphorion 70 (1976), S. 315-39.

Brinkmann, Richard: Frühromantik und Französische Revolution. In: Deutsche Literatur und Französische Revolution. Von R.B. u.a. (=Kleine Vandenhoeck-Reihe 1395.) Göttingen 1974. S. 172-91.

Burggraf, Gudrun: Christian Gotthilf Salzmann im Vorfeld der Französischen Revolution. Germering 1966.

Capen, Samuel Paul: Friedrich Schlegel's Relations with Reichardt and his Contributions to ›Deutschland‹. (=Publications of the Univ. of Pennsylvania, Series in Philology and Literature, 9/2.) Philadelphia 1903.

Deile, Gotthold: Goethe als Freimaurer. Berlin 1908.

Droz, Jacques: La légende du complot illuministe et les origines du romantisme politique en Allemagne. In: Revue historique 226 (1961), S. 313-38.

Duchhardt, Heinz: Das Zeitalter des Absolutismus. (=Oldenbourg Grundriß der Geschichte, 11.) München 1989.

Dülmen, Richard van: Der Geheimbund der Illuminaten. Darstellung — Analyse — Dokumentation. (=Neuzeit im Aufbau, 1.) Stuttgart 1975, 2. Aufl. 1977. [Dokumentionsteil =D]

Eichner, Hans: Friedrich Schlegel. (=Twayne's World Authors Series, 98.) Boston 1972.

Enders, Carl: Friedrich Schlegel. Die Quellen seines Wesens und Werdens. Leipzig 1913.

Endler, Renate: Zum Schicksal der Papiere von Johann Joachim Christoph Bode. In: Quatuor Coronati Jb. 27 (1990), S. 9-35.

Engel, Leopold: Geschichte des Illuminaten-Ordens. Ein Beitrag zur Geschichte Bayerns. Berlin 1906.

Epstein, Klaus: The Genesis of German Conservatism. Princeton 1966.

Färber, Konrad Maria: Kaiser und Erzkanzler. Carl von Dalberg und Napoleon am Ende des Alten Reiches. Die Biographie des letzten geistlichen Fürsten in Deutschland. (=Studien und Quellen zur Geschichte Regensburgs, 5.) Regensburg 1988.

Fallbacher, Karl-Heinz: Fichtes Entlassung. Ein Beitrag zur Weimar-Jenaischen Institutionengeschichte. In: Archiv für Kulturgeschichte 67 (1985), S. 111-35.

Federlin, Wilhelm-Ludwig: Das Problem der Bildung in Herders Humanitätsbriefen. In: Johann Gottfried Herder (1744-1803). Hrsg. von Gerhard Sauder. (=Studien zum achtzehnten Jahrhundert, 9.) Hamburg 1987. S. 125-40.

Fehn, Ernst Otto: Der Illuminatenorden und die Aufklärung. Kritik und Korrektur einer neuen Interpretation [von Manfred Agethen]. In: Aufklärung — Vormärz — Revolution 7 (1988), S. 6-30.

Fehn, Ernst-Otto: Zur Wiederentdeckung des Illuminatenordens. Ergänzende Bemerkungen zu Richard van Dülmens Buch. In: Geheime Gesellschaften. Hrsg. von Peter Christian Ludz. (=Wolfenbütteler Studien zur Aufklärung, 5/1) Heidelberg 1979. S. 231-64.

Fichte, Immanuel Hermann: Johann Gottlieb Fichte's Leben und Literarischer Briefwechsel. 2 Bde. Sulzbach 1830-1831.

Fink, Gonthier-Louis: Die Revolution als Herausforderung in Literatur und Publizistik. In: Zwischen Revolution und Restauration. Klassik, Romantik. 1786-1815. Hrsg. von Horst Albert Glaser. (=Deutsche Literatur. Eine Sozialgeschichte, 5.) Reinbek 1980. S. 110-29.

Fink, Gonthier-Louis: Wieland und die Französische Revolution. In: Deutsche Literatur und Französische Revolution. Sieben Studien. Von Richard Brinkmann u.a. Göttingen 1974. S. 5-38.

Freyh, Antje: Karl Theodor von Dalberg. Ein Beitrag zum Verhältnis von politischer Theorie und Regierungspraxis in der Endphase des aufgeklärten Absolutismus. (=Europäische Hochschulschriften, III/95.) Frankfurt/M. 1978.

Friedenthal, Richard: Goethe. Sein Leben und seine Zeit. München 1963.

Georgi, Arthur: Die Entwicklung des Berliner Buchhandels bis zur Gründung des Börsenvereins der deutschen Buchhändler 1825. Berlin 1926.

Graßl, Hans: Aufbruch zur Romantik. Bayerns Beitrag zur deutschen Geistesgeschichte 1765-1785. München 1968.

Guy, Roland: Goethe franc-maçon (La pensée et l'oeuvre maçonniques de J.W. von Goethe). (=Collection ›Les Amis de la Bibliothèque Initiatique‹.) Paris 1974.

Haas, Rosemarie: Die Turmgesellschaft in Wilhelm Meisters Lehrjahren. Zur Geschichte des Geheimbundromans und der Romantheorie im 18. Jahrhundert. Berlin und Frankfurt/M. 1975.

Haferkorn, Hans J.: Zur Entstehung der bürgerlich-literarischen Intelligenz und des Schriftstellers in Deutschland zwischen 1750 und 1800. In: Deutsches Bürgertum und literarische Intelligenz 1750-1800. Hrsg. von Bernd Lutz. (=Literaturwissenschaft und Sozialwissenschaften 3.) Stuttgart 1974. S. 113-275.

Hahn, Karl-Heinz: Im Schatten der Revolution — Goethe und Jena im letzten Jahrzehnt des 18. Jahrhunderts. In: Jb. des Wiener Goethe-Vereins 81-83 (1977-79), S. 37-58.

Hammermayer, Ludwig: Der Wilhelmsbader Freimaurer-Konvent von 1782. Ein Höhe- und Wendepunkt in der Geschichte der europäischen Geheimgesellschaften. (=Wolfenbüttler Studien zur Aufklärung V/2) Heidelberg 1980.

Hammermayer, Ludwig: Illuminaten in Bayern. Zu Geschichte, Fortwirken und Legende des Geheimbundes. In: Krone und Verfassung. König Max I. Joseph und der neue Staat. Beiträge zur Bayerischen Geschichte und Kunst 1799-1825. Hrsg. von Hubert Glaser. (=Wittelsbach und Bayern, 3/1.) München 1980. S. 146-73.

Haym, Rudolf: Die romantische Schule. Ein Beitrag zur Geschichte des deutschen Geistes. 4. Aufl. Bearb. von Oskar Walzel. Berlin 1920.

Haym, R[udolf]: Herder nach seinem Leben und seinen Werken. 2 Bde. Berlin 1880-85.

Hocks, Paul; Peter Schmidt: Literarische und politische Zeitschriften 1789-1805. (=Sammlung Metzler 121.) Stuttgart 1975.

Hoffmann, Jochen: Bedeutung und Funktion des Illuminatenordens in Norddeutschland. In: Zs. für bayerische Landesgeschichte 45 (1982), S. 363-79.

Holmes, T. M.: Property and Politics in Schiller's Theory of Aesthetic Education. In: Oxford German Studies 11 (1980), S. 27-39.

Houben, Heinrich Hubert: Verbotene Literatur von der klassischen Zeit bis zur Gegenwart. Bd. 2. Bremen 1928. Nachdr. Hildesheim 1965.

Jacoby, Daniel: Der Stifter des Illuminatenordens und eine Briefstelle Schillers an Körner. In: Euphorion 10 (1903), S. 91-98.

Jäger, Hans-Wolf: Herder und die Französische Revolution. In: Johann Gottfried Herder (1744-1803). Hrsg. von Gerhard Sauder. (=Studien zum achtzehnten Jahrhundert, 9.) Hamburg 1987. S. 299-307.

Kapp, Friedrich: Aktenstücke zur Geschichte der preußischen Censur- und Preß-Verhältnisse unter dem Minister Wöllner. In: Archiv für Geschichte des Deutschen Buchhandels 4 (1879), S. 138-214, 5 (1880), S. 256-306.

Keil, Robert: Wiener Freunde 1784-1808. Beiträge zur Jugendgeschichte der deutsch-österreichischen Literatur. Wien 1883.

Kiesel, Helmuth: Legitimationsprobleme eines »Hofpoeten«. Zu den »Versen für und gegen den Hof« in Goethes Autobiographie. In: Germanisch-romanische Monatsschrift 60 (1979), S. 390-415.

Kobuch, Agatha: Die Deutsche Union. Radikale Spätaufklärung, Freimaurerei und Illuminatismus am Vorabend der Französischen Revolution. In: Beiträge zur Archivwissenschaft und Geschichtsforschung, hrsg. Reiner Groß and Manfred Kobuch. (=Schriftenreihe des Staatsarchivs Dresden, 10.) Weimar 1977, S. 277-91.

Koch, Herbert: Der Auszug der Jenaischen Studenten nach Nohra am 19. Juli 1792. Nach bisher unbenutzten Akten mit einer unbekannten Goethe-Niederschrift. In: Wiss. Zs. der Fr.-Schiller-Univ. Jena, Gesellschafts- und sprachwiss. Reihe 5 (1955/56), S. 445-57.

Körner, Josef: Romantiker und Klassiker. Die Brüder Schlegel in ihren Beziehungen zu Schiller und Goethe. Berlin 1924.

Kollektiv für Literaturgeschichte: Romantik. Erläuterungen zur deutschen Literatur. 3. Aufl. Berlin [DDR] 1977.

Koselleck, Reinhard: Kritik und Krise. Eine Studie zur Pathogenese der bürgerlichen Welt. 3. Aufl. Frankfurt/M. 1979.

Kruedener, Jürgen Freiherr von: Die Rolle des Hofes im Absolutismus. (=Forschungen zur Sozial- und Wirtschaftsgeschichte, 19.) Stuttgart 1973.

Krüger, Gustav: Die Eudämonisten. Ein Beitrag zur Publizistik des ausgehenden 18. Jahrhunderts. Historische Zeitschrift 143 (1931), S. 467-500.

Kuhn, Hans Wolfgang: Der Apokalyptiker und die Politik. Studien zur Staatsphilosophie des Novalis. Freiburg 1961.

Kurrelmeyer, W[ilhelm]: Wieland und die ›Wiener Zeitschrift‹. In: MLN 44 (1929), S. 96-101.

Kurth-Voigt, Lieselotte: Wieland and the French Revolution. The Writings of the First Year. In: Studies in Eighteenth-Century Culture 7 (1978), S. 79-103.

Kurzke, Hermann: Romantik und Konservatismus. Das ›politische‹ Werk Friedrich von Hardenbergs (Novalis) im Horizont seiner Wirkungsgeschichte. Munich 1983.

Lauth, Reinhard: Nouvelles recherches sur Reinhold et l'Aufklaerung. In: Archives de Philosophie 42 (1979), S. 593-629.

Le Forestier, R[ené]: Les illuminés de Bavière et la Franc-Maçonnerie allemande. Paris 1914. Nachdr. Genf 1974.

Lefebvre, Georges: Der aufgeklärte Despotismus [1949]. In: Der Aufgeklärte Absolutismus. Hrsg. von Karl Otmar Freiherr von Aretin. (=Neue Wissenschaftliche Bibliothek, 67) Köln 1974. S. 77-88.

Léon, Xavier: Fichte et son temps. Bd. 1: Établissement et Prédication de la Doctrine de la Liberté: La Vie de Fichte jusqu'au départ d'Iéna (1762-1799). Paris 1922.

Lepper, Gisbert: Literarische Öffentlichkeit — literarische Zentren. In: Zwischen Revolution und Restauration. Klassik, Romantik. 1786-1815. Hrsg. von Horst Albert Glaser. (=Deutsche Literatur. Eine Sozialgeschichte, 5.) Reinbek 1980. S. 58-73.

Lerp, Carl: [Regesten und Register der Bände der ›Schwedenkiste‹.] 1909. Vgl. Endler: Papiere von J.J.C. Bode, S. 16.

Lindt, Br[uder] von: Verzeichnis der inneren Ordensbrüder der strikten Observanz. Hamburg 1847.

Mandelkow, Karl Robert: Goethe in Deutschland. Rezeptionsgeschichte eines Klassikers. Bd. 1: 1773-1918. München 1980.

Martens, Wolfgang: Geheimnis und Logenwesen als Elemente des Betrugs in Goethes Lustspiel ›Der Großcophta‹. In: Geheime Gesellschaften. Hrsg. von Peter Christian Ludz. (=Wolfenbütteler Studien zur Aufklärung, 5/1.) Heidelberg 1979. S. 325-33.

Martini, Fritz: Wieland, Napoleon und die Illuminaten. Zu einem bisher unbekannten Briefe. In: Un Dialogue des Nations. A. Fuchs zum 70. Geburtstag. Paris 1967. S. 65-95.

McCarthy, John A.: Wielands Metamorphose. In: DVjs. 49, Sonderbd. (1975), S. 149*-67*.

Meixner, Horst: Politische Aspekte der Frühromantik. In: Die literarische Frühromantik. Hrsg. von Silvio Vietta. (=Kleine Vandenhoeck-Reihe, 1488.) Göttingen 1982. S. 180-91.

Mittenzwei, Ingrid: Über das Problem des aufgeklärten Absolutismus. In: Zs. f. Geschichtswissenschaft 18 (1970), S. 1162-72.

Möller, Horst: Die Bruderschaft der Gold- und Rosenkreuzer. Struktur, Zielsetzung und Wirkung einer anti-aufklärerischen Geheimgesellschaft. In: Freimaurer und Geheimbünde im 18. Jahrhundert in Mitteleuropa. Hrsg. von Helmut Reinalter. (=stw 403.) Frankfurt/M. 1983. S. 199-239.

Mühlpfordt, Günter: Europarepublik im Duodezformat. Die internationale Geheimgesellschaft »Union« — ein radikalaufklärerischer Bund der Intelligenz (1786-1796). In: Freimaurer und Geheimbünde im 18. Jahrhundert in Mitteleuropa. Hrsg. von Helmut Reinalter. (=stw 403.) Frankfurt/M. 1983. S. 319-64.

Müller, Klaus-Detlef: Schiller und das Mäzenat. Zu den Entstehungsbedingungen der ›Briefe über die ästhetische Erziehung des Menschen‹. In: Unser Commercium. Goethes und Schillers Literaturpolitik. Hrsg. von Wilfried Barner u.a. (=Veröffentlichungen der Deutschen Schillergesellschaft, 42.) Stuttgart 1984. S. 151-67.

Müller-Seidel, Walter: Cagliostro und die Vorgeschichte der deutschen Klassik. In: W.M.-S., Die Geschichtlichkeit der deutschen Klassik. Literatur und Denkformen um 1800. Stuttgart 1983. S. 49-65.

Oesterle, Ingrid: Der ›glückliche Anstoß‹ ästhetischer Revolution und die Anstößigkeit politischer Revolution. Ein Denk- und Belegversuch zum Zusammenhang von politischer Formveränderung und kultureller Revolution im Studium-Aufsatz Friedrich Schlegels. In: Zur Modernität der Romantik. Hrsg. von

Dieter Bänsch. (=Literaturwissenschaft und Sozialwissenschaften, 8.) Stuttgart 1977. S. 167-216.

Ott, Arthur: Goethe und der Illuminatenorden. In: Stunden mit Goethe. Für die Freunde seiner Kunst und Weisheit. Hrsg. von Wilhelm Bode. Bd. 6. Berlin 1910. S. 85-91.

Peter, Klaus: Friedrich Schlegel. (=Sammlung Metzler, 171.) Stuttgart 1978.

Peter, Klaus: Stadien der Aufklärung. Moral und Politik bei Lessing, Novalis und Friedrich Schlegel. Wiesbaden 1980.

Peter, Klaus, Hrsg.: Die politische Romantik in Deutschland. Eine Textsammlung. (=RUB 8093.) Stuttgart 1985.

Richter, Lutz, Hrsg.: Johann Gottfried Herder im Spiegel seiner Zeitgenossen. Briefe und Selbstzeugnisse. Göttingen 1978.

Rob, Klaus: Karl Theodor von Dalberg (1744-1817). Eine politische Biographie für die Jahre 1744-1806. (=Europäische Hochschulschriften, III/231.) Frankfurt/M. 1984.

Roberts, J[ohn] M.: The Mythology of the Secret Societies. New York 1972.

Rogalla von Bieberstein, Johannes: Die These von der Verschwörung 1776-1945. Philosophen, Freimaurer, Juden, Liberale und Sozialisten als Verschwörer gegen die Sozialordnung. (=Europäische Hochschulschriften III/63.) Frankfurt/M. 1976.

Rosenstrauch-Königsberg, Edith: Freimaurer, Illuminat, Weltbürger. Friedrich Münters Reisen und Briefe in ihren europäischen Bezügen. (=Brief und Briefwechsel im 18. und 19. Jahrhundert als Quellen der Kulturbeziehungsforschung, 2.) Berlin 1984.

Rossberg, Adolf: Freimaurerei und Politik im Zeitalter der Französischen Revolution. (=Quellen und Darstellungen zur Freimaurerfrage, 2.) Berlin 1942.

Rouge, I.: Frédéric Schlegel et la genèse du romantisme allemand (1791-1797). Paris 1904.

Schilfert, Gerhard: Deutschland von 1648 bis 1789 (Vom Westfälischen Frieden bis zum Ausbruch der Französischen Revolution). Berlin [DDR] ^{3}1975.

Schindler, Norbert: Der Geheimbund der Illuminaten — Aufklärung, Geheimnis und Politik. In: Freimaurer und Geheimbünde im 18. Jahrhundert in Mitteleuropa. Hrsg. von Helmut Reinalter. (=stw 403.) Frankfurt/M. 1983. S. 284-318.

Schlaffer, Hannelore: Friedrich Schlegel über Georg Forster. Zur gesellschaftlichen Problematik des Schriftstellers im nachrevolutionären Bürgertum. In: Literatursoziologie. Bd. 2: Beiträge zur Praxis. Hrsg. von Joachim Bark. Stuttgart 1974. S. 118-38.

Schlaffer, Heinz. [Rezension von: Richard van Dülmen, Der Geheimbund der Illuminaten (s.d.).] Göttingische Gelehrte Anzeigen 229 (1977), S. 139-47.

Schmitt, Eberhard: Elemente einer Theorie der politischen Konspiration im 18. Jahrhundert. Einige typologische Bemerkungen. In: Geheime Gesellschaften. Hrsg. von Peter Christian Ludz. (=Wolfenbütteler Studien zur Aufklärung, 5/1.) Heidelberg 1979. S. 65-88.

Schüttler, Hermann: Geschichte, Organisation und Ideologie der Strikten Observanz. Vortrag gehalten am 14. November 1987 im Münchener Logenhaus [...]. In: Quatuor Coronati Jahrbuch 25 (1988), S. 159-75.

Schüttler, Hermann: Karl Leonhard Reinhold und die Illuminaten im Vorfeld der Französischen Revolution. In: Deutscher Idealismus und Französische Revolution. Vorträge von Manfred Buhr [...]. (=Schriften aus dem Karl-Marx-Haus Trier, 37) Trier 1988. (Nachdr. u.d.T.: Republik der Menschheit. Französische Revolution und deutsche Philosophie. Köln 1989.) S. 49-75.

Schulz, Hans: Schillers Gönner Friedrich Christian von Schleswig-Holstein und die Orden. In: Geisteskultur. Monatshefte der Comenius-Ges. (1907), H. 2, S. 81-90.

Sommer, Friedrich: Die Wiener Zeitschrift (1792-1793). Die Geschichte eines antirevolutionären Journals. Diss. Bonn. Zeulenroda 1923.

Sondermann, Ernst Friedrich: Karl August Böttiger: Literarischer Journalist der Goethezeit in Weimar. (=Mitteilungen zur Theatergeschichte der Goethezeit, 7.) Bonn 1983.

Starnes, Thomas C.: Christoph Martin Wieland. Leben und Werk. Aus zeitgenössischen Quellen chronologisch dargestellt. 3 Bde. Sigmaringen 1987.

Steiger, Robert: Goethes Leben von Tag zu Tag. Eine dokumentarische Chronik. Bisher 3 Bde. Zürich und München 1982 ff. [=GL]

Steiner, Gerhard: Freimaurer und Rosenkreuzer — Georg Forsters Weg durch Geheimbünde. Neue Forschungsergebnisse auf Grund bisher unbekannter Archivalien. Berlin 1985.

Tschirch, Otto: Geschichte der öffentlichen Meinung in Preußen vom Baseler Frieden bis zum Zusammenbruch des Staates (1795-1806). Bd. 1. Weimar 1933.

Tümmler, Hans: Carl August von Weimar, Goethes Freund. Eine vorwiegend politische Biographie. Stuttgart 1978.

Tümmler, Hans: Goethes Anteil an der Entlassung Fichtes von seinem Jenaer Lehramt 1799. In: Tümmler: Goethe in Staat und Politik. Gesammelte Aufsätze. (=Kölner historische Abhandlungen, 9.) Köln 1964. S. 132-66.

Tümmler, Hans: Reformbemühungen Goethes um die Universität Jena. In: Goethe-Jahrbuch 89 (1972), S. 134-53.

Tümmler, Hans: Zu Herders Plan einer Deutschen Akademie (1787). In: Euphorion 45 (1950), S. 198-211.

Valjavec, Fritz: Die Entstehung der politischen Strömungen in Deutschland 1770-1815. München 1951.

Verra, Valerio: Herders Revolutionsbegriff. In: Deutsche Klassik und Revolution. Texte eines wissenschaftlichen Kolloquiums. Hrsg. von Paolo Chiarini und Walter Dietze. Rom 1981. S. 115-33.

Voges, Michael: Aufklärung und Geheimnis. Untersuchungen zur Vermittlung von Literatur- und Sozialgeschichte am Beispiel der Aneignung des Geheimbundmaterials im Roman des späten 18. Jahrhunderts. (=Hermaea, N.F. 53.) Tübingen 1987.

Wahl, Hans: Goethe und das Logenwesen. In: Goethe 1 (1936), S. 234-40.

Walder, Ernst: Aufgeklärter Absolutismus und Staat. Zum Staatsbegriff der aufgeklärten Despoten [1957]. In: Der Aufgeklärte Absolutismus. Hrsg. von Karl Otmar Freiherr von Aretin. (=Neue Wissenschaftliche Bibliothek, 67.) Köln 1974. S. 123-36.

Wangermann, Ernst: From Joseph II to the Jacobin Trials. Government Policy and Public Opinion in the Habsburg Dominions in the Period of the French Revolution. 2. Aufl. Oxford 1969.

Weber, Peter: Das Menschenbild des bürgerlichen Trauerspiels. Entstehung und Funktion von Lessings »Miß Sara Sampson«. Berlin [-DDR] 1970.

Weigel, Sigrid: Wider die romantische Mode. Zur ästhetischen Funktion des Weiblichen in Friedrich Schlegels »Lucinde«. In: Die verborgene Frau. Sechs Beiträge zu einer feministischen Literaturwissenschaft. Von Sigrid Weigel und Inge Stephan. 3. Aufl. (=Literatur im historischen Prozeß, N.F. 6.) Berlin 1988. S. 67-82.

Weiland, Werner: Der junge Friedrich Schlegel oder Die Revolution in der Frühromantik. (=Studien zur Poetik und Geschichte der Literatur, 6.) Stuttgart 1968.

Wenck, Woldemar: Deutschland vor hundert Jahren. Bd. 2: Politische Meinungen und Stimmungen in der Revolutionszeit. Leipzig 1890.

Wernekke, Hugo: Geheime Gesellschaften. In: Goethe-Handbuch. Hrsg. von Julius Zeitler. 3 Bde. Bd. 1. Stuttgart 1916. S. 668-70.

Wernekke, Hugo: Goethe und die königliche Kunst. Leipzig 1905.

Werner, Claus: Le Voyage de Bode à Paris en 1787 et le ›complot maçonnique‹. In: Annales historiques de la Révolution française 55 (1983), S. 432-45.

Weyergraf, Bernd: Der skeptische Bürger. Wielands Schriften zur Französischen Revolution. Stuttgart 1972.

Wilson, W. Daniel: Shades of the Illuminati Conspiracy: Koselleck on Enlightenment and Revolution. In: The Enlightenment and Its Legacy. Studies in German Literature in Honor of Helga Slessarev. Hrsg. von Sara Friedrichsmeyer und Barbara Becker-Cantarino. (=Modern German Studies, 17.) Bonn 1990. S. 15-25.

Wilson, W. Daniel: Wackenroders *Joseph Berglinger*. Sozial verantwortliche Kunst und die Revolutionskrise. In: Verantwortung und Utopie. Zur Literatur der Goethezeit. Ein Symposium. Hrsg. von Wolfgang Wittkowski. Tübingen 1988. S. 321-42.

Wolfstieg, August: Bibliographie der freimaurerischen Literatur. Hrsg. im Auftrag des Vereins deutscher Freimaurer. Bd. 2. Burg 1912.

PERSONENREGISTER

Im Register werden biographische Daten gegeben, deren Ausführlichkeit der Bedeutung der Personen für die vorliegende Arbeit entspricht; die Daten werden jedoch meist auf den Zeitraum der behandelten Ereignisse beschränkt, und staatliche Tätigkeiten werden betont. Im Falle der Illuminaten in Weimar, Jena und Gotha wird auf die biographischen Daten in Anhang 1 verwiesen; Namen, die *nur* dort vorkommen, werden hier nicht verzeichnet. Ordensnamen werden (in Anführungszeichen) eigens angeführt mit Verweis auf die bürgerlichen Namen; Illuminaten werden durch **Fettdruck** und den Illuminatennamen (wenn bekannt) in Anführungszeichen gekennzeichnet. Fürstliche Personen werden unter dem jeweiligen Haus oder Staat verzeichnet. Dokumentennummern in normaler Schrift sind an den Angeführten gerichtet, diejenigen in *Kursivschrift* haben den Angeführten zum Verfasser. — In der Ermittlung dieser Informationen wurden außer den gängigen biographischen Nachschlagewerken die Register in folgenden Schriften dankbar benutzt: Münter: Tagebücher (hrsg. Øjvind Andreasen, 1937); Dülmen: Geheimbund der Illuminaten (1975); Starnes: Wieland (1987); Goethe: Amtliche Schriften (bearb. Helma Dahl, 1987); Schüttler: Reinhold (1988).

A000015722485